일제시대 농촌통제정책 연구

김 영 희

景仁文化社

머 리 말

　이 책은 필자의 박사학위논문『1930·40년대 일제의 농촌통제정책에 관한 연구』(1996년)를 수정·보완하고, 새로 작성한 논문을 추가한 것이다. 학위논문에서 밝히려고 한 논지는 "일제가 농촌사회를 지배하기 위해 관제조직을 매개로 촌락의 사회적 기능과 농민의 자치성을 광범위하게 이용하여, 폭력과 처벌 등의 강압적 기제에만 의존하던 식민지 행정의 한계를 보완하면서 통치기반을 확대하려고 했다"는 것이다. 일제의 농촌통제정책은 식민지통치의 논리와 성격 나아가 지배정책사 전반을 폭넓게 밝히는 데 빼놓을 수 없는 주제이다. 그럼에도 불구하고, 필자가 학위논문을 준비하던 1990년대 초만 해도 이 주제에 대한 연구가 그다지 축적되지 않았다. 더구나 1930년대 후반 이후 '전시체제'에 대한 연구는 매우 소극적이었다. 국내의 농민운동이 지하로 '잠적'했다고 주장하면서도 막상 잠적할 수밖에 없었던 조건에 대해서는 충분히 해명되지 않고 있었다. 일반 민중의 삶이란 것도 '암흑' 정도로만 묘사하고 있었다.

　이러한 연구 상황에서, 필자는 1930·40년대 농촌과 농민에 대해 관심을 갖게 되었다. 그 첫 번째 계기는 1988년 석사학위논문을 금융조합을 주제로 쓰면서부터였다. 금융조합은 주로 자소작 이상의 농민층을 상대로 자금을 운용하는 대표적인 관변단체였다. 당시 금융조합은 예금과 대출의 금융활동을 통해 농민을 금융적으로 지배하는 경제단체로 이해되고 있었다. 그러나 필자는 자료를 통해

"금융조합은 단순히 금융활동만 한 것이 아니라, 농민들을 어떤 정신으로 통제하면서 생활 전반을 간섭하고 있음"을 확인할 수 있었다. 금융조합은 금융활동 측면에서만 접근하면 그 실체에 접근하기 힘들고, 농촌문제 전반까지 포함하여 여러 측면에서 종합적으로 이해해야 한다고 느꼈다. 그러나 당시 필자의 능력으로는 이런 문제의식을 연구로 발전시킬 수 없었고 금융활동의 일단을 확인하는 데 만족해야 했다. 당시로서는 농촌과 농민 문제를 해명하기 위해서는 반드시 금융조합을 넘어서야 한다는 문제의식 정도는 갖고 있었다. 두 번째 계기는 1991년 봄 박사과정 3학기 때, 몇 가지 촌락 관련 논문을 접하면서부터였다. 기존 연구에서 다루던 중앙과 지방의 핵심적인 활동가 혹은 국가와 민족이란 거시적인 담론과 달리, 억압과 수탈의 대상이던 농민들의 삶과 그들의 생활 터전인 촌락의 모습을 대하면서 어떤 '설레임'을 느꼈다.

   그 후 촌락과 금융조합 관련 자료를 수집하기 위해 국내 공공기관과 대학의 도서관을 거의 매일 다녔고, 꼭 필요한 자료가 있어 일본 내 기관을 방문하기도 했다. 몇 년간의 자료수집은 작업을 순조롭게 했기 때문에 1996년 8월에 논문을 제출할 수 있었다. 심사를 맡으신 선생님들께서는 이 논문이 실증적인 연구로 시기별 차이를 부각시켰다는 장점은 있으나, 민간측 자료를 통해 관변자료의 한계를 극복하는 것이 좋겠다고 지적해 주셨다.

   이러한 지적은 필자 자신도 이미 의식하고 있는 바여서 그 후 관변측 자료의 한계를 극복하기 위한 노력을 기울이지 않을 수 없었다. 관변자료에 의존하는 한 정책사 연구에 머물 가능성이 없지 않는데, 이것은 다분히 일제의 입장을 옹호하고 대변하는 오류에 빠질 수 있는 한계가 있었다. 정책사는 때때로 역동적인 흐름을 담아내지 못하는 측면이 있어서 그것만으로는 민의 반응과 구체적인 실태를 파악하기 힘들었고 따라서 역사적 사실을 생생하게 그려낼 수 없다고 판단되었다. 당시 농민들도 역사적인 조건하에서 주어진 삶을 나름대로 꾸려 갔을 것인데, 만약 이러한 점을 간과한다면 단순하고 일면적인 역사상 혹은 허상을 만들어낼 우려가 있었다.

정책사는 '민의 반응'이 전제되지 않으면 안된다는 확신이 섰고, 그 후 거의 출발점에서 자료를 추적하고 분석하는 작업을 시작했다. 그 동안 미처 보지 못했거나 이미 알려진 자료의 가치를 재평가하는 일로부터 시작하여, 『농업조선』『비판』『조선중앙일보』『조선일보』등과 민간측 정간물과 자료를 검토했다. 또 그 과정에서 거의 활용하지 않은 자료도 발견하게 되어, 儒生 定岡 金靑現이 남긴 『定岡日記』・秋灘 朴定洛의 『秋灘日記』와 같은 일기류 몇 가지를 접할 수 있었다. 이런 자료는 일제에 대한 '민'의 반응을 확인하고 그 시대를 조망하는 데 유익했다. 이들 자료들은 몇 편의 논문을 작성하는 데에 활용되었다.

'민의 반응'을 확인하기 위해 필자는 '민'이 남긴 문헌자료를 발굴하기 위해 노력하는 한편 앞서 거론한 일기류에 나타난 그리고 논문 작성에 관련된 농촌 마을을 답사했다. 현지 답사는 문면에 나타나지 않는 사실을 실증하고 올바른 평가를 담보한다고 생각되기 때문에, 농촌과 농민을 주제로 연구를 진행할 때에 현지 답사는 거의 필수적이라고 느끼게 되었다. 답사를 통해 구술자료를 채록하고 문헌자료에 잘 나타나지 않았던 구체적인 사실을 하나 둘 확인하면서, 농촌정책의 본질과 성격에 대한 이해의 폭을 넓혔다. 이러한 경험과 자극은 농촌에 관한 논문을 준비할 때마다 반드시 답사하는 자세를 갖게 했다.

박사학위논문을 보완하기 위해 나선 첫 번째 답사는, 1998년 12월 충남 연기군 서면 봉암리였다. 봉암리는 다른 지역보다 의미가 컸다. 1991년 초여름 당시 성균관대학교에 재직하던 이영훈 선생님이 종강할 무렵, 봉암리 관련 자료('윤봉균 문서'의 일부)를 수업시간에 가져와서 필요하면 복사를 하도록 허락해 주셨다. 필자는 이 문서를 활용하여 봉암리를 배경으로 전개된 관제조직 '진흥회'의 실태를 학위논문의 일부에서 다룰 수 있었다. 그러나 현장 확인 없이 자료를 정리했기 때문에 평면적인 묘사에 그쳤다. 필자는 마을의 실태를 구체적으로 추적할 수 있는 실마리를 담고 있는 이 자료를 토대로 사실확인을 위해 1998년 12월에 이 곳을 처음 답사했다. 첫 번째 답사에서 봉암리 지역 주민들의 상호관계, 나아가 식민지권력과 봉암리(민)의 관계에 대해 어느 정도 구체적인 실상을 확인할 수 있었다. 그러나 후속 답사와 답사 후에 시도하려던 글쓰기 작업이 늦어진 채 2002년 11월 초에야 다시 방문할 수 있었다. 이 때 윤종구 선생님의 후의로 다른 '윤봉균 문서'를 직접 열람할 수 있었다. '윤봉균 문서'를 분석·정리하는 것이 농촌지배의 구조적이고 독특한 역사상을 드러내는 데 도움이 된다고 판단하여, 이들 자료를 분석하는 과정에서 3편의 논문을 쓸 수 있었다. 이것이 본 연구의 2부가 되었다.

이 책은 1부와 2부로 나누어 구성되었다. 박사학위논문의 내용은 이 책의 1부에 해당한다. 1부 역시 수정 혹은 개고하여 발표한 것을 토대로 종합하여 정리했다. 1부에서는 시기별 농촌통제정책의 전개 과정을 다루어 전국적인 추이와 양상을 제시했다. 2부에서는 충남의 지역 사례를 통해 전국적으로 독특하게 동리에서 촌락으로 발전해 가는 지배정책의 내용과 성격을 살펴보고, 봉암리 마을을 배경으로 '진흥회'가 농민들의 삶 속으로 헤집고 들어올 때, 이에 대한 농민들의 반응 그리고 농민과 관의 중간에 서 있던 봉암리의 지역유지의 역할이 어땠는가를 정리하였다. 2부를 준비하면서 일제시대 농촌통제정책의 실체에 대해 한층 접근할 수 있었다. 특히 지역유지 문제를 다루면서 일상생활에서 보인 표면적인 결과와 활동만이 아니라 내면의 미세한 부분까지 포착하여 천착하는 것이, 역사적 사실에 좀더 접근할 수 있음을 재확인했다. 이렇게 해서 1부 2부 모두 '지배정책과 민의 반응'의 상관관계에 초점을 맞추어 논의를 정리하게 되었다.

여기까지 오는 동안 많은 분들의 도움을 받았다. 먼저 심사과정에서 부족한 필자의 논문을 끝까지 읽고 내용과 문장을 지적해 주시고 한국인의 시각을 강조해 주신 조동걸 선생님, 촌락을 고리로 진행되는 지배정책 연구의 중요성을 확인해 주신 이영훈 선생님, 일본에서 수집한 자료를 필자에게 먼저 열람시켜 주고 설익은 논지에 대해 많이 격려해 주신 장시원 선생님, 관변자료의 객관화를 강조하면서 정책사 연구의 신중함을 가르쳐 주신 박종진 선생님, 이 분들의 학은에 힘입어 지금까지 연구를 지속시킬 수 있는 기초를 마련할 수 있었다.

지도교수인 이만열 선생님은 이 모든 과정을 지켜보면서 격려와 용기를 주었는데 이는 필자가 연구자로서 성장하는 데에 큰 도움이 되었다. 또 항상 기회를 주시고 따뜻한 시선으로 지켜봐 주신 정병삼 선생님, 어려운 상황에 처했을 때도 적극 성원해 주신 한희숙 선생님, 두 분의 지도는 이런 결실에 큰 힘이 되었다. 그리고 연구자로서 모범을 보여주신 정혜선 선생님에게도 감사를 드린다.

충남 연기군 봉암리 외에 경기도 포천·경북 영덕·전라도 지역의 주요 동리를 방문할 때마다 인터뷰에 응해 주신 지역 주민 여러분과 군청·면사무소의 협조에도 감사를 드린다.

원고의 교열과 교정을 맡아 준 숙명여대 박사과정의 김윤정, 교정으로 도와준 박사과정의 천지명, 신문자료를 정리할 때 참여한 석박사 과정의 한지헌·이정기·양기비·김인희·이정현·김지영·홍승희, 그리고 근현대사 세미나를 함께 일구면서 또 하나의 학연을 쌓고 있는 석박사과정의 후배들에게도 고마움을 전한다. 또한 바쁜 일정에도 불구하고 이 책이 나올 수 있도록 출판을 허락해 주신 한정희 사장님, 책을 편집해 주신 신학태 편집부장을 비롯한 편집부 여러분께도 감사를 드린다.

끝으로 필자가 공부에만 전념할 수 있도록 여건을 마련해 주신 부모님, 특히 깊은 뜻을 드러내지 않으면서 때가 되면 책상 서랍 속에 등록금을 넣어두시던 아버지, 변변치 못한 딸의 편에 서서 이해해 주시고 정성을 다해주신 어머니 그리고 믿음으로 힘이 되어준 다른 가족에게 감사의 마음을 전한다.

2003년 5월
필 자

<목 차>

책머리에
서 론 □ 1

제1부 일제의 농촌통제정책의 시기별 전개 과정 □ 17

제1장 농촌진흥운동 이전의 농촌통제정책(1910.8~1932.11) □ 19
제1절 자연촌락의 위치 19
제2절 郡面의 촌락조직의 동향 25
제3절 금융조합의 '모범부락' 정책 38

제2장 농촌진흥운동과 농촌통제정책(1932.11~1940.10) □ 59
제1절 농촌진흥운동의 배경 60
제2절 농촌진흥운동의 초기단계 (1932.11~1935.1) 73
제3절 농촌진흥운동의 확충단계 (1935.1~1937.7) 87
제4절 전시체제기의 농촌진흥운동 (1937.7~1940.10) 101
제5절 농촌진흥운동에 대한 농민반응과 사회변화 114
제6절 농촌진흥운동을 통한 농촌통제와 농민운동 122

제3장 국민정신총동원운동과 농촌통제정책(1938.7~1940.10) □ 155
제1절 국민정신총동원운동의 배경과 실시 156
제2절 국민정신총동원운동의 조직과 이념 172
제3절 국민정신총동원운동의 전개 형태 206
제4절 국민정신총동원운동과 지원병제도 223
제5절 국민정신총동원운동에 대한 조선민중의 반응 242

제4장 국민총력운동과 농촌통제정책(1940.10~1945.8) □ 255
제1절 국민총력운동의 전개와 조직의 개편 과정 256
제2절 국민총력운동 아래 자연촌락의 위치 283
제3절 부락연맹의 실태와 區長의 역할 307
제4절 국민총력운동의 한계와 조선민중의 반응 346

제2부 충청남도의 농촌통제정책의 양상과 지역유지의 활동 ▫ 361

제1장 충청남도의 농촌통제조직 진흥회의 설치와 성격 ▫ 363
제1절 1910·1920년대 진흥회의 설치와 전개(1916.9～1932.10) ·· 364
제2절 1930년대 진흥회와 공려조합 (1932.10～1940.10) 382

제2장 충청남도 진흥회의 사례 ▫ 407
－연기군 서면 봉암리 진흥회－
제1절 연기군 서면 봉암리의 사회경제적 배경 408
제2절 1919～1930년대 초 진흥회의 설치와 전개 과정 416
제3절 1930년대 후반 1940년대 초 진흥회의 개편 441
제4절 1940년을 전후한 봉암리의 사회경제적 변화 446

제3장 충청남도 연기군 서면 봉암리 有志 尹鳳均의 사회활동 ▫ 465
－체제저항에서 식민지 관리로의 전환－
제1절 봉암리의 有志와 세대간 융합 467
제2절 윤봉균의 3·1운동 참여와 사회적 진출의 과정 480
제3절 윤봉균의 식민지 관리로의 성장과 지역유지 활동 496

결   론 ▫ 519
참고문헌 ▫ 545
찾아보기 ▫ 561

<표목차>

▪제 1 부▪

<표 1-1> 추동농사개량실행조합의 사업 추이(1929~1931) ················ 36
<표 2-1> 농어임산물의 생산량과 시장거래액추세 ······························ 61
<표 2-2> 이농의 증감 상황(전북) ·· 65
<표 2-3> 도별 영세민들의 생활동향과 지방치안의 상황 ·················· 68
<표 2-4> 농민운동 단체의 추이 ·· 72
<표 2-5> 면 아래 신동리·구동리(자연촌락)와 갱생지도부락의 상황· 83
<표 2-6> 함북 농촌진흥회와 갱생지도부락·갱생지도농가의 상황 ···· 131
<표 2-7> 갱생지도부락·갱생지도농가의 설치 상황 ························· 132
<표 2-8> 사상범죄의 종류와 추이 ·· 132
<표 2-9> 갱생지도부락과 금융조합의 통제 촌락 ······························ 136
<표 2-10> 금융조합 지도의 準식산계 ··· 145
<표 2-11> 경기도·함경도 금융조합의 조합원 포용율 ······················ 148
<표 2-12> 경기도·함경도의 식산계 활동 상황 ·································· 151
<표 3-1> 조선연맹 세입 예산 ·· 191
<표 3-2> 조선연맹 세출 예산 ·· 191
<표 3-3> 지원병의 지원자 및 입소자 통계 ······································· 225
<표 3-4> 애국반장의 직업과 활동 ·· 238
<표 4-1> 개인·단체(부락연맹)의 필행사항과 실천요목 ················ 310
<표 4-2> 부락연맹의 조직과 활동영역 ·· 311
<표 4-3> 부락연맹·애국반 상회의 개최 상황 ·································· 314
<표 4-4> 국민총력운동 조직결성 상황(1940~1944) ························· 319
<표 4-5> 대산리의 구동리와 부락연맹 ·· 323
<표 4-6> 어은리의 구동리와 부락연맹 ·· 327
<표 4-7> 국민총력조선연맹의 세입 예산 ·· 348
<표 4-8> 국민총력조선연맹의 세출 예산 ·· 349
<표 4-9> 국민총력연맹 예산 중 중요항목 査定 정황(1944.11.29) ···· 351

▪제 2 부▪

<표 1-1> 향약 조사(1932년 4월 조사) 368
<표 1-2> 할당 수·신청 수·査定 수 및 보조금 370
<표 2-1> 봉암리 진흥회와 회원의 실행사항(사업)의 변화 436
<표 2-2> 봉암리 진흥회의 조직과 하부기구 438
<표 2-3> 봉암리의 영농 규모와 생활 상태 439
<표 2-4> 봉암리 부락연맹의 편성 445
<표 2-5> 농가계층별 변동과 경지규모 447
<표 2-6> 교육의 보급 정도 457

<그림목차>

<그림 3-1> 국민정신총동원운동 하부조직도 178
<그림 3-2> 국민정신총동원운동 조직도 184
<그림 4-1> 국민총력운동조직도 267

서 론

1. 문제제기

　자연촌락(舊洞里)은 조선시대 이래 농민들이 일상적 삶을 영위하는 생활공동체의 최소 단위였다. 특히 조선후기에는 농민의 성장을 반영하여 촌락은 말단 행정 단위로 편입되었고, 촌락에 기초한 공동조직은 賦稅의 共同納 등과 같은 관의 지배력에 대응하면서 자치적 자활적 기풍을 형성해 왔으며, 농민운동 조직으로까지 발전하고 있었다.[1] 그러나 이러한 촌락은 일제의 식민지통치와 그 매체인 관제조직의 침투로 인해 타격을 받고 변질되어 갔다.
　일제는 농촌사회에 대한 지배체제를 구축하기 위해 面을 말단 행정기구로 하여 지방행정체제를 확립하는 한편, 면 아래 촌락까지 식민지질서로 재편하려고 했다. 말단 촌락을 식민지질서로 재

---

1) 주강현, 1988,「조선 후기 변혁운동과 민중조직」,『역사비평』2, 185~188쪽 ; 김인걸, 1989,「조선후기 촌락조직의 변모와 1862년 농민항쟁의 조직기반」,『진단학보』67, 61·66·68쪽 ; 이해준, 1991,「조선시대 향도와 촌계류 촌락조직」,『역사민속학』1, 한국역사민속학회, 38쪽 ; 고석규, 1998,『19세기 조선의 향촌사회 연구』, 서울대학교출판부, 263~264쪽.

2 서 론

편하는 것은 일제의 침략구조가 개개 농가에까지 작용하는 과정이기 때문에, 농촌사회에서 지배체제를 구축하는 데 근간을 이룬다. 따라서 일제는 농촌통제정책을 전 시기를 통해 단계별로 지속적으로 추진하였다.

일제의 통치 목표는 조선민중을 체제에 편입시키고 나아가 '황국신민'으로 개조하여 식민지 기반을 공고히 하는 것이다. 이런 목표를 달성하기 위해서는 개개인을 포섭해야 하지만, 이것은 현실적으로 불가능했기 때문에 일제는 조직을 이용하였다. 조직에는 이념과 목표·구조가 있어, 개인의 역할을 분배하고 활동에 통일성을 유지하며, 감시하여 일탈을 방지하면서 소기의 과제를 해결하는 장점이 있다.2) 따라서 일제는 농촌사회를 지배하기 위해 말단 촌락을 단위로 관제조직을 구축하는 정책을 전개했다.

일제는 강점 초기 이래 농촌사회에 식민지지배체제를 확립하기 위해, 기존 촌락의 자치적 공동체적 관계를 타파하여 지배의 걸림돌이 될 수 있는 요소를 제거하는 한편, 이를 활용하여 통치의 기반을 넓히려고 했다. 1920년대 이후 식민지권력과 개개 농가의 연결 고리인 촌락조직은 행정동리 혹은 촌락을 단위로 설치되었으며, 점차 전체 농민과 촌락을 대상으로 관제조직화 과정이 추진되었다. 1930·40년대까지 구축된 관제조직과 통제력은 전시동원체제의 토대가 되었다. 이같이 전국적으로 촌락이 재편되는 과정은 면행정의 기반이 확대되는 과정이기도 했다. 또 1930·40년대는 일제의 식민지정책의 모순이 극명하게 드러나는 가운데, 조선민중의 체제저항도 강했던 만큼, 식민지권력은 본격적이고 근본적으로 농촌과 농민에 대한 지배체제를 강화하려고 했다.

따라서 일제의 농촌통제정책을 이해하는 문제는 일제의 식민지

---

2) 민진, 1996, 『조직관리론』, 대영문화사, 11·26·34쪽.

지방지배의 구조와 성격을 이해하고, 조선민중의 존재 조건과 대응 방식을 구명하며, 식민지권력과 촌락·농민 혹은 지역유지 사이의 대립·협력과 같은 역학관계를 해명하기 위한 핵심적 과제의 하나이다.

또한 일제의 농촌통제정책의 기본구도나 방향성을 추적하는 작업과 함께 간과할 수 없는 것이 각 지역별 정책의 차이와 구체적인 양상이다. 관제조직의 지배구조와 농민들의 대응 양상은 상이한 배경과 조건에 따라 다를 수 있기 때문이다. 이에 따라 전국적인 추이와 함께 지역 사례를 검토하여 정책의 일반화 속에 가려질 수 있는 실제 모습과 다양성을 이해하는 것이 필요하다.

일제가 농촌사회를 지배하기 위해 촌락을 어떻게 조직적으로 통제했으며, 이들 조직에 편입된 농민들이 어떠한 조건 아래 어떻게 대응했는가를 밝히는 것은 일제하 농민의 삶과 촌락의 변화를 해명하는 데 관건이 된다.

2. 연구사 정리

일제는 지방행정과 농촌사회의 접점인 촌락에 대한 지배를 통해 농촌사회를 통제해 갔다. 촌락은 조선시대 이래 여전히 농민의 생활현장이며 일종의 사회적 결속력을 가진 사회조직적 단위였다. 어느 정도 자율성을 견지하고 있던 촌락은 일제로부터 식민지 지배와 수탈의 대상이 되었고, 관의 지배력과 촌락의 자율성은 대립적이면서 상호 접합하고 있었다. 농민들은 농촌사회 전체에 깔려 있는 관제조직에 여러 형태로 대응하였다. 따라서 일제가 조직을 매로로 하여 촌락과 농민을 통제하는 과정을 살피는 연구는, 농촌지배의 구조와 성격·실태를 밝히고, 조선민중과 식민지권력과의 관계를 해명하는 데 중요하다. 또한 일제의 농촌재편에 대한 이해는 식민지통치의 논리와 성격, 나아가 지배정책사 전반을 폭넓게 밝히는 데 필요한 주제의 하나가 된다.

그러나 종래 농촌·농민에 대한 연구는 식민지 농업정책과 지주제에 관심이 집중된 경향이 있었다. 이러한 농업정책과 지주제의 토대가 되며, 일제 후반으로 갈수록 농업과 농촌정책의 근간이 되는 촌락정책에 대한 연구가 부족했다. 다음에서는 일제의 조선농촌에 대한 통제정책과 관련한 연구성과를 시기별로 정리하면서 본 연구의 방향을 제시하고자 한다.

일제는 1910년대 面洞里 통폐합과 面制 실시로 지방 말단행정기구를 정비하는 과정에서 촌락의 자치적 기반을 해체하였고,[3] 각

---

[3] 일제시기 지방행정제도에 대한 연구로 김운태, 1986, 『일본제국주의의 한국통치』, 박영사 ; 손정목, 1992, 『한국지방제도·자치사연구(상)』, 일지사 등은 일제에 의해 구축된 지방제도의 침략성과 허구성을 드러내는 데 초점을 맞추고 있다. 일제의 지방지배체제를 해명하기 위해 面洞里의 말단 지방행정기구의 실태를 검토한 연구는 다음과 같다. 염인호, 1983, 「일제하 지방통치에 관한 연구 - '朝鮮面制'의 형성과 운영을 중심으로 -」, 연세대학교 석사학위논문 ; 이상찬, 1986, 「1906-1910년의 지방행정제도변화와 지방자치논의」, 『한국학보』 42 ; 1991, 「한말 지방자치실시논의와 그 성격」, 『역사비평』 13, ; 大和和明, 1988, 「植民地期朝鮮地方行政に關する一試論 - 面制確立過程を中心に」, 『歷史評論』 458 ; 이종범, 1997, 「한말 일제초기 '면리자치'의 성장과 변질」, 『김용섭교수정년기념한국사학논총』 ; 윤해동, 1997, 「'통감부 설치기' 지방제도의 개정과 지방지배정책」, 『한국문화』 20. 염인호는 1917년 면제의 실시로 일제의 지방지배체제가 일단 정비되었으며, 식민지권력의 면에 대한 지배강화는 구래의 동리 중심의 자치전통이 근대적 지방자치로의 이행할 가능성을 단절하는 결과를 초래하였다고 하였다. 또 이상찬은 갑오개혁 이래 성장하고 있던 지방자치론·민회 등을 분석하여 자치의 발전가능성을 검토하고, 이런 가능성은 통감부 시기와 일제시기에 걸쳐 진행되어 온 일제의 면의 강화정책으로 부정되었음을 밝

도별로 부분적으로 등장하는 관제조직도 이런 자치질서의 파괴를 가중시켰다는 점은 이미 지적되었다.4) 본 연구에서는 이런 성과를 바탕으로 촌락의 자주적 질서는 대체로 약화되면서도 존속하였고, 일제는 이런 공동체적 질서를 식민지체제의 확립과정에서 이용하여 확대·강화하는 정책을 추진했음을 설명하려고 한다.

일제는 조선민중의 거족적인 3·1운동을 탄압한 뒤, 1920년대 농촌사회에 대한 지배정책을 한층 확대해 갔다. 1920년대 일제가 소위 지방개량사업을 통해 각종 관제조직을 부식해 가는 과정은 金炅一·朴惠淑의 연구에서도 언급되었을 뿐 아니라 靑野正明5)·이하나6)·金翼漢7)의 연구에서 그 윤곽이 밝혀졌다. 그러나 이들

했다. 大和和明은 이러한 논의들을 전제로 하면서 말단 지방행정을 종합적으로 분석하여, 촌락공동체로서 舊洞里는 일제시대 이후 면제 시행 과정에서 행정의 단위에서 배제되어 법적으로는 사라졌지만 그 사회생활 단위로서의 의미가 상실된 것은 아니었고, 그 자체가 하나의 생활의 장으로 존속해오고 있었다고 보았다. 이종범은 조선 말기 이래 면리기구가 구현한 자치영역의 실체에 주목하고 일제 초기 면리제가 관치행정의 말단체계로 변질되는 과정을 해명했다. 윤해동은 통감부설치기 일제의 지방제도 개정의 방향과 지배정책의 성격을 이해하기 위해 군면의 지위 변동을 검토하고, 그 내용은 일제의 전시기에 걸친 지방지배의 성격을 틀지웠다고 보았다. 이들 연구는 일제가 지방제도를 구축하면서 재래 촌락의 자치성을 부정하여 촌락은 관치행정의 말단으로 기능하게 되었다는 데 의견을 같이 하고 있다.
4) 김경일, 1984, 「조선말에서 일제하의 농촌사회의 '洞契'에 관한 연구」 『한국학보』 35, 일지사 ; 박혜숙, 1984, 「일제하 農村契에 대한 일연구」, 숙명여대 석사학위논문.
5) 靑野正明, 1990, 「植民地期朝鮮における農村再編成政策の位置付け-農村振興運動期を中心に」 『조선학보』 136.
6) 이하나, 1994, 「1910-32년 일제의 조선농촌재편과 '모범부락'」, 연세대학교 석사학위논문.
7) 金翼漢, 1996, 『植民地期朝鮮における地方支配體制の構築過程と農村社會變動』, 동경대학대학원 박사학위논문.

연구는 일제의 농촌사회에 대한 지배력의 심화과정을 단계적으로 검토하지 못하였다. 즉 1920년대 일제의 행정력이 여전히 철저하지 못했던 점은 인식하면서도, 관제조직이 동리(행정리) 혹은 촌락에서 점차 촌락으로, 시기별·단계별로 구축되는 과정을 간과하고 '동리'='촌락'으로 처리하고 있었다. 또 靑野正明·이하나·김익한은 1920년대 일제의 농촌재편 과정을 소위 모범부락을 통해 살펴보았으나, 모두 모범부락이 일제의 농촌지배체제에서 차지하는 위치를 제대로 규정하지 못하고, 1930년대 농촌진흥회를 모범부락정책이 확대된 것으로 파악하고 있었다. 1930년대에 가면 '모범부락'이란 대체로 일제의 요청대로 정책이 잘 실행되고 있는 촌락을 의미한다. 또 모범부락 정책이 1920년대 후반 적극적으로 전개되는 가운데 당시 농촌사회의 가장 유력한 단체 중의 하나였던 금융조합[8]의 모범부락 정책에 대한 분석이 없었다. 또 모범부락을 위

---

[8] 종래 금융조합에 대한 연구는, 金斗宗, 1965, 「植民地朝鮮における1920年代農村金融について-朝鮮殖産銀行·村落金融組合を中心に」『經濟學硏究』5, 東京經濟大學 ; 秋定嘉和, 1968, 「朝鮮金融組合の機能構造-1930-40年代にかけて」『朝鮮史研究會論文集』5 ; 金森襄作, 1971, 「日帝下 朝鮮金融組合과 그 農村經濟에 미친 영향」『史叢』15·16 ; 波形昭一, 1981, 「朝鮮における金融組合の展開と機能」, 國際聯合大學,『人間と社會の開發』; 鄭容郁, 1987, 「1907-1918년 지방금융조합활동의 전개」『한국사론』16 ; 김영희, 1988, 「1920·30년대 금융조합의 금융활동에 관한 연구」, 숙명여대 석사학위논문 ; 1989, 「1920년대 금융조합의 금융활동」『숙대사론』13·14·15 등이 있다. 이들 연구는 주로 금융조합이 자금을 통한 농민들에 대한 긴박 혹은 수탈하는 양상을 밝히는데 주력하여, 금융조합의 전체상에 대한 이해가 부족했다. 그러나 관제조직인 금융조합은 경제단체로서 자금운용과 함께 식민지 지배이데올로기의 선전·주입기관으로 활동하면서 식민지농촌지배의 첨병과 같은 역할을 담당하였다. 또한 금융조합은 1920년대 후반 일제의 모범부락 정책이 확대될 때 이를 농촌사회에 크게 보급하는 데 크게 활약을 했고, 1930년대 이후에도 금융활동을 통해 촌락에 대한 지배

시한 농촌지배정책이 기본적으로 기존 촌락의 자치질서를 무력화하는 한편, 식민지지배의 효율성을 높이기 위해 이를 활용하는 양면성을 띠었다는 데에 대한 이해가 적었다.9)

종래 농촌진흥운동에 관한 연구에서10) 宮田節子는 이를 대륙침

력을 확대하면서 지방지배체제의 기반이 구축되는 데 일익을 담당해 가는 측면에 대한 이해가 부족했다. 그러나 최근에 금융조합이 금융기관이면서 농촌지배조직으로서 기능하고 있었음을 해명하는 연구도 부분적으로 진행되고 있다(片桐裕子, 1987,「朝鮮金融組合政策と朝鮮農村社會-「滿洲國」における合作社政策と比較にて」『法學硏究』 60-3, 慶應大 ; 문영주, 1995,「일제말 전시체제기(1937-1945) 촌락금융조합의 활동」, 고려대 석사학위논문 ; 이경란, 2002,『일제하 금융조합 연구』, 혜안).

9) 박혜숙은 조선후기 이래 농촌사회에 확산되고 있던 재래의 契가 일제 시대에 식민지 질서로 재편성되는 과정을 살피면서, 일제가 재래 자치질서를 적극 활용하는 점을 부분적으로 언급하고 있었다. 靑野正明도 관제조직을 통해 일제가 구래의 공동성과 자치성을 흡수 이용 하면서 농민에 대한 통제력을 관철하려고 했던 점을 개괄적으로 설명하였다.

10) 宮田節子,「1930年代日本帝國主義下朝鮮における'農村振興運動'の展開」,『歷史學硏究』297 ; 1973,「朝鮮における'農村振興運動'-1930年代日本ファシズムの朝鮮における展開」『季刊現代史』2(안병직·박성수 외, 1980,『한국근대민족운동사』, 돌베개에 번역 수록됨) ; 富田晶子, 1981,「準戰時下朝鮮の農村振興運動」『歷史評論』377 ; 지수걸, 1984, 「1932-1935년간의 조선농촌진흥운동-식민지 '체제유지정책'으로서의 기능에 관하여-」『한국사연구』46 ; 한도현, 1986,「1930년대 농촌 진흥 운동의 성격」『한국 근대농촌사회와 일본제국주의』, 문학과지성사 ; 靑野正明, 1990,「植民地期朝鮮における農村再編成政策の位置付け-農村振興運動期を中心に」『朝鮮學報』136 ; 松本武祝, ① 1991,「植民地期朝鮮の農業政策と村落」『朝鮮史硏究會論文集』29 ; ② 1998,『植民地權力と朝鮮農民』, 사회평론사, 5장 ; 정문종, 1993,『1930년대 조선에서의 농업정책에 관한 연구』, 서울대 경제학과 박사학위논문 ; 朴ソプ, 1995,『1930年代朝鮮における農業と農村社會』, 미래사 ; 김익한, 1996,『植民地期朝鮮における地方支配體制の構築過程と農村社會變動』, 동경대학대학원 박사학위논문, 4장 ; 김용철, 1999,「宇垣一成의

략의 거점인 식민지 조선 지배의 위기를 극복하기 위한 파시즘정책으로 규정하고 그 기본 구조를 제시했다. 富田晶子는 자작·자소작농의 체제내화와 농촌조직화사업으로 전시동원체제의 포석을 마련했다고 보았다. 지수걸과 정문종은 체제안정화 정책의 일환으로 파악하였는데, 특히 지수걸은 적색농조운동 등 농민운동에 대한 대항정책이란 점을 강조했다. 한도현은 농촌진흥운동이 농민의 자발적 참여 없이 일제의 권력과 폭력에 의해 수행되었다고 보고, 농민을 주체적 능력이 없는 수동적 존재로 묘사했다. 이에 반해 青野正明은 일제가 동리의 자치를 활용한 관제 자치로 농촌을 재편하려고 했다고 보았으나, 농촌진흥운동 단계에서 통제의 단위가 자연촌락이었음을 간과하였다. 松本武祝은 소작쟁의의 조정에서 재촌 중소지주의 약체화와 총독부의 역할을 강조하는 한편, 재래 촌락질서를 대신해 가는 다른 조건에 대한 구명의 필요성을 제기했다(①). 또한 일제가 농가의 빈곤 문제를 나태 등의 개인 문제로 규정하고, 농민들에게 이런 私事化 이데올로기를 수용할 수 있는 가능성과 기반이 존재했다고 하면서도, 구체적으로 농민들의 반응을 추적하지 못했다(②). 박섭은 식민지농정을 실행하기 위해 농민의 자발성을 조장할 필요에서 촌락통제와 농촌진흥단체의 설립이 있었다고 했다. 그러나 자발성 조장과 촌락조직화의 관계, 농촌진흥단체가 농민들을 끌어들일 수 있었던 요인 등에 대한 설명이 부족했다. 김익한은 농촌진흥회의 조직화정책으로 촌락에까지 행정이 침투되어 갔다고 지적했지만, 관제조직화가 촌락의 자치요소를 제거하는 방향으로 전개되었다고 보았다. 板垣龍太는 식민지 관료

조선통치관과 '농촌진흥운동'『전통문화연구』6, 조선대 ; 板垣龍太, 2000,「農村振興運動における官僚制と村落-その文書主義に注目して」『朝鮮學報』175.

제의 침투 과정을 문서주의에 기초한 행정 침투라는 관점에서 검토하였다. 끝으로 금융조합을 연구한 片桐裕子는 관제조직이 촌락 단위로 진행되었기 때문에 급속히 전개되었다고 보면서, 그 원인을 원래 위로부터의 동원에 약한 성격을 지녔던 조선사회의 특징을 이용했기 때문이라고 하였다. 그의 견해에서도 촌락의 기능과 농민의 대응 조건에 대한 이해가 부족했다.[11]

이상의 연구 성과를 보면, 식민지권력이 농촌의 말단 촌락까지 침투했다는 지적은 많지만, 행정력의 침투 고리인 농촌진흥회의 확충 과정, 그 기능과 활동의 구체적인 양상에 대한 분석이 부족했고, 농촌진흥운동을 통한 일제의 농촌·농민 통제정책에 대해 농민들이 어떠한 반응을 보였는지 충분히 구명하지 못했다. 농촌진흥운동이 전체 촌락과 농가를 파악하고 규제하려고 했기 때문에, 관과 민을 연결시킬 매개를 확보하는 것이 중요했다. 농촌진흥회는 종래 폭력과 처벌 등의 강압적 기제를 구사하던 식민지 관료제와 행정의 한계를 보완하면서, 통치기반을 넓히는 수단이었다. 따라서 이런 농촌진흥회의 기능과 역할을 구체적으로 살피는 작업은

---

11) 농촌진흥운동의 보조정책으로 실시되었던 자작농지설정사업과 조선농지령 등에 대한 분석을 통해, 1930년대 일제의 농지정책에 대한 견해는 대체로 두 가지로 구별된다. 하나는 이들 정책이 기본적으로 체제순응적인 소수 자소작농과 소작농의 성장 본보기를 제시하여 일반 농민에게 소부르조아 의식을 불러일으키려는 것으로 그 효과는 극히 제한되었다는 것이다(朴明圭, 1984,「日帝의 自作農創定計劃에 관한 고찰」『한국학보』37 ; 鄭然泰, 1994,『일제의 한국 농지정책(1905-1945)』, 서울대 박사학위논문). 다른 한편 자작농지설정사업과 농지령 등의 일련의 소작관계 정책이 어느 정도 성공하여 농가경제의 안정에 효과를 발휘한 것으로 보는 견해도 있다(정태헌, 1991,「1930년대 식민지 농업정책의 성격 전환에 관한 연구」『일제말 조선사회와 민족해방운동』, 일송정 ; 박섭, 1992,「植民地朝鮮における小作關係政策の展開－朝鮮農地令を中心として」『日本史研究』353 ; 정문종).

재편되는 식민지질서와 그 속에 담긴 정책적 의도를 확인하기 위해서도 필요하다.

중일전쟁 직후 등장한 국민정신총동원운동은 개별 戶까지 조직화하여 전시동원정책을 말단에까지 관철시킬 수 있는 기반을 마련했고, 뒤에 한층 강력한 전시동원체제인 국민총력운동의 기반이 되었다. 일제의 농촌통제정책을 포함한 지방지배정책의 귀결점과 그 성격을 밝히기 위해서도 양 운동에 대한 해명은 매우 중요하다.

기존 국민정신총동원운동에 관한 연구는[12] 초기에는 전시동원정책의 일환으로 이에 대한 개요와 성격을 개괄하는 데 그쳤다. 이와 관련된 본격적인 논문은 君島和彦로, 식민지권력측의 입장에서 국민정신총동원운동과 국민총력운동의 개요와 성격을 살폈다. 庵逧由香은 국민정신총동원운동과 국민총력운동의 조직 형성과 그 역할에 대해 분석하여, 일제 말기 지배의 구조와 실태를 연구하는 데 기초적인 작업을 했다. 최유리는 전시 지배정책으로 언론정책・관제운동・언어정책・징병제 등을 분석하면서, 관제운동의 하나로서 국민정신총동원운동의 전체상을 정리하였다.

국민정신총동원 운동의 이념 내지 정신통제의 본질과 관련해서는[13] 君島和彦는 내선일체의 논리를 검토하여 그것이 내용적으로

---

12) 박경식, 1973, 『日本帝國主義の朝鮮支配』, 靑木書店 ; 조동걸, 1985, 「日帝 末期의 戰時收奪」『千寬宇先生 還曆紀念 韓國史學論叢』, 정음문화사 ; 강창일, 1994, 「일제의 조선지배정책」『역사와 현실』12 등 개설서. 연구 논문으로는 君島和彦, 1977, 「朝鮮における戰爭動員體制の展開過程」, 藤原 彰・野澤豊 편, 『日本ファシズムと東アジア』, 청목서점 ; 庵逧由香, 1995, 「朝鮮における戰爭動員政策の展開-'國民運動'の組織化を中心に」『國際關係學研究』21, 津田塾大學 ; 최유리, 1997, 『일제 말기 식민지 지배정책연구』, 국학자료원, 3장.
13) 君島和彦 ; 宮田節子 저, 李熒娘 역, 1997, 『조선민중과 '황민화' 정책』, 일조각, 4장 ; 최유리, 2장 ; 박성진, 1999, 「일제말기 녹기연맹의 내선일체론」, 『한국근현대사연구』10, 한국근현대사연구회.

는 천황주의의 강요였고 대외침략의 논리로 작용했다고 보았는데, 이런 시각은 다른 연구에 기본적으로 반영되어 있다. 宮田節子는 내선일체에 대한 지배자와 피지배자의 입장의 괴리에서 오는 양자 사이의 갈등을 밝히는 데 주안점을 두었다. 최유리는 내선일체론이 지배정책에서 어떻게 기능하고 있는지를 분석하고 그 내용과 구조를 살피면서 천황제를 언급하였다. 박성진은 지배정책의 논리를 개발하고 확대 보급하는 데 역할을 했던 綠旗聯盟의 내선일체론을 살폈다.

　이들 연구에서는 국민정신총동원운동의 실시와 조직의 확충 과정을 분석하여 전시체제 아래 조선민중이 일제에 의해 어떻게 말단까지 조직화되었고, 국민정신총동원운동은 이전의 정신통제정책과 어떠한 차이가 있는지에 대해서 명확히 밝히지 못했다. 또 이들 연구는 당시 최고의 통치 목표인 '내선일체'를 전시정책과 관련시켜 중시하면서도, 그 내용으로서 천황제 이데올로기가 어떤 논리로 이 운동을 뒷받침하고 있는지를 살피지 않았다. 또 '국민총훈련'이란 시각에서 국민정신총동원운동의 전개 형태를 분석하거나, 지원병제도의 실시와 이 운동의 관계를 해명하거나 추진대원의 주된 기반으로서의 지원병제도를 검토한 성과도 거의 없는 실정이다. 특히 지원병제도에 대한 기존 연구는 징병제 실시 이전의 과도적 정책으로서 제도 자체를 분석하는 데 주안점을 두었다.[14] 따라서 선행 연구에서는 지원병제도가 국민정신총동원운동과 매우 밀접한 관계 속에서 황민화 정책에 어떻게 활용되었는지, 또 지원병 출신 내지 지원자들이 이 운동에서 차지하는 역할 등도 충분히 해명하지 못했다.

---

14) 宮田節子 저, 李熒娘 역, 1997, 『조선민중과 '황민화' 정책』, 일조각, 2장 1절 ; 최유리, 『일제 말기 식민지 지배정책연구』, 5장 1절.

국민총력운동에 관해서는15) 이 운동이 전시동원체제를 구축하는 데 국민정신총동원운동과 어떤 차별성을 띠었는지, 또 일련의 농촌통제정책이 이를 통해 어떻게 귀결되었는지 등에 대한 해명이 적었다. 일제는 지방행정과 농촌사회의 접점으로 촌락의 중요성을 재확인하고 나아가 戰時行政의 단위로 활용했다. 또 촌락과 개인의 연결 고리로 戶(家)의 기능을 적극적으로 정책에 활용했다. 식민지권력과 농민이 연결되는 접점은 촌락과 戶였으며, 이런 현상은 이 시기에 극명하게 드러나고 있었다. 또한 일제의 농촌통제정책이 농민들의 일상생활을 전면적으로 규제·지배하는 가운데, 농민과 촌락의 존재 양태와 반응에는 일률적으로 단순하게 설명할 수 없는 다양성이 존재했다. 따라서 국민총력운동 아래 전개된 농촌통제정책에 대한 이해는 일제말기 농촌지배체제의 구축 과정, 농민·농촌지배의 본질과 성격, 농민들의 대응 양상과 그 결과 등을 해명하는 데 핵심 골간이 된다.

이상과 같이 일제하 농촌통제정책의 전개과정을 시기별로 검토하였지만, 시기별 정책의 내용에 관한 개별 연구도 부족한 연구 현실에서 지역 단위의 연구는 전혀 진행되지 않았다. 일제의 농촌통제정책의 성격과 양상을 해명하기 위해서는 일반적이고 거시적인 추이를 검토하고 아울러 구체적인 지역 사례연구가 뒷받침되어야 한다. 전국적인 자료의 종합적인 정리는 전체적인 방향과 현상을 제공하지만, 구조적이고 독특한 역사상을 계기적으로 드러내기 어려운 한계를 지녔기 때문이다. 또한 일제는 농촌통제를 효율적으로 추진하기 위해 관제조직을 활용했는데, 관제조직을 통해 농민과 관을 중개하는 역할을 지역의 有志 혹은 중심인물들이 했다. 이러한 지역 有志들이 식민지질서의 재편과정에 어떤 역할을 했고,

---

15) 君島和彦 ; 庵逧由香 ; 최유리.

이들의 활동을 추동한 것은 무엇이었는지, 그들에 대한 평가를 어떻게 해야 할지 등도 검토해야 할 사항이다.

3. 연구의 과제와 구성

본 연구는 일제의 농촌조직화 과정과 지배정책으로 농촌사회의 질서가 재편되어 가는 양상과 그 성격, 그리고 식민지행정의 말단 보조기구인 관제촌락조직의 기능과 활동, 이에 대한 조선농민의 반응을 밝히려고 한다. 이러한 문제를 검토하려는 본 연구는 크게 2부로 구성했다. 1부와 2부 모두 '지배정책과 민의 반응'의 상관관계를 전제로 논의를 전개하였다. 연구 범위는 일제의 전 시기를 다루지만 1930·40년대를 중심으로 살펴보고자 한다.

제1부에서는 일제의 농촌통제정책을 강점 초기부터 1945년까지 시기별로 검토하여 전반적인 정책의 추이와 성격을 살펴보았고, 이런 관제조직의 침투에 대한 조선민중의 내적 조건과 반응의 일단을 종합하였다.

제1장에서는 먼저 조선 농촌사회의 기초 단위인 촌락의 기능을 살핌으로써, 일제가 농촌통제의 효율성을 높이기 위해, 재래의 자율성을 견지하고 있던 촌락을 단위로 정책을 추진하였음을 설명하려고 했다. 그리고 1920년대까지 일제의 농촌조직화와 통제가 동리 혹은 촌락 단위로 진행되었음을 해명하되, 충남의 부분은 2부에서 다루려고 한다. 그리고 농사개량실행조합과 금융조합과 같이 명백한 경제단체가 경제방면의 활동과 함께 정신·사상방면을 지배하는 수단이었음을 구명하여, 식민지정책에 대한 종합적 이해의 필요성과 정책 이면에 깔린 의도를 포착하여 분석하는 작업의 중

요성을 강조하고자 하였다.

　제2장에서는 농촌진흥운동을 통해 전개된 식민지권력이 농촌과 농민을 어떻게 식민지질서로 통합하려고 했으며, 이에 농민들은 어떤 반응과 변화를 경험하였는가를 밝히고자 한다. 이를 위해 논의의 초점을 다음과 같이 맞추고자 한다. 첫째, 촌락 단위로 조직된 농촌진흥회가 면행정의 보조조직으로 활동하는 한편, 소작권 분배 혹은 지역의 이해관계를 해결하는 창구로서 기능하기도 하면서, 농민들의 내적 동기를 유도하고 있었던 사실을 살피려고 한다. 둘째, 농촌진흥운동은 (준)전시체제의 동원 기반을 형성하려는 과정이었기 때문에 관의 지시에 따른 일시적인 '추종'이 아니라 자발적인 '운동'이 되도록 농촌진흥회가 개편 강화되어 갔는데, 그 진행 과정을 밝히려고 한다. 셋째, 빈궁한 농민들은 경제적 '갱생'을 기대하고 농촌진흥운동에 부분적으로 참여하지만 근본적인 해결책이 제시되지 못했기 때문에 지속적인 흡인력이 약했다는 점, 그러나 그 과정에서 농민들은 삶의 변화를 경험하게 된다는 사실의 일단을 해명하려고 한다. 끝으로 농촌진흥회와 금융조합의 활동이 당시 식민지체제를 위협하고 있던 적색농민조합의 활동에 미친 영향을 살피고자 한다.

　제3장에서는 국민정신총동원운동 아래 강행되는 농촌통제정책을 주제로 삼았다. 첫째, 국민정신총동원운동의 실시와 조직의 확충 과정을 분석하여 전시체제 아래 조선민중이 어떻게 말단까지 조직화되었는지, 이는 농촌진흥운동 단계와 어떤 점에서 차이가 있었는지를 밝혀보고자 했다. 이를 위해 먼저 국민정신총동원운동 실시의 배경으로 기존 정신통제정책인 심전개발운동이 어떤 한계를 가졌으며, 그 대안적 정책으로 이 운동이 등장했음을 검토하려고 한다. 또한 이 운동의 조직과 기구가 정비되어 가는 과정을 살

피면서 특히 말단조직인 부락연맹과 애국반을 통해 개개의 戶가 식민지권력의 통제권에 포섭되는 양상을 알아보려고 한다. 둘째, 국민정신총동원운동의 이념으로서 황국신민화·내선일체에 관통하는 천황제 이데올로기를 해명하여, 이 운동에 관철되고 있는 지배정책의 기만성과 허위를 밝히고자 한다. 셋째, 국민정신총동원운동의 전개 형태로서 이른바 국민총훈련의 내용, 국민총훈련의 일환으로 전개된 근로보국운동 그리고 국민정신총동원운동과 지원병제도의 관련성, 추진대원의 주된 배출구의 하나인 지원병제도를 살펴보려고 한다. 끝으로 국민정신총동원운동을 통해 전개된 일련의 통제정책에 대해 조선민중이 어떻게 대응했는지를 검토하려고 한다.

제4장에서는 1930년대 농촌진흥운동과 국민정신총동원운동으로 형성된 농촌사회의 조직화와 통제정책이 국민총력운동으로 재편성되는 가운데 드러나는 특징을 살핌으로써, 국민총력운동 아래 전개된 농촌통제정책의 성격과 특징을 검토하려고 한다. 이를 위해 우선 국민총력운동의 조직과 기구의 개편 과정을 살펴보고, 말단조직인 부락연맹의 기능과 실태를 통해 촌락은 관의 지배의 거점이면서 여전히 민의 생활공동체로서 기능하고 있었음을 밝히고자 한다. 둘째, 농촌지배정책이 야기했던 촌락과 민의 변화상도 검토하고자 한다. 그리고 국민총력운동 아래 戶 단위의 농민 파악이 이전과 어떠한 점에서 차이가 있는지를 살피고자 한다. 끝으로 전시동원정책의 중심축을 이루었던 국민총력운동의 자기모순, 나아가 농촌통제정책의 한계점을 제시하고자 한다.

제2부에서는 일제의 농촌조직화 과정과 농촌지배의 양상을 구체적으로 확인하기 위해 충청남도의 통제정책을 검토하려고 한다. 여기서는 1부에서 살핀 거시적이고 일반적인 지배의 구조와 추이

에 부합되는 예를 제공하거나 설명하는 차원이 아니라, 지역에 입각하여 지역 내부의 구체적 문제를 밝히고자 한다.

제1장에서는 충남의 관제촌락조직인 진흥회를 중심으로 통제정책의 전개와 그 특징을 살펴보려고 한다. 이에 따라 충남 진흥회의 성립과 활동 그리고 농촌진흥운동의 말단 실행체인 공려조합과 기존 진흥회와의 관계, 양자를 통한 면행정의 침투 문제를 검토한다.

제2장에서는 동리 규모로 연구 범위를 축소하여 연기군 서면 봉암리 진흥회를 추적하여 진흥회의 기능과 성격의 일단을 이해하고자 한다. 이를 위해 식민지권력과 진흥회의 관계, 진흥회를 중심으로 농민들이 정책에 대응하는 모습, 진흥회가 농민들의 삶에서 차지하는 위치, 개개인의 일상과 사회변화 등을 해명하겠다.

제3장에서는 봉암리가 진흥회를 매개로 식민지질서로 재편되는 과정에서 지역유지의 역할을 검토하려고 한다. 우선 봉암리를 대상으로 정책 실행의 주된 조건의 하나인 세대간 결합 조건이 크게 확보되어 있었다는 점, 또 진흥회가 관치보조적 수단이면서 동리의 공동 이해를 대변하는 일종의 창구 역할을 했듯이, 진흥회장 역시 식민지행정의 적극적인 협력자이면서도 주민의 공동 요구를 수렴하여 관을 상대로 관철시켰던 양태들을 부분적으로 살펴보려고 한다. 끝으로 대표적인 봉암리 유지 윤봉균의 성향과 활동을 검토하여 끊임없이 자기변화를 거쳐 체제저항에서 식민지 관리로 전환하는 인물에 대한 평가를 문제 제기 차원에서 시도해 보려고 한다.

제1부

일제의 농촌통제정책의 시기별 전개 과정

제1장 농촌진흥운동 이전의 농촌통제정책(1910.8~1932.11)
제2장 농촌진흥운동과 농촌통제정책(1932.11~1940.10)
제3장 국민정신총동원운동과 농촌통제정책(1938.7~1940.10)
제4장 국민총력운동과 농촌통제정책(1940.10~1945.8)

제1장

농촌진흥운동 이전의 농촌통제정책(1910.8~1932.11)

제1절 자연촌락1)의 위치

일제는 소위 통감부 시기부터 面의 기능강화를 중심으로 식민지

---

1) 일제는 농촌의 말단사회를 지칭하여 '자연부락'이란 용어를 사용했다. '부락'이란 본래 일본 내 천민들이 거주하는 지역을 뜻하는데 일제가 이런 부락이란 용어를 조선에 들여와 사용하였다. 이 과정에서 조선민중을 낮게 평가하려는 의도가 담겨 있었다는 비판이 있다. 부락이란 용어가 당시 일제가 농촌사회의 문제를 다룰 때 보편적으로 사용하고 있었지만, 그 용어가 가진 식민성을 인정하여 본 연구에서는 '촌락'으로 대체하여 사용하려고 한다. 그러나 '지도부락' '부락연맹' 등과 같은 정책 용어는 역사적 의미를 좀더 객관적으로 전달한다는 차원에서 그대로 사용하기로 한다. 조선후기 面里制의 정착 과정에서 등장하는 里(舊洞里)와 달리 일제시대에 구동리가 통폐합되어 새로 新洞里(行政里)가 생겼다. 따라서 본 연구에서는 조선시대의 里를 특별히 지칭할 때는 舊洞里라고 하고, 일제시대 신동리 아래 포용된 舊洞里는 대개 부락 혹은 자연부락이라고 일컬어졌는데, 이 '부락'을 '촌락'으로 바꾸어 사용하고자 한다. 또 자연촌락과 촌락의 구분은 별 의미는 없고, 단지 문맥에 따라 선택할 것이며, '마을'은 행정리 혹은 촌락의 다른 표현으로 사용하려고 한다. 주 9) 참조.

적 지방행정제도 개편을 추진하였다. 1914년 동리통폐합으로 동리와 동리장을 줄여 경비를 절감하는 대신 면장과 면의 행정력을 강화하였다. 이어 일제는 1917년 조선면제를 발포하여, 洞有財産을 面有財産으로 편입시켜 면의 기본재산을 조성하고, 면이 동리 단위의 공공사업을 대신 독자적으로 처리할 수 있도록 하였다.[2]

이와 같이 면동리의 통폐합과 면제 시행으로 새로 정비된 지방행정체제는 면을 중심으로 郡과 洞里가 결합한 郡-面-洞里制였다. 이때 조선시대 이래 洞里(=舊洞里)가 통합되어 새로 行政里(新洞里)가 형성되었는데, 평균 2.3개의 구동리가 통합되어 1개 신동리를 이루었다(<표 2-5 83쪽>). 이 과정에서 종래 독자적인 사업능력이 있던 구동리와 달리, 신동리는 면 아래 지방행정 말단기구로서, 일제의 의도에 따라 '上意'를 말단 촌락에까지 전달하는 중간조직에 불과하였다.[3] 신동리는 단지 면의 행정보조기구로 관의 지시를 개개인에게 전달하는 것을 주된 임무로 하였다.

신동리 아래 포용된 구동리는 조선말기까지 면 아래 최하급 단위의 행정구역이었다.[4] 구동리는 자연적 사회적 결합성을 바탕으

---

2) 廉仁鎬, 1983, 「日帝下 地方統治에 관한 硏究-'조선면제'의 형성과 운영을 중심으로-」, 연세대학교 석사학위논문, 6~23쪽 ; 朴惠淑, 1984, 「日帝下 農村契에 對한 一硏究」, 숙명여자대학교 석사학위논문, 18~24쪽.

3) 大和和明, 1988, 「植民地期朝鮮地方行政に關する一時論-面制確立過程を中心に」, 『歷史評論』 45, 46쪽.

4) 조선 전기 이래 촌락 구성은 散居集團으로 행정편제는 아니었고, 다만 몇 개의 자연촌락이 우세한 촌락에 부수된 형태로 광역의 리가 설정되어 있었다. 16세기 집약농법에 의한 생산력의 발전과 소농경제의 성장, 임난 후 향촌 재건과정을 배경으로, 점차 광역의 리 밑에 있던 자연촌락은 촌락 분화의 과정에서 독자적인 조직과 규모를 갖고 독립하여(分洞), 새로운 면리체제로 정착해갔다. 이렇게 분화해 간 자연촌락이 면리제와 田稅의 比總制・군역의 里定法・환곡의 里還 및 統還制 등에

로 하나의 촌락공동체를 형성하고 있었다. 당시 구동리는 면의 하급단체이며 행정단위임과 동시에 공동정신과 자치정신을 토대로 농촌사회에서 하나의 생활공동체로서 지역단체를 이루면서 발전해가고 있었다. 대체로 구동리의 洞會는 洞祭 직전 혹은 직후에 열렸다. 이때 촌락 내 연중행사·촌락재산의 보고·임원선거·농사에 대한 토론·비행자의 처분 및 덕행자의 표창 등이 이루어져 공동체적 연대의식을 갖게 하는 데 중요한 역할을 담당하였다. 이같은 촌락공동체로서 구동리는 일제시대 면제 시행 과정에서 행정의 단위에서 배제되어, 행정상의 독립성은 완전히 소멸되었다. 그러나 구동리가 행정의 단위에서 배제되어 법적으로 사라졌다고 해서 그 사회생활 단위로서의 의미가 상실된 것은 아니었다.

일제는 법령상 (읍)면을 최하급 지방행정기구로 지방지배체제를 확립했다. 新洞里는 면 아래 인위적으로 행정편의에 따라 구획되었고, 읍면 직원 자격으로 구장을 두었다. 그런데 면 중심의 지방행정 개편과정은 민의 참여를 배제시켰다. 즉 구역을 변동시키는 과정에서 "인민의 의향 등은 조금도 헤아리지 않고 당시의 관리들이 마음대로 책상에서 경계선을 그었던 흔적"이 있었던 것이다.[5] 이러한 상태에서 조선민중은 (부읍)면의 행정에 반드시 관심을 가질 필요가 없었고, 또 갖지 않아도 생활에 별다른 지장을 받지 않은 실정이었다고 한다.[6] 따라서 면제의 실시로 구동리의 기능이

서 최소 행정단위로 상정되는 공동체였던 것이다(김준형, 1982, 「조선후기 面里制의 성격」, 서울대 석사학위논문, 5~30쪽 ; 이해준, 1996, 『조선시기 촌락사회사』, 민족문화사, 제2장 ; 정진영, 1998,『조선시대 향촌사회사』, 한길사, 2부 4장 참조).
5) 北留良弘, 1936.3, 「邑面行政區域整理에 對한 私見」『조선지방행정』 15-3, 35쪽.
6) 大久保淸和(內務局事務官), 1941.1, 「府邑面の新體制-地方行政下部組織の整備に就て」『朝鮮行政』, 13쪽.

약화되었다고는 하지만 그것은 행정상의 독립성 등 외적 기능의 약화이며, 일제는 내부에 대해 거의 손을 대지 않고 "舊慣찁 중에 내맡겨 간접적으로 간여"하는 입장이었다.7) 즉 구동리는 행정단위로의 편입 여부와 관계없이 민의 실질적인 생활의 터전이며 협동체로 존속하였다.8)

이와 같은 이유로 面은 농민의 실생활과 유리되어 있는 반면 민의 생활상의 요구는 대부분 지방행정 단체와는 별개로 '부락관념'에9) 의존하는 형편이었다. 이에 따라 군면에서 동리를 기준으로

---

7) 양회수, 1967,『한국농촌의 촌락구조』, 아세아문제연구소, 508쪽 ; 大和和明,「植民地期朝鮮地方行政に關する一試論-面制確立過程を中心に」, 49쪽.

8) 일제의 강점으로 구래 사회조직의 많은 내용이 소멸될 상태에 있었음에도 구동리를 주된 구역으로 하는 契조직 역시 일제 말기까지 여러 부문에서 일정한 기능을 하고 있었다고 한다(四方博, 1944.7,「李朝時代に於ける契規約の研究」『朝鮮總督府調查月報』, 1~2쪽).

9) '자연부락'은 구동리와 약간 다르다. 구동리가 일제하 행정리로 재편되는 경우는 크게 '구동리→신동리', '구동리+구동리 일부(하위 자연촌락)→신동리'로 유형화될 수 있다. 즉 1개의 구동리가 그대로 1개 신동리로 되는 경우도 있었지만 대체로 구동리 2.3개가 1개 신동리를 이루고 있었다. 또 구동리의 아래 있던 '하위 자연촌락'도 이때 분할되어 각각 다른 신동리의 구성단위로 편입되기도 했다. 따라서 1개 구동리 아래 포용되어 있던 하위 자연촌락들이 1개 이상의 신동리 아래 분산 편입될 수 있었다. 이렇게 되면 신동리 아래는 구동리 단위가 편입될 뿐 아니라 구동리 단위와 함께 다른 구동리에서 분할된 '하위 자연촌락'이 편입되는 경우도 있게 된다. 일제시대 '자연부락'이라 하면, 보통 신동리를 구성하고 있는 '구동리' 혹은 '하위 자연촌락'을 가리킨다. 그러므로 일제는 구동리와 함께 그 아래 있던 하위 자연촌락까지 총괄하여 '자연부락'이라고 명명하였다. '자연부락'은 구동리와 이러한 차이를 가지고 있지만, 구동리가 '자연부락'을 형성하고 있는 것이 대부분이기 때문에, 논의상 필요한 부분에서만 구동리와 자연부락(본고에서는 자연촌락으로 기술함)을 구분한다. 따라서 본 연구에서는 구동리의 사회적 기능 즉 통합성과 일치협력성 등은 자연촌락에도 그대로 적용한다.

계획한 행정과 시설은 "필경은 면장 구장 등의 손을 거쳐서 부락에 내여미는 습관"이 있었다. 즉 "郡面에서 하는 일로 … 결국 그렁저렁 잘 처리되어 가는 것은 대개 피치자에게 '부락민'이라는 잠재력이 잇(기 때문)"이라는 것이다.[10] 촌락(구동리)이 행정단위에서 제외되었다고 하지만 실제로 면행정은 행정리인 동리보다 촌락에 의존하는 경향이 많았기 때문에, 촌락의 사회적 기능은[11] 우리의 관심의 대상이 된다.

자연촌락은 농촌생활에서 명확한 독립성을 갖고 농민의 일상생활의 대부분이 그 속에서 이루어지는 일정한 지역이다. 또 독자의 관습과 전통을 갖고 그 자체가 하나의 사회 통일성을 이루는 민의 생활의 장이었다. 또한 어떤 독자적인 생활규범은 해당 지역에 존재하는 사람들의 행동을 자족적으로 상호 규제하였다. 농민 특유의 행동기준은 이 촌락의 독자적 생활규범이었기 때문에, 촌락에서 배제되는 것은 곧 전체 생활의 가능성이 배제되는 줄로 인식하고 있었다. 이러한 촌락의 확인 지표는 ① 洞祭를 공동으로 하는 범위 ② 동리매 내지 동리추방(黜洞)이 이루어지는 지역 ③ 흉사 때 애도의 범위의 3가지 항목이라고 한다. 촌락에는 구성단위이며 가장 강한 통일체인 가족의 결합원리가 촌락에까지 확대되어, 촌락 자체가 하나의 가족인양 가족의 원리가 적용되고 있었다고 한다.

이상과 같이 일제는 강점 초기 이래 면행정을 집행하기 위해 구래의 촌락질서에 의존하지 않을 수 없었고, 농민들의 실질적인 생활터전인 촌락에 대해 지배력을 확장하고 있었다. 즉 "촌락사회를 물샐틈없이 통제 지배하는 명제야말로 식민지지배체제를 확립하

---

10) 李覺鍾, 1931, 「부락의 사회적 연구」『新民』64, 신년호, 71쪽 ; 楊浚華, 1938.11, 「地方自治細胞化と部落の法認」『조선지방행정』2-11, 78쪽.
11) 이하는 최재석, 1975, 『한국농촌사회연구』, 일지사, 56~64쪽을 참고하여 정리하였다.

는 기본과제"였다.12) 이에 따라 농민과 농촌을 대상으로 한 정책은 가급적 '생활에 입각한' 조직을 이용하고, 그 조직의 구역을 점차 '구동리'를 단위로 조정해 나가고 있었다. '舊部落'을 단위로 하지 않으면 "목적 수행은 곤란"하다고까지 인식하기에 이르렀다.13) 일제의 이같은 인식은 1930년을 전후하여 확립되었다. 일제의 농촌통제는 1910·1920년대 동리(신동리)를 중심으로 하면서 촌락(구동리)에 접근했다면, 1932년 농촌진흥운동을 계기로 촌락의 자치성에 한층 주목하여 촌락의 조직화가 확대되기 시작했다. 2장에서 살펴볼 농촌진흥운동 아래 촌락 단위의 관제조직을 급속히 설치할 수 있었던 배경에는 구래의 공동체적 질서가 남아 있는 촌락 질서를 흡수하여 추진했던 점도 한 요인이었다.14)

한편 지방행정제도에서 촌락의 존재가 완전히 무시되었던 것은 아니다. 동리(행정리)가 일종의 행정구획으로 다소 전통적인 생활방식과 사회질서를 달리 하던 촌락들을 하나로 통합한 것이기 때문에, 때때로 행정의 효율성을 높이기 위해 區를 설치하고 있었다. 이 區制는 촌락을 기초로 한 일종의 행정적 촌락이라고 할 수 있다.15) 면 아래 말단사회는 洞里-區-村落으로 편제되었고, 區는 촌락을 기초로 설정되어, 종래 실생활과 유리된 면제와 촌락을 연결하는 역할을 담당했다. 洞里와 區의 長인 區長은 촌락에서 관의 통제력이 미치지 않는 부문을 지원하는 관치보조의 역할을 수행하

---

12) 고승제, 1977, 『한국촌락사회사연구』, 일지사, 321~322쪽.
13) 鈴木榮太郞, 1973, 『朝鮮農村社會の硏究』, 미래사, 114쪽.
14) 본 연구와는 구체적인 사항에서는 차이를 보이지만, 이러한 관점은 대체로 富田晶子(1981, 「準戰時下朝鮮の農村振興運動」 『歷史評論』 377, 79쪽)와 片桐裕子(1987, 「朝鮮金融組合政策と朝鮮農村社會-'滿洲國'における合作社政策と比較にて」 『法學硏究』 60-3, 慶應大, 66쪽)와 같이 한다고 할 수 있다.
15) 崔在錫, 『한국농촌사회연구』, 75~76쪽.

였다. 1930년대 후반 국민정신총동원운동과 국민총력운동의 말단 조직인 부락연맹은 촌락(구동리)를 중심으로 區 단위로 조직되었다. 이 점은 3·4장에서 살펴보고자 한다.

제2절 郡面의 촌락조직의 동향

일제는 3·1운동을 무력으로 진압한 뒤 민심을 수습하고 조선사회의 부문별 사회운동의 분출, 개인주의와 다양성의 표출에 대응하는 한편 식민지 개발을 본격적으로 전개하였다. 즉 조선사회를 일본자본주의와 식민지지배체제에 적합한 형태로 재편하려고 했다. 일제는 강압적 지배의 한계를 보완하면서 지방사회에 행정력을 침투시키기 위해, '지방개량'·'민풍개선'·'민력향상'이란 명분으로 기존 사회질서와 개인의 생활방식을 개조하여 식민지체제로 흡수하고자 했다. 이런 '지방개량' 정책은 당시 조선인 학생과 지식인들의 구사상·구관습 개혁론 및 그 운동과 맞물리면서,[16] 사회적 공감대를 일정하게 형성하기도 했다.

일제의 농촌사회에 대한 재편정책은 지방행정체제가 일단 모습을 갖춘 뒤부터 구체화되었다. 일제의 시기별 농촌통제정책에서 1920년대는 정책의 기본 구조와 방향을 확립했다는 점에서 중요하다. 1910년대 일제는 촌락과 자생적인 契의 재산을 면으로 편입시켜 촌락공동체의 물적 기반을 무력화하면서 공동체적 관계를 파괴

---

[16] 1910·20년대 구사상·구관습 개혁론은 박찬승, 1992, 『한국근대정치사 상사연구』, 역사비평사, 2장 3절과 3장 3절 참조.

혹은 동요시킨 뒤, 다시 공동체적 관계를 강화하는 정책을 취했다. 면행정을 강화하기 위해 촌락 내부의 공동일치적인 질서를 이용하려고 했던 것이다. 촌락 내부의 협력적 분위기는 식민지 농업정책의 침투에만 아니라 지주소작관계와 같은 계급 갈등을 약화·제거하여 체제내화하는 데에도 필요했던 것이다. 이런 정치적 논리와 의도 아래 1920년대 농촌통제정책이 시작되었다.

　일제 초기 군면의 지방행정계통에서 관제조직을 보급하는 과정은 동리(신동리) 혹은 자연촌락(=구동리) 단위였다. 일제가 농촌통제의 단위로 자연촌락을 주목하고 정책을 확립하기 시작한 때는 1930년 전후였다. 이에 따라 1920년대까지는 구동리의 통폐합으로 성립된 행정리=동리가 행정보조기구로 이용되는 측면이 강했고, 동리 혹은 촌락 단위의 관제조직화가 병립하는 양상을 보였다. 동리 혹은 촌락단위의 조직화는 점차 촌락을 중심으로 조정되어 갔다. 동리 단위의 관제조직사업으로 대표적인 것이 충남의 진흥회이다. 동리 단위로 진흥회를 설치한 것은 1920년대까지 일제의 농촌사회에 대한 지배력이 대체로 동리(혹은 부분적으로 구동리=자연부락) 단계에 있었음을 뒷받침한다. 이 부분은 제2부에서 다루려고 한다. 따라서 이 절에서는 1920년대까지 군면의 농촌정책은 동리와 촌락 단위의 조직화가 함께 전개되었다는 점만 지적하고 일제의 재래 촌락조직에 대한 정책을 먼저 검토한 뒤, 촌락 단위 관제조직의 기능과 성격을 경기도의 농사개량실행조합을 통해 알아보려고 한다.

제1장 농촌진흥운동 이전의 농촌통제정책(1910.8~1932.11)　27

1. 재래의 촌락조직 탄압과 흡수 정책

　일제의 농촌사회에 대한 지배정책의 기본 방향은 구동리와 이에 기초한 자생적인 단체를 강제 해산하고 공동재산을 몰수하여 일단 공동체적 관계를 정리한 뒤, 다시 이를 활용하는 것이었다. 면제의 시행으로 구래의 동리는 면의 행정보조기구로 전락하고, 동리에 기초한 구래의 契는 재정적 기반과 기능이 박탈당하여 급속히 약화되었다. 그러나 면행정을 집행하기 위해서는 앞에서 언급한 대로 "부락의 舊緣故를 찾지 안을 수 업는 경우가 만(았다)"고 하듯이, 촌락의 기능을 응용하지 않을 수 없었다.17) 조선시대에 동리 단위로 설치되었던 契가 1920년 31,251개에서 1926년 19,067개로 줄면서도 여전히 존속했던 이유도18) 面이 지방행정의 말단기관으로 확립되어 가는 과정에서 촌락과 자생적 조직의 자치성을 완전히 배제할 수 없었기 때문이었다.
　다음에서는 일제가 초기에 구동리(촌락)와 그 질서에 근거하여 촌락 조직을 이용하는 과정을 살펴보고자 한다.
　먼저 구동리의 질서를 활용하려는 일제의 정책의 일단을 보자. 충청북도 청주군 주내면 校西里(50여 호)에는 道參與官 兪星濬이 거주하면서, 1911년 봄 이래 교서리를 模範里로 만들고자 하여 洞契를 조직하였다. 유성준이 契長인 이 동계는 충청북도에서 동계 설치의 한 계기가 되었다. 같은 해 9월 동계의 규약이 정해졌다. 동계의 목적은 동리 주민이 단합하여 "現勢의 進運에 따라 舊弊를 除却"하고 "상호 公私의 사업을 원조"하여 동리의 복리를 증진한

---

17) 李覺鍾, 1931, 「부락의 사회적 연구」『新民』64, 신년호, 71쪽.
18) 四方博, 「李朝時代に於ける契規約の研究」, 63~64쪽.

다는 것이다. 동리 주민이 모두 계원이며, 동계의 기본재산을 조성하기 위해 각자 1원씩 갹출하고, 동리에서 소유하던 동산・부동산을 모두 유성준이 주도하는 동계의 기본재산으로 편입시켰다. 동계의 사업은 농사개량・부업장려, 동계 재산의 조성, 동리의 도로・교량 등을 위한 노력 동원, 경조사의 상호 부조・수해와 같은 재난에 대한 상호 구제 등 생활과 직결된 내용들이었다. 또한 동리 청소년들이 "군집하여 惡戲"하는 '惡風'에 휩쓸리지 않도록, 동계 재산으로 신문과 잡지 등을 구입하여 돌려 보면서 '현세계의 상황'을 각성시킨다는 것이다. 계원은 '관청의 명령'에 복종하는 것이 일종의 의무와 같이 규정되었고, "동리를 항상 가족과 같은 관념으로서 교제하는 미풍" 즉 가부장적 가족을 기본으로 한 가족주의를 촌락의 운영과 더 나아가 식민지권력과의 관계로 확장시키려고 했다. 擬似家族主義에 기초하여 가족과 가장의 관계를 촌락민과 관에 적용하여 관의 정책이 원활히 전개되도록 의도했다. 그리고 만약 규약을 위반할 경우는 黜洞이란 강력한 촌락의 제재력을 행사하여 교제 단절로 대처하였다.[19] 이와 같이 촌락의 사회적 결합관계는 농촌사회에 대한 지배력을 높이기 위해 강점 초기부터 대단히 유효하게 이용되고 있었다.

다음은 일제 초기 구래의 조직이 관제조직으로 흡수 재편되는 과정의 일단을 살펴보자. 함북 洞契(1911)・평북 洞約(1918)・충남 진흥회(1916)・강원도 興風會(1920)・황해도 흥풍회(1921)・전남 민풍진흥회(1922)・전북 부락개량조합(1926) 등과 같은 관제조직도 계와 같은 재래의 조직을 모태로 설립한 것이 많았다. 그 중 전북

---

19) 조선총독부, 1912, 『民政事績一班』, 112~120쪽. 평안북도 昌城郡에서 松契의 재원을 확보하기 위해 조직된 物品貯蓄組合의 운영과 관련하여 "舊慣에 따라 黜洞" 가능성을 앞세워 농민들의 참여를 압박한 것은 같은 책, 100~102쪽 참조.

沃溝郡 米面 米龍面 龍長里를 보면, 1900년경 20호 중에서 4호가 주점을 운영하고 있었다. 촌락이 날로 피폐해지자 마을에서 13명이 결속하여 契를 조직하여 저축과 자산의 증식 및 민심의 분발에 노력하였다. 1909년에는 洞民 전부가 참여하여, 大同親善·생활개선과 납세 共濟·婚葬 용구의 공동구입과 사용을 목적으로 大同契로 확대 발전했는데, 이것이 1926년 部落改良組合으로 변경되었다.[20] 그리고 경상남도의 藍田呂氏鄕約은 1897년에 설립되어 향약재산의 수익금으로 계원의 관혼상제비와 조세공과금의 전부를 지출하여 지방교화에 상당한 효과를 거두었는데, 1914년 면동리의 통폐합 때, 기본재산이 면으로 편입된 후 폐지되었다. 또 충청북도의 陽內南鄕約契는 1894년 동학농민운동 이후 민심을 수습하기 위해 조직되어 일정하게 기능하였는데, 1910년 군수가 계의 기본재산을 읍내 보통학교비로 편입시킨 뒤에 폐지되고 말았다.[21] 일제는 지방사회를 식민지질서로 재편하는 과정에서 이같이 재래 혹은 아래로부터의 조직을 흡수하고 이용하여, 組合과 會 등과 같은 관제조직을 설치하였던 것이다.

 이와 같이 1910년대 지방행정체제의 확립 과정에서 舊洞里와 계 등의 촌락조직의 자치성은 부분적으로 변질되고 약화되었다. 그러나 '자연부락(구동리)'의 '부락관념'은 여전히 강하게 남아 있었고 자치적 공동체로서의 운영도 어느 정도 확보되어 있었다. 오히려 그 중핵이었던 동계나 동약은 일제에 의해 적극적으로 재편 이용되어, 1910년대 초기부터 이미 진흥회·교풍회 등과 같은 소위 지방개량단체가 동리 혹은 구동리 단위로 설치되어 나름대로 농촌·

---

20) 西本伊一郞, 1932, 「全羅北道管內改良部落實狀調査(5)」『조선지방행정』, 145~150쪽.
21) 사회교육과, 1933, 『향약사업보고서류』(사회교육 No.71), 820~821쪽.

농민통제의 일익을 맡고 있었다.22) 따라서 면행정을 강화하여 농촌사회에 대한 통제력을 확대한다는 정책 아래, 일제의 촌락정책의 기본 방향은 공동체적 관계를 일면 탄압하고 다른 한편으로 이를 조장 내지 흡수·재편하는 것으로 정리되었다.

2. 경기도의 楸洞農事改良實行組合[23]

1932년 11월부터 전국적으로 전개된 농촌진흥운동은 1927년부터 준비되었다고 할 수 있다.24) 경기도의 소학교 졸업생지도는 처음 10개 학교에서 얻은 성과에 따라 전국적으로 확대되었는데, 이는 농촌진흥운동의 추진세력으로서 소위 중견청년을 양성하는 방법 중의 하나였다. 농촌진흥운동이 전국적인 촌락을 대상으로 전개됨에 따라, 관의 지도에 협력할 만한 중심인물이 필요했고, 이런 중심인물의 양성은 각종 농업학교와 훈련소·강습회 등을 통해 추진되었다.25)

경기도 新容里 추동농사개량실행조합은 경기도 議政府公立農蠶實修學校 제1회 졸업생인 李鐘烈(24세)을 중심으로 조직 발전하

---

22) 大和和明,「植民地期朝鮮地方行政に關する一試論—面制確立過程を中心に」, 49〜50쪽 ; 鈴木榮太郞,『朝鮮農村社會の硏究』, 42〜43쪽.
23) 楸洞農事改良實行組合에 대한 내용은 경기도,『新容里 楸洞農事改良實行組合, 組合進展槪況』(1929.4〜1931.6)에 의거함.
24) 八尋生男,「朝鮮における農村振興運動を語る」, 水田直昌 감수, 1983,『資料選集 朝鮮における農村振興運動』, 友邦協會, 5쪽.
25) 농촌중견인물의 양성에 대해서는 富田晶子, 1981,「農村振興運動下의 中堅人物の養成—準戰時體制を中心にて」『朝鮮史硏究論文集』8 ; 靑野正明, 1991,「農鮮農村の'中堅人物'—京畿道驪州郡の場合」『朝鮮學報』1 참조.

였다. 다음에서 조합 사업의 전개 상황을 보면, 관제조직을 통해 식민지정책을 관철시키는 데, 촌락의 중심인물이 선도하면서 경제단체로서 농사 이외 정신방면의 통제사업을 전개하고 있었음을 알 수 있다. 이 농사개량실행조합을 통해 일제시대 관제농촌단체의 기본적인 성격의 일단을 알 수 있을 것이다.

　楊州郡 紫屯面 新容里는 3개의 '구동리'와 3개의 '구동리 일부'로, 표면상 6개의 촌락으로 편성되었다. 楸洞里는 신용리 아래 포용된 온전한 1개 '구동리'였다. 중심인물 이종열은 자소작농 집안 출신으로 1927년 양주공립보통학교 6년을 졸업하고 같은 해 4월 의정부공립농업보습학교에 입학하여(1928년 4월 의정부공립농잠실수학교으로 개정), 1929년 3월 의정부공립농잠실수학교 제1회 졸업생이 되었다.

　조합이 설치되기 이전 추동은 농가 30호의 작은 촌락으로 토지의 대부분을 외지인이 소유하여 경제적인 궁핍을 면하기 어려웠다. 郡面에서 '선도'를 했지만 농민들은 이를 받아들이지 않았다. 李鐘烈은 農業補習學校生으로 '寒村에서 模範部落으로' "洞風의 振作 … 模範部落 … 新容里의 토지는 농민의 손으로"라는 구호를 내걸고, 학교의 실습작업지에서 다른 사람보다 한층 노력하는 한편, 집에서는 자가 경작지와 함께 실습논 0.511정보와 실습밭 0.82정보를 경영하였다. 이에 예상 밖의 실적을 올려 부형이 그의 실행에 동참하면서 점차 마을 사람들을 자극하게 되었다고 한다. 그는 청년들에게는 근로를 권유하고 농사개량을 설명했으며, 노장년층에게는 촌락의 분위기를 개선할 것을 주장하였다. 또 양주군의 축산동업조합의 種卵 100개를 학교를 통해 분배받아 촌락에 배포하고, 양잠개선 등 농사개선을 이끌었다. 이에 촌락에서 그와 경쟁하기 위해 노력하는 자・그의 지도를 필요로 하는 자・그를 모방하려는 자 등이 점차 증가하였다. 학교에서는 농민과 관의 중간자로서 이종열을 지원하기 위해, 東拓으로부터 밭 5단보와 의정부의 거주자로부터 논 5단보를 빌려 그의 자립 자영의 기반을 마련해주었다.

1929년 4월 이종열은 촌락의 유지와 함께 22세 이상 57세 이하 14명으로 楸洞農事改良實行組合을 조직하고 다음과 같은 규약을 제정하였다.26) 그는 농민들에게 규약의 실행을 의무화하고, 종소리에 가래를 끌고 신속히 집합하는 규율적인 훈련으로 추동리를 이끌어 갔다.

농사개량실행조합규약

제4조 본 조합은 조합원이 일치협력하여 농사의 개량·농가경제의 개선·농사에 관한 연구조사 및 농촌의 개선을 도모하며 상호 부업을 증진하여 공존공영의 실질을 거둠을 목적으로 함.
제5조 목적을 달성하기 위해 다음 사업을 함. 생산 방면·경제 방면·교육·민풍·공무수행·공동경영.
제8조 조합장·부조합장·간사·평의원은 조합원의 추천으로, 고문은 지방의 명예 덕망가를 추대하며, 事業系는 조합장이 임명함.
제12조 총회는 춘추 2회, 매월 예회를 개최.
제13조 총회에서는 조합의 사업 선정·필행사항의 협정·사무집행에 관한 방법·조합의 경비부과 및 징수방법·예산결산·조합재산처분·기타 주요한 사항.
제15조 조합의 경비는 조합원의 부담 및 보조금 기부금 등으로 이에 충당함.
제18조 조합원으로 본 규약을 준수하지 않고 혹은 조합의 체면을 훼손하는 행위가 있을 때는 총회의 결의로 제명함.
제20조 본 조합원은 본 규약을 준수하여 그 실행을 서약하기 위해 서명 날인한다.

---

26) 다음은 楸洞農事改良實行組合 규약의 요점만 정리하였다.

조합은 제5조에서 보듯이 농사개량을 비롯한 경제방면과 함께 생활의 상당 부분을 통제하는 데 기능을 발휘하고 있었다. 농민들은 농사개량 등 각 방면에 필요한 사업 비용을 부담하면서(제15조), 자신의 행동 여부에 따라 제명이란 강도 높은 제재를 감수해야 하는 단체에 참여하고 있었다(제20조). 이렇게 일제는 행정력을 조선민중에게 행사하는 데, 행정기관을 내세울 뿐만 아니라 관제조직의 측면 지원을 받고 있었다. 그리고 농민들은 추동농사개량실행조합과 같은 관제조직의 구속력을 받으면서 이에 참여하는 내적 계기가 있었다.

일제는 1926년 이후 산미증식계획을 수정하여 농사개량사업을 적극 추진하였다. 이는 토지개량사업의 성과를 뒷받침하며 산미계획을 가속화하기 위한 조치였다. 이 무렵부터 설치된 産米改良組合의 목적은 농사개량과 현미제조 등으로 미곡의 생산성과 상품성을 높이는 것이었다. 경기도의 산미개량조합은 대체로 동리를 단위로 자산가가 중심이 되어 조직되었다.[27] 이러한 산미개량조합과 같은 기능을 일반 농민에까지 실행시킬 목적으로, 추동리와 같은 농사실행조합 형태의 조직이 등장했던 것이다. 따라서 산미개량조합과 농사실행조합은 산미증식계획을 비롯한 식민지농정을 농촌사회에 관철시키기 위한 말단 실행단체였다. 그러나 농사개량실행조합은 규약 제5조에서 보듯이, 농사개량을 비롯하여 농가경제의 개선을 주된 목적으로 표방하면서 물질방면 이외에 정신방면에 대한 시설도 함께 병행하였는데, 일제시대 다른 농촌단체들도 대체로 이와 같았다.

추동농사개량실행조합의 사업 내용과 그 실적을 <표 1-1>를 통해 살펴보자. 추동리 농가 호수 중 농사실행조합원은 1929년부터

---

27) 京畿道 農會, 『産米改良增殖組合の實績』(1927년도) 참조.

1931년 사이에 50→55→76%로 계속 증가하였다. 조합원은 자소작농과 소작농이 전부였고, 경영형태별 조합원의 비율은 자소작농 80%, 소작농 70%로 자소작농의 가입율이 약간 높지만, 소작농은 해마다 10명→12명→13명으로 증가하여, 전체 조합원의 45→52→59%를 차지하였다. 또 조합원이 1930년 16명에서 1931년 22명으로 1년 동안 37% 이상 증가했는데, 이는 1931년 곡물 가격의 하락에 따른 타격을 조합가입으로 분산 대처하기 위한 것으로 보인다. 조합의 부채증가는 거액 부채자의 존재와 곡가 하락에 따른 것이다. 3년간의 사업으로 충분히 알 수 없지만, 1호당 경지면적을 비롯하여 가축의 사육이 증가하면서 부채 규모와 상환액도 함께 증가하는 경향을 보이는 것은, 조합을 통해 농민생활이 화폐경제에 한층 더 편입되었기 때문이라고 할 수 있다. 즉 농민들은 상품화폐경제가 확대되는 가운데 농사개량과 관련하여 관의 지도를 받을 필요성도 있었고, 최소한의 생활을 유지하기 위해 화폐의 지출이 절실한 상황에서, 이런 요구와 부담을 조합에 가입하여 공동으로 해결하려고 했던 것이다. 그리고 증대되는 부채를 안고 다소 농가경영이 안정되지만, 경제방면의 사업과 함께 여러 공동사업에 충당되는 공동자금의 요구도 늘어갔다.

 조합의 사업은 매년 확충되었는데, 이 중 공동사업이 두드러졌다. 매월 적립되는 공동저축은 공동사업의 자금으로 쓰이고 있었다. 공동사업이란 개량농구 등을 공동으로 구입하여 사용하는 것 이외에, 공동경작지를 구입하는 것도 큰 비중을 차지하였다. 공동경작지의 목적은 공동경작에 참여하는 농민들 사이에 공동성과 협력성을 공고히 하고, 어떤 농작물을 경작하여 확대 보급하기 이전에 시범적인 경작을 하는 데 있었다. 또 공동경작으로 얻은 생산물의 수익은 대개 다시 공동자금으로 전환되었다. 이렇게 해서 조성

제1장 농촌진흥운동 이전의 농촌통제정책(1910.8~1932.11)   35

된 공동자금은 집회소·사무실·작업장·창고 겸용의 공동작업장의 설치 비용으로 충당되기도 했다. 이 공동작업장을 건축하는 과정에서 '사회교화비' 명목으로 관에서 조성금이 지급되고 있었다.[28] 따라서 집회장 겸 공동작업장의 설치는 작업의 능율 향상 이외 사회교화[29] 즉 '정신순화'의 목적도 있었다. 이와 같이 관에서 농민통제의 시설을 확충하는데, 농민들이 생산한 결실의 일부가 유용되었으며, 이러한 정신방면의 시설은 1931년 이후 더욱 확대되었다.

楸洞의 농사개량실행조합은 처음에는 일부 조합원을 대상으로 사업을 전개하면서 비조합원인 인근 농민들을 자극하여 가입을 유도하였다. 그리고 조합의 사업이 생활 전반에 걸쳐 있어,[30] 조합을 중심으로 촌락의 농민들을 통제하고 있었다. 나아가 추동의 조합사업을 인접한 다른 동리에까지 영향을 미칠 수 있도록 기획되었다. 이런 농사실행조합과 같은 관제조직이 있는 촌락들은 단체의 조직 경험과 '改良의 素地'가 인정되어, 1932년 농촌진흥운동의 지도부락으로 먼저 설정되었다.[31]

---

28) 경기도,『新容里 楸洞農事改良實行組合, 組合進展槪況』.
29) 社會敎化란 그 사회의 정신으로 동화해 가는 작용이다.
30) 다른 사업의 내용에 대한 분석은 다른 장에서도 검토하기 때문에, 중복을 피하기 위해 생략한다.
31)『매일신보』1938년 8월 3일자「시흥군 남면장 조중완씨 사임」. 남면장 조중완은 1930년 미가폭락을 계기로, 관할 구역 촌락들에게 농사개량소조합을 설치하도록 하여, "농촌진흥 자력갱생운동을 일보 앞서 실천하얏다"고 한다.

〈표 1-1〉 추동농사개량실행조합의 사업 추이(1929~1931)

		종래	1929	1930	1931
농가 호수			30호(28명)	31(29)	31(29)
조합의 현황	조합원		14	16	22
	저금		536원	722	814.3
	부채		3,280원	3,126	3,185
	부채상환		432원	656	
			논 2,540평	2,742	3,074
			밭 1,058평	1,087	1,475
조합의 사업	공동사업		상호 당번제로 새끼 공동출하	새끼 공동출하	새끼 공동출하
			매월 공동저축, 일부는 공동사업자금으로 충당	공동저축자금으로 공동경작논을 구입	공동저축
			개량농구공동사용, 공동저축의 일부로	개량농구공동사용	개량농구공동사용
			규약저축	규약저축	규약저축
				공동경작논의 수익으로, 공동사업비 충당	공동경작논 경작
				공동작업장 건설, 새끼가격 하락으로 생산이 줄어, 사용 불충분	집회장·사무실·창고용 공동작업장 건축예정/ 교화사업비보조
				납세여행, 조합원을 4반으로 나누어 성적우량	납세여행
					계란·고추 공동출하/ 화분종자 공동구입
	생산개량		못자리개량한 이종열의 실적을 보고, 조합원 전부 이를 시행	조합원만이 아니라 동민전부 개량	동민은 물론 里民·지방에서도 못자리를 개량

제1장 농촌진흥운동 이전의 농촌통제정책(1910.8~1932.11)

조합의 사업	생산 개량	이종열이 正條植으로 동민 자극	조합원은 전부, 정조식을 이행. 동민도 이를 모방함	군면 등의 지도로 정조식을 전부 이행	이앙은 전부 正條植으로 함
	정신 개선	민 풍이 날로 황폐, 지도 받아들이지 않음	월 1·15일 예회. 학교직원은 매번 참석, 협의 반성·講話	왼쪽과 같음	왼쪽과 같음
			총회, 3월	총회, 3·12월	총회, 3·12월
				강습회 9월	강습회 1·9월
				講話會, 학교직원·경찰·금조직원 참석	講話會
	양풍 미속 조장		근로습관, 무起會	왼쪽과 같음	왼쪽과 같음
		간식, 농번기에 따름	간식폐지, 3식 합의	전부, 3식주의 철저	간식폐지
				종으로, 시간엄수	시간관념
				관혼상제기구, 공유	공동이용, 비용절약
		상호부조, 近親間		인보단결·상호부조	왼쪽과 같음
		전부 백의 착용		색의착용합의	왼쪽과 같음
	봉사 작업				정신수양 講話
			도로수리	농번기와 밤에 작업	도로수리확장
	부인 작업	극히 드물다	논밭의 제초작업 등	남자와 멀리 나가 노동도 함	왼쪽과 같음 1931, 부인회성립

제3절 금융조합의 '모범부락' 정책

1. 금융조합의 활동 목표

 일제가 식민지 조선에 대한 지배체제를 구축할 때 기본 과제는 농촌사회에 대한 농밀한 통제였다. 일제의 지배정책과 농촌사회의 결합은 금융조합(이하 금조)을 통해서도 가능했다. 금조는 설립 초기부터 농촌사회에 대한 통제와 지배의 외곽단체로 활동해왔다. 일제는 금조의 조직망을 통해 농촌말단에까지 강고하게 식민지정책을 침투시키려 했고, 금조는 '하나의 관의 시설'로서 '관의 농후한 보호'[32] 아래 전국적인 규모로 활동하였다. 금조는 총독과 도지사 중심의 '국가적 획일적 지도감독 방침'에 따라 자체 조직력을 확대하면서, 항상 조합의 사업을 '국책선'에 맞추어 갔다.[33] 일제는 전국을 대상으로 전체 조선인을 통제해 가는 금조를 통해 지방지배의 기반을 확대하였다.
 1904~1905년 조선정부의 정치 외교력을 무력화시켰던 일제는 조선경제에 대한 본격적인 침략을 강행하기 시작했다. 일제는 조선경제를 장악하기 위한 기초적 시설로 먼저 화폐와 세제정리를 단행하였다. "오지까지 깊이 화폐경제를 침투시키기 위해서는 일본 圓과 연결된 폐제정리·금융기관의 정비가 뒤따라야 했는데", 바로 금조는 세금징수와 화폐제도의 개혁을 원활히 추진하려고 했던 식민지권력의 첨병으로 활약하였다. 따라서 "금융조합제도는

---

32) 高橋義雄, 1936.9,「組合と精神」『金融組合』96, 156쪽.
33) 山根讓, 1940,『金融組合發達の特殊性と新體制』, 朝鮮金融組合聯合會, 30~31쪽.

제1장 농촌진흥운동 이전의 농촌통제정책(1910.8~1932.11)

실로 내선일체화의 경제적 준비를 위해 설립되었다"고 평가할 정도였다. 금조는 이렇게 처음부터 "완전히 정부의 국책담당기관으로 창시되었던 것"이다.34)

금조는 경제단체였으나, '도덕과 경제의 조화'를 강조하면서 하나의 정신단체로도35) 활동하였다. 금조 활동의 이론적 바탕에는 민간인 農政家 二宮尊德(1787~1856)의 '報德精神'이 기본적으로 관통하고 있었다. 二宮의 報德精神은 러일전쟁 이후 일본의 근대자본주의가 발전하는 과정에서, 계급대립의 격화 등으로 동요하던 농촌사회의 질서를 재편하기 위해 전개했던 지방개량운동의 사상적 기반이었다. 또 일제하 조선 농촌사회를 통제하는 이념으로 도입되었다. '보덕정신'은 당시 농촌사회에서 유력한 경제단체였던 금조의 이론적 바탕이었고, 관 주도의 지방지배정책을 구사할 때도 그 정책의 기초 사상이었다. 그런 만큼 그 내용은 금조의 사업만이 아니라 식민지 농촌지배의 성격을 이해하는 열쇠가 된다.36)

二宮의 보덕정신이란 우주 일체의 사물이 각각 德을 갖고 있다는 기본 관점 아래, 이 일체의 德을 갚아야 한다는 신념에서 출발했다. 二宮은 보덕정신이 一身一家와 나아가 一村一國으로까지 확대하여 사람들의 전체 생활에 관철되는 것을 최고의 이상적 생활양식으로 보았다. 그리고 그 정신을 발휘하기 위해서는 勤勞・積善・分度・推讓의 4개 윤리를 실천해야 한다고 했다.

勤勞는 천연의 자원을 개발하는 유일한 수단이다. 여기서 근로는 인간이면 반드시 수행하지 않으면 안되는 사명의 하나라는 견지에서(즉 우주 만물의 은덕에 대한 보답), 근로의 결과를 예상하거

---

34) 朝鮮金融組合聯合會, 1944, 『朝鮮金融組合聯合會十年史』, 3쪽.
35) 山根讓, 1933, 『金融組合の精神』, 朝鮮金融組合協會, 21쪽.
36) 越智道順, 1935.11.15, 「二宮尊德翁」『朝鮮警察新聞』, 14~15쪽.

나 이해와 타산을 따지지 않고 최대의 근로는 필연적으로 최대의 보수를 얻을 수 있다고 하는 신념이 전제 조건이었다. 積善은 좋은 종자를 심는 것이다. 좋은 종자를 인간사회에 심으면 1원의 재물은 해마다 증가하여 수십 수백만 원이 될 수 있으며, 좋은 종자를 심을 때는 수확 타산을 고려해서는 안된다고 하였다. 分度는 "들어오는 것을 헤아려 나가는 것을 제재하는" 식의 일반적인 가계 경영의 의미가 아니라, 이보다 더욱 발전하여 들어오는 것을 헤아리기보다 "나가는 것을 제재"하는 쪽에 중점을 두고 있었다. 즉 수입의 3/4으로 생활하고 나머지 1/4을 예비비로 충당하며, 다시 예비비 중 1/5을 다른 사람에게 베푸는 것이 이상적인 가계 경영이라고 하였다. 推讓은 위의 豫備費 중 1/5을 다른 데로 전환하는 것을 가리킨다. 二宮은 "推讓없는 근면은 약탈이다"고 단언하였다. 이러한 보덕사상은 경제의 도덕화·도덕과 경제의 일체화로 계급대립을 약화시키고, 교화운동의 밑거름이 되었다고 한다.[37]

4가지 윤리는 경제(勤勞·積善)와 도덕(分度·推讓)으로 압축할 수 있다. 경제와 도덕이 결합되었기 때문에 경제 활동은 영리 추구를 넘어서는 것이어야 했다. 특히 推讓은 오늘 소비하려던 것을 내일로 양보하고, 자기가 쓰기보다 자손에게 양보하고 다른 사람에게 양보하는 행위를 의미한다.[38] 이는 어떤 특정 목적을 달성하기 위해 현재를 유보시키는 것이며, 예컨대 세금 재원을 확보하기 위해 農酒 폐지와 같은 '생활개선'을 압박하는 것도 그 하나로 해석할 수 있다. 더 나아가 보덕정신은 이익이 동반되지 않는 경제적 현실도 무비판적으로 감수할 수 있도록 준비시키는 기제였다. 일제는 이같은 보덕정신을 농촌사회에 지배체제를 확립하는 데에 적용했다.

---

37) 越智道順, 「二宮尊德翁」, 15쪽.
38) 「報德社」『日本史大事典』 6, 평범사, 1992, 128쪽.

한편 '一村一家'의 관념은 "공공단체를 위해 진력하는 관념"으로 공공심을 조장하기 위해 활용되었다. 민으로 하여금 관에 협력하도록 하기 위해서는 법률적인 권리 의무에다 準친족관계 즉 擬似家族主義를 결합시켜,[39] 가족적 심정을 원용함으로써 정책의 원만한 실행을 기대했던 것이다. 그리고 이것은 지주와 소작인 사이의 이해 대립을 방지하여 농촌사회의 안정을 꾀하려는 데도 적용될 수 있었다.

보덕정신을 종합하면, 근검저축으로 소비를 억제하여 식민지권력기구와 지주의 수탈을 확보하고, 근로를 통해 감사보은의 관념을 외연적으로 확장하여 종국에는 식민지체제와 천황중심주의로 '귀일' 즉 통합시키려는 의도가 있었다. 분도·추양 역시 식민지체제 안정화의 논리를 보강해 주었다. 요컨대 이러한 관념들은 조선민중의 정치변혁의식을 경제주의로 전환시켜, 농민들로 하여금 식민지 농업·농촌정책을 수용하여 자신의 경제적 현실을 개선하는 데에만 몰두하도록 분위기를 조장하는 데 일정한 기능을 발휘했다.

금융조합 활동의 사상적 배경에는 바로 이러한 보덕사상이 근간을 이루고 있었다. 함북금융조합연합회이사장 岸田寅市는 금조의 이념과 그 활동방향에 대해 비교적 압축적으로 설명하고 있었다. 그에 의하면, 금융조합운동이란 "윤리도덕의 정신을 기본으로 경제의 개선 발달을 기도하는 도덕적 사회운동"이며, '조합원의 협동의 힘'과 '공동의 이익' '공존공영의 이상향 실현'을 향한 조합원각성운동[40]이라고 했다. 또 금조는 "다수 조합원의 大家族이며 이해를 함께 하는 大世代"라고 하면서, 이를 통해 조합운동에서 가장

---

39) 留岡幸助(社會敎育家), 1930.6.15, 「公共團體と自治精神」『朝鮮警察新聞』, 11쪽.
40) 岸田寅市, 1929.2, 「金融組合精神に就て(2)」『金融組合』, 36쪽.

필요한 "자기의 이익의 희생·질서·복종"의 관념을 조장하려고 했다.41) 이러한 금조의 기본적인 정신인 협동정신(공동자조)과 상호부조는 희생정신과 결합되어,42) 금조의 활동을 통해 전체를 위한 개체의 희생과 복종심을 주입하였다.

금조는 이러한 정신으로 '공존공영의 사회'를 건설한다고 선전하면서, 조합정신의 실행을 모든 조합원의 의무로 강제했다. 조합정신의 실행 방법은 다음 세 가지로 요약된다. ① 조화통일이다. 이는 도덕과 경제의 일체·물심일여·사회연대의 경지이며, 이를 위해서는 자제와 복종이 필요하다는 것이다. 즉 조합을 家長으로 조합원을 가족원으로 한 상하관계 아래 구성원 사이의 질서를 유지하며 이를 바탕으로, 공존공영의 사회를 건설한다는 것이다.43) ② 의무이행이다. 조합원은 조합이 정한 시설사항을 이용하고 준수해야 할 의무가 있다는 것이고, 그 이행이 복종이 되는 것이다. ③ 근검저축이다. 근검저축이란 상호부조 즉 자기 희생정신의 근원이 된다.

금조는 이렇게 '공존공영의 이념'을 실현한다는 미명 아래, 조합원에게 이른바 협동정신·공동자주·상호부조의 기본 정신으로 희생·질서·복종을 세뇌시켰다. 여기서 눈여겨 볼 사항은 '공존공영' 즉 공동일치의 강조이다. 자금의 원활한 운영을 위해서는 조합원의 공동일치의 체제와 정신이 필요했고, 공동일치의 체제가

---

41) 岸田寅市,「金融組合精神に就て(2)」, 36~37쪽.
42) 山根讜,『金融組合の精神』, 22쪽.
43) "가족주의 나라에서는 어떠한 일이라도 반드시 가족은 그 조합원인 자(家長: 필자주)와 같이 행동하고 같이 이해를 갖지 않으면, 조합사업은 번영하지 않는다"(矢鍋永三郎, 1938.10,「金融組合の過去及將來を語る」『金融組合』121, 18쪽)고 하듯이, 본래 금조의 활동은 가족주의에 기초하여 개체의 집단(전체 조합원 혹은 금조)으로 귀일= 종속을 전제로 진행되었던 것이다.

강하면 강할수록 조합은 발전하기 때문에, 조합원의 공동심 즉 '공존공영'을 강조했다. 공동일치적인 금조의 발달은 군면 단위 조선민중의 통합 또 이를 바탕으로 한 식민지체제의 확립으로 이어지고 있었다.

조선농민은 절박한 경제적 요구에서 조합에 가입하게 되면, 자금대출과 함께 뒤따르는 조합의 통제 아래 이러한 논리의 조합정신에 세뇌당하지 않을 수 없었다. 따라서 조합원의 금조 편입은 소극적일지언정 조합의 경제·정신의 통제를 받고, 식민지체제에 편입되는 양상을 띨 수밖에 없었다. 따라서 정신방면에서 볼 때, 관변단체인 금조는 식민지정책에 따라 조직을 확대하여 조선인의 사상통제망을 구축하고, 식민지 지배이념인 '내선일체'를 확산시키는 역할을 담당했다.

이와 같이 일제는 금융조합을 경제단체로서만이 아니라, 중요한 정치기구의 하나로서 그 확장에 주력하였다. 금조는 전국적인 조직망과 금융활동으로 제일선에서 통치력의 일면을 담당하였다. 총독정치는 기본적으로 식민지 관료제도였지만, "일찍기 관력으로 농민을 지배하는 관료정치방식으론 농촌재건과 농업증산이 이루어질 탓이 없다"는 것을 깨닫고, '토착지주를 앞재비로'[44] 혹은 금조와 같은 방대한 조직을 통해 지배력을 관철시켜 왔던 것이다. 즉 금조는 "관청과 같이 정면에서가 아니고 측면에서 정치의 해설자로서 대립의 완충에 당하는 무마자로서 동정과 원조를 표방하고 이면공작을 수행"하고 있었던 것이다.[45]

---

44) 朱碩均, 1956.9, 「금조의 功罪와 농촌재편성의 문제점」『農銀』창간호 90·92쪽.
45) 朴勝九, 1956.9, 「金融組合의 足蹟」『農銀』창간호, 82쪽.

2. 금융조합의 사상통제의 내용

金組는 단체 명칭과 달리 경제기구 및 정신통제기구로서 일제의 농촌통제정책의 일익을 담당했다. 1910년 4월 현재 조합 수는 100개로 331개 郡의 30.2%를 포섭했으나, 조합원은 전체 호수의 1.3%에 그쳤다. 일제의 조선강점에 반대하는 의병항쟁은 중심무대가 농촌사회였기 때문에, 농촌사회의 통제와 지배의 첨병으로 금조가 활약할 기회가 제한되었다. 그러나 1914년 국내에서 의병항쟁이 퇴조하자, 그 해 일제는 지방조합령을 발포하고 농촌에 대한 금조의 침투체제를 확립해 갔다.46) 지방통제에 대한 금조의 역할이 일정하게 발휘되었는지, 3·1운동 때 경찰서와 면사무소 등이 습격을 받을 때도 금조만은 습격을 면할 수 있었다고 한다. 평안북도 龜城郡에서 일어난 만세운동에서, 군수와 헌병소장 등이 구름같이 모인 군중에게 해산할 것을 명령했지만 전혀 해산할 기미를 보이지 않았다. 그런데 龜城金組의 직원이 나아가 해산을 종용하자, 군중 사이의 조합원은 조합 직원을 알아보고, 모습을 감추거나 돌아갔다는 것이다. 그리고 조합이 습격의 대상에서 벗어날 수 있었던 원인은, 조합의 임원 중에 지방의 유력자와 지식인이 있었기 때문이라고 하였다.47) 조합은 자금융통 등의 사업을 확대하면서 소위 조합정신을 주입시켰고, 지방의 유력자를 조합 임원 즉 식민지통치 협력자로 삼아 이들의 활동을 통해 간접적으로 지방통제의 효과를 일정하게 거두었던 것이다.

---

46) 고승제, 『한국촌락사회사연구』, 341쪽.
47) 全北 T.K生, 1930.5, 「二十年前の騷擾と金融組合」 『金融組合』 19, 164~166쪽.

제1장 농촌진흥운동 이전의 농촌통제정책(1910.8~1932.11)   45

충남의 時實秋穗 도지사는 1919년 10월 기존 농촌통제조직인 진흥회를 부활하여, 3·1운동 이후 지방사회를 재편하려고 했다. 그는 1920년 5월 金融組合理事協議會 訓示에서 물질방면과 사상·정신방면의 개조를 주장하고 있었다. 물질방면의 빈부의 격차를 타파할 것과 함께 사상방면에 대해서는 다음과 같이 이야기하고 있다.

> 개인주의에 따른 자본가 대 노동자, 지주 대 소작인 등의 계급적 투쟁으로 … 그 사이에 '報德'이라든가 '感謝'라든가 하는 사상은 전혀 없는 듯이 경도되고 있다. … 개조를 할 필요가 있다고 한다면, 물질적으로는 빈부의 懸隔이 주된 원인이다. 정신적으로는 자아에 지나쳐 공동의 정신이 결여되어 있다는 점이 근본이라고 믿는다. 빈곤한 사람을 없게 하는 것과 정신적으로 서로 돕고 '感謝報恩'의 생활을 하도록 하는 것이 목하 사회를 구제하고 인생을 제도하는 第一義라고 생각한다. … 금융조합의 사업은 … 물질절 정신적 양 방면을 훈련할 절호기회라고 믿고 있다. … 금융조합은 개인주의의 병폐를 근본적으로 치유하는 데 만족할 만한 공존공영의 주의를 실제로 교수하는 실지적 교육기관임과 동시에 勤儉治産의 현실적 효과를 단적으로 보이는 실천장이라고 할 수 있어, 부지불식간에 자치적 정신과 자조적 정신을 발휘시키는 일대 실지훈련의 기관이라고 해도 좋을 것이다. … 요컨대 목하 사회의 건전한 발달에 필요한 개조는 우리 금융조합과 같은 목적을 가지고 있는 자주적인 단체로써 이를 기도하는 것이 가장 첩경이라고 믿는다(따옴표는 필자).[48]

그는 같은 해 6월 郡財務係主任打合會에서도 다음과 같이 훈시하였다.

> 지방개량 혹은 민풍작흥에 도달할 수 있는 경로는 많다. 간접의 방법이 있다면 직접의 방도도 있다. 정면의 방법이 있다면 측면의 수단도 있다. 이들 각종 수단과 경로를 이용하고 선용할 필요가 있다. … 금융조합은 단지 지방금융의 기관일 뿐만이 아니라 근래 선전하는 지

---

48) 時實秋穗, 1921, 『忠南にて』, 96·99쪽.

46 제1부 일제의 농촌통제정책의 시기별 전개 과정

방개량 혹은 민풍작흥과도 적지않이 관계를 가질 수 있다고 생각하기 때문에, 이러한 의도에서 지도해 가지 않으면 안된다고 생각한다.[49]

이렇게 볼 때 식민지 권력층은 당시 사회적 모순의 원인을 자아의식의 발로라 하여 개인적인 성향의 문제로 축소하면서, 이런 자아의식과 개인주의를 공동・보덕・감사보은의 관념으로 전환시키려고 했다. 이는 집단정신과 공동정신으로 자아의식에 기초한 계급사상을 없애려고 한 것이며, 이러한 논리에 입각한 통제과정은 사회치안과 식민지체제의 안정을 담보하는 것이다. 그리고 이같은 '지방개량사업'에 금조를 활용하는 것이 첩경이라고 했다. 금조의 조직망 확대가 바로 농민들에 대한 물적 정신적인 통제망이 될 수 있기 때문이었다.

1920년대까지 금조는 金融單營主義를 내걸고 조합의 기초를 공고히 하면서, 비교적 중상층을 대상으로 크게 성장했다. 그러나 금조는 주된 사업인 금융활동을 통해 조합원의 물질적 생활에 개입하면서, 이와 병행하여 정신적인 지도로 '건전한 사회・국가'를 건설해야 한다[50]는 주장을 계속 제기하고 있었다. 금조의 자금 대부가 대부 자체에 그치는 것이 아니라 조합원으로 하여금 '公民'으로서 '정치적 책임・경제적 책임・사회적 책임'[51] 등을 자각하고, 이를 실행할 수 있는 능력을 갖추도록 압박하였던 것이다. 즉 사상선도의 중요성을 강조하고 있었다.[52]

경상남도 河淸金組의 경우, 조합원의 가입식에서 '組合員10則'을 배부한 뒤 서명 날인한 서약서를 받고 반드시 결행하도록 지시

---

49) 時實秋穗,『忠南にて』, 137~138쪽.
50) 孫興世(당진조합서기), 1928.11,「組合員に對する組合精神の普及徹底上緊要適切なる施設方法」『金融組合』, 26쪽.
51) 山根諟,『金融組合の精神』, 43쪽.
52) M.K生, 1929.2,「思想の善導には」『金融組合』, 137쪽.

제1장 농촌진흥운동 이전의 농촌통제정책(1910.8~1932.11) 47

하고 있었다. 주요 내용을 보면 다음과 같다.
① 조합의 강령에 기초한 여러 시설을 잘 이용하고 혹은 이에 복종하여 협력조장에 진력할 것.
② 조합가입을 자기의 갱생으로 자각하여 모두 조합정신에 기초하여 생활양식을 전부 개선할 것.
③ 차용금의 返濟기일을 확실히 지킬 것.
④ 총회·部分打合會·懇親會 기타 집회에는 반드시 시간을 勵行할 것.
⑤ 국민의 의무를 솔선 이행하고 조상숭배 및 敬老의 실질을 거두며, 공덕공공의 마음을 함양한다. 또 협동조화의 善風을 양성하고 봉공감사의 관념을 왕성하게 하며 相互諧和한다. 그리고 서로 共濟의 실질을 도모하고 시세에 순응하여 예의 수양에 노력함과 동시에 自重自利國運의 진전에 공헌할 것53) 등을 강조하였다.

따라서 금융조합은 경제단체로서 자금운용으로 조합원의 물질적 생활에 깊이 관여할 뿐 아니라 아울러 정신적인 통제로 식민지 지배이데올로기를 확산시키는 데 핵심적인 역할을 수행하고 있었다.

3. 금융조합의 '모범부락' 정책의 내용

'모범부락'은 1920년을 전후하여 일본의 모범부락·우량부락을 모방하여 사상선도·지방개량 등을 목적으로 등장한 것으로 보인다.54) 일제는 당시 농촌에서 중요한 것은 "문화적 시설의 충실과

---

53) 尹生, 1929.5,「組合員十則」『金融組合』, 96쪽.
54) 1910년대에는 '模範面里' '模範里'라고 하여, 면동리 통폐합을 전후하

경제적 생산의 증식보다 오히려 정신적인 자각향상과 도덕적인 수양훈련이 필요"하다고[55] 인식하였다. 모범부락은 앞에서 살펴본 추동농사개량실행조합과 마찬가지로 산미증식계획 아래 농사개량 등으로 생산력을 증대하고, '지방개량사업'이라 하여 농촌사회를 체제순응적으로 재편하기 위한 것이다. 모범부락이란 일종의 농촌통제의 전초 기지를 확보하려는 정책이었다.

모범부락의 선정은 기존 촌락 중에서 성적이 우수한 곳을 선택하기도 하였지만 처음부터 일정한 촌락을 모범부락으로 성장시킬 목적으로 설치한 경우도 있었다. 또 그 명칭은 보통 모범부락·우량부락·지도부락이라 하였으나, 촌락에서 모범부락과 같은 사업을 하기 위해 설치한 단체명으로 대신하는 경우도 있었다. 그리고 설치의 주체 기관은 郡面·산업단체·금조·경찰 등이었다.

1930년 현재 전국의 모범부락은 257개이며, 사업내용은 산업·교육·자치·저축·민풍개선 등 모든 방면에 걸쳐 있었다. 이들 촌락의 사업내용은 크게 분류하면, '근검저축'을 실행하는 촌락 122개, '부업장려' 83개, '퇴비제조' 79개, '야학' 64개, '산미증식 및 개량' 62개, '납세기간엄수' 58개 등이었다. 257개 모범부락 중에는 組合·會·講·契 등과 같이 단체를 중심으로 사업을 전개한 경우가 많았는데, 주된 단체는 종류별로 근농공제조합 70개, 진흥회 기타 60개, 농사개량실행조합 48개, 부인회 29개, 야학회 23개, 저축조합 22개, 잠업조합 21개, 청년회 20개 등이었다. 이들 단체는 당시 말단사회의 통제조직으로 성장하고 있었다. 총독부는 이런

여 새로 정비된 면동리체제에서 자기 역할을 잘 수행한 면리를 선정 표창하는 것이 있었다(이하나, 1994, 「1910-32년 일제의 조선농촌재편과 '모범부락'」, 연세대학교 석사학위논문, 22~25쪽).

55) 善生永助, 「朝鮮村落に於ける一致團結-部落の存在竝其進步發達に對する'契'の偉大なる效果」(출전 및 연대 미상), 100쪽.

모범부락 혹은 단체 중에서 '지방의 교화'에 공헌하고, 성적이 현저하여 일반 농촌의 모범이 될 만한 것 혹은 장래 실적을 올릴 전망이 있는 것에 대해 1927년부터 보조금을 지급하여 촌락 혹은 단체의 발달을 장려하고 있었다.56) 총독부가 1927년부터 보조금을 지급하면서 이를 조장했던 것은 이듬해 1928년에 있을 昭和 천황의 즉위식 기념사업과 관련되었다.57) 금조는 1927년을 전후하여 천황즉위 기념사업의 일환으로 또 조합원 통제의 효율성을 높이는 방법의 하나로 모범부락의 사업을 전개하였다. 소위 모범부락을 소개하는 일반 자료에서는 잘 나타나지 않는 이러한 사실이 금조와 관련된 자료에서 부분적으로 보이고 있었다. 따라서 금조의 모범부락 정책을 통해 당시 모범부락의 실체에 접근할 수 있을 것으로 보인다.

다음에서는 전라북도의 각 기관이 설치한 모범부락 중, 금융조합이 주체가 되어 설치한 것의 실시과정을 살펴보고자 한다.

전라북도는 관의 선전장려만으로 농민의 근로정신을 잘 조성할 수 없자, 모범부락을 설치하여 해결하려고 했다. 전북은 모범부락에 대한 관의 집중적인 지도로 일정한 성과를 획득하여 그 촌락을 통해 다른 촌락의 분발을 유도한다는 방침 아래, 부락개량조합·지도부락·위생모범부락 등의 명칭을 사용한 모범부락을 설치하여 지도하고 있었다.58)

---

56) 善生永助, 「朝鮮村落に於ける一致團結−部落の存在並其進步發達に對する '契' の偉大なる效果」, 97~100쪽.
57) 일제는 1928년 천황 즉위식을 계기로 국민 각자에게 '大御心'을 침투시키려고 했다. 즉위식은 교화사업의 성격을 지닌 축하행사로 대규모로 전개되어, 거의 전체 국민을 직접 간접으로 이 의식과 관련시켜 천황과 국가와의 일체감을 형성시키려고 하였다(赤澤史朗, 1981, 「敎化動員政策の展開」 『日本歷史』 20, 岩波書店).
58) 全北 警察部, 1932, 『細民ノ生活狀態調查』 第2報.

군면의 사업으로 설치된 부락개량조합은 산업진흥·양풍미속의 유지쇄신·생활개선·근검저축 등을 목적으로 1926년 4월 이래 1개 군에 2~3개씩 합계 29개가 조직되었다. 1929년도에는 22개 조합, 1931년도에는 27개 조합을 증설하여, 1932년 현재 도내 79개가 있었다. 둘째는 경찰의 위생모범부락인데, 1929년 8월 이래 위생상태의 개선을 도모하고 아울러 지방민풍의 진흥 조장을 목적으로 각 경찰서 관내에 모범위생부락을 설치하여 1932년 132개에 이르렀다.[59] 셋째가 금융조합의 지도부락·모범부락이다.

1928년 10월 10일부터 개최될 金融組合理事打合會를 대비하여 준비된 도지사의 訓示案(9월 29일)에는 "이번 11월에 있을 御大는 우리 국가의 가장 중대한 盛儀이기 때문에, 국민 모두 奉祝의 赤誠을 다하지 않으면 안되는 것은 다시 말할 필요가 없다. 이 御盛儀에 즈음하여 각지에서 기념사업을 기획하고 있는 모양인데, 금융조합에서도 적절한 사업을 신중히 선정하여 견실한 수행을 기함으로 御盛儀를 기념하기 바란다"고 하였다.[60] 이를 통해 당시 각 기관에서 천황즉위기념사업을 준비하고 있었고, 금융조합에서도 이에 대응했음을 알 수 있다. 금조의 모범부락 설치는 단지 천황즉위기념사업의 일환일 뿐만 아니라, 광범한 조합구역[61]의 한계를 완

---

59) 全北 警察部, 『細民ノ生活狀態調査』.
60) 全羅北道, 1928.9, 『金融組合理事打合會知事訓示·金融組合打合事項(草案)』.
61) 금조의 구역은 초기에는 郡 단위였다가 1916년 面 단위의 설치방침을 정하고, 이후 몇 개의 面을 포용하여 조합구역이 설정되었다. 1929년도 현재 금조는 전국 2,446개 면을 대상으로 559개 本所와 68개 支所가 설치되었다. 따라서 1개(本所만으로 보면) 조합은 평균 4.37개 면에 설치되었다. 이렇게 광범한 조합구역에서 조합원에 대한 지도의 부족함을 보완하기 위해, 지소와 출장소가 설치되었다. 또한 가입식의 철저한 거행·組合員部分懇親會(3~5개 동리범위)·총회의 이용·우량조합원의 표창·조장제도·조합원휴게실의 설비·조합원 弔慰·取扱

화하려는 수단이기도 했다. 모범부락의 설치 구역은 동리 혹은 촌락 단위였다.

전북의 '金融組合理事會同打合事項' 중에서 '金融組合模範部落設置의 件'을 보면, 조합 구역에 모범부락을 설치하여 먼저 이를 철저히 지도하여 다른 촌락에 모범이 될 정도로 성장하면 다른 촌락은 점차 모범부락의 '감화를 받아' 분발하게 된다는 것이다. 이러한 과정에서 조합사업을 전체 구역으로 확대할 수 있다는 것이다. 그리고 한 촌락에서 금조의 모범부락이 군면 혹은 농회와 같은 산업단체의 그것과 중복될 경우, "가능한 한 이를 (금융)조합의 모범부락"이 되게 하여 금조의 시설을 우선 설치한다는 것이다. 또는 중복 시설일 경우는 양자 사이에 유기적인 협력관계를 갖게 하였다. 그리고 모범부락에 대한 농사개량 등 기술상의 지도는 군 혹은 산업단체 직원의 지원을 받도록 했다.

전북은 이러한 기본 방침에 따라 이미 모범부락의 사업을 전개하고 있던 경기도의 사업요령을 바탕으로 '金融組合模範部落設置要領'을 마련하였다. 주요 내용은 모범부락을 설치할 때에는 郡과 긴밀히 협의하여 결정하며, 모범부락은 당분간 1개 조합에 1~2개를 선정하고, 모범부락에는 1명의 지도원을 두고 조합 직원과 협력하여 조합원을 지도하도록 했다. 그리고 모범부락이 될 수 있는 조건으로 촌락의 중심인물·조합 지도상 편리한 장소·수해 한해의 우려가 없을 것·특종 부업에 대한 성과 가능성이 있을 것 등을 제시하였다. 또 현 호수의 3할이 금조에 편입될 전망이 있는 촌락을 중심으로 설치하기도 했다. 이로 볼 때, 금조의 모범부락은 특

親切第一·공민강좌·선전(標木·삐라·포스타·팜프렛·기념일) 등의 여러 통제장치도 농밀한 지도를 위해 마련하고 있었으며, 모범부락의 설치 역시 조합사업의 제약점을 보완할 수 있는 장치였다.

정 지역을 모범부락으로 만들려는 의도 아래 가능한 한 성과를 최고로 올릴 수 있는 지역을 대상으로 선정하였음을 알 수 있다. 따라서 모범부락의 사업도 촌락의 장점을 잘 발휘시킬 수 있는 사항을 집중 지도한다는 방침이었다.

이에 따라 수립된 전북 모범부락의 사업은 군면·산업단체와 연락하여 적당한 산업시설을 선택한다는 방침 아래, ① 생산자금을 융통하여 농구와 비료 등을 공동구입하고, 생산물을 공동판매하고 공동경작하는 기풍을 갖게 하며, ② 모범부락에 있는 부재지주의 토지는 촌락민들이 이를 공동 구입하도록 힘써 협조한다는 것이다. ③ 조합원와 비조합원을 구분하지 않고 촌락민 중에 희망자에게는 저금주머니 혹은 저곡주머니를 배부하여 일정한 날짜마다 조합직원이 출장해서 거두도록 하였고, ④ 상업 내지 부업자금은 가능한 한 월부 혹은 市日마다 할부 상환하도록 하며, ⑤ 촌락민의 합의에 따라 관혼상제비의 절약과 생활개선을 추진시킨다는 것 등이었다.

이러한 내용은 경기도의 시설과 거의 비슷했다. 그러나 경기도의 요령에서는 "부락원은 협동일치하여 근검저축을 하며, 납세 등은 솔선 완납하도록 노력할 것"[62]이라는 항목이 있었다. 전북도 부업 등으로 수입을 증대하기 위해 자금지원과 저축을 지도하고 있었다. 그런데 이러한 저축은 농가경영의 유지를 위한 면도 없지 않겠지만, 조세의 재원으로서 더욱 중시되었다.

1928년경 경기도의 모범부락 54개의 사업 내용을 보면, '저축사상의 양성'을 이행하고 있는 모범부락 35개를 위시하여, '부업장

---

62) 1928년 5월 22일자 전라북도 재무부장의 협조요청에 대해 1928년 6월 23일자 경기도 재무부장의 회답인 「金融組合ノ模範部落設置ニ關スル件」 참조.

려' 25개, '양잠 장려' 24개, '퇴비증산' 20개, '축우·돼지' 19개, '농사개량자금 보급' 19개, '생활개선' 11개, '가정개선' 9개, '공동경작' 3개, '溫交會' 3개 등으로 나타났다. 모범부락은 관의 집중적인 지도와 시설로 이러한 사항을 보급시키기 위한 시범적 선전적 거점이었다. 여러 시설 가운데 저축시설을 갖고 있는 모범부락은 35개로 전체의 약 65%를 차지하고 있었다. 1930년경 전국적인 조사에서 선정된 257개 모범부락 중에서 저축사업을 전개하는 곳도 122개소로(약 47%) 가장 많았다. 이러한 저축은 조세의 재원을 마련하기 위해 중요했고, 모범부락의 설치 목적 중의 하나가 납세관념과 재원 마련 구조를 말단사회에 정착시키기 위한 것임을 알 수 있다. 당시 일제는 조세체납을 막기 위해 납세조합의 설치를 장려하고 있었으며, 모범부락의 설치도 완납을 관철시키기 위한 조치의 일환이었다.

일제는 모범부락을 매개로 이처럼 다목적 성과를 거두기 위해, 해당 농민들에게 어느 정도 경제적 이익을 획득할 수 있도록 하는 한편, 이것을 통해 내적 동기를 자극하면서 궁극적으로 체제내화를 달성할 수 있도록 모범부락 정책을 전개했다. 즉 "어느 시설이 그들(농민: 필자주)에게 이익을 주는 것이 분명하면, 그 흡인력으로 협동이 공고하게 결합되고 그 魔力으로 自助가 자연히 발동한다"고 한다.[63] 또 모범부락을 통해 "일반 조합원(모범부락으로 설정되지 않은 촌락의 조합원: 필자주)이 그 실황을 목격하고 자각 발분"하여, 조합 전체가 모범부락이 되고 조합원은 지역사회의 모범이 되게 한다는 것이다. 이런 목적을 달성하기 위해 평북 금융조합연합회 산하 금조가 모두 '御大典記念' 사업으로 모범부락을 설치하였다고 한다.[64]

---

63) 牟田口利彦, 1929.2, 「模範部落經營について」『金融組合』, 3쪽.

금조 주도의 모범부락 사업이 전개되는 양상은 다음과 같다.

충남의 금융조합들은 契를 조직하여 이를 통해 모범부락 사업을 전개하고 있었다.[65] 금조는 1~2개 촌락을 선정하여 집중적으로 지도하는데, 그 구역은 가능한 한 1개 동리(행정리)를 넘지 않으며 적어도 전체 호수의 50% 이상을 조합원으로 포섭한다는 방침 아래 사업을 전개하였다. 조합원은 중심인물을 통해 지도 통제하되, 이사는 월 1회 이상 출장을 가서 모범부락의 사업 이외에 "개인적인 용무까지 간절하게" 살핀다는 것이다. 사업의 내용은 농사개량, 근검 등 다른 지역과 비슷한데, 이런 사업 중에서 1~2개를 선정하여 천황즉위기념사업으로 모범부락 내 조합원 전부에게 필행시킨다는 것이다. 模範部落契의 규약(안)에서 특징적인 것은 계장·부계장·간사를 모두 금조에서 지명하고, 고문은 금융조합장과 이사가 맡아 금조의 계획대로 각종 시설과 사업으로 촌락을 통제하는 것이다. 역시 제명에 대한 규정도 있어, 해당자는 각종 사업에서 배제시킬 수 있었다. 또한 경북의 모범부락은 촌락조직으로 설치된 共勵會가 운영하고 있었다. 慶山金組는 1927년 구역 내 26개 촌락에 공려회를 조직했는데, 회장은 금조의 임원 혹은 조장이 맡고 그 아래 委員을 두고 군면과 밀접히 연락하며 정해진 규약을 실행하고 있었다.[66]

모범부락 정책은 앞에서 언급했듯이 농민들의 참여 동기를 자극하기 위해 경제적 성과를 거두려고 했고, 평안남도 江東金組의 양계부락의 경우처럼 성공적인 사례도 있었다.[67] 그러나 이 정책의

---

64) 壽萬生, 1929.1, 「模範部落の趣旨竝經營方針」『金融組合』, 47~49쪽.
65) 「御大典記念金融組合模範部落の創定」『金融組合』, 1928.12, 33~36쪽.
66) 高木國則, 1929.2, 「組合精神の普及·指導とわが共勵會」『金融組合』, 55쪽.
67) 강동금융조합 이사 重松齣修는 자신이 주도한 양계모범부락의 체험기

결과가 농가의 경영에 크게 도움이 되었는지는 불투명하다. 각지의 모범부락 중에는 촌락민의 의사와 관계없이 관에서 지정한 경우도 있었고, 또 모범부락이기 때문에 다른 촌락에 비해 경비와 노동력의 부담이 많은데도 불구하고 볼 만한 실적이 없는 곳도 있었다고 한다.[68]

모범부락 정책은 관의 지시와 명령, 법률만으로는 식민지정책을 민중에게 실행시키는데 한계가 있다고 보고, 이를 보완하려는 의도에서 나온 것이다. 모범부락 정책은 소위 지방개량・지방자치라는 명목 아래 종래 촌락에 내재된 자주적이고 자발적인 협력관계를 자극하고 이용하여 지방행정에 조선민중의 협조를 끌어낸다는 구상 아래 추진되었던 것이다. 이를 위해 관에서는 모범부락에 시설과 지도를 집중적으로 투입하여 일정한 성과를 얻은 뒤 이를 인근 촌락에 과시하여, 촌락 사이의 경쟁심을 유발시켜 관의 정책을 용이하게 관철시키려고 했다. 이렇게 모범부락이 설치된 결과 부분적으로 성과를 거두기는 하였지만, 다음과 같은 한계와 비판을 면할 수 없었다.

총독부 촉탁 增田收作은 다음과 같이 모범부락의 한계를 지적하고 있다.

> 모범부락의 설치는 부락본위 통제본위의 지도가 많다. 개인에 대해서는 그 실력을 돌아보는 일이 없고, 단지 보조와 독려를 지도의 본체로 하였다. 관설모범부락이라는 경향을 띤 것이 적지 않았다. 때문에 외견상 잘 정비되고 일견 갱생된 부락 같은 모습을 보이지만 그 기초가 되어야 하는 개개 농가는 실력이 없고 신념이 결여되었기 때문에

　　를 묶어,『朝鮮農村物語』(中央公論社, 1941)를 편찬했으며, 뒤에 조선금융조합연합회 교육부장이 되었다.
68) 善生永助,「朝鮮村落に於ける一致團結－部落の存在並其進步發達に對する'契'の偉大なる效果」, 98쪽.

단지 관의 조치에만 의뢰하는 악습을 순치시키는 데 그쳐, 보조를 그만두고 지도의 손을 완화함과 동시에 종래의 부락으로 전락하는 실례가 결코 적지 않다. 지금까지 전국 많은 모범부락이 창설되고 또 많은 모범부락이 조락한 사실이 이를 증명한다. 심하면 이들 부락 사이에는 단지 부락의 입구에 '모모 모범부락'이라고 화려하게 쓰여진 백색 페인트칠의 표목만이 남아있고 전혀 시설의 흔적을 찾을 수 없는 것조차 있다. 어떤 이는 이를 혹평하여 시설의 잔해라고 하고 있다.[69]

일제는 일부 이미 성과를 거둔 촌락 이외 어떤 가능성을 가졌다고 판단되는 촌락을 모범부락으로 선정하여 여러 시설과 보조금을 '당근'으로 제공한 뒤 농촌통제에 필요한 여러 사업을 실시하여, 정책과 지배의 거점을 만들려고 했다. 그러나 관의 지도와 통제가 있을 때는 어느 정도 성과를 거둔 듯하지만, 관의 조치가 없으면 이전의 상태로 돌아간다는 것이다. 황해도 옹진금조의 福田 이사 역시 소위 모범부락 등이 종래 너무 형식적이었다고 지적하며, "가령 모범부락이니 하는 이런 방면의 사업보다는 전연 趣意가 상이한 계획에 흥미를 가진 이사가 이전 책임자와 바뀌어 전임해오면, 어제까지의 부락의 모든 시설은 그야말로 일조에 공허한 형식적인 데 떨어져버리지 않나"[70]하였다고 회고하였다. 또 "종래는 보조갱생 … 보조금을 주어서 갱생시키는 방식이 매우 성행되었는데, 보조금이 끝어지면 도루아미타불이 되는 경우"가 많았다고 한다.[71]

이상에서 본 바와 같이 모범부락 정책은 농촌통제정책의 일환으로 일정한 역할을 하였다. 모범부락은 면 혹은 금조의 구역 내 1-2개 촌락(구동리 혹은 동리)을 대상으로 관이 집중적으로 지도하고 거기서 얻은 결과를 선전하여 다른 지역으로 확대시킨다는 것이

---

69) 增田收作, 1934.7, 「農村振興十題」, 『自力更生彙報』, 6쪽.
70) 安懷南, 1941.7, 「黃海道 農村을 보고 와서」, 『半島の光』, 23쪽.
71) 「國民總力朝鮮聯盟 文化部長 矢鍋永三郎氏는 이러케 말한다」, 『半島の光』, 1941.5, 10쪽.

다. 그러나 모범부락의 설치가 호별 통제보다 촌락 통제를 위한 것이 많았고, 관의 지도와 보조금 지급에 치중하여 문제가 되었다.[72] "외견상은 잘 정비되고, 일견 갱생된 부락 같은 모습"을 보이지만 개개 농가는 통제되지 않아, 만약 관의 보조와 지도가 없으면 이전 상태로 되돌아가는 실정이라는 것이다.

일제는 만주사변 이후 국내외 정세에 대응하기 위해 조선의 농촌사회를 전면적으로 재편해야 할 상황이었으나, 종래의 모범부락의 방식으로는 전국적으로 전체 농민을 통제할 수 없는 한계에 직면하였다. 전국의 촌락과 농민을 상대로 일일이 모범부락식으로 많은 지도인력을 투입하고 보조금을 지급하는 것도 감당할 수 없었으며, 또 모범부락이라 하더라도 그 시설이 촌락적 사업 즉 단체의 성과를 내는 데 치중하여 개개 농가에 대한 지배력이 약했다는 것이다. 1930년대 농촌진흥운동은 종래의 모범부락과 같은 촌락 단위 정책을 전면적으로 확대 실시한다는 점에서는 연속성을 지니지만, 개개 농가에 대한 파악과 촌락조직의 권한 강화의 측면에서는 엄밀하게 구별되는 정책을 시행하였다.

충남의 진흥회(제2부 1장 참조)·경기도의 추동농사개량실행조합·금융조합의 모범부락 등에서 보듯이 일제의 농촌통제정책은 대체로 1920년대까지 동리 혹은 촌락 단위로 병립하는 양상을 띠었다. 그리고 농사개량을 중심으로 한 농사개량실행조합과 자금운용을 중심으로 한 금융조합도 모두 경제단체로 출발했지만, 실제 활동은 물질방면 이외에 정신방면에 대한 시설도 병행하였다. 일제시대 농촌의 경제단체들은 대체로 이와 같이 두 방면에 걸쳐 활동을 했다. 따라서 일제하 여러 경제단체의 양적인 성장과 수치상

---

72) 八尋生男, 1935.1,「農家更生5年計劃의 第3次樹立에 際して」『自力更生彙報』, 11쪽.

의 '성과' 이면에는 사상통제 즉 조선민중에게 식민지지배논리를 주입하려는 의지가 관통하고 있었다.

일제는 1910년 강점 이래 식민지 조선에 대해 '강력한 동화주의적 식민지정책'으로 "內鮮을 실로 일체로 하는 문화적·정치적·경제적인 완전한 영역을 실현하기 위해 끊임없이 노력해 왔던 것"[73]이다. 일제시대 경제단체의 활동은 지방지배체제의 확립을 위한 정지작업의 일환이었던 점도 주목해야 한다.

---

[73] 外務省調査局, 1945.12, 『經濟的觀點より見たる我國朝鮮統治政策の性格と其問題』, 4·7쪽.

제2장

농촌진흥운동과 농촌통제정책(1932.11 ~ 1940.10)

　1930년대 일제는 경제공황을 타개하기 위해 식민지조선의 농촌과 농민에 대한 정책을 재검토하였다. 또한 이 시기는 일제의 (준)전시체제의 작동과 맞물리면서 항구적이고 근본적인 지방지배체제의 구축이 핵심 과제였다. 일제는 이런 대내외 정세에 대처하기 위해 농촌진흥운동을 전개하여 행정력이 본격적으로 개개 농가에까지 파고 들어갈 수 있는 사회구조를 형성하려고 했다.

　이 장에서는 농촌진흥운동의 배경과 시기별 전개 과정, 면행정의 보조기구인 농촌진흥회의 기능과 사회적 위상을 검토하여, 재편되는 식민지질서와 그 속에 담긴 정책적 의도를 확인하려고 한다. 특히 행정보조기구인 농촌진흥회와 일련의 농촌통제정책에 대한 농민들의 대응을 살펴보고, 아울러 적색농민조합운동과 같은 체제 변혁세력에 미친 영향을 구명하고자 한다.

제1절 농촌진흥운동의 배경

1. 농가경제의 파탄과 지방치안의 악화

1) 농가경제의 파탄

1929년에 시작된 경제공황은 1930년대 초반까지 계속되어 일본 자본주의 구조에 깊이 편입되어 있던 식민지조선의 농가경제에 심각한 타격을 가했다. 1926년 현미 1석 당 약 33원(100)이던 미가는 1930년 약 24원(73), 그후 계속 떨어져 1931년에는 약 15원(46)에 불과했다.[1] 산미증식계획으로 미곡단작구조가 심화된 상태에서 미가의 폭락은 중소지주를 포함하여 농가 전반을 결정적으로 위협했다. 1929년과 1932년 사이에 지주는 3.7→3.6%, 자작농은 18.0→16.3%, 자소작농은 31.5→25.3%, 소작농은 45.6→52%로 전 농가의 하강 분해가 심각하게 진행되고 있었다.[2]

이러한 전층적인 몰락 현상의 주된 원인은 농가수지의 악화이며, 또 이를 압박하고 있던 것은 미가하락과 상품화폐경제의 빠른 침투였다. 1926년과 1931년 사이에 미가지수가 100에서 46으로, 물가지수는 100에서 62로 각각 54%, 38% 하락하였다.[3] 미가의 하락지수가 물가의 그것보다 높은 만큼 똑같이 경제공황의 영향을 받아도 농가의 타격은 더욱 심해질 수밖에 없었다.

또 <표 2-1>에서 보듯이, 농산물의 상품화는 빠른 속도로 전개

---

1) 菱本長次, 1938,『朝鮮米の研究』, 659쪽.
2) 小早川九郎 편저, 1960,『조선농업발달사(자료편)』, 友邦協會, 93쪽.
3) 조선은행조사부,『조선경제연보(1948년판)』, Ⅲ-145.

되고 있었다. 농어임산물의 생산량은 1910년을 100으로 할 때 1920년대 4~5배 증가하고, 시장거래액은 2~3배로 늘었다. 또한 총생산액 중에서 시장거래액이 차지하는 비중도 1910~20년대에는 10~20%를 유지하고 있었다. 그러나 1934년 이후 농어임산물의 생산량과 시장거래액의 증가비율을 보면, 시장거래액 쪽이 생산액 쪽을 상회하고 있었다. 시장거래액의 증가가 생산물의 증가를 앞지르고, 총생산액 중에서 시장거래액이 차지하는 비중도 23~24%를 기록하는 등 1930년대는 상품화폐경제가 확대 일로에 있었다. 그러나 농산물 가격은 시장에서 공동판매 혹은 미가조절 등의 독점가격정책에 따라 조정되어 낮게 책정되었기 때문에, 일반 농가는 단순재생산도 유지하기 어려운 처지에 놓여 있었다.

〈표 2-1〉 농어임산물의 생산량과 시장거래액추세

	농어림산물의 생산량추세		시장거래액 증가추세		(b)/(a)
	생산총액(a)	증가율(%)	거래총액(b)	증가율(%)	
1910	221,107	100	50,442	100	0.228
1921	1,097,364	496	111,239	220	0.101
1926	1,300,547	588	156,835	310	0.121
1928	1,022,604	462	187,650	372	0.184
1930	724,227	327	173,167	343	0.239
1931	702,855	317	158,139	313	0.225
1932	831,816	376	179,383	355	0.216
1933	920,841	416	203,832	404	0.221
1934	1,020,147	461	238,790	473	0.234
1935	1,147,055	518	278,463	552	0.243
1936	1,208,911	546	314,354	623	0.260
1937	1,560,487	705	363,373	720	0.233
1938	1,574,787	712	409,347	811	0.260

자료: 文定昌, 1941, 『朝鮮の市場』, 日本評論社, 137~138쪽.

다음에서는 1930년대 일제의 농업·농촌정책의 전환의 배경으로 농가경영의 영세성과 빈궁 정도를 살펴보고자 한다.

1932년 전라북도 警察部가 조사한 細民[4]의 생활상태를 보면 다음과 같다. 도내 총 호수 28만 호(142만명)의 약 75%인 22만 호(106만명)가 농가이며, 농가 중에서 소작농은 16만 호, 세민은 11만5천 호였다. 3월말 춘궁기 도내 세민 11만5천여 호(51만명)는 전체 호수와 인구의 각각 41%, 35%를 차지하여, 일제는 "이들의 구제와 사찰은 지방치안 확보상 가장 긴요한 문제"이며 세민의 생활안정은 "단지 도내 통치상 긴급중대한 일일 뿐 아니라 현하 조선통치의 근간을 이루는 사안"이라고까지 인식하고 있었다.[5] 경찰부는 세민이 다수 발생하는 원인을 다음과 같이 들었다.[6]

① 토지 및 소작겸병의 격화와 소작제도의 결함

도내 논 17만 정보 중 약 10만 정보는 지주 3천 호의 소유였다. 소작농은 농가 22만 호의 약 72%인 16만 호였다. 당시 소작권은 지주가 자위상 수납이 확실한 소작인에게 점차 집중시키는 경향이 있었기 때문에, 소작인 1명이 20정보를 소작하는 경우가 있는 한편 겨우 몇 단보의 소작지를 갖기도 하여 소작권도 점차 겸병되어, 불안정한 소작권을 획득하기 위한 운동비 제공, 마름의 횡포 등이 지적되고 있었다.

② 소작농의 부담 과중

1910년 당시 논의 소작료는 1단보에 벼 6~8두였는데, 그 동안 생산력이 증가하는 것도 작용했겠지만, 이때는 평균 1석2두 내외로 67~200%까지 증가하였다. 그러나 이와 함께 또 수리조합비와 금비 대금의 부담으로 영농비가 증가하고, 공과금과 생계비도 늘어 소작농이 곤궁해졌다는 것이다.

---

4) 朝鮮總督府, 1929, 『朝鮮の小作慣習』에 의하면, 細農은 3단보 이하를 경작하고 있는 영세농을 말한다(32쪽).
5) 全羅北道 警察部, 1932.6, 『細民ノ生活狀態調査』 제2집, 1·3쪽.
6) 全羅北道 警察部, 『細民ノ生活狀態調査』, 9~21쪽.

③ 농업자금과 금융기관의 결함

동척·식은·금융조합 등의 금융기관에서 자금을 융통할 수 있는 범위가 주로 지주 3천 호·자작농 1만 160호·자소작농 5만 800호에 한정되었다. 소작농 16만 호는 이를 거의 이용할 수 없어, 고리의 자금을 빌리고 수확 때 자기 소득의 대부분을 상환금으로 충당하여 세민이 되고 있다는 것이다.

④ 부채에 따른 농가의 궁핍

1932년 5월 조사 결과, 세민 11만 5670호의 73%(83,947호)가 부채를 지고 있고, 전체 부채액은 290만 6,900여 원이었다. 세민 1호당 평균 34.62원에 해당하는 부채는 세민에게 상당히 무거운 액수였다. 그런데 부채가 없는 32,223호는 고리대도 빌릴 수 없는 경우로 이들은 춘궁기에 잠정적으로 걸식하고 있는 형편이었다.

⑤ 농가 경지면적의 부족과 불균형

도내 농민 22만호는 논 17만 정보, 밭 6만7천 정보, 합계 23만7천 정보를 경작하고 있었다. 1호당 평균 논 0.79, 밭 0.32, 합계 1.11정보를 경작하였다. 논 1단보당 평균 수확량은 벼 약 2석5두로 소작료 1석2두5승을 지불하면 자기수익은 10석이었다. 농가의 수취분 10석을 벼 1석당 1931년말 도내 시세 12원으로 환산하면 120원인데, 120원으로 5인 가족의 생활비와 농업자금 기타 자금을 지불해야 했다. 또 특히 마름 중에는 논 20여 정보의 면적을 독점하여 소작하는 자가 있어, 농민들은 소작지의 획득도 용이하지 않은 실정이었다.

⑥ 농업 이익의 과소

논농사 중심지인 이리 부근에서는 논 수확 1단보당 벼 3석(도내 평균 2.5석) 36원과 짚대금 5원을 합쳐 41원의 수입을 거두었으나, 41원 중에서 소작료와 노임 등 기타 경비를 합친 35.10원을 지출하면 불과 6원이 남았다. 그런데 도내 전체의 평균을 보면 지출액 40.75원을 공제하고 오히려 1.66원의 손해를 보고 있었다. 이리 지방에서는 1정보를 소작하여 60원을 얻는다면, 도내 전체 농가는 평균 16.60원을 손해를 보고 있었다.

이상을 종합하면, 1932년 현재 전북은 전체 농가 22만 호의 약 1.4%에 불과한 지주 3,000호가 전체 논 17만 정보의 약 59%에 해당하는 10만 정보를 소유하고 있었다. 반면에 소작농 16만 호는 도내 농가의 72%를 차지하여 당시 전국 평균 52.8%보다 20% 가량 더 많았다. 또 소작지도 일부 경작 조건이 유리한 소작농으로 집중되어, 1명의 소작인이 20정보를 차지하는 경우도 있어 경작지 편중현상을 초래하고 있었다. 농산물이 증산되었다고는 해도 지출의 증가로 수입이 저조했다. 논농사 중심지에서는 1정보에서 생산비를 제외하고 60원을 수입할 수 있었으나, 도내 평균은 오히려 16원 60전의 지출 초과를 유발하여 도내 농가는 대부분 단순재생산도 위협받고 있었다. 즉 농사를 지어도 적자가 되는 영농을 유지하기 위해서는 고리대에 의존하지 않을 수 없었고, 불안정한 농가 경영은 일부 생산자 중심으로 소작지 집중을 야기하는 주된 원인이 되었다. 여기서 파생된 걸식자의 증가는 치안을 위협했으며, 도내 농가의 72%를 차지하여 전국 평균보다 20%를 상회하는 열악한 소작농의 존재는 치안 확보 차원을 넘어 근본적인 농업·농민대책을 요구하고 있었다.

　전라북도 경찰부 조사에서 수집된 세민의 곤궁한 생활상 몇 가지를 보면 다음과 같다.[7]

　　① 군 산
　　옥구군 미면 경장리 철도용지(군산부 경영 대규모 신설 부지)에는 세민이 일시에 몰려 약 120호·인구 528명에 이르렀다. 모두 나무조각·헌짚·거적 등으로 땅을 파고 오두막을 만들었다. 비와 이슬조차 피할 수 없는 조악한 오두막 안에 거적을 깔고 일가족 몇 명이 누워 있는데, 그 중에는 병약한 노인과 어린이, 불구자가 있다. 건강한 자는 해안 혹은 부내 노동에 종사하여 겨우 20전 내외의 임금을 얻고, 부녀자는 부내를 배회하여 쓰레기통을 찾아 헤매어 생선류·야채 쓰레기

---

[7] 全羅北道 警察部, 「細民生活苦ノ如實ニ察知シ得ル實話」, 『細民ノ生活狀態調査』.

를 가지고 돌아오고, 휴지는 연료로 하고 걸식한 식은 밥에 여러 가지 채소를 섞어 실로 문자 그대로 호구를 넘기고 있다.

② 전 주
전주군 삼기면에서는 도로개수공사에 출역한 인부 대부분이 배고 픔을 호소하면서도 점심 때 집으로 돌아가는 자가 없고, 도로 옆에 가로 누워 있어 독려차 나온 면직원이 이를 보고 그 이유를 물으니, 모두 돌아가도 공복을 면할 어떠한 것도 없어 돌아갈 필요가 없다고 하며 부근 하천의 물을 마셔 일시의 주림을 면하고 있다.

③ 장 수
금년 춘궁기는 예년에 비해 심각하여 노인・어린이・부녀자가 산과 들에서 초근목피를 혹은 식사 시간을 맞추어 부호의 문에 우두커니 서서 한 주발의 남은 밥을 구걸하는 소위 잠정적 걸식을 하는 자가 현저히 증가하였다.

이러한 세민의 곤궁한 생활은 아사자 혹은 자살자의 발생, 보통학교 수업료의 체납 및 체납에 의한 퇴학, 보통학교 학생 취학율 감소, 걸식 및 부랑자의 증가, 이농현상 등을 초래했다.[8]

<표 2-2> 이농의 증감 상황(전북)

구 분		郡外 전출 총수	郡內 이주 총수	행방불명 총수	합계
인구	1931.1~4	10,050	7,319	6,552	23,921명
	1932.1~4	14,225	9,799	9,035	33,059
호수	1931.1~4	2,330	1,770	1,485	5,585호
	1932.1~4	3,449	2,385	2,083	7,917

자료: 전라북도 경찰부,「細民ノ生活苦ガ各方面ニ顯ハレル事象」『細民ノ生活狀態調査』.

<표 2-2>에 따르면, 1932년 1월 이래 4월까지 郡外로 전출한 자

---

8) 全羅北道 警察部,「細民ノ生活苦ガ各方面ニ顯ハレル事象」『細民ノ生活狀態調査』.

는 3,449호(14,225명)이고, 郡內로 이주한 자는 2,385호(9,799명)이며, 행방불명된 자가 2,083호(9,035명)로 합계 7,917호(3,059명)에 이르고 있었다. 도내 호수의 약 3%에 해당하는 사람이 이농하고 있었는데, 이는 1931년에 비해 2,332호(9,138명)가 증가한 것이다. 이들의 전출 동기를 보면, 생활곤궁이 3,282호 41.5%로 압도적이고, 노동목적이 2,398호 30.3%, 부채를 갚고 궁핍한 경우가 1,584호 20%, 소작권박탈이 653호 8.2%로 나타났다. 이렇게 생활곤란으로 이농하는 현상은 전국적인 추세였다. 내무국에서는 1935년 8월 전국을 대상으로 인구의 도시집중을 유발하는 원인을 조사했는데, 경기도의 경우 이농현상은 매년 증가하여 1931~1934년 동안 977호에서 4,403호로 4.5배나 격증했고, 전체 이농 호수 4,403호의 65%인 3,865호가 생활빈곤에 기인하는 것으로 나타났다.[9]

앞에서 언급했던 전북 도내 농가의 52%를 차지하는 세민들이 이농자의 상당한 부분을 차지했다고 보이는데, 전국적으로 이런 영세농과 이농자들은 개인적으로 혹은 이주정책에 따라 북부지방과 만주 지역 등지로 이주해 갔다.

2) 영세농의 존재와 지방치안의 악화

농촌경제는 1932년부터 공황회복기에 들어갔는데, 같은 해 작황이 좋았으며 농산물 가격 및 토지가격이 약간 회복세를 보이고 있었다. 1931년 중등토지매매 가격이 100평당 27원이던 것이 1933년 30원, 1934년 35원으로 상승하고 있었다.[10] 농촌진흥운동(이하 농

---

9) 內務局 地方課, 1936,『人口ノ都市集中防止關係』(지방행정 No.87-601), 81쪽.
10) 藤田强, 1940.7,「近年に於ける農地價格の變遷に就て」『朝鮮農會報』, 7~12쪽.

제2장 농촌진흥운동과 농촌통제정책(1932.11～1940.10) 67

진운동)은 이러한 공황의 회복국면을 배경으로 전개되었다. 1933년 3월 현재 영세농들은 종전의 극심한 공황기의 궁핍보다 약간 호전되었다고는 하나, 여전히 불안정한 생활을 하고 있었다. 다음에서 1933년 3월 현재와 그 이전의 농촌경제의 심각성 또 그에 따른 식민지체제의 불안정성의 대략적인 상황을 살펴보고자 한다(<표 2-3>).

먼저 1933년 당시 전국적인 세민 조사 중 전라북도의 상황을 앞에서 살펴본 1932년의 조사 내용과 비교해 보자. 1932년의 풍년과 구제사업·농진운동 등으로 세민들의 생활이 다소 완화되어, 걸식의 배회·아사·일가 이산 등의 현상은 줄었다고 하지만, "4～5월 춘궁절정기에 어떠한 사태를 보일지 예측할 수 없어 주의 중"이라고 하였다. 당시 농촌경제의 우려할 만한 상황은 식민지권력에게 여전히 경계를 늦출 수 없을 정도였다.

충청북도에서는 만주와 일본으로 이주하려고 하는 자가 점차 증가하였다. 역시 경상남도에서도 일본 渡航者가 1933년에 특히 급증했는데 渡航이 저지되어 도내 상황이 다른 지역보다 우려할 만한 상황인 것으로 보고하고 있었다. 일제는 이런 사태가 소작쟁의를 비롯한 농민운동 나아가 적색농민조합운동의 물적 기반이 되고 있다고 인식했다. 이 점은 경기도의 보고에서 "최근 공산당테제로 궁핍한 농민노동자를 획득하려는 주의운동은 조선에서도 많은 사례가 있어 이 방면에 주의경계 중"이라고 하였고, 함경남도에서는 "공산주의자들은 하층 세농의 곤궁기에 편승, 그 획득을 위해 마수를 뻗쳐 잠행적 책모를 하는데, 이를 지키기 어렵다. 본도 농촌의 사상이 악화되는 현황에 비추어 특히 주의경계 중"이라고 보고한 내용에서 짐작할 수 있다.

〈표 2-3〉 도별 영세민들의 생활동향과 지방치안의 상황
(1933년 3월 현재)

	춘궁기 각 도 세민의 일반 동향
	춘궁기 지방치안의 상황
경기	세민은 약 7할. 금년은 자력갱생운동으로 繩叭제조의 부업과 궁민구제사업이 전개됨. 남녀모두 경작활동. 예년에 비해 세민의 생활이 완화됨.
	농진운동으로 도내 일반은 정돈됨. 최근 공산당테제로 궁핍한 농민노동자를 획득하려는 주의운동은 조선에서도 많은 사례가 있어 이 방면에 주의경계 중.
충북	농진운동과 각종 구제사업으로 활기를 띠고 있다. 작년 춘궁기 세민은 전체 호수의 약 3할이었는데, 금년은 2할 내외.
	금년은 작년에 비해 범죄가 약간 감소. 기타 치안상 특이한 점 없음.
충남	노임수입의 살포, 작년의 풍년과 농산물가격의 등귀로 세민생활은 완화됨. 그러나 일부는 금년 춘궁기에도 상당히 심각한 궁상이 예상되어 주의 중.
	금년은 생활난에 따른 중요범죄발생이 거의 없음. 도내 치안 일반은 극히 평온.
전북	작년 가을 풍년에다 각종 구제사업, 농진운동에 따른 여성의 부업진전 등, 세민생활은 점차 완화되어, 걸식의 배회·아사·일가이산 등의 현상은 여기저기서 보이지 않게 됨.
	생활난에 따른 범죄는 금년은 3월 현재 작년 65건에 비해 19건. 그러나 4~5월 춘궁절정기에 어떠한 사태를 보일지 예측할 수 없어 주의 중.
전남	춘궁기의 세민생활은 극도로 궁핍한데, 작년은 특히 심하여 치안상 우려할만한 사태도 있었다. 금년은 취로·증수·가격상승 등과 함께 소작쟁의는 1건도 없다.
	금년 춘궁기는 현재 치안상 특별한 영향이 없으나, 금후 정세에 특히 주의 중.
경북	세민생활이 다소 완화됨. 그 원인은 각종 구제사업과 부업장려 등이 작용한 것이라고 할 수 있다.
	예년 춘궁기에 증가하던 절도 등이 감소.

경남	춘궁기의 세민생활은 실로 비참하여 거의 野猪와 같은 상황이었는데, 금년도 그런 정세가 보여 일본도항자의 격증, 공과금 불납, 빈집의 증가 등이 특히 현저함.
	춘궁기 범죄 약간 감소. 한편 <u>일중시국과 대내불안의 정세를 과대선전하여 인심을 狂惑시켜 불온을 기도하려는</u> 무리가 있었으나, 당국의 단속으로 폐쇄됨.
황해	춘궁기의 세민의 궁핍은 특히 현저. 작년 미가등귀와 농진운동 등으로 약간 정돈됨. 농진운동에 따른 홍풍회는 금년 3월 말 3,915개, 13만5천905명.
	금년 궁핍에 따른 강도는 40%, 절도는 27% 감소. 기타 치안상 특이한 사항 없음.
평남	재계의 호황은 만주무역의 회복 등으로 한층 활황을 보임. 금년 춘궁기는 점차 완화되어, 공과금·수업료 등도 예년에 없이 좋은 성적 보임.
	궁핍에 따른 범죄·쟁의 기타 특별한 사항 없음.
평북	계속된 재계불황, 對岸滿洲國의 치안불안정, 하층농민노동자의 궁핍은 작년 춘궁기에 특히 심했다. 금년은 금광개발에 따른 노동자 증가·국경철도부설·목재계의 호황 등으로 세민의 대부분이 취로할 수 있게 되어, 예년에 없는 생활.
	특별한 사항 없음.
강원	풍작과 농진운동 등으로 일반적으로 생활이 향상되고 있다.
	금년 들어 아직 각종 쟁의발생·기타 치안상 특이한 사항 없음.
함남	작년의 풍작. 최근 산간지대는 다량의 燕麥을 陸軍糧抹部에서 매수하고, 연해지방의 풍어 등으로, 작년에 비해 세민의 생활불안은 거의 제거된 듯이 보임.
	<u>공산주의자들은 하층세농의 곤궁기에 편승, 그 획득을 위해 마수를 뻗쳐 잠행적 책모를 하는데, 이를 지키기 어렵다.</u> 본도 농촌의 사상악화의 현황에 비추어 특히 주의경계 중이다.
함북	작년에 비해 농작물·어획량 가격상승 등으로 세민생활이 약간 안정됨. 그러나 산악·오지에서는 초근목피를 찾아 춘궁기를 벗어나려는 세민이 상당히 있다.
	금년 춘궁기 세민의 생활이 비교적 안정이 되어 특히 치안상 영향이 없다.

자료: 警務局, 『本年春窮期に於ける細民生活調査の概要』.
비고: 밑줄은 필자.

이상과 같이 적색노동운동과 적색농민운동이 식민지체제를 위협하는 상황에 대응하여 일제는 농진운동을 전개하였다. 그리고 1933년 3월 당시는 1932년 11월부터 시작해온 성과를 바탕으로 농진운동이 본격적으로 전개되는 시기로, 영세농들의 동향에 대한 이러한 조사는 이후 농진운동을 전개하는 데 중요한 참고자료가 되었을 것이다. 각지의 영세농에 대한 대책을 보면, 면 주도의 농량대부·농진운동·민풍작흥과 근로정신의 보급(경기), 농촌진흥회를 통한 직접 간접적인 구제(전북)·벼 종자의 배포·繩叭제조기계의 무료배포 등(경북), 퇴비 녹비 면작 및 영계지도부락과 영돈지도부락의 설치·교풍회의 재건 등의 정신지도(경남), 자력갱생운동의 보급·촌락에 저곡계 조직을 계획 중(평남) 등이었다.[11] 이러한 시설을 담은 농진운동은 지방치안 내지 체제위협적인 세력을 억제하는 데 일정하게 기능을 수행하고 있는데, 이 점은 뒤에서 살펴보려고 한다.

2. 농민운동의 격화

이상에서 본 바와 같이 1930년대 초기 농가경제의 파탄과 궁핍 상황에 직면하여 농촌구제에 대한 사회적 요구가 고조되었다. 당시 합법·비합법 농민운동의 주체들은 농가경제의 파탄 상황을 어떤 형태로든지 개선해야 한다는 사회적 요구를 일정 부분 수용하면서 농민획득경쟁을 전개하였다.[12] 1930년대 초기에는 자연발생적인 소작쟁의와 함께 조직적인 농민운동이 활발하게 전개되었다.

---

11) 警務局, 『本年春窮期に於ける細民生活調査の槪要』.
12) 지수걸, 1993, 『일제하 농민조합운동연구』, 역사비평사, 57쪽.

제2장 농촌진흥운동과 농촌통제정책(1932.11~1940.10)

1926년 현재 198건(참가인원 2,745명)이던 소작쟁의가 1930년 726건(13,012명), 1935년 25,834건(58,019명)으로 크게 증가하였다. 농민단체 수도 1926년 현재 119개에서 1931년 1,759개로 급증하였다.[13] 1930년대 소작쟁의는 식민지 지주제가 발달한 삼남지역을 중심으로 일어났던 1920년대와 달리 전국적으로 확산되었다. 1931년에 전개된 소작쟁의의 특징은 "쟁의방법이 어느 것이나 단체행동을 취하야 쟁의의 약 7할이 통제있는 대중운동으로 단결"되었으며, 경남북·전북·황해 등의 대농장의 대부분이 쟁의 상태에 있었다고 한다.[14] 그리고 이러한 대규모 소작쟁의가 지속적으로 일어날 수 있었던 원인은 사회주의운동의 지도적 역할 특히 적색농민조합의 조직적 지도와 관련이 있었다.[15] 1930년대 소작쟁의는 투쟁의 조직성이 크게 강화되었고, 투쟁의 방법도 합법적인 농민운동단체 또는 비합법 단체와 연대하는 등 다양한 모습을 보이고 있었다.

그러나 이같은 농민운동의 발전에 대응하여 일제는 경찰력을 동원하여 강력히 탄압하고, <표 2-4>에서 보듯이 관제농촌단체 즉 농촌진흥회를 전면적으로 설치하여 농민운동의 물적 기반을 흡수해 가기 시작했다. 농진운동이 전개되면서 농민운동의 단체 수는 1931년 1,759개에서 1,394→1,351개로 줄었고, 대신 이것보다 20여배 이상이나 많은 관제단체(29,383개)가 전국을 덮기 시작했다. 농민운동 단체는 1931년 1,759개를 최고로 하여 점차 파괴되거나 관제단체에 흡수 개량화되는 양상을 보였다. 1931년 5월경 함경남도 경찰이 마련한 '特別取締對策'은 시기와 내용을 달리하면서 전국

---

13) 이우재, 1991, 『한국농민운동사연구』, 한울, 38·44쪽 ; <표 2-4> 참조.
14) 『매일신보』 1932년 5월 28일자 ; 지수걸, 1989, 「1930년대 전반기 조선인대지주층의 정치적 동향」 『역사학보』 122, 37쪽.
15) 하원호, 1990, 「1930년대 노동·농민운동의 전개」 『한민족독립운동사』 8, 국사편찬위원회, 368쪽.

적인 규모로 강행되었다.16) 이같은 농진운동과 특별대책으로, 적색 농민조합운동이 가장 격렬했던 함경남도를 위시하여 각지의 운동은 격파되고 지하로 잠적하게 되었다.

〈표 2-4〉 농민운동 단체의 추이

	농 민 단 체			비 고
	단체 수		단체원 수	
1920	1		-	
1924	112		-	조선노농총동맹 조직
1926	119		-	
1928	307		-	코민테른 12월테제발표
1930	943		-	전조선농민조합 조직
1931	1,759		112,103	신간회 해소
1932	1,394		110,963	농촌진흥운동 전개
1933	공산주의	106	공산주의 18,825	관제농민단체 29,383개
	민족(공산)주의	1,096	민족(공산)주의 49,544	
	온건단체	149	온건단체 19,213	
	1,351		87,282	

자료: 金正明, 1967, 『朝鮮獨立運動』 5, 동경, 410~412쪽을 수정 작성.

한편 1930년대 적색농민조합은 본부→지부→반으로 이어지는 체계적인 조직망을 점차 확립해가고 있었다. 특히 각 운동조직은 촌락 단위위 비공식적이고 자발적인 조직을 운동조직의 하부조직망으로 흡수하여, 농민동원의 기본적인 연대집단이 되는 班조직을 강화해가고 있었다.17) 적색농민조합운동의 하부조직이 촌락과 같

---

16) 지수걸, 『일제하 농민조합운동 연구』, 104쪽.
17) 이준식, 1984, 「일제하 단천지방의 농민운동에 대한 연구」, 연세대 사회학과 석사논문, 116~117쪽 ; 1993, 『농촌사회변동과 농민운동－일제 침략기 함경남도의 경우－』, 민영사, 428~429쪽.

은 농민들의 생활터전에 토대를 두고 농민들의 불만을 흡수하면서 기반을 확대하자, 일제는 이에 대응하여 직접적인 탄압책을 강행하는 한편 농민들의 경제적 요구를 일정 부분 수용하면서 농진운동의 촌락 단위 실행조직인 농촌진흥회를 급속히 설치하였다. 일제는 종래 군면에 1~2개씩 설치하던 모범부락 정책이 아니라 전국의 촌락에 통제망을 구축하여, 농민운동세력이 농민을 포섭할 가능성을 차단하고 전시체제를 대비하는 차원에서 농촌질서를 재편해 갔다.

제2절 농촌진흥운동의 초기단계 (1932.11~1935.1)

1. 농촌진흥운동의 실시와 농가갱생계획

만주사변을 둘러싼 국제적 고립의 심화, 경제공황의 충격으로 대내외적 긴장감이 증폭되는 가운데, 일제는 식민지체제의 위기를 타개하기 위해 농진운동을 전개했다. 宇垣 총독은 1932년 7월 도지사회의에서 농진운동의 취지와 방침을 밝히고, 총독부 사무분장규정을 개정하였다. 9월과 10월에는 총독부와 각 도·군도·읍면에 농촌진흥위원회를 설치하였다. 총독부에 설치된 조선총독부농촌진흥위원회는 농진운동의 최고 지도기관으로, 정무총감을 위원장으로 하고 10개 국의 국장을 위시하여 문서과장·지방과장 등 관계 과장, 기타 총독부 촉탁 등을 위원으로 하여 구성되었다. 도 이하 위원회의 장은 도지사・군수・島司・읍면장과 같이 지방행정 기관의 장이 맡았고, 위원으로는 해당 행정기관의 직원과 관변단체의 장・학교장・지방유식자 등이 참여하였다. 이로써 농진운동은 총독부→총독부 농촌진흥위원회→도 농촌진흥위원회→군도 농촌진흥위원회→읍면 농촌진흥위원회로 이어지는 계통적이고 전국적인 조직체계를 마련했다. 지도기관이 지방행정 계통을 따라 설치된 점은 농진운동을 전국적인 수준의 조직 운동으로 전개시키는 데 주된 조건이었다. 면의 농촌진흥위원회는 촌락 단위 농촌진흥회를 직접 지도하여, 면→농촌진흥회로 이어지는 농진운동의 말단 실천망을 성립했다. 그리고 면 아래 행정보조기구인 동리의 구장이 대체로 농촌진흥회의 회장을 맡고 있어, 촌락과 개개 농가에까지 관의 지배력을 확장할 수 있는 장치를 마련했다. 이로써 농진운동을 통해 식민지정책이 중앙의 총독부에서부터 농촌 말단에까지 미칠 수 있는 계통적인 조직체계가 처음으로 확립되었다.

일제는 1932년 11월 10일을 기해 물심양면의 운동으로 농진운동을 전개하였다. 종래 일제의 정책이 '사상적 종교적 문화적으로 분산적 비조직적'이었다면, 농진운동은 전체 농촌과 농민을 대상으로 관의 강력한 지도와 조직력을 총동원하여 다분히 '국민운동'의 색채를 띠면서 나타났다.[18] 1932~1933년 초까지 일제는 농민의 자각・자력으로 경제 갱생의 가능성을 선전하면서 농진운동에 대한 사회적 참여 분위기를 조성하는 데 주력했다. 총독부 각 국의 국장들은 농진운동의 전개 상황을 확인하기 위해 전국을 나누어 순회했고, 그 결과는 12월 24일 총독부에 보고되었다. 이에 따라 총독부는 1933년 3월 7일자 정무총감의 통첩(이하 3월 통첩)을 각

---

18) 조선총독부, 1944, 『朝鮮の國民總力運動－附大日本婦人會朝鮮本部概況』, 2쪽.

도지사에게 하달했다. 농진운동이 촌락 혹은 단체를 대상으로 전개되고, 일반적 공통적 공공적인 사항에 치중하여 개개 농가를 대상으로 한 구체적인 갱생계획이 결여되었다고 지적하고, 개개 농가의 갱생계획의 수립과 그 지도 및 촌락적 단체적 지도의 병행 원칙을 제시했다.19)

일제가 농진운동을 통해 이전과 달리 농촌과 농민을 관의 통제 아래 두고자 했던 만큼, 일반적 공공적 촌락적 사업보다 농가의 갱생을 강조했다고 해서, 공동적 사업 내지 활동의 필요와 훈련을 소홀히 한 것은 아니다. 식민지권력은 먼저 공황기의 혹심하게 피폐한 경제 상태를 다소 회복시켜 농민들에게 어느 정도 갱생의 가능성을 심어 줌으로써 내적 동기를 유발시켜야 했다. 이에 따라 개개 농가의 갱생계획을 수립하였고, 그 갱생계획에는 경제방면과 함께 정신방면을 포함시켰다. 즉 일제는 개별 농가에게 경제 완화의 가능성을 느끼게 함과 그와 동시에 일본정신을 체득한 '건전한 국민'으로서의 갱생을 목표로 했다. 따라서 위의 '3월 통첩'에서 지적하는 공동사업은 어느 정도 개개 농가에 대한 통제력이 관철된 뒤에 본격적으로 가동되어야 할 정책으로, 정책의 순서가 잘못되었음을 지적한 것에 불과하다. 개개의 농가에 대한 통제력이 관철되지 않은 단계에서 공동적 단체사업의 치중은 사업을 위한 사업에 그치고, 식민지정책의 최말단 대상인 개개 농가는 여전히 통제 밖에 있기 때문이었다.

'3월 통첩'에 따라 농진운동은 1933년을 제1차로 1개 면에서 1개 지도부락을 선정하고, 지도부락에서 '갱생'을 필요로 하는 지도농가에 대해 현황조사를 실시하도록 했다. 현황조사서에 기초하여

---

19) 제국지방행정학회조선본부 발행, 1939, 「農山漁村振興計劃實施ニ關スル件」 『朝鮮農村振興關係例規』, 6~7쪽.

농가는 식량충실·수지개선·부채정리의 3대 목표를 중심으로 농가갱생5개년계획을 작성, 실행해야 했다. 당시 戶 단위 지도는 지도의 곤란 등을 이유로 많은 비판을 받으면서도 강행되었다. 호별지도는 개개 농가를 직접 파악하여 '주도면밀하고 간절 정녕한 지도'[20] 즉 정책을 농민의 생활 속에 관철시키기 위한 것이었다. 따라서 일제는 면직원 등 말단 실무를 맡은 지도원에게 농가의 현황조사를 직접 청취하여 파악하도록 했다. 현황조사는 "1家 경제 상태의 … 가장 깊숙한 곳에 들어가서 사생활 방면에까지 조사"하는 것이고, 이에 기초한 계획서는 농가의 "침식 기거에서 일상생활에 이르기까지 생산소비 모든 방면"을 간섭하면서, 행동 하나 하나를 '반성'하도록 작성한 것이다. 즉 계획서는 "일가 생활의 전반에 걸쳐, 표면상 일대 羈絆을 가하는" 수단이었다.[21] 일제는 이러한 계획서를 가지고 '종래 산만한 농가 생활'을 "근본에서 다시 세운다"는 방침이었다.[22] 현황조사와 계획서는 영농과 관련해서는 재배작물의 종류와 그 변경·면적의 증감·농법 개량 등 농업정책을 관철시키고, 또 파악된 노동력은 당시 북부지방 개발사업과 만주개척지 등으로 이주시킬 수 있는 자료로 활용될 수 있었다. 그러므로 조사와 계획 작성에 대한 효용성 여부가 비판받고 있었지만,[23] 일제는 1938년에 간략한 작성 방침을 정하였을 뿐 계속 강행하였다.

일제의 식민지지배의 궁극적인 목표는 개인까지 파악, 통제하는 것이었다. 이에 따라 농진운동은 농가갱생계획을 중심으로 개개

---

20) 大村綱藏, 1939.1,「京畿道農村振興運動の經過を顧みて」『조선지방행정』, 45~46쪽.
21) 趙載昇, 1938.2,「共勵組合員の營農計劃書に就て」『조선지방행정』, 66·69·91쪽.
22)「慶南の更生部落」『府邑面雜誌』 3-11·12, 1933.
23) 趙載昇,「共勵組合員の營農計劃書に就て」, 68~72쪽.

농가를 체제내로 포섭하려고 했는데, 농가의 구성원들은 호 단위로 촌락과 촌락조직을 매개로 외부 사회와 연결되었다. 그리고 촌락의 구성은 기본적으로 호별 대표(세대주·호주)들로 이루어졌다. 농진운동 단계에서 일제는 개개인에 대한 규제를 戶代表를 통해 관철시키려고 했고, 국민총력운동의 단계가 되면 戶 아래 개인까지 조직적으로 파악, 관리하게 된다. 일제가 기본적으로 가부장적 家(戶)를 단위로 개인을 통제하려는 것은, 1國 1家의 관념에서 천황제 국가체제의 관철 즉 식민지통치의 완성을 목표로 했기 때문이었다.24)

지도부락의 지도농가는 30~40호를 표준으로 설정되었다. 30~40호란 해당 촌락의 전체 호수 중에서 소위 갱생 3대 목표의 어느 하나라도 해당되는 농가의 숫자로, 전체 농가 중의 일부가 지도대상이 되었다.25) 지도 대상 농가도 지도의 가능성이 있는 비교적 상층 농가가 중심이 되었다.26) 그리고 해당 연도 지도 대상 농가로 선정된 호수 중에서 중간에 이탈하는 경우가 있을 때는, 그 수를 계속 보충하면서 일정한 수의 지도 대상 농가를 확보한다는 방침이었다.27)

---

24) 이만열·김영희, 2000, 「1930·40년대 조선 여성의 존재 양태」『국사관논총』89, 309~310쪽.
25) 경남의 경우는 5~60호 내지 100여호의 집단 촌락 중 2~30호의 농가에 대해, 계획을 수립하도록 했다(경상남도, 1936, 『農山漁村振興指導要綱』, 131쪽). 그리고 실제 지도농가는 1개 지도부락 평균 22~23호였으며(八尋生男, 「朝鮮における農村振興運動を語る」, 水田直昌 감수, 1983, 『資料選集 朝鮮における農村振興運動』, 友邦協會, 23쪽). 1938년까지 설정된 지도부락 1개당 지도농가는 20호였다(朝鮮總督府, 1940, 『朝鮮に於ける農村振興運動の實績』, 15쪽)고 한다.
26) 경상남도, 『農山漁村振興指導要綱』, 116쪽 ; 景山宜景, 1935.11, 「平安南北兩道農家更生指導を部落視察して」『自力更生彙報』, 204쪽.
27) 慶尙南道, 『農山漁村振興指導要綱』, 131쪽 ; 충청남도, 1939, 『농촌진

또한 5개년 계획을 수립하지 않은 비지도농가도 일반적인 장려 사항을 농촌진흥회를 통해 실시하도록 되었는데,[28] 1935년에 가면 이러한 30~40호의 기준이 철폐되었다. 지도 대상이 될 수 있는 농가는 모두 갱생계획을 수립하고, 계획이 필요하지 않은 농가 즉 중류이상자도 현금수지가 불균형해질 우려가 있다고 하여, 갱생계획에 준하여 지도하도록 했다. 해당 지도부락의 전체 구성원으로 지도의 범위를 확대하면서, 경제·정신의 지도 중에서도 특히 정신 방면의 지도를 통해 전체 촌락민의 통일된 갱생의 분위기를 조성하도록 했다.[29]

다음에서는 농진운동의 경제방면의 지도 속에 담긴 정책적 의도를 살펴보겠다.[30] 전반적인 농진운동은 물론 농가갱생5개년계획에서 가장 활발하게 전개되었던 실행사항 중의 하나가 퇴비제조이

홍지도자필휴』, 303~304쪽. 그러나 1938년까지 실시된 지도부락의 지도농가의 이농상황을 조사해 보니, 실시 초기보다 9%가 감소했다(조선총독부,『朝鮮に於ける農村振興運動の實績』, 15쪽).
28) 岡崎哲郞, 1934.4,「わが道の農村振興」『自力更生彙報』, 10쪽.
29) 八尋生男, 1935.9,「農家更生戶別指導方法 4」『自力更生彙報』, 14쪽.
30) 농가갱생5개년의 실적에 대해서는 기존 연구에서 이미 어느 정도 밝혀져 있었다. 富田晶子, 1981,「準戰時下朝鮮の農村振興運動」『歷史評論』377 ; 정문종, 1993,『1930년대 조선에서의 농업정책에 관한 연구』, 서울대 경제학과 박사학위논문 ; 松本武祝,「1930년대 조선의 농가경제-'농가경제개황조사'분석을 중심으로-」(안병직 외 편, 1989,『근대 조선의 경제구조』, 비봉출판사) ; 정연태, 1995,「1930년대 일제의 식민농정에 대한 재검토」『역사비평』28. 농가갱생5개년계획의 실시 대상은 지도가 용이한 계층에 집중되고, 지도하기 어려운 하층 방면은 배제되어 실적은 이미 한정되었기 때문에, 그 실적을 전체 농가에게 일반화할 수 없다는 데 대체로 의견을 같이 하고 있다. 갱생지도농가가 전체 농가의 1/4 정도인 자소작농을 중심으로 이루어졌고, 그 갱생농가의 경영규모도 전국 평균을 상회했다는 것이다. 따라서 자작, 자소작농을 중심으로 일정한 농민들에게 생산성 향상에 대한 의욕을 끌어올려, 이들을 농촌조직화의 중심적인 참여세력으로 한다는 것이다.

다. 퇴비제조는 많은 퇴비의 살포로 농산물을 증산하고자 하는 의도와 함께 근로정신·감사보은의 마음을 주입, 심화시키는 수단이었다. 퇴비의 원료는 소와 돼지 등의 사육장에서 나온 퇴적물에다 산과 들의 잡초·먼지 등 아무 것이나 사용할 정도로 다양한데, 어떤 것이든지 버리지 않고 활용하여 퇴비를 만드는 과정에서 '天物'에 대한 감사보은의 마음이 생긴다는 것이다. 그리고 일제는 이러한 퇴비제조와 같이 주변의 작은 작업에서부터 느낀 감사보은의 마음을 영농과 생활 전반에서 실천하도록 유도했다.[31] 일제하 감사보은의 궁극적인 대상은 천황이었기 때문에, 이런 심성의 강조는 천황숭배의 감정으로 조선인을 체제순응적으로 통제하기 위한 정지 작업의 성격을 띠었다. 따라서 경제갱생을 위해 표면적으로 내건 '생산의 증수' '잉여노동력의 소화' '생산물의 처리' '생산비의 체감' '생활비의 절약' 등의 시설 사항 등에는 이상과 같은 '정신적 기조'가 깔려 있었다.

가마니 중심의 부업수입은 영세농일수록 수입에서 차지하는 비중이 대단히 높았다. 평안북도 孟中里 금융조합의 구역에서 東二洞은 전체 136호 중 가마니를 짜는 호수가 130호였다. 가마니 1매를 짜는데 필요한 원료 짚의 구입 비용은 약 4전이고 완성품은 최저 13전에 판매되어, 하루에 5매를 짜면 약 40전의 수입을 얻을 수 있었다. 촌락민들의 수입에서 가마니 부분은 전체 농가를 대상으로 볼 때, 13.4%를 차지하여 매우 중요한 수입원이었다. 소작 세농의 경우는 66.2%로 농가의 생계유지에 거의 결정적인 요소였다.[32] 따라서 농민들이 농진운동에 부분적으로 편입될 수 있는 내적 동

---

31) 八尋生男, 1940.1, 「物心一如として顯はるる農村振興運動」 『自力更生彙報』 76, 22쪽.
32) 金成烈, 1937.9, 「平北孟中里地方の副業叺織狀況」 『金融組合』, 135쪽.

기는 어느 정도 있었다. 그러나 일제는 이러한 갱생의 가능성에 '강한 신념'을 갖게 하고, "이(신념)를 신앙으로까지 유도"하고자 했다.33) 이를 위해 농진운동이 전개되는 동안 소위 심전개발운동을 통해 종교적 분위기 조성이 사회 전반적으로 확산되었다.

그러나 이같은 부업을 통한 경제적 갱생의 가능성은34) 식민지 농업구조의 기본 모순인 지주소작관계를 근본적으로 고려하지 않은 상황에서 한계를 가질 수밖에 없었다. 1930년대 농가경제의 상품화의 진전 속에 농업경영의 규모를 확대할 수 있었던 농가가 있었지만 그것은 당시 일부 농가와 촌락에 지나지 않았다.

2. 식민지 권력과 촌락의 매체로서 농촌진흥회

일제는 일본사회의 모범부락(우량부락)을 모방하여, 1920년대 초부터 '사상선도' 혹은 '지방개량'이라 하여 사회질서를 재편하는 하나의 수단으로 모범부락을 설치했다. 모범부락은 어느 정도 가능성이 예상되는 촌락을 선정하여 관의 보조금과 집중적인 지도로 성과를 거두어, 이로써 다른 촌락을 분발시켜 체제순응적으로 재

---

33) 增田收作, 1934.5,「忠北, 永同の'天地神壇'を紹介す」『自力更生彙報』, 14쪽.
34) 때로는 어렵게 마련한 원료 짚으로 만든 가마니를 판매할 때 수반되는 검사 수수료 등이 농가의 수익을 감소시키는 요인으로 지적되었다. 농민들이 수수료 철폐 혹은 인하를 요구하자, 일제는 '검사료는 지방비의 재원'으로 인하할 수 없다고 하였다(『중앙일보』 1932년 7월 28일자 「慶北道議會續會」). 이렇듯 부업을 통한 경제적 갱생 가능성은 극히 적었다고 할 수 있으나, 그 가능성에 대해서는 6장에서 충남 연기군 서면 봉암리 사례연구를 통해 어느 정도 이해할 수 있다.

편해 가려는 정책이었다. 그러나 모범부락은 정책의 시범적 선전적 거점으로 초기 통제정책에서는 어느 정도 유효할지 몰라도, 이 방식으로 전국 촌락을 통제해 나가는 데는 한계가 있었다. 또한 모범부락 정책에 대한 농민들의 반발도 적지 않았다. 즉 촌락측에서는 모범부락이라고 하여 관의 간섭이 심할 뿐만 아니라 다른 촌락에 비해 경비와 노동력의 부담이 많아 반발하기도 했다. 평북 운산군 동신면 聖旨洞은 模範洞으로 지정되어 부담이 증가하자, 이를 감당하지 못한 농민들이 다른 동리로 20호나 떠나는 일이 발생하였다. 이에 성지동은 洞約으로 관공리 교제비를 절대로 폐지하기로 결의하고 실행하였다고 한다.[35]

1930년대 일제는 식민지 지배체제를 전면적으로 재편해야 하는 상황에서, 모범부락 정책과는 다른 농촌정책을 마련해야 했다. 다수 촌락과 민중을 상대로 일일이 모범부락식으로 보조금을 지급하고 지도할 수 없으며,[36] 또 모범부락이라 하더라도 그 시설이 촌락 단위의 사업에 치중하여 개개 농가에 대한 지배력이 약했던 것이다. 따라서 1930년대 농촌통제는 종래의 모범부락과 같은 촌락조직을 전면적으로 확대하여 실시한다는 점에서는 연속성을 지니지만, 개개 농가에 대한 파악이라든가 촌락조직의 정비와 그 권한의 강화 측면에서는 엄밀하게 구별되는 정책으로 나아가게 되었다.

한편 농촌의 기층 단위인 촌락과 각 戶를 잘 파악하기 위해서는 적당한 조직이 필요했다. 여기서 촌락 단위의 농촌진흥회가 면 아래 말단에 대한 지배력을 관철하는 보조수단으로 등장하였다. 농

---

35) 『동아일보』 1931년 8월 15일자 「所謂 模範村이라고 官吏交際費만 는다」 ; 충북 제천군 비봉면 新里 참조(152~153쪽).
36) 明容駿, 1938.11·12, 「현실에 卽한 갱생농촌건설계획안」 『농업조선』, 27쪽 ; 「國民總力朝鮮聯盟 文化部長 矢鍋永三郎氏는 이러케 말한다」 『半島の光』, 1941.5, 10쪽.

촌진흥회를 촌락 단위로 설치한 이유는 다음과 같다.[37] 첫째, 영농을 비롯하여 생활 등을 개선하는 데, 촌락의 분위기를 조성하여 관철시킬 수 있다는 것이다. 농민이 촌의 분위기에 초연할 수 없는 점에 착안하여, 고치거나 시작하기 어려운 것을 개별보다 집단을 대상으로 지도하면 효과를 거둘 수 있다는 것이다. 따라서 관의 통제와 함께 촌락적 공론·제재의 방법을 이용하여 행정력을 침투시키려고 했던 것이다. 둘째, 농업경영은 본질적으로 협동이 필요하며, 촌락조직의 설치는 농업경영과 농촌의 발전을 위해 유용하다는 것이다. 셋째, 촌락 단위로 하면 면의 규모가 매우 넓어서 공적인 힘이 미치기 어려운 곳에, "주민 자연의 자치가 퍼져 나가므로 치자 피치자의 관계가 원활하게 된다"고 한다. 즉 일제는 농촌진흥회를 매개로 촌락사회의 자치력을 밖으로 확장시켜, 강제력에 의해서가 아니라 농민들의 자치 형식으로 정책을 용이하게 침투시킬 수 있다고 판단했다. 촌락적 자치를 활용하면, 폭력과 처벌 행위의 부담을 줄이면서 농민들을 권력의 의지대로 동원하는 데 유효하다는 것이다.

일제는 1914년 舊洞里의 통폐합을 단행하면서 구동리 아래 하위 촌락까지 파악하여 이를 분할, 재편성했다.[38] 그 결과 <표 2-5>와 같이 1개 신동리는 평균 구동리 2.3개를 포용하였다. 또 구동리는 63,845개이고,[39] 자연촌락은 농진운동의 실시 당시 74,864개였다.

---

[37] 金瑞圭(경북지사), 1933.11, 「農山漁村振興施設に就て」『自力更生彙報』 5, 309쪽.
[38] 일제하 자연촌락이란 구동리를 기초로 하면서 그 아래 하위 자연촌락까지 부분적으로 포함하고 있었음은 이미 1장 1절에서 지적한 바 있다.
[39] 조선시대 이래 동리(=구동리)는 1909년 현재 71,852개였다(『조선총독부통계연보』, 1909, 402쪽). 일제는 동리의 통폐합을 1910년 4월부터 부분적으로 단행하여(윤해동, 1997, 「'통감부설치기' 지방제도의 개정과 지방지배정책」『한국문화』 20, 429쪽 ; 이종범, 1997, 「한말 일제초

〈표 2-5〉 면 아래 신동리·구동리(자연촌락)와 갱생지도부락의 상황

면수		신동리			구동리		자연촌락	
	면수	신동리 수	1개동 리당 호수	1개 동리당 구동리수	구동리 수	1개동 리당 호수	자연촌락 수 (1939년경 촌락 수 a)	1939년 갱생지도 부락 수
경기	248	2,730	104	1.9	5,135	55	7,800(7,479)	2,563
충북	106	1,517	99	2.5	3,728	40	3,695(3,695)	1,342
충남	175	2,250	93	3.3	7,525	28	6,122(6,448)	2,409
전북	188	1,778	143	4.0	7,166	35	5,379(5,680)	2,739
전남	254	3,088	127	3.3	10,184	38	10,089(7,599)	2,929
경북	272	3,228	120	2.3	7,427	52	6,822(7,916)	2,807
경남	246	2,584	133	1.9	4,888	70	7,428(7,220)	2,782
황해	221	2,068	128	1.9	3,884	68	8,026(8,146)	3,369
평남	147	1,938	90	1.6	3,028	58	4,572(4,513)	1,659
평북	193	1,481	154	2.1	3,038	75	4,594(4,594)	1,748
강원	176	1,971	113	1.6	3,087	72	5,104(4,950)	2,119
함남	139	2,940	75	1.1	3,279	67	4,141(3,947)	1,427
함북	81	710	141	2.1	1,476	68	1,092(1,320)	619
합계	2,446	28,283	114	2.3	63,845	51	74,864(73,507)	28,512

자료: 1. 면·신동리·구동리의 수와 호수는 조선총독부, 『朝鮮の聚落(前編)』, 536·665~666쪽.
     2. 자연촌락의 숫자는 조선총독부, 『農村振興運動の全貌』(이하『全貌』), 161쪽 ; ( )는 조선총독부, 1940, 『朝鮮に於ける農村振興運動の實績』(이하 『實績』), 36~37쪽.
     3. 갱생지도부락 수는, 『實績』, 36~37쪽.
비고: 1. 자연촌락 수 74,864개는 농진운동 초기까지 일제가 파악한 신동리 아래 포함된 농어촌 전체 촌락 수이다. 여기에는 구동리를 기초로 하되 그 하위 자연촌락도 포함되어 있다.
     2. 1939년경 자연촌락이 이전보다 증가하여 75,319개이고, 이 중 농촌지역의 촌락 수가 73,507개(a)이다(『實績』, 35쪽). 1939년 4월 현재 촌락 73,507개에 설치된 지도부락은 28,512개이다.
     3. 구동리 수는 1910년 10월 1일 현재 수이다.

기 '면리자치'의 성장과 변질」 『김용섭교수정년기념한국사학논총』, 276쪽), 1910년 10월 1일 현재 구동리 수는 63,845개이다. 본 연구에서 '구동리'와 관련되어 논의를 전개할 때는 63,845개에 의거한다.

이런 숫자의 차이는 '자연촌락'의 수치에 새로 조성된 촌락도 포함되어 증가했기 때문이며, 일제가 촌락에 대한 파악을 매우 한층 세밀하게 진행했음을 보여준다. 농진운동의 말단 실행 단위는 '구동리'인 곳도 있었지만 일제가 파악한 촌락(=부락)이었다.

일제는 농촌정책을 용이하게 실행하기 위해 가급적 '생활에 입각한' 조직을 설치해 갔으며, 그 과정에서 점차 '구동리'로 구역을 조정해 갔다.[40] 총독부 촉탁으로 농촌정책의 입안에 크게 관여했던 八尋生男은 '부락'이 정책의 '공고한 실행단위'가 될 수 있다고 믿고, 이 방침을 추진하면 할수록 "그 이상은 실현"된다면서 '舊部落'을 단위로 하지 않으면 "목적 수행은 곤란"하다고까지 했다.[41] 따라서 일제는 촌락 통제의 중요성을 확인하고, 농진운동을 계기로 이를 적극적으로 정책화하였다. 농진운동은 촌락의 자율적인 공동체 질서를 적극 활용하여 농민들의 '자발적'인 참여 형식에 중점을 두고 진행되었기 때문에, 관 주도성이 강하고 보조금과 같은 외적 유인을 제공하면서 진행했던 모범부락 정책과는 큰 차이가 있었다.

농촌진흥회는 지도부락을 중심으로 점차 전체 농촌을 대상으로, 대체로 구역내 호수의 대부분을 망라하여 조직되었다. 농촌진흥회는 1920년대 부분적으로 설치되었던 기존 진흥회·갱생회·교풍회 등과 같은 관제조직을 개편하는 방식으로 빠른 속도로 구축되었으며, 구역내 재래의 자생적인 契·조합 등을 철폐 혹은 통합해 가며 이들 단체의 사업을 농촌진흥회로 대체시켜 나갔다.

농촌진흥회장은 그 지역의 명망가로서 촌락을 이끌 만한 자,[42]

---

40) 鈴木榮太郎, 1973, 『朝鮮農村社會の硏究』, 미래사, 114쪽.
41) 「農村振興の基調」『朝鮮農會報』, 1932.1, 35~36쪽.
42) 八尋生男, 1935.4, 「農村振興指導要約」『自力更生彙報』, 11쪽.

구장을 비롯하여 자산가 혹은 갱생에 성공하여 중견인물이 된 자가 많았다.[43] 면의 세포 행정구역인 동리에 있는 구장은 면과 농가 사이에서 행정사무를 공작하고 있었고, 자신이 직접 농촌진흥회장이 되기도 하지만 그렇지 않을 경우에도 정책이 구장과 농촌진흥회를 통해 각 호에게 도달될 수 있도록 중개 역할을 하였다. 경북 영천군 청통면 호당동의 경우와 같이,[44] 동리 내 촌락을 구역으로 한 농촌진흥회들은 동리 단위 위원회를 설치하여 구장과 연락하도록 되어 있었다. 즉 구장을 중심으로 동리 단위로 보조를 맞추고 이러한 농촌진흥회를 매개로 면의 행정력이 관철될 수 있는 구조가 형성되었던 것이다. 농촌진흥회에는 대체로 회장·부회장을 중심으로 몇 명의 실무 간사가 있으며, 각각 특기를 발휘하여 생활개선·농사개량·부채정리 등의 업무를 맡았다. 회원인 농민들은 때

---

43) 「選獎せられた更生指導農家, 中心·中堅人物及指導者の史的の槪要」 『自力更生彙報』, 1940.2. 농촌진흥회장의 몇몇 사례는 다음과 같다.
　경남 합천군 묘산면 안성리 정하용 : 자산가·경방단장·농촌진흥회장(29쪽)
　평북 희천군 신풍면 동동 김봉원 : 지방유력자·농촌진흥회장(31)
　평북 강계군 곡하면 홍주동 오시강 : 자산가·전면장··학교평의원·농촌진흥회장(31)
　함남 고원군 내면 하고읍리 김수수 : 자산가·전학무위원·전면협의회원·전금융조합감사·농촌진흥회장(32)
　경남 동래군 장안면 좌동리 이선근 : 금조총대·농촌지도위원·농촌진흥회장(29)
　경기도 평택군 오성면 대반리 김배영 : 자소작농·진흥회장(26)
　충남 서산군 성면 명천리 박상호 : 자소작농·진흥회장(27)
　전북 무주군 설천면장덕리 김상식 : 자소작농·진흥회장·구장(28)
　전북 진안군 용담면 월계리 송기환: 자소작·진흥회부회장(22)
　강원 고성군 오대면 화포리 윤하규 : 자소작·근농공제조합보도위원·농촌진흥회장(31)
　평남 양덕군 양덕면 태평리 이용구 : 독농가·구장·농촌진흥회장(30)
44) 大野保, 1941,『朝鮮農村の實態的硏究』, 294~296쪽.

로는 5인조 단위로 편성되고, 간사들이 조장을 겸하기도 했다. 또 농촌진흥회의 하부 단체로 부인회와 청년회 등이 조직되었다. 농민들은 농촌진흥회의 조직 내 지위와 역할에 따라 자신의 위치가 정해졌고, 이전의 洞會를 대신한 월례회는 합의, 결정의 형식을 갖추고 있었다. 일제는 농진운동 단계에서 농촌진흥회를 작동시켜 농가의 일상에까지 파고들어 갈 수 있는 제도적 장치를 마련하고 있었다.

이러한 농촌진흥회를 두고 일제는 '道治 末端의 지도단위'로, 이를 조장하는 것이 '道治 선양의 근본'으로 인식하면서, 지도부락뿐만 아니라 전체 촌락을 대상으로 이를 설치해 갔다. 1940년경에는 전체 촌락의 약 82%에 농촌진흥회를 구축하여,45) 일제는 거의 농촌사회를 조직하여 통제하고 있었다.

---

45) 『朝鮮に於ける農村振興運動の實績』에 따르면(35쪽), 촌락을 '農家'와 '漁家'로 구분하여, 1939년 4월 1일 현재 농촌 촌락 수 73,507개, 어촌 촌락 1,812개, 전체 촌락 수 75,319개를 제시하고 있다. 농진운동 초기에 일제가 파악했던 촌락 수 74,864개에는 농어촌이 이렇게 포함되었던 것이다. 그리고 1939년에 가면 전체 촌락 수가 위와 같이 75,319개로 455개가 줄었다. 이런 감소는 1930년대 중반 이후 도시화·공업화에 따른 개발로 촌락이 사라지는 현상과 관련된다. 이것은 1933년도 지도부락으로 설정된 1,949개 촌락이, 1938년에 이르러 1,639개가 갱생공려부락으로 전환되고 307개가 여전히 관의 지도를 받게 되면서(14쪽), 나머지 3개 촌락이 통계에 잡히지 않은 점에서 짐작된다. 그리고 총독부, 『施政30年史』(1940)의 농진운동 통계가 대부분 1939년까지의 것인데, 당시 6만여 개의 농촌진흥회가 설치되었다고 하여(582쪽), 73,507개 농촌 촌락에 농촌진흥회가 설치된 비율은 약 82%가 된다.

제3절 농촌진흥운동의 확충단계 (1935.1~1937.7)

1. 농촌진흥운동의 확충

　농진운동은 1933~1934년 2년간의 시험단계에서 일정하게 갱생의 분위기를 조장하고, 농촌·농민들에 대한 지배의 기반을 마련한 뒤 1935년부터 확충단계에 들어갔다. 총독부는 1935년 1월 갱생지도부락확충계획을 발표하여 1947년까지 전체 촌락을 지도부락으로 선정하여 갱생계획을 시행한다고 하였다. 또 농진운동으로 어느 정도 사상계에 대한 지배력이 확대되었다고 판단하고, 이를 전면적으로 강화하기 위해 별도의 정신운동으로 심전개발운동을 전개하였다.[46] 일제가 1935년을 기점으로 새로운 통치 구상을 발표한 것은 국제연맹의 탈퇴 등으로 국제적 환경의 악화와 일본 국내의 사정 그리고 조선사회의 상황 등에 대처하기 위해서였다.

　1935년부터 시작되는 농진운동의 확충계획은 지도부락의 전국화·지도농가의 전면화를 지향하였으나, 확충하려는 촌락의 숫자에 비해 관의 지도력은 인원과 경비면에서 한계가 있었다. 일제는 민간의 중심인물으로 관의 지도망을 보강하여 지배력을 확대하려고 했다. 일제는 이런 민간협력자의 이용·강화와 함께 농진운동을 농민의 '자치' '자율'로 추진시키려는 의지를 재차 표명했다. 중심인물은 식민지권력과 농가를 연락하면서 농가의 갱생계획에 따라 '가사·가정·영농 등 모든 부문'을 알선·지도하였다. 나아가

---

46) 심전개발운동에 대해서는 3장 1절 참조.

식민지권력은 이들 중심인물의 주도로 "부락민의 공려조직을 구체화"하고 촉진하여, 관의 지도를 떠나 촌락을 '자율 자치의 공동체'로 건설하려고 했다.47) 그리고 전체 농민을 대상으로 행정의 침투를 확대하기 위해, 대면적 행정의 한계를 줄이는 방도로서 문맹퇴치를 한층 중시하였다.

이렇게 일제가 자율, 자발성을 강조한 것은 식민지 행정의 강제적 관철에 따르는 부담을 보완하기 위한 것이었다. 또 선정된 지도부락에는 보조금 등의 지원이 있었고 농민들은 그 지원에 따라서만 움직이는 사례도 많아, 전국을 대상으로 이런 방식을 감당할 수 없었기 때문이었다. 따라서 농진운동이 확충단계에 이르면 종래의 모범부락 정책은 거의 의미를 상실하게 된다.48)

농민들의 자발적인 참여를 조장하기 위해, 확충단계에서는 이전보다 한층 촌락협동체·촌락자치체를 강조하였다. 그리고 촌락의 협동을 유도하기 위해 1935년 이후 1934년까지 적용하던 지도농가 30~40호의 제한을 철폐했다. 이로써 식민지권력은 그동안 동일 촌락에서 갱생계획 실시 농가와 실시하지 않는 농가 사이에 "분위기가 융화되지 않아, 共同共勵를 저해해서 갱생계획수행에 많은 지장을 초래했던 점"을 없앨 수 있을 것으로 기대했다.49) 단위 지도부락의 구성원이 하나도 이탈하지 않은 상태에서 촌락의 결속력을 조성한 뒤, 이를 행정력의 확대에 활용하려고 했던 것이다.

---

47)「道知事會議に於ける總督訓示要旨」『自力更生彙報』, 1935.1, 5~6쪽.
48) 종래 모범부락과 같이 지도갱생부락을 "하나 하나 보조금을 지급하여 장려한다든가 특별히 농후한 지도를 한다든가는 사실 불가능한 것이다. 이제까지 (갱생지도부락의) 지도상황을 보면 때때로 아직도 모범부락식의 것이 있다. 금후는 자주적 실행으로 이행할 수 있는 지도가 필요하다"고 하였다(八尋生男, 1935.1,「農家更生5年計劃の第3次樹立に際して」『자력갱생휘보』, 11쪽).
49) 岡崎哲郞, 1935.10,「慶北の農山漁村振興に就て」『自力更生彙報』, 8쪽.

제2장 농촌진흥운동과 농촌통제정책(1932.11~1940.10) 89

농진운동이 확충단계로 들어간 이후, 경북은 종래 20호 내외의 지도농가를 전체 호수로 확대하여, 구역 내 전체 농가는 갱생계획 대상자가 되고, 이들도 하나의 共勵組合을 조직하도록 했다. 이전의 농촌진흥조합과 명확히 구별하면서 지도부락에 대한 지도력을 집중시키고자 했다.[50] 평남은 1935년 이전부터 관의 지도력 부족과 지도부락의 증가에 대비하여, 갱생계획 5개년 중 4년째부터 관의 지도를 떠나 농민이 자주적으로 참여하도록 유도하고 있었다.[51]

지도부락 확충의 목적이 지배력의 확대인 만큼, 호별 파악과 통제가 전제가 되어야 했다. 그러나 당시 진행 상황을 보면, 관련 지도자들이 실정을 무시하고 성적을 올리는 데 급급하여 많은 폐단을 야기하였다. 즉 현황조사자와 계획수립자의 분리, 호별 갱생보다 공동적 시설 중심의 정책, 실적조사 기입상 가공적 숫자의 나열 등이 지적되었다.[52] 이런 현상은 현황조사와 계획수립의 문제점과 함께 농촌 피폐의 현황·원인 등에 대한 추상적이고 단편적인 보고에 기초하여 농진운동을 추진했던 사실과[53] 무관하지 않을 것이다. 따라서 농진운동을 통한 농촌과 농민에 대한 장악은 소기의 성과를 거두지 못하고 있었던 것으로 보인다.

일제는 10년의 단기간에 지배력을 전체 농촌으로 확대하려고 농

---

50) 金玉鉉, 1935.7, 「更生途上の部落を訪ねて慶北管內 1」 『自力更生彙報』, 17쪽. 농촌진흥회의 명칭을 경북에서는 농촌진흥조합이라고 했는데, 1935년 확충단계 이후 구성원의 전원이 갱생지도대상이 되는 등 농진운동이 한층 '共勵' 형식을 취하게 되자, 농촌진흥조합에서 共勵組合으로 바꾸었다.
51) 河野節夫, 1934.6, 「我が道の農村振興」 『자력갱생휘보』, 3쪽.
52) 『조선중앙일보』 1936년 2월 16일자 「폐해가 속출하는 농어촌진흥운동」.
53) 『조선중앙일보』 1933년 9월 2일자 「농촌피폐를 재조사, 농림국에서 조사관 선정」.

진운동을 확충했고, 중심인물의 활용을 중시했다. 개개 농가에 대한 지도방침을 거듭 강조하는 가운데, 약화될 수 있는 개개 농가에 대한 지배력을 단체=촌락의 강화로 메꾸고자 했다. 그러나 1935년 확충단계의 농진운동의 방침은 이미 농가별 갱생지도에서 촌락 단위의 지도로 전환되고 있었다.54)

2. 농촌진흥회의 기능과 활동

 농진운동 아래 관 주도의 조직화가 가능했던 원인으로 '위로부터의 설치'도 지적할 수 있지만, 농민측의 내적 동기를 찾아보면 첫째, 앞에서 지적했듯이 조직의 단위가 촌락이었다는 것이다. 둘째, 농촌진흥회의 사회적 기능이다. 소작 빈농의 입장에서 볼 때, 일시적으로 여러 일손을 필요로 하는 농업 경영의 속성상 또 상품화폐경제에 대응하기 위해서도 개개 농가의 노력만으로는 한계가 있었기 때문에 공동체적 관계가 필요했다. 종래 농가경영의 유지에 밀접히 기능을 했던 촌락의 질서는 상품경제화의 진전에 따라 변질되고 있었으나, 많은 부분에서 그 기능을 여전히 발휘하고 있었다. 농촌진흥회가 촌락의 사회적 기능을 거의 흡수하는 형태로 기반을 확대하고 있었기 때문에, 농민들로서는 생존유지를 위해서도 이러한 조직에 편입하지 않을 수 없었던 것이다. 여기서 관의 농촌조직화 정책에 대한 농민들의 내적 계기가 적극적 혹은 '비자발적인' 형태로 존재했다. 셋째, 관의 지원에 대한 기대에서 혹은 지역의 이해 관철 내지 의사 전달의 수단으로 농촌진흥회를 활용

---

54) 全國經濟調査機關聯合會朝鮮支部 편, 1939, 『朝鮮經濟年報』, 개조사, 171쪽.

제2장 농촌진흥운동과 농촌통제정책(1932.11~1940.10)

하려는 시도가 있었다. 이 부분은 뒤에 자세히 살펴보겠다.

　농촌진흥회는 행정보조기구로 지역에 따라 그 명칭과 하부조직의 구조 및 활동 등에 다소 차이가 있었으나 전체적으로 거의 비슷한 활동을 하고 있었다. 농촌진흥회장이 구장을 겸하고 있는 경우, 면의 지시 사항을 촌락을 순회하여 주지시키고 농가를 대신하여 관의 사무연락을 맡아 처리하기도 했다. 경북은 1933년도 면의 예산편성을 고쳐 농촌진흥조성비 항목을 설정하여 面經費의 약 1할을 배당했고, 道費에서도 조성비 2만 1천원을 배당해 놓고 각 면의 재정상태에 따라 보조하고 있었다. 이로써 도내 각 면의 농촌진흥조성비는 약 20만원에 이르렀고, 이런 조성비는 "행정의 말단에서 가장 지도를 필요"로 하는 사항과 농촌 현상에 비추어 "적극적으로 장려 조성할 필요"가 있는 부문에 대해 농촌진흥회를 단위로 교부되었다.55) 이와 같이 농촌진흥회가 道와 면의 보조금을 받고 있다는 점과 2부 1장에서 살펴볼 충남의 공려조합 간부를 군수와 면장이 임명한다는 사실에서, 농촌진흥회가 면의 지시와 통제 아래 있는 행정보조기구임을 분명히 알 수 있다.

　이러한 농촌진흥회의 설치 과정을 경기도 고양군 신도면 花田里를 통해 보면 다음과 같다. 화전리는 舊洞里가 그대로 1개 新洞里로 된 경우인데, 舊洞里 화전리에는 大花田里·小花田里라는 2개 하위 촌락이 있었다. 화전리는 구동리의 하위 촌락이 '자연부락'이 되었고, 이 '자연부락'을 단위로 농촌진흥회가 설립되었다. 앞에서 본 구동리 63,000여 개와 자연촌락 74,000여 개 사이의 숫적 차이는 이렇게 구동리 아래 하위 촌락이 관치의 단위로 파악됨으로써 증가한 데 기인한 것이다. 화전리 호수는 73호인데 1932년 11월 15일 발회식에 그 중 68명이 참여하였고, 고양군 농촌진흥위원회 위원

---

55) 金瑞圭, 「農山漁村振興施設に就て」, 10쪽.

인 군수와 연희면 면장·신도면 면장·보통학교장 등이 참석하였다. 발회식은 신도면 면장의 인사에 이어 도지사 유고의 낭독·취지 설명·회칙 설명·구역 설정·서명·회장 추천·간사 지명·폐회의 순서로 진행되었다. 이어 군수와 서장의 훈시가 있었고, 경찰서장은 특히 "금일부터 여러분 자신의 번영을 위해 이러한 훌륭한 진흥회를 조직한 데 대해서 마음으로부터 이를 후원해 마지않는다. 그러나 만약 뜻에 반하여 회의 규약을 무시하고 혹은 중상하고 회의 진흥을 방해하는 일이 있을 때는 당국으로서 엄중히 단속할 방침"이라고 '의미심장한' 훈시를 하였다.[56]

대체로 농촌진흥회는 일정한 규약으로 화전리의 경우처럼 회원들을 규제하고 있었다. 경기도에는 '農村振興會約束'[57]이 있었다. 富永文一은 1923년 조선총독부 사무관으로 있으면서 율곡의 향약과 社倉契約束에 특히 관심을 가지고 향약에 대한 조사 연구의 결과를 발표한 바 있었다.[58] 그는 1932년 함경북도의 지사 시절에 이미 '관북향약'을 도민의 정신통제의 수단으로 구사한 바 있었는데,[59] 1934년 2월 경기도 지사가 되어 정신과 일상 통제의 기제로 관북향약과 거의 같은 '농촌진흥회약속'을 만들었다.[60]

農村振興會約束 머리말에서 보듯이,[61] 농촌진흥회는 '지방민풍

---

56) 愚庵生, 1932.12.1,「更生農村の建設を目標に農村振興の運動起る」『朝鮮警察新聞』, 5쪽.
57) 富永文一(경기도지사), 1936.5,『京畿道, 農村振興會約束』.
58) 富永文一,『往時の朝鮮に自治の萌芽鄕約の一斑』.
59) 관북향약을 중심으로 일제의 향약을 통한 민중통치에 대해서는 申正熙, 1992,「일제하 향약을 통한 지방통치에 대한 소고」『서암조항래교수화갑기념 한국사학논총』, 아세아문화사.
60) 관북향약은 종래 향약의 덕업상권·과실상규·예속상교·환난상휼의 4개 강목을 고쳐 덕행상권·풍속개선·산업장려·공공봉사·환난상휼·과실상규의 6개 강목으로 했는데, 농촌진흥회약속은 관북향약을 바탕으로 약간 변화를 주었다.

제2장 농촌진흥운동과 농촌통제정책(1932.11~1940.10)

순화'의 수단으로 등장하여 다음에서 보듯이 생활 전반을 집단의 힘으로 규율하는 것을 목적으로 했다. 그 내용의 일부를 정리하면, 덕행상권이라 하여 '盡誠事君' '守職奉公'의 국가에 대한 충성·상하 지위의 구별·長上에 대한 공경·'관공서의 명령장려'에 대한 복종·국법의 준수 등을 제시하였다. 풍속개선으로는 외래불량자 등의 잠입에 대한 관청 신고를, 산업장려에서는 관의 지시를 따를 것을 강조했다. 그리고 공공봉사와 관련해서 회원들은 월례회에 참석하여 마을의 사무를 의논하고 자신의 실천을 반성해야 했다. 또 읍면에서 '국가'의 시설에 이르는 공공사업은 회원이 항상 따라 힘써야 한다고 했다. 이런 사업 내용을 보면, 농촌진흥회는 회원들에게 官의 사업에 대한 실행을 지도 통제하는 행정보조기구였음을 알 수 있다. 또 과실상규에서는 과실자에 대한 黜會와 관에 대한 신고를 포함한 제재를 담고 있었다. 이 규약의 내용에 따르면, 촌락의 질서는 농촌진흥회를 통해 식민지질서로 재편되도록 되어 있었다.

농촌진흥회는 월례회를 이용하여 회원들의 결의 형식을 거쳐, 집단의 무언의 감시와 약속 위반에 대한 제재 기제로써 농민들의 생활을 단속했다. 때로는 경찰력의 원조를 받으면서 규약의 실천 사항을 강제하였다. 그리고 규약을 위반할 경우, '黜會' 즉 黜洞까지 명령할 수 있는 강력한 권한을 행사했는데, 이러한 농촌진흥회에 농민이 편입하지 않으면 안되는 내적 이유 내지 그 권한을 사례

---

61) "近時動輒則物質의 振張에 偏하야 精神의 敎化를 不顧하는 경향이 漸萌하려 함은 실로 우려를 不堪하는 바로서 … 良風美俗의 작흥은 실로 부락향당의 自覺發奮을 俟치 않으면 其美를 克濟키 불능할지라 … 진흥회원을 誘掖하야 각각 자발적으로 本案에 準한 약속을 체결케 한 후 每月例會에서 此를 朗讀說明하야 회원상호 此目的을 遵守實踐케 하야써 地方民風醇化에 資케 함을 기할지라".

를 들어 살펴보자.

경남 합천군 초계면 大坪里矯風會는 당시 일반적인 관제조직의 활동을 보여준다.62) 대평리의 盧浩容은 면내 학교 설립자와 이사를 역임한 유력자로 대평리교풍회의 고문이며 촌락의 유지였다. 대평리교풍회는 회관에 국기게양대와 함께 '국민정신작흥에 관한 조서'를 비치해 두고 매달 1일 실시되는 자력갱생기념일 등 기회가 있을 때마다 이를 읽고 '국체명징'으로 정신 즉 천황숭배를 지도했다. 양력설 시행과 함께 회관에서 단체 하례를 실시하였고, 제례도 4대 봉사의 관행을 2대 봉사로 제한하였다. 또 동리를 7개 統으로 나누어 統首의 책임 아래 농사와 생활개선을 실행했다. 이렇게 교풍회를 중심으로 농민들의 생활을 통제하는 데에는 공동작업 등을 통한 집단훈련이 필요했고, 공동경작지의 공동작업과 공동건초저장창고의 건설 등은 집단훈련의 한 수단이었다. 또 신호종을 두고 집회, 조기 등을 위해 종을 쳐서 시간을 통제하고 규율적인 생활을 훈련시켰던 것도 그 일환이었다. 교풍회는 하부조직인 청년회와 부인회의 보조를 받으며 각 계층을 망라하여, 종래 촌락 기능의 상당한 부분을 흡수, 운영하는 방식을 취하고 있었다. 그 중 常平穀契와 省米저금 등은 촌락 내 共濟 기능의 일부분을 담당했는데, 이는 갱생 3대 목표 중 식량충실의 성과를 지원할 수 있는 사항이었다. 농사개량을 위한 촌락경진회는 촌락의 경쟁심을 부추기며 '자발적'인 참여를 자극하려는 것이었다. 그리고 월례회에서는 갱생계획실시 농가를 위시하여 연중행사표와 가계부 등을 검토하여 반성을 이끌어 내고, 다음의 일정을 협의 실행하도록 했다. '일정'이란 면의 행정 일부를 '공공봉사' 혹은 '생활개선', '농사개량' 등이라는 명분으로 수용하여 실시하는 것이었다. 이에 따르면

---

62)「鄕土振興に盡しつつある盧浩容氏」『朝鮮行政』, 1939.7, 61~64쪽.

제2장 농촌진흥운동과 농촌통제정책(1932.11~1940.10) 95

촌락은 농민들 자신에 의해 식민질서로 재편되어 가는 양상을 띠게 되었다.

　교풍회와 같은 농촌진흥회의 활동을 통해 일제가 의도했던 바를 좀더 살펴보면 다음과 같다. 일본의 '국기'는 '국민의지의 표시'로 게양이 중시되었다. 국기게양은 조선민중에게 '천황폐하'와 '폐하의 赤子'라는 군신간의 봉건적 지배관념을 계속 주입시키는 기본 요소였다. 일본은 家의 확충으로 이룩된 국가라는 관념(대가족국가)을 갖고 있었기 때문에, "가족의 의지를 종합하여 각 家에 국기를 게양"하는 것이 원칙이었다.63) 일제가 가족의 단란을 강조하면서, 조선의 가정이 그렇지 못하다고 비판했던 점도 이런 맥락에서 보아야 한다. 또 피폐한 농촌 환경을 바꾸기 위해, 당국은 화단의 설비를 장려했는데, 그 화단에는 '菊花'를 심어 천황의 권위를 부지불식간에 일상 깊숙이 침투시키려고 했다.64) 또 농사개량과 관련하여 공동경작지의 설치 운영은, 자치 훈련과 함께 품종 개량 및 그 보급을 위한 시험장 역할을 했다.65)

　일제는 농촌피폐의 원인을 농민의 게으름으로 돌리고, 농사개량 등에 일손이 많이 필요하자 노동력 강화를 획책하였다. 이를 위해 농사 작업 중 점심 후 휴식시간을 줄이는 한편, 점심지참을 요구하여 여성의 일손을 줄이는 대신 이를 영농으로 돌리는 정책을 실시했다.

　또한 농촌진흥회는 사적인 영역에까지 개입하여 농민에 대한 장

---

63) 『錦南月報』 1933.1.1, 「국기게양에 대하여」 ; 『忠南振興月報』, 1935.9.5, 「面吏員講習會に於ける李知事の訓示要旨」 ; 경기도, 1933, 『農民讀本』, 58쪽.
64) 延白郡, 1938, 『農村振興施設槪要』, 52쪽 ; 松本誠, 1940.11, 「愛菊卽ち愛國」 『조선공론』, 35쪽 ; 李鍾承, 1941.11, 「국화심으는 요법」 『신시대』, 75쪽.
65) 朴魯甲, 1940.6, 「模範農村踏查報告」 『농업조선』, 24쪽.

악력을 높이고 있었다. 조혼을 금지한 규약을 위반하였다고 하여 결혼식을 무산시키기도 하고, 혼인 비용을 제한하고 초상집 마당에 禁酒旗를 꽂고 문상을 통제하거나, 행동이 좋지 못하다 하여 黜洞을 농촌진흥회에서 결의하는 등 농촌진흥회는 사적인 생활까지 간섭하고 규제하고 있었다.66) 이런 사적 생활까지 통제를 받아 "자존심이 상함을 분개"하여, "세상과 적게 교섭하며 사는 것만 못하다"고 도시로 이주하기를 희망하는 사례도 나왔다.67)

일제는 이렇게 영농과 생활 전반에 걸친 정책을 실시하면서, 농진운동과 농촌진흥회를 통해 농민의 자발적 참여를 종용했다. 당시 일선의 관리들은 여전히 고압적인 자세로 구타 등의 폭행과 위협으로 민중을 굴복시키려는 행태가 여전했다. 한 예로 농사개량과 농업증산을 위해 강조하던 퇴비장려에 대해 품팔이로 말미암아 풀을 베지 못하자, 면서기와 주재소의 조사에 이어 주재소까지 출두시키고 상투가 있는 사람은 상투를 강제로 자르기도 했다.68) 이러한 강압적 정책 시행으로 인한 부작용을 줄이기 위해, 농촌진흥회의 역할이 더욱 필요했던 것이다.

한편 식민지권력은 농민들을 농촌진흥회에 긴박하기 위해 그 기능을 강화할 필요가 있었다. 농촌진흥회의 소작권 관리는 농민들의 편입을 유도하는 중요한 조건 중의 하나였다. 이 점은 6절에서 살펴보고자 한다. 또한 경작지 편중현상 역시 중요한 현안으로 정책적 검토가 진행되고 있었다.69) 전북은 1937년 현재 전체 경지 24

---

66) 『조선중앙일보』 1935년 10월 27일자 「4개 결혼식장 습격하고 신랑을 불법감금」 ; 朴魯甲, 1940.7, 「模範農村踏查報告」, 『농업조선』, 27쪽 ; 『조선중앙일보』 1934년 7월 24일자 「식도들고 살인하여 홍풍회원을 자상」.
67) 內務局 地方課, 『人口ノ都市集中防止關係』, 96~97쪽.
68) 『조선중앙일보』 1933년 8월 30일자 「漣川郡下에 '상투'공포시대」.
69) 농림국장은 농진운동의 추진력의 하나로, '농촌갱생의 기초인 경지배

만 정보 중 소작지는 20만 정보로 83%를 차지하였다. 또 농가 호수 23만 6천 호 중 소작인은 16만 5천 호로 전체의 70%였으며, 그 중 5단보 이하 영세농은 8만 8천 호로 37%(소작인 중에는 53%)를 차지하고 있었다. 일제는 이러한 농가들이 "도저히 항구적인 奉公을 감당할 수 없기" 때문에, 5~20정보의 소작인 5천 호를 종용하여 5단보 이하자에게 소작지를 분양시킬 것을 계획하고 있었다.[70]

많은 사례에서 소작지분배와 마름의 역할 대행 등 농민들의 생활과 직결된 문제가 농촌진흥회와 회장 등에 의해 처리되고 있었음을 확인할 수 있다. 그런데 경작지의 분배는 다른 한쪽의 양보 내지 희생이 뒤따라서 이를 둘러싼 갈등도 있었다. 경상남도 창원군 진동면 교동리 교동갱생공려부락의 경우, 8년 전에는 자작농이 1호도 없었는데 2호가 되었고, 자소작농은 3~4호에서 24호까지 늘었다. 이는 마을 뒷동산에 비료용 풀이 많자, 이 촌락으로 지주들이 소작지를 넘겨 주었기 때문이라고 한다.[71] 또 전남 보성군에서는 관계 기관이 나서서 지도부락 안에서 경지가 과대한 농가의 경지 일부를 경작지가 적은 농가에 분양시키기도 했다.[72]

농진운동을 전개하면서 일제는 지도부락에 대해 경작지와 노동력, 수지 등을 정확하지는 않다고 해도 대강은 파악하고 있었기 때문에, 같은 촌락의 농가 사이에 이같은 주선이 가능했다. 이렇게 소작지 이동이 진행되자, 관련된 촌락과 농민들 사이에 마찰이 빚어지기도 했다. 동척의 토지가 매도된 뒤, 지도부락의 공동경작지

분의 '適正'을 지시하고 있었다(「道農村振興課長會議に於ける農林局長訓示要旨」『自力更生彙報』, 1939.3, 67쪽).
70) 金惠基, 1939.2,「湖南地方の農產業と銃後の奉仕」『自力更生彙報』4-1쪽.
71) 朴魯甲, 1940.10,「模範農村踏查報告」『농업조선』, 32~33쪽.
72) 張元俊, 1939.1,「長期建設下의 食糧確保問題」『농업조선』, 27쪽.

로 넘어가자, 이전 소작인들이 "백성은 일반인데, 지도부락에만 소작권"을 준다고 진정서를 제출하기도 했다.73) 그리고 부분적이지만 소작료 감하운동이 농촌진흥회의 주도로 진행되어, 이에 경찰이 개입하여 이 문제는 "진흥회의 사업이 아니다"라고 저지하기도 했다.74) 이는 당시 일부 농민들이 진흥회를 자신들의 경제적 권익을 주장하고 관철시키는 데 활용할 수 있는 통로로 인식하고 있었음을 알 수 있다.

또 하나 농촌진흥회가 농민들을 편입시킬 수 있었던 요인으로, 생활에 중요한 共濟施設을 흡수하고 있었음을 지적할 수 있다. "부락에서 일상생활품의 소비조합·저축·혼상계 등도 진흥회에서 취급"하면서,75) 일제는 농촌진흥회를 농민들의 생활의 중심으로 자리잡게 하려고 했다. 1920년대 후반까지 존재하던 재래 契를 보면, 사업 내용이 상호부조의 것이 가장 많아 전체 계의 종류·숫자·가입자에서 각각 38.6%, 61.3%, 47%를 차지하고 있었다.76) 당시 농가는 상품화폐경제의 침투과정에서 불안정한 경영을 유지하기 위해 재래의 계에 의존하지 않을 수 없었다. 契조직의 대부분은 재래의 금융기구의 한 형태로 비록 고리대에 가까운 금리를 적용하지만, 식민지 금융기구로부터 소외된 농가, "빈약한 농촌에서는 필요"했다.77) 계는 농가경영을 유지하기 위해 또 확대되는 관의 지

---

73) 『조선중앙일보』 1934년 4월 29일자 「소작인착취혐의로 임, 신양인 구금 취조」; 1934년 5월 4일자 「진흥회회장의 머슴을 무수 난타, 소작권 뺏긴 것이 분하야 피해자는 생명위독」.
74) 『조선일보』 1933년 1월 18일자 「作料減下運動은 진흥회사업아니다」.
75) 一農生, 1934,1, 「當局に對する農村振興施設に關する意見竝に希望」 『朝鮮農會報』, 94쪽.
76) 善生永助, 「朝鮮村落に於ける一致團結-部落の存在竝其進步發達に對する'契'の偉大なる效果」, 93쪽.
77) 朴在敏, 1939.11, 「金化 金城 淮陽을 중심으로 한 강원도의 농사제도」

제2장 농촌진흥운동과 농촌통제정책(1932.11~1940.10) 99

태력에 대응하기 위해서도 끈질기게 잔존했다.[78] 이런 점에서 볼 때 농촌진흥회가 재래의 상호부조의 기능을 흡수한다면, 농민들의 농촌진흥회 편입을 유도할 수 있는 한 조건이 된다. 농촌진흥회와 같은 관제조직의 확대는 종래 계의 기능을 약화시키면서 전개되고 있었다.[79]

한편 농촌진흥회는 때로는 관을 상대로 면협의회와 연대하여 지역 주민의 이해관계를 관철시키고자 활동하기도 했다. 약목면협의회와 농촌진흥회의 회원이 면사무소에 가서 道稅와 戶稅의 등급이 불공평하다고 주장하고, 도세는 도당국 또는 총독부와 척무성에 진정하기로 하고, 호세는 등급을 재조사하기로 결의하기도 했다.[80] 경북 고령군 개진면 7개 동리의 농촌진흥회장들이 면협의회원과 함께, 신설되는 공립보통학교를 접근성이 쉬운 면소재지 개포에 유치하기 위해, 경상북도에 진정하고 받아들여지지 않을 때는 일제히 사임하기로 결의하였다.[81] 이 경우 농촌진흥회는 면협의회에

『농업조선』, 47쪽.
78) 白南雲은 '약소자의 공동생존'의 수단으로 협동생활과 그 생활양식이 요구되는 상황에서, 일제에 의해 파괴 변질된 계의 함축성을 지적하면서, 계가 '농촌경영의 本營'이 될 가능성을 지적했다(1928.8,「朝鮮契의 社會史的 考察」『現代評論』, 48쪽). 일제는 정책적으로 계를 약화시키는 한편, '부락의식'의 견고성과 그 기능을 주목하여 식민지정책을 수행하는데 계를 상당히 이용하였다고 한다(조선총독부 농림국 농촌진흥과, 1938,『農山漁村に於ける契』, 4~5쪽 ; 四方博, 1944.7,「李朝時代に於ける契規約の研究」『조선총독부조사월보』, 63~64쪽).
79) 1936년 조사에 따르면, 계 29,068개, 계원 881,949명으로 1920년대보다 증가했지만, 1개당 계원수는 43명에서 30명, 계의 재산은 2,988원에서 294원으로 축소되었다(文定昌, 1942,『朝鮮農村團體史』, 일본평론사, 303~305쪽).
80)『조선중앙일보』1936년 6월 3일일자「不當道稅賦課에 面民一同蹶起!」.
81)『조선중앙일보』1933년 12월 4일일자「高靈開津七洞代表 慶北都廳에 진정」.

서 소외된 일반 농민들에게 일종의 정치적 요구의 場으로 기능하는 양상을 보인다. 당시 이같은 활동이 어느 정도였는지 알 수 없으나, 농촌진흥회가 이렇게 지역 사업을 해결하는 하나의 공간으로 활용된 만큼, 농민들의 참여 역시 좀더 적극적이었을 가능성도 있다. 이런 사실은 농촌진흥회장이 농촌진흥회를 "조선 총독정치에 종속된 단체"로 인식하고, '총독정치'의 권위에 의탁하여, 금주금연을 선전하는 회장의 신분으로 '연초소매권'을 획득하려고 했던 사실에서82) 당시 농촌진흥회의 사회적 위상을 짐작할 수 있다.

이상을 통해 일제는 농촌진흥회의 권한을 강화하여 농촌과 농민에 대한 지배력을 높이려고 노력했고, 농촌진흥회는 소작지 분배와 여러 共濟 기능을 맡고, 때로는 농민들의 이해를 적극적으로 관철시키는 통로로 기능하기도 했음을 알 수 있었다. 이외에도 농촌진흥회장은 부채의 조정 감면에 관여하고 부족한 양식을 주선하거나 변통해 주며, 또 촌의 노동력을 분배 조정하거나 품삯을 정하는 데 주도적인 역할을 하기도 했다.83) 이에 농촌진흥회에 편입하고자 하는 농민들의 내적 동기가 어느 정도는 존재하고 있었음을 확인할 수 있다.

---

82) 『조선중앙일보』 1933년 7월 11일자 「진흥회장이란 이유로 연초소매권 박탈」.
83) 朴魯甲, 1940.6, 「模範農村踏査報告」 『농업조선』, 23쪽 ; 1940.5, 「模範農村踏査報告」 『농업조선』, 67쪽 ; 1939.8, 「농번기 농촌순례―관북 관동의 금년 農形보고」 『농업조선』, 83쪽 ; 1940.7, 「模範農村踏査報告」 『농업조선』, 26쪽 ; 진흥회장을 "농사 많이 짓는 사람은 마을 노동을 맘대로 쓰잔 수작으로 안 볼래 안 볼 수가 있느냐"(1940.9, 「模範農村踏査報告」 『농업조선』, 37쪽)고 했다.

제2장 농촌진흥운동과 농촌통제정책(1932.11~1940.10) 101

제4절 전시체제기의 농촌진흥운동
(1937.7~1940.10)

1. 농촌진흥운동의 성격 변화

일제는 1937년 9월 "농산어촌대중의 동향 여하는 바로 전시체제 아래 거국일치·내선일체"에 영향을 미친다고 전제하고, '시국의 인식과 生業報國'을 강조함으로써, 농진운동이 생업보국의 단계로 발전하고 있음을 밝혔다. 9월 9일 정무총감의 통첩에서는 첫째, 군도·읍면의 농촌진흥위원회는 매월 1회 정기적으로 열어 전쟁 관계 실천사항 등을 협의 결정하여 생업보국에 관한 지도를 철저히 하도록 하고, 읍면농촌진흥위원회에는 구장 등도 참석하도록 했다. 둘째, 지도부락이 아닌 일반 촌락에도 농촌진흥회를 보편적으로 설립하도록 했다. 셋째, 농진운동을 강화하여 생산확충과 시국관련 농산물을 증산할 것을 강조했다. 넷째, 공동경작과 생활개선 절약 등으로 국방헌금의 재원을 마련하고 헌금의 분위기를 조성하며, 농진운동의 기관지『자력갱생휘보』에도 시국관련 기사를 싣도록 하였다.[84]

일제는 9월 통첩에서 기존 농진운동과 시국 관련 증산·시설을 결합하여, 이를 각 단계 농촌진흥위원회를 거쳐 실행시킬 것을 지시했다. 또 읍면농촌진흥위원회에는 종래 읍면장·경찰서·학교·금융조합 등 관내 관공서와 관변단체의 장이 참석했다면, 이번 통첩으로 '각 구장 혹은 그 대리자'도 참석시킨 점이 특징이다. 이는

---

84) 조선총독부,『朝鮮農村振興關係例規』, 41~43쪽.

농진운동에 시국관련 사업이 추가되면서 말단 촌락의 역할이 중시되었기 때문이다. 이 무렵 황해도 연백군의 읍면농촌진흥위원회는 위의 통첩을 반영하여 "읍면 내 官公署長·동리 구장·갱생지도부락의 위원장 혹은 興風會 간부·기타 지방 유력자"로 조직 운영되고 있었다.[85] 구장과 농촌진흥회의 간부들이 위원으로 활동하는 것이 제도화되어, 읍면과 농촌진흥회는 한층 밀착된 관계에서 정책의 말단 침투를 확대할 수 있게 되었다.

일제는 1937년 9월 23일 '농산어민보국일'에 전국 58,000여 개 촌락, 353만여 명을 동원하여 '시국인식과 생업보국의 실천'을 강조하고, 당일의 '보국작업'으로 얻은 현금 15만 1천여 원, 곡류 250여 석을 전부 국방헌금으로 납부시켰다.[86] 1938년 5월 1일 '농산어민근로일'에도 전국 70,443개 촌락, 284만여 명을 동원하는 등,[87] 농진운동의 기반을 이용하여 전시동원체제로 전환하기 위한 사회적 분위기를 조성하였다.

여기서 일제가 농진운동과 생업보국을 결합시킨 논리와 방책을 검토해 보자. 이제까지 농진운동은 개개 농가의 생활안정을 강조하였기 때문에, 농가의 수익과 무관한 물자 생산이 할당되고 공정가격 등의 규제를 받는 시국 관련 증산정책을 통합하여 전개하면, 소위 갱생 3대 목표를 달성하기 어렵다는 의견이 제기되었다.[88] 이에 대해 일제는 "군수품 국민생활필수품 등의 원료 증산이 필요한 경우에는 이를 적당히 갱생계획에 넣어" '생업보국'을 달성할 수 있다고 했다. 그 방법은 '행정운용의 묘체'를 살리면 된다고 했다. 즉 지도부락에서는 "갱생계획수립상 사용하였던 기본자료가 있고,

---

85) 延白郡, 『農村振興施設槪要』, 1쪽.
86) 朝鮮農政硏究會 편, 1938, 『戰時農山漁村指導要諦』, 4쪽.
87) 「'農山漁民勤勞日'實施の槪況」『자력갱생휘보』, 1938.7, 37~38쪽.
88) 八尋生男, 1939.6, 「時局と農村振興運動」 『조선』, 5쪽.

또 갱생계획으로 영농실체가 극히 명료하기 때문에, 국책에 신속하게 순응할 수 있는 극히 편리한 관계"에 있다고 했다.[89] 지도부락의 갱생농가를 중심으로 실시한 현황조사에 근거하여 파악한 실태를 활용하면, 농진운동을 인적 물적 자원동원의 기반으로 확대 이용할 수 있다는 것이다. 이에 따라 농진운동은 점차 '奉公第一主義'의 기치 아래[90] 전시체제와 일체화되어 갔다.

1938년은 제1차 지도부락의 5개년계획이 만료되는 해인데, 계획이 만료된 촌락 중에 성적이 좋은 경우는 更生共勵部落을 설치하도록 하고, 이 갱생공려부락에는 '部落是'[91]를 정해 중심인물의 지도 아래 농민들이 협력하여 자주적으로 농진운동을 계속 실행하도록 했다. 이러한 점은 1934년 이후 설치된 지도부락도 마찬가지였다. 1933~1934년 갱생지도부락으로 선정된 5,110개 촌락 중에서 갱생계획의 실행 연한이 만료된 촌락 4,847개 중 92.1%인 4,463개 촌락이 갱생공려부락으로 전환했고, 나머지 381개 촌락은 여전히 관의 지도를 받게 되었다. 갱생공려부락은 그 동안의 조직과 훈련을 통해, 전시체제 아래 강화되는 부담을 '자주' '자발' '공려'의 자치력으로 해결하도록 강요받았다. 1939년 4월 현재 지도부락은 1938년까지 설치된 지도부락 21,962개·갱생공려부락 4,465개, 1939년에 설치된 지도부락 6,550개를 합쳐 32,977개로, 전체 73,507개 촌락 중 약 45%를 차지하고 있었다.[92] 1940년 3월 현재까지 선

---

89) 「時局關係全鮮農山漁村振興關係官會同ニ於ケル大野政務總監訓示要旨」(1937.9.23), 『通報』 6, 1937.9.27, 13쪽.
90) 湯村辰二郎, 「農山漁民報國の要諦」 『戰時農山漁村指導要諦』, 27쪽.
91) '是'라는 것은 누구든지 주저 없이 옳다고 수긍하는 것이기 때문에 (1939.1, 「올흔 것(是)」 『家庭之友』, 1쪽), '부락시'란 그 구성원은 반드시 따라야 하는 실천 사항으로, 구성원의 실행을 압박하는 기제였다.
92) 조선총독부, 『朝鮮に於ける農村振興運動の實績』, 35·44쪽 ; <표 2-5>의 '비고' 참조.

정된 지도부락은 41,225개였다.93) 이로써 1940년경 농진운동 아래 농촌사회는 농촌진흥회를 통해 적어도 82%가 통제를 받는 가운데, 56%(41,225/73,507)의 촌락이 식민지권력의 직접 통제망에 놓이게 되었다.

일제는 농진운동을 '촌락민의 자조공려'로 '민간 자체의 자주적 운동'으로 효과를 거두기 위해, 1938년 10월 총독부 농촌진흥위원회 위원 중 5명을 민간의 학식 및 경험자로 선임하였다.94) 이는 전시수탈정책이 확대되는 가운데 농진운동을 강화하기 위해, 관변단체의 장이지만 민간인을 내세워 농진운동이 관 주도의 운동이 아니라 민간운동임을 선전하기 위한 것이었다. 전쟁수행을 위한 각종 부담을 농민들에게 가중시킬수록 일제는 농진운동을 민간운동으로 포장하려고 했다. 그리고 말단에서는 농촌진흥회 중심의 통제를 강화하는 한편 문맹퇴치의 중요성도 더욱 증대되었다. 문맹자에게 직접 접촉하여 지도하는 것도 어려워지는 데다가, 이들은 지시한 것만 따라하고 지시하지 않을 때는 종전 그대로인 경우가 많았기 때문이었다.95)

일제는 중일전쟁의 전면화·조선의 민족운동의 활성화에 긴장하면서 전시체제를 가동시키기 위해 강제적 지시나 압박으로 정책을 강행하는 한편, 그 한계를 줄이고자 가급적 '협력'을 유도하려고 했다. 종래 문제점이 많이 지적되어 왔던 현황조사와 계획서를 간단히 작성하도록 하여 관의 업무량을 줄이는 한편, 면서기 등의 노력을 호별·촌락별 지도의 강화로 돌리도록 하였다. 이렇게 되

---

93)『조선총독부시정연보(1940년도)』, 1942, 614쪽.
94) 조선농회장·조선금융조합연합회회장·조선어업조합중앙회장·조선산림회부회장·중추원참의(農林局長, 1938.12,「農村振興委員に民間委員の選任に就き」『朝鮮』, 12쪽.
95) 鄭寅寬, 1938.4,「山回水抱한 興德部落訪問記」『농업조선』, 26~27쪽.

면서 지도부락은 지도부락대로, 특히 갱생공려부락은 '전면적으로 복잡다단'한 지도를 받게 되어, 관의 간섭과 규제가 심화되는 만큼 농민들의 고통도 가중되었다.96) 따라서 갱생공려부락의 실시는 촌락의 '자치'를 내걸고 의무와 책임의식을 주입하여 전시농정을 관철하려는 술책이었다. 일제는 전쟁수행을 위해 강도 높은 부담을 강요할수록 자주·자치·공려를 더욱 강조하였다.

한편 농진운동은 심전개발운동의 지원을 받아 물심양면에 걸쳐 통제력을 확대하고 있었고, 농민들은 경제방면에서는 다소 반응을 보였지만 정신방면은 권력이 의도한 대로 좀처럼 이루어지지 않았다.97) 이에 심전개발운동을 확충 강화하는 형식으로 1938년 7월 국민정신총동원운동(이하 精動運動)을 전개하였다. 정동운동은 농진운동과 함께 전시동원체제를 구축하기 위해 소위 일본정신, 천황제 이데올로기를 대대적으로 조선민중에게 주입하면서 전쟁수행의 협력을 유도하고 있었다.

이미 농진운동 "자체가 전쟁을 위한 국력증진운동"98)이 된 시점에서 두 운동은 서로 중복되는 양상을 보였다. 조직면에서 정동운동의 최하부 기저조직인 애국반은 농촌진흥회의 기반을 이용하여 활동하고 있었다. 또 농진운동이 월례회를 변형한 생업보국일을 정례화하여 황국신민의식 등을 주입하고 있었고, 정동운동 역시 조선민중의 내선일체화, 황국신민화를 획책하면서 민중의 경제생활도 규율하고 있었기 때문에 양 운동은 중복에 따른 마찰이 일어났다. 즉 "농촌의 정동운동의 형식이 농진운동의 그것과 자못 유사하고 그 대상인 농촌의 대중은 어느 쪽에도 같이 관계하여 이들 두

---

96) 「農振運動 끝난 갱생부락」, 『농업조선』, 1938.2, 107쪽.
97) 八尋生男, 「物心一如として顯はるる農村振興運動」, 20쪽.
98) 八尋生男, 「朝鮮における農村振興運動を語る」, 24쪽.

개 큰 운동은 서로 대립 경합"[99]하였던 것이다. 이에 1939년 5월 6일 정무총감은, 정동운동은 조선민중의 황민화를 위한 정신통제로서 전시협력토대를 마련하고, 농진운동은 정동운동의 지도원리와 목표에 기초하여 생산을 확충하여, 양자의 일치로 농민들의 생활에 생업보국이 뿌리내릴 수 있도록 해야 한다고 했다.[100] 이러한 양 운동의 통합 조정 방침은 말단조직의 동향에도 반영되어, 농촌진흥회(식산계)와 부락연맹으로 일원화되는 추세였다.[101]

이상에서 본 바와 같이 양 운동은 대립 갈등의 과정을 거치면서, 농진운동은 정동운동의 기반이 되었고, 정동운동을 통해 농진운동의 토대도 확장되었다. 양 운동의 대립이 해결된 것은 아니지만, 1940년 10월 국민총력운동으로 통합, 흡수될 때까지 상호보완적으로 조선에서 전시동원체제를 구축하고 있었다.

---

99) 八尋生男, 1940, 「農村指導の實際」『農村振興指導者第1回生業報國講習會速記錄』, 조선총독부, 426〜427쪽.
100) 「國民精神總動員運動ニ關スル件」(1939.5.6), 『自力更生彙報』 68, 1939. 5, 1〜2쪽.
101) 정동운동과 농진운동의 말단조직이 통합되기 이전에 촌락에는 여러 단체가 중첩되어, "부락의 중심인물은 많은 단체의 간부를 겸임하고, 가장 심한 예는 어느 부락에서 1명의 중심인물이 40여 단체의 간부을 겸하고 있다"고 할 정도였다(河祥鏞, 1939.12, 「部落指導體系確立に就て若干の考察」 『金融組合』 135, 19쪽). 이들 단체의 정리는 정신방면은 정동운동, 물질방면은 농진운동의 말단조직으로 각각 통합 조정해 가는 쪽으로 진행되었다(『동아일보』 1939년 1월 26일자 「수다한 각종 단체를 정신연맹하에 통합, 계통과 사업의 交錯을 조정」;「물적 운동은 농촌진흥단체에, 관계 局課서 절충협의」). 더 나아가 조직의 계통성과 철저함에서 다소 앞선 정동운동을 중심으로 단체들이 통합되어 가는 추세였다. 경기도는 1940년 8월 정동운동의 조직과 행정기구의 구역을 동일하게 하고, 단체장도 한 사람이 겸임하여 말단조직을 강화하는 방침을 마련했다(『매일신보』 1940년 10월 14일자 「실력 잇는 인물등용, 町總代・町聯盟理事長・防護組合長을 겸임」).

2. 농촌진흥회의 개편과 실태

일제는 1938년을 전후하여 농촌진흥회를 자치공려단체로 정비 강화하고자, '更生指導部落共勵施設改造要綱'102)을 발표하였다. 1人1役主義·부문위원·5호작통(5인조)은 농진운동 초기에도 지역에 따라 부분적으로 실시되고 있었지만, 이때 한층 확대 실시되었다. 이에 따라 일제는 농촌진흥회의 구성원 전원에게 역할을 분담하여 실천책임자로서 자치성을 높이면서, 전 촌락민의 일상적인 삶의 세밀한 부분까지 파악, 통제하려고 했다. 이를 촉진하기 위해서 지도부락이 아닌 경우에도 농촌진흥회의 공려망으로 자치를 훈련시켜, 지도부락 선정 이후 본격적인 관의 침투를 준비시켜 나간다는 방침이었다. 1939년 5월 11일 농림국장은 이런 방침을 다시 확인 강조했다.103)

이를 실행하기 위해 먼저 기존 촌락 단체를 통폐합하여 농촌진흥회가 이를 흡수하고, 농촌진흥회의 각 부장이 일을 나누어 맡아 실행하도록 하였다. 황해도의 경우는 部制를 이미 1935년경부터 실시하여 이 무렵 더욱 확충하였다. 농촌진흥회장에 해당하는 위원장 아래 교화·記帳·색의장려·부채정리·저축·납세·보안·위생·도로·稻作·면작·연초경작·임업·축산·비료·양잠·繩叺·특수 부업(수산)의 총 20개 부문위원을 두도록 했다.104)

---

102) 水田直昌 감수,『資料選集 朝鮮における農村振興運動』「資料 43」 264~269쪽.
103) 「部落ヲ單位トスル共勵團體ノ指導ニ關スル件」『自力更生彙報』, 1939. 5, 2~4쪽.
104) 황해도, 1937.8,『部門委員必携』.

전남의 경우는 1939년 6월 27일자로 8,460개의 농촌진흥실행조합의 명칭을 농촌진흥회로 변경하였고 규약 준칙도 고쳤다. 이전 규약 3조에, "본회는 양풍미속을 조장하고 … 농촌민풍의 진흥을 도모 …"한다고 한 것을,105) "황국신민된 본분 … 생업보국의 실질을 거둠"106)이라 하여, 전시협력을 강조하고 있다. 또 충북은 농촌진흥회의 연락통제기관으로, 각 읍면별로 농촌진흥회연합회를 조직하여 1939년 7월까지 완료하기로 하였다. 그리고 각 농촌진흥회연합회의 부담금은 농촌진흥회의 기본재산의 수입과 회원의 공동경작 수익금으로 충당하도록 하였다.107)

한편 '시국인식의 기관'으로서 매우 유용한 농촌진흥회의 월례회는 이즈음 관의 개별지도의 부족을 보완하고 교화와 생업보국을 추진시키기 위해 더욱 중시되었다. 그러나 촌락 내 각종 단체가 난립하는 가운데 月例會는 소기의 효과를 거두지 못하였다. 이에 강원도는 농촌진흥위원회 위원들의 월례회 참석을 지시하고, 군읍면에는 월례회 지도명부·촌락에는 회의일지를 비치하도록 했다. 또 관공서 주최 회합의 난립을 막고, 농촌진흥회의 월례회를 중심으로 일원화하여 농촌진흥회의 기능을 강화하도록 했다.108) 이 무렵 황해도 연백군의 월례회를 보면,109) 개회(위원장 주재)→출결석자 점호(記帳委員)→위원장 인사→가계부에 의한 반성(기장위원과 교화위원 주재)→농사상담(각 부분위원)→촌락의 공동적 사항 협의

---

105) 전라북도, 1934, 『黎明を仰ぐ全北農村』, 2쪽.
106) 「全羅南道に於ける農村振興實行組合の名稱の變更と振興會規約の制定」『自力更生彙報』, 1939.7, 36쪽.
107) 「忠淸北道に於ける部落振興會聯合會の設立」『自力更生彙報』, 1939. 7, 37~39쪽.
108) 「江原道に於ける農山漁村夜學會及月例會指導方針」『自力更生彙報』, 1939.8, 39쪽.
109) 연백군, 『農村振興施設槪要』, 67~68쪽.

(위원장)→공동저금 저축 등의 접수(저축위원)→계획실시 및 지난 번 지도사항 검토(임석 직원)→기타 간담(위원장)→황국신민의 서사 제창→폐회의 순서로 진행되었다. 월례회가 정책 실행의 자치적이고 규율적인 훈련의 공간으로 이용되고 있음을 알 수 있다.

다음에서는 전시체제기 농진운동이 말단 농촌진흥회에서는 어떻게 전개되었는지, 또 이 과정에서 농민들이 자체적으로 진행시키고 있던 촌락재편이 어떻게 농진운동에 편입되는지 그 양상의 일단을 살펴보고자 한다.[110]

평남 용강군 多美面 幟衣里 新寺洞은[111] 31호의 마을로, 1929년부터 청년들이 용진구락부라는 자체 단체를 조직하여, 금주 금연 도박 금지를 비롯하여 마을의 모든 일을 '자위'해 왔다. 그러던 중 농진운동이 일어나면서 신사동이 진남포경찰서 五花里주재소가 담당하는 지도부락이 되어 갱생회가 설치되자, 용진구락부는 1936년 8월 19일 임시총회의 결의로 해체되고 모든 사무를 갱생회로 인계하였다. 임원과 부서가 변경되고 "자긔네들끼리만이 하던 일과 달라 관청과 긴밀한 연락을 … 긴장미가 농후하게" 되었다. 갱생회는 회장·부회장·회계·서기를 비롯하여 교화부·저축부·산업부·부업부·청년부·부인부·실행부·납세부·알선부의 9개 부를 두고, 각 부에는 부장과 간사를 두었다. 이 중에 회장은 교화부장, 부회장은 회계, 서기는 산업부장을 겸하고 있어, 마을 주민 19명이 갱생회의 직책 22개에 참여하고 있었다. 19명은 대체로 戶의 대표이므로 전체 호수의 61%가 갱생회에 참여한 셈인데, 이는

---

110) 이런 사례는 평남 新寺洞·전북 貞忠·충북 新里에서 볼 수 있는데, 新里는 6절(152~153쪽) 참조.
111) 隱龍生, 1939.5, 「指導部落新寺洞」 『농민생활』. 幟衣里는 구동리 幟衣洞이 신동리로 전환된 경우이며, 新寺洞은 1917년 4월 초까지는 관에 파악되지 않았으며 이후 형성된 마을로 보인다.

많은 구성원들에게 역할을 분담시켜 갱생회를 중심으로 생활이 이루어지도록 하고 그 사업의 지속성을 담보하기 위한 것이었다.

교화부는 국체명징과 풍속개량, '국민으로서 실행할 의무'가 있는 일을 맡고, 청년부와 실행부의 후원을 얻어 마을을 수시 순회 감시하고, 회원의 '지식연마'에 필요한 과목을 선정하여 단기강습회를 개최하고 있었다. 저축부는 계절마다 곡류를 모아두었다가 농량이 부족한 사람에게 저리로 대부하고 또 저축으로 비료 대금을 준비시키고 있었다. 산업부는 "관공서에서 지도하는 산업부문을 완전 소화"하여, 산미개량증식은 물론 면화증산계획도 완전히 실행하기 위해 작부면적을 조사하여 면장과 재배계약을 체결하기도 했다. 또 알선부와 함께 비료 구입에도 적극적으로 활동하였다. 부업부는 가마니 생산에 주력하고 있었으며, 청년부는 마을의 미화와 혼상제례의 대소사 등을 맡았고, '육군기념일'을 근로보국일로 하여 5km의 돌길을 닦기도 했다. 실행부는 갱생지도농가의 5개년 계획의 수립·실적 기입·가계부 기재 등의 일을 맡고, 고리부채의 정리 및 자금 상환을 담당하고 있었다. 납세부는 '납세보국의 실적'을 올리기 위해 고지서의 배부와 납기 독려 등을 실행하고, 알선부는 비료 등의 공동 구입을, 부인부는 가정의 가계와 생활개선을 맡고 있었다. 신사동은 청년 중심으로 자체적인 촌락개선운동을 하다가 농진운동으로 흡수 재편된 사례이다. 촌락의 사람들이 대거 참여한 관제조직 갱생회의 각 부서는 서로 유기적으로 연결되어 활동하도록 짜여 있었다. 자연히 갱생회가 생활의 중심으로 자리잡게 되었다. 일제는 이렇게 조직을 통해 농민들이 자체적으로 정책에 참여하도록 촌락을 재편하였던 것이다.

다음 전북 남원군 周生面 貞松里 貞忠 마을을 살펴보자. 주생면 貞忠 마을은112) 大姓인 梁氏 梁海集이 중심인물로 활약했다. 정충

제2장 농촌진흥운동과 농촌통제정책(1932.11~1940.10)   111

은 농지의 대부분이 외지 사람의 소유로, 빈농이 많으며 고리대가 발호하고 있었다. 몇몇 호수만 식량을 자급할 수 있었으며, 나머지는 연 6할의 長利穀에 의존하고 있었다. 농진운동이 이 마을에 전개되기 전에, 양해집이 중심이 되어 농민들에게 개인고리대를 일체 이용하지 않을 것과 도박과 음주에 대한 벌금을 약속받았다. 장리곡은 이웃한 盤松과 上洞里 등지에서 얻어 썼는데, 양해집이 나서서 이런 곡식이 마을로 들어오지 못하게 하고, 절미운동과 부업 등을 크게 장려하여 다소 여유를 찾게 되었다.[113] 일제는 이렇게 중심인물이 있고 다소 갱생의 여지가 있는 정충을 지도부락으로 선정했다. 정충에는 1932년 12월 농촌진흥회와 1933년 지도부락이 설치되었다. 1938년 4월에는 농가갱생계획 실행 연한이 만료됨에 따라 공려계획이 실시되었다.

양해집은 촌락 내외를 "엄히 경계하여 … 방종할 틈을 주지 않음"과 동시에 '사람들의 생활내부'를 농밀하게 파악하면서, 농민의 관공서 출입을 대행하고 관의 촌락에 관한 사무도 처리하고 있었다. 1939년 6월에 결성된 부락연맹은 농촌진흥회와 표리일체가 되어 "총후 농촌에 부과된 사명을 완수"하고 있었다. 정충은 일부 공동자금을 기초로 수차와 발동기 등을 구입하고, 그 사용료와 약간의 공동경작지에서 생긴 수입 등으로 공동재산을 조성하고 있었다. 공동재산의 일부는 종래의 장리곡을 대신하여 농민들에게 대부되었으며, 촌락의 공동사업의 비용으로도 충당되었다. 이렇게 농촌진흥회는 농민들에게 다소 저리한 자금을 융통해 주고 있었다. 양해집은 마름의 일도 보고 있었고, 마을의 남녀 노소 모두의 노력

---

112) 大野保, 1941, 『朝鮮農村の實態的硏究』, 2부 1장. 1917년 현재 貞松里는 구동리 盤松里와 구동리 忠村里와 老山里의 각각 일부로 구성되어, 貞忠이란 마을명은 없으나 忠村里에서 발전한 것으로 보인다.
113) 姜萬注(1930년생)・梁炳允(1931),・梁炳龍(1936)의 증언.

으로 점차 토지를 되찾게 되었다. 이로써 정충은 모범부락이 되었고, 공회당에는 상장이 즐비했다고 한다.[114]

전시체제로 전환되면서 정충에는 황군위문대 대금·신사건설의 기부금·임원 등의 접대비·봄 가을 2회 청결검사비·촌락 총회의 식비·국기대 등과 같은 전시체제 관련 사업와 비용이 증가했다. 정충에서는 관의 각종 부담이 할당되면 공동재산에 의존하여 지출되었기 때문에, 농가별 직접적인 부담이 다른 촌락보다 "훨씬 가벼워서, 이 촌락에 거주하려고 하는 사람도 매우 많(을)" 정도가 되었다. 농진운동에서 공동경작 등을 통해 공동재산 혹은 공동기금의 조성이 강조되었는데, 이는 식민지 행정이 말단에까지 확대되는 데에 수반되는 시설과 사업의 비용을 촌락의 공동연대로 충당시키기 위한 재원 마련과정이었다. 농민들은 농진운동을 통해 편성된 조직을 통해 가중되는 부담을 그때 그때 개인부담과 함께 농촌진흥회의 공동재산 등으로 감당하고 있었다. 농민들은 농촌진흥회에 들어가 피할 수 없는 부담들을 공간적 시간적을 분산시키면서 취약한 생활 기반을 유지하고 있었다. 일제는 이렇게 식민지 질서로 재편하는 데 필요한 자원과 장치를 조선 농민들 스스로 재생산하도록 획책했다.

정충의 중심인물 양해집은 일찍 아버지를 잃고 자작지 1두락 정도의 살림을 가지고, 형제·자식들과 소작 경영 등으로 집안을 일구었다. 15두락(=1정보) 정도의 규모가 되자 작은 아들의 살림으로 5두락을 분배했지만, 서류상으로는 15두락 정도의 자산을 바탕으로 면협의회에 나갔다고 한다.[115] 양해집은 농촌진흥회장·정동운동 부락연맹이사장·구장·면협의회원·학교위원 등을 거쳤는데,

---

114) 강만주·양병윤의 증언.
115) 양병용의 증언.

제2장 농촌진흥운동과 농촌통제정책(1932.11~1940.10)   113

마을 사람들은 그를 '守護神'과 같이 따랐다고 한다. 정충은 양해 집을 중심으로 아래로부터 촌락질서의 재편이 진행되다가 관제운동과 조직을 통해 체제내로 편입된 사례이다.

　농진운동을 거치면서 정충의 촌락질서가 재편되는 가운데 진행된 농가의 변동 상황을 보면 다음과 같다. 정충은 1933년 현재 70호 중에서 46호가 갱생계획농가로 지정되었다. 이후 1939년 조사에서 46호 농가 중 43호만 확인되었다. 이때 확인된 43호 중 36호는 다소 토지를 구입하거나 소작면적을 확장하였다. 이에 비해 나머지 7호는 일부 가족의 출가·인부감독·분가·호주의 이주·전업 등의 이유로 경작하던 토지를 줄이거나 토지경영에서 이탈한 경우였다. 1933년에 시작된 갱생계획이 1938년 4월에 끝나고 갱생공려부락으로 전환되는데, 그 동안에 46호 중 적어도 7호가 영농에서 이탈 혹은 경영을 감소하는 가운데, 3호 역시 이와 비슷한 탈농화 과정을 거쳐 이미 촌락을 떠나 1939년 조사에서 파악되지 않았다. 따라서 46호 중 36호가 다소 자작지 혹은 소작지를 확대하는 가운데, 10호가 경제적 몰락 등으로 탈농화 혹은 경영규모를 감소하는 현상이 함께 진행되었다. 그리고 1939년 전체 농가 91호의 경영 규모가 대략 0.87정보인데, 이 정도로는 자가노동력을 충분히 소화할 수 없었기 때문에, 전체 농가 중 약 60%에 해당하는 44호에게 겸부업 혹은 출가임노동은 생계보충적 혹은 절대 필수적이었다.116) 따라서 정충에서 보듯이 농진운동 아래 농가계층의 이동이 상당히 진행되었다. 일부 농가의 경제적 몰락과 탈농을 배경으로 일부 농가가 다소 경지를 확대하여 '갱생'의 성과를 거둘 수 있었다. 그러나 그 가능성이란 일부 농가의 '희생'에 기초한 것이었다.

　농진운동은 촌락질서를 재편하려는 일제의 정책적 의도 아래 시

---

116) 大野保, 『朝鮮農村の實態的硏究』, 196~199쪽.

작하여 농민들의 내적 동기를 흡수하고 자극하면서 전개되었다. 일부 농가는 농진운동에 대응하여 경제적 갱생의 가능성을 가질 수 있었다. 그러나 그 가능성이란 다른 농가의 탈농 혹은 경영규모 축소와 같은 '희생'에 기초한 것이었다. 그리고 농진운동 과정에서 '희생'된 농가는 일제의 산업화 정책의 노동력으로 북부 지방과 만주로 이주당하고 있었다.117)

제5절 농촌진흥운동에 대한 농민반응과 사회변화

농가의 경영 파탄은 일제에게 '통치의 痛苦'로 인식되었고, "면면촌촌이 가보면, 등이 달도록 농사 … 그러케 뼈가 휘도록 일하고도 살 수 업(는)" 현실 앞에,118) 농민들의 관심은 "명일의 생활은 어떠케 될 것이냐"하는 것이었다.119) 일제는 이런 현실을 타개하면

---

117) 당시 북부지방의 공업화와 만주개척 등에 알선되어 이주한 농가들 중에는, 농진운동을 통해 파악된 농가의 현황자료와 갱생지도부락에서 갱생가능성이 없거나 몰락한 농가들이 상당수였을 것이다. 1938년 9월 조선총독부시국대책조사회 회의에서 위원과 농림국장 사이에서 농촌·농업의 진흥에서 이민문제가 중요하다고 논의하고 있었다(『朝鮮總督府時局對策調査會會議錄』, 138~139쪽). 따라서 식민지권력이 농진운동으로 농가의 사적 영역에까지 파고들어갔던 정책적 의도의 하나가 노동력을 조정할 자료를 확보하기 위한 것이었음을 알 수 있다.
118) 「창간주년호를 내이는 농민생활에 주는 말」, 『농민생활』, 1930.6, 13쪽.
119) 韓長庚, 1938.7, 「농민생활의 변천과 자작농창정의 의의」, 『농업조선』, 12쪽.

제2장 농촌진흥운동과 농촌통제정책(1932.11~1940.10)   115

서, 농촌·농가의 생활을 전면적으로 재편할 목적으로 농진운동을 전개했다. 이를 위해 농가를 파악하려고, 호별 현황조사와 계획서를 작성하기 시작했다. "가정의 정체를 드러내는 조사"에 대해 농민들은 "이번 경제조사는 경작 두락 수가 많은 것은 적은 데에 균분시키는 것이기에, 거짓을 하지 않으면 소작을 회수당한다"고 하듯이[120] 의구심을 갖고 기피했다. 또 평소 '인민의 의혹의 표적'이 되고 있는 일선 관리의 조사에 대한 거부감이 있었다. 여기에 많은 농민들은 문자를 모르고 대체로 단순한 생활을 하던 터에, "복잡다기한 농업경영의 수지계산 목표"를 세우도록 종용하고 간섭하는 것을 피하여, 농촌을 떠나 도시의 간단한 노임생활을 선택하기도 했다.[121] 일제에게 현황조사와 계획서 작성은 종전의 면접적 정책 시행의 한계를 넘어 행정력을 일상생활의 구석구석까지 세밀하게 미치게 할 수 있는 기초적 수단이었기 때문에 계속 강행되었고, 대신 조사와 계획서를 좀더 간단히 작성하기로 했다.

갱생계획을 수립한 농가는 1940년 3월 현재 891,400호에 이르러,[122] 갱생계획 예정 호수 230만호의 약 39%에 해당했다. 갱생계획농가와 지도부락은 농진운동의 직접적인 대상인 만큼, 이에 대한 지도의 성과 여부는 다른 농민에게 직간접으로 영향을 미칠 수 있어, 일제의 농촌·농업 정책의 시금석이었다.[123] 나아가 농진운동은 전체 농가와 농촌을 대상으로 농촌진흥회를 통해 지도부락과 갱생계획농가에 준한 정책을 예비적 훈련 차원에서 실시하고, 전국적으로 농촌진흥회가 설치되는 과정을 볼 때, 어느 촌락과 농가도 농진운동으로부터 크게 자유롭지는 못했다.

---

120) 文在球, 1933,「農村經濟調査の苦心談」『府邑面雜誌』 3-11·12, 22쪽.
121) 內務局 地方課,『人口ノ都市集中防止關係』, 140쪽.
122)『조선총독부시정연보(1940년도)』, 614쪽.
123)『조선중앙일보』 1935년 11월 22일자「갱생운동의 효과여하」.

농진운동이 경제적 갱생을 목표로 하되 이를 정신적 지도를 바탕으로 전개한다는 방침이였기 때문에, 영농법의 개량에서 생활방식과 풍습을 변화·개선시키는 전면적인 운동으로 전개되었다. 실제로 농진운동은 생활개선에 크게 치중하여 色衣着用·단발·관혼상제 비용의 절약 등을 단속하면서 가시적인 성과를 거두는 데 급급하여 많은 반발을 초래했다. 면의 직원들은 섶울타리를 돌담으로 개조하라고 강제로 헐어버렸고, 색의착용·단발 등과 같은 매우 사적인 영역을 무리하게 간섭했는데 특히 후자와 관련하여 조선 민중들은 '인권유린'이라고 반발했다.[124] 또 경조사의 비용을 농촌진흥회를 통해 규제하는 것과 관련하여, 주인이 큰 일을 치루기 위해 빈객의 수를 미리 계산하여 음식을 준비하고, 손님들은 참석하여 준비 정도에 따라 회비를 거두어 주기 때문에, 경제적 여유가 없는 생활에 없어서는 안될 관습이라고 하면서, 이는 당시 도시의 '회비제의 모체'라고 하여 일제의 정책을 간접적으로 비판했다.[125] 이렇듯 '개선'이란 명분으로 기존 생활양식과 전통을 무시한 생활개선운동에 대한 비판이 제기되었다.[126] 그리고 이에 앞장서고 있는 농촌진흥회가 법률적 근거도 없이 규약 위반을 이유로 '任意의 私刑'을 명령하고 있다고 반발하기도 했다.[127]

일제는 경제적 갱생의 방법으로 생활비 지출을 줄이기 위해, 모내기 등 공동작업에 따르던 공동취사와 공동식사, 점심 후 간식 등을 폐지하고 도시락을 지참하도록 했다. 한솥밥을 먹는다는 것은 일하는 사람들 사이의 연대의식과 노동의 결속을 더욱 강화시키

---

124) 『조선중앙일보』 1935년 10월 31일자 「진흥운동의 파생적 폐해」.
125) 朴在敏, 1939.11, 「金化 金城 淮陽을 중심으로 한 강원도의 농사제도」 『농업조선』, 41쪽.
126) 南抱聲, 1938.12, 「社會時評」 『批判』, 17쪽.
127) 『조선중앙일보』 1935년 10월 31일자 「진흥운동의 파생적 폐해」.

고, 노동 중간의 휴식은 노동을 유희화하여 전체적으로 볼 때 능률 증진의 효과를 거두고 있었다.[128] 그러나 일제는 시간절약과 노동력 강화를 내세워 이런 것들을 없애도록 했다. 이렇듯 능률과 합리성을 내세운 정책의 강행과 그에 따른 반응을 보면 다음과 같다. 예컨대 사료를 끓여 먹인다고 연료의 낭비를 지적하지만, 이것은 난방용 불을 때면서 익혀주는 것이기 때문에 낭비가 아니라는 것이다. 부분적으로 영농법에 개량해야 할 여지가 있지만, 조선의 농업도 오랜 체험과 전통에서 얻은 만큼, "일견 괴이하게 뵈이는 사실"도 "전생활체계와의 관련에서 볼 때 반드시 일정한 합리성"을 가지고 있기 때문에, 개개의 현상에 잠재된 '사회적인 원인'과 '심원한 역사적 의의'를 살펴보아야 한다는 항변도 있었다.[129]

그러나 한쪽에서는 농촌이 관혼상제 등 의례와 습속이 복잡하고 이에 따른 지출 부담이 크다는 등을 이유로 도시로 전출하기도 하였다.[130] 또 일제의 생활개선정책의 문제점을 인정해도 생활의 합리화는 불가피하다고 보고, 기우제 등을 미신 행위로 규정하여 이를 없애는 데는 법적 조치보다 '일반 계몽'으로 해결해야 한다고 보아, 농촌진흥회 등의 활동에 기대를 걸기도 했다.[131] 따라서 일제는 더러 조선민중 사이에서 호응을 얻으면서 생활개선운동을 강행했다.

여하튼 생활개선·농사개량을 통해 어느 정도 일시적인 생활 안정의 효과를 보았지만, 이것만으로는 농진운동에 대한 참여를 유인하는 데에는 한계가 있었다. 농민들이 "일반으로 무식하고 보수적인 것도 사실"이지만 "자기의 이해문제에 들어서는 의외로 현

---

128) 인정식, 1943, 『朝鮮農村雜記』, 東都書籍, 11·13쪽.
129) 인정식, 1941.4, 「경주지방의 농촌생활―橘樸선생을 동반하야」 『조광』, 58쪽.
130) 內務局 地方課, 『人口ノ都市集中防止關係』, 162쪽.
131) 南抱聲, 1938.10, 「社會時評」 『批判』, 49쪽.

명"하며, 아무리 좋은 정책이라고 해도 "먼저 자기이해의 거울에 빛이여 보아서, 그것이 자기에게 얼마나 유리할가를 판단하여 본다"는 것이다. 즉 때로는 "힘에 눌리어서 … 그저 시키는 대로 실행을 하고 있을지언정 자기의 뱃속에는 이미 어떠한 판단을 내리고 있다"고 한다. 농진운동에서 제시한 사항은 "모다 좋기는 좋으나 그것만으로는 꼭 갱생되리라고 믿어지지 안는다"는 것이다. "내가 지은 농사를 내가 혼자 먹는다면 나도 부자 노릇을 하고 살겠다"는 것이다.[132] 소작권의 안정과 소작료 문제 등이 완화되거나 자작농이 되기 전에는 농진운동은 농민의 생활 안정과는 거리가 멀다는 것이다. 이에 일제 역시 농진운동의 성과를 거두기 위해서, 불안정한 소작권, 경작지 편중현상 등에 대해 고심했고, 앞에서 살펴보았듯이 농촌진흥회를 앞세워 소작지의 분배와 통제를 도모하기도 했다.

농촌진흥회가 소작권 안정과 소작지 분배에 어느 정도 관여했고, 이런 사례가 신문 잡지에 실렸을지언정, 이 문제는 1940년을 전후한 노무동원정책이 본격화되기 이전에는 그다지 큰 진전이 없었다. 전북은 앞에서 보았듯이 1932년 소작농 72%, 소작지 59%로 전국 평균을 크게 웃돌았다. 또 1937년 현재 소작농 70%, 소작지 83%를 차지하여 소작지 편중 및 지주소작관계가 더욱 악화되었다. 앞의 1절에서 보았듯이 이런 소작농과 세농의 존재는 치안을 위협하고 있었다. 이런 상황에서 경작지 편중 문제가 검토되었다고 한다. 그러나 "일시 열심히 검토되어", 관에서 한때 2~3개월 이상이 문제에 '몰두'하기도 했으나, "실제는 형식적인 재배분으로 표면은 어쨌든 실제로 재분배는 기대에 어긋났었다"고 한다. 그리고 농촌의 잉여노동력이 점차 감소해감에 따라 자연히 경작지 편중

---

132) 韓長庚, 1938.4, 「農家更生計劃의 又一段擴充의 필요」『농업조선』, 9~10쪽 ; 1939.1, 「南朝鮮踏査記」『농업조선』, 41쪽.

문제가 해결되었다고 한다.133) 따라서 농진운동의 성과를 거두기 위해 경작지 재분배 문제도 한 방안으로 검토되었으나 실제 재분배가 이루어진 것은 미미했음을 알 수 있다.

농민들은 이렇게 소작문제라는 근본적인 해결안이 빠진 갱생계획표나 설명에는 "엇더한 감동을 늣기지 못하고 오직 축음기 소리를 듯는 듯한 생각밖에 가지지 못(하여)" "일반으로 갱생운동에 대한 신념이 박약"한 실정이었다. 또 농촌진흥회가 설치될 때 "당국으로부터 특별한 은전을 蒙할 것"을 기대하였으나, "아모 특전이 업(음)"을 알고 부진한 상태에 빠지기도 했다.134) 이렇듯 농진운동은 자발적으로 참여하는 '운동'이 아니라 '추종' 양상을 띠어, "타력으로써 북새를 놓은 동안은 부락의 갱생기가 목전에 닦처 온 것 같이 보이지만 그 운동이 조곰만 쉬여지면 도로 제 도로목이 되는 일이 적지 않(은)" 상황이었다.135)

농진운동에 대한 농민들의 이런 반응 속에, 식민지권력은 "그 목표·체계·조직 등에서 아마도 조선미증유의 대운동인 만큼 여러 방면에서 농촌대중을 자극해왔(으나)" 이에 대한 민중의 수용심리는 "피리를 불어도 춤을 추지 않는다"고 우려하였다. 즉 온갖 수단을 써서 건드려도 응하지 않는다는 것이다. 갱생계획표·가계부·월례회도 농민들에게는 생각만큼 자극을 주지 못했다는 것이다. "물론 실적이 상당한 농가나 농촌도 전혀 없는 것은 아니지만, 대

---

133) 嶋谷篤,「待つあるの農政」, 77쪽. 예컨대 1930년대 초 경작지 편중현상이 심할 때는 20정보의 소작지를 경작하는 사람도 있었으나, 농업노동력을 고용하기 어려워져서 1940년대 초에는 가장 큰 면적의 경작지라고 해도 4정보를 넘지 않게 되었다고 한다.
134) SR生, 1935.9.5,「更生途上에 잇는 豆寺里共勵組合」『忠南振興月報』; 吳定鎬, 1935.10.5,「更生部落中堅 諸位에게」『忠南振興月報』.
135) 韓長庚, 1938.2,「갱생도정에 있는 下金梧部落을 찾어서」『농업조선』, 62쪽.

체로 보면, 지지부진하여 일이 순조롭게 되고 있지 않은 편이다"고 한다.136) "실제 지도할 때마다 그(5개년계획) 취지를 설명하려고 하지만 … 그 효과는 전혀 없는 데 가깝다"137)는 것이다.

 이러한 부정적인 주장들이 제기되는 가운데, 농진운동은 직접적 성과 이외에 통치 전반에 끼친 효과가 컸다는 주장도 있었다. 즉 현황조사와 계획서 작성 등으로 숫자관념이 들어가면서 생활에 대한 반성이 '순치'되고, 강연과 행사의 내용을 그때 한번만 실행해도 농민 전체를 보면 적지 않은 숫자라는 것이다. 근로 증진·소비 절제·풍속 개량 등에 대해 농민들이 실현 가능성을 의심하더라도 돌아서서 한번씩은 음미해 보고, "시험으로라도 한번 실생활에 체험"하기 때문에, "생산증가보다도 그 효과가 막대한 것"이라고 하였다. 정책들이 부지불식간에 생활 전반에 걸쳐 영향을 주고, 그 영향이 식민지권력이 의도하는 방향으로 진행되고 있다는 것이다.138)

 그리고 총독부 촉탁 增田收作은 1939년 大旱魃 이후 지도부락은 물론 일반촌락까지 순회 조사한 뒤, 일반촌락이 지도부락에 비해 대용작물의 성적 등 한해 대책에서 현저히 뒤졌다고 지적했다. 이어 增田收作은 "하루라도 빨리 본 운동의 전면적인 확충 필요가 절박함을 통감"했다.139) 이에 따라 앞에서 언급했듯이 지도부락은 1939년 현재 32,777개에서 1940년도에도 증설되어 41,225개가 되었던 것이다.

---

136) 淸風生, 1937.3,「朝鮮農村の生活を語る」『朝鮮地方行政』, 112쪽.
137) 「農山漁村振興指導方針の改革を要望す」『朝鮮行政』, 1939.12, 112쪽.
138) 최종준(경기도 농촌진흥과), 1941.1,「농촌진흥운동의 과거와 현재」『농업조선』, 20~21쪽.
139) 增田收作, 1940.1,「旱害地ヲ往ク」『通報』61, 15·12쪽.

제2장 농촌진흥운동과 농촌통제정책(1932.11~1940.10)   121

 따라서 농진운동은 크게 보면, 기존 봉건적 고율소작료와 영세한 소작빈농의 존재에는 거의 손을 대지 못한 채, 농민들 자력으로 즉 "노동집약적인 근로제일주의"로 갱생시키려는 운동이었다.140) 농촌의 여름 밤 '모정 혹은 정자나무' 아래에서 야담으로 '하루의 피로를 위안'하거나 '농사상담' 등을 하던 모습과 달리, 밤늦은 시간에도 가마니짜기 등 부업에 종사하고 도시의 정기 휴일과 같은 농촌의 명절도 대부분 사라지고, 심지어 추석 다음 날에도 근로봉사에 나가야 했다. 농민들은 정월 보름 이후 혹은 2월이 되어 농사를 준비하던 이전과 달리141) 시간의 노동화·노동시간의 연장으로 '갱생'을 압박당하고 있었다.

 일상적인 삶의 변화를 보면, 집회를 경험하지 않아, "어린 아해들이 따라와서 장내를 소란이 했다. … 크다란 목소리로 서로 말들을 하고, 아는 이가 늦게 오면 저저마다 수인사"를 하는 반면, 경험이 쌓인 쪽에서는 "어떤 부인은 잠든 어린아해를 강단에 올녀 다 눕히고 파리가 돌나부터도 이저바리고 앉어 있다. 부인들 중에 말마다 올습니다. 나도 그렇게 해요 한다"고142) 하였다. 농진운동으로 일상의 삶은 이전의 단순하고 자유스러웠던 양상과 달리 규율적이고 통제적인 상태로 변화되고 있었다.

 그러나 전시체제기 농진운동은 생업보국의 기치 아래, 농가 경제와 유리된 국책 관련 생산도 해야 했다. 그러나 농진운동은 표면상 호별 경제갱생을 완전히 방기한 것이 아니기 때문에, 전시동원

---

140) 인정식, 1942, 『朝鮮農村再編成の研究』, 인문사, 82쪽.
141) 駱山人, 1939.8, 「진주마산창원을 중심한 경상남도 농사제도」『농업조선』, 39쪽 ; 韓長庚, 1939.1, 「南朝鮮踏査記」『농업조선』, 43쪽 ; 朴在敏, 1940.6, 「평안도의 농사제도」『농업조선』, 61쪽.
142) 李散羅(평안남도 농진과), 1940.1, 「平南의 奧地 寧遠巡廻記(상)」『농민생활』, 54~55쪽.

을 전면적으로 강행하는 데 한계를 가질 수밖에 없었다. 농진운동에서는 '생업보국'이라 하여 전쟁수행에 필요한 농산물 증산을 강조해도, "개인경제적으로 거부되는 사태"도 있었다.[143] 따라서 전시동원이 원활히 되기 위해서는 사회운영의 원리를 전체주의로 완전히 대체시켜 생활과 생업이 계획화되고 통제화되어야 했고, 이에 농진운동은 1940년 10월 정동운동과 함께 국민총력운동으로 흡수되었다.

제6절 농촌진흥운동을 통한 농촌통제와 농민운동

1. 郡面의 농촌통제정책과 농민운동

1) 농촌진흥회의 소작문제 개입과 농민운동

1930년 현재 부정기소작이 80%를 차지하고 토지매매가 빈번하게 이루어지던 상황에서[144] 소작권 관계는 1930년대 소작쟁의 원인의 거의 70~80%를 차지하고 있었다. 농지령이 시행되는 1934년의 경우, 쟁의 건수 7,582개 중 소작권 관계는 5,518개로 72.7%, 1935년의 경우, 쟁의 건수 25,834개의 약 80%(20,877개)가 소작권 관계 쟁의였다.[145] 이러한 사정에서 소작권에 대한 지배력은 농민

---

143) 久間健一, 1943, 『朝鮮農政の課題』, 成美堂書店, 379쪽.
144) 조선총독부 농림국, 1934, 『朝鮮ニ於ケル小作ニ關スル參考事項摘要』, 75~76쪽.

제2장 농촌진흥운동과 농촌통제정책(1932.11~1940.10)   123

통제의 핵심사항 중의 하나였다.

　일제는 1932년 11월 농진운동을 시작하면서 그 보조정책으로 같은 해 12월 조선소작조정령과 1934년 4월 조선농지령을 공포하였다. 이 두 가지 법령으로 소작쟁의의 집단 혹은 직접 행동을 일체 금하고 농민조합 등의 쟁의 개입을 금지하는 한편, 농민들의 소작관계 문제를 군면 관리들이 중심이 되어 구성된 郡小作調整委員會의 중재나 법정 판결로 해결하도록 했다. 이는 지주소작문제에 식민지권력이 직접 개입하여 소작농민을 직접 파악하고 아울러 쟁의의 집단성을 분산시키고 농민운동을 개별 격파하려는 정책의 소산이었다. 그러나 소작계약의 70% 이상이 구두계약인 현실은 분쟁개입을 어렵게 했기 때문에, 일제는 적극적으로 증서계약을 보급하려고 했고, 충남에서는 농촌진흥운동의 말단조직인 共勵組合을 통해 보급시키고 있었다.

　또한 일제는 농지령의 실시로 농민들의 요구를 부분적으로 흡수하여, 농민운동의 물적 토대를 제거하고 농민들의 체제순응을 유도하려고 했다. 당시 소작기간이 단축되는 추세 아래 농지령으로 3년의 소작기간 설정은 소작권의 안정성을 보장하는 데 일정 부분 기여했던 것으로 보인다.[146] 또한 1934년 당시 전체 소작지의 40%가 토지관리자인 마름의 영향권 아래 있는 상황에서[147] 농지령은 이들의 중간수탈을 규제하여 소작관계를 안정화시키려고 했다.[148]

---

145) 鄭然泰, 1994,『日帝의韓國農地政策(1905-1945)』, 서울대 박사학위논문, 218쪽. <표 3-16>의 수치를 인용하여 정리함.
146) 정연태,『日帝의韓國農地政策(1905-1945)』, 207쪽.
147) 정연태,『日帝의韓國農地政策(1905-1945)』, 209쪽.
148) 농지령에 따라 지주가 마름을 둘 때는 마름의 인적사항과 관리할 소작지 소재지와 면적, 관리사무의 범위와 기간, 보수지급 방법 등을 상세히 관할 부윤 군수에게 신고해야 했다. 또한 부윤 군수는 마름이 담당하고 있는 지역의 관리사항을 보고하도록 명령할 수 있고, 마름의

관에서 농지령에 기초하여 마름을 교체할 수 있었기 때문에 마름은 관의 통제권 아래 있게 되었다. 당시 마름은 농촌사회의 암적인 존재라고 할 만큼 농민들의 소작권획득과 그 유지를 둘러싸고 막강한 영향력을 행사하고 있었다. 따라서 마름에 대한 관의 통제력 강화는 마름을 통해 관의 농민통제를 심화하는 데 유용했다. 식민지권력은 일단 발생한 소작쟁의를 관 주도로 해결하려고 했고, 마름에 대한 통제력을 강화하여 마름의 부정에 따른 소작쟁의의 발생을 방지할 뿐만 아니라, 마름의 지위를 이용하여 소작쟁의를 미연에 방지하려고 했다. 이에 따라 마름의 역할을 농촌진흥회(장) 혹은 구장 등이 대신하여 농촌진흥회의 권한을 강화시켜, 농민들을 농촌진흥회로 편입시키려는 시도도 있었던 것이다.[149]

전남에서는 마름에 대한 관리를 위해 府郡島·경찰·읍면이 면밀한 연락을 취하고 있었다. 부군도에 비치된 소작지관리자대장의 사본을 경찰서와 경찰관주재소, 읍면에도 각각 1부씩 비치하도록 하고, 소작지관리자(마름)의 설치 혹은 변경이 있을 경우에는 신고서 제출의 유무, 기타 인물, 性行 혹은 관리행위에 대한 주의 등으로 이들에 대한 감시 단속을 철저히 하고 있었다. 관리자 중 행동에 특히 주의를 필요로 하는 경우에는 경고하여 개선을 요구하거나 관리자의 변경을 명령하였다.[150] 식민지권력은 이상과 같은 방

　　　소작관리가 부적당하다고 판정될 때는 이들을 교체하도록 지주에게 명령할 수 있었다.
149) "현재의 부락 농촌진흥회는 지금 이상으로 실력 즉 권위를 갖게 하여 진흥회의 입안, 지위에 농민이 충심으로 설복 실행하도록 할 방안"으로, "현재의 舍音을 철폐하고 그 당해 부락의 소작지에 대한 舍音 사무를 진흥회에서 감리하고, 면장 감시 아래 이를 운영할 때, 종래와 같은 마름의 폐해는 배제된다"고 했다(李明馥, 1934.1,「當局に對する農村振興施設に關する意見並に希望」『朝鮮農會報』, 94쪽).
150) 法務課 民事係, 1938,『第4回各道小作官會同關係書類』(법무 No.241),

법으로 소작지관리자에 대한 단속을 강화하는 한편, 소작문제를 용이하게 해결하고 소작인의 집단 행동을 미연에 방지하기 위해, 소작문제를 농촌진흥조합(전남의 농촌진흥회 명칭)을 통해, '자치적 협동적'으로 '전면적'으로 해결시키려고 했다. 즉 첫째, 농촌진흥조합의 간부는 필요한 경우 소작인을 대표하여 소작조건의 유지 개선에 노력하고 당면한 분쟁에 대해서는 거중조정을 할 것, 둘째, 소작인은 소작료의 납입, 기타 소작인으로서 의무 이행을 충실히 하여 지주의 이익을 충분히 존중할 것, 셋째, 소작지를 알선하는 등 경작지겸병의 폐단을 교정할 것, 넷째, 농촌진흥조합의 대표자에게 소작지 관리사무를 위촉시켜 지주 소작인의 협조를 도모할 것 등이 제시되었다.151) 식민지권력은 농민운동의 주된 원인의 하나이면서 개별적으로 해결하기 어려운 소작권 문제를 촌락에서 농촌진흥조합이 중심이 되어 해결하도록 시도했다. 그리고 지주에게는 소작지의 관리는 구장·실행조합장 등 동리의 지도자에게 맡기도록 종용하고 있었다.152)

한편 충남에서는 농지령이 처음으로 적용되어 3년의 소작기간이 완료되는 시기(1937년말 1938년 초)를 앞두고 대책을 강구하였다. 도 당국은 1937년 8월 일제히 각 농가에 대해 소작계약의 내용을 조사하여 그 기한과 관련된 내용을 분명히 하고 동시에 군농회를 통해 그에 관한 주의사항을 인쇄 배부시키는 한편 지주·마름의 회합을 개최하였다. 특히 "소작인측에 대해서는 진흥회·공려

1041~1042쪽.
151) 法務局 民事係, 1935,『第3回道小作官會同諮問事項答申書』(법무 No. 142), 714~715쪽.
152) 法務課 民事係,『第4回各道小作官會同關係書類』, 1043쪽. 경기도 가평군에서는 마름을 폐지하고 토지 일부를 시험적으로 농촌진흥회에 위탁하는 사례도 등장했다(『조선중앙일보』1934년 3월 13일「舍音制度廢止」).

조합의 월례회 및 경찰의 동리좌담회 등을 이용하여 지주 소작인 양자의 자각을 촉구하여 사전에 대책을 강구한 결과", 특히 지주들이 소작인을 정리하거나 혹은 소작인이 단체적 행동을 취하는 것 없이 대개 평온하게 경과하였다고 한다.153) 진흥회와 같은 관제조직이 소작문제를 조정하여 소작쟁의 방지에 일정한 역할을 하고 있었음을 알 수 있다.

강원도에서는 각지에서 조직된 농사개량단체들로 하여금 공동 사업을 실시하여 상당한 단체적 훈련을 경험하게 한 결과, 대지주와 농장 등에서 부당한 요구를 하는 경우 혹은 현행 소작관계에 불만이 있는 경우에는 바로 단결하여 이에 대항하려는 분위기가 '양성'되어 있었다고 한다. 구체적으로 한 지방에서 지주의 소작료인상에 소작인이 "부락마다 단결하여 지주에 대항하여 인상을 반대하여 목하 소작조정 신청 중"이라고 하였다.154) 농촌진흥회는 관의 의도대로 농민들의 요구를 흡수하고, 촌락 내 농민들의 협동·자치성에 기초한 단결력으로 지주의 부당한 요구에 공동으로 대처하고 있었다.

대부분 열악한 경영을 하던 소작인은 소작권을 잃을 경우, 다시 이를 획득하는 것이 곤란하다고 우려하여 지주에게 정면 대결하는 것을 자제했지만, 일부에서는 "법의 보호를 과신하여 고의로 지주에게 반항적인 태도"를 보일 정도로 농지령은 농민들의 체제내화를 이끌어내는 데 부분적으로 기능하고 있었다. 강원도에서 보듯이 진흥회는 식민지권력이 의도했던 '자치적' '공동적'인 단결성을 바탕으로 농민들의 체제내화를 유도하면서, 행정보조기구로서의 실체를 드러냈다. 농촌진흥회와 같은 관제조직과 회장 및 구장들

---

153) 法務課 民事係, 『第4回各道小作官會同關係書類』, 1016쪽.
154) 法務課 民事係, 『第4回各道小作官會同關係書類』, 1165쪽.

제2장 농촌진흥운동과 농촌통제정책(1932.11~1940.10)   127

이 소작권과 소작지의 관리에 관여하는 현상이 일정하게 나타나고 있었고, 농촌진흥회(장)은 그 권한으로 농민들을 통제하고 있었기 때문에 소작쟁의 발생을 사전에 방지하는 효과도 거두고 있었다. 물론 이런 현상을 일반화할 수는 없다. 그러나 이런 사실을 종합해 볼 때, 종래 연구에서 촌락 구성원(구장과 촌락유지)이 소작쟁의의 조정에 관여하는 비율이 극히 저조하여, 일본과 달리 행정이 거의 독점하고 있었다고 하는 견해는[155] 사실과 다르다고 할 수 있을 것이다. 농촌진흥회(장)은 쟁의 자체가 발생하지 않도록 사전에 통제력을 행사하고 있었다.

이와 같이 구래의 촌락질서의 자치성은 식민지통치 아래 조선농민의 생활을 지탱해주는 한 방편이었고, 다른 한편으로는 일제의 식민지통치의 유용한 기제였다. 식민지권력과 촌락의 자율성은 대립적 혹은 협력적 형태로 접합하고 있었다. 농진운동이 부분적으로 농민통제에 기능을 발휘하여 농민운동을 약화시키는 데 기능을 발휘하자, 법무국 등의 관계기관에서는 농진운동을 강화할 것을 주장하기도 했다. 농진운동은 사상선도공작 뿐 아니라 농민들의 경제적 요구의 일정 부분을 수용하여 체제저항세력의 농민포섭에 대한 대응책으로 필요하다는 것이다.[156]

2) 농촌진흥회와 적색농민조합운동

농민운동은 1930년대 초반 농가의 경영파탄에 근거하여 그 동안 축적한 주체적 역량을 바탕으로 농업문제의 근본 해결을 주장하면서 적색농민조합운동으로 발전하고 있었다. 1930년대 적색농조운

---

155) 松本武祝, 1991,「植民地期朝鮮の農業政策と村落」『朝鮮史研究會論文集』29, 105쪽.
156) 法務局 民事係, 1937,『諸會議關係書類』(법무 No.86-247), 257·295쪽.

동이 전개된 지역은 전국 220개 郡・島 가운데 80개 지역이었고, 도별 분포 비율(운동이 일어났던 군도의 수/도내 군도의 수)을 보면 함남 81・함북 46・경북 44・전남 41・전북 36・경남 32・강원 29・충남 14・경기 10・충북 10・평북 0・황해 0・평남 0% 등이었다. 적색농조운동이 가장 활발하게 전개된 지역은 함남・함북・강원 등 북부 지방이었다.157)

적색농조운동은 함경도에서 가장 지속적이고 격렬한 형태로 전개되었다. 그 원인의 하나로 급속한 농민층분해를 들 수 있다. 함경도는 전국적으로 지주소작관계가 가장 약한 곳이었으나 식민지 농업정책을 확대하자 기존 농업관계에 변화가 생기고, 농업공황의 여파로 소작농을 포함한 광범위한 빈농층이 형성되었다.158) 함북의 경우 1928~1930년 사이에 자작농은 63.7→59.6→52%로 크게 줄고 있었고, 소작농은 같은 기간 5,608→7,567→13,317호, 7.8→10.3→16.7%로 늘었다.159) 이러한 함북 지방의 농민층의 몰락 양상은 농민운동의 주체적인 조건을 이루고 있었다.

함북 명천에서는 1934년 명천좌익이 결성된 이래 1936년 6월 재건된 3차 적색농조는 종래의 경제투쟁과 더불어 정치투쟁・무력투쟁을 동반하고 있었다. 이러한 명천농조의 활동에 대해 일제는 물리적 이데올로기적 탄압을 집중적으로 가했다. 함경북도는 농민통제의 수단으로 1932년 향약을 조직하여 활용했을 뿐 아니라, 농촌진흥회의 설치와 함께 1936년 12월 이후 명천・길주・성진에 대한 '思想淨化工作'을 강행하였다. 사상정화공작은 정화위원회와 자위단을 구성하여 지방유력자를 포섭하고, 또 미체포자의 검거

---

157) 지수걸, 『일제하 농민조합운동 연구』, 397쪽.
158) 이준식, 1989, 「1930년대 초 함경도지방의 무장투쟁」『역사비평』봄호, 162~163쪽.
159) 함경북도, 1937, 『農務統計』, 8~9쪽.

혹은 '불온한 행동'의 재발을 미연에 방지하는 데 기능을 발휘하고 있었다.[160]

다음에서는 일제가 '조선 좌경운동의 근원지' '사상적 특수지대'로 규정하고 있던 이 지역에서 전개된 농진운동의 시설의 상황을 살펴보자.

<표 2-6>에 나타난 함북의 농진운동과 관련한 시설의 수치를 통해 다음을 알 수 있다. 첫째, 함북의 촌락은 구동리 1,476개(1928년조사), '자연부락'(촌락) 1,092개(농진운동 초기 통계)인데, 표에 따르면 1,443개이다. 이 1443개는 구동리와 거의 일치하여 함북의 농촌진흥회의 구역은 구동리를 기준으로 설치된 것으로 보인다. 이는 북부지방의 식민지개발이 남부지방보다 서서히 전개되어 말단사회의 변화가 상대적으로 적었기 때문이라고 생각한다. 1,443개와 1,476개의 차이 33개는 구동리 아래 하위 촌락을 통합 조정한데 따른 것으로 보인다.

둘째, 농촌진흥회 1,407개가 1,443개 촌락에 설치되어, 전체 촌락의 97.5% 즉 거의 전 구역이 농촌진흥회의 통제망에 포섭되었다. 함북의 농촌진흥회 설치율은 전국 82%보다 15% 정도 높았다. 또 진흥회에 포섭된 농가는 약 98.5%(71,304/72,406)로 거의 전부였다. 이는 함북이 적색농조 등을 비롯한 사상운동지대였기 때문에 관제조직이 집중적으로 배치된 결과로 보인다.

셋째, 농촌만의 갱생지도 대상 촌락(갱생지도부락+갱생공려부락)은 1,320개 촌락 중에서 772개로, 전체 촌락의 약 59%를 차지하였다. 당시 전국의 갱생지도부락은 1939년 4월 1일 현재 32,977개(갱생지도+갱생공려부락)로 전체 73,507개의 약 45%에 해당하였다.[161]

---

[160] 지수걸, 「함북 명천지역의 적색 농민조합운동(1934-37년)」 『일제하 사회주의운동사』, 410~412쪽.

130 제1부 일제의 농촌통제정책의 시기별 전개 과정

함북은 전국 평균보다 대략 10% 정도 많은 갱생지도부락을 설치하였다. 이 점도 둘째 사항과 마찬가지로 함북 지역의 특성이 반영된 것이다. 그러나 갱생지도 대상 농가의 비율은 약 20%(14,376/72,406)로 전국 갱생지도 대상 농가의 비율 약 23%(갱생지도농가 687,733/[162]) 전체 농가 302만 3100호)[163]에 비해 약 3%가 낮다. 이는 남부지역은 1930년대 이전부터 관제조직의 통제를 받아온 것에 반해, 함북은 이보다 뒤늦게 농민통제의 수단을 설치했기 때문이다.

여기서 함북의 농민통제 수단은 1930년대 초기 농민층 몰락을 물적 기반으로 한 적색농조의 발전 가능성을 방지하기 위해, 먼저 촌락 단위 통제망을 구축하는데 중점을 두었다고 생각한다. 함북은 먼저 촌락의 통제망을 구축한 뒤, 개별 농가를 갱생지도계획으로 장악해갔기 때문에, 갱생지도 대상농가가 전국의 수치보다 적게 나타나고 있었던 것이다. 그러나 함북이 전국 수치보다 갱생지도 대상 농가가 적다고 해서, 함북의 개별 농가에 대한 장악력이 낮다고 속단할 수 없다. 함북은 산간지대이고 농민들의 이동성이 높기 때문에, 개별 농가에 대한 통제보다 집단적인 통제에 주력했던 것이다. 뒤에서 보듯이 함북의 금융조합이 조합원 5인조의 연대보증조보다 '부락연대보증조'에 치중하였던 사실은 이와 연결된다. 따라서 이상을 종합해 보면, 함북 지방의 농진운동 관계 시설은 전국적인 시설에 비해 농밀하게 구축되고 있었음을 알 수 있다.

---

161) 1940년 3월까지는 56%였다. 103쪽 참조.
162) 조선총독부, 『朝鮮に於ける農村振興運動の實施槪況と其の實績』, 35쪽.
163) 朝鮮銀行調査部, 1944, 『朝鮮農業統計圖表』, 13쪽. 전국적으로 更生指導農家는 230만호를 대상으로 하지만, 함북의 경우 도내 전체 농가의 수치를 사용하였기 때문에, 전국 농가 전체의 수치를 사용했다.

제2장 농촌진흥운동과 농촌통제정책(1932.11～1940.10) 131

〈표 2-6〉 함북 농촌진흥회와 갱생지도부락·갱생지도농가의 상황

	농촌촌락(어촌)	농촌진흥회		갱생지도 대상 부락			농가	갱생지도 대상 농가		
		회	회원	갱생지도부락	공려부락	소계		갱생지도농가	공려농가	소계
나진	(4)									
경성	152 (15)	190	10,716	65	12	77		636	529	1,165
명천	220 (43)	228	15,213	94	20	114		1,111	1,069	2,180
길주	85 (2)	173	9,625	48	13	62		633	519	3,332
성진	133 (27)	148	8,715	58	12	70		813	956	1,769
부령	88 (20)	78	4,527	46	16	62		508	801	1,309
무산	181	143	5,319	81	18	99		615	661	1,276
회령	110	101	2,688	51	15	66		685	411	1,096
종성	99	134	3,728	47	12	59		644	437	1,081
온성	99	40	3,164	49	12	61		654	419	1,073
경원	82	84	3,831	43	12	55		601	599	1,200
경흥	71 (12)	88	3,778	31	11	42		484	592	1,076
합계 소계	1,320 (123)	1,407	71,304	619	153	772	72,406	7,384	6,992	14,376
합계 전체	1,443									

자료: 함경북도, 1939, 『農村振興關係圖解統計』.
비고: 1939년 12월 현재 관련 수치를 재정리하여 작성함.

다음에서 연도별 농촌진흥회와 갱생부락의 설치 양상을 살펴보고자 한다.

<표 2-7>을 보면 갱생지도부락과 갱생지도농가의 설치는 1936년을 경계로 빠르게 전개되었다. 1936년은 1935년부터 시작된 갱생지도부락확충계획의 실시 2년째란 의미보다 '사상정화공작'이 실시된 해이다. 함북지방은 1936년에 '사상정화공작'과 함께 농진

운동을 확대 실시하였다. 즉 함북 농민에 대한 일제의 지배통제가 확대되는 가운데 3차 적색농조는 1937년 9월부터 지하로 잠복했다. 함북의 농민들은 농민층 하강분해가 빠른 속도로 전개되는 가운데, 관제조직과 갱생계획에 일정하게 편입되었는데 이런 사실은 적색농조의 물적 기반의 약화에 영향을 주었던 것이다.

〈표 2-7〉 갱생지도부락 · 갱생지도농가의 설치 상황

	갱생지도부락(공려부락)		갱생지도농가(공려농가)	
	부락 수	지 수	농가 수	지 수
1933	78	100	?	
1934	75	96	?	
1935	75	96	783	100
1936	117	150	1,505	192
1937	132	169	1,571	201
1938	145(72)	186	1,716(3,499)	219
1939	150(81)	192	1,809(3,493)	231
합계	772(153)	-	7,384(6,992)	-

자료 : 함경북도, 『農村振興關係圖解統計』.

〈표 2-8〉 사상범죄의 종류와 추이

	共産	赤勞	赤農	外諜	民族	기타	계
1934	28	6	20	1	111	17	183
1935	24	10	21	7	94	16	172
1936	28	6	20	8	101	4	167
1937	21	3	12	11	73	14	134
1938	35	2	10	15	69	14	145
1939	15	·	13	3	36	7	74
1940	22	4	10	11	61	3	111
1941	10	2	8	25	155	57	257

자료: 警務局 警務課, 1942, 『人事關係雜書類綴』(경무 No.146) 240쪽.
비고: 수치는 누년.

1930년대 농진운동은 적색농조를 비롯한 조선의 민족운동에 일

정하게 영향을 주었음을 <표 2-8>를 통해 확인할 수 있다. 이 '사상범죄'의 통계는 누년치인데, 1934년 현재 183개는 농진운동의 전개와 함께 계속 감소하고 있다. 1937년 중일전쟁이 발발하던 해는 전쟁의 충격이 가세하여 사상범은 전년에 비해 33건 즉 약 20%나 감소하였다. 그러나 1938년 이후 전쟁의 장기화는 운동세력들에게 절호의 기회로 인식되어 여러 방면에서 민족운동이 시도되면서, 다시 사상범이 증가하기 시작했다. 이러한 전반적인 추세 아래 적색농조는 농진운동이 전개됨에 따라 계속 감소하고 있었다. 다른 사상운동세력보다 '적색농민조합'은 농민에 토대를 두었는데, 농민들이 지속적으로 농촌진흥회에 편입되는 가운데 활동 기반이 약화되고 감소되었기 때문이다. 이로써 농진운동은 각종 농민통제 수단을 구사하면서 일정하게 농민운동을 약화·봉쇄시켰음을 알 수 있다.

2. 금융조합의 농촌통제와 농민운동

 금융조합은 1장에서 보았듯이 단지 경제활동만 하는 것이 아니라 기본적으로 조합원의 '정신교화'를 중시하였다. 조선인에 대한 정신통제는 "국가의 요청에 응하는 까닭"임과 동시에 국책기관으로서 "금융조합운동의 진전에 기여"하였다고 한다.[164] 금조는 각종 사업을 통해 경제와 도덕이 일체된 '사회협동체의 이념' 즉 전체를 위한 조합원 자신의 희생·복종심 등을 주입시켰다. 이러한 이념의 세뇌공작은 조선민중의 체제 저항의식을 봉쇄 압살하는 데

---

164) 富永文一, 1944.1,「皇道精神を作興して大業を扶翼し奉らん」『金融組合』181, 5쪽.

중요한 기능을 발휘했다. 금조는 경제공황의 영향으로 정체에 빠진 경영개선책의 일환으로 또 본래의 식민지정책 수행기관으로서 역할을 담당하기 위해 농진운동에 참여하였다. 농진운동의 전개 확충과정에서 금조는 사업망과 조직망을 확대할 수 있었다.

금조의 농민통제는 대체로 다수 농민을 조합원으로 포섭하는 과정과 포섭한 농민들의 생활 전체를 금조의 사업에 긴박하는 과정으로 나눌 수 있다. 다음에서는 금조의 농민에 대한 지배력이 관철되는 과정을 알아보고, 이러한 금조의 농민통제가 농민운동을 비롯한 사상운동을 일정하게 제약하였음을 알아보려고 한다. 나아가 금조의 활동이 식민지지배체제를 말단에까지 부식하는데 첨병 역할을 하였음도 살펴보려고 한다.

1) 금융조합의 농민포섭[165]

공황기 농촌경제의 파탄은 금조의 경영에도 영향을 미쳐, 대부자금의 고정과 연체금·손실금의 증가를 초래하였다. 금융조합의 채무를 갚지 못하고 저당물이 압류된 상황은, 촌락 금융조합의 경우 1930년 355,181원에서 1932년 709,516원으로 거의 100% 증가하였고, 조합탈퇴자도 늘었다. 탈퇴자는 채무를 상환할 수 없어 금조

---

[165] 금조는 1920년대까지 지주·자작농·자소작농 상층을 중심으로 운영해 오던 경영 방식을 바꾸어, 1929년 제1회 중앙대회를 계기로 하층농민에까지 그 활동의 범위를 확대하기 시작하였다. 금조는 조직망과 사업망을 확대하기 위해 여러 장치를 갖추면서 적극적으로 하층농민을 조합원으로 흡수하는데, 이런 현상을 두고 당시 자료에서는 組合員下降運動·組合員增容運動이라고 하였다. 금조의 지배력을 확대하기 위한 정지 작업으로 하층민을 조합원으로 흡수하는 과정을, 본 연구에서는 금조의 농민에 대한 통제력을 부각시키기 위해 '농민포섭(운동)'이란 용어를 사용하였다.

제2장 농촌진흥운동과 농촌통제정책(1932.11~1940.10)　135

에서 제명된 자, 금조가 채권보존을 위해 설정한 연대보증이 두려워 조합을 탈퇴하는 자, 도항으로 인한 탈퇴자 등인데, 1930년 50,246명에서 1931년 55,803명으로 증가하였다. 이러한 현상은 금조의 순익금을 감소시켜, 1929년 1,049→1930년 605→1931년 839원으로 나타났다.[166] 이와 함께 농산물가격의 폭락과 토지가격의 하락에 따른 담보의 불확실성은 신규 대출을 극히 유보시켜,[167] 종래 지주·자작농 등 중농이상자 중심의 제한된 형태로 자금을 운용하던 금조의 경영은 한계에 봉착했다.

　금조는 조합의 기반을 넓히고 또 총독부정책에 순응하기 위해, 소농을 포함한 전체 농가를 조합망으로 포섭해야 할 필요성에 직면했다. 금조는 두 가지 문제를 해결하기 위해 농진운동에 적극적으로 참여하였고, 그 해결책의 하나가 소위 조합원하강운동 즉 농민포섭운동이었다.

　금융조합은 1929년 10월 제1회 중앙대회에서 조합원 '3割包容'을 결의한 후, 1933년부터 1937년까지 5개년간 '5割包容運動'을 표방하며 농민들을 포섭해 갔다.[168] 금조의 농민포섭은 농진운동의 전개와 함께 지도부락을 중심으로 전개되었고, 1935년부터 시작되는 갱생지도부락의 확충과정은 금조의 농민포섭운동을 촉진하는 한 계기가 되었다. 1932년 조합원 831,018명은 1933년 1,003,648→1934년 1,178,538→1935년 1,363,417→1936년 1,563,391명으로 증가하였다. 1933년을 100으로 하여, 82.7→100→117.4→135.8→155.7[169]로 1935년을 전후하여 뚜렷한 증가 추세를 보이고 있었다.

---

166) 文定昌,『朝鮮農村團體史』, 213~215쪽.
167) 대부금은 1931년부터 부진한 상태에 있었다.
168) 금조의 농민포섭운동은 1938~1942년까지 80% 포용, 1943년 이후 '全戶包容'을 내걸고 계속 진행되었다.
169) 朝鮮金融組合聯合會, 1944,『朝鮮金融組合聯合會10年史』부록, 53쪽.

금조는 농촌에 대한 지배력을 확대하기 위해 촌락에 세포조직을 깔아 왔는데, 이런 촌락조직은 1927년을 전후하여 실시된 모범부락을 중심으로 촉진되었다. 1930년대 갱생지도부락의 설치에 대응하여 금조의 촌락 통제는 ① 금조 자체의 지도부락 혹은 모범부락으로 경영되는 촌락 ② 농진운동의 갱생지도부락을 맡아 단독 지도하는 촌락 ③ 갱생부락을 각 기관이 종합적으로 지도할 때, 이에 참가 협력하는 종합갱생지도부락 등 3가지 종류가 있었다.

〈표 2-9〉 갱생지도부락과 금융조합의 통제 촌락

	갱생지도부락		금융조합의 통제 아래 있는 촌락					
	수치	누계 (a)	갱생지도부락		累計(b)	금조자체 지도부락	합계 (누계)	(b/a) (%)
			종합부락	단독부락				
1933	1,950							
1934	2,944	4,894						
1935	3,612	8,506						
1936	5,793	14,299	9,502	563	10,065	674	10,739	70.3
1937	5,834	20,133	11,868	638	12,506	1,430	13,936	62.1
1938	6,370	26,503	17,744	830	18,574	552	19,126	70.0
합계	26,503							

자료: 조선금융조합연합회, 1939, 『金融組合の部落的指導施設』, 3~4쪽 ;
조선총독부, 1938, 『農漁家更生計劃の實施槪要』, 20~22쪽.

<표 2-9>에서 보듯이 금조는 갱생지도부락 중 약 60~70%를 자신의 통제망에 두고 있었다. 금조는 단독 지도부락만으로는 그 영향력을 확대하는 데 한계가 있었다. 대신 면·경찰·학교 등과 같은 일선기관과 함께 참여하는 종합지도부락에 관여하여 조합망을 쉽게 확대할 수 있었다.[170] 금조는 갱생계획 중 부채정리사업을 전적으로 맡았기 때문에 부채정리사업으로 갱생지도부락을 통제

---

[170] 八尋生男, 1934.11, 「農家更生五年計劃の實施と金融組合事業との關係」 『金融組合』 74, 57·60쪽.

할 수 있었다. 금조는 갱생지도부락의 농가별 갱생계획에 기초하여 주로 자금운용을 중심으로 전체 지도부락과 농가를 금융적으로 장악해 갔다.171)

한편 금조는 위에서 본 바와 같은 갱생지도부락이나 자체적 지도부락 이외, 구역 내 농촌진흥회의 설치에 직간접적으로 참여하여, 농촌진흥회를 통해 해당 촌락에 대한 영향력을 행사하고 있었다. 따라서 금조는 농진운동으로 농촌사회에 대한 통제정책이 강화되면 될수록 이와 병행하여 자체의 지배력을 확대했고, 금조 자체의 지배력의 확장이 곧 식민지권력의 외연적 확장이었다.

금조는 이처럼 촌락에 대한 장악과 함께 농민을 조합원으로 포섭해갔다. 금조는 지도부락에 거주하는 농가는 특별한 사정이 없는 한 전부 금조에 가입시킨다는 방침 아래,172) 여러 가지 농민 포섭수단을 강구하였다. 금조는 농촌진흥회와 유기적 관계 아래 농촌진흥회를 단위로 집단적으로 조합원을 가입시키기도 했다. 경기도의 금조는 농촌진흥회를 통해 금조를 선전하면서, 殖産契長·總代·評議員을 동원하여 농촌진흥회 구역을 적당히 분할하여 구역 내 거주 농가의 7할 수용을 목표로 농민들을 포섭하려고 했다.173) 구역 내 '7할 수용'은 대체로 최하층 농가를 제외하고 거의 모든 농가를 포섭한 상태이다. 이외 금조의 조합원포섭운동은 勤農共濟組合員의 흡수 혹은 相互連帶保證組의 활용 등 여러 가지 수단을 동원하고 있었다.174)

---

171) 조선금융조합연합회경기도지부, 1935, 『京畿道金融組合關係例規』, 421쪽.
172) 조선금융조합연합회경기도지부, 『京畿道金融組合關係例規』, 419쪽.
173) 조선금융조합연합회경기도지부, 『京畿道金融組合關係例規』, 50~51쪽.
174) 금융조합이 조합원을 확대하기 위해 전개한 구체적인 농민포섭과정은 추후 살펴볼 예정이다.

부채정리사업은 당시 고리부채의 심각성을 반영하여 相互連帶保證組 혹은 촌락 단위로 농민들을 포섭하는 데 중요한 정책이었다. 부채정리사업의 내용 중에는 금조의 저리자금으로 고리대를 대체시키는 것 뿐만 아니라 단지 고리대의 대부조건을 완화시켜 주는 경우도 있었다.[175] 이 점은 농민들로 하여금 금조의 조직망에 편입을 자극하는 유인이 될 수 있었다. 부채정리사업은 농가의 영농·생계 전반에 대한 郡面과 金組의 지배력을 확대하는 데 주된 농민통제수단이었다. 정리자금을 반제하기 위해 농가는 농작물과 부업 생산물을 금조가 주도하는 공동판매에 부쳐야 했다.[176]

2) 금융조합의 농민통제와 농민운동

이제까지 군면의 농민통제의 주된 통로의 하나가 소작권 내지 소작관계에 대한 개입이었음을 살펴보았다. 다음에서는 먼저 이같은 맥락에서 금조가 소작문제를 통해 농민에 대한 지배력을 확대할 수 있는 가능성을 알아보고, 금조의 활동과 농민운동과의 관련성을 검토하고자 한다.

금조가 주도하는 부채정리사업은 농민포섭의 수단이면서 농민에 대한 관·금조의 통제력을 확대시킬 수 있는 정책이었다. 농진운동 초기 갱생지도부락이 1개 면에 1~2개 설치될 때에는 부채정리사업은 일부 농가에 해당되었다. 즉 금조원 중 농촌에서 모범인물이 될 수 있는 소질을 가진 자로서 부채정리를 필요로 하는 자를 대상으로, 다른 산업기관과 함께 집중적으로 지도하여 '농촌진흥의 선구자'로 활약하도록 한다는 방침이었다. 금조는 자작농창정

---

175) 조선금융조합연합회경기도지부,『경기도금융조합관계예규』, 410쪽.
176) 조선금융조합연합회경기도지부,『경기도금융조합관계예규』, 409~413·432쪽.

자와 함께 부채정리대상자를 금조사업의 협력자이자 농진운동의 선전자·실천자로 역할을 하도록 공작했다.177) 농진운동이 확대되면서 부채정리사업의 대상자 역시 하층 농민으로까지 확장되었다.

한편 당시 농가 호수의 약 50% 이상이 영세한 소작농인 현실에서 소작권의 관리는 앞에서도 보았듯이 농민들을 통제하는 중요한 수단이었다. 1930년대 전북은 전체 농업자의 70% 이상이 소작농이었고, 이들은 소작권의 빈번한 이동으로 매우 불안정한 생활을 하고 있었다. 1933년 전북에서는 지주에서 소작농으로 전락한 자 57명, 자작농에서 소작농으로 전락한 자 661명, 자소작농에서 소작농으로 전락한 자 7,330명, 소작농으로 소작지를 상실한 자 16,000명에 이르고 있었다. 이런 상황에서 금조는 대지주와 연락하면서 소작권의 유지 획득에 관여하고 있었다. 그리고 지주가 소작인에게 農糧 혹은 비료자금을 대부할 때에는 미리 금조와 연락 협의하거나, 금조가 소작농에게 비료자금을 대부할 경우 소작인이 조합원일 경우에는 소속 지주에게 자금대부의 보증을 서도록 협정하고 있었다.178) 금조는 지주와 협력관계를 유지하면서 소작권을 매개로 농민들을 통제하고 있었다. 강원도에서는 농지령이 시행되기 이전에 금조가 小作人調整組合을 조직하여 최소 소작기간 5년, 소작료 4할을 실행한 적이 있었다.179) 그리고 조합원이 소작하고 있던 토지가 매각될 때, 금조는 해당 조합원에게 자금을 대부하고 지주에게 소작지 매수의 우선권을 기존 소작인에게 주도록 알선하기도 했다.180)

금조가 이렇게 소작권에 관여하는 이유는 소작권이 일반 농민의

---

177) 忠淸北道, 1934, 『本道金融組合ノ概況』, 19쪽.
178) 조선금융조합연합회, 『各道金融組合の指導施設』, 55·65·71쪽.
179) 조선금융조합연합회, 조사과 편, 『金融組合年鑑(1934년판)』, 207쪽.
180) 조선금융조합연합회, 『名道金融組合の指導施設』, 158쪽.

생존권과 직결될 정도로 중요했기 때문에 소작권을 통해 농민을 통제하려는 의도와 농진운동과 관련하여 금조가 담당하고 있던 부채정리자금을 안정적으로 회수하기 위해서도 소작권의 안정이 전제 조건이었기 때문이었다. 당시 실제로 금조가 대부한 자금이 결손 처분되는 경우는 흉작 등을 제외하고 소작권의 이동관계에 기인하는 것도 상당수를 차지하고 있었다.181)

금조가 농민들의 소작권에 직간접적으로 개입하는 경로는 지주와 연락하여 소작권에 직접 영향력을 행사하거나 마름을 통제하는 경우이다. 금조는 마름에 대한 변경을 요구할 수 있는 府郡島 小作委員會의 위원이었고, 또 자체적으로 마름좌담회를 개최하여 마름을 통해 농민통제와 조합사업의 확장을 획책했다. 즉 첫째, 금조는 마름에게 소작인의 선도와 조합사업에 관한 협조 세목을 제시하고, 마름은 금조와 조합원 사이에서 중간 연락을 맡도록 하였다. 마름은 자신이 관리하는 소작인으로 금조에 가입하지 않은 자에게 조합 가입을 알선하고, 소작인의 영농상황을 금조에 통보해야 하고, 소작권을 이동하려고 할 때는 조합에게 사전에 알리고 협의해야 했다. 둘째, 금조는 조합원인 소작인이 소작지를 매수하려고 할 때, 마름에게 특별한 경우를 제외하고 이들 조합원에게 우선권을 주도록 했다. 당시 농민들 중에는 금융조합을 관설 대금기관 정도로 인식하여 금융조합에 가입을 꺼리기도 했으나, 금조의 상대적인 저금리는 부채에 시달리고 있던 농민들의 금조 편입을 유인하는 중요한 조건 중의 하나였다.182) 이러한 금조의 자금대부와 소작

---

181) 忠淸北道, 『本道金融組合ノ槪況』, 16~17쪽.
182) 당시 충북의 농촌 부채는 연간 중요 농산물 생산액 2,594만원과 비슷한 2,400만원이었다. 부채 2,400만원 중 고리부채는 600만원 이상이었고, 그 이자는 1년에 300만원이었다. 생산물 판매수입 913만원의 약 30% 이상이 고리채의 이자로 지출되고 있는 셈이다. 이 고리대금의

권에 대한 조정력 등은 농민을 조합의 통제망에 편입시키는 데 핵심 사항이었다. 또한 먼저 금조에 편입된 농민은 다른 비조합원의 포섭과 나아가 식민지 정책을 선전하는 데 첨병과 같은 역할을 하였다.183)

한편 금조의 물적·정신적 통제력은 단지 조합원뿐만 아니라 조합원의 가족에까지 미쳤기 때문에, 조합원 포섭 과정은 조합원의 가족 즉 부인과 청년들을 통제하기 위한 포석이기도 했다. 가족 전체의 포섭이 금조사업의 관철 즉 식민지지배력의 침투를 용이하게 만들기 때문에, 금조는 '부락간담회'와 같은 모임을 통해 조합원과 그 가족을 소집해 놓고 사상과 생산활동을 통제하였다. 경상남도에서는 금조 안에 家庭相談部를 설치하고, "경제 관계를 기조로 일체 가정상담"을 하였다. 조합의 이사와 부이사는 특정한 조합원을 상대로 상담의 효과를 높일 수 있는 구체적인 사례를 집중적으로 관리하여 성과를 거둔 뒤, 조합원의 상담소 이용을 확산시키려고 하였다.184) 이러한 가정상담부는 다른 지역의 조합에서도 운영되고 있었으며,185) 이같이 조합원의 생활 전반이 조합의 규제 아래

　　금리는 연 3할6분~6할, 평균 4할8분인 현실 앞에(충청북도, 『本道金融組合ノ槪況』, 3쪽), 연 1할 5푼 내외의 금조의 자금은 농민들의 조합가입을 유인하는 한 조건이었다.
183) 금융조합은 등장 이래 관변단체로서 행정기관의 정책을 대행하였고, 조합원을 통해 얻은 결과를 다른 지역으로 확대해 가는 역할을 수행하고 있었다(조선총독부, 1912, 『民政事績一班』, 94~99쪽).
184) 慶尙南道, 1936, 『農山漁村振興指導要綱』, 192~193쪽.
185) 황해도 紅峴金組에서는 組合員相談部를 두고, 조합장을 부장, 관공서의 長 기타 유지를 고문으로, 이사를 간사로 참여시키고 있었다. 상담부는 조합원 대 관공서의 관계를 중개, 소작쟁의의 조정, 개인 사이의 대차관계의 절충, 가사 전반에 대한 상담 등 모든 방면에 걸쳐 組合員과 접촉하여 조합원으로 하여금 "조합에 친밀감과 신뢰를 갖도록" 즉 관의 정책에 순응하도록 공작하고 있었다(張聲鎭, 1936.6, 「我が組合

놓여 있었다.

조합원 이외 각 가정의 구성원을 직접 파악하기 위해 금조는 산하에 부인회186)와 청년회 등을 설치하고 있었다. 1935년 이후 설치되는 금조 산하의 촌락조직인 殖產契는 조합원 이외에 조합원이 되기에 영세한 일반 농민도 계원으로 가입시키고 있었다. 금조는 식산계의 확충과정을 통해 거의 전체 농가를 포섭할 수 있었다.187) 이러한 식산계는 공동판매와 공동구입 사업을 중심으로 촌락경제의 중심 단체로 발전하면서 농촌진흥회(뒤에는 부락연맹)와 상호 보완의 관계에서 농민과 촌락을 통제하고 있었다. 식산계는 다른 농촌 단체와 마찬가지로 표면적으로는 경제단체였지만 경제활동 이외에도 농민들의 정신을 간섭하였다. 이러한 식산계의 준비단체로 평가되는 경기도의 養牛殖產契(準殖產契)에는 "계원의 자녀인 청년이 식산계 이외 다른 단체를 조직하는 것은, 사상단체로 전향하는 등의 우려가 있어 고려할 필요가 있으므로, 청년단체를 조직

の組合員指導施設」『금융조합』 93, 108쪽).
186) 금융조합 산하 부인회는 부인의 貯金會에서 출발하여, 1920년대 중반 이후 생산사업(공동경작 등 야외노동)·생활개선운동(야학회·미신타파·색복장려 등)을 전개하면서 조합사업을 위한 別動隊로서 활약하고 있었다. 농진운동의 전개와 함께 농촌 부인의 조직은 확대되었고, 농진운동의 확충에 대응하여 조선금융조합연합회는 1935년 11월 조합부인회규약안을 작성하여 각 조합에게 부인회의 활동을 촉진하도록 지령을 내렸다. 금조 부인회의 확충과정은 1935년 2월 현재 1,389개, 39,400명→1936년 3월말 3,940개, 118,561명→1941년 3월말 17,650개, 570,687명으로 증가하였다(조선금융조합연합회, 1936, 『金融組合婦人會の情勢』, 1~3쪽 ; 『金融組合年鑑(1942년판)』 참조).
187) 1943년 총 농업호수 중에서 조합원의 비율은 96%에 이르러, 거의 대부분의 농가가 금조에 가입하고 있었다. 또 이러한 조합원의 82%가 식산계원이었다(문영주, 1995, 「일제말 전시체제기(1937-1945) 촌락금융조합의 활동」, 고려대 석사학위논문, 12쪽). 중하층 농민들은 식산계를 매개로 금조에 포섭되었다.

하는 것을 보류"하라는 방침이 하달되었다.[188] 금조는 공립보통학교졸업생을 학교와 연락하여 금조원으로 포섭하기도 했고,[189] 식산계의 실무 담당자인 司事에 젊은 청년을 참여시키고 있었다.[190] 따라서 금조는 청년들을 조합망으로 장악하여 이들이 사상활동과 같은 정치적 체제변혁의 주체로 성장할 수 있는 가능성을 사전에 차단하고 경제주의로 전환시키는 기능도 발휘하고 있었다.

이상과 같은 금조의 농민통제는 적색농민조합운동과 다음과 같은 상관관계를 보이고 있다. 1930년대 적색농조운동의 도별 분포 비율은 앞에서도 언급했듯이 함남 81·함북 46·경북 44·전남 41·전북 36·경남 32·강원 29·충남 14·경기 10·충북 10% 등이었다. 이 중 경남과 충북을 비교해 보면, 적색농조운동이 경남에서 충북의 3배 이상 일어났음을 알 수 있다. 경남과 충북의 도내 금융조합의 활동과 적색농조운동의 관련성을 비교해 보면 다음과 같은 차이가 있었다.

1920년대 후반 경남에 근무하다가 1930년대 전반기를 충청북도 지부에서 사업담당 參議를 지내고 다시 경남으로 전근한 자의 경과 보고에 의하면, 충북의 업무조사에 대해 조선금융조합연합회 指導課에서는 "언제나 훌륭하다고 말하고 있다"고 한다. 충북은 "연합회가 산에 올라가 호령하면 대번에 영향을 미칠 듯한 작은 곳이다. 본래 그 지방의 사람은 성질이 순박하며 조합원은 어딘지 모르게 통제되어 있었다 … 조합장의 선거·감사의 선임 등도 의장의 지명에 일임한다는 것이다. 무조건이다. 6년이 경과한 지금에도 더욱 그렇다. 반면에 경남은 매우 소란스럽다. 총회 등도 매우

---

188) 조선금융조합연합회경기도지부,『경기도금융조합관계예규』, 210쪽.
189) 조선금융조합연합회경기도지부,『경기도금융조합관계예규』, 149쪽.
190) 조선금융조합연합회경기도지부,『경기도금융조합관계예규』, 194~197쪽.

분규가 일어난다"고 하였다. 경남은 충북과 같이 조합장・감사에 대한 의장의 지명이란 전혀 용납하지 않는다고 한다. 경남은 "업무 집행 상황을 監査하고 감시하는 監事의 선임을 의장에게 일임이란 어찌된 일인가" 또 "우리의 대표자로서 조합장을 선거하는데 의장에게 일임이란 왠말인가"라고 하여 결코 허락하지 않는다는 것이다. 비료문제에서도 충북에서는 "배합비료가 아니면 안된다"고 도에서 방침을 정하면, 단위 조합에는 거의 9할 정도 실행하는 데 반해, 경남은 1할도 실행하지 않는다는 것이다.[191]

41%의 전남과 14%의 충남도 위와 비슷한 통제력을 보이고 있었다. 충남은 "전남에 비해 총회에 나가 보아도 매우 온화"한데 반해, 전남의 어떤 조합의 좌담회에서 조합의 감사가 "조합의 理事에게 희망사항으로 理事의 주택은 적색 기와로 현대적인 가옥을 만들고 있는데, 조합원의 고혈을 짜서 만드는 것은 이상하다. 조합원의 대부분은 초가집에서 살고 있는데, 그 부락의 한가운데에 저러한 집을 만들어 조합원의 고혈을 착취하는 듯한 행위를 삼가해 주기 바란다"고 말하고 있다는 것이다. 일반적으로 전남은 "옛부터 사상적으로 시끄러운 곳으로 유명하다. 총회에 가도 시끄럽다"고 하여 조합원의 통제가 용이하지 않았는데, 이 점은 적색농조운동의 분포 41%와 상관관계를 이루고 있다. 이에 반해 충남은 조합원을 통제하기 어려운 점이 거의 없다고 한다.[192]

36%의 전북은 적색농조운동이 충남과 충북보다 2~3배나 많이 일어나는 곳인데, 이러한 사정에서 금조에서는 조합원 자녀를 농민훈련소에서 교육시키고 있었다. 농민운동을 무력으로 탄압한 이후 금조의 농민 통제력을 강화하기 위해, 전북은 조합원의 자제를

---

191) 「地方事情を語る會」『금융조합』 99, 1936.12, 125쪽.
192) 「地方事情を語る會」, 127쪽.

훈련하여 이를 조합의 중심인물로 흡수하려고 했다. 이에 전북에서는 조합원의 共濟會를 전부 해산시키고 그 자산 약 7만원으로 道 직영 농민훈련소를 만들었다. 농민훈련소에서는 각 조합에서 2명씩, 50명을 선발하여 이들 생도를 대상으로 논농사 등을 비롯하여 10개월간 훈련을 하였는데, 훈련생은 매일 아침 5시에 기상하여, "자신은 일본의 한 사람의 백성이 될 것"임을 다짐하고 있다는 것이다. 이들은 훈련을 받은 뒤 전북 각 촌락의 중심인물로 활동하면서, 금융조합의 사업과 조직망의 근간이 될 수 있도록 계획되었다.193)

〈표 2-10〉 금융조합 지도의 準식산계

	단체 수	회원 수	구매액	판매액
1936	2,533	19,587	1,052,654	392,549
1937	5,197	121,271	1,017,289	606,289
1938	6,930(100)	177,233(100)	2,101,438(100)	5,839,572(100)
경기도 수치	4,163(60)	87,737(49.5)	1,019,150(48.5)	2,944,820(50.4)

비고: 각 연도 수치는 6월말 현재 누계임.
자료: 조선금융조합연합회, 『金融組合の部落的指導施設』, 4~5쪽을 참조, 재작성.

충북과 같이 10%인 경기도는 준식산계가 전국에서 가장 많았다. <표 2-10>에서 1938년도 수치를 보면, 경기도는 준식산계(임의 구판사업단체)의 수가 전국 6,930개의 60%, 회원수·구매액·판매액은 모두 전국의 약 50%를 차지하고 있었다. 이런 수치는 경기도가 다른 道보다 상품경제화가 크게 진전되었음과 이러한 상품경제화 과정에서 금융조합의 역할이 컸음을 보여준다. 그리고 경기도의 준식산계는 앞에서 언급한 바와 같이 계원들의 청소년 자녀들을

---

193) 「地方事情を語る會」, 133쪽.

통제하고 있었다. 이러한 준식산계가 경기도에 집중적으로 설치되어 전국적으로 계의 60%, 계원의 약 50%를 차지하였던 것이다. 또한 경기도의 단위 금융조합 이사의 행동들이 모두 도지부의 지시를 받아, "극히 세세한 곳까지 긴박되어 있다"는 점이 특징으로 꼽히고 있었는데, 각 조합 이사들은 이런 지시를 빠짐없이 실행하고 있었다고 한다.194) 경기도 지부의 단위 조합에 대한 철저한 통제와 그것이 그대로 이사의 활동을 규제하고 있다는 사실은, 경기도 금조가 식민지권력의 의도에 따라 농민들을 대상으로 정책을 관철시키고 있었다는 것이 된다. 이로써 경기도 금조의 농밀한 농민통제는 구역 내 적색농민조합 10% 발생이라는 수치에 영향을 주었다. 끝으로 표면적으로 적색농민조합이 전혀 없었던 것으로 나타나는 황해도는 "지금까지 금융조합과의 협력이 극히 교묘하게 되어 있다"고 한다.195)

적색농조가 가장 격렬했고 지속적이었던 함남(81%)과 함북(46%) 금조의 공작은 다른 지역보다 특징이 있었다. 1934년 6월 현재까지 조사된 함경남도 금조의 구역 내 동향은 "현재 조합 운동상 가장 결점이라고 인정되는 조합원의 정신적 결합 상태가 조합 취지에 부응하지 않은 바 매우 요원"하다고 한다. 이에 다음과 같이 하부 조직이 정비되었다.

조합은 조합원을 파악하는 데 중재자 역할을 하는 總代의 구역을 '組'로 하고, 각 '組' 아래 촌락 단위의 '契'를 설치하였다. 조합원은 반드시 촌락의 계원으로 '組'의 組長과 '契'의 契長의 지도를 받아야 했다. 즉 ① 조합원 사이의 융화친목 ② 미풍양속의 진작으로 지방개선 ③ 조합사업의 익찬 등을 이행해야 했다. 그리고 하

---

194)「地方事情を語る會」, 135쪽.
195)「地方事情を語る會」, 134쪽.

층조합원에 대한 대부의 위험성을 방지하기 위해, 1933년부터 3개년계획으로 신용점수 50점 이하자를 대상으로 5~6명 단위의 信用契를 조직하였다. 따라서 함남 지역의 조합원은 대체로 동리 단위의 總代가 맡고 있는 '組'→촌락 단위의 '契'→相互連帶保證組인 信用契로 이어지는 계통조직을 통해 주도면밀하고 상호규제적인 감시를 받고 있었다.196) 관할 내 三岐組合의 수서리 고양동부인회는 京都報德會 즉 勤勞貯蓄・分度推讓의 '報德精神'을 부인들의 실행요목으로 정하고 있었다.197) 三岐組合은 식민지 조선사회의 모순을 단지 조선민중의 내적 문제로 은폐하면서 식민지체제에 순응하도록 기능하던 보덕정신으로 부인들을 세뇌시키고, 이런 부인을 통해 가족 구성원 전체를 통제하려고 했던 것이다. 그리고 1930년부터 함북 각 조합은 일제히 조합원과 비조합원 모두 그 가족도 포함한 '부락간친회'를 개최하여, "항상 대중에게 취지를 전달하는 데 익숙한 교육가・종교가"198)와 같은 理事의 연설을 듣게 했다. 또 조합원의 共濟會를 두고 조합원의 경조사에 조합 차원에서 부조를 함으로써 조합 중심으로 친화를 이끌어내고, 이렇게 조성된 친화력을 바탕으로 조합의 사업을 침투시키고 있었다.

　함경북도는 함남처럼 5~6인의 상호연대보증조와 함께 이를 바탕으로 촌락 단위로 연대책임을 묻는 組를 조직하였다. 촌락 단위의 組에 기초하여 1932년부터 준식산계의 성격을 띠는 殖牛契를 설치하였다. 그리고 함북은 1930년에 模範部落經營要綱을 마련하고 각 조합에 1개 이상 모범부락을 설치하도록 했으며, 모범부락을 통해 부업 지도와 함께 모범부락 내 구성원들에게 '의무이행'을 강

---

196) 朝鮮金融組合聯合會, 『各道金融組合の指導施設』, 183~184쪽.
197) 朝鮮金融組合聯合會, 『各道金融組合の指導施設』, 182쪽.
198) 本田秀夫, 1939, 「時局に關する認識の普及と組合」 『組合旗の下で』, 230~231쪽.

조하고 있었다.199)

이러한 금조의 물적 정신적 통제공작을 받은 함경도에는 1939년 경 다음과 같은 변화가 나타났다. 함경남도 端川金組는 端川農民同盟이 1930년 7월 일제의 삼림조합정책에 대한 반대투쟁을 계기로 적색농민조합운동으로 발전했던 지역을 조합의 구역으로 정했다. 단천의 농민운동은 촌락의 공동체적인 유대관계에 기초한 자발적인 조직망을 운동조직의 하부조직망으로 흡수하여 1931년 5월 적색농민조합운동을 전체 군으로 확산시키려고 했었다. 그러나 단천농민운동은 일제의 대규모 검거로 이후 사실상 표면적인 활동이 중지되었고, 1933년의 재건운동에 이어 1936년 端川戰友同盟이라는 비밀결사운동을 끝으로 지하화하였다.200)

〈표 2-11〉 경기도·함경도 금융조합의 조합원 포용율

조합 연도	경기 烏山第2金組 조합원 (포용율 %)	지수	함남 端川金組 조합원 (포용율 %)	지수	함북 花臺金組 조합원 (포용율 %)	지수
1935	2,057(71)	100	3,225	100	2,781(49)	100
1936	2,270(71)	110	3,649	113	2,841(50)	102
1937	2,282(71)	110.9	3,989	123.6	3,410(61)	122.6
1938	3,098(74)	112.5	6,061	187.9	3,453(63)	124.1
1939	2,512(80)	122	6,891(40)	213.6	3,683(68)	132.4

자료: 朝鮮金融組合聯合會, 1940, 『表彰金融組合事蹟』.

端川金組는 적색농민조합의 재건운동이 탄압을 받아 사실상 활동이 중지된 1935년 이후 농민포섭운동을 집중적으로 전개하였다. 端川戰友同盟이 발각된 1936년을 경계로 금조는 농민을 빠른 속도로 포섭하고 있었다. <표 2-11>를 보면 1935년을 기준으로 1938

---
199) 朝鮮金融組合聯合會, 『各道金融組合의 指導施設』, 196쪽.
200) 이준식, 「일제하 단천지방의 농민운동에 대한 연구」, 110쪽.

년에는 약 90%가량 증가하고, 1939년에는 약 113% 증가하였다. 이와 함께 1937년도까지 80개 촌락에 모두 식산계를 설치하고, 구판사업을 적극화하기 위해 專門外務員까지 배치하였다. 식산계가 모든 촌락에 설치되자, 각 촌락의 단체들은 식산계로 통합되어 식산계 중심의 사업과 단체훈련으로 농민들에 대한 지도통제의 완벽을 기할 수 있게 되었다고 한다.201) 이렇게 일련의 통제망이 구축되는 가운데 1936년 이후 단천의 적색농조운동은 더 이상 재건될 여지가 없이 지하화했던 것이다. 1939년까지 조합에 포섭된 농민은 전체 호수의 40%이며, 이 정도의 포섭율으로도 사상운동의 기반을 잠식하기에 충분했다고 본다.

함경북도 花臺金組는 明川郡 下加面 花臺洞에 설치되어, 上加·下加·下古의 3개 면을 구역으로 정하였다. 명천 적색농조운동은 花臺금조의 3개 구역에다가 阿加面이 추가되어 4개 면에 걸쳐 1934년부터 1937년까지 전개되었다. 花臺금조는 1933~1934년경 명천 적색농조운동이 전개될 무렵 2개의 지소를 설치하여, 관할 구역을 좁혀 통제력을 증대할 수 있도록 구역을 조정했다. 그리고 농진운동이 전개되면서 관할 내 학교·청년단·부인회와 연계하여, '협동정신'을 가정에 침투시켰다. '협동정신'은 '의무이행'의 다른 표현으로, 조합원의 공동일치의 체제로 조합을 발전시키고, 이때 조성된 협동과 공동성은 지방행정 나아가 식민지체제의 안정화를 만드는 유력한 기제였다. 따라서 금조는 '의무이행' '협동정신'을 조합원을 비롯한 구역 내 농민들에게 주입하면서, 적색농조운동의 발전 가능성을 제거하고 있었다. 花臺금조는 매년 동리 혹은 촌락 단위의 組合員懇談會를 15회 이상 개최하고, 금조의 조장·총대 이외 각 촌락의 단체를 통해 잡지 배포·선전 표목의 건설·

---

201) 조선금융조합연합회, 『表彰金融組合事蹟』, 144~153쪽.

포스타 및 삐라의 살포 등으로 조합원 이외에 비조합원에게도 이러한 조합의 '정신'을 선전하고 있었다. 각 촌락의 농촌진흥회 등 회합에는 조합의 이사가 반드시 참석하여 '교육가·종교가'와 같은 연설을 하였다.

금조의 조합원 통제장치 중 481개 相互連帶保證組는 조원 2,788명을 포섭하여 총 조합원의 76%가 組 안에서 상호 감시하도록 짜여졌다. 또 조합 구역을 63개 조로 나누어 상호연대보증조를 촌락으로 확대한 '部落組'를 설치하여, 모든 조합원을 편제하고 각 조장이 지도하도록 했다. 조합원은 이렇게 總代→部落組→相互連帶保證組를 통해 조합의 통제망에 긴박되어 있었다. 花臺金組는 임원(감사3·평의원 10)·총대 57명·조장 63명 아래 상호연대보증조 481개, 部落組 63개, 식산계 31개라는 하부조직과 농촌진흥회 등 농진운동 관계 조직을 이용하여 농민들에 대한 통제력을 확대하고 있었다. 그 결과 <표 2-11>에서 보듯이 화대금조의 조합원이 1936년에 비해 1937년에 20% 급증할 즈음, 명천의 적색농조운동은 지하로 잠적하였다. 이런 경과를 두고 마치 "이전의 불온사상지대는 희망지대"로 변했다고 평가할 정도로, 관의 지배력이 금조의 통제망 등을 매개로 강화되고 있었던 것이다.[202]

금조의 조직망이 함경도 지방을 포섭할 수 있었던 배경으로 이 지역의 급속한 상품화폐경제의 진전을 들 수 있다. 함경도 지역의 금조는 농민운동에 대한 물리적 탄압을 전후하여 자체 통제망을 촌락에 침투시켜 농민들에게 공작을 가하고 있었다. 그리고 적색농조운동이 급속히 약화되는 시기를 포착하여 농민들에 대한 통제력을 강화했다. 그 통제력 중의 하나가 식산계의 확대였다.

---

202) 朝鮮金融組合聯合會, 『表彰金融組合事蹟』, 154~165쪽.

제2장 농촌진흥운동과 농촌통제정책(1932.11~1940.10)   151

〈표 2-12〉 경기도·함경도의 식산계 활동 상황

	오산제2금조			단천금조					화대금조			
	계	共販(원)	共購(圓)	계	共販 일부(圓) 벼	共購 일부(圓) 대두	비료	잡곡	계수	共販 일부(圓) 벼	대두	共購일부(圓) 비료	잡곡
1936		-	-		23,800	-	882	2,814	-	-	-	-	-
1937	5	20,884	4,878	80	161,429	36,588	60,440	920	5	4,923	30,538	19,831	21,645
1938	20	85,045	6,816	80	199,184	85,014	81,116	17,307	18	16,194	243,498	23,458	3,624
1939	68		14,445	80	365,508	66,259	82,363	17,500	31	3,719	31,809	14,409	21,475

자료: 朝鮮金融組合聯合會, 『表彰金融組合事蹟』.
비고: 공동판매와 공동구입의 수량은 식산계를 포함한 해당 금조 구역의 전체량이다.

〈표 2-12〉를 보면 함남의 단천금조는 경기의 오산제2금조보다 식산계를 급속히 설치하여, 대략 식산계의 설치가 완료되던 상태였다. 그리고 단천금조의 공동판매와 공동구입의 수치는 일부 주요 품목만 제시했는데도 불구하고 오산금조를 상회하고 있었다. 경기도는 이미 상품경제가 크게 진전되어, 조합원의 포섭율은 1939년 현재 단천 40%의 2배인 80%를 기록하고 있었다. 이에 반해 상품경제화가 뒤진 단천은 식산계의 보급과 함께 조합원을 크게 포섭했고, 식산계의 확대에 따라 구판사업도 증가했다. 이 점은 함북 화대금조도 비슷한 양상을 보인다. 단천·화대금조의 공동구입액은 오산금조와 달리 전체 액수의 일부인데도 불구하고, 공동구입 중 잡곡만 비교해도 경기도의 것을 압도하고 있었다. 함경도 지역의 주민들의 주된 식량인 만주조를 금조를 통해 공동구입하고 있어, 식산계의 빠른 성장은 그만큼 주민들이 금조에 편입될 내적 동기가 작용했음을 보여주는 것이다.

3) 금융조합의 침투와 촌락의 변화

끝으로 금융조합의 침투로 기존 촌락질서가 식민지질서로 재편되는 양상의 일단을 살펴보자.[203]

충청북도 제천군 비봉면 新里는 총호수 36호의 소규모 촌락인데, 연중 식량 걱정이 없는 호수는 겨우 7~8호에 불과하고 나머지는 춘궁기에 고리부채로 양식을 조달하고 있었다. 이런 사정을 배경으로 약간 여유가 있는 사람들이 계를 만들어 그렇지 못한 농민들에게 연 6할의 고리로 대부하고 있었다. 촌락의 청년회에서도 농민에게 대금을 하기 시작했다. 이렇게 고리대로 생활을 영유하는 사람들이 많고, 契의 고리대적 성격으로 구성원들 사이에 심적 유대도 없었다고 한다. "단지 한 촌락에 살고 있다"고 하는 상황이었다. 그런데 1932년 이 곳이 종합지도부락으로 지정된다고 하자, 농민들은 관의 지배력이 집중되어 번잡한 일이 생긴다고 하여 지도부락 설치를 반대하였다. 지도부락을 다른 곳으로 돌려보내지 못했다고 구장의 무능력을 비판하는 등 심한 분쟁이 일어났다. 여기서 당시 지도부락의 설정에 대한 촌락측 반응의 일단을 엿볼 수 있다. 비록 어렵게 살아도 관의 지배력이 생활에 개입하는 것을 거부하고 있었다. 이렇기 때문에 구장이 나서서 자기 촌락의 공동의 이익을 지키기 위해 지도부락의 지정을 막으려고 했음을 알 수 있다.

그러나 일단 금융조합의 지도부락으로 선정된 이후 이곳의 농민들의 생활은 달라졌다. 우선 조합원으로 가입할 것을 종용받으면서, 점차 가마니짜기와 부채정리 등과 관련하여 금조의 자금을 융통하게 되어, 7명을 1조로 상호연대보증조를 만들어 금조에 가입

---

[203] 權彛植・金鳳梧, 1936, 「離れ離れの心を組合の指導で引締められて」『明るい村』, 14~20쪽.

했다. 이후 금조는 상호연대보증조를 해체하고 촌락연대보증조로 확장·발전시켰다. 촌락연대보증조는 몇 명 규모의 차원이 아니라 촌락 전체를 대상으로 조합의 사업에 한 사람의 이탈자도 나오지 않도록 상호연대 감시와 통제력을 강화하는 수단이었다.

그리고 재래의 계가 해체된 상태에서 금융조합이 개입하여 소액 출자로 새로운 계를 만들어, 5원 이하의 소액 자금을 연 1할5분으로 융통하고 있었다. 금조 산하 일종의 금융계가 조직되어 재래의 계를 대신한 것이다. 금융조합은 새로 등장한 계 이외 다른 곳에서 자금을 융통하는 일이 없도록 지시했다. 농민들은 이전보다 저금리의 자금을 쓸 수 있게 되었으나, 금조 이외에서 자금을 융통할 길이 없는 상태에서 금조에 대한 종속성은 심화될 수밖에 없었다. 금조의 지도부락이 되는 것을 반대했던 것과 달리 편입 직후 "조합의 명령에는 어떠한 일이라도 복종하지 않으면 안되는 기운이 일게 되었다"고 하는 것도 바로 이런 사정에 연유하는 것이다. 금조에 대한 의존도가 높을수록 농민들은 물적 정신적 생활의 전반을 간섭받고, 식민지체제에 편입되는 양상을 띠었다. 금조의 지도부락으로 지정되는 것에 대한 반발, 일단 편입된 이후 관에 종속적인 모습은 다른 일반 지도부락과 관제조직 아래 놓인 촌락의 대체적인 모습이라고 할 수 있다.

이로써 금융조합의 조직망과 사업망의 침투는 단지 지역의 상품화폐경제의 진전만이 아니라, 금조의 또 다른 기능인 정신통제의 확산을 동반하였음을 알 수 있다. 금조는 이미 지적한 바와 같이 총독부의 식민지정책 담당기관으로 출발했고, 전체 조선민중을 조직망을 통해 포섭하여 식민지정책을 말단사회까지 관철시키는데 중요한 역할을 수행하고 있었다. 금조가 농밀한 하부조직을 가동하고 사업의 영역을 확대시키면서 농민 개개인의 일상에까지 침투하여 조선농민의 농민운동 즉 체제변혁 에네르기를 경제주의로 또 비정치화로 전환시키는 데 일정하게 영향을 미쳤음을 알 수 있다. 이렇게 일제는 전국을 대상으로 전체 조선인을 통제해 가는 금조융조합을 활용하여 지방지배의 기반을 확대해 갔다.

제3장

국민정신총동원운동과 농촌통제정책(1938.7～1940.10)

 국민정신총동원운동(이하 정동운동) 아래 농촌통제정책은 戶를 통제의 대상으로 함을 명시하고 부락연맹을 근간으로 하면서 전시동원의 기반을 구축하고 있었다. 정동운동의 목적은 전시동원에 대한 조선민중의 자발적인 협력을 이끌어내고, 또 이의 전제조건이며 조선통치의 최고목표인 '내선일체'를 기조로 한 '황국신민화'를 달성하는 것이었다.
 이 과정에서 정동운동은 '국민총훈련'이란 기제로 정신과 사상을 통제하고, 이를 바탕으로 전시동원체제를 구축해가고 있었다. 즉 일제는 조선민중의 내면세계를 '일본정신(＝천황중심주의)'으로 조작하여, 이를 바탕으로 전쟁 협력을 이끌어내려고 했다. 그리고 일제는 이런 '일본정신'과 이에 입각한 행동방식이 전시 긴장감과 위축 심리에 따른 일시적 현상이 아니라 어떤 상황에서도 작동되도록, 정동운동을 매개로 '국민총훈련'을 획책했다.

이 장에서는 정동운동의 실시와 조직의 확충 과정을 분석하여 전시체제 아래 조선민중이 어떻게 조직화되었는지를 살펴보고, 정동운동이 전시동원의 기반을 형성하기 위해 '국민총훈련'을 매개로 조선민중의 정신과 행동을 어떻게 천황제 이데올로기로 통제하려고 했는지 검토하려고 한다. 또 정동운동과 이를 측면에서 지원하던 지원병제도와의 관계, 정동운동을 통해 규제를 받고 있던 조선민중의 반응, 특히 말단 농민들이 일련의 통제에 어떻게 대응했는지를 살펴보고자 한다

제1절 국민정신총동원운동의 배경과 실시

1. 국민정신총동원운동의 배경

1) 심전개발운동의 강행과 한계

1932년 11월부터 실시된 농촌진흥운동(이하 농진운동)은 식량충실·수지개선·부채정리의 3가지 경제적 갱생 목표의 달성을 중심으로 하되, 정신적 통제를 병행했다. 이때 일제는 정신통제의 지침으로 따로 '民心作興施設實行綱目'을 발표하였다. 이 '실행강목'에 담긴 내용의 저류에는 천황제 이데올로기가 관통하는데, 이를 함축하고 있는 개념은 국체명징·군민일체·충군애국·보은감사 등이었다.[1] 일제는 조선 강점 이래 조선민중을 '충량한 신민' 나아가 '황국신민'으로 만들기 위해 천황제 이데올로기 공세를 가해왔

으며, 이것은 농진운동을 계기로 농가의 일상 속으로 이전보다 적극적으로 침투하기 시작했다. 농진운동이 경제방면의 갱생운동과 함께 추진된 물심양면의 운동이었지만, 일제는 일반 농민들의 반응이 경제적 방면에 치중하여 내면 세계의 통제가 크게 진척되지 않았다고 보았다. 이에 일제는 1935년부터 농진운동을 전국적으로 확대 실시함과 동시에 정신세계에 대한 통제강화책으로 心田開發運動을 추진하였다.

  심전개발운동의 배경에는 국제적 환경의 악화, 일본과 조선의 사회 상황 등이 있었다. 일제는 만주사변을 둘러싼 열강의 압력이 주된 이유가 되어 국제연맹을 탈퇴했지만, 심화되는 국제적 고립을 일본-조선-만주로 연결되는 경제블럭화로 대응하려고 했던 만큼, 식민지 조선의 위상은 더욱 중요해질 수밖에 없었다. 그러나 당시 조선의 사회주의운동은 일제의 무력탄압으로 1932년을 경계로 약화되어 1934년경에는 그 활동 영역이 크게 축소되거나 운동력을 잃고 있었다고 하지만 "적화의 집요한 공작은 날로 교묘화"되어 여전히 일제를 자극하고 있었다.[2] 또한 일본에서는 천황의 대권에 제한을 가한 天皇機關說에 대해 군부의 지도 아래 재향군인회을 비롯한 우익단체들이 전국적으로 國體明徵運動을 전개하고 있었다. 일본사회를 휩쓸고 있던 국체명징운동은 혁명사상은 물론 개인주의·자유주의 등 일본주의 입장에서 볼 때, 이단적인

---

1) 조선총독부 학무국 사회과,「民心作興施設美行綱目」『自力更生を目指して』.
2) 治安維持法 위반자의 수리건수는 1932년 4,394건을 고비로 줄고 있었지만, 1935년에도 1,478건이나 되었다(지수걸, 1993,『일제하 농민운동의 연구』, 역사비평사, 72쪽). 또 1934년 동안 전국 13개도와 間島 및 奉天 영사관 경찰에서 취급한 사상사건은 479건 5,321명인데, 그 중 함남지방에서 검거된 것만 112건, 1,326명으로 최고였다고 한다(東生, 1935.3.15,「整備される檢察陣と鮮內思想禍の新傾向」『朝鮮警察新聞』, 6쪽).

사상을 차단시키면서 대중적인 사상적 기반을 전체주의로 전환시키고 있었다.3)

이같은 국외 정세 속에서 宇垣 총독은 일정하게 조선의 사상계에 대한 지배력이 확대되고 있는 시기를 포착하여, 사상운동과 민족의식을 압살하기 위해 새로운 정신통제정책으로 심전개발운동을 전개했다. 그 목표는 일본의 국체명징운동에 호응하여 조선민중의 사상과 정신을 한 방향으로 정리하여 천황숭배의 심지를 배양하려는 것이었다. 그리고 그 수단으로 종교와 신앙심을 적극적으로 활용했다. 이는 그 동안 천황의 권위와 그 통치체제를 본격적으로 선전했지만 여의치 않았기 때문이었다. 당시는 근대문명이 발달하여 점차 과학으로 입증할 수 없는 것을 거부하는 사회분위기였기 때문에, 現人神으로 정치적 도덕적 권위의 정점에 있는 천황에 대한 숭배를 이끌어 내기가 쉽지 않았다. 이에 일제는 이치와 논리로써가 아니라 감성에 호소하기 위해 종교와 신앙심을 활용하기로 했다. 그리고 농진운동과 함께 심전개발운동을 통해 宇垣 총독은 자신의 조선 통치의 방침인 '내선융화' 즉 내선일체보다 낮은 단계의 조선민중의 황민화를 실현하려고 했다.

일제는 일본의 국체관념 즉 천황숭배를 세뇌시키기 위해, 우선 조선민중이 전통적으로 중시하고 있던 조상숭배와 敬神思想을 이용하고자 했다. 이를 위해 일제는 조선인의 조상숭배의 관념을 고취시키는 한편 종교심·신앙심의 함양을 강조하며 유교·불교·기독교 등의 종교 활동을 지원하고 활성화시켰다. 후자와 관련하여 일제가 요구한 신앙심은 각 종교를 통해 일본정신이 가미된 일본적인 信心이었다. 각 개인의 정신상태가 다르듯이 신앙의 종류

---

3) 由井正臣, 1981, 「總動員體制の確立と崩壞」 『日本歷史』 20, 岩波書店, 16쪽.

와 그 양식이 다양하기 때문에, 사람들에게 일정한 신앙을 갖게 하는 것은 상당히 어려울 뿐만 아니라 특정한 신앙을 관념적으로 선전해도 그것은 효과가 적고 때로는 역효과를 초래할 수 있다고 보았다.4) 여기서 '일반적인 분위기'가 갖는 '무서운 힘'에 착안하여, 심전개발운동으로 일제가 의도하는 신앙적 분위기(敬神)를 사회적으로 조장하려고 했다.5) 특정 종교를 강요하는 것이 아니라 보편적인 종교적 분위기 속에서 조상숭배의 관념과 경신사상을 일체화시켜 일본의 敬神崇祖의 관념을 배양시키려고 했던 것이다. 일제는 이렇게 배양된 敬神崇祖의 관념에 따라 신적인 존재이면서 조상의 정점에 위치한 천황에 대한 숭배를 유도하려고 했다.6)

일제는 심전개발운동을 전개하면서 종래 무당의 단속과 농촌경제의 피폐로 사라져가고 있던 조선의 洞祭를 활용할 필요성을 느끼고 이를 조장하는 정책을 취했다. 동제와 같은 민간신앙을 경신사상을 고취하는 수단으로 활용하되, 숭배할 신을 일본신으로 대체하여 일본적 信心을 조장하려고 했다. 충북 영동군 영동면에서는 촌락에 '天地神壇'을 설치하고 '天地大神'을 받들도록 했다. 神壇을 중심으로 촌락민의 신앙심을 유도하여 민심을 통제하면서 촌락의 화합·내선인의 융화협조·농민정신의 작흥 훈련·생산개량증산 등을 달성하려고 했다.7) 이렇게 일제는 왜곡된 신앙 대상물을 이용하여 신앙심이 없는 사람이라도 神社 혹은 洞社·堂을

---

4) 梁村奇智城, 1939, 『國民精神總動員運動と心田開發』, 조선연구사, 69~71쪽.
5) 本田秀夫, 1939, 「心田開發運動と金融組合人の用意」『組合旗の下で』, 조선인쇄주식회사, 68~69쪽.
6) 奧山仙三, 1938.12, 「敬神觀念の內鮮相似性-內地の神と朝鮮の神」『朝鮮地方行政』, 63쪽.
7) 增田收作, 1934.5, 「忠北, 永同の'天地神壇'を紹介す」『自力更生彙報』, 14쪽.

참배하게 되면 "신 앞에서 조아리는 것은 한 형식이지만, 이것이 횟수를 거듭하여 마침내 점점 정신을 감화"해 가고 "그 힘은 위대하여 … 점차 황실을 중심으로 하는 神, 신앙생활로 전향"할 수 있다는 것이다. 즉 '형식에서 점차 정신으로'[8] 진행된다는 것이다.

일제는 소위 미신타파를 주장하고 조선민중의 신앙심 부족을 타령하면서 신앙심 배양에 고심했다. 그러나 당시 조선민중 사이에는 재래 민간신앙이 생활 깊숙히 자리잡고 있어,[9] 신앙심이 크게 약했다고는 볼 수 없다. 단지 재래 민간신앙이 일제의 국체명징·경신숭조에 장애가 되기 때문에, '미신타파'라는 미명 아래 이에 타격을 가했던 것이다.[10] 그리고 조선사회의 조상숭배도 천황중심의 귀일체제를 위한 기초적 요소로 활용되었지만, 그것이 단지 종족과 가족 단위로 조상의 음덕으로 가정의 안녕·자손의 번영 등을 기원하는 데 그칠 때는 '주술' 행위로 간주되었다. 즉 종래의 조상제사도 그 의례를 통해 천황숭배의 심전이 개척될 때만 보호할 가치가 있었다.

이상에서 보듯이 일제는 1930년대 들어 조선의 민족운동에 대처하고, 일본정신(천황중심주의)을 주입하여 '황국신민화'를 실행하기 위해 신앙심에 기초한 '국체명징' 관념을 보급시키려고 했다. 이를 위해 '실행강목'을 선정하여 농진운동의 실천 사항 속에 포함시켰고, 심전개발운동으로 한층 그 확산에 노력하여, 1930년대는 이전 시기와 달리 천황제 이데올로기를 침투시킬 기반이 확대되고

---

8) 崔炯稷(江原道蔚珍郡守), 1935.11,「農家更生部落の中心人物の覺悟に就て」『自力更生彙報』, 14쪽.
9) "농촌의 사람들의 이것들(미신: 필자 주)에 대한 관심은 기계와 과학의 문명을 자랑하는 금일의 시대에도 이렇게 쇠퇴하지 않고 있다"(인정식, 1944.2,「農村生活と迷信」『東洋之光』, 12쪽)고 하였다.
10) 延白郡, 1938.10,『農村振興施設槪要』, 54쪽.

제3장 국민정신총동원운동과 농촌통제정책(1938.7~1940.10)   161

있었다. 농진운동과 심전개발운동 아래 진행된 정신통제는 전통적인 풍속의 통제와 함께, "지성·감정·의욕을 일정한 준승에 얽어매는 두뇌의 통제"를 초래하여[11] 조선민중의 내면세계를 압박하고 있었다. 심전개발운동은 "개인의 두뇌는 생각한다"에서 "국가가 생각한다"로 전환시켜 사람들로 하여금 국가적 전체적 견지에서 사물을 관찰하고 행동하도록 유도하였다.[12] 일본 국내 정치가 국체명징운동으로 급속히 군국주의적 파쇼체제로 전환되어, 전체주의 사조를 조성하고 있었듯이, 심전개발운동도 조선민중의 사상적 기반을 획일화시키고 있었다.

그러나 심전개발이라는 구호의 추상성과 모호성은 천황제 이데올로기를 대중적으로 각인시키는 데 제약점이 되기도 했다. 1936년 전반기 조선의 사상운동 관련 보고에 따르면, 심전개발운동을 비롯한 정신통제정책이 용이하지 않았음을 알 수 있다. 당시 국가관념을 자각하고 있는 사람이 23%, 자각하고 있다고 가장하는 사람이 19%, 무관심이 58%로 77%의 대다수가 국가관념과 거리가 있었다. 또 이때의 통치방침인 내선융화의 정도를 보면 진정 융화가 되었다고 인정되는 사람이 20%, 일시적으로 융화되었다고 보이는 사람이 25%, 전혀 융화되지 않은 사람이 6%, 무관심이 49%였다.[13] 국가관념과 내선융화에 '무관심'한 50% 전후의 계급은 주로 노동자·농민의 무산계급으로 이들은 일제의 '통치'에 대해서도 '무관심'했다. 일제는 이들은 자칫하면 '주의자에 선동'되기 쉽지만 지도에 따라서는 '선량한 국민'이 될 수 있다고 보고, 이같은 일반 대중을 대상으로 한 정신통제의 중요성을 절실히 느끼고 있었다. 이

---

11) 崔麗星, 1938.5, 「문화와 통제」 『批判』, 3·6쪽.
12) 安龍伯, 1936.9, 「心田開發指導原理の再吟味(하)」 『朝鮮』, 98쪽.
13) 『日本陸海軍省文書』 No.672 「昭和11年前半期朝鮮思想運動槪觀」.

와 같이 농진운동과 심전개발운동을 통해 국가관념의 보급과 내선 융화가 크게 성과를 거두지 못하고 있는 현실은 南 총독의 부임과 중일전쟁과 맞물려 정신통제정책을 전면적으로 수정하게 만들었다. 일제는 도시까지 포함한 전국적인 정신통제정책을 모색하였다.

2) 일제의 정신통제 강화의 필요성

중일전쟁 초기 일제의 군사적 위력 앞에 압도당해 일부 유력자와 조선민중의 체제내화의 움직임이 가시화되는 한편, 다른 한쪽에서는 전시체제 아래에서 진행된 사회경제적 생활조건의 압박이 반전 분위기를 확산시키고 있었다. 일제가 1937년 7월~1938년 5월까지 집계한 불온 낙서 29건 중 5건이 반전의식의 표현이었고, 불온 삐라 9건 중 2건이 반전투쟁을 촉구하고 있었다고 한다. 국내 사회주의자들은 대중의 반전의식을 구체적인 반전투쟁으로 발전시키기 위해 다양한 노력을 기울이고 있었다.[14]

중일전쟁의 확대 속에서 1938년 7~8월 두만강 하류 일대에서 일본과 소련 사이의 국경분쟁인 장고봉 사건이 발생하였다. 이 사건으로 양국 사이의 전면전 가능성이 예견되는 가운데, 일본의 전투력에 대한 "불안과 의구는 불신감마저 품은 위험한 징후"를 나타냈고, "이 불안은 전파와 같이 조선 전국에 확대"되어 일제는 "확실히 위험한 시기"로 인식했다.[15]

이러한 일제의 위기의식은 다음의 '재판소와 검사국 감독관회의의 자문사항 답신서'에 그대로 드러나고 있었다. '사법 사무를 통해 본 일반시정상의 참고사항 여하'라는 자문요청에 대해, 복심법

---

14) 임경석, 1991,「국내 공산주의운동의 전개과정과 그 전술(1937-45년)」,『일제하 사회주의운동사』, 한길사, 237~239쪽.
15) 御手洗辰雄, 1957,『南次郞傳』, 生活の友社, 474쪽.

원 이하 각 재판소와 검사국 감독관의 답신 내용을 통해, 우리는 1930년대 후반 일제의 핵심적 권력기관이 판단하고 있는 조선의 상황과 그에 대한 대응 방안의 일단을 이해할 수 있다.

해주지방법원장은 "현금 조선의 과격사상운동은 표면상 거의 조락한 듯이 보이지만 不逞徒輩가 코민테른의 새로운 지도방침에 기초하여 교묘한 위장전술로 잠행적으로 집요한 투쟁을 실시하고 있어, 한시도 편안하지 않다. 게다가 그들은 가슴 속에 조선독립사상을 숨겨두고" 있다고 보았다. 그러면서 농진운동의 전개, 중일전쟁 직후의 전쟁 분위기로 "그들 사상운동이 비교적 쇠퇴기에 있음을 놓치지 않고", 조선민중들에게 '국체명징'으로 "조선독립사상의 근원인 민족의식을 배제"시키고 '일본정신'을 깨닫도록 해야 한다고 주장했다. 그리고 조선민중에게 '다른 동아민족을 유도 계발'하는 일종의 지도적 민족으로서 역할을 선전하면서, 그에 걸맞은 일본화를 촉구한다는 것이다. 이를 위해서 "조선민족의식을 배양 조장시킬 우려가 있는 것 혹은 그 민족의식을 표현하는 데 제공될 수 있는 것 등"을 단호히 제거해야 한다고 했다. 그 방책으로 조선 학생 등에게 조선어 교수를 폐지하고, 色服奬勵策을 전국적으로 수립하여 민족의식을 배양 조장하지 못하게 해야 한다고 했다. 일제는 조선사회를 식민지 질서로 재편하는 데 白衣배제·色衣착용을 기본적인 전제 조건으로 보고, 물리적 강제력을 구사할 뿐아니라 이것을 농촌진흥회의 '생활개선' 사항에 포함시켜 공동의 합의와 실천으로 이를 강행하고 있었다. 이와 관련하여 전국적인 통제 방침 아래 위약금 지급, 도로 노무동원 등의 제재 방법을 강구해서 외형상 색의착용으로 민족의식을 표현하고 상징할 수 있는 대상을 제거하여 '심전개발'의 준비공작을 완료한 뒤에 적극적으로 사상교화에 착수해야 한다는 주장도 있었다.16) 공주지방법원과 함흥지방법원의 검사정도 사상운동은 국체관념과 국민정신이 결여한 결과로 보면서, 국체명징과 일본정신의 앙양 보급을 주장했다.17) 이렇게 식민지체제 수호의 핵심기관인 법무국 관계자들은 하나같이 국체명징·일본정신으로 조선민중의 정신과 사상을 전환시킬 것을 강력히 제기하고 있었다.

이상과 같이 1937년도 각 지역의 사법기관에 접수된 정황들과 실제 지방사회의 현상도 전시체제의 확립을 어렵게 만들고 있었다. 사회주의자들의 농촌활동으로 농진운동과 농촌진흥회의 간부 전원이 이들에게 포섭되어 이제까지 관의 지배력을 관철시키는 데 주된 고리의 하나였던 "농촌진흥단체라고 해도 안심할 수 없는" 상태였다.18) 농촌진흥운동은 "효과를 보이기도 하는 반면 얼마간 약점"19)을 드러내고 있어 이를 보완할 대책이 요청되고 있었다. 따라서 일제는 전쟁수행정책을 강행하기 위해 도시와 농촌을 아우르는 제도 정책을 강구해야 했다. 농촌과 농민에 대한 통제정책을 보더라도, 기존 농진운동이 자유주의 경제체제 아래 개개 농가의 경제적 갱생을 표방하고 전개된 만큼 이 운동만으로는 농민들을 상대로 국가제일주의 요소가 가미되는 전시체제의 확립은 어려운 형편이었다.

---

16) 法務局 民事係, 1937, 「裁判所及檢事局監督官會議諮問事項答申書」『諸會議關係書類』(법무 No. 247), 222~223쪽. 당시 '색의 착용'의 강제가 사회주의자의 민중 선동 혹은 획득의 원인이 되기도 하였고(같은 문서, 216쪽), "농민의 사상범은 거의 모두가 색복 장려에 반대투쟁"을 하고 있을 정도로(같은 문서, 281쪽), 색의 장려는 민족의식 말살정책의 한 수단으로 일제에 의해 집요하게 강행되었다.
17) 法務局 民事係, 『諸會議關係書類』, 272~273·280~281쪽.
18) 法務局 民事係, 『諸會議關係書類』, 281쪽.
19) 法務局 民事係, 『諸會議關係書類』, 294~295쪽.

2. 국민정신총동원운동의 실시

1) 조선중앙정보위원회의 활동

일제는 중일전쟁을 총력전으로 보고, 국가가 가진 인적 물적 자원을, 국방력의 최고 발휘를 목표로 통제 운용할 수 있는 국가총력전체제를 발동하였다. 1938년 5월 국가총동원법이 공포되어 일체의 자원을 분배·관리·동원할 수 있는 법적 제도적 장치를 마련했다. 그러나 국가총력전은 법적 규정만으로 달성될 수 없었다. 인적 물적 자원의 총동원으로 인해 기존 사회경제의 질서가 받을 충격과 동요를 최소한도로 줄이면서 소기의 목적을 완수하려면, 행정적 조치의 강행과 함께 민중의 적극적인 협력이 요청되었다.

1937년 8월 중일전쟁 불확대 방침이 철회되고 장기전 양상으로 발전하자, 일본정부는 9월 임시의회를 소집하여 국민의 결의를 촉구하고, 중일전쟁의 중요성과 이에 따른 국제정세의 복잡성 등에 비추어 국민정신총동원을 계획하였다. 10월 12일 '전쟁 처리의 원동력'을 확립하고 국가총력전을 민간 차원에서 지원할 목적으로 국민정신총동원중앙연맹이 결성되었다. 중앙연맹은 거국일치·견인지구·진충보국을 내걸고 개인주의를 부정하거나 약화시키고 '전체주의·국민주의의 발흥'과 국체본의에 기초한 '신민의 천황봉사'를 위해 정동운동을 전개하였다.[20]

총독부는 일본 국내와 마찬가지로 조선 사회를 총력전체제로 재편하려고 했다. 일본-조선-만주로 이어지는 블록경제형성의 방

---

20) 鈴木敬夫, 1989,『법을 통한 조선식민지 지배에 관한 연구』, 고대 민족문화연구소, 213쪽 ; 木坂順一, 1981,「大政翼贊會の成立」『日本歷史』 20, 岩波書店, 271~277쪽.

침에 따라 조선의 산업경제도 전시통제경제로 전환했다. 또 정신 방면에서 '국체관념의 투철 즉 참된 의미의 일본국민화'는 '조선통치의 가장 긴요한 사항'으로, 이것 없이는 "다른 방면이 아무리 진보해도 필경은 砂上樓閣에 불과"하다는 입장에서 정신통제를 가속화시키고자 했다.[21] 그러나 일제는 조선의 특수한 사정을 들어, 곧바로 정동운동을 전개하지 않았다. 전국적으로 지방행정기구에 따라 계통적으로 확대되어 가던 농진운동을 비롯하여 일반 교화시설의 조직과 활동 등을 이용할 수 있었던 점, 다음에서 살펴볼 조선중앙정보위원회가 중심이 되어 관 주도로 '국민정신총동원'을 위한 정지작업이 가능했던 것도 그 이유였다.

총독부는 중일전쟁 관련 시국인식 · 국론 통일 · 국책 선전과 황국신민화를 위한 사상통제를 목적으로 일본의 내각정보위원회에 대응하여 1937년 7월 22일 조선중앙정보위원회(이하 정보위원회)를 설치하였다. 정보위원회는 정무총감을 위원장으로 하고 총독부 각 국장 · 관방 문서과장 · 경기도 지사 · 조선군참모장 등 총독부와 군부가 중심이 되어, 정보선전에 관한 중요 사항을 조사 심의하고 연락조정을 도모하는 최고 기관이었다. 정보위원회는 매년 1회 총회와 임시 회의를 개최하여 중요 사항을 협의했고, 주된 사무의 처리는 총독부 내 과장 · 사무관 · 육해군 御用係로 구성된 간사회에 위임했다. 간사회는 매주 한 번씩 회의를 개최하여 정보위원회의 결의와 국내외 정보망으로부터 얻은 정보에 기초하여 시국에 민첩하게 적응할 수 있도록 정보선전에 관한 사항을 심의 처리하였다. 정보위원회와 간사회 사이의 연락은 총독부 관방문서과에서 담당하며, 간사회에서 협의 연구된 사항은 해당 부처를 거쳐 전국

---

[21] 兵斗儁(大邱稅務監督局長), 1941, 『朝鮮人の國民編成制度に關する意見書』, 4쪽.

적으로 실시되었다. 각 도에는 도위원회와 간사회가 있어, 도 단위 시국인식과 정신총동원 관련 사무를 맡았다.22)

정보위원회와 간사회는 정보를 수집·연락·조정하고, 정보 중 적당한 것을 발표하는 보도 기능, 대중을 상대로 국책을 전달 홍보하여 여론을 유도하고 이해와 협력을 구하는 계발선전의 기능을 담당하였다. 간사회에서 협의 연구하는 정보선전 중에는 국민정신총동원에 관한 사항이 포함되어, 정보선전과 국민정신총동원은 표리일체의 밀접한 관계에 있었다. 그러나 정보위원회는 산하 별도의 실행 조직이 없었기 때문에 결정된 사항을 계몽선전하기 위해서는 지방행정기구와 농진운동의 조직, 관의 감독 아래에 있는 각종 단체와 기관 그리고 정동운동의 실시 이후에는 조선연맹의 조직을 활용하였다.23)

정보위원회는 정보선전을 위해 모든 선전 매체를 이용하였다. 신문·라디오·영화·강연회·좌담회·팜프렛·뉴스사진·紙芝居(종이극)·전람회 등을 활용했으며, 조선의 유력자를 동원하여 강연회를 개최했고, 경찰관 주재소를 중심으로 촌락마다 좌담회를 실시했다. 또 애국일(1937년 9월 6일)과 황국신민의 서사(1937년 10월 2일)를 제정하여 황국신민된 신념을 세뇌시키고 있었다. 이외 각종 정신운동 관련 주간행사를 전개하면서 조선민중의 정세인식을 통제하면서 황민화를 획책했으며, 소비절약 등 전시통제경제에 대한 협력을 유도하는 등 이후 등장하는 정동운동의 활동 영역을 거의 망라하고 있었다. 농진운동에 생업보국의 개념을 포함시켜 시국인식을 강조하고 생산 활동이 국책에 따라 통제 운영되는 것을 감수하도록 농민들을 규제했음도 물론이다.24)

---

22) 조선총독부, 1940, 『조선총독부시정연보(1938년도)』, 663~664쪽.
23) 堂本敏雄, 1939.11, 「朝鮮に於ける情報宣傳」『朝鮮』, 34쪽.

정보위원회는 정보선전을 통해 '자기의 公有' 즉 자신은 公의 것, 자아를 국가에 바친다는 관념을 확산시키면서[25] 개개인의 정신을 국가 목적의 달성이라는 명분 아래 통합할 수 있는 사회적 기반을 넓히고 있었다. 그러나 '선전'은 신문·라디오·활동사진 등 어떤 매체를 써도 "국민의 마음을 한 곳으로 집중시키는 효과가 한정"되어, "주로 확성기로 한쪽에서 말하(는)" 것과 같았다고 한다. 즉 "상대가 그것을 듣고 움직이고 선전을 하는 사람의 의지대로 움직여줄지 어쩔지는 별로 알 수 없(는)" 한계를 지녔다고 한다.[26] 이것은 정보위원회 등이 정동운동의 실시 이전까지 시국 인식·여론 조성·정신총동원을 위해 기능했지만, 전시체제를 지원하는 데 제약점이 있었음을 말하는 것이다. 정보위원회의 정보선전을 위시하여 국민정신총동원·황민화를 강행하기 위해서도 조직적인 활동이 필요했다.

2) 국민정신총동원운동의 실시 과정

1936년 8월에 부임한 南 총독은 전임 宇垣 총독의 통치 방침을 계승하면서, 자신의 조선통치 2대 목표인 천황의 조선 방문과 징병제 실시를 관철하기 위해, 조선민중에 대한 강력한 황국신민화정책을 추진했다. 南 총독은 1937년 4월 도지사회의에서 발표한 소위 조선통치 5대 정강(國體明徵·鮮滿一如·教學振作·農工竝進·庶政刷新) 중 국체명징과 관련하여 "疆內 민중 한 사람도 빠짐없이 萬方無比한 국체의 숭엄을 절대 믿고 따르게" 하는 것이 시정

---

24) 조선총독부관방문서과, 1937, 「朝鮮時局宣傳事務概要」 『時局宣傳事務報告』.
25) 「時局と情報宣傳に就て」 『通報』 7, 1937.10.22, 12~13쪽.
26) 鹽原時三郎, 1940.6, 「精動運動の運用」 『總動員』 2-6, 9~12쪽.

의 근본이 되어야 한다고 했다.27) 또 중일전쟁 발발 직후 7월 임시도지사회의에서는 시국의 중대성·국력의 근원으로 '국민정신'이 중요하다는 점, 관민 모두 총후의 본분을 다해야 한다고 강조했다. 8월 임시도지사회의에서는 전쟁 부담을 전 국민이 분담할 것을 촉구했고, 11월 10일 국민정신작흥주간의 성명을 통해 국체에 근거한 국민적 긍지로 견인지구하여 "사사로움을 잊고 공공을 받들(기)"를 주장하여,28) 통치의 운영 원리로서 전체주의 관념을 정책 전반에 관철시키려는 의지를 피력했다.

그러나 총독을 위시한 행정 관리의 지시와 명령, 정보위원회의 활동과 농진운동 등 기존 사회교화운동만으로는 전체주의에 입각한 정책의 저변화는 한계를 가질 수밖에 없었다. 이에 전시체제를 원활히 가동시키기 위해서 정동운동의 실시가 3가지 방면에서 준비되었다.

첫째, 1938년 4월 도지사회의에서 총독 훈시 중 '국민운동의 통제강화' 발언이 있었다. 총독은 국가총동원법의 발동에 '혼'을 넣는 작업이 국민정신총동원이라고 하고, '완전 공고한 조직'과 그 조직을 통한 계통적 훈련의 실시가 긴요하다고 했다. 그러나 그 실현이 "아직 개인주의적인 자유사상을 완전히 벗어나지 못한 현재로서는 상당히 곤란을 동반"하지만, 시국인식과 국체관념으로 '공고한 조직'을 수립할 수 있다고 하면서 '국민운동'이 준비되고 있음을 밝혔다. 정무총감은 이것이 정동운동임을 확인해 주었다.29)

둘째, 1938년 2월에 총독부에 설치된 조선시국대책조사회의 준비위원회의 연구를 들 수 있다. 조선시국대책준비위원회는 전쟁의

---

27) 조선총독부관방문서과 편찬, 1941, 『諭告·訓示·演述總攬』, 160쪽.
28) 國民精神總動員忠淸南道聯盟, 1939, 『國民精神總動員聯盟要覽』, 41·44~45쪽.
29) 조선총독부관방문서과 편찬, 『諭告·訓示·演述總攬』, 176~178쪽.

장기화에 대처하여 '물심양면의 체제강화책'을 확립하기 위해 구성된 것인데, 여기서 내선일체와 전시체제를 강화하는 한 방책으로 정동운동 기구의 수립을 연구하였다. 9월 조선시국대책조사회는 정무총감을 위원장으로 內鮮滿의 권위자・유력자를 망라한 정책 자문기관으로 설치되어, 준비위원회가 마련한 시안을 3분과 회의에서 18개 사항으로 나누어 검토 결정하여 정책에 반영하기로 했다.30) 18개 자문안 중 첫 번째가 '내선일체의 강화 철저'였고, 그 시설 계획의 하나가 일관된 조직 아래 국민정신총동원의 실시였다. 이로써 정동운동은 당시 최고 통치목표인 내선일체・황국신민화와 밀접하게 관련되어 실시되었음을 알 수 있다.

셋째, 경성에 거주하는 민간유력자의 움직임을 들 수 있다. 1938년 6월 12일 총독부의 알선으로 윤치호・한상용・최린・矢鍋永三郎・前田昇・賀田直治 등 조일 민간 유력자 10명이 국민정신총동원조선연맹 결성을 위한 준비위원이 되어, 총독부의 취지에 따라 모임을 가졌다.

정동운동의 실시를 위한 이같은 움직임 속에 6월 14일 준비위원들은 총독부에서 정식으로 발기인준비회위원회를 열고 조선연맹 규약안 작성, 발기인 인선, 연맹사무소 결정 등을 협의하였다. 6월 22일 경성부민관에서 발기인회가 개최되어 조선연맹의 설립 취지 및 연맹규약을 심의 결정하고, 조선연맹의 하부조직인 지방연맹의 결성을 종용하기 위해 각 도지사와 지방의 관공서・읍면장 등에게 지방연맹을 결성할 것과 결성된 지방연맹은 조선연맹에 가입하라고 의뢰장을 발송하였다.31) 발기인회의 결정으로 7월 1일 경성 부

---

30) 『朝鮮總督府時局對策調査會諮問答申書』, 1938, 225・227쪽.
31) 森田芳夫 편저, 1945, 『朝鮮に於ける國民總力運動史』, 국민총력조선연맹, 23~25쪽.

제3장 국민정신총동원운동과 농촌통제정책(1938.7~1940.10)   171

민관 대강당에서 조선연맹의 창립 총회(경성부연맹도 동시)가 개최되었다. 참석자는 발기인 이하 500여 명이었으며 矢鍋永三郎을 좌장으로 추대하여, 조선연맹 설립의 취지 및 연맹규약을 확정하였다. 이어 이사장으로 鹽原 학무국장과 각 임원을 정한 뒤 총회를 마치고, 임원 일동이 조선신궁에서 참배하고 聯盟結成奉告祭를 거행하였다. 이어 7월 7일 조선연맹의 발회식이 경성부연맹과 합동으로, 중일전쟁 1주년기념일을 기해 경성운동장에서 南 총독, 小磯 조선군사령관을 위시하여 관공서 직원·공사립학교 학생 대표·조선연맹 가맹 단체 등 5만 명이 참석한 가운데 거행되었다.

이로써 정동운동은 조선민중을 대상으로 거국일치·견인지구·진충보국의 정신을 일상 생활 속에 구현하여 국책에 대한 협력을 끌어내고, 나아가 내선일체와 황국신민화를 획책할 목적으로 시작되었다. 남 총독은 그 해 9월과 12월에 열린 전국 정동운동 관계자 회의인 '연맹타합회'에서, 지금은 '천황을 중심으로 한 황국신민의 체제강화'가 요청되는데, 이런 체제강화에 정동운동이 근저를 이룬다고 했다. 또 정동운동은 국민정신=일본정신으로 조선민중을 통제하여, 국가 의사가 수행될 수 있도록 훈련하는 것이 본체라고 했다.32) 이는 식민지 권력이 "국책 협력을 권유해도 단지 명령·훈령·권고로 단언해서는 민중이 일어서지 않기" 때문에,33) 정동운동을 이용한다는 것이다. 일제는 정신총동원을 경제 방면을 비롯한 다른 부문의 총동원을 추동하는 고리로 인식했다. 요컨대 정동운동 조선연맹은 총독부의 외곽단체로서 식민지권력이 미치지 못하는 부문까지 통치력이 관철될 수 있도록 지원하는 것이 그 임무였다.

---

32) 國民精神總動員忠淸南道聯盟, 『國民精神總動員聯盟要覽』, 67쪽 ; 국민정신총동원전라남도연맹, 1940, 『國民精神總動員指導者必攜』, 58쪽.
33) 高橋敏, 1939.3, 「京城府の愛國班運動に就て」『朝鮮行政』, 3~4쪽.

제2절 국민정신총동원운동의
조직과 이념

1. 시기별 조직의 확충 과정과 그 성격

1) 초기 조직의 내용(1938. 7~1939. 4)

 일제는 1940년경 조선의 인구를 2,300만명으로 보고, 2,300만 전부의 마음을 하나로 집중시키려고 할 때, 우선 학교에서 대체로 150만 아동과 학생을 하루 종일 교육시키고 있어 이들을 의도한 대로 움직일 수 있다고 보았다. 그리고 기존 농진운동·청년단·관청·회사 등의 조직에서 구성원들을 통제하고 있는 인원은 약 450만 명이기 때문에 학교의 아동 학생과 합쳐도 600만 정도에 불과하여 나머지 1,700만 명이 통제권 밖에 있다고 보았다.[34] 1940년경 농진운동 아래 농촌사회는 농촌진흥회를 통해 적어도 82%가 통제를 받는 가운데, 56%의 촌락이 지도부락으로 식민지권력의 직접 통제망에 놓여 있었다.[35] 또 1940년 지도부락 41,225개 아래 갱생계획실시 농가는 89만여 호로 전체 농가(304만여 호)[36]의 29%에 해당하였다. 1940년 갱생계획실시 농가 89만 호는 일제의 직접 통제를 받고 있었다. 1호당 5명 기준으로 89만 호 아래 약 445만 명이 농진운동을 통해서 관에 의해 파악되고 직접 지배를 받고 있었다고 볼 수 있다.[37] 따라서 일제는 아동 학생 150만 명에다가 농진운

---

34) 鹽原時三郎, 「精動運動の運用」, 13~14쪽.
35) 2장 4절 104쪽 참조.
36) 조선은행조사부, 1944, 『朝鮮農業統計圖表』, 13쪽.

동을 통해 직접통제를 가하고 있던 445만 명의 농가 가족원, 이외 기타 관제조직의 조직원을 포함하여 약 600만 명을 통제하고 있었는데, 나머지 비조직화 인구와 느슨한 형태의 조직 아래 포섭된 사람들까지 망라하는 정동운동을 결성하려고 했다.

정동운동은 전체 조선민중의 조직화를 지향하여 조직망의 완성에 중점을 두었다. 조선연맹 규약 제2조 "본 연맹은 내선일체 거국일치 국민정신총동원의 취지 달성을 도모함을 목적"으로 한다고 했고, 1938년 7월 22일 정무총감은 각 도지사 앞 통첩에서도 지방연맹을 조직할 때 '가장 포용력이 큰 강력한 단체'를 목표로 하라고 지시했다.[38] 이에 정동운동의 조직은 '황국신민다운 심정'을 가진 자들로 구성되어, "구체적인 고정된 목적을 갖지 않(은)" '무색투명한 존재'로 "언제라도 국가가 원하는 방향으로 움직일 수 있는 태세를 갖추(고)"[39] 기능할 수 있도록 결성되었다. 따라서 연맹의 목적도 '국민정신총동원의 취지 달성', '국민총동원 아래 희생적 봉공'이라 하여 포괄적으로 규정했다.

정동운동의 조직은 농진운동의 그것과 별도로 도시를 포함하여 전국적으로 설치되었다. 정동운동은 조선연맹조직대강에 따라 조선연맹 아래 지방행정기구에 준하여 각 행정의 장이 책임자가 되어 道聯盟・府郡島聯盟・邑面聯盟・町洞里部落聯盟으로 이어지는 지방연맹과 각종연맹, 그 아래 애국반을 두었다. 조선연맹은 도연맹과 전국을 구역으로 한 단체들이 가입하며 정동운동을 체계적

---

37) 농촌진흥회가 전국적으로 82% 가량 구축되고 있는 상황에서, 농가 304만 호에서 89만 호를 제외한 215만 호 중에는 무통제 상태의 농가도 있었지만 대체로 느슨한 형태의 통제를 받고 있었다.
38) 「國民精神總動員聯盟結成竝ニ組織大綱制定ニ關スル件」(1938.7.22), 朝鮮總督府, 『朝鮮に於ける國民精神總動員』, 1940, 135쪽.
39) 國民精神總動員忠淸南道聯盟, 『國民精神總動員聯盟要覽』, 9~10쪽.

이고 전국적인 운동으로 이끄는 지휘 본부에 해당한다. 정동운동은 총독부의 정책을 조선민중 사이에 관철시키는 역할을 담당했지만 민간단체를 표방했기 때문에, 초기에는 총독부 안에 조선연맹을 지휘 감독하는 기관을 두지 않았다. 그러나 정무총감은 조선연맹의 명예총재였고, 학무국장 鹽原이 이사장을 맡았다. 연맹의 설립이 학무국의 주도로 이루어졌고 학무국장과 사회교육과장 金大羽가 정동운동의 산파역을 맡았다. 황도주의자 鹽原은 남총독의 최고 참모로 조선연맹의 이사장을 맡아 정동운동을 실질적으로 주도하였다.[40] 조선연맹의 임원으로 이사·평의원·참여가 있었고, 이사회와 평의원회가 정동운동 관련 중요 사항을 심의하고 있었다.

도연맹 이하 지방연맹은 각각 하위 연맹과 해당 행정구역 단위로 설치된 단체로 구성되었다. 즉 도연맹은 府郡島연맹과 道를 구역으로 한 단체, 부군도연맹은 읍면연맹과 부군도를 구역으로 한 단체, 읍면연맹은 정동리부락연맹과 읍면을 구역으로 한 단체들이 가입하였다. 그리고 각종연맹이라고 하여 府郡 읍면 내 관공서·은행·회사·공장·학교와 같이 다수를 포용한 기관은 그 구성원으로 연맹을 조직한 뒤, 해당 행정구역을 단위로 설치된 지방연맹에 가입하게 되었다. 이로써 지방연맹은 각각 상급연맹에 가입하여 상하 종적인 연락망을 형성할 뿐 아니라 구역내 각 단체와 각종연맹을 포용하여 횡적 연락망을 갖추어, 정동운동은 농진운동보다 치밀하게 종적 횡적인 조직망을 구축하였다(<그림 3-2> 참조).

1938년 6월 22일 정동운동 발기인회가 각 도지사와 지방 각계 인사 및 읍면장에게 지방연맹을 결성할 것을 종용했고, 7월 22일 정무총감도 각 도지사 앞 통첩에서 도 이하 하부연맹 조직과 관련

---

40) 宮田節子 저·李熒娘 역, 1997, 『조선민중과 '황민화' 정책』, 일조각, 105~106쪽.

하여 지시를 내렸다. 각 도에서는 부군연맹 등 지방연맹을 결성한 뒤 이를 수렴하여 도연맹을 설치하는 형식을 취했다. 충남의 경우를 보면, 1938년 7월 4일 도 내무부장과 경찰부장은 부윤과 군수 앞 통첩에서 7월 7일 조선연맹과 경성부연맹의 결성식에 맞추어 府郡연맹을 속히 설립할 것, 府郡연맹의 설립이 완료되면 道연맹을 결성한 뒤 조선연맹에 가입하여 중앙과 지방 사이에 긴밀한 관계를 유지할 것을 지시했다. 그리고 7월 13일 경찰서장까지 포함하여 하달된 통첩에서는 아직 연맹이 결성되지 않은 군은 늦어도 같은 달 20일까지 결성하도록 하고, 9월 18일 만주사변 기념일까지는 촌락과 각종연맹까지 조직할 것을 지시했다. 이어 8월 4일 산업부장이 포함된 부윤 군수 경찰서장 앞 통첩에서는 해당 지역의 읍면연맹 및 정동리부락연맹의 조직 방침과 절차를 내려 보냈다. 그리고 이들 지방연맹의 결성 일시와 장소를 사전에 알리고, 결성 직후 해당 연맹에서 채택한 취지·가입자 및 임원 명부·발회식 상황 등을 보고하도록 했다.41) 요컨대 道 차원에서 하부연맹의 결성을 지시하고 그 상황을 파악하고 통제하고 있었다. 다른 도 역시 충남의 경우와 같이 비슷한 과정을 거쳐 부군연맹·도연맹을 설치하였다. 총독부(조선연맹)은 도(연맹)에게, 도(연맹)은 하부 지방행정에게 연맹의 조직을 종용하고 있었다.

일본의 정동운동 중앙연맹은 계통이 다른 단체와 조직 사이의 연락기관이었기 때문에 직속 하부 실천망을 갖고 있지 않은 채, '국민정신총동원'을 요란하게 외치는 구호운동으로 시종하고 있다는 비판을 받고 있었다. 조선연맹은 이러한 점을 고려하면서 조직을 정비했다. 정동운동은 농촌뿐만 아니라 도시까지 포함한 전국

---

41) 國民精神總動員忠淸南道聯盟, 『國民精神總動員聯盟要覽』, 110~111·116~118쪽.

적인 조직을 처음으로 포석하였다는 데 의의가 있었다. 일제는 종래 부읍 이하 도시의 말단 사회까지 지배력을 행사하기 위해 町洞里에 행정 조직으로 町會를 설치했지만, 일반 주민의 생활은 부읍의 행정과 일정하게 유리되어 있었다. 그러나 중일전쟁 발발로 도시의 말단에 대한 식민지 행정력을 재정비하지 않을 수 없게 되었고,42) 정동운동으로 부읍 아래 정연맹·각종연맹·애국반을 결성했다. 경성부를 보면, 府 아래 町會에 정연맹을 두고 町의 주민이 가입하는 형식을 취하였는데, 이로써 "町의 민중 각자가 우리도 연맹원"이라고 자각하고 정동운동에 참여하게 되었다는 것이다. 즉 도시민의 '자발적' 가입 형식을 갖춘 정연맹을 통해 이들에 대한 통제가 진척되었다고 한다.43)

1938년 12월 1일 현재 정동운동은 410만 명의 애국반원을 포용하여44) 1938년말 현재 427만 호에 대해45) 96%의 조직율을 기록했다.46) 이같이 정동운동이 빠른 속도로 조직화될 수 있었던 것은 농진운동의 조직을 활용했던 것이 주된 요인이었다. 그러나 정동운동과 농진운동의 조직화에는 연속성과 차별성이 있었다.

---

42) 大久保清和, 1941.1, 「府邑面の新體制－地方行政下部組織の整備に就て」『朝鮮行政』 207, 12~13쪽.
43) 高橋敏, 「京城府の愛國班運動に就て」, 5쪽.
44) 국민정신총동원조선연맹, 1939.2.1, 「國民精神總動員運動の展望」『통보』 38, 13쪽 ; 玄永燮(국민총동원조선연맹간사), 1939.2, 「조선국민정신총동원운동전망」『東洋之光』, 89쪽.
45) 남조선과도정부 편, 1948, 『조선통계연감(1943년)』, 2쪽. 연맹 가입자 중에 조일 구분이 없어, 1938년 총 호수도 조선인 이외 일본인 등도 포함한 427만의 수치를 인용하였다.
46) 그러나 애국반 410만에는 정동리부락연맹의 애국반과 각종연맹의 애국반의 구분이 없어, 전자를 통해 살펴보는 전체 호수 중 연맹에 가입한 사람 즉 애국반원을 확인하면 96%보다 적을 수밖에 없다. 다음에서 보듯이 1939년 12월말 현재 정동리부락연맹의 애국반원은 전체 총 호수의 94%로 나타난다.

제3장 국민정신총동원운동과 농촌통제정책(1938.7~1940.10)

 정동운동은 초기 총독부에 설치된 기구는 없지만 정무총감이 명예총재였기 때문에 사실상 총독과 정무총감이 최고 감독기관이었다. 농진운동은 규정상 총독부에 지도 내지 감독 기구로 농촌진흥위원회, 실천기관으로 도 이하 읍면까지만 농촌진흥위원회를 설치했다. 총독부의 지시 명령은 읍면농촌진흥위원회까지 하달되고, 읍면농촌진흥위원회는 하부조직인 농촌진흥회를 실천망으로 농진운동을 추진하였다. 이에 반해 정동운동은 지방연맹을 정동리부락연맹까지 조직했고 부락연맹 아래 애국반이 있어, 총독부의 명령이 애국반에까지 하달될 수 있는 계통적 조직을 확립하였다. 애국반은 농촌진흥회의 5인조(혹은 10인조)와 비슷하지만 5인조는 각 지역의 형편에 따라 설치된 데 반해, 애국반은 조선연맹조직대강의 하부조직 규정으로 명문화되어 전국적으로 설치되었다는 데에서 차별성이 있다. 따라서 정동운동은 농진운동보다 개별 농가의 파악이 한층 더 엄밀해졌다. 정동운동은 '농촌진흥회→농가(=호대표)'와 달리 '부락연맹→애국반→호(=호대표)'로 중간에 애국반을 매개로 호별 장악력을 높였고, 戶를 통제의 대상으로 명시하여, 개개의 가정과 개인까지 통제하려고 했던 점이 중요하다. 즉 정동운동은 (총독→조선연맹→도연맹→부군도연맹→읍면연맹→)정동리부락연맹→애국반→개인으로 통제망이 형성되었다(<그림 3-1 ①>). 그리고 일제는 가장이 가족원을 장악하고 있음을 전제로 하여, 애국반원=개인(=호대표)의 수치가 총 호수에 가까울수록 조선민중의 거의 전부가 정동운동으로 조직화되어 있다고 간주했다.[47]

---

47) 농촌진흥회의 회원도 대체로 호대표(세대주, 호주)이며, 회원을 통해 가족원을 통제하는 면을 띠지만, 정동운동처럼 '조직대강'이란 규정으로 호대표와 개인에까지 조직망을 구축하지는 않았다.

178 제1부 일제의 농촌통제정책의 시기별 전개 과정

〈그림 3-1〉 국민정신총동원운동 하부조직도

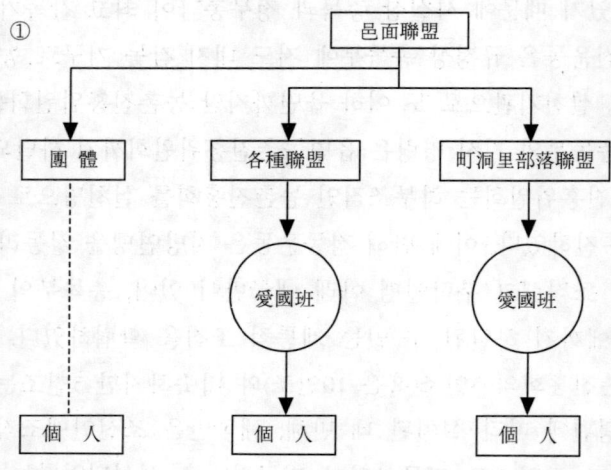

자료: 朝鮮總督府, 『朝鮮總督府時局對策調査會諮問案參考書』(1938.9)에 수록된 '組織大綱'의 일부분.

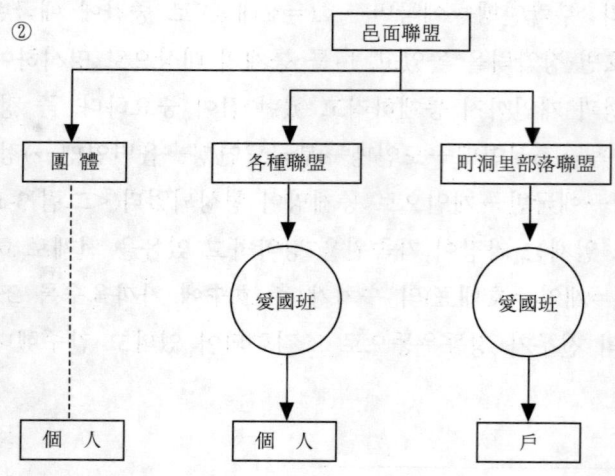

자료: 朝鮮總督府, 『朝鮮に於ける國民精神總動員運動』, 47쪽의 '組織圖解'의 일부분.

제3장 국민정신총동원운동과 농촌통제정책(1938.7~1940.10)

일제는 정동운동으로 '반도 내 단체 및 개인', 즉 위로는 총독으로부터 아래로는 전 민중을 한 사람이라도 빠짐없이 망라하려고 했다. 당시 국가 사회의 운영 원리로서 전체주의가 기존의 자유주의와 개인주의를 대체해 가는 추세였지만 아직 양자가 공존하고 있었다. 이에 지방연맹과 각종연맹의 설립이 상부에서 계속 종용되고 있었지만, 그 연맹에 소속될 개인과 단체의 가입은 표면상 스스로 선택하여 가입하는 형식을 취했다. 조선연맹 규약 제2조에는 "본 연맹은 … 본 취지에 찬동하는 조선의 각종 단체 및 개인으로 조직한다"고 하여, 정동운동은 규약상 '찬동'하는 개인과 단체라고 하여 자유 의지에 따라 참가하게 되었다. 또 제3조의 사업과 관련하여 "가맹한 단체·개인 상호간의 연락조성, 가맹단체 이외 여러 단체 및 본 운동실시 여러 기관의 활동 원조"라는 내용이 있다. '가맹단체 이외 단체' 및 '본 운동 실시 기관'의 '활동 원조'라고 하여 정동운동은 비가맹단체라도 정동운동과 관계를 갖고 활동하도록 공작하고 있었음을 알 수 있다. 이와 같이 정동운동은 비가입 개인과 단체의 존재를 인정한 상태로 출발하였다.

그러나 연맹에 가입된 사람은 "연맹 이외 일반 민중에 대해서도 온화 지혜의 태도로 접촉하여 … 이를 융화"하고 "동료 반원의 증가에 노력"하여 '皇化를 널리 심화'시킬 수 있도록,[48] 연맹 밖에 있는 일반의 가입을 권유해야 했다. 또 정동운동이 전쟁수행에 대한 지원을 넘어선 장기적인 정책이기 때문에 계속 조직망을 보강해 갔다. 정동운동은 참가 자유로 누락되어 있는 개인과 단체를 포섭하여 통제망을 완성하기 위해, '우선 조직으로'라는 구호 아래 조선연맹의 조직대강 및 규약을 적은 전단 10만 2천 매와 애국반의 서약서 41만 매를 전국에 배포하기도 했다.[49]

---

48) 朝鮮總督府, 『朝鮮に於ける國民精神總動員』, 70쪽.

도연맹은 가장 이른 7월 7일의 강원도에서부터 가장 늦은 9월 18일의 함북에 이르기까지 2개월 동안 13개 도에 결성되었다. 조선연맹은 1939년 1월 19일, 2월 일본정신발양주간을 전후해서 조직을 완료하도록 지시하였다.50) 강원도연맹의 경우는 도연맹 총재의 각 군연맹이사장 앞 통첩에서, 1939년 1월 현재 애국반원 24만 8173명으로 전체 호수 28만 4천 호의 87%에 불과하다 지적하고, 일본정신앙양주간까지 나머지 13%의 미가입자 전부를 가입시키도록 지시했다.51) 1939년 2월말 현재 전국적으로 애국반 31만 8924개, 애국반원 425만 9755명으로,52) 앞의 1938년 12월 애국반원 410만보다 15만이 늘었다.

2) 조직의 개편과 확충(1939.4~1940.10)

앞에서와 같이 연맹원이 지속적으로 증가하고 있다고 해도 한편에서는 개인의 가입보다 기관과 단체가 중심되는 등 정동운동이 말단사회와 개개인에까지 미치지 못하고 있다는 지적이 있었다. 이와 관련한 비판은 다음과 같이 이어졌다.

> 지금 연맹이 조직으로 있는지 조차 의심스럽다. 연맹의 조직은 오히려 조직이라기보다 각 기관과 민간단체 전체의 일람표라고 할 수 있고, 간부진은 역력히 연합 서명장에 불과하다. 이 일람표와 서명장에서 애국심·보국열의 조직적 총동원을 기대하기는 커녕 기대하는 쪽이 무리이다.53)

---

49) 森田芳夫 편저, 『朝鮮に於ける國民總力運動史』, 32쪽.
50) 「1939年度中朝鮮聯盟事務處理ノ概要」, 『總動員』 2-1, 1940.1, 83쪽.
51) 『매일신보』 1939년 1월 29일자 「강원의 애국반」.
52) 森田芳夫 편저, 『朝鮮に於ける國民總力運動史』, 34쪽.
53) 李弘根, 1939.5, 「國民精神總動員聯盟の改造を論ず」 『東洋之光』 1-5, 53쪽.

이 지적은 당시 정동운동의 회원(연맹원)이란, 어떤 기관과 단체가 연맹에 가입했으면 그 해당 기관의 직원과 단체원도 가입자로 간주하여, 실제 정동운동의 저변화에 필요한 개개인의 가입이 저조하다는 것이다. 이런 주장에서 보면 앞에서 언급했던 애국반원(연맹원) '410만' 혹은 '425만'의 수치에는 개개인을 헤아린 수치만이 아니라 단체의 가입을 단체원의 가입으로 간주한 수치도 포함되었을 것이다. 그리고 정동운동이 총독정치를 지원하는 관제운동이지만 이를 민간운동으로 포장하기 위해 간부진을 민간인 중에서도 구했으나, 실제 전현직 관리들이 많았고 민간인이라고 해도 공공기관의 유력 인사들로 채워져 있었다. 따라서 "현재 상당히 관의 지도와 통제에 너무 순치되었고, 민중 자체 속에서 왕성하게 끓어오르는 국민운동의 조직과 훈련이 결여되었다"[54]는 비판 역시 정동운동이 관변단체로 크게 경색되어 있음을 지적한 것이다. 이렇게 '총독부의 役所的 분위기' 즉 관제적 요소 때문에 정동운동이 급속도로 조직화되었지만 그로 인해 "사람들의 생활에 파고 들어가지 않는" 점이 있다면서 일반 사람들 사이에 가까이 갈 수 있도록 개조해야 한다는 의견도 있었다.[55]

이러한 정동운동의 문제점을 보완하면서 조직의 강화책이 강구되었다. 1939년에는 조선연맹의 기구와 하부연맹의 정비를 중심으로 조직이 확충되었다. 먼저 1938년 12월 명예총재를 폐지하고 정식으로 조선연맹에 총재직을 두어, 정무총감을 대신하여 전 조선군사령관·육군대장 출신 川島義之를 총재로 하여 외형적으로는 민간단체로 분장하였다. 그리고 1939년 4월 총독부에 정동운동의 지도기구로서 정무총감을 위원장으로 하고 국장을 위원으로 한 국

---

54) 堂本敏雄, 1939.7, 「朝鮮に於ける國民精神總動員運動」 『朝鮮』, 42쪽.
55) 森田芳夫, 1940.1, 「朝鮮思想諸陣營の展望」 『東洋之光』, 53쪽.

민정신총동원위원회(이하 총동원위원회)와 관계 과장을 포함한 국민정신총동원간사회(이하 간사회)를 설치하였다. 총동원위원회는 일본의 정동운동위원회에 대응한 것인데, 정동운동에 대한 총독부의 지도 감독기관으로 그 아래 간사회를 두고 정동운동에 관한 중요 사항을 조사 심의하여 기본 방책을 정하였다. 그러나 1939년 4월 총동원위원회가 설치되기 이전에도 이와 유사한 '연맹연락강화위원회'가 설치된 것으로 확인된다.[56] 내무・재무・학무・식산・농림・학무 6개 국장과 문서과장으로 구성되었는데, 이것이 총동원위원회로 오면 6개 국장 이외 나머지 법무・체신・철도・전매 4개 국장과 외사부장・기획부장・문서과장 기타 총독부 사무관을 다수 포함하여 확대 강화되었다.[57] 총독부 국과장은 총동원위원회・간사회의 위원와 간사이면서, 조선연맹 이사회・참사회의 이사와 참사를 맡고 있었다.[58] 따라서 총독부는 총동원위원회와 조선연맹의 이사회를 통해, 정동운동의 지도 감독 및 실행을 장악하여 그 근간이 될만한 사항을 직접 관리할 수 있었다. 각 도 역시 도연맹에 위원회를 두었다.

조선의 정동운동은 그 목표에 조선민중의 황민화가 추가된 것 이외에는 일본의 그것과 같은 맥락에서 전개되었다. 일본의 정동운동위원회에서는 정동운동과 관련하여 기본 방책을 결정하면 내각에서 이를 채택하여 정책화하였다. 척무차관 혹은 척무성 조선부장이 정무총감 혹은 문서과장을 통해 이를 조선에 전하고, 조선

---

56) 國民精神總動員忠淸南道聯盟, 『國民精神總動員聯盟要覽』, 136~137쪽.
57) 朝鮮總督府, 『朝鮮に於ける國民精神總動員』, 60~61쪽.
58) 총동원위원회와 간사회의 위원과 간사들이 조선중앙정보위원회와 간사회의 임원도 겸임하여 정동운동은 정보선전 전담기구와 결합되어 강화되었고, 정보위원회의 정보선전 역시 정동운동의 조직력을 바탕으로 한층 확대될 수 있게 되었다.

제3장 국민정신총동원운동과 농촌통제정책(1938.7~1940.10)

에서는 이를 수용하되 조선의 구체적 사정을 참작하여 총동원위원회와 간사회, 조선연맹 이사회, 조선중앙정보위원회와 간사회에서 협의 검토하여 실시사항을 결정하였다.59)

그리고 총독부와 조선연맹에 대한 연락 사무는 종래의 학무국 사회교육과에서 관방문서과로 이관되었다. 이는 정동운동이 학무국과 같은 일부 국의 사업이 아니라, 총독부 전체 기관이 총동원되어 기획 심의해야 할 정도로 중요하다는 인식에서 나온 것이다. 道府郡島에서도 초기 정동운동 관련 업무분장을 '사회교화에 관한 사무' 등에 포함시켰던 것을, 1939년 10월 위와 같은 방침에 따라 '국민정신총동원에 관한 사항'으로 별도로 독립시켰다.60) 이로써 정동운동에 대한 총독부의 지도계통은 총독→정무총감→총동원위원회→간사회→관방문서과로 확립되었다(<그림 3-2>).

조선연맹은 고문·참여·상무이사·전무이사를 신설하여,61) 내부 기구를 정비하였다.

---

59) 「新東亞建設への指標」『通報』46, 1939.6.1, 5쪽 ; 「一切ヲ戰時態勢へ」 『통보』 52, 1939.9.4, 10쪽.
60) 朝鮮總督府, 『朝鮮に於ける國民精神總動員』, 167쪽. 총독부는 1939년부터 조선연맹을 통해 지방연맹에 국고보조금을 교부하였고, 도연맹은 정동운동 관련 전임직원을 두었다. 1940년에는 기존 도연맹의 전임직원 이외 道와 府郡島에 행정기관의 정동운동 '앞잡이'로 屬·雇員 511명을 증원하였다(『매일신보』 1940년 1월 7일자 「애국반의 지도자로 500명을 대증원」).
61) 「휘보」『조선』, 1939.6, 97쪽. 그런데 고문과 참여는 그 이전에도 설치된 것으로 되어 있다(조선총독부, 『朝鮮總督府時局對策調査會諮問案參考書(生活ノ刷新ニ關スル件)』). 1939년 4월 이전까지 별다른 활동이 없거나 소수의 형식적으로 있던 것을 이때, 보완한 것이 아닌가 한다.

〈그림 3-2〉 국민정신총동원운동 조직도

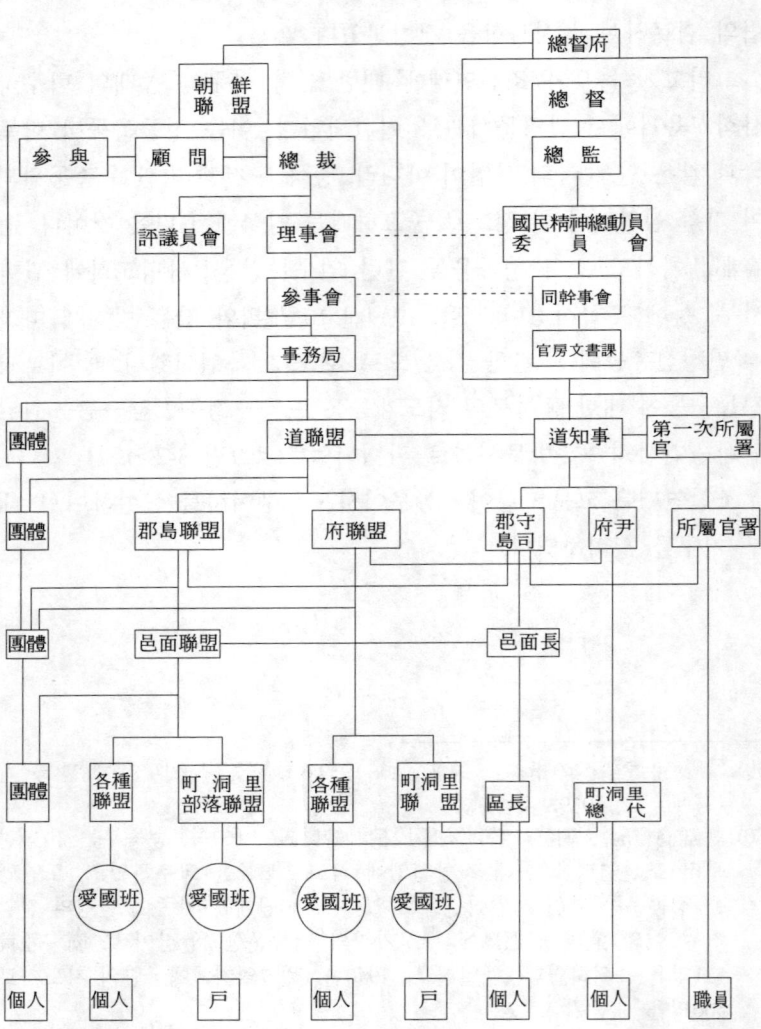

자료: 朝鮮總督府,『朝鮮に於ける國民精神總動員運動』, 47쪽을 수정 작성.

제3장 국민정신총동원운동과 농촌통제정책(1938.7~1940.10)   185

총재・고문・참여・평의원・이사장・이사・참사・감사로 구성되어, 정무총감은 총동원위원회의 위원장 겸 연맹의 고문을 맡았고, 조선군사단장・군참모장이 고문과 참여에 진출했고, 이외 李王職長官・中樞院副議長・고등법원장・대학총장・도지사・중등학교장・은행과 회사의 장 등 각계 유력 인사들이 임원으로 활약했다.62) 조직개편 결과 조선연맹은 민간 주도로 개조되어야 한다는 주장과는 달리 '총독부의 분위기' 즉 관 주도적 성격이 더욱 강화되었다. 조선연맹은 형식적인 민간인 총재 아래 총독부 고위 관리와 군수뇌부・민간인 유력자를 망라한 강력한 조직체로서, 사무국의 지원을 받아63) 정동운동을 강행할 수 있는 제도적 장치가 확립되었다.

한편 하부조직도 재편되었다. 조선연맹은 앞에서 언급한 대로 1939년 2월 일본정신발양주간을 전후하여 애국반을 빠짐없이 결성하도록 통첩하면서, 정동은 "가맹의 자유의지 규정을 뛰어넘어 강제력을 띤 국민조직으로 육성"되어 갔다.64)

애국반원(=호대표)의 수치로써 총 호수 중 몇 %가 가입했는지를 계산하려면, 정동리부락연맹 아래 애국반원의 수치를 사용해야 한다. 각종연맹의 애국반원 수는 해당 기관이나 단체의 직원으로, 이들은 원칙적으로 거주지 정동리부락연맹의 애국반원이 되기 때문에, 이들을 포함하면 조선연맹에 가입된 총 호수의 숫자는 실제

---

62) 堂本敏雄, 「朝鮮に於ける國民精神總動員運動」, 49~50쪽.
63) 사무국 직제는 초기에는 전무참사가 주임으로 그 아래 주사・서기・고원 등을 두고 업무를 처리했는데, 1940년 5월 직제와 업무분장을 개정하여 총무・기획・선전의 3과 아래 11계를 두었다(『총동원』 2-6, 1940.6, 102~103쪽). 사무국의 구조화가 이루어져서 업무의 분담과 조정이 가능하게 되어, 조선연맹의 사업을 효율적으로 전개할 수 있게 되었다.
64) 森田芳夫 편저, 『朝鮮に於ける國民總力運動史』, 34쪽.

와 괴리된 허수가 된다. 따라서 조선연맹이 총 호수 중 어느 정도를 장악하고 있는지를 확인하기 위해서는, 지방연맹 산하 정동리부락연맹의 애국반원 수에 따라야 한다. 1939년 12월 현재 정동리부락연맹의 애국반원은 약 405만명으로, 이는 전체 총 호수 429만 중 94%에 해당하였다.[65]

총동원위원회는 6월 27일 정동운동의 조직세포 강화와 관련하여 종래 애국반 밑에 바로 개인이라고 규정했던 부분을 재검토하였다. '애국반→개인'이라고 되었는데, '개인'은 사실상 한 가구의 대표 즉 가장=호대표였다. 그러나 이때 '개인'을 '戶'로 고쳐 애국반이 호대표로 구성되었음을 명시하려고 했다. 즉 총동원위원회에서는 애국반 아래 단위를 '집'(호)으로 하고, "집 밑에 새로 개인을 종속하여 가장을 중심으로" '단결'하여 애국반을 강화해야 한다는 데 합의하고, 이사회를 개최하여 이를 결정한 뒤 각 도에 하달하였다.[66] 이와 관련하여 문서과장은 조선연맹 이사장 앞으로 기존 조직망의 애국반과 개인 사이에 戶를 넣어 조직도를 정정하는 것을 검토하라고 했다. 즉 '애국반→개인'을 '애국반→호→개인'으로 변경하는 것이 가능한지 검토하라는 것이다. 이에 조선연맹은 가족제도상 개인은 전부 家(=戶)에 포함됨으로 개인을 연맹에 가입시키는 형식을 취하지 않고 '家'에 포함된 채, 家(호=호대표=가장)의 가입으로 자동적으로 개인이 가입된다는 논리를 제시했다.[67] 이런 논의를 거쳐 말단조직은 '정동리부락연맹→애국반→호'로 조정되어 '개인'이 삭제되었다.[68] 즉 개인을 戶의 일원으로 보고, 개

---

65) 주 46) 참조.
66) 『東亞日報』 1939년 6월 28일자 「애국반의 결성 단위, '家庭'으로 결정」.
67) 「精動運動組織圖解ニ關スル件」(1939.7.10) ; 「國民精神總動員運動組織圖解ニ關スル件」(1939.9.23), 朝鮮總督府, 『朝鮮に於ける國民精神總動員』, 165~166쪽.

인의 집합인 戶를 국가 사회의 한 단위로 파악하는 방식을 채택한 것이다. 이는 국가총력전이라는 급박한 정세 앞에 전체 민중을 하나의 조직으로 망라하기 시작한 것이 정동운동에서 처음 시도된 만큼, 효율적으로 개개인에 대한 통제력을 행사하는 데는 戶 단위로 하는 것이 최선이라고 판단한 듯하다. 또한 일제는 1933년 상속법의 재조정과 1939년 조선민사령의 개정으로 한층 더 일본식 家제도로 조선의 가족제도를 개편하고 가장권을 강화하여, 家와 家長에 대한 개인의 예속성을 심화시켰다. 따라서 '개인'의 삭제는 정동운동 아래 자유주의와 개인주의가 부정되고 전체주의가 확산되는 것과 같은 맥락에서 이루어진 것이다.

그러므로 정동운동의 하부조직은 초기의 '정동리부락연맹→애국반→개인'에서(<그림 3-1> ①), '정동리부락연맹→애국반→호'(<그림 3-1 ②>)로 재조정되었다. 정동운동을 통해 총독부라는 "최고의 지령자가 단추를 한번 누르면 전 조직망의 벨이 일제히 높이 울리고, 각 개인 각 애국반이 일순간 각각 부서에서 일어나 일사불란한 활동을 개시할 정도"로[69] 전국적이고 계통적인 조직망의 기본틀을 갖추었다(<그림 3-2>). 일제는 이렇게 애국반을 통해 戶를 매개로 개인을 통제하게 되었으나, 전시동원이 한층 확대될수록 직접 개개인의 능력과 물자를 통제할 필요성이 증대되었다. 1940년 10월 정동운동을 흡수하여 성립하는 국민총력운동의 단계에 이르면 개인까지 국가 관리의 대상으로 명문화된다('정동리부락연맹→애국반→호대표→개인').[70]

---

68) 그러나 '애국반→개인'과 '애국반→호' 사이에 '애국반→호→개인'이란 세포조직도 작동된 것으로 보인다(堂本敏雄, 「朝鮮に於ける國民精神總動員運動」, 48쪽).

69) 奧山仙三(專務參事), 1940.4, 「國民精神總動員ト國民總訓練」『總動員』 2-4, 25쪽.

한편 조선연맹규약도 재검토되었다. 종래 1938년 7월에 제정된 규약 제4조에는 "본 연맹은 본 운동에 관해 당국의 자문에 응하고 혹은 당국에 건의하는 것이 있을 수 있다"고 하여, '자문'에 대한 답신 혹은 '건의'로 정동운동의 정치성 여부에 대해서는 애매한 태도를 보였으나, 1939년 4월 개정된 규약 제4조에는 "본 연맹은 정치에 간여하는 것이 없다"[71]고 하여 정동운동의 비정치적 성격을 분명히 하였다. 조선연맹은 관을 대신하여 조선민중의 황국신민화를 통한 내선일체화를 궁극의 목표로 정치에 일체 관여하지 않은 채 총독부의 외곽단체·보익기관으로서 오직 통치에 협력해야 했다. 조선연맹의 이런 성격에서 정동운동은 조선민중을 향해 권리주장이 아니라 의무와 책임을 강조하고, 이를 조장하기 위해 그 이념 즉 국민정신=천황중심주의를 조직망을 가동하여 확산시켰다.

조선연맹을 외곽단체로 규정하는 근거는 이런 규약의 내용, 총독부 총동원위원회의 설치 그리고 총독부로부터 국고보조금을 받아 전시동원정책을 지원하는 활동을 했다는 사실에서 알 수 있다. 국고보조금은 1939년도부터 책정되었으며, 이 해 24만 6천원이 조선연맹에 지급되었다.[72] 총독부로부터 보조금을 받았다는 것은 조선연맹이 관변단체임을 증명하는 중요한 조건이다.[73] 조선연맹은 '강력한 총독정치의 외곽기관'으로 '국민운동' 조직으로서 기능하기 위해, 각종 사회단체를 흡수하거나 협력관계를 형성해갔다. 조선연맹이 규합한 단체는 70여 개에 이르렀고, 사회·산업·문화·종교 등 각 방면의 가맹단체는 정동운동의 지도원리에 따라 활동하게 되었다.[74]

---

70) 제4장 272쪽 참조.
71) 森田芳夫 편저, 『朝鮮に於ける國民總力運動史』, 80·82쪽.
72) 森田芳夫 편저, 『朝鮮に於ける國民總力運動史』, 37쪽.
73) 堂本敏雄, 「朝鮮に於ける國民精神總動員運動」, 52쪽.

제3장 국민정신총동원운동과 농촌통제정책(1938.7～1940.10)

 한편 1939년 8월 조선연맹은 연맹추진대를 설치하였다. 추진대원이 될 수 있는 자격은 부여중견청년수련소의 수료자, 지원병으로 제대 혹은 휴가 중 정동운동과 관련된 강습을 받은 자, 홍아근로보국대 조선부대원으로 훈련을 받은 자, 기타 조선연맹과 도연맹에서 자격을 인정받은 자 등이었다. 이들은 도연맹 총재로부터 임명을 받고 도연맹에 소속되어 지방연맹 혹은 애국반의 장을 따라 정동운동의 정신과 각종 시설이 말단에까지 관철되도록 제일선 활동분자로 활약했다. 추진대원은 조선민중의 총훈련・황민화 과정에서 첨병과 같은 역할을 했다. 조선연맹에는 추진대연락부가 있어 각 도연맹추진대를 총괄적으로 통제 지휘하였다.[75]

 1939년 2월 일본정신발양주간 행사를 고비로 어느 정도 정동운동의 조직이 완료될 무렵, 전국적인 조직망의 확립을 마무리짓는 차원에서 총독부는 1939년 5월 26일 총독부 내 관리를 전부 포함하여 국민정신총동원 '本府聯盟'을 결성하였다. '본부연맹'은 애국반 37개, 몇 개의 애국반으로 조성된 組 88개, 가맹 반원 2,573명으로 구성되었다. 총독과 정무총감 역시 官房愛國班의 일원으로 또 가정에서는 町연맹의 애국반원으로서 역할하고 있음을 보이면서,[76] 지방연맹과 연맹원의 적극적인 운동을 촉구하였다. 그 해 여름 "한발이 연맹의 조직을 일반 민중에게 인식시켰다고 해도 좋을 것"[77]이라고 하듯이, 대한발은 정동운동의 농촌 지배력을 확대시키는 주요한 계기가 되었다. 정동운동은 특히 애국반의 활약으로

---

74) 朝鮮總督府, 1944, 『朝鮮の國民總力運動-附大日本婦人會朝鮮本部槪況』, 6쪽.
75) 「精動聯盟ニ推進隊新設サル地方ニ於ケル運動ノ推進分子トシテ」 『總動員』 1-10, 1939.10, 64～65쪽.
76) 『매일신보』 1939년 5월 27일자 「정신총동원운동의 3대 眞髓를 피력」 ; 朝鮮總督府, 『朝鮮に於ける國民精神總動員』, 53쪽.
77) 山木仁(忠淸南道聯盟係), 1940.4, 「指導者に就いて」 『總動員』, 76쪽.

전시식량대책과 한해구제사업을 전개하면서 조직을 확대하는 한편, 단지 일본정신의 주입 등의 황민화를 위한 정신통제만이 아니라 물심양면에 걸쳐 활동영역을 확장하면서,[78] 전시생활체제를 구축하는 데 앞장섰다.

3) 조직 확충의 성격

1939년 12월말 현재 외견상 전 인구의 94%까지 포섭한 것으로 되어 있는 정동운동의 조직이 실제 충분히 기능하였는지 확인할 필요가 있다. 정동운동이 지방사회에 대한 통제력을 어느 정도 확보하고 있었는지를 1938~1940년도 조선연맹의 세입출 예산을 통해 검토해 보자.

<표 3-1>을 보면, 조선연맹은 1938년에는 기부금으로 세입 예산을 확보했고, 1939년부터 총독부의 국고보조금을 받기 시작했다. <표 3-2>의 세출 예산 중 '보조비'은 조선연맹에서 도연맹 이하 지방연맹에 대한 보조금인데, 1938년도에는 세출 예산 101,000원 중 13%인 13,500원이 이에 할당되었다. 1939년도 세입 예산은 334,416원으로 전년도보다 3.3배 증가하고, 그 중 국고보조금은 73.5%를 차지하였다. 정동운동이 4월에 조직의 개편을 계기로 조직망 확충에 치중한 만큼, 지방연맹을 지원하는 '보조비'도 전년도에 비해 약 6.7배 증가하여 전체 세출 예산의 26.9%에 이르렀다. 그러나 세입 예산의 73.5%를 차지하는 국고보조금 24만 6천원 중에서 63.4%에 해당하는 15만 6천원이 조선연맹에, 나머지 9만원이 도연맹 이하 읍면연맹으로 배정되었다. 예산이 중앙의 지휘부에 치중해 있고 실제 지방사업에는 22.6%만이 지원될 뿐이었다.

---

78) 森田芳夫 편저, 『朝鮮に於ける國民總力運動史』, 40쪽.

제3장 국민정신총동원운동과 농촌통제정책(1938.7~1940.10)   191

<표 3-1> 조선연맹 세입 예산

구 분	1938	1939	1940	1941
재산수입	-	3,924원	6,652원	12,152원
국고보조금	-	246,000 (73.5%)	156,110 (27.5)	505,640 (65.4)
機關誌수입	-	-	13,980	23,000
기부금	100,000원	59,600	64,188	73,399
繰越金	-	20,000	215,000	138,580
세입 합계	101,300 (100)	334,616 (100)	568,123 (100)	773,339 (100)

자료: 森田芳夫, 『朝鮮に於ける國民總力運動史』, 150쪽을 인용, 재작성.
비고: 세입예산 항목은 일부만 제시함.

<표 3-2> 조선연맹 세출 예산

구 분	1938	1939	1940	1941
급 료	18,300원	52,460원	24,720원	39,792원
雜 給	8,660	21,807	27,815	35,129
기획조사비	-	3,000	-	4,750
행사諸費	-	6,000	4,000	1,880
선전諸費	35,000	-	20,500	24,243
여 비	9,000	11,040	17,890	27,080
보조비	13,500 (13.3%)	89,890 (26.9)	13,300 (2.3)	157,150 (20.3)
修鍊所 시설	-	54,600 (16.3)	200,000 (35.2)	112,590 (14.6)
세출 합계	101,300 (100)	334,616 (100)	568,123 (100)	773,339 (100)

자료: 森田芳夫, 『朝鮮に於ける國民總力運動史』, 151~153쪽을 인용, 재작성.
비고: 세출예산 항목의 일부만 제시함.

이렇게 1939년도 국고보조금이 조선연맹 중심으로 배정되었고, 지방연맹도 책정된 예산의 7~8할 이상, 때로는 전액을 사무비로 계상하여, 실제 '사업비' 즉 지방사회에 대한 통제력을 뒷받침하는 사업 등에 필요한 자금이 전혀 없는 쪽도 있었다고 한다.[79] 또 1940년도 세입 예산 568,123원 중에는 전년도 이월금(215,000원)이 약 38%를 차지하고 있었다. 국고보조금을 포함한 1939년도 예산의 64%(215,000/ 334,616원)가 사용되지 못하고 이월된 것이다. 따라서 1939년 정동운동은 외형적으로 거대한 조직을 구축했으나, 후속 지원이 제대로 뒤따르지 않아 조직의 기능 즉 지방사회에 대한 통제력이 약했다고 볼 수 있다.

1940년도 국고보조금은 전년도 246,000원보다 89,890원이 줄어 156,110원이 배정되었는데, 이는 1939년도 액수의 63%에 해당했다. 또 조선연맹의 세출 예산 중에 지방사업과 관련된 '보조비'는 불과 2.3%였다. 이런 수치도 1940년도 역시 정동운동의 조직이 지방사회를 충분히 통제하지 못했음을 반증한다고 할 수 있다. 일제는 1939년 9월 제2차 대전의 발발, 1940년 8월 '大東亞共榮圈'의 구상 발표, 9월 독일・이탈리아・일본 3국 군사동맹의 체결로 대외침략 전쟁이 확대되는 급박한 정세에 대처하기 위해, 국가 사회체제를 전면적으로 재편해야 했다. 소위 고도국방국가의 건설을 위해 개인주의적 요소는 전면적으로 부정되고 전체주의 아래 모든 자원이 전쟁수행에 동원될 수 있도록 전시체제로의 대전환을 앞둔 상태에서, 정동운동의 지방사업은 크게 진전될 수 없었다. 국민총력운동이 등장한 뒤 1941년도 국고보조금이 1940년에 비해 3.2배 증액되어 전체 세입 예산의 65.4%를 차지하고, 세출 예산에서 지방사업과 관련된 '보조비'가 전체 세출 예산의 20.3%로 전년에 비해 10배 이상 늘었다.

따라서 정동운동을 흡수 재편한 국민총력운동에 와서 지방연맹의 기능이 본격적으로 발휘되어 지방통제력이 확대 강화되어 갔다

---

79)「各道聯盟事務擔當者打合會開催さる」『總動員』 2-1, 1940.1, 78쪽.

제3장 국민정신총동원운동과 농촌통제정책(1938.7～1940.10)

고 할 수 있다.

그러나 1940년 세출 예산 중 '修鍊所 시설' 항목에 주목할 필요가 있다. 이 항목은 전체 예산의 35.2%를 차지하여 전년도에 비해 약 3.7배가 증가하였다. '수련소'란 1939년 8월 부여에 설치한 조선총독부중견청년수련소이며 이 곳은 도연맹의 추진대원 양성소로 출발하였다.80) 이 곳을 나온 청년들은 대개 추진대원으로 활약했을 것으로 보이는데, 수료자는 1939년 149명・1940년 438명・1941년 8월말 현재 296명이었다.81) 수료자가 1939년과 1940년 사이에 약 3배로 증가했고, 이때 세출 예산도 3.7배로 확장되어 서로 대응관계를 보이고 있다. 조선연맹은 1939년까지 조직망 확충에 주력했고 1940년에는 본격적으로 조직을 가동시킬 시점이었다. 그러나 급박한 정세에 대응할 수 있게 전면적인 개편을 앞둔 상황에서82) 조선연맹은 지방사업을 확대하기보다 정동운동을 저변화시키는 데 선구적인 인물 즉 추진대원의 양성에 주력했다고 생각한다.

따라서 정동운동은 본래의 목적인 황민화・전쟁동원협력을 위한 전시체제의 기본 토대를 확립했고, 이후 국민총력운동은 정동운동(농진운동 포함)이 구축해 놓은 조직과 활동을 흡수 재편하여 전시체제를 확충해 갔던 것이다.

---

80) 鹽原時三郞, 「精動運動の運用」, 17쪽 ; 조선총독부학무국사회교육과, 1941, 『조선사회교화요람』, 42쪽.
81) 조선총독부학무국사회교육과, 『조선사회교화요람』, 44～45쪽.
82) 해당 연도의 사업은 4월부터 시작되고, 그 해 7월 26일 각의에서 신체제로 개편과 관련된 '기본국책'이 결정되어(『總動員』 2-9, 1940.9, 80쪽), 정동운동은 1940년에 그 조직 자체를 충분히 가동시키기 어려웠지 않았나 생각된다.

2. 말단조직 부락연맹과 애국반

정동운동이 이념과 목표, 구조를 갖춘 조직으로 전시체제를 구축하는 데 중심적 역할을 담당하려면, 항상 훈련하여 "언제라도 국가가 원하는 방향으로 움직일 수 있는 태세"를 갖추어야 했다. 이를 위해서는 무엇보다 말단조직이 중요했다. 부락연맹은 애국반과 함께 '실천망'으로 규정되어, 지방연맹 중에서 말단에 위치하고 있었다. 부락연맹은 농촌진흥회와 마찬가지로 농민의 생활의 場인 촌락 단위로 설치되었다. 농촌진흥회가 도별 규약 아래 조직되었다면, 부락연맹은 조선연맹이 제시한 '규약 준칙'에 따라 전국적인 통일성을 유지하면서 조직되었다. 이는 정동운동이 전국을 대상으로 지역별 독자성을 어느 정도 인정했지만 통일성을 확보하려고 했던 것과 맥락을 같이 하는 것이다.

그러나 정동운동 이전에 농진운동이 전개되어, 동일한 촌락을 대상으로 농촌진흥회와 부락연맹이라는 두 개의 운동 조직이 서로 경합하는 양상을 보이기도 하였으므로, 그 때 일어나기 쉬운 혼란을 가급적 미연에 방지하려는 노력이 있었다. 부락연맹은 농촌진흥회와 함께 병설되거나 혹은 농촌진흥회에 정동운동의 명칭을 결합하여[83] 성립된 '부락진흥회연맹'이 양자를 대신하기도 하고,[84] 때로는 농촌진흥회가 그대로 부락연맹의 역할까지 실행하는 경우도 있었다.[85]

충청남도는 읍면연맹의 말단 조직과 관련하여, 촌락에는 里聯盟

---

83) 「國民精神總動員聯盟ニ關スル件」(1939.3.16), 朝鮮總督府, 『朝鮮に於ける國民精神總動員』, 137쪽.
84) 京城日報社, 1941, 『朝鮮農業の道』, 184쪽.
85) 森田芳夫, 『朝鮮に於ける國民總力運動史』, 32쪽.

없이 갱생공려부락·공려조합(=농촌진흥회)·공려조합 설치예정 부락을 단위로 부락연맹을 결성하고, 그 간부를 구장·공려조합과 진흥회의 간부가 겸임하도록 하여 농진운동과 조직상 마찰을 초래하지 않도록 했다.86) 다른 도에서도 충청남도와 비슷한 방침에 따라 부락연맹을 농촌진흥회의 기반 위에 설치하였다. 전라북도는 우선 기존 농촌진흥회를 '읍면연맹의 세포기관'으로 이용하여 부락연맹의 설치를 보류하고 대신 애국반만 1939년 2월 기원절을 계기로 일제히 결성하여 일단 조직의 틀을 갖춘 뒤, 다시 상하 일관된 조직을 구축하는 차원에서 7월 7일 중일전쟁 3주년 기념일을 기해 촌락마다 부락연맹을 설치하여 실천망을 완료한다는 방침이었다. 또한 전북은 1940년 3월 도연맹의 규약을 개정하여, 목적 및 사업 속에 농진운동의 강화철저에 관한 사항을 추가함과 동시에, 부군읍면 부락연맹에서도 똑같은 내용으로 규약을 개정하여 양 운동의 표리일체 불가분 관계를 공고히 하려고 했다.87)

일제는 이상과 같이 부락연맹과 농촌진흥회의 일체화 혹은 구장·농촌진흥회장·부락연맹이사장의 3위일체를88) 실현하려고 했고, 도 이하 지방에서도 이러한 방침에 따르려고 노력했다. 정동운동과 농진운동을 표리일체로 진행시키는 것은 일선관계자들에게 '철칙'이었다고 한다.89) 황해도를 보면 부락연맹의 이사장은 興風會의 위원장(농촌진흥회 회장에 해당), 애국반장은 각 위원(흥풍회 산하 부문별 실행위원)이 맡았고, 농촌진흥회의 월례회도 부락연맹의 총회와 일치시켜 양자가 표리일체가 되도록 지도하고 있었다.90) 이렇듯 정동운동이 농진운동의 기반 위에 성립되어 양자의

---

86) 國民精神總動員忠淸南道聯盟, 『國民精神總動員聯盟要覽』, 118쪽.
87) 「精動全北聯盟の活動」, 50쪽.
88) 精動加平郡聯盟, 1940.6, 「我が郡の愛國班」『總動員』 2-6, 60쪽.
89) 山木仁, 「指導者に就いて」, 76쪽.

공존을 모색하고 있었다. 또 농촌진흥회의 활동이 잘 되고 있는 촌락에서는 부락연맹도 아울러 잘 되는 양상을 띠었다.91) 정동운동이 농진운동을 통해 일정하게 긴장, 통제와 동원의 소지가 마련된 상태에서 전개되었기 때문이었다.

애국반은 종래 5인조가 있던 곳은 이를 바탕으로, 없는 곳은 새로 조직하였다. 애국반은 10호 내외의 인접한 이웃끼리 결성되므로 단결과 기동력을 발휘하여, 정동운동 관련 사항들이 일상 생활화하는 데 중요한 기능을 했다.92) "연맹은 먼저 애국반부터 일어나지 않으면 안된다"는 것도 이 때문이다. 정동운동이 황국신민화를 목표로 하되 전시체제를 광범위하게 지원하고 있었기 때문에, 애국반 역시 사회 경제 문화 등 모든 부문 조직의 세포로서 활약하였다. 따라서 애국반은 부락연맹 혹은 농촌진흥회의 세포 조직으로 정신운동과 경제운동(생산확충운동)에 걸쳐 그 기능을 발휘하고 있었다.93)

전국적으로 애국반의 결성이 완료되어 갈 무렵, 총동원위원회 산하 간사회는 애국반의 적극적인 활동을 유도하기 위해 몇 가지 대책을 마련했다.94) 첫째, 조선연맹 총재가 간단한 격문을 애국반장 앞으로 발송하여 분기를 촉구하고, 둘째, 부락연맹마다 애국반장의 회합을 수시로 개최하여 상호 연락망을 확보하도록 했다. 셋째, 이웃한 애국반을 서로 시찰하여 자극을 받아 분발하도록 했으며, 넷째, 애국반마다 적당한 勸獎제도를 두어 반원의 활동을 독려

---

90) 京城日報社, 『朝鮮農業の道』, 148쪽.
91) 山木仁, 「指導者に就いて」, 76쪽.
92) 精動加平郡聯盟, 「我が郡の愛國班」, 56쪽.
93) 御手洗辰雄, 1942, 『南總督の朝鮮統治』, 27쪽.
94) 「愛國班ノ活動ヲ積極的自發的ナラシムル方策ニ關スル件」(1939.9.6), 朝鮮總督府, 『朝鮮に於ける國民精神總動員』, 160~161쪽.

제3장 국민정신총동원운동과 농촌통제정책(1938.7~1940.10)

하며 실행사항을 필행하도록 하였다. 다섯째 愛國作業·좌담회 등을 통해 일본정신을 주입하여, "인심이 의거해야 할 바"를 알게 하도록 했다. 즉 전시동원과 관련된 불만스럽고 고통스러운 현실을 '일본정신'으로 완화, 적응시킨다는 것이다. 문서과장을 통해 이 통첩을 받은 조선연맹은 적당한 구체적 방책을 마련하여 지방연맹을 통해 실행해야 했다.

한편 도연맹마다 애국반의 활동을 촉진하기 위해 여러 가지 방안을 강구했다. 경기도는 1938년 7월 14일까지 부군연맹, 15일 도연맹의 결성으로 조직망을 완료했는데, 애국반은 町부락연맹에 속한 것 34,624개, 각종연맹에 속하는 것 3,528개, 합계 38,152개로 "물도 새지 않는 철벽의 연맹망"을 완성했다고 한다. 그 중에서 애국반의 활동은 "애국반원의 가정생활에까지 침투하는 것"이기 때문에 운동의 성패를 좌우할 만큼 중시되었다. 그래서 경기도는 1939년 10월 27일 '애국반활동기준'을 제정하여 애국반원이라면 "최소한도 실천해야 할 당면한 구체적 사항"을 제시했다.[95] 경기도가 조선의 '중추지구'인 만큼 정동운동의 동향도 이곳의 "편린을 미루어 바로 그 완전을 판단"할 수 있다고 하며 그 기준의 제정에 큰 의미를 부여했다. 또한 경기도는 반장의 標札을 제작하여 반장들에게 제공했다. 가평군에서는 애국반장의 門札과 반원의 門標을 집 앞에 걸게 했는데, 반장은 반원의 이름을 적은 表札를 집안에 붙여 두고 있었다.[96] 이런 문패류를 걸게 함으로써 애국반장과 반원은 모두 정동운동의 일원으로서 자신의 소속과 역할을 확인하고 그에 따라 자신의 행동을 규제해야 했다. 반장의 명부 작성은 문패류 내걸기와 함께 반장이 반원을 통제 감독하기 위한 기초 작업이었다.

---

95) 「我が道の愛國班」『通報』 70, 1940.6.1.
96) 精動加平郡聯盟,「我が郡の愛國班」, 60쪽.

이렇게 애국반을 강화하기 위한 대책들이 나오는 데는 애국반의 활동이 기대에 미치지 못하는 현실이 반영되기도 했다. 파주군 광탄면은 1940년 4월 1일부터 시행을 목표로 '愛國班指導會 취지와 회칙'97)을 만들었다. 일반 반원은 시국인식이 부족하고 지도자들은 그 사무가 복잡하여 철저하게 지도하지 못하여, 이로 인한 반원들의 소극적인 활동을 타개하기 위해 애국반지도회를 설치한 것이다. 애국반지도회는 면장을 회장으로 광탄면의 주요 관공서 임원·유력자와98) 애국반장을 포함하며, 이들은 일반 반원들의 선도자로서 모범을 보여 정동운동의 목표 달성에 노력해야 했다.

충청북도에서는 '국민정신총동원' '근로보국' 등과 같이 일상적으로 외쳐지고 있는 사항을 이해하기 쉽게 정리한 '애국반원지도의 栞'을 제작하였다. 이것은 거기에 담긴 사항을 반원들에게 실행시켜, "부지불식간에 연맹의 정신에 합치되게 하여 관습을 형성하고 국민성을 지니도록" 의도된 것이다. 애국반장 이상 지도자는 이 '栞'을 소지해야 했다. 또한 애국반장에게는 별도로 '애국반장반원지도의 心得'을 하달하여 반원 지도의 지침을 제시하였다. 첫째, 반장은 매월 1회 월말에 반원을 집합시켜 다음 달 애국일 행사 혹은 반원이 실행해야 할 사항을 합의하여 실행하도록 하고, 둘째, 반원이 집합할 때마다 '애국반원의 심득 및 생활기준'에 따라 반원이 마음에 새기고 있어야 할 사항과 실행 사항을 평이하게 설명하고 실천을 독려해야 했다. 셋째, 반장은 부락연맹이사장과 밀접한 연락을 취하여 부락연맹과 애국반의 행사가 상호 모순되지 않도록 주의해야 한다는 것을 주요 내용으로 하였다.

---

97) 「聯盟彙報」『總動員』2-4, 1940.4, 109쪽.
98) 면직원·학교직원·경찰관 주재소 직원·농촌진흥회위원·면협의원·경방단원 및 防共團員·부락연맹이사장.

제3장 국민정신총동원운동과 농촌통제정책(1938.7~1940.10)　199

　이렇게 애국반장은 반원을 지도할 요령을 체득한 뒤 '애국반원의 심득 및 생활기준'에 따라 다음의 내용을 반원들에게 전달하였다. 즉 정동연맹·애국반장·반원의 인원과 해당자·애국반의 목적·애국반원으로서 실천 사항 등을 숙지하고 있는지를 확인하고 그 실천을 종용하였다.99) 이로써 일제는 반원들의 가정 생활까지 파악하고 있는 반장들을 통해 정동운동의 기본 사항을 관철시킬 수 있는 체제를 확립하였고, 조선민중은 일상과 내면세계가 점차 황국신민적 소양으로 개조될 처지에 있었다.
　한편 조선연맹은 1939년 4월 조직 개편 이후 정동운동이 본격적인 개시에 들어갔다고 보고, 8~9월에 걸쳐 13개 도에서 순회강연회를 개최하였다. 강연을 겸해 강사들에게 각지의 애국반의 활동 상황을 시찰하여 조사 보고하도록 했는데, 애국반은 "관청의 지도에만 의뢰"하여 활력이 없는 등 정동운동이 기대에 못미치고 있다는 내용들이 있었다.100) 이에 1940년 2월 28일 조선연맹이사장은 각 도연맹 이사장 앞으로 총독·정무총감·연맹총재 등이 지방으로 출장갈 때에는 그 곳의 애국반이 반드시 사열을 받을 수 있도록 미리 조처하라고 통첩을 냈다. 그 내용은 첫째, 사열을 받을 때는 聯盟旗 및 班旗 아래 이사장이 선두에 서서 지휘할 것, 둘째 특히 擧指動作을 규율 바르게 시킬 것, 셋째, 이사장 또는 반장이 班의 상황(班名·班의 호수 인원수·실시 사항 및 성적 등)을 보고할 것, 넷째, 질문에 간단 명료하게 답변할 수 있도록 평소 훈련해 둘 것, 다섯째, 반원에게 자기 소속 반의 명칭 및 반장의 씨명·반 소속 연맹의 명칭·반의 호수 및 반원 수·반 조직의 의의 등을 언제라도 대답할 수 있도록 지도하라는 것이었다.101)

---

99)「精動忠北聯盟の活動」『總動員』2-6, 1940.6, 43~49쪽.
100)『동아일보』1939년 11월 29일자「자주력없는 애국반」.

일제는 이와 같은 훈련과 사열을 거듭하면서, 조선민중에게 '천황으로 귀일' '皇道 현양'이라는 관념을 부식시켜 가고 있었다. 조선민중은 말단조직 부락연맹과 애국반에 편입되어 '반원의 심득과 생활기준', 3절에서 언급할 '실천요목'을 생활의 일부로 수용하고 확인 검증을 받으면서, 점차 생활이 규율화되었으며 내면세계를 구속받고 있었다. 일제에 따르면 과장된 표현이지만 이 무렵 "3세의 아동도 이 단어(내선일체: 필자 주)를 모르는 사람이 없다"고[102] 하였다. 정동운동의 조직망이 충분히 기능하지 못하고 있었다고는 하나, 농진운동의 조직적인 경험과 결합되어 식민지권력은 일상까지 침투하고 있었음을 알 수 있다.

3. 이념: 천황제 이데올로기 공세의 본질

일제는 모든 부문의 총동원을 달성하는 데 "법령의 힘으로 강제하기보다도 국민의 마음으로 이해로 실현"되어야 한다는 사실을 거듭 확인했다. 즉 국가총력전에 필요한 인적 물적 자원을 동원하는 데 따르는 사회 활동과 일상 생활상의 불편·부자유를 조선민중이 개의치 않고, 평소라면 불가능한 것을 가능하게 만들도록 획책하기 위해서는 '고도의 정신력 발휘'가 전제되어야 한다고 인식했다. 그리고 일제가 원하는 대로 모든 민중이 이러한 정신력을 견지하도록 조직망의 구축과 함께 수긍하고 납득할 만한 새로운 지도 이념을 제시하려고 했다. 그 이념은 연맹과 연맹원에게 정동운

---

101)「聯盟彙報」『總動員』2-4, 1940.4, 104~105쪽.
102) 鹽原時三郎, 1939,「國民精神總動員運動について」, 국민정신총동원 경기도연맹,『國民精神總動員講演錄』, 경성, 12쪽.

동의 방향, 그 활동 기준을 제시하여 체제협력적인 행동을 촉발시키고, 이를 유지 지속시키는 데 적절한 것이어야 했다. 또 정동운동이 사회 모든 부문에 걸쳐 전개되는 만큼, 모든 활동의 지표가 될 수 있도록 추상적이고 보편적인 이념이 있어야 했다.

정동운동이 중일전쟁 이후의 체제 공고화까지 염두에 두고 전개되었기 때문에, 그 이념은 당시 대표적인 정치적 구호이던 황민화·내선일체의 근간을 이루는 천황제 이데올로기였다. 일제는 이것을 난국 타개의 원동력으로 삼아 조선민중의 삶과 활동의 지표로 저변화시키려고 했다. 일제는 정동운동을 전개하면서 조선통치 이래 가장 적극적으로 천황제 이데올로기를 구성하는 일본정신·국체명징·경신숭조 등과 같은 개념을 각종 선전 매체를 통해 홍보했고, '감성'을 자아낼 수 있도록 그 이데올로기를 윤색하였다. 그 내용을 보면 우선 일본은 "고래부터 강한 단결심 즉 국가를 위해 유용한 역할을 하려고 하는 전체주의의 가족제도"와 "자신과 自家의 것을 생각하지 않고, 국가의 것만 생각하고 행동(하는)" '국민정신' 즉 일본정신이 있다고 하였다. 역사 속에서 거국일치적 정신총동원의 경험을 강조하고[103] 현 시국을 이겨내기 위해서는, "우리 국민성을 통해 이미 시험을 마친 이러한 방식"을 수용해야 한다고 했다.[104]

일본정신에 의하면 천황은 현인신으로 정치적 윤리도덕적으로 최고의 권위를 지니고 있으며, 천황과 황실은 모든 것의 중심이었다. 이런 천황과 백성의 관계는 인체에 비유하면, 천황은 즉 두뇌(頭首)로 百體인 백성은 그 명령을 따라야 하는 것이다. 즉 일신을

---

103) 肥塚正太(精動京城聯盟 專務理事), 1940.10, 「芋コヂの話」 『總動員』 2-10, 84쪽.
104) 京城府總務部時局總動員課, 1939, 『愛國班に就て』, 3쪽.

주재하는 천황과 四肢 百體인 백성이 결합하여 건강한 몸을 조성하다가, 발끝의 아주 작은 통증이라도 천황이 이를 지각하여 눈코 손발(股肱)에게 구호하도록 명령하는 것과 같다고 하였다. 이에 따라 국가·사회적으로 만약 천황에게 위협이 있는 경우, 백성은 총동원하여 희생을 돌아보지 않고 방어해야 하는 의무가 있는 것이다.[105]

이와 같이 개개인은 머리인 천황의 의지에 따라 움직이는 팔다리와 같은 존재이며, 주체적 자아가 형성되지 않은 赤子인 것이었다. 천황이 백성을 적자로 자애하기 때문에, 백성은 권리를 요구하지 않고 단지 "폐하가 이 나라를 경영하게 그 일손을 거든다"는 萬民輔翼의 정신으로 純一無雜해야 하는 것이다. 권리란 '舶來'한 것이고 일본정신적인 것이 아니었다.[106] 일제는 이런 일본정신이란 것을 '일본의 전통'으로 강조하면서 그 회복을 주장했다. 즉 일본민족은 神代부터 "이기·아집의 미혹을 깨고 본래의 命을 발휘"하는 '大幸福의 길'을 알고 있었고, 지금은 이런 '일본민족 본래의 생활로 돌아(가)'는 것이 중요하다고 했다. 정동운동이 일어난 원인은 이러한 일본정신을 덮고 있는 "모두 육체적 욕망에 기초한 바의 이기·아집·배타의 마음가짐을 고치(기)" 위한 것이었다.[107]

이런 국체관념에 입각한 일본정신=천황중심주의는 일본인에게는 '전통적 신념 및 정조'이고 '피가 되고 육신이 되어' 있지만, 조선민중에게 이해시키기는 쉽지 않다고 하였다.[108] 그러나 일제는

---

105) 安寅植(明倫專門學校 교수), 1944.4,「皇道儒學の本領」『조선』, 28쪽.
106) 鹽原時三郎,「國民精神總動員運動について」『國民精神總動員講演錄』, 국민정신총동원경기도연맹, 17쪽.
107) 坂本昌之(修養團 총무이사·國民精神總動員朝鮮聯盟參事),「國民精神總動員の根幹」, 국민정신총동원경기도연맹,『國民精神總動員講演錄』, 134·140쪽.
108) 山木仁,「指導者に就いて」, 76~77쪽.

기본적으로 조선민중도 강점으로 "원래대로 우리들의 宗家로 돌아와 하나의 몸이 되었기에" 국체명징을 통해 황국신민화해야 한다고 하면서, 천황의 절대 권위를 합리화하기 위해 그 논리를 더욱 정치하게 강화하였다. 天照大神은 영원한 황위의 수호이며 무상 절대의 신령이었다. 천황은 그의 후손이며 국민은 '천황의 分身分靈'인데 "천황만 現人神이고 국민만 獸人일 수 없다"고 하였다. 국민은 "천황의 심경을 깊이 충분히 새겨 알아, 私念 邪心을 버리고 천황의 大御業에 익찬봉사함"으로써 "神이 되는 것이 결코 불가능하지 않다"고 하였다.109) 또 일제는 일본이란 국가가 "천황을 중심으로 하는 실로 존귀하고 성스러운 統體"라는 사실을110) 조선민중에게 세뇌시키고, 이 사회에 "생을 누리고 있는 동안 사회에 대한 은공" '보은의 길'이 있어야 한다고 했다.111) 천황제 국가의 정책 앞에 "자기의 小我를 없애고, 국가 유구의 大我에 합체"하는 희생봉사의 각오와 신념에 따라 모든 힘을 쏟아 붓는 '진충보국'하는 자세가 '보은의 길'이었다.

그리고 일제는 천황중심주의를 각인시키는 한 도구로 조선민중의 풍속 관습에 깊이 배어 있는 유교를 활용했다. 소위 황국신민된 자각의 중심은 "만세일계의 천황을 지고로 숭배하는 데 있음"으로, "君國에 一身 一家를 받칠 수 있는 臣道의 기초를 배양"하는 데 유교는 매우 유용했다. 유교의 綱常의 윤리는 萬古不易의 도로서 인간은 이를 떠나서는 생존할 수 없다고 하고, 천황은 神의 嫡統, 모든 백성은 그 庶系로서 臣民이라고 하여,112) 양자를 종가와 분가

---

109) 「現人神を仰げ」『通報』 70, 1940.6.1, 1쪽.
110) 八木信雄(총독부학무과장・조선연맹 參事), 1940.5, 「切に學校敎職員の奮起を望む」『總動員』 2-5, 19쪽.
111) 李鍾萬, 1940.8, 「報恩의 생활」『농업조선』.
112) 「行政論壇」『朝鮮行政』, 1939.7, 55쪽.

의 관계로 설정했다. 또 유교에서 효의 일환으로 중시했던 崇祖의 관념을 사회적으로 크게 고취시켰다.113) 천황은 가족국가관념에서 최고의 尊屬이며, 국민 전체 家長이며, 천황의 조상은 국민전체의 조상이 된다. 이와 같은 유교의 숭조 관념에서 천황에 대한 존숭은 자연스럽게 되었다. 또 천황을 신으로 받들도록 하기 위해, 숭조 관념에다가 敬神思想을 결합하여 조상을 신으로 경배하게 하고, 그 정점에 천황을 위치시켰다.114)

또한 일제는 일본정신을 고취시키기 위해 그 근저를 이루는 武士道의 정신을 부활 내지 한층 촉진하는 정책을 추진했다. 代役·殉死·명예·節義를 존중하는 무사도 정신에 따르면, 일본정신에 반하거나 국체에 어긋나는 행위를 '적' '사악'으로 규정하고 이를 격퇴하는 데 '하등 두려워할 것'이 없다고 한다. 즉 천황을 위한다는 '대의명분'만 주어지면, '언제라도 목숨을 거는 것'이 가능하다는 것이다.115) 이런 상무정신과 무사도적인 희생과 복종심은 학교 교과목의 체조 시간 또는 지원병제도와 유도·역기·검도·궁도·승마·등산·원거리 보행 등 스포츠를 통해 주입되었다.116)

---

113) 1930년대 심전개발운동과 정동운동에서 유교를 크게 활용하는 정책을 취할 때, 조선 사회에서는 문집과 족보 발행 등이 크게 일어났다.
114) 일제는 이렇게 천황숭배라는 소위 일본정신을 뒷받침하는 유교를 皇道儒學이라 하고, 유교 관계자에게 일본의 역사와 함께 일본인 先哲志士의 언행과 그 시문 등을 담은 문헌을 제공 숙독시켜 사상적 전환을 끌어내려고 했다(조선총독부학무국사회교육과, 『조선사회교화요람』, 69쪽).
115) 梁村奇智城, 『國民精神總動員運動と心田開發』, 56~57쪽 ; 菊池寬, 1940.10, 「事變と武士道」『總動員』 2-10, 43~46쪽.
116) 이때 일제는 "목전의 중대 문제는 국민정신의 消磨, 시국인식의 방해의 여러 원인을 제거하고 참된 국민정신총동원을 철저히 시키는 것"인데, 현재 스포츠를 위한 스포츠, 선수를 위한 스포츠로 인해 체육이 단지 관상이 되거나 관람용 유희로 전락했다면서, '국방국가체제'에

제3장 국민정신총동원운동과 농촌통제정책(1938.7～1940.10)

'황국신민체조' '라디오 체조' 역시 대중화되어, 일본의 무사도적인 정신을 체득시키는 일본정신의 매체였다. 또한 일제는 형식을 통해 정신을 내면화시킨다는 방침에 따라, 일본정신을 간명하고 구체적으로 지시한 황국신민의 서사를117) 주문처럼 외우게 하거나, 매일 아침 궁성요배도 어떤 사람이라도 하기 쉽게 근본적인 정신을 배양시킬 수 있는 수단으로118) 강제했다. 그리고 조직 차원에서 공동노동, 집단근로 등을 전개하여 일반적 분위기와 공동정신을 끌어내려는 근로보국운동도 하나의 방도였다.

더 나아가 일제는 천황의 '칙어'를 내세워 그 정책의 정당성을 확보하려고 했고, "일본은 … 君民一家의 나라이기 때문에 국가총력전체제에서 국민이 잘 통일되(어) … 다른 나라와 비교가 되지 않는다"고 단정하여 다른 이의를 제기할 여지를 주지 않기도 했다.119) 일제가 나름대로 논리적으로 천황제 이데올로기를 제시했다고 해도 이것을 이해하는 과정에서 다소 의문이 제기될 수 있었지만, 이것은 용납되지 않았다. "국민은 무슨 이유인지를 알려고 하지 말고, 일본국민으로서 이렇게 해야 하는 것"을 알고, '태어난 이후의 禮俗'으로 거의 무조건 따라야 한다는 것이다.120) 나중에는 거의 맹목적으로 내면화를 강요하는 단계로 발전하였다.

일제는 이와 같이 정동운동을 통해 일본정신을 전면에 내세워 일본의 우월함을 드러내고 있었다. 이 점에서 내선일체를 통해 지

　　실용적인 또 '전투'에도 유용한 체위 체질을 만드는데 도움이 되지 않은 스포츠는 매장되어야 한다고 주장하였다(「風俗の取締」『조선공론』, 1939.2, 84쪽).
117) 堂本敏雄, 「朝鮮に於ける國民精神總動員運動」, 44쪽.
118) 국민정신총동원조선연맹, 1940.9, 「今は戰時! 一切の贅澤をやめませう」『總動員』 2-9, 15쪽.
119) 학무국, 1940.5, 「學校の精動運動への協力」『總動員』 2-5, 11쪽.
120) 高橋亨, 1939.2, 「王道儒道より皇道儒道へ」『조선』, 24쪽.

배자측이 '내선의 무차별평등'의 실현을 선전한 것이나 피지배자측이 '차별로부터 탈출'을 기대한 것121) 모두 기만과 허상이었음을 알 수 있다. 일제는 조선민중에게 부정적인 자기정체성·일본에 대한 예속감·비자주성을 주입했고, 나아가 일제 통치의 필연성 내지 '聖恩'에 대한 '報國의 정성' '황국신민의 각오'와 같은 의식을 내면화하도록 종용하였다.122) 심전개발운동에서도 국체명징을 강조하고 그것을 부식시키려고 나름대로 노력했지만, 정동운동에서는 이전의 토대 위에 '국가 본위의 봉사'의 전체주의적 희생봉공을 노골화하였던 점에서 구별된다. 끝으로 일제는 창씨제도를 강행하여 종족과 가문에 대한 소속감을 끊어버리고, 대신 개별화된 가정을 천황과 황실에 직결시켜 천황숭배관념을 확산시킬 수 있는 사회적 기반을 조성하려고 했다. 그리고 일제는 가정마다 神棚을 설치하고 天祖大神이란 글자를 써 넣은 大麻를 봉배하도록 강요했는데, 이런 행위도 가정과 국가(천황)을 연결하는 기제였다.

제3절 국민정신총동원운동의 전개 형태

1. '국민총훈련'

중일전쟁 전후 일본의 군사적 힘에 압도당하는 현실을 경험하고 있던 지식인들은 "조선인으로서 금후 어떻게 살아가야 할까"라는 질문에 '일본과 함께'를 부정하기는 어려웠지만, "아무래도 그렇게

---

121) 宮田節子, 『조선민중과 '황민화' 정책』, 165~166쪽.
122) 「全鮮愛國班長の聲」『總動員』 2-2, 1940.2.

까지 할 마음이 들지 않는다"라는 반응을 보인 경우가 반 이상을 차지하고 있었다고 한다. 이들은 '내선일체'에 다소 기대를 걸면서도 그 골간을 이루는 일본정신에 대해 거부감을 드러냈다. 일제는 조선인의 생활을 일본정신=천황중심주의에 따라 재편하려고 했지만, 조선인에게는 일본정신에 내재한 신적인 요소, 비과학성에 대한 이질감 내지 거부감이 있었다.123) 또 농진운동과 심전개발운동으로 천황제 이데올로기를 앞세워 정신통제를 가할 때도, 1절에서 지적했듯이 일제의 조사에 따르면 '국가관념'과 거리가 먼 사람이 77%나 되었다. 이에 일제는 국가총력전으로 임해야 하는 중일전쟁을 계기로 본격적으로 조선민중의 정신과 사상을 통제하기 시작했고, 이런 정책의 중심에 정동운동이 있었다.

정동운동의 목표는 擧國一致·堅引持久·盡忠報國 그리고 內鮮一體 및 皇國臣民化로 압축된다. '내선일체'는 황국신민이란 의식을 바탕으로 조선민족이 가진 인종적·문화적·언어적 특성을 제거하여 조선민족을 말살하기 위한 최고의 통치 목표였다. 거국일치·견인지구·진충보국은 황국신민된 의식에 따라 표출되는 행동양식이며, 소위 新東亞建設이란 미명 아래 획책하던 대외침략전쟁을 완수하기 위한 체제협력적 실천사항이었다. 따라서 정동운동은 단지 중일전쟁에 대처하는 '응급 일시의 운동'이 아니라 '조선통치의 대방침'을 '항구적으로 실천'하는124) 총독부의 중요한 정책으로 전개되었다.

일제는 조선민족에 대한 소위 황민화를 강점 초기부터 지속적으로 추구해왔으나, 중일전쟁 직후부터는 체계적이고 강경한 정책을

---

123) 綠旗日本文化硏究所 편, 1939, 『朝鮮思想界槪觀』(今日の朝鮮問題講座4), 65·69쪽.
124) 朝鮮總督府, 『朝鮮に於ける國民精神總動員』, 31쪽.

펼쳤다. 황민화정책이라고 하면 일본어 상용화·창씨개명과 신사참
배의 강요·황민화교육과 한국사 왜곡 그리고 지원병제도 등과 같
은 정책을 들 수 있다. 정동운동은 이런 일련의 황민화정책을 포괄
하여 사회적으로 정착시키는 데 주된 역할을 담당했다. 농진운동
은 기본적으로 자유주의 사회체제 아래 경제적 갱생 내지 이윤 획
득의 소지를 어느 정도 마련해 주면서, 일본정신 함양의 기초적 요
소인 공동일치·집단성을 아울러 주입하고 있었다. 이에 반해 정동
운동은 기존 체제가 전시체제로 재편되는 시점에서 개인적 욕구와
이윤추구 등을 크게 부정하고 국가와 사회에 대한 집단주의와 전
체주의를 확산시키고 있어, 농진운동과 차이가 있었다. 그러나 정
동운동이 전개되던 시기에 농진운동도 이런 영향을 받아 生業報國
의 성격을 띠었다.

　정동운동의 이념은 일본정신의 근간을 이루는 천황중심주의이
다. 당시의 일본정신(=천황중심주의)이란 개인의 자유와 권리를
가능한 한 최소화하거나 약화시키고, 천황과 국가 중심의 전체주
의적 사고에 입각하여 의무와 희생, 복종을 내면화한 상태를 지칭
하였다. 일제는 이런 일본정신에 따라 의식주의 부자유와 열악함
에 개의치 않고, 국가의 목적을 향해 일제히 행동할 수 있는 인간
으로 조선민중을 개조하려고 했다. 그러나 일본정신의 내면화와
그에 입각한 전시협력은 단시간에 실현할 수 있는 것은 아니었다.
그리고 설령 전시협력이 나타난다고 해도, 일제는 그것이 단편적
이고 일시적인 것이 아니라 어떤 위기 상황에서도 온전히 지속되
기 위해서는, 평소부터 반복적으로 실천하여 생활화되어야 한다고
보았다. 이를 위해 정동운동은 전 민중을 조직하여 이런 정신과 행
동을 항상 견지할 수 있는 단계로까지 나아갈 수 있게 소위 國民總
訓練을 전개했다. 국민총훈련이란 모든 조선민중이 일본정신으로

정신무장을 하여 전시정책에 협력할 수 있도록 만든다는 의미이다. 따라서 국민총훈련이란, 소위 황민화 혹은 정동운동이라고 할 때 다소 추상적이고 막연하게 느껴져 겉돌 수 있는 정책을 개개인의 삶 속에 침투시키기 위한 한 기제였다.125)

정동운동은 한 사람 한 사람을 파악하고 단련시켜 일본정신의 내면화와 생활화를 목표로 했으며, 이런 단계를 추동하는 국민총훈련은 '개인→戶→애국반→부락연맹'이란 순서가 쌍방으로 작용하면서 진행되었다. 즉 개별훈련과 단체(집단)훈련이 상황에 따라 선택되었다. 단체훈련은 개인적으로는 달성하기 어려운 이념 내지 정신의 수용과 그 실천을 담보하는 데 유용했다. 그러나 집단적으로 훈련할 수 있는 기회는 한정될 수밖에 없기 때문에, 결국 "최후의 지도자는 자기 자신이 내장한 황국정신"이라고 하여 개별훈련을 중시했다. 각자는 일본정신 아래 "개인의 行住坐臥, 모든 행동을 하고 있는 시시각각이 … 총훈련의 기회"임을 알아야 했다. 이는 국민총훈련이 일상화되어 스스로 자신의 생활을 규제할 수 있어야 한다는 것이다. 따라서 "하나의 일이 끝난다면, 반드시 항상 당초의 목적을 재인식"하고 반성하면서, 더욱 "국민의 정신을 일방으로 집중"하여 "국가적 큰 일을 완수"할 태세를 갖추어야 한다고 했다.126)

국민총훈련은 황국신민의 서사 제창·궁성요배 등의 간단한 의식과 실행 사항이, 매일 아침 혹은 작업 전후, 매달 애국일 그리고 경제전강조주간 등과 같은 행사에 삽입되어 생활의 한 부분으로 자리잡는 과정을 거치면서 진행되었다. 그리고 이것은 점차 필요

---

125) 鹽原時三郎,「精動運動の運用」, 10~11쪽.
126) 奧山仙三,「國民精神總動員卜國民總訓練」, 25쪽 ; 鹽原時三郎,「精動運動の運用」, 17쪽.

한 사항을 추가하며 정동운동의 목표 즉 "국가의 목적을 향해 일제히 행동을 일으킬 수 있(는)"[127] 단계를 지향하고 있었다. 일제는 형식을 통해 정신과 의식의 변화 즉 일본정신의 내면화를 관철시킨다는 입장이었기 때문에, 이런 의례와 형식이 담긴 행사와 작업동원은 뒤에서 보듯이 생업에 영향을 줄 정도로 번다하게 실시되었다.

따라서 반복적인 형식과 훈련 속에서 조선민중은 소위 일본정신=국민정신을 내면화하여, '냉정한 개인 자유주의적인 비판과 주저'를 가장 경계하면서 '적극적 전진적 열성'을 갖고, 논리나 이성적 판단·회의 과정 없이 국책이 요구하는 대로 '돌진'할 수 있어야 한다고[128] 세뇌당하고 있었다. 이런 과정을 거쳐 "최고의 지령자가 단추를 한번 누름으로, 전 조직망의 벨이 일제히 높이 울리고, 각 개인 각 애국반이 일순간 각각 부서에 나가 일사불란한 활동을 개시할 정도"가 될 때가 바로 국민총훈련의 최고의 단계였다.[129] 이런 과정 속에서 일제는 "규칙 절제있는 단체훈련 아래 통제에 복종하는 마음가짐", "上長 혹은 지도자의 명령에 복종"하는 '미풍'을 갖게 하려고 했다. 그리고 이런 훈련은 지원병 훈련소의 실적에서 볼 때, 어려운 일이 아니라고 했다.[130] 따라서 국민총훈련은 정동운동의 구체적인 형태이며 작동 내지 실천이었다.[131] 즉 정동운동과 국민총훈련은 표리일체이며 일원적인 관계에서 정신과

---

127) 鹽原時三郎,「精動運動の運用」, 14~15쪽.
128) 鹽原時三郎, 1940.3,「紀元二千六百年と精動運動の新展開」『總動員』 2-3, 9쪽.
129) 奧山仙三,「國民精神總動員ト國民總訓練」, 25쪽.
130) 孫弘遠, 1939.11,「半島に於ける戰時下の國防訓練を如何に指導すべきか」『綠旗』, 37쪽. 4절에서 지원병 지원자에 대한 훈련 내용을 검토하면, 이런 발언의 일단을 확인해 볼 수 있다.
131) 奧山仙三,「國民精神總動員ト國民總訓練」, 24쪽.

제3장 국민정신총동원운동과 농촌통제정책(1938.7~1940.10)   211

생활 일체를 정책에 따라 동원시키고 있었다.

다음에서는 조선연맹의 주된 활동을 통해 국민총훈련이 어떻게 진행되고 있었는지를 살펴보기로 하겠다. 조선연맹은 1938년 9월 22일 9가지 '강령'과 그에 따른 21개 '실천요목'을 발표하고, 도연맹 이하 지방연맹에게 하달하였다.[132] '강령'의 주된 내용을 정리하면, '황국정신'의 내면화로 '황실 존숭' '국가 大我'에 맞는 행동, 이를 통해 '내선일체의 완성'을 달성한다는 것이다. 또 경제활동에서는 개인적 이윤 획득보다 국가에 헌신하는 '생업보국'의 삶을 요구했으며, '생활의 혁신'과 관련하여 '합리'와 '능률'을 앞세워 내선풍습의 융화를 주장했고, 특히 '집단생활의 규율화'를 중시하였다.[133] 그리고 강령을 좀더 구체화한 것이 21개의 실천요목이었다.[134]

한편 일제는 내선일체를 가장 어렵게 하는 요인이 조선과 일본 사이 생활양식의 차이라고 보았다. 조선의 생활양식을 개편하는 정책은 농진운동 아래 생활개선이란 구호로 적극적으로 추진되었으며, 특히 중일전쟁과 같은 '비상시'는 이를 압박하기 좋은 기회였다. 이에 조선연맹은 정동운동을 일상생활에서 구현하기 위한 한 방안으로, 1938년 10월 관민 유력자로 구성된 비상시국민생활개선위원회를 개최하여 '비상시국민생활개선기준'(이하 기준)을 결정하였다.[135] 이 '기준'은 강령 중의 '생활의 혁신'을 구체화하기

---

132) 朝鮮總督府, 『朝鮮に於ける國民精神總動員』, 35~36·67~70쪽.
133) 國民精神總動員忠淸南道聯盟, 『國民精神總動員聯盟要覽』, 58~59쪽.
134) 실천요목 21개 항목 자체가 많고 각지에서 "헤아릴 수 없고 알 수 없을 정도"로 '삐라'가 살포되어 혼란스럽다는 지적도 있었다. 이에 중요하고 구체적인 것에 중점을 두는 것이 좋다는 의견에 따라, 1939년 5월 정동운동위원회와 간사회는 '必行2目'으로 궁성요배·근로저축을 결정했다.
135) 국민정신총동원조선연맹, 「國民精神總動員運動の展望」, 12쪽.

위한 것이었다. '기준'에는 의·식·주·의례·사회풍조라는 항목에 따라 세세한 실천사항이 제시되었다. 조선연맹이 '실천요목'과 '기준' 등으로 실천사항을 제시하고, 전국적으로 말단조직을 가동하여 그 이행을 몰아붙이고 있었다는 점이 중요하다. 식민지권력이 세세한 규정을 들이대며 사적 영역에 개입할 조건이 한층 더 형성되었다. 이러한 실천사항은 앞에서 언급했던 '애국반활동기준'과 '애국반원원 심득 및 생활기준' 등 과 결합되어, 조선민중을 이른바 국민총훈련으로 내몰았다. 따라서 이런 정책에 조선민중이 어떤 반응을 보였고 어느 정도 관철되었는지는 별도로 고려한다면, 일단 사적인 생활과 내면세계가 개편되고 개조될 수 있는 환경은 일정하게 확대되고 있었다고 생각한다.

조선연맹은 1939년 조직망을 완료하고 1940년부터 본격적인 활동 단계에 들어갔다. 이 무렵 일제는 소련과 대립·독소불가침조약·대미관계의 악화 등과 같은 외교적 위기를 돌파하기 위해 침략전쟁을 확대할 가능성을 엿보고 있었다. 이에 일제는 '皇紀2600'이 갖는 역사성을 적극 활용하여 '동아의 신질서 건설'이란 미명으로 조선민중을 한층 더 압박하면서 전시체제를 확대하려고 했다. 이에 따라 정동운동도 강화되었다.

1940년도 정동운동의 주된 방향은 다음과 같다.[136] 첫째, 조선과 일본 사이의 풍습 관습은 이전의 융합 단계에서 더 나아가 '일본 취미로 유도'되어, 내선일체의 완성 즉 소위 민족말살정책을 강행하려는 의지를 노골화하였다. 이를 위해 일본어의 보급·지원병제도의 강화·창씨제도·양 민족의 결혼 촉진 등을 구체적인 사업으로 들었다. 둘째, 정동운동은 '국가의 隆替消長'과 관계된다면서, '국가적 시설의 실행'이 '모든 분야'에서 관철될 수 있도록 그 '추

---

136) 森田芳夫 편저, 『朝鮮に於ける國民總力運動史』, 100~106쪽.

제3장 국민정신총동원운동과 농촌통제정책(1938.7~1940.10)   213

진력'이 되겠다고 했다. 셋째, 정동운동의 모든 행사와 활동은 '국민총훈련'의 일환으로 전개되어 언제든지 개개인의 힘이 전부 '국가의 요구'를 향해 규합될 수 있도록 일상과 행동을 통제하려고 했다. 끝으로 정동운동의 효과를 확대하기 위해 기구와 조직을 개편 정비하고 애국반과 연맹 추진대원의 활약 등을 중시하였다.

 이와 같이 1940년에는 국민총훈련이 특히 강조되었다. 국민총훈련의 일상화의 한 방안으로 라디오 체조를 보면, 이는 장소와 계급을 초월하여 매일 아침 궁성요배로 천황과 황실에 대한 존숭의 마음을 일깨우는 의식 다음에 실시되었다. 이는 체육운동의 생활화를 통해 체력을 향상시킨다는 목적 이외 집단적 훈련·국민정신총동원의 일환으로 실시되었다. 1934년부터 시작된 라디오 체조는 1940년부터 전국적으로 실시되어 지방연맹 활동의 하나였다. 애국반장은 해마다 실시되는 '라디오체조의 會'에 참석하여 이를 익힌 뒤 자신의 반원에게 전하여, 이것을 점차 생활화하는 데 앞장서고 있었다.137) 이런 체조는 "하등 조직적 相貌를 구비하지 않고 대중으로 하여금 공동적 동작에 익숙하게 하여 국민총훈련의 기초"를 확립하는 데 유용하다고 평가받고 있었다.138)

 또한 국민총훈련의 한 수단으로 애국일 행사도 강화되었다. 전라남도연맹은 중앙의 사업계획에 따라 1940년도 사업으로 국민총훈련·애국일 행사의 엄수·내선일체 완성의 촉진·국가 시설 완성의 추진 네 가지를 정했다. 그리고 애국일 행사의 철저·육군특별지원자 응모에 대한 적극적 활동·일어강습소의 실시를 3대 항

---

137) 「聯盟彙報」『總動員』 2-8, 1940.8, 106쪽 ;『매일신보』 1941년 1월 6일자 「朝夕의 '라디오' 체조, 一家 보건의 열쇠」 ; 조선총독부 학무국 사회교육과, 『朝鮮社會敎化要覽』, 50쪽.
138) 국민정신총동원조선연맹, 1940.9, 「今は戰時! 一切の贅澤をやめませう」 『總動員』 2-9, 16쪽.

구적인 사업이라고 하였다. 도연맹은 '애국일 행사 요항'을 만들어, 1939년 9월부터 매월 1일 실시하던 애국일 행사의 내용을 종합적으로 정리하여 그 행사의 주체·식순·실행 사항 등을 명시하였다. 행사의 주체는 부읍면연맹 혹은 정동리부락연맹으로 하고, 장소는 神社·神祠의 경내 혹은 국기게양대 아래 적당한 곳으로 했다. 각 호에서 1명은 반드시, "국기게양→국가합창→궁성요배→황군장병의 무운장구 및 전몰장병의 英靈에 대해 묵도→주최자 인사→그 달에 실천해야 하는 사항의 합의 및 지난 달에 실시한 사항의 실적보고→황국신민의 誓詞제송→만세3창→국기하강"이란 식순에 따라 거행되는 행사에 참석해야 했다. 이에 매월 1일 애국일에는 도시와 농촌을 망라하여 도 전체가 '애국의 일색'이 되었다고 한다. 연맹원은 '반성 향상의 날'을 맞이하여 "각자의 생활을 반성"하고 "경제통제의 강화에 순응"하여 "극도로 간소한 생활을 실천"함으로써 생산 증산·식량 확보·경제도덕 확립 등을 달성하도록 '훈련'에 내몰렸다.139)

그리고 일제는 '국민총훈련'에 필요한 도구 즉 라디오를 위시하여 집회소와 국기게양대·警鐘 등을 설치하는 데 필요한 보조금을 지급하였다.140) 이런 시설들은 농진운동을 계기로 대체로 촌락 자체적으로 보급되고 있었다. 그런데 1938년부터 '地方共勵事業組成施設'이라 하여 갱생공려부락과 같이 어느 정도 관의 통제력이 확보된 촌락 100개소를 선정하여 보조금을 지급함으로써, 그 시설의 확대를 촉진하고 이를 매개로 농민들의 생활에 대한 지배력을 넓히려고 했다.

---

139) 국민정신총동원전라남도연맹, 1940, 『國民精神總動員指導者必携』, 106~110쪽.
140) 조선총독부, 1940, 『施政三十年史』, 815쪽.

한편 조선연맹은 정동운동의 취지와 목적을 선전하여 그에 대한 대중적 인식을 확장하고 국민총훈련을 촉진하기 위해, 朝鮮聯盟歌와 聯盟旗의 제작 배포, 紙芝居(종이연극)·활동사진·'애국반' 관련 영화 등을 제작 영사, 강연회와 간담회의 개최, 각종 주간 행사와 기념 행사, 기관지 '총동원'와 팜프렛 '새벽'·삐라 등의 인쇄물 제작 배포, 신문과 '정동의 시간'과 같은 라디오 방송, 文札(標札) 등과 같은 다양한 매체를 활용하였다. 이런 근대적 매체가 교육의 보급과 함께 서서히 촌락과 조선민중의 일상 속에 침투할수록, 재래의 생활양식이 존속할 수 있는 사회적 지반은 약화되고 생활개편과 황민화의 조건은 한층 확대될 수밖에 없었다.

2. 근로보국운동

일제는 전시체제의 구축과 관련하여 기존 사회질서와 생활 전반에 걸쳐 가치의 기준을 사적인 계급적인 권익 추구에서 멸사봉공, 진충보국으로 전환하려고 했다. 국민총훈련이란 조선민중 전부에게 이런 가치를 체화시켜 인적·물적 동원 명령에 언제든지 출동할 수 있도록 준비시키기 위한 것이고, 勤勞報國運動은 그 일환이었다.

전통적인 조선 사회에서도 농가 경영의 성격상 공동작업이 아래로부터 발달해왔다. 그러나 일제하 식민지권력의 통제 아래 전개되는 공동작업은 단지 영농의 수단만은 아니었다. 일제는 공동작업을 통해 공동정신·집단정신과 공공성을 주입하고 집단훈련과 그에 따른 규율을 훈련시키면서 궁극적으로 체제내화를 유도하려고 했다. 이 과정에서 조선시대의 강제 노역이던 '부역'은 폐지되지 않고 일제하 '급속한 도로망 보급'의 수단이었으며,141) 이와 유사한 형태의 공동작업이 촌락의 공동수익지의 개간 경작·도로 개수·神社工事 등에서 전개되고 있었다. 다음 6절에서 보듯이 농민들은 이런 작업을 '부역'으로 받아들이고 고통스러워 했다. 이런 공동작업은 농진운동 아래 좀더 활발하게 전개되었지만, 노동을 위한 별도의 조직은 없었다. 공동작업의 목적도 경제적인 생산을 주로 하되 공동일치의 정신훈련을 겸하는 것이었다. 이에 반해 정동운동 아래 전개된 근로보국운동은 기존의 비조직적인 공동작업과 달리 근로를 위한 조직이 별도로 마련되었으며 정신적 훈련에 중점을 두었다. 따라서 근로보국운동은 종래 부역제도의 강제성을 소위 '근로봉사', '근로보국'으로 대체하여, 집단성과 공공성을 크게 강조한 형태였다.

근로보국운동은 1937년부터 부분적으로 전개되었다.142) 1938년 6월 11일 학무국 사회교육과의 통첩으로 학교 단위의 근로보국대가 결성되었고, 일반인을 상대로 한 근로보국대는 6월 26일 각 도지사 앞 정무총감의 통첩('국민정신총동원근로보국운동 실시요강')에 의거하여 중일전쟁 1주년 기념일 즉 정동운동 조선연맹의 출범과 동시에 조직되었다. '실시요강'은 다음과 같다.143) 첫째, 운동의 목표는 국가관념의 함양과 내선일체의 심화, 근로애호·인고단련·희생봉공의 정신 함양, 공동일치적 행동의 훈련, 비상시국인식의

---

141) 조선총독부, 1933, 『朝鮮の聚落(전편)』, 69쪽.
142) 1937년 9월 23일 농산어민보국일의 행사 당일의 '보국작업'과 11월 10일부터 시작되었던 국민정신작흥주간 중 근로존중일·공공봉사일도 근로보국운동의 성격을 띠었다. 1938년 2월 11일 紀元節(건국기념일), 4월 29일 天長節(천황 탄생일)을 중심으로 한 국민정신총동원강조주간 등(「我が道の勤勞奉仕運動」『朝鮮』, 1938.11, 52쪽) '國體'(천황제 국가)와 관련된 기념일을 전후하여 근로봉사운동이 전개되고 있었다.
143) 국민정신총동원충청남도연맹, 『국민정신총동원연맹요람』, 105~109쪽.

제3장 국민정신총동원운동과 농촌통제정책(1938.7~1940.10)

철저 등이다. 둘째, 참가범위는 만 12세부터 40세까지 남녀 모두이며 셋째, 근로보국대는 청년단·갱생공려부락·갱생지도부락 등 어느 정도 통제의 소지가 있는 곳부터 결성하여 점차 통제의 강도를 높여 간다는 것이다. 넷째, 작업의 종류는 황무지 개간·도로 하천의 개수·저수지 혹은 용배수로의 준설 등 공공사업을 주로 하되 농번기의 공동작업에도 동원할 수 있도록 했다. 또 작업은 잉여노동력을 이용하여 시작하되 서서히 근로량을 늘려가는 사회적 분위기를 조장한다는 방침이었다. 다섯째, 청년단·향약·진흥회 등을 단위로 조직된 보국대는 그 단체의 장이 출동을 지휘하며, 읍면 등 행정기관은 관할 구역 전반을 지도하게 되었다. 여섯째, 작업개시를 전후하여 보국대원들은 궁성요배 등 일련의 의례를 거쳐야 하며, 일곱째, 보국대원은 작업으로 보수를 받지 않는 것을 원칙으로 하고, 받을 때는 헌금 혹은 보국대 비용 등으로 충당해야 한다는 것이다.

다음에서는 몇 가지 요강 내용을 분석하여 그 의도를 살펴보고자 한다. 근로보국대의 작업이 공공 부문을 중심으로 거의 무임금에 가깝게 이루어지면서, 일제는 재정부담의 완화 등 물질적 효과만이 아니라, 각 개인의 정신에 미치는 영향을 중시하였다. 근로보국운동은 근로를 매개로 조선민중에게 "國是의 관철에 매진"할 수 있는 심성 즉 '황국신민된 신념'을[144] 각인시키는 것을 목적으로 하였다. 집단적인 근로의 체험은 개인의 임의행동으로는 도저히 이르기 어려운 전체주의적인 정신과 마음을 유도할 수 있다는 것이다.[145] 개인이 모여 집단을 이룰 경우 개인의 성질은 사라지고 집단특유의 심리와 성격 즉 '집단특유의 종합의사의 힘'으로 '전체

---

144) 「彙報」『朝鮮』, 1938.7, 157쪽.
145) 학무국, 1938.8.15, 「勤勞奉仕의 運動」『通報』 27, 10쪽.

주의 관념' 등이 나타난다고 한다.146) 따라서 근로보국운동은 개인 임의가 아니라 반드시 집단의 형태를 취하도록 했다.

근로보국운동은 정동운동과 함께 일제의 통제권 밖에 있는 민중을 조직적으로 단련시킬 수 있는 장치였다. 근로보국대(단)에는 원칙적으로 해당 연령의 남녀는 누구나 참여하여, 어떠한 형태라도 일(작업)을 가지고 그 일(작업)을 통해 근로를 존중하는 자세를 갖도록 했다. 그러면서 이 운동은 대중으로 하여금 근로는 단순히 개인적인 욕구를 충족하기 위해서만이 아니라, 국가와 공공을 위해서 필요하다는 이유를 깨닫게 하였다.147) 이 때문에 일제는 기본적으로 공공근로를 중심으로 작업이 이루어지도록 했고, 근로보국대에는 종래 노동을 하지 않거나 싫어하는 사람도 참여시켜 할당 배치된 작업에 적응할 수 있도록 하였다. 따라서 근로보국대는 '개인의 小我'가 '전체'와 '규율적 계획적 작업'에 융합되고, 규율에 대한 복종, 명령에 따른 실행 착수 등이 몸에 배도록 하는 집단 훈련의 장이었다.148) 따라서 근로보국운동은 '인간개조의 일대 시련'이라는 평가도 가능했다.149)

또한 근로보국운동은 '이기'를 배제하고 "가능한 한 금전의 관념이 생기지 않게"150) 공공작업을 진행시켰고, 때때로 일반 임노동자의 노동 혹은 노임을 간접적으로 통제하기도 했다. 그리고 만약 수입이 생길 경우는 애국저축이라든가 국방헌금・황군위문비 혹은 농촌진흥회와 부락연맹 등 촌락 단체의 기본금 등으로 전용하도록 했다. 일부는 노임으로 배당되기도 했다. 일제는 정동운동을 통해

---

146) 학무국, 1938.8.15,「勤勞奉仕の運動」, 11쪽.
147)「我が道の勤勞奉仕運動」『朝鮮』, 1938.12, 35쪽.
148)「我が道の愛國班」『通報』73, 1940.7.15, 11쪽.
149) 栗原美能留, 1939.1,「國民精神と勤勞報國運動」『東洋之光』, 29쪽.
150)「我が道の勤勞奉仕運動」, 1938.12, 29쪽.

제3장 국민정신총동원운동과 농촌통제정책(1938.7~1940.10)   219

국민총훈련을 달성하려고 했기 때문에, 앞에서 언급했듯이 촌락 단위로 집회소·국기게양대·근로보국대기·애국반기 등과 같은 보조 수단을 준비시켰다. 그런데 이를 위해서는 자금이 필요했고, 일선 애국반장들은 "무슨 일을 해도 먼저 필요한 것은 돈"인데, "애국반에 경비가 전혀 없다"고 호소하고 있었다.151) 근로보국대의 수입의 일부는 이런 촌락의 재원으로 전환되기도 했다.

한편 총독부 내무국 사회과는 1938년 봄 각 공사장에서 요구하는 노동자를 40~50만 명으로 예상하였다. 그러나 이런 막대한 인원을 기존 노동시장에서만 충당할 수 없었기 때문에, 각 도는 농촌의 유휴노동자를 모집해야 했다.152) 이에 따라 저렴한 노동력의 저수지와 같은 농촌의 노동력이 재편되기 시작했는데, 이런 맥락에서 근로보국운동을 보아야 한다. 일일 농업노동자·年雇 등은 농촌의 유휴노동력으로 노무 조정의 첫 번째 대상자였고, 이들을 농촌에서 방출하기 위한 한 수단으로 앞에서 언급했던 비상시국민생활개선기준에 '행랑 폐지'가 들어 있었다. 농진운동에서는 경작지 편중현상을 해결하기 위해 연고와 같은 머슴을 두고 때로는 20여 정보에 이르는 소작지를 경작하는 이들에게 소작지 분양을 권고하고 있었다. 과잉분의 분양이 진행되면 자연히 농업노동자의 고용 기회는 감소될 수밖에 없었는데, 정동운동의 '행랑 폐지'는 농진운동의 경작지 분배를 측면 지원하는 것이기도 했다. 이렇게 해서 근로보국운동은 과잉 노동력에 근거했던 영농 형태가 불가능해지고 또 갈수록 부족해지는 농촌노동력에 대비하는 차원에서 남아 있는 사람들의 근로를 강화시키려는 의도도 깔려 있었다.

다음에서는 근로보국운동이 국민총훈련의 일환으로 어떻게 진

---

151)「愛國班長の聲」『總動員』 2-5, 1940.5, 62쪽.
152)『조선일보』1938년 2월 10일자「대량 노동력 수요와 농촌지방 募人難」.

행되었는지 경기도 여주군을 중심으로 살펴보기로 하겠다. 경기도는 일반을 대상으로 한 근로보국운동의 지침이 나오기 전 6월 24일 勤勞報國團의 설치에 착수하여, 7월 7일까지 273개를 설치하였다. 근로보국단은 ○○면근로보국단 규약 준칙에 따라 면 단위로, 동리에 分團, 군에 勤勞報國團聯合會, 도에 勤勞報國團本部를 두고 지방행정의 長이 지휘하였다. 근로보국단은 애국일 등의 공공작업, 촌락의 공동시설과 작업에 동원되었고, 원거리 공사와 작업에는 근로보국단원 중에서 뽑은 근로보국단 출동대가 나갔다.

여주군은 1938년 5월 면 단위 근로보국단을 결성하여, 도내 근로보국운동의 효시가 되었다. 강령과 규약을 마련하여 연령 20~40세 남자를 단원으로, 동리에는 분단, 분단에는 반을 두기도 하였다. 여주군의 근로보국단 설치 상황을 보면, 10개 면에 근로보국단 10개, 分團 294개, 단원 9,036명이었다. 동리 단위에 설치되는 294개 분단이 294개의 농촌진흥회에 설치되었다.[153] 단장은 면장, 부단장은 공립소학교장 혹은 주재소 수석을 추대하고, 간사와 보도원·분단장·반장이 있었다.

단원 중에서 뽑힌 출동대는 출발에 앞서 선서식을 "일동경례→제○회 출동대 편성 보고→국기게양→동방요배→황국신민서사→훈사→祝旗 및 銘鑑 증정 수여→선서→告辭→祝辭→答辭(강령과 단원심득 제창)→창가→만세삼창→일동 경례"의 순서로 거행하였다. 출발 역시 "정렬 점호→창가→만세→일동 경례→發車"로 이루어졌다. 일제는 식순이 진행되는 가운데 대원들이 국가관념과 사명감에 충만된 채 출발하기를 기대했다. 대원들이 이리저리 높은 임금을 찾아 이동하는 일반 노동자의 '인부적 근성' 등의 '악영

---

[153] 편집국, 1938.11,「灼熱の野に勤勞奉仕の若人を訪ねて(2)-京畿道驪州郡勤勞報國團視察記」『朝鮮地方行政』, 48쪽.

제3장 국민정신총동원운동과 농촌통제정책(1938.7~1940.10)

향'을 받지 않고, 국가 공공에 대한 '감사의 마음을 담아' '자발적'으로 거의 무임금으로 작업하도록, 출동식과 귀향식은 엄숙히 거행되었다.

공사 현장은 農道訓練道場의 연장 혹은 분교장이 되었고, 대원은 전부 道場에서 침식동작을 함께 하였다. 매일 아침 "인원 점호→국기게양→동방요배→서사 제창→강령 제창→국민체조"의 순서로 조회를 마친 뒤 근로에 착수하였다. 작업의 종료 역시 국기게양탑 아래에서 일정한 의례를 거친 뒤 이루어졌다. 出動隊旗는 대원들의 정신의 상징으로 작업 현장에 반드시 가지고 나가게 되어 있었다. 단원은 항상 "황국신민의 서사·취지·총독의 5대 정강·총독의 훈시 요항·제국정부 발표의 사변관계 성명서 기타 修養訓 등"을 수록한 銘鑑을 1권씩 소지하고 있었고, 작업시에는 '근로보국단강령'이란 글귀와 일장기를 넣은 수건을 머리에 두르고, 13~15시간씩 무더위 아래에서 작업을 해야 했다.[154] 근로의 개시·종료·휴식·작업 방법 등은 모두 지휘자의 명령에 따라야 했고, 道場에는 작업 出席簿와 日誌가 비치되어 勤惰의 상황 및 매일의 필요 사항들이 기재되었다.[155]

명감과 강령 혹은 '단원 심득'이 단원의 작업과 일상을 규제하는 가운데, 이들의 신체와 정신은 통제기제에 크게 노출되어 있었다. 대원들은 집으로 돌아와서도 공사장에서 받은 훈련에 기초하여 생업을 통해 봉공한다는 자세로 생활해야 했고,[156] 근로봉사의 선구로 중견자로 촌락을 통솔할 수 있도록 지도받았다.[157] 이렇게 근로

---

154) 편집국, 「灼熱の野に勤勞奉仕の若人を訪ねて(2)」, 46~47쪽.
155) 편집국, 1938.10, 「灼熱の野に勤勞奉仕の若人を訪ねて(1)」 『朝鮮地方行政』, 46쪽.
156) 京畿道開豊郡聯盟, 1940.6, 「我が郡聯盟の活動」 『總動員』 2-6, 55쪽.
157) 「我が道の勤勞奉仕運動」 『朝鮮』, 1938.11, 27쪽.

보국단의 작업은 전시체제의 기반을 닦기 위한 국민총훈련의 일환으로 전개되었다.

충청북도는 근로보국운동의 지도 이념과 목적을 다른 지역보다 노골적으로 드러냈다. 지금은 "개인의 생활이 주체가 아니라 국민이 일체가 되어" 시국을 극복해야 하고, 이를 위해서는 '집단적 훈련과 신체적 단련'으로 '국가의 성원'을 만들어야 한다고 했다. 또 일본정신은 오랫동안 '자유주의 개인주의의 광야'에서 방황하다가, 이제야 '본래의 고향인 전체주의'로 돌아갈 때가 되었다고 하였다. 따라서 근로보국운동은 이런 '일본정신이 응집'하여 행동화된 것으로, 힘의 전체·의사의 전체가 '국가적인 목적'을 달성하기 위해 일어난 것이라고 하였다. 그리고 이러한 근로보국운동은 국가 사회·사상·신체·교육·종교 등의 각 부문을 일제의 의도대로 통제하는 데 유용하다고 했다.158) 충북의 근로보국대는 애국일 행사의 근로봉사만이 아니라 농진운동에도 참여했지만, 주된 활동은 농민들을 경제적으로 갱생시키는 것보다 "利己를 동반하지 않는" '공동, 즉 大我'로 '몰입'하도록 작용하는 것이었다. 이와 같이 근로보국운동은 국민총훈련의 일환으로 정동운동을 추동하고 있었다.

이상에서 살펴본 대로 근로보국운동은 "전 반도 민중을 총단련하여 一團 강고한 황국신민으로 만드는 데 결여할 수 없는 방도"였다. 근로보국운동은 국민총력운동 단계에서 국민개로운동으로 발전하여 1944년에 실시되는 징용제의 정지작업의 성격을 띠었다.

---

158) 「我が道の勤勞奉仕運動」, 1938.11, 22~23쪽.

제4절 국민정신총동원운동과 지원병제도

1. 지원병제도의 청년통제와 훈련

총독부는 1938년 9월 시국대책조사회를 열어, 자문 사항 제1의제인 '내선일체의 강화 철저'의 시설 계획의 하나로 정동운동과 함께 지원병제도를 채택했다. 조선군은 조선청년을 병력으로 충원하는 방안을 검토하고, 민족적 저항성이 잠재되어 있는 조선청년을 황민화하는 문제를 선결 과제로 보았다. 따라서 지원병제도는 내선일체 황민화를 실현하기 위한 목적으로, 또 황민화된 조선청년을 병력 자원으로 동원하는 것을 목적으로 실시되었다. 이런 방침에 따라 지원병제도는 정동운동과 상호 유기적인 관계에서 청년을 파악하고 일정하게 훈련하여 황국신민으로 양성하려는 정책이었다.

지원병제도는 1938년 2월 22일 육군특별지원병령의 공포와 더불어 시작되었다. 일제는 같은 해 3월 4일 개정 조선교육령을 공포하고 7월 7일 정동운동을 전개하여 이 제도의 실시를 지원하였다. 지원병은 지원자들이 여러 단계의 전형을 거쳐 조선총독부 육군병지원자훈련소에 입소하여 그 과정을 수료한 사람 중에서 입대한 경우이다. 지원자의 자격은 17세 이상으로 사상이 견고하며 수업 연한 6년의 소학교 졸업 정도의 학력을 지니고, 입소 내지 복무로 가사에 지장이 없을 정도의 자산이 있는 자 등이었다.[159]

지원자는 원서를 비롯한 관련 서류를 본적지 관할 경찰서장에

---

159) 宮田節子 저·李熒娘 역, 『조선민중과 '황민화' 정책』, 38쪽.

제출하고, 경찰서장은 서류를 검토하여 도지사에게 보내게 되었다. 지원자는 도지사로부터 훈련소장 앞 추천을 받아야 했으며, 도지사는 지원자를 대상으로 신체검사와 소학교 졸업 정도 수준의 전형시험을 실시하여 해당 도에 할당된 비율에 따라 인원수를 확정하여 훈련소장에게 추천하였다. 각 도의 '추천자 할당'은 해당 도의 지원자 중 적격자 수에 따라 총독부에서 정해준 비율에 입각한 것인데, 이때 각 도는 할당 인원을 많이 받기 위해 지원자 모집에 총력을 기울였다. 훈련소에서는 軍醫를 시켜 다시 추천자의 신체검사를 실시한 뒤 입소자를 결정하였다. 1938년도 통계에 따르면, 지원자 수 2,946명·적격자 수 1,663명·추천자 할당 수 480명(전후기 각각 240명)이었다. 6월 전기 입소자는 추천자 240명 중에서 훈련소의 신체검사를 거치면서 2할 가량이 탈락되어 200명이었다. 전기 수료생은 현역 보병으로 2년간 복무하고, 후기 수료생은 보충병으로 조선 국내 특과 부대에 兵科로 2개월 혹은 4개월 동안 근무하게 되었다.[160]

1938~1939년도 입소자의 직업을 보면, 대개 농업이고 이외 관청의 급사·小使·傭人 등으로 경제적 형편이 낮은 사람이 대부분이었고, 학력은 소학교 출신자가 약 80% 가량이었다.[161] 이런 결과는 이들이 중등학교 출신자보다 "그 신분 변경이 용이하고 또 비교적 내지인 관공리 지식층의 感化를 받기 쉬운 데" 따른 것이라고 한다.[162] 즉 이런 부류의 사람들이 하나의 사회 경제적 출구

---

160) 「昭和13年 第74回帝國議會說明資料」, 『朝鮮總督府 帝國議會說明資料』 2, 1994, 不二出版, 東京, 54~55쪽 ; 『조선일보』 1938년 3월 5일자 「제1기 지원병, 出願規定을 발표」.
161) 宮田節子 저·李熒娘 역, 『조선민중과 '황민화' 정책』, 44·47~49쪽.
162) 「昭和16年12月 第79回帝國議會說明資料」 『朝鮮總督府 帝國議會說明資料』 6, 103쪽.

제3장 국민정신총동원운동과 농촌통제정책(1938.7~1940.10)   225

로 지원병에 지원했을 가능성과 이들이 다른 계층의 자제들보다 정동운동과 같은 통제망에 더 많이 노출되었던 것도 크게 작용했다고 생각한다.

〈표 3-3〉 지원병의 지원자 및 입소자 통계

구분 연도	지원자 수	입소자 수
1938	2,946 (100)	406 (100)
1939	12,348 (419)	613 (150)
1940	84,443 (2,866)	3,060 (753)
1941	144,743 (4,913)	3,208 (790)
1942	254,273 (8,631)	4,077(1,004)
1943	303,294(10,295)	6,300(1,551)

자료: 近藤釰一 편, 1961, 『太平洋戰下の朝鮮及び臺灣』, 33쪽.

<표 3-3>을 보면, 지원자 수는 해마다 증가하여 1938년에 3,000명 정도였던 것이 1943년에는 30만 명을 넘었다. 이렇게 지원자를 해마다 확대 모집할 수 있었던 것은 정동운동에 힘입은 바가 컸다. 조선연맹은 총독부와 협의하여 "실천망을 총동원하여 대대적으로 지원병모집운동에 마력을 걸(었다)"고 하였다. 조선연맹 총재는 1940년 대규모 모집을 앞두고 1939년 12월 1일 각 도연맹 총재 앞으로 '육군지원병지원자응모에 관한 건'이란 통첩을 냈다.[163] 조선연맹은 1939년까지 거의 조직망을 구축하고 1940년부터 본격적인 활동에 들어갔는데, 1940년 지원자 대확장 모집에서 그 일단을 볼 수 있다.

조선연맹은 지원병에 대한 선전을 철저히 하고 지원병 응모자를

---

163) 「全鮮青年は擧つて志願兵に應募せよ」 『總動員』 2-1, 1940.1, 81~82쪽.

확대하기 위해 크게 두 가지를 지시했다. 첫째, 제도의 선전과 관련하여 애국반과 최하부 연맹에서 좌담회를 거듭 개최하고, 중등학교 이상 사회적으로 상당한 지위에 있는 가정의 자녀를 솔선 응모시켜 대중적인 모범을 보이게 하며, 청년들이 이에 대해 '동경심'을 갖도록 하라고 했다. 둘째, 많은 지원자를 내기 위해 ① 전국적으로 "정동리부락연맹에서 최소한도 1명 이상의 지원자 응모가 나오도록" 지도하고, ② 부읍면연맹 이사장은 정동리부락연맹 이사장에게 항상 적응자를 조사하고 연락해 두도록 했다. ③ 부읍면연맹이사장은 경찰관서・재향군인회・청년단・부인회와 제휴 연락하여 적응자들이 응모하도록 유도하고, ④ 응모가정에 대한 '사회적 존경의 초래와 그 보호'에 관해서는 지원병후원회 등과 협력하여 철저히 하도록 했다.

그리고 조선연맹은 '추신'에서 각 연맹은 "조직망을 활용하여 다투어 좋은 성적"을 내라고 하여 도연맹 사이의 경쟁을 부추겼다. 이 통첩 직후 조선연맹에서는 1939년 12월 4일~5일 각 도연맹 사무담임자 타합회를 개최하여, 정동리부락연맹에서 각 1명씩 응모자를 낼 수 있도록 특별히 지도하기로 결정했다.[164] 그러나 실제 지방연맹마다 지원병 응모자를 경쟁적으로 모집하는 과정에서, 1개 부락연맹마다 1명이 아니라 1개 애국반마다 1명씩 나오도록 운동을 하였다.[165] 이에 일제는 전국의 부락연맹에서 1명씩만 내도 7만 명 정도인데 8만 4,000여 명이나 지원했다고 크게 만족했다. 이어 일제는 "지원병제도도 벌서 고개를 넘어(섯고) … 연맹의 운동

---

164)「各道聯盟事務擔當者打合會開催さる」『總動員』2-1, 1940.1, 78쪽.
165)『동아일보』1939년 12월 9일자「한 愛國班에 1兵主義로, 지원병제도 대확장」; "각 애국반원은 협력하여 각자 반에서 우수한 청년의 솔선 지원을 종용하도록 항상 애국적 분위기를 양성시키고 있다"고 한다 [武永憲樹(全南知事), 1941.3,「武步堂堂히 前進」『朝光』, 309쪽].

제3장 국민정신총동원운동과 농촌통제정책(1938.7～1940.10)   227

도 고개를 넘엇스니 … 이제부터는 실행하야 나가면 될 뿐"이라고 자평하면서,166) 1941년도에는 "반도청년 적령자는 하나도 남기지 안코 지원"해야 한다고 했다.167)

일제는 지원자 대확장을 앞두고 1940년부터 지원 자격을 종래 소학교 6년에서 4년제 졸업 이상자로 하향 개정했고, 중등학교 출신 지원자를 많이 확보하기 위해 중등학교마다 1명 이상을 내도록 강제했다. 그리고 일제는 지원병을 많이 내는 학교는 "황국신민교육을 철저히 하얏다"고 판단할 수 있다면서,168) 많이 낸 학교에게는 표창을, 그렇지 못한 학교는 엄중한 경고와 인사 조치까지 하겠다고 압박했다.169) 1941년도 지원자는 14만 명을 넘었으나, 일제는 조선청년 적응자 추정 수 150만에 비하면 '아직도 微微 寥寥', 소학교 졸업 적령 추정자 40만 명의 50%에도 못 미친다고 하면서,170) 해당 적응자 전원의 지원을 촉구하였다.

대규모의 지원 현상의 배경에는 중등학교에서 보았듯이 강제 할당도 크게 작용했다고 생각한다. 이 점은 1개 애국반 내지 부락연맹마다 1명씩 낼 수 있도록 정동운동이 전개되었던 사실에도 적용할 수 있다. 그러나 뒤에 살펴볼 훈련소 입소자에 대한 대대적인

---

166) 『매일신보』 1940년 2월 16일자 「충북에 靑訓所 증설, 忠州中學도 실현, 鹽原學務局長 담」.
167) 『동아일보』 1940년 2월 18일자 「멸사봉공의 적성, 지원병에 대하야 鹽原所長 담」.
168) 『매일신보』 1940년 2월 16일자 「충북에 靑訓所 증설」.
169) 『동아일보』 1940년 2월 10일자 「지식인지원병 환영」. 그리고 학무국에서는 중등학교 학생들의 지원자를 늘리기 위해, 중등학교 재학생으로 지원병 적격자가 어느 정도 되는지 기초조사를 도지사에게 지시했다(『동아일보』 1940년 2월 11일자 「유식한 지원병양성차, 現중등재학생 조사」).
170) 「志願兵은 이렇게 훈련한다-조선총독부 육군지원병자훈련소 발표」 『新時代』, 1941.12, 86쪽.

환송 행사, 지원병에 대한 물적 사회적 우대정책 그리고 중등학생 등 청년을 포함하여 일반인들을 대상으로 전개된 지원병 제대자들의 강연 행각 등도 지원병에 대한 '동경심'을 유도하여 많은 지원자를 내게 한 원인이었다. 일제는 지원자가 많을수록 이를 황민된 조선청년의 증가 현상으로 선전하고, 모집 열기 속에 조장된 황민화 분위기를 더욱 사회적으로 확산시킬 수 있는 기회로 삼았다. 또 지원자가 많으면 정신과 학력 등에서 우량한 소질의 사람을 선택할 가능성이 높아지기 때문에, 일제는 지원자 대확장운동을 전개했다. 또한 이는 조선청년을 '제국군인'으로 양성하는 데 훈련기간 6개월이 짧다고 보던 일제에게, 더군다나 1940년부터 4개월로 단축되는 기간을 보완하면서 소기의 목표에 접근할 수 있게 하는 한 대책이기도 했다.

여기서 정동운동과 지원병제도의 관계를 설정할 필요가 있다. 학무국장 鹽原時三郞은 지원자훈련소의 소장을 겸임하고 있었고, 학무국은 도별 추천자를 할당하는 일을 맡아 처리하고 있었다.171) 이를 볼 때, 학무국과 국장은 지원병제도에 크게 개입하고 있었음을 알 수 있다. 또 鹽原은 조선연맹 이사장도 겸하여 사실상 정동운동을 주도하고 있었고, 정동운동의 조직망이 지원자 모집 과정에서 총동원되고 있었던 사실, 1940년 2월부터는 도지사가 실시하는 전형시험에 연맹 관련 사항이 추가되고 있었던 점172) 등을 종합해볼 때, 지원병제도는 정동운동의 지원 아래 전개되었음을 알 수 있다. 그리고 당시 대표적인 皇道主義者 塩原이 학무국장·훈련소장·조선연맹 이사장을 맡고 있었던 사실에서 정동운동과 지원병제도·정규 비정규 교육계를 망라하여 조선사회 전반이 황민화운

---

171) 『동아일보』 1938년 5월 18일자 「응모지원병, 각도의 비율을 결정」.
172) 「聯盟彙報」 『總動員』 2-5, 1940.5, 98쪽.

제3장 국민정신총동원운동과 농촌통제정책(1938.7~1940.10) 229

동에 휩싸여 있었음을 알 수 있다.

　지원자의 지원 동기는 1941년도 지원자 145,046명에 대한 조사를 보면, '자발적으로 지원한 자' 35%(50,184명), '관청의 종용으로 지원한 자' 55%(79,672명), 기타 10%(79,672명)로 나타났다.[173] '자발'은 전적으로 본인의 '열렬한' 의사에서 나선 경우라고 볼 수 있다. 그런데 35%의 '자발' 이외 모두를 강제로 볼 수 있을지가 관심 사항이다. '관청의 종용' 중에는 "신체가 좋고, 너는 지원병 가라"는[174] 식으로 군면·주재소에서 지목하여 거의 강제로 나간 사람도 있었을 것이다. 그러나 '종용' 중에는 "너의 집 생활 보장해주고 너는 나가서 일등국민이 된다"는[175] 식의 설득과 '동경심'을 자아내는 사회적 분위기 조장, 그리고 지원병후원회 등에서 지원자와 그 가족에게 '원조의 손'을 뻗치던 행태 등에[176] 자극을 받고 움직인 경우도 있었을 것이다. 배급통제로 물자가 부족할 때에도 지원병에게 "대우한다고 면에서 신 1 컬레·정종 1병·설탕 1 봉지·광목 1필을 1달에 한 번씩 배급"했다고 한다.[177]

　일제는 지원병에게 이런 물질적 후원만 아니라 일종의 사회적 선택자라는 자부심도 심어주려고 했다. 입소자 중에는 "왼통 面이랑 주재소, 학교가 총동원을 하여 정거장까지 50리 길을 뻐스, 도

---

173) 『朝鮮總督府 帝國議會說明資料』 6, 104쪽. 이 자료의 145,046명과 <표 3-3>의 『太平洋戰下の朝鮮及び臺灣』에 제시된 144,743명과 다소 차이가 있다.
174) 경북 영덕군 병곡면 송천동 거주, 전 영덕문화원장·국편 사료조사위원 權鍾大(1929년생) 증언.
175) 권종대 증언.
176) 海田要, 1939, 『志願兵制度の現狀と將來への展望』, 녹기연맹, 24쪽.
177) 영덕군 축산면 경정리 金在烈(1922년생) 증언. 김재열은 1940년 12월 지원병으로 입대하였고, 1945년 2월에 귀가한 뒤에는 지역을 순회하면서 지원병 체험을 강연하였다고 한다.

락구 할 것 없이 휩쓸어 타고서 대대적 餞送을 받(은)" 것에178) 크게 감격했다고 회고하기도 했다. 따라서 '자발'적인 지원자는 물론 '종용'을 받은 사람 중에도 사회적으로 조장된 일본의 군사적 힘과 전승 분위기, 군인으로서 우월감을 부추기는 주변 상황의 영향을 받아, 마음이 움직여 지원한 경우도 일정하게 포함되었다고 본다. 한 증언에 따르면 "지원병은 어깨에 붉은 띠를 두르고, 아주 참 용감하게 나갔다. 부름을 받고 나간다고 연설했다. 면장 등이 환송사를 해주었다. 영해면사무소 옆 신사 앞 광장에서 환송대회가 있었다. 학생과 주민들도 총동원되었다"면서 그 광경을 보고 있던 증언자 자신도 "언제 나도 지원병에 나갈까"라고 할 정도로 "굉장히 부러웠다"고 회고하였다.179) 이런 입소자 환송 행사 등은 지원을 종용받고 있던 청년을 포함하여 일반 민중을 향해 지원병제도에 대한 선전 효과를 극대화하고 있었다. 일제는 이런 '선전' 자체를 '예비훈련'의 1단계로 보았다.180) 그리고 함남의 경우 제도에 대한 '주지보급'의 '불철저'로 지원자가 불과 20여 명이었던 1938년과 달리, 1940년에는 응모자가 전국적으로 7만 9,600명일 때 1만 900명이 지원하여 1위를 기록하기도 했다.181) 이런 현상은 강제 모집으로만 해석될 수 없고, '선전'의 위력을 짐작하게 하는 한 단서라

---

178) 「榮譽의 입영을 앞둔 육군지원병훈련좌담회」, 『新時代』, 1941.2, 136쪽.
179) 이런 증언은 당시 문헌 자료를 통해 입증된다. 경성부 금정심상소학교 6학년생 68명은 "우리도 크면은 지원병으로"라는 '포부'를 품고 소년의용단을 결성하여 지원병이 될 때까지 해산하지 않을 것이라고 결의하고 있었다(「燦!! 愛國半島의 銃後赤誠」, 『新時代』, 1941.3, 183쪽).
180) 『동아일보』 1939년 8월 12일자 「志願豫備訓練, 경북에서 전력」.
181) 『동아일보』 1939년 2월 6일자 「함남도 관내에는 지원병 殆無상태」 ; 1940년 2월 13일자 「영예의 지원병응모 79,600명, 함남이 수위로 10,900명」.

제3장 국민정신총동원운동과 농촌통제정책(1938.7~1940.10)   231

고 본다.

　이런 사정을 감안한다면 지원병제도가 '철저한 강제'로[182] 전개되었다고 보기 어려운 점이 있다. 이는 지원병의 심리조사에서도 어느 정도 뒷받침된다. 심리조사의 결과는 '애국심 발로'(27.9%), '명예심'(23%), '일신의 공리적 동기'(15%), '직업으로 선정'(11.4%), 기타(16.7%)로 나타났다.[183] '애국심 발로'에 의해 지원한 사람은 23%에 불과했다. '기타'를 제외한다고 해도, 55.4%의 지원자가 지원병을 일종의 출구로 생각하였음을 알 수 있다. 이런 양상의 이면에는 피지배민족의 청년으로서 받았던 소외, 중압으로부터 일거에 벗어나려는 욕구가 관통하고 있었다. 또 이는 지원자의 대다수가 빈곤한 계층에서 나온 사실과 함께, 당시 조선민중이 처한 참담한 현실을 반영한 것이다.

　당시 小磯 조선군사령관은 지원병 역시 "일반의 장병과 공히 혹은 국토 방위에 혹은 攻城野戰에 활약"하고 "하사관 혹은 장교에 진급하는 길도 개척"되어 있다고 공언했다.[184] 일제는 조선청년들에게 전선에서 복무하는 군인들의 무훈·용감성·명예를 또 장교로까지 진급할 수 있는 가능성을 선전하면서 지원을 충동질했다. 실제 지원병으로 복무중에 陸軍工科學校에 합격하는 이른바 출세하는 자들이 나타나고 있었다.[185] 그리고 당시 조선청년으로 총독부가 주관하는 6개월간의 훈련과 2개년의 복무 기간을 마치고 제대하면 '우수한 청년'으로 인정되어, "총독부와 군부에서는 극력

---

182) 宮田節子 저·李熒娘 역, 『조선민중과 '황민화' 정책』, 43쪽 ; 최유리, 『일제 말기 식민지 지배정책연구』, 190쪽.
183) 『朝鮮總督府 帝國議會說明資料』6, 105쪽.
184) 「朝鮮人志願兵令과 개정된 朝鮮敎育令」, 『批判』, 50쪽.
185) 『조선일보』 1939년 12월 19일자 「지원병 李君, 陸軍工科에 합격」 ; 『동아일보』 1940년 3월 2일자 「조선출신 장교 해마다 증가」.

이들 조선인 제대병에 대하야 우대하야 취직케 할 의향을 가지고" 있다거나, 관청·경찰관 기타 민간업계에서도 이들에 대해 '특별한 기대'를 걸고 있다는 인식이 퍼져 있었다.186) 이런 사정에서 조사 결과와 같이 '명예심'·'직업'·'일신의 공리' 등을 이유로 지원하는 자가 속출했던 것이다.

한편 일제가 지원자훈련소라는 특별 교육기관을 둔 것은 조선청년에게 '국민적 신념'과 '황국신민된 소질'을 갖도록 훈련하기 위해서였다. 조선인의 민족성에 불신을 갖고 있던 일제로서는 4~6개월 정도의 훈련으로 이런 목적을 달성하기도 쉽지 않은데다가, 지원 동기가 '명예욕'·'제일선 출동'·'취직의 수단' 등이고, 훈련 수료와 동시에 '歸鄕' 의지도 없는187) 이들을 교육한다는 것이 쉽지 않았다. 이에 따라 일제는 이같은 지원 동기를 비판하고, '충절의 정성'과 '봉공의 지정'으로 지원할 것을 거듭 강조하는188) 한편, 이런 실정에 기초하여 國體學·國史·訓育 등 3과목을 중심으로 의식과 행동을 통제하기 시작했다. 또한 일제는 자신들이 파악한 조선인의 장점인 '순종'과 '복종심'을 훈련에 적절히 이용했다. '순종'이란 유교적 전통에 기초한 상하의 사회질서, 그 속에서 자신의 본분을 중시해온 조선 전래의 관습에서 연유한 점이 있었다. '복종심'은 이런 '순종'에다가 피지배민족으로서 식민지권력의 힘에 압도당하여 강화될 수밖에 없었던 심성이었다. 이런 연유로 창의와 적극성, 자존심이 떨어져 있던 청년들에게 일제는 민족적 열등감을 자극한 뒤, 강제와 질책만이 아니라 부모의 자식에 대한 '이해'

---

186) 『조선일보』 1938년 1월 20일자 「제대후 지원병, 직업을 우대」. 이들 중에는 경제경찰관으로 채용되기도 했다(1939년 12월 25일자 「經警係官 보충에 제대병 채용 결정」).
187) 「志願兵은 이렇게 훈련한다」, 83쪽.
188) 海田要, 『志願兵制度の現狀と將來への展望』, 19쪽.

제3장 국민정신총동원운동과 농촌통제정책(1938.7~1940.10)

와 '온정'과 같은 가부장적 요소를 가미하여 훈련의 효과를 높이고 있었다.

또한 일제는 정신교육의 효과는 일상생활의 실천으로 나타난다고 보고, 일본의 가정생활의 예법을 본떠서 입소자들의 생활 전반을 간섭했다. 청년들은 식사 예법에서 복도를 걷는 법, 방에 출입하는 법, 물건의 사용과 정돈, 소제하는 법, 목욕방법 등 생활의 세세한 부분까지 통제를 받고 있었다. 이에 청년들은 사적인 영역을 포함하여 모든 행동이 지도와 관리의 대상이 되는 가운데 주눅이 들고 열등감을 느낄 수밖에 없었다. 일제는 조선청년의 열등성을 전제로 하여 자신들이 실시하는 지도와 감독의 정당성을 확보하고, 청년들에게 지시에 따른 무조건적 충성과 복종을 수용하도록 압박하였다. 청년은 훈련기간 내내 천황의 '팔·다리'와 같은 신민된 '충절'을 다짐해야 했다.[189] 총독 대리 大竹 내무국장 등 고위급 인사 다수가 입소식에 참석하여 청년들을 인정해주고 고무시켰던 사실,[190] 훈련 중 일본을 시찰한다거나[191] "향리에서 일찍이 접할 수 없는 고귀한 인사 혹은 고위층"이 훈련소로 시찰을 와서 격려할 때 받았던 '영광' 등도, 청년들을 힘든 훈련으로부터 견디게 하는 것들이었다.

훈련소에서 이같은 훈련을 거치면서, 도지사 면접 과정에서는 황국신민의 서사도 제대로 말하지 못하고, 국가관념 등에 대한 답변도 무턱대고 외우거나 즉흥적으로 준비해둔 사례가 많았던 것과 현저히 다른 양상을 보이기도 했다. 즉 입소자들은 "일본정신의 근

---

189) 「志願兵은 이렇게 훈련한다」, 84쪽 ; 海田要, 『志願兵制度の現狀と將來への展望』, 9쪽.
190) 『조선일보』 1939년 12월 16일자 「志願兵二百後期生 금일 입소식 성대」.
191) 『조선일보』 1939년 11월 1일자 「지원병, 內地視察」.

본은 국체의 존엄하오신 데서 비롯함 … 그 극치는 일사보국"이라는 것, "우으로 한 분 계시온 분께, 내 한 몸을 받치는 것이 일본정신 … 앞으로의 생활은 한 정신 우에다 건설"하지 않으면 안된다는 사실을 깨닫게 되었다고 한다.192) 이들은 생활의 '중심'으로 천황을 수용한 황국신민으로서 변화하고 있었다.193) 지원 동기의 큰 비중을 차지했던 '취직의 방패' '일신의 명예욕' 등은 이렇게 멸사봉공, 일사보국의 관념으로 전환되는 양상도 보였다. 이런 현상을 모든 훈련생들에게 적용할 수는 없겠으나, 이런 변화의 흐름은 충분히 주목할 만하다. 이렇게 통제 훈련된 조선청년들은 황국신민된 사명감으로 현역 입대만이 아니라 훈련 직후 귀향하여 제대자와 함께 '향토의 중심인물'로서 '내선일체의 구현화'의 선구적 역할을 담당하는 추진대원이 되었다.194)

2. 추진대원의 성격

훈련소의 훈련을 거쳐 현역 혹은 보충역으로 복무를 마치고 돌아온 제대자들은 고향에서 '錦衣還鄕'과 같은 환영을 받았다. 이들은 고향의 신사를 참배하고 입소하러 떠날 때와 같이, 성대하게 거행되는 지원병제대자 봉고제에 참석하였다. 이 자리에서 제대자는

---

192) 「榮譽의 입영을 앞둔 육군지원병훈련좌담회」, 『新時代』, 1941.2, 138~139쪽.
193) 김석범의 문학 『1945년 여름』(筑摩書房, 1974)에 나오는 이성식은 "학생복을 집어던지고 군복을 입던 순간 비로소 자신이 일본인이라는 실감이 밀려와 눈물을 흘렸다"는데, 이는 전쟁 말기의 재일 조선인 청년의 정신적 편력을 적절히 묘사했다고 평가받고 있다(윤건차, 1997, 『일본 그 국가·민족·국민』, 일월서각, 283쪽).
194) 「志願兵은 이렇게 훈련한다」, 84쪽.

제3장 국민정신총동원운동과 농촌통제정책(1938.7～1940.10)   235

"재향군인으로 또는 농촌청년으로서 농촌개발에 헌신적으로 멸사봉공을 맹세"하였고,195) 생업의 여가를 이용하여 지역을 순회하면서 지원병으로서 느꼈던 체험담을 강연하였다. 그 내용은 주로 일본의 국체·군인된 영광과 감격·지원병제도·후배 지원자에 대한 격려 등이었다. 강연회는 지원병 적응자인 중등학교·청년훈련소의 생도를 비롯한 청년과 일반인을 대상으로 전개되어,196) 청중들에게 지원병에 대한 환상을 조장하여 '지원병 모집에 무형적 영향'이 컸다고 하는데,197) 이 점은 앞에서 확인한 바이다.

　1939년 8월 조선연맹은 정동운동을 강화할 목적으로 추진대제도를 신설하였다. 지원병 제대자들은 추진대제도에 편입되어 추진대원으로서 정동운동의 목적 달성에 매진하게 되었다.198) 추진대원이 될 수 있는 자격은 지원병으로 제대 혹은 휴가 중 정동운동과 관련된 강습을 받은 자를 위시하여 부여중견청년수련소의 수료자199)·흥아근로보국대 조선부대원으로 훈련을 받은 자·기타 조선연맹과 도연맹으로부터 자격을 인정받은 자 등이었다. 이들은 도연맹 총재로부터 임명장과 임무지령서·隊員章을 받고 소속감과 책임을 부여받고 활동하였으며, 임무보고서를 3개월마다 도연

---

195) 『조선일보』 1939년 11월 5일자 「志願兵除隊奉告祭 長湍神社에서 거행」.
196) 『동아일보』 1940년 1월 20일자 「평북출신 지원병, 각지를 순회강연」 ; 1940년 1월 25일자 「군인으로 얻은 체험, 감격」 ; 1940년 1월 27일자 「귀환 지원병의 제일성」 ; 1940년 1월 28일자 「지원병들의 獅子吼」 ; 「지원병강연」.
197) 『동아일보』 1940년 3월 13일자 「귀환 지원병 강연에, 청강 16만여명」.
198) 『동아일보』 1939년 8월 31일자 「정신연맹에 추진대, 추진대 자격은 제대지원병 등」.
199) 부여의 중견청년수련소는 1939년 8월 추진대제도와 함께 실시되어, 조선청년을 '황국신민화'하여 '우수한 중견지도자'로 배출하는 '추진대원의 양성소'로 출발하였다(鹽原時三郞,「精動運動의 運用」, 17쪽).

맹을 통해 조선연맹에 제출해야 했다. 조선연맹에는 추진대연락부가 있어 도연맹추진대를 총괄적으로 통제 지휘하고 있었다.[200]

추진대원들은 도연맹에 소속되어 지방연맹 이사장 내지 애국반장의 지휘에 따라 혹은 자신이 직접 애국반장이 되어, 정동운동의 정신과 각종 시설이 말단에까지 관철되도록 제일선에서 활약했다. 이들은 지방연맹의 '실천요목'과 행사에 대한 협력 내지 그 활동상황 그리고 애국반의 활동 등을 보고해야 했다. 애국반의 활동과 관련하여, 이들은 각 애국반에서 애국일 행사·궁성요배·국기게양·일어보급·저축 및 절미·지원병 응모 등이 진행되는 상황을 조사 보고하였다.[201] 추진대원의 수는 1940년 11월초까지 1,500명 정도였다.[202]

지원자 훈련소 졸업생 중에는 지원병으로 복무하는 경우 이외에 바로 고향으로 돌아가서 추진대원이 되기도 했다. 훈련을 거치면서 청년들이 황국신민으로 변모하는 일단을 앞에서 살펴보았듯이, 이렇게 훈련을 마친 사람들이 추진대원으로 투입되어 정동운동의 저변화에 앞장설 경우, 그 영향력은 가히 짐작할 만하다. 조선연맹은 1940년 11월 훈련소를 졸업한 사람 중에서 100명을 추진대원으로 파견했다.[203]

한편 조선연맹은 1940년부터 훈련소 입소자로 결정된 경우(갑), 도지사 추천을 받은 경우(을)로 최종적으로 지원병이 되지 못한 사람들에게도 도연맹 총재로 하여금 표창하도록 했다.[204] 이들에게

---

200) 「精動聯盟ニ推進隊新設サル地方ニ於ケル運動ノ推進分子トシテ」, 『총동원』, 1939.10, 64~65쪽.
201) 국민정신총동원전라남도연맹, 『국민정신총동원지도자필휴』, 103~105쪽.
202) 『매일신보』 1940년 11월 8일자 「신체제좌담회8 추진대 결성에 주력」.
203) 『매일신보』 1940년 12월 1일자 「귀환하는 지원병을 총력연맹추진대원으로!」.

휘장을 부여하고 기관지『총동원』에 광고하여 사회적 명예를 부여하기로 한 것이다. 그리고 이것은 1938~1939년 지원자에게도 소급해 적용되었다. 일제는 이들 중에는 이미 추진대원이 된 자 혹은 장래 추진대원이 될만한 자가 있으므로, 표창식 때 연맹의 요령 및 추진대원의 취지 등을 충분히 설명하고 이들을 상대로 강습회를 열기로 했다. 특히 乙에 해당하는 중도 탈락자는 당장 추진대원이 될 자격은 없으나, 추진대원에 준하는 자로 이후를 대비하여 '장악'해 두려는 '배려' 차원에서 함께 강습시킨다고 했다. 그리고 이같이 지원병 지원자들이 표창을 받게 되는 사실은, 애국반장을 통해 반원들에게 홍보 선전되고 있었다.[205] 이는 자식을 군대에 보내기를 꺼리는 부모들을 포함한 일반인들에게 지원병에 대한 환상을 심어주거나 협조를 유도하기 위한 것이다.

<표 3-4>의 사례를 통해 애국반장의 직업과 활동을 분석하여 지원병제도와 추진대원의 관계 및 그 역할을 검토하고자 한다.

조선연맹에서는 1939년말 '새벽(曉)'이란 조선어로 된 인쇄물(일종의 팜프렛)을 2개월에 한 번씩 대략 40만 부를 제작하여, 전체 애국반장에게 배포하였다. 1940년 3월 1일자 발행 제2호에 제시된 10개 문항에 대해 회신을 보내온 애국반장 16명이『총동원』5월호에 실렸다. 이 중 일본인 2명을 제외하면 조선인은 14명이었다.[206]

---

204)「聯盟彙報」『총동원』2-5, 1940.5, 91~92쪽.
205)「陸軍兵志願者訓練所入所志願者表彰ノ件」(1940.3.5), 農林局長 附屬室, 1940,『雜件書類綴』(林政 No.1325), 713~714쪽. 총독을 위시하여 총독부 직원들도 구성된 각종연맹의 하나인 '본부연맹'의 이사장은 경성연맹이사장의 지시를 받아, 경성연맹이사장은 경기도연맹의 방침에 따라 해당 하부연맹과 반장에게 이런 사실을 하달하였다. 경기도는 조선의 '중추 지구'로 정동운동의 동향은 이곳을 통해 판단할 수 있었기 때문에(『총동원』2-2, 1940.2, 110쪽), 이런 지시는 조선연맹 차원에서 전국 지방연맹으로 내려졌다고 본다.

〈표 3-4〉 애국반장의 직업과 활동

애국반장의 직업	반의 지원병 수	지원병제도의 영향 여부	반에서 활동 내용	반에 모범인물 정도
①추진대원	-	지원병의 훈련·활동·훈련소의 내용에서 영향을 받음	大麻奉齋/일제히 국기개량/부인야외노동/공회당 설치 등	3명
②농업	1명	훈련소의 내용과 응모자 수에서 영향받음	상급연맹의 지시에 따라 실행할 계획 중	1
③추진대원 겸 미곡사무촉탁	3(친척)	지원병의 기사 내용에 감사 감격함	반원 일치, 혼식과 절미저축/ 애국저금	1
④지원병지원 중	2	금년(1940)지원병 응모자가 전국을 흔들고 있다고 감격.	국민총훈련과 동방요배를 계획 중	1
⑤?	2(조카)	지원병의 영향 불분명(기원절 표창자의 행적 발표 요청)	神社건설공사에 근로봉사를 합의함	-
⑥부여중견청년훈련소 3기생	7 (동생2, 친척5)	지원병 8만 돌파한 기사에 흥미 보임. 훈련소 내용 원함.	전쟁의 장기화에 반원의 마음을 다져 '八紘一宇' '天業완성'을 준비하고 있음	49
⑦지원병 시험 낙방	-	지원병의 영향 불분명(국민총훈련 영향 받음)	군용가마니짜기 등	21

자료: 「愛國班長の聲」『총동원』, 1940.5, 59~76쪽.

회신 내용을 보면, 이들은 대체로 지원자의 입소 훈련과 그 활동에 관심을 보이거나 영향을 받고 있었다. 앞에서 보았듯이 지원병에 지원했다가 실패한 사람도 추진대원이 되거나 준추진대원으로 파악되고 있었기 때문에, 14명 중 5명(추진대원 ①③, 부여중견청년훈련소 출신자⑥),207) 지원중인 자④, 지원실패자⑦) 약 36%는

---

206) 1명은 일본식 성명을 사용하여 조일 구분이 어렵지만 조선인으로 짐작된다.

제3장 국민정신총동원운동과 농촌통제정책(1938.7～1940.10) 239

추진대원으로 보아도 무방하다. 그리고 5명 중 2명(④⑦), 즉 전체 애국반장 중 적어도 14%가 지원병 지원과 관련된 추진대원으로 볼 수 있다.

또한 14개 애국반 중에서 지원병을 낸 곳은 5개 반으로 전체의 약 36%였다. 그리고 지원병을 낸 5개 반 중에서 3개 반(①③⑥)의 반장(60%)이 추진대원이므로, 지원병 지원자는 일반 반장보다 추진대원이 반장인 경우에 더 많이 나왔음을 알 수 있다. 또한 이 5개 반에서 나온 지원자는 모두 15명이었는데, 그중 10명(③⑥)은 추진대원이 반장인 반에서 나왔고, 2명(④)은 지원병에 지원하고 있던 반장의 반에서 나왔다. 따라서 전체 지원병 지원자의 80% 가량인 12명이, 지원병에 지원중이거나 지원병제도와 밀접한 추진대원을 겸하고 있던 반장의 지휘 아래 모집되고 있었음을 알 수 있다. 이로써 총독부와 조선연맹이 지원자의 대확장에 광분하고 있던 시기에, 추진대원들은 지원병 모집에 선도적인 역할을 하고 있었다고 볼 수 있다. 그리고 지원병 지원자 15명 중 12명(③⑤⑥, 전체의 80%)이 반장의 친인척인 사실은, 체제내화도 동족적 관계의 끈에 의해 촉진되고 있었음을 알 수 있다.

지원병 지원자를 많이 내고 있거나 추진대원을 겸한 반장들은 반내 활동도 적극적이었다. ⑥의 부여중견청년훈련소 출신자(=추

---

207) 부여중견청년훈련소는 조선총독부중견청년수련소인데, 이곳은 전적으로 '추진대원의 양성소'로 출발하였다고 한다(주 199) 참조). 이하 이곳 수련소 생도를 추진대원으로 간주한다. 또 일제는 청년훈련소 졸업자와 청년단원 등은 다소 황민적 소양을 갖춘 자들이라 보고, 지원병 지원자의 자질을 높이기 위해 이들의 지원을 강조했고(『매일신보』 1940년 12월 3일자 「강연회 좌담회 개최, 지원병응모를 권장」), 청년훈련소를 증설하는 주된 이유는 지원자들을 많이 내기 위해서였다(1940년 2월 16일자 「충북에 青訓所 증설」). 부여중견청년훈련소 출신자도 이런 맥락에서 지원병에 지원했을 가능성도 있다.

진대원) 金仁洙는 지원병도 7명을 냈고, 전쟁의 장기화에 대비하여 반원들을 긴장시켜 '八紘一宇' '天業완성'을 준비하고 있었다. 그리고 이곳에서는 반 안에 '모범인물'이 남녀 포함하여 49명이나 되었던 사실도 특징적이다. 이곳에서는 반원들이 반장의 영향 아래 정책에 거의 적극적으로 협력하고 있었음을 알 수 있다. 따라서 <표 3-4>에서 보면, 지원병을 지원한 경험으로 추진대원의 자격을 갖춘 사람이거나 추진대원은 때로는 직접 애국반장이 되어 민중 생활 깊숙이 파고 들어가 전시동원정책을 관철시키는 데 크게 활약하고 있었음을 알 수 있었다. 또한 애국반장을 포함하여 반원 중에 "挺身 정동운동을 위하야 粉骨碎目하랴는 特志者"도 추진대원이 될 수 있었던 점에서 볼 때,208) 조선연맹이 애국반별로 '모범인물'을 조사하고 있었던 것(<표 3-4>)은 이후 추진대원의 확대와 관련하여 현황 파악의 하나로 볼 수 있다.

지원자가 대폭 증가하는 전기가 되었던 1940년, 조선연맹은 부락연맹과 애국반을 가동하여 지원자 대확장운동을 전개했고 추진대원의 확충 정책도 진행시켰다. 조선연맹에서 지원자 (갑)과 (을)에 대해 표창하는 것, 조직과 단체의 구성원 중에 "상당히 열성이 있는 훌륭한 사람"을 주목했던 것도 이런 맥락에서 이해할 수 있다.209) 또한 도연맹에서도 자체적으로 '기타 조건'에 해당하는 청년훈련소 수료자·농촌청년도장 수료자·청년단 간부·애국반장 중에서 추진대원을 충원할 수 있었다.210) 전북연맹에서는 각 군에서 5명씩 선발하여 도연맹 주최 강습회를 연 1회 개최하여 추진대

---

208) 玄永燮, 1940.6,「국민정신운동과 우리의 임무」『朝光』, 230쪽.
209) 鹽原時三郎,「精動運動の運用」, 16쪽.
210) 학무국, 1940.5,「學校の精動運動への協力」『총동원』 2-5, 16쪽. 추진대원이 확충될수록 이런 자격자들이 적극적으로 활용되었을 것으로 보인다. 반원 중에서도 추진대원이 나왔다.

제3장 국민정신총동원운동과 농촌통제정책(1938.7~1940.10)

원을 확충하려고 했다.[211] 또 추진대원의 양성소로 출발했던 부여 중견청년수련소(이하 수련소)의 수료자는 1939년 149명에서 1940년 438명으로 증가했다. 이곳 수료자가 2년 사이에 약 3배 증가하는 것에 대응하여 조선연맹의 '수련소 시설' 예산은 약 3.7배로 증가하고 있었다(<표 3-2>). 앞에서 언급했듯이 조선연맹은 1940년도 세출 예산의 35.2%를 '수련소 시설'에 배정할 정도로 정동운동의 강화와 관련하여 추진대원의 양성을 중시했다.

추진대원의 자격이 여러 계층에게 주어졌지만 이 제도가 조선연맹의 사업이었고, 지원병제도가 연맹과 매우 밀접한 관계를 맺고 진행된 만큼, 제대자 혹은 지원자 등 지원병 관련자와 수련소의 생도가 추진대원의 중심이었다고 본다. 1940년 11월 현재 추진대원은 1,500명이었고, 중견청년수련소 생도는 1940년말 현재 438명이었다. 추진대원 중 수련소 생도 출신은 29%를 차지하고 나머지 71%는 지원병 제대 혹은 지원자와 기타에 해당한다. 조선연맹이 추진대원 자격의 첫 번째로 지원병 관련자를 꼽았고, 표창과 같은 유인을 통해 이들을 크게 확보하려고 했던 만큼 71%의 상당 부분이 지원병 관련 출신 추진대원이었다고 볼 수 있다. 그리고 정동운동에서 확인된 추진대원의 중요성은 국민총력운동에서도 계승되어 1941년에는 10만 명 양성계획으로 발전하였다.[212] 조선연맹에서는 1941년부터 수련소에서 해마다 1,000명씩을 배출할 예정이었다.[213] 따라서 수련소 생도 출신 추진대원은 1940년 현재 생도 438명에다가 1943년까지 배출된 인원을 합쳐도 3,400여 명에 불과하여, 3년 계획으로 10만 명을 확보하려는 정책에서 볼 때, 수련소 생

---

211) 「精動全北聯盟の活動」, 52쪽.
212) 『매일신보』1941년 4월 8일자 「추진대원십만양성, 총력연맹의 삼년계획」.
213) 조선총독부, 『조선연감(1945년도)』, 207쪽.

도의 비중은 적게 나타날 수밖에 없었다. 1941년부터 3년간 10만 명 양성계획에는 추진대원의 다른 자격자들도 대거 동원되었을 것으로 짐작된다. 그러나 1941년 현재 지원병 지원자 수 14만 4,743명에 비해 훈련소 입소자가 3,208명에 불과한 사실에서 볼 때, 중도에 대거 탈락하는 지원자들은 추진대원 내지 준추진대원으로 흡수될 가능성이 컸다.

지원병제도는 정동운동의 측면 지원을 받아 크게 발전했고, 이 과정에서 양자는 상호 보완적 관계에서 상승적 효과를 거두어 그 기반을 확대하고 있었다. 지원병 제대 혹은 지원자 등을 포함한 추진대원들은 정동운동이 말단에까지 확산될 수 있도록 애국반의 활동을 지원하거나, 애국반장일 경우 자신의 반에서 정동운동 전반에 걸쳐 특히 지원병을 내는데 앞장서고 있었다. 따라서 일제는 지원병제도로 조선청년을 파악 훈련하여 지원병으로 복무시키거나 혹은 추진대원으로 활용했으며, 그 제도 자체만으로도 황민화정책을 확산시키는 데 크게 이용하고 있었다.

제5절 국민정신총동원운동에 대한 조선민중의 반응

1. 지식인의 인식

정동운동의 근저를 이루는 소위 일본정신과 그에 따른 실천을 조선민중에게 관철시키는 것은 쉽지 않았다. 조선연맹은 정동운동을 일상생활에서 구현하기 위해, 앞에서 언급했듯이 '강령', '실천요목', '비상시국민생활개선기준' 그리고 도연맹 차원에서 애국반원의 '생활기준' 등을 결정했고, 이에 대한 실천을 종용하고 있었다. 비상시국민생활개선기준은 강령 중의 '생활의 혁신'을 구체화하기 위한 것인데, 이에 대한 반응을 살펴보고자 한다.

근대적 지식인 쪽에서는 일제가 강행하던 생활개선문제를 두고 오랜 전통과 생활양식·조건 등을 고려하지 않았다고 보고, 비상시국민생활개선기준과 관련하여 그 오류를 다음과 같이 비판하였다. '宴會에서 獻酬의 全廢', '年始年末贈答品全廢' 등은 비현실적이며 특히 후자와 관련해서는 허례가 아니라 '인정을 두텁게 하는' 데 필요하다고 지적했다. 또 '각 부인의 국방복 착용'은 영세한 사람들에게는 "비싸서 못 사 입을 것"이고, "그대로 입는 것이 국가경제상 저축력을 함양하는" 것이 된다고 반박했다. "조선가정에서 손님에게 술 대신 茶를 낼 것"이란 항목에 대해서는 술을 대접하지 말라고 하면서 차를 사용하라는 것은 일부러 큰 비용을 들여 차를 구입해야 하기 때문에 현실을 무시한 처사라고 일갈했다.214) 그러나 이들은 기본적으로 일제가 합리화를 내걸고 추진하던 생활개선이 필요하다고 보고 있었다. 또 그것은 '법령과 처지'보다 관변단체 중심의 '계몽'으로 전개되어야 한다고 했다.215) 따라서 이들은 정책에 포함된 세부 지침에 대한 문제점을 지적했을 뿐, 이런 것들이 황민화 정책의 일환으로 전개되었음을 꿰뚫어보지 못했다.

이와 달리 일제의 '풍속통제'는 '사상통제의 앞잡이'라고 단언하고 비판하는 입장도 있었다. '정신적 생활의 총동원'이 전쟁 수행을 위해 불가피한 것이라고 해도 이것이 "지성·감정·의욕을 일

---

214) 南抱聲, 1938.12, 「社會時評」 『批判』, 18쪽.
215) 南抱聲, 1938.10, 「社會時評」 『批判』, 49쪽.

정한 준승에 얽어매는 두뇌의 통제"가 되어서는 안된다는 것이다. 그 이유로 '문화와 인간정신의 작용'은 경제적 방면 등과 달리 동원되고 통제되었다가 "원상 회복되는 그런 성질의 것"이 아니기 때문이라고 하였다. 따라서 "실제 정치의 이데올로기적 무장에서 오는 문화의 통제는 문화의 본질적 생명에 잇서 그리 반가운 사태는 아니(며)" 이런 사실은 다른 "독재정치하의 제국가의 문화실상이 여실히 말하고 잇다"고 질타하였다.216) 이는 정동운동이 벌리고 있는 정신과 사상 통제의 심각성을 우려하고, 이를 강행하는 일제에 대한 저항성을 드러낸 것이다.

또한 전통적인 지식인의 대표격인 유생들은 어떻게 반응했는지를 보자. 전라남도 장흥군 용산면 관지리 유생 定岡 金胄現은 49세가 되는 생일 1938년 5월 23일(양력 6월 20일)부터 일기를 썼다. 定岡은 "금년부터 음력을 폐지하고 양력을 시행하게 되었으니 장차 날짜를 잊지 않기 위해" 일기를 쓰기 시작했다고 하여, 그 동기를 적고 있었다.217) 일제는 1938년부터 음력 폐지를 강제했고, 음력설을 쇠는 것을 저지하기 위해 구정에는 부역 동원을 강행하기도 했다.218) 定岡은 음력 폐지를 위시한 소위 황민화 정책으로 민족적 정체성 내지 자아상실의 위기 속에서, 이런 현실을 고발하고 일제의 압력에도 불구하고 자신의 신념을 재확인하고 그 실천을 담보하는 장으로 일기 쓰기를 선택하였다.

신구 지식인 사이에 정동운동 등과 같은 정신통제정책을 두고 다소 인식의 차이를 보이고 있었지만, 이런 정책들이 양자 모두에

---

216) 崔麗星, 1938.5, 「문화와 통제」, 『批判』, 3·6~7쪽.
217) 김영희, 2000, 「일제 말기 향촌 儒生의 '日記'에 반영된 현실인식과 사회상」, 『한국근현대사연구』 14, 96쪽.
218) 『동아일보』 1938년 1월 29일자(국사편찬위원회, 1978, 『日帝侵略下韓國三十六年史』 12, 11쪽).

게 총체적 위기의식을 느낄 정도로 일상 속에 침투하여 기존 생활 양식과 내적 세계를 압박하고 있었음을 알 수 있다.

2. 말단 민중의 반응

1) 『定岡日記』에 나타난 통제 양상과 그 반응

정강이 살고 있던 용산면에도 1面 1神社政策에 따라 신사가 세워졌다. 건축부지에 대한 '기부'가 종용되었고, 신사 건축·도로 및 교량 가설을 위해 노동력이 동원되고 있었다. 용산면민들은 가뭄으로 보리농사가 안 되고 모심기도 어려운 상황에서도 면사무소의 '추상' 같은 신사건축 공사장에 나가야 했다. 정강은 이를 '緜役'으로 인식했다.[219] 그리고 이렇게 건설된 신사에 안치된 大麻에 호별한 사람도 빠짐없이 참배해야 했다.[220] 당시 농민들은 신사참배 이외에도 매월 애국일 행사와 월례회·각종 주간 행사 등에 동원되었고, 농사에 영향을 줄 정도로 빈번한 행사와 동원에 시달리고 있었다.[221]

용산면에서는 동리마다 남녀노소를 소집하여 소위 동방요배와 황국신민서사 낭독 등의 의식에 이어 국민정신총동원연맹 또는 보국대의 결성을 선언한 뒤에 '국방헌금'을 거두고 있었다. 이런 국방헌금은 특별한 행사 뒤에만 모금되는 것이 아니라 수시로 마을별 호별로 할당되고 거두어지고 있었다.[222] 또한 용산국민학교 교

---

219) 『定岡日記』 1939년 4월 21일자.
220) 『定岡日記』 1939년 8월 6일자.
221) 『定岡日記』 1939년 5월 3일자 ; 한국정신문화연구원, 1994, 『致齋日記』(한국학자료총서4) 1938년 윤7월 19일자.

장이 교원들과 함께 마을에 와서 남녀 14세 이상 30세 이하자를 '교련'시킨다고 모이게 한 뒤, 소위 동방요배와 황국신민서사를 제창시키고 있었는데, 이런 '교련'은 다른 마을에서도 마찬가지였다고 한다.223) 또한 일제는 전쟁승리 축하행진과 조선인 지원병 환송행사 등에 지역 유지·애국반장·학생·농민들을 동원하여 전쟁분위기를 고조시킨 뒤, 은연중 일본의 위력을 과시하고 체제이탈을 막으려고 했다.224) 이렇게 해서 용산면의 농민들은 정동운동을 통해 강행되던 국민총훈련에 노출되어 있었다. 이런 현실 앞에 사람들은 "동방삼천리 강산을 휩쓰는" '무거운 과세와 많은 부역·번잡한 정치'로 "피곤이 극에 달했고", 만주 등지로 이주하는 것도 이런 '시국의 화'를 피하기 위한 자구책의 하나였다.225)

한편 이렇게 침투해오는 정책들에 대해 조선민중은 거부 내지 회피하기도 했지만, 부분적으로 수용하는 양상도 보였다. 어느 날 정강은 農軍들이 면의 지시에 따라 국방헌금을 하기 위해, 오후 휴식시간을 이용하여 꽹과리를 치면서 일종의 농악을 벌이고 있는 광경을 목격했다. 주위 사람들로부터 관람료를 받아 국방헌금을 한다는 것이다. 정강은 이를 두고 "조선 사람들의 나라 성심이 또한 이와 같구나"라고 안타까워했다.226) 이런 행위가 면의 지시에 따라 이루어지고 있었다고 해도, 정강은 이들이 생각 없이 정책에 편입되어 간다고 보고, 이를 지적하였던 것이다.

각종 근대적 매체들이 서서히 촌락에까지 보급되면서, 의식세계

---

222) 『定岡日記』 1938년 6월 10일자 ; 7월 6일자.
223) 『定岡日記』 1941년 6월 10일자.
224) 김영희, 「일제 말기 향촌 儒生의 '日記'에 반영된 현실인식과 사회상」, 116~117쪽.
225) 『致齋日記』 1939년 1월 8일자 ; 1940년 4월 19일자.
226) 『定岡日記』 1939년 7월 5일자.

가 통제받을 수 있는 가능성은 확대되었다. 학교 운동회는 별다른 오락시설이 없던 지역사회를 묶는 매체로써 새롭게 등장하여,227) 앞에서 살펴본 것처럼 다분히 정책적 의도가 담긴 공동정신 등을 배양하는 데 이용되고 있었다. 이런 운동회에 용산면의 남녀 노소가 길을 다투어 가고 있었다.228) 또한 학교에 개설된 무료 활동사진극에도 마을의 사람들이 몰려가고 있었는데, 이런 현상을 두고 정강은 활동사진이 "중국전쟁 형태를 교묘하게 꾸(며)" "일반 대중으로 하여금 소위 저들의 시국을 인식하도록 하는 유혹"인데도 불구하고, 이런 교묘한 술책을 모르고 달려간다고 비판하였다. 그리고 이런 민중을 향해 "인심들이 그들에게 빠져든 것이 이같은 것일까"라고 한탄하였다.229) 이처럼 통제정책과 그 도구들은 서서히 일상 속에 파고 들어와 영향을 주고 있었다.

2) 근로동원에 대한 농민의 대응

정동운동은 1939년 조직을 개편 확충하던 중 미증유의 旱害 타개책을 지원하면서 농민들에 대한 지배력을 확대할 수 있는 계기를 확보했다.230) 총독부는 농민들이 임의로 농촌을 떠나는 행위를 단속하고, 노임살포공사에 나갈 要救助者를 파악하고 동원하는 것 등을 읍면에서 부락연맹·농촌진흥회·애국반과 밀접하게 연락하

---

227) 조선총독부학무국사회교육과, 1937, 『조선사회교화요람』, 97~99쪽.
228) 『定岡日記』 1938년 8월 16일자 ; 1943년 9월 10일자.
229) 『定岡日記』 1941년 8월 10일자.
230) 경기도 이남 8개 도의 한해 피해 규모는 경작 예정 면적 122만 6921정보 중 58%에 해당하는 70만 8895정보였고, 실제 수확량도 평년 1700만 8659석에 비해 915만 5379석이나 감소하여 겨우 46%에 불과한 785만 3280석이었다(朝鮮總督府司政局社會課, 1943, 『昭和14年旱害誌』, 경성, 57쪽).

여 처리하도록 했다.231) 총독부의 기본 방침에 따라 조선연맹도 이사회를 소집하여 한해대책을 마련하여, 전국 연맹원에게 하달하였다.232)

전라남도의 사정을 보면, 경작 예정 면적 중에서 피해를 입은 면적은 46%로, 강원도(22%) 다음으로 적고 8개 도 평균 58%보다 적었다. 그러나 수확량은 평년작 250만 석에 비해 겨우 150만 석, 약 60%에 불과했다.233) 전라남도는 상대적으로 피해가 적었지만, 다른 지역과 마찬가지로 구제공사가 실시되었다. 도에서 시행하는 노임살포를 위한 구제공사 중에서 단순한 공사는 읍면에서 맡아 要救助者만 공사에 나가도록 했다. 읍면연맹은 읍면에 비치된 要救助子名簿를 참고하여 이재민 중 가장 곤란한 자부터 공사에 종사시켰다. 부락연맹 역시 要救助者臺帳을 비치해 두고, 읍면과 연락하여 근로 동원과 노임 지출을 통제하고 있었다. ① 전남 나주군 남평면은 다소 사정이 나아, 이곳 경지정리공사 현장에는 1일 60전 정도의 노임으로는 "어처구니없다고 투덜거리고" 공사에 나오지 않는 농민들이 많았다. 공사의 청부업자 감독은 "이쪽 농민이 나온다면 아침은 9~10시가 되지 않으면 안 된다. 게다가 느린 동작으로 전혀 열의가 없(다). 황국신민의 서사는 한 사람 몫으로 제창하고 있으나, 일은 반 사람 몫도 하지 않는다. 금일 어찌된 일인지 11시경이 되어 나온 사람이 30명 정도였다 … 청부업자로선 대단히 손해이다. 이 정도라면 공사 따위는 맡지 않고 2,000원 정도 면에 기부하는 쪽이 좋았다"고 하였다. 날이 저물자 일 나온 농민들은 도구를 치우며 돌아갈 준비를 하였고, 애국반장이 큰 소리로 "금일

---

231) 조선총독부사정국사회과, 『昭和14年旱害誌』, 164~165쪽.
232) 조선총독부사정국사회과, 『昭和14年旱害誌』, 175~178쪽.
233) 전라남도, 1943, 『昭和14年の全羅南道旱災地』, 광주부, 56~57·67쪽.

은 청부업자가 1일분의 노임을 지불할 수 없다고 한다. 이는 모두가 아침 출근이 늦고, 일의 능률이 나빴기 때문이다. 이러하니 내일부터는 더욱 열심히 해주기 바란다"고 했다. 이에 농민들은 특별히 항의하는 것도 없이 쑤군거리면서 작업장에 세워 있던 '근로보국'라고 쓴 애국반기를 메고 삼삼오오 돌아갔다.234)

② 이와 반대로 남평면에 인접한 나산면 二門里는 한해의 타격이 매우 심각했다. 호수는 200호로 거의 소작농인데, 공사에 나오는 경우도 빈곤한 계층이었다. 점심 도시락을 보면 거의 조밥이고 이따금 흰밥인가 하면 무우의 혼식일 정도로 열악한 촌락이었다. 1940년 1월 10일부터 매일 50명씩 2개조가 확장공사에 참여하여, 아침 7시부터 저녁 6시까지 고작 낮 1시간 쉬면서 노동하고 평균 70전을 받고 있었다. 공사 감독은 "규율도 좋고, 능률도 올라 70전 이상의 일을 해주고 있다"고 하였다. 이곳도 "精動(정동운동: 필자 주)의 깃발을 세우고 매일 아침 저녁 작업의 시작과 끝에 궁성요배를 하고, 황국신민의 서사를 제창하고 있었다. 이러한 토목공사는 아마도 일본에는 예가 없다. 그러나 조선의 한해구제공사에서는 모두 이것을 하고 있었다. 청부업자 측이 감격하는 것도 무리가 아니다"라는 현장 보고가 있었다.

①의 남평면은 식량 사정이 크게 곤란하지 않았기 때문에, 근로동원에 대한 내적 동기가 별로 없었다. 그러나 면에서는 부락연맹과 애국반별로 할당하여 출역시키고 있었다.235) 농민들은 노임은 받았지만 "자발성이 전혀 없었기 때문에 부역이라도 부과된 듯이 마지못해 나오고" 있었다. 노동 현장에서 농민들은 '근로보국'의

---

234) 경성일보사, 『朝鮮農業の道』, 112~114쪽.
235) 공사에 나오는 사람은 이재민만으로 명부을 작성하여, 곤란한 자부터 순서로 애국반 단위로 나온다(경성일보사, 『朝鮮農業の道』, 114·116쪽).

班旗를 세우고 '誓詞'를 제창하고 있었으나 견인지구 멸사봉공의 정신은 찾아볼 수 없었고 노동의 능률도 저조했다. 이와 반대로 ②의 나산면과 같이 한해의 피해가 격심하여 얼마간의 수입원을 찾고 있던 농민들은 한해구제사업에 적극적으로 나오고 있었다. 정동의 깃발을 내걸고 작업을 전후하여 '서사' 제창 등 의례가 진행되는 가운데 작업은 규율 있게 전개되었고, 공사 책임자들은 '능률배가'의 성과를 얻었다.

이로써 ①②를 통해 부락연맹과 애국반이 노동 동원의 수단이었음을 알 수 있다. 또 ②는 생존과 직결되는 노임의 욕구가 절박할 때 황민화의 기제가 동반된 경우이다. 생계의 수단으로 노임이 절실하여 노동의 내적 동기가 높을 때는 '황민화' 기제도 어느 정도 관철되고 있었음을 알 수 있다. 그러나 일제는 기본적으로 형식을 통해 일본정신을 내면화시킨다는 방침이었기 때문에, ①의 경우처럼 마지못해 작업을 하고 있더라도, 처지가 악화되고 이런 의례가 뒷따르는 작업 동원이 반복될 때는 심신이 통제기제에 노출될 가능성이 있었다.

농민들은 "구체적인 物이 보이지 않는다"고 고심하면서 열악한 생활 조건을 완화하는 데 관심을 가질 뿐, "皇化 … 의 고마움은 일광과 공기와 같은 것으로 … 분명히 거기에 감화되지 않는다"고 하듯이236) 일제의 황민화정책은 용이하게 성과를 거둘 수 없었다. 이는 당시 농민들이 각종 번잡한 시국 행사에 동원되고, 불안정한 생계를 부지하기 위해 다소의 수입을 얻으려고 밤늦도록 생업에 종사하고 있었기 때문에, 황민화 기제를 특별히 의식할 겨를이 없었음을 보여준다고 할 것이다. 그러나 일제는 대한해와 같은 극히 선택의 여지가 없는 처지에 몰린 농민들에게 황민화 기제를 들이

---

236) 경성일보사, 『朝鮮農業の道』, 116쪽.

댔다. 그리고 이곳에서 농민들은 자신들의 마음을 일정한 방향으로 끌어당기는 '연맹 정신의 표징'인 애국반기 아래,237) 공공성과 '황은'을 주입받고 작업에 종사하는 과정을 반복해서 경험하고 있었다.

한편 일제는 한해로 인한 민심의 악화를 우려했으나 '동요 없이' 지나갔다고 하였다.238) 이는 부락연맹 애국반과 같은 말단조직의 활약이 컸기 때문이라고 평가하기도 했다. 농민들의 한해 극복에는 정동운동과 농진운동의 조직적 활동도 일정하게 작용했다고 생각한다. 그러나 조선시대 농민들은 동족간 상호부조의 관습과 촌락공동체적인 질서 아래 최소한의 생존수단을 얻을 수 있었고, 그 속에서 유교적인 安分의 윤리도덕에 따라 곤궁한 생활일지라도 자족해 왔던 생활방식도239) 한해 극복의 한 요인이었다고 생각한다. 당시 농민들이 재난을 넘길 수 있었던 데는 일제의 구제사업과 조직적 통제만으로 설명할 수 없는 부분, 즉 빈곤이 일상화된 삶이 있었다.

생활 습관과 의식은 어떤 부분보다 변화하기 어려웠지만, 삶의 중심을 확고하게 갖지 못했을 때에는, 일제의 노골적이고 집요한 사상공세에 노출된 채 부지불식간에 정책에 편입되어 황민적 심성을 수용할 가능성이 있었다. 일제는 일본정신=천황중심주의로 황민화를 획책했고, 이 과정에서 천황은 우주 조물주 天照大神의 후손인 現人神으로서 대대적으로 선전되었다. 이런 정신통제 속에 일부 농민들은 집안의 안녕을 지켜주는 재래의 성주신와 같은 기능을 하는 神體로서 '天皇陛下御命'를 써붙였다가 不敬罪로 검거

---

237) 西山力, 1940.5,「精動隨想」『총동원』 2-5, 38쪽.
238) 전라남도,『昭和14年의 全羅南道旱災地』, 104쪽.
239) 하종근 옮김, 1995,『일제식민관료가 분석한 조선인 – 사상과 성격적 측면』, 세종출판사, 136~141쪽.

되기도 하였다.240) 이런 사례도 정신통제가 부분적일지라도 농민들의 삶 속에 관철된 현상이라고 볼 수 있다. 그리고 정동운동이 전개되는 동안 '사상범죄' 발생을 보면 1938년 145건에서 1939년 74건으로 줄다가 1940년 111건으로 다시 증가하지만,241) 정동운동을 매개로 전개된 조선민중에 대한 통제가 사회주의운동 등에도 일정한 영향을 주었음을 알 수 있다.

일제는 정동운동을 전개하면서 2,200~2,300만 조선의 전체 인구를 조직화하려고 했다. 일제는 당시 농진운동으로 어느 정도 조선민중을 통제하고 있었지만 전혀 통제권 밖에 있거나 거의 무통제에 가까운 사람이 1,700만명 정도라고 보고, 이들도 아우를 수 있는 전국적인 조직을 구축하려고 했다. 일제는 정동운동 단계에서 총독의 명령을 바로 말단의 戶까지 하달할 수 있는 전국적이고 계통적인 조직망을 처음으로 확립했다. 이 조직망으로 1939년 12월 현재 총 호수 429만의 94% 즉 전 인구의 94%까지 포섭하였다. 정동운동이 거대한 조직망에 비해 주도면밀하게 조선민중을 통제하는 단계로 발전하지 못했다고 하지만, 조선민중의 의식세계와 행동방식에 적지 않은 영향을 끼쳤다.

일제는 전시체제를 확립하고 유지하기 위해, 강제적 물리력 행사에 따른 부담과 역효과를 줄이고 조선민중의 자발적인 전쟁 협력을 유도하려고 했다. 이런 통치 방식은 농진운동을 계기로 적극적으로 추진되었고 이후 일제 패망 때까지 줄곧 채택되었다. 이를 위해 정동운동에서 등장한 것이 '국민총훈련'이었다. 국민총훈련은 일본정신이라 하여 천황과 국가 중심의 전체주의적 사고에 입

---

240) 『朝鮮總督府 帝國議會說明資料』 6, 92쪽.
241) 警務局 警務課, 1942, 『人事關係雜書類綴』(경무 No.146), 240쪽.

각하여 의무와 복종심을 내면화하고 이를 생활화하여, 어떤 상황에서도 체제순응적인 자세를 견지할 수 있는 단계를 목표로 했다. 국민총훈련은 애국반과 부락연맹의 집회와 작업에서 시작하여 스스로 자신의 생활을 규제할 수 있도록 유도해 갔다. 이를 위해 "형식을 통해 정신과 의식을 변화시킨다"는 방침 아래 일제는 황국신민의 서사 제창과 궁성요배 등과 같은 황민화의 기제를 모든 사적 공적 생활 속에 삽입하여 생활의 한 부분으로 자리잡도록 했다. 근로보국운동도 대표적인 국민총훈련의 일환이었다. 이때 실시된 국민총훈련은 국민총력운동 조선연맹의 3대 '실천요강'의 하나로 발전하였다. 정동운동에서 자유주의적 요소를 최소화하는 한편 천황으로 대표되는 국가주의를 확대하면서 추진된 국민총훈련은, 총력운동 단계에 가면 자유주의를 완전히 제거하고 君國至上主義·국가지상주의로 심화된다. 정동운동에서 구체화된 '국민총훈련'의 소지는 총력운동에서 강력한 전시동원체제를 구축하는 데 주된 토대가 되었다. 그리고 두 개의 운동 모두에서 '국민총훈련'은 조선민중의 자발적인 전시동원에 대한 협력을 이끌어내기 위한 주된 기제였다.

정동운동 아래 '국민총훈련'은 지원병과 추진대원에서 어느 정도 가시적인 성과를 나타내고 있었다. 대규모 지원병 지원 사태는 행정기관을 비롯한 정동운동의 조직망을 앞세운 할당식 강제 모집·선전 공세, 그리고 지원병을 하나의 출구로 여긴 조선 청년들의 대응 등이 복합적으로 작용했기 때문이었다. 또 이러한 청년들의 대응 이면에는 소외·억압·빈곤으로부터 좀처럼 벗어날 기회가 없었던 암울한 식민지 현실이 있었던 것도 사실이다. 그러나 일제는 청년들이 지원병에 대한 '동경심'을 느끼도록 학교나 집회 강연회 등을 통해 대대적으로 선전공세를 폈고, 학생 청년들은 이미 어느 정도 '국민총훈련'이 되어 있었기 때문에, 하나의 출구로 이를 선택하였던 것이다. 그리고 일제는 지원병 지원자를 대상으로 식민지권력에 압도되어 청년들이 느낄 수밖에 없었던 열등의식과 가부장적 요소를 결합하여 훈련의 효과를 높였다. 이런 지원병 훈련소를 마친 청년들의 의식과 행동방식은 이전과 달리 '황국신민'으로 변모하는 양상을 보였다. 이런 현상을 모든 훈련생들에게 적용할 수는 없겠으나 이런 변화의 흐름을 충분히 파악할 수 있다. 이런 지원병 지원자들의 상당수는 추진대원으로 정동운동의 저변화에 앞장서서 활약하였다. 이들은 조선민중을 상대로 소위 황민화 즉 국민총훈련에 일조하였다.

정동운동은 국민총훈련이라는 기제로 의식과 행동을 통제하며 황민화정책을 확산시키고 있었다. 조선민중을 상대로 이런 공작이 쉽지는 않았으나, 광범한 조직망을 통해 무차별적으로 진행된 천황제 이데올로기의 공세와 이를 내장한 반복적인 의례와 작업 등은 조선민중의 내적세계와 행동방식에 적지 않은 영향을 주고 있었음을 앞에서 지적했다. 이런 결과를 초래한 배경의 하나가 '국민총훈련'이라고 할 수 있다.

제4장

국민총력운동과 농촌통제정책
(1940.10~1945.8)

　중일전쟁 이후 일제의 戰時動員政策은 전체 조선인을 대상으로 단계별로 고도화되었다. 태평양전쟁으로 발전하는 1940년대 초, 일제는 조선민중의 일상생활을 포함하여 사회 전반을 통제하여 동원할 수 있는 조직과 관리 체제를 가동시키려고 했다. 일제는 지방행정과 농촌사회의 접점으로 촌락의 중요성을 재인식하여, 국민총력운동에서 촌락을 지방행정의 보조적 하부조직으로 활용했다. 또 촌락·官과 개인의 연결 고리인 戶(家)의 기능도 중시했다. 식민지권력과 농민을 연결하는 접점은 촌락과 戶(家)였으며, 이러한 현상은 이 시기에 극명하게 드러나고 있었다. 또한 일제는 촌락을 매개로 농산물 증산과 노동력 동원이란 상충된 정책을 강행하여 농민들의 부담을 가중시켰다. 그리고 이러한 농촌통제정책이 농민들의 일상생활을 전면적으로 규제, 지배하는 가운데, 농민과 촌락의 존재 양태와 반응에는 일률적으로 단순하게 설명할 수 없는 다양성이 존재했다. 따라서 국민총력운동 아래 진행된 농촌통제정책에 대한 이해는 농촌지배체제의 구축 과정과 그 귀결점, 농민·농촌 지배의 본질과 성격, 농민들의 대응 양상, 그리고 국내 민족운동의 객관적 조건을 해명하는 데 핵심적인 과제이다.

따라서 4장에서는 1930년대 농촌진흥운동과 국민정신총동원운동으로 형성된 농촌사회의 조직화와 통제정책이 국민총력운동으로 재편성되는 가운데 드러나는 특징을 살핌으로써, 일제말기 동원체제의 성격을 해명한다. 또 농촌과 농민의 지배의 근간인 부락연맹의 기능과 실태 파악을 통해 촌락은 관의 지배의 단위이면서 여전히 민의 생활공동체로서 기능하고 있었음을 밝히고, 농민과 농촌의 변화상도 검토하고자 한다. 또한 戶 단위의 농민 파악이 전시동원체제의 구축에서 갖는 의미를 살피고자 한다. 끝으로 전시동원정책의 중심축을 이루었던 국민총력운동의 자기모순, 나아가 농촌통제정책의 한계점을 제시하고자 한다. 연구의 범위는 국민총력운동 아래 전개된 농촌·농민정책이며, 도시는 제외한다.

제1절 국민총력운동의 전개와 조직의 개편 과정

1. 국민총력운동의 배경과 전개

1) 국민총력운동의 배경

중일전쟁을 계기로 전시체제에 돌입한 일제는 태평양전쟁 이후 생산력이 앞선 연합국을 상대로 전쟁을 해야 하는 상황에서, 조선

제4장 국민총력운동과 농촌통제정책(1940.10~1945.8) 257

의 인적 물적 동원을 전면적으로 강행했다. 이를 위해 일제는 전시체제의 근간을 이루는 농촌을 전체주의 계획경제로 재편하여 전시동원에 적합하도록 조직하고 통제하려고 했다.

그러나 1940년을 전후한 식민지 조선의 동향은 전시동원정책을 제약하는 요소들이 분명하게 드러나고 있었다. <표 2-8>에서 보듯이 '사상범죄'의 추세는, 농촌진흥운동(이하 농진운동)과 국민정신총동원운동(이하 정동운동)으로 구축된 전시통제체제 아래 줄어드는 경향도 있었지만 뒤로 갈수록 증가하고 있었다. 사상범죄는 74건의 1939년을 고비로 반전하여 1940년에는 114건으로 전년에 비해 약 65% 증가하였다.[1] 일제가 볼 때, 1940년경 조선사회의 치안은 신사참배와 국방헌금 등 외형상 소위 황민화정책이 관철되는 듯 하면서도 다음과 같이 여전히 방심할 수 없는 상황이었다.

> 일반 民心의 動向을 자세히 관찰하면, 국제관계 혹은 경제통제에 대한 불안 등이 완전히 해소되었다고 인정하기 어렵고, 일부 頑迷한 주의자 청년 학생 중에는 의연히 反戰反軍的 언도를 농하는 자 혹은 공산주의 민족주의운동을 하는 자가 있다. 1940년에 들어서 함경북도에서 사상사건을 위시하여 사상운동이 재연되는 경향이 인정된다. 또 支那·蘇聯방면에 산재한 주의자 일파는 좋은 기회가 도래했다고 하여 적화 혹은 배일책동의 앞잡이가 되고, 또는 外諜的 임무를 띠고 활발히 행동을 개시하고 있다는 정보가 빈번히 들어오고 있다.[2]

이같이 사회 저변에 내재되었던 조선의 민족운동과 통제경제에 대한 불만이 확산될 조짐을 보이고, 기존 동원운동이었던 농진운동

---

1) 警務局 警務課, 1942, 『人事關係雜書類綴』(경무 No.146), 240쪽. 1940년대 민족운동에 대한 연구는 이완범, 1992, 「1940년대 전반기 국내독립운동사 연구시론」, 水頓朴永錫敎授華甲紀念 『한민족독립운동사논총』 참조.
2) 『日本陸海軍省文書』, No.1192, 「朝鮮の狀況」, 8~9쪽.

과 정동운동의 갈등 양상도 전시체제에 적지 않은 제약점이 되었다.
 정동운동은 1938년 7월 7일 중일전쟁 1주년을 기해 전시동원을 촉진하기 위해 조선민중의 정신을 통제하고 생활방식을 전환시킬 추진체로 등장했다. 농진운동이 개개 농가의 자력갱생이란 구호 아래 조선농촌의 74,000개 촌락과 300만 농가를 조직 통제하는 역할을 맡았다면, 정동운동은 도시까지 포함하여 조선사회를 조직·통제·동원하는 소위 황민화운동의 실천기구였다. 정동운동은 정신방면만이 아니라 산업·생업·생활개선·농촌진흥 등으로 지방행정의 전반으로 활동 범위를 넓혔다. 이 과정에서 정동운동과 농진운동의 영역이 중복되어 마찰이 발생하였다. 이에 대해 정동운동과 농진운동의 내부에서도 비판이 제기되어, 영역을 조정하려는 시도가 있었다.3)

 그러나 일제가 포착한 말단사회의 동향은 기존 농촌지배정책에 대한 재검토를 압박했다. 즉 정동운동에서 개최한 강연회의 강사들이 시찰한 애국반의 활동상황에 따르면, 농민들은 물질방면에는 반응을 보이지만, 정신방면은 정동운동과 거리가 먼 점이 있었다고 한다. "황국신민서사의 의미를 이해하지 않고 단지 기계적으로 외우는 자가 많고" "애국반이 관청의 지도에만 의뢰하고 스스로 적극 활동할 기력이 없다"는 것이다.4)

 한편 일제는 침략전쟁이 확대될수록 조선을 대륙병참기지로 삼아 전쟁수행부담을 가중시키고 있었다. 한 예로 1939년 1월 일본정부는 1941년도 生產力擴充計劃案에서 전체 생산량 중, 금 55%, 철광석 54%, 鉛 60%, 인조석유 62% 등을 조선에서 확보한다는 방

---

3) 106쪽, 주 101) 참조.
4) 『東亞日報』 1939년 11월 29일자 「自主力없는 愛國班, 精動巡廻講師의 報告」.

침을 결정했다.5) 그리고 조선 농촌은 1940년부터 증미계획과 미곡 공출, 이와 상호모순되는 노무공출의 저수지와 같은 역할을 떠안고 있었다. 일제는 1940년 勞動者需給計劃에 따라 총 수요인원 425,400명 중 약 59%인 250,000명을 농촌에서 공출하기로 계획, 실행하고 있었다.6)

이상과 같이 일제는 기존 관제운동의 통폐합의 필요성, 전시체제에 대한 조선민중의 저항 근절, 조선민중을 대상으로 대규모 인적 물적 동원계획의 수립과 실행 등의 과제를 해결하기 위해 농촌통제정책을 대대적으로 재검토하였다.

2) 국민총력운동의 전개와 성격

일제는 1940년 10월 16일 국민총력조선연맹을 발족하고 朝鮮國民組織新體制要綱에 입각하여, 정동운동과 농진운동을 흡수 통합하여 국민총력운동을 실시하였다. 국민총력운동(이하 총력운동)은 인적 물적 자원을 최대한 동원하려는 총독정치를 조선민중의 생활에 관철하는 역할을 담당하여, 이에 협력할 수 있는 '心的 根本態度'를 끌어내기 위해 정신통제를 병행하는 물심양면의 운동이었다. 자연히 총력운동에서 소위 황민화정책은 구체적으로 확대·발전하였다. 또 총력운동은 정동운동과 마찬가지로 농촌과 도시를 망라한 전국적인 동원체제 구축을 지향하였다.

南 총독은 1940년 10월 23일 국민총력경기도연맹임원총회에서 행한 훈시에서 총력운동의 성격과 방향을 분명히 하고 있었다.

> 총력운동의 목적은 萬民協力하여 皇謨를 翼贊하여 받드는 데 있

---

5)『日本陸海軍省文書』, No.1192,「朝鮮の狀況」, 7쪽.
6)『大野綠一郎文書』No.1226-901,「제77회 제국의회설명자료」.

다. 목적을 달성하는 방법은 君國至上主義에 기초하여 각 개인은 본분을 지켜 滅死奉公・至誠으로 皇國臣民의 길을 실행하는 데 있다. … 국민정신총동원운동은 물론 혹은 농촌생산방면의 진흥운동에서 혹은 산업 방면의 각종 단체에서 혹은 애국단체・사상단체・종교단체・부인단체 등의 방면에서 각각 모두 황국신민된 길을 다한 점에서 상당한 성적을 거둘 수 있었다. … 금일의 중요한 시국의 변전에 대처해야 할 길은, 일본의 高度國防國家를 형성하는 일밖에 없다. … (이는) 단적으로 말하면 각 개인이 國家至上主義 아래 자기의 이익을 부차로 하고, 滅死奉公으로 귀일하는 것 즉 職役奉公이(며) … 국가를 위해 滅死奉公함을 第一主義로 한다. 일상에서 하고 있는 우리들의 모든 것이 國家至上主義이기 때문에, 그 범위에서 자기의 생활・자기의 행복과 이익을 얻는다 … (그러나) … 비상시국의 인식이 아직 충분하지 않다.[7]

남 총독의 말을 해석하면, 소위 고도국방국가의 건설이란 미명 아래 총력운동은 조선민중으로 하여금 君國至上主義・國家至上主義에 입각하여 개인의 이익을 뒤로 하고 자신이 처한 위치에서 멸사봉공・직역봉공으로 황국신민된 길 즉 전시동원에 적극 협력하는 것만이 '자기의 행복과 이익'이 된다는 논리 내지 인식을 심어주고 그 실천을 선도하는 것이었다.

따라서 총력운동의 성격은 첫째, 조선인의 정치적 요구 즉 체제변혁이나 전시동원에 대한 저항의 가능성을 압살하고, 소위 臣道實踐・職役奉公이라 하여 '奉仕的인 實踐', 오직 '의무'만 강제하고자 한 것이다. 둘째, 총력운동은 이전의 각 부문별 운동을 가능한 한 모두 포괄하여 일원적 조직 아래 전체 조선민중을 대상으로 전개되었다. 모든 힘을 발휘하여 국가와 천황에 바치는 '국민'으로서의 의무를 실천한다는 의미에서 '국민운동'의 형식을 취했다. 셋째, 총력운동의 하부조직을 지방행정의 하부조직으로 활용하여 양

---

[7] 朝鮮總督府, 1941, 『半島ノ國民總力運動』, 79~86쪽.

자의 표리일체의 관계가 한층 긴밀해졌다. 그러나 식민지 통치에 다가 총력운동의 官製化는 조선민중에 대한 관의 지배력을 배가시켰는데, 이는 일제의 전시동원정책의 자기한계로 작용한다.

일제는 '고도국방국가체제'의 확립을 최고 목표로 조선사회를 전체주의와 국가주의로 통제하려고 했다. 이런 총독부의 의지를 실천하는 총력운동의 중앙기구인 조선연맹은 '國民總力朝鮮聯盟 實踐要綱'을 발표하였다.[8] '실천요강'에는 다음과 같이 3가지 실천 대강이 제시되었다. 첫째는 '思想의 統一'을 달성하기 위해 일본정신의 앙양, 내선일체의 완성을 요구하고, 궁성요배·신사참배 등과 같은 의식과 형식을 중시하였다. 형식을 반복 훈련하다보면 모르는 사이에 '강하고 존엄한 정신'이 생겨, "모든 국민의 마음은 하나"가 되어 '국민의 宗家'인 '천황에 귀일'하게 된다고 보았다.[9] 즉 조선민중은 천황을 최정점으로 하는 君國至上主義 혹은 국가지상주의에 따라 자기의 이익과 권리를 보류한 채 전쟁수행에 적극 참여하게 된다는 것이다. 따라서 이런 종류의 행사는 갈수록 확대되었다.

둘째는 '국민총훈련'을 위해 직역봉공의 철저와 생활신체제의 확립을 강조했다. 국민총훈련은 정동운동에서부터 조선민중을 전쟁협력 내지 황민화시키기 위해 추진되었다. 정동운동의 핵심은 국민총훈련이라고 할 수 있다. 그리고 이것은 총력운동 단계에서 3대 '실천요강'의 하나로 자리잡게 되었다. 총력운동에서는 이전과 달리 자유주의적 요소를 완전히 제거하고, 극단적인 천황숭배와 국가주의에 입각하여 지시와 명령에 따라 즉각 행동할 수 있도록

---

[8] 御手洗辰雄, 1941, 『國民總力實踐要項解說』. '實踐要綱'은 총력운동의 목표를 달성하기 위해, 3가지 '實踐大綱' 아래 '實踐要目'(그 '重點')과, 일상에서 실행해야 할 34가지 '實踐事項'을 제시하고 있다.
[9] 御手洗辰雄, 『國民總力實踐要項解說』 7·9~10쪽.

훈련시키는 것을 목표로 했다. 이를 위해 '職域奉公의 철저'와 '생활 신체제의 확립'을 '실천요목'으로 정하고 강한 책임감·업무의 卽決卽行·일상생활의 합리성·常會의 이행을 강조했으며, 특히 단체훈련을 중시했다.[10]

셋째는 '생산력 확충'을 위해 전시경제의 추진과 증산의 완수를 강조했다. 중점사항으로 통제법령의 엄수·공익우선 사상의 철저·계획증산의 강행 등이 제시되었다. 이에 따라 '개개 농가의 증산'이라는 관념 즉 개별 농가의 '경제적 갱생'이라는 구호는 완전히 간판을 내리고 집단증산주의와 촌락 단위의 계획생산주의로 대체되었다.[11]

전시체제를 확대 발전시키려는 총독부의 통치 방향에 따라 1940년을 기점으로 조선사회는 정동체제에서 총력체제로 전환되었는데, 양자는 근본적으로 차이가 있었다. 이념면에서 정동체제는 기본적으로 개인주의 사회체제 아래 전시체제가 구축되는 경우였다. 총력체제는 개인주의며 자유주의 요소를 제거하고 국가주의와 전체주의를 전면에 내세우며, 天皇中心主義 아래 '全體主義 共同體'를 극단적으로 추구했다. 전체주의가 모든 이데올로기의 상위이념으로 전면적으로 모습을 드러내는 가운데 총력운동은 소위 臣道實踐·滅私奉公·國家至上主義의 구호 아래 조선사회의 모든 부문을 재편해 갔다.[12]

---

10) 御手洗辰雄,『國民總力實踐要項解說』, 15~19쪽.
11) 御手洗辰雄, 1942,『南總督の朝鮮統治』, 33~35쪽.
12) 津田剛, 1941.7,「今日の朝鮮と總力運動－時局と總力運動についての感想二·三」『朝鮮』, 51쪽.

2. 국민총력운동 조직의 개편 과정

1) 조직의 성립

　정동운동은 학무국이 중심이 되어 학무국장이 이사장으로서 총괄 지휘하였고, 정무총감은 명예총재였다. 1938년 12월 명예총재를 없애고 전임총재로서 川島대장이 취임했다. 또 정동운동이 종래 학무국 사회교육과의 소관으로 다른 局課와는 관계없는 것 같이 되자, 주관 기관이 사회교육과에서 총독관방 文書課로 옮겼다. 그리고 1939년 4월 총독부 안에 정동운동의 지도기구로 정무총감을 위원장으로 하는 국민정신총동원위원회를 설치하여, 각 局長과 部長을 중심으로 정동운동의 중요사항을 심의 결정하였다. 정동운동이 총력운동으로 재편(1940년 10월 16일)되기 직전인 10월 7일 南총독이 연맹의 총재가 되었기 때문에, 정동운동은 육군 대장과 학무국장이 總裁와 理事長을 맡아 행정기구와 '인과관계'가 그다지 없었다고 한다. 즉 정동운동의 조직과 지방행정조직이 상호유기적인 관계를 형성하지 못했다는 것이다. 따라서 정동운동은 총독정치를 지원하지만, 기존 제도와 체제만으로는 전시정책을 사회저변으로 확산시킬 수 없었다. 이에 비해 총력운동은 행정기관과 상호유기적인 관계에서 전면적인 동원체제를 구축하는 실행체로서 정동운동의 성과와 조직을 재정비·확충하였다.

① 상부조직
　총력운동에서는 정동운동의 총재와 총독부의 총독이 분리되었던 것을 고쳐, 총독과 정무총감이 총재와 부총재를 맡았다. 총독이 총력운동의 총재인 사실만 보아도 총력운동은 전적으로 관제운동

일 수밖에 없었으며, 관의 외곽에서 총독정치의 해설·실천자로 이면공작을 수행해 갔다. 총력운동의 조직은 정동운동과 마찬가지로 지방행정기구에 따라 짜여졌으나, 총독으로 대표되는 행정의 수반이 총력운동의 총책임자가 되면서, 행정조직과 총력운동조직 나아가 총독정치와 총력운동는 표리일체의 관계를 형성하였다. 행정조직과 총력조직의 일체성을 구체화하기 위해, 총독관방과 도지사관방에 國民總力課를 설치했다.

총독부 안에 정동운동의 지도기구로 두었던 국민정신총동원위원회는 國民總力運動指導委員會(이하 지도위원회)로 개편되었다. 지도위원회는 정무총감을 위원장으로, 총독부 각 국과장과 조선연맹의 전무이사·조선군 관계자[13] 등으로 충원되어 식민지 권력 핵심부에서 국민총력운동의 기본방책을 심의, 책정하였던 것이다.

또 총력운동의 중앙기구로 경성에 국민총력조선연맹을 설치했다. 지도위원회에서 결정된 것은 실천기관인 조선연맹에 전달된다. 조선연맹은 그것을 실행하기에 앞서 구체적인 방책을 조사 기획하여 실행에 착수하는 총력운동의 참모본부와 같았다. 이를 위해 조선연맹에는 고문·참여·평의원의 자문기관과 이사·참사의 집행기관 그리고 사무국을 두었다. 사무국에는 사무총장 아래 9부가 설치되었다.[14] 총독부 각 국의 국장이 조선연맹의 이사와 사무국

---

13) 정동운동도 軍官民의 협력아래 전개되었다(「國民精神總動員聯盟ニ對シ軍側ノ協力ニ關スル件」(1939.4.15), 朝鮮總督府, 1940, 『朝鮮に於ける國民精神總動員』, 139쪽). 총력운동은 정동운동보다 조선군이 총력운동의 핵심기구에 직접 참여하였고, 1945년 7월 국민총력운동이 해소되고 國民義勇隊가 등장하면서 軍이 정면에서 '국민운동'을 지휘하게 되었다.

14) 총무·지방·식산·농림·저축·보도·사상·훈련·선전의 9부(사무총장 川岸文三郎)는 이후 4번 개편되었다.
1940년 12월 27일 : 총무·지방·식산·농림·저축·보도·방위지도

각 부의 부장을 맡았고, 각 과장은 각 부의 부원으로 배치되었다. 상부조직의 구성원을 보면, 총독과 정무총감은 물론이고 총독부의 국장과 과장이 조선연맹의 임원이 되었다. 이러한 총력운동 조직의 집권성도 식민지 조선사회의 관료주의를 심화시키는 한 요인이었다.

총독부 정책이 총력운동의 조직을 통해 말단 조선민중에게 침투하는 과정을 지도위원회와 조선연맹 사무국 사이의 연락관계를 통해 살펴보자. 지도위원회 위원장은 1941년 1월 7일자 통첩 '제10회 國民總力運動指導委員會協議事項의 件'을 위원회의 위원과 조선연맹 사무국총장 앞으로 보냈다. 이는 지도위원회가 전체 연맹원의 '1941년도 필행사항'을 조선연맹의 '실천요강'의 '실천사항'에 기초하여 계층별(관공리·회사 은행 근무자·상업종업원·농산어민)로 정한 뒤, 이를 각 위원(총독부 국장 등)과 조선연맹 사무국에 통보한 것이다. 조선연맹의 사무국을 통해 도연맹 이하 지방연맹에 전달된 '1941년도 필행사항'은 최종적으로 애국반 상회에서 연맹원의 합의 과정을 거쳐 실천하도록 하는 것이었다.[15]

총독부 각 局의 정책 중에 총력운동을 통해 추진할 필요가 있는 것을 총독관방의 국민총력과를 통해 지도위원회에 상정하면, 정무총감을 위시하여 각 국장·조선연맹 전무이사·군 관계자가 참석한 위원회에서 심의 결정하는 과정을 거치게 된다. 위원회에서 결

부·훈련·선전·문화(川岸文三郎, 10부)
1941년 11월 : 총무·지방·식산·농림·저축·보도·방위지도·훈련·선전·문화·후생(川岸文三郎, 11부)
1942년 11월 4일 : 총무·연성·경제·선전·후생(波田重一, 5부 14과)
1943년 11월 15일 : 총무·연성·실천·홍보(韓相龍, 4부 8과)/ 外局에 징병후원사업부.
1944년 12월 1일 : 총무·실천·근로·병사후원(韓相龍, 4부 9과)
15) 農林局長附屬室, 1941, 『雜書綴』(林政 No. 117-2), 25~27쪽.

정된 사항은 조선연맹 사무국에게 전달되고, 사무국은 구체적 방책을 마련하여 도연맹 이하 각 지방연맹을 거쳐 말단의 町洞里部落聯盟・애국반을 통해 조선민중에게 전달하였다. 즉 각 국→총독관방 국민총력과→지도위원회→(국민총력과)→조선연맹 사무국→각 지방연맹→부락연맹→애국반의 단계를 밟았다(<그림 4-1> 참조).

조선연맹의 지방조직은 행정계통에 따라 각 도 아래 府郡島・邑面・町洞里部落에 이르기까지 구역 내 개인과 단체를 망라하여 결성되는데, 이를 지방연맹(지역연맹)이라고 하였다. 지방행정기관의 長인 府尹・郡守・島司・邑面長・町洞里總代 혹은 區長이 각각 지방연맹의 회장 혹은 이사장을 맡았고, 관할 구역 軍官民 대표자가 理事 등의 임원이 되었다. 총재인 조선총독의 명령이 도연맹의 회장인 도지사에게 떨어지면, 도지사의 명령은 지방행정 라인을 따라 촌락의 부락연맹에 도달된 뒤, 애국반을 통해 각 가정과 가족원들에게 전달되는 일원적인 계통조직이 이전보다 정비 강화됐다.

지방연맹과 별도로 회사・은행・공장・광산・대상점 기타 단체는 물론 관공서・학교 등도 빠짐없이 연맹을 결성했는데, 이를 각종연맹(직역연맹)이라고 한다. 각종연맹은 모두 소재지 지방연맹인 府郡邑面聯盟에 가입해야 한다. 따라서 각 개인은 기본적으로 지방연맹과 자신의 직장 내지 사회적 신분에 따라 직역연맹에도 가입해야 했다. 총력운동은 상하좌우의 계통적인 조직체를 구축하고 있었다.

〈그림 4-1〉 국민총력운동조직도

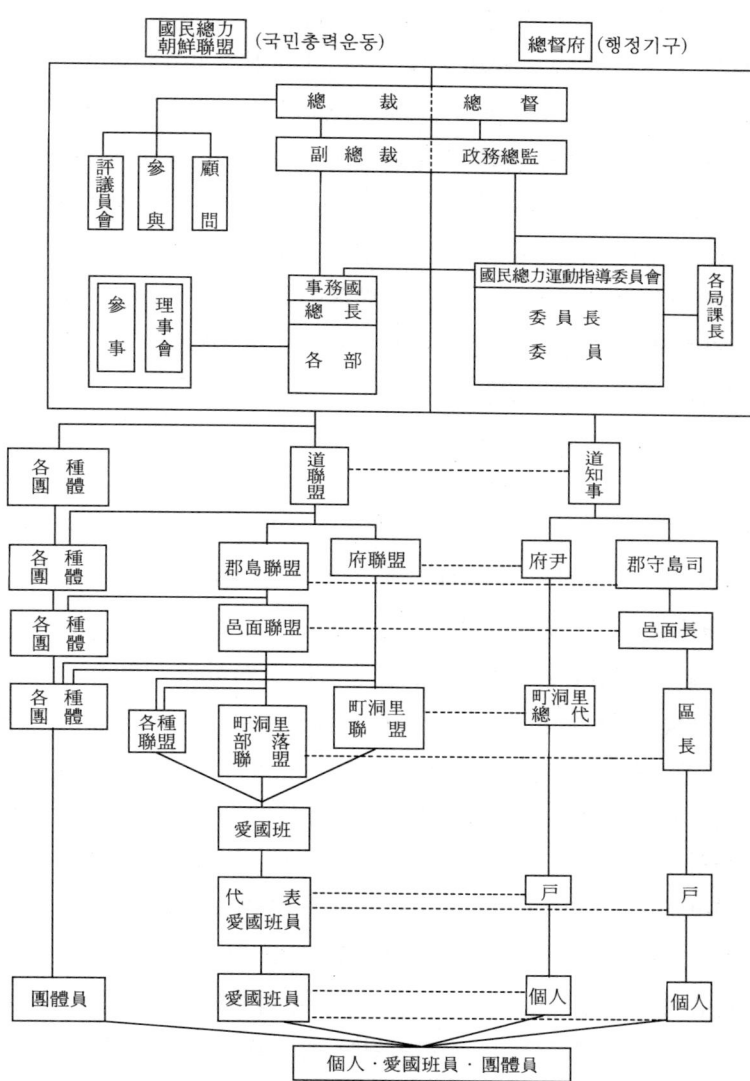

자료: 朝鮮總督府, 『半島ノ國民總力運動』, 17쪽을 수정 작성.

② 말단 하부조직으로서 부락연맹의 정비

일제의 자연촌락에 대한 조직·통제는 식민지통치 시작부터 지속적으로 추진되었고, 1930년대 후반 이후 본격화하는 전시동원체제에서는 더욱 불가결한 요소였다. 1930년대 농진운동과 정동운동을 통해 관제조직이 거의 전체 촌락에 침투하였음을 2장·3장에서 살펴보았다. 이는 촌락의 사회적 기능의 활용성에 착안한 정책이었다. 일제는 조선민중을 상대로 인적 물적 전시동원을 확대 강행할 때마다, 면행정의 보조기구로 촌락을 활용함과 동시에 그 사회적 자치성과 결속력을 끌어내어 이용하고자 했다.

식민지지배 아래 조선민중에 대한 관의 지배력은 어느 시기보다 심했고, 더욱이 총력운동 실시로 '官廳萬能主義의 傾向' 아래, "한 장의 通牒으로 무슨 일이든지 할 수 있다는 생각이 극히 농후"했다.[16] 그러나 폭력과 억압에 의존하는 권력은 취약할 수밖에 없었다. 일제는 직접 민중과의 대립 마찰을 최소화하기 위해 가급적 중간 매체를 활용하려고 했다.

일제는 종래의 농진운동과 정동운동을 위시하여 기타 여러 운동을 총력운동을 중심으로 통합하는 것을 기본 방책으로 했기 때문에, 종래 여러 운동의 하부조직도 총력운동의 최말단 실행체인 부락연맹과 애국반으로 통합되었다. 따라서 정동리부락연맹은 총력운동의 '第一線 使命'을 띠었고, 그 활동력이 "총력운동의 消長에 지대한 관계"를 갖기 때문에, 이에 대한 지도 훈련을 중시하여 "가급적 빨리 빠짐없이 연맹을 정비강화"하고자 했다.[17]

다음에서는 농촌통제의 기저조직인 부락연맹과 그 상급연맹인 정동리연맹의 배치 관계, 부락연맹이 지방행정의 하부기구로 결정

---

16) 「우리 道의 新體制」 『朝光』, 1941.3, 291쪽.
17) 地方課, 1940, 『庶務ニ關スル雜書類綴』(지방행정 No.974), 651·653쪽.

되는 과정을 살펴보고자 한다.

 총력운동의 등장 직후 같은 해 12월 17일 총력운동지도위원회에서는 연맹의 하부조직을 그대로 지방행정의 보조적 하부조직으로 활용할 것을 결정하였다. 그 내용은 12월 21일 內務局長을 통해 각 도지사에게 "지방행정 하부조직의 정비 및 정동리부락연맹 등 국민총력연맹 하부조직과의 연락조직"이란 통첩으로 전달되었고,[18] 이와 함께 조선연맹에서도 각 도연맹 회장 앞으로 연맹의 하부조직의 정비에 관한 통첩을 보냈다.

 통첩에 따르면, 부락연맹과 애국반 등 하부 연맹조직은 단지 총력운동의 실천조직만이 아니라, 총력 운동과 표리일체의 관계에 있는 지방행정의 하부조직으로서 활발히 활동해야 한다는 것이다. 1930년대 농촌진흥회는 촌락 단위로 설치되어 準行政機構로서 면의 지방행정을 보조했다. 농촌진흥운동을 확대하는 과정에서, 일제는 농촌진흥회를 '行政的 組織體'로서 강화하려고 검토한 바 있었다.[19] 일련의 촌락조직에 대한 강화 정책은, 총력운동 단계에서 촌락을 공식적인 행정보조기구로 채택하게 이르렀다. 이는 전시행정의 철저한 하부침투와 신속 정확한 실천이 요청되는 현실적인 필요에 기인한 것이다. 촌락은 법적으로 뒷받침된 것은 아니지만, 총력운동에서 지방행정의 최말단 기구로 공인되어, 종래 郡의 邑面事務檢閱이 촌락까지 확대되었다.[20] 사무검열은 촌락에 대한 권력의 직접적 관여와 통제의 방법이었다. 이로써 일제가 초기 말단 행정단위에서 배제시켰던 촌락이 총력운동 단계에서 다시 행정단위로

---

18) 大久保淸和, 1941.1,「府邑面の新體制-地方行政下部組織の整備に就て」『朝鮮行政』, 12쪽.
19)『每日新報』1939년 3월 19일자「部落團體를 強化, 聯盟運動과 協力, 農振課長會議의 成果」.
20)「麗水君邑面行政刷新方策」『朝鮮行政』24-3, 1945.3, 60쪽.

기능하게 되었다. 일제는 조선의 촌락의 생명력(자치성)과 이를 무시할 때 지방행정이 무기력할 수밖에 없음을 재인식했던 것이다.

다음은 촌락을 행정보조기구로 일선 행정기관에서 활용하는 것이 문제였다. 1941년 12월 3일 地方課長과 國民總力課長은 일부 행정기관에서 행정사무와 총력운동을 별개의 대립적인 것으로 보고 이를 적극 활용하지 않아 행정 업무를 총력운동으로 실행시키려는 중앙의 의도와 배치된다고 지적하였다. 그리고 총력운동을 활용하여 지방행정을 원활히 이행할 것을 합의했다.[21] 이에 따라 부락연맹을 말단행정조직으로 활용하기 위해서는 區長의 수를 늘려 部落聯盟마다 구장을 배치하는 것도 당면과제로 대두되었다. 일제는 '部落聯盟規約準則'에서 부락연맹의 책임자 즉 이사장을 '구장'이 맡도록 명시했다. 농진운동 단계에서 부락연맹이사장과 비슷한 지위의 농촌진흥회장을 구장이 맡은 경우도 있었지만, 이렇게 구장으로 확정하지는 않았다. 그만큼 농진운동과 총력운동 사이에는 촌락의 지위와 기능에서 큰 차이가 있었고, 당연히 책임자 역시 관리에 준하는 구장으로 대체되었던 것이다. 1940년 12월, 당시 전국적으로 31,000명이던 구장을 60,000여명으로 거의 100% 충원하여, 이들을 관의 대변자로 삼아 개개 농가와 촌락에 대한 통제력을 강화하기로 했다.

이상과 같이 지방행정조직과 하부연맹조직이 일치되도록 하는 한편, 동리연맹과 부락연맹의 관계는 다음과 같이 설정했다.[22] '國民總力聯盟下部組織의 整備要綱'에 의하면 첫째, 府邑面聯盟의 하부조직으로 도시에는 町聯盟, 농촌에는 부락연맹을 결성하는 것을 원칙으로 하되, 지역의 정황에 따라 부락연맹의 상부조직으로

---

21) 地方課,『道行政綴』4(지방행정 No.1208), 320~321쪽.
22) 朝鮮總督府,『半島ノ國民總力運動』, 38~39쪽.

洞里聯盟을 설치하도록 했다.

둘째, 부락연맹이 "지역적 공동체로서 지역적 협동생활"의 중심이 되기 위해서는 그 구역을 적절히 정해야 한다는 방침 아래, 촌락의 연혁과 지리적 공동활동을 고려하여 이미 설치된 부락연맹의 구역도 재검토하도록 했다. 일제는 조선민중의 공동체적 결합과 협동생활을 이용한다는 방침에 따라 부락연맹을 설치하였다. 이로써 당시 촌락은 전시동원정책의 하부 실행 단위로서 대단히 유용했음을 알 수 있다.

셋째, 부락연맹의 이사장은 구장 혹은 그 부락의 중심인물이 맡도록 하되, 점차 區長의 수를 늘려 區長과 부락연맹이사장을 일치시킨다는 것이다. 그러나 재정 문제 등으로 바로 구장의 수를 증가시키지 못할 경우 동리연맹을 설치한다는 방침이었다. 다시말하면 1명의 區長이 관할하는 동리(행정리)에 2개 이상 부락연맹이 조직될 때, 즉 설치된 부락연맹에 아직 구장이 배치되지 않았을 때는, 구장이 배치된 부락연맹을 포함하여 그렇지 않은 부락연맹을 아우르는 상부조직으로 洞里聯盟을 설치한다는 것이다. 이 시기 농촌정책은 부락연맹과 면사무 보조기관인 구장을 전면 배치하여, 촌락 단위로 행정적 통제를 확대하고 있었다. 따라서 구장이 배치되지 않은 부락연맹도 일단 구장이 배치된 동리연맹의 통제권에 두고자 했다. 그리고 구장이 부락연맹마다 배치되면서 洞里聯盟은 해소되어 갔다.

총력운동의 말단기구는 정동운동의 것보다 한층 精緻하게 재편되었다. 총력운동은 국가지상주의와 전체주의가 다른 어떤 가치·이념보다 우월한 상황에서, 어떠한 이탈자도 허용하지 않았다. 가입대상은 '조선의 모든 단체 및 개인'으로,[23] 표면상 자유의사에

---

23) 森田芳夫 편저, 『朝鮮に於ける國民總力運動史』, 45쪽.

따라 가입할 수 있었던 정동운동과 달리, 가입에 대한 강제성이 확대되었다. 또 일제는 각 개인의 능력을 파악하여 인적 물적 자원의 수요에 대처하기 위해 10호 정도로 구성된 애국반을 통해, <그림 4-1>과 같이 戶代表와 그 가족원(개인)까지 통제할 수 있는 일원적인 계통조직을 확립했다. 하부조직의 정비 과정을 보면, 정동운동 초기 정동리부락연맹→애국반→개인에서(<그림 3-2 ①>), 정동운동 후기 정동리부락연맹→애국반→戶(戶대표)로 재조정되어(<그림 3-2 ②>), 정동운동단계에서 戶는 기본적인 가입단위가 되었다.24) 그러나 총력운동은 '모든 개인'을 가입조건으로 한 만큼 정동운동의 조직을 개편하여, 戶 아래 개인까지 파악할 수 있게 "町洞里部落聯盟→愛國班→代表愛國班員(戶代表)→愛國班員(개인·가족원)"으로 이어지는 조직체계를 확정했다(<그림 4-1> 참조). 이제 개개인은 정동운동처럼 戶를 매개로 한 간접적인 통제의 대상일 뿐 아니라, 관의 직접 파악 동원의 대상이 되었다.

이상과 같이 총력운동은 조선민중 전체를 하나의 조직망으로 묶었다. 일본과 달리 조선은 식민지였기 때문에 민중을 하나로 묶는 조직이 단기간에 결성될 수 있었지만, 조직의 운용·민중의 실천이 문제였다.25) 일제는 이렇게 위로부터 결성한 총력운동을 전시

---

24) 3장 2절 참조.
25) 이러한 '국민조직'에서 식민지조선과 일본은 큰 차이가 있었다. 첫째, 일본은 정당·군부·관료·재계·국가주의단체 등이 각기 오랜 역사적 배경을 갖고 세력을 확보하고 있기 때문에, 하나의 조직으로 일원화하기 어려웠다고 한다. 그러나 조선은 "총독부의 정치력 앞에 종래 민간단체 등의 힘은 나약하여, 통일지도체의 결성은 내지보다 훨씬 용이"했다고 한다. 둘째, 일본에서는 천황제라는 정치적 기반으로 "많은 외래사상이 들어와도 국체관념 아래 이것들을 불식하고 일치단결하는 것이 용이"했다고 한다. 그러나 조선에서는 전시동원의 정지작업으로 먼저 2,400만명의 조선민중을 상대로 '국체관념'을 주입해야 했다(森田芳夫 편저,『朝鮮に於ける國民總力運動史』, 21~22쪽).

동원정책의 중심기구로 기능시키기 위해 많은 제도와 장치를 정비 강화해야 했다.

2) 조직의 개편 과정

일제는 억압과 강권, 官製運動으로는 전시체제를 지탱할 수 없었기 때문에, 총력운동의 官 主導性을 보완하면서 통제력을 확대하기 위해, 조직 개편과 통제기제의 강화 혹은 민간 요소를 가미하여 조선민중의 참여를 유도하려고 했다.

다음에서는 총력운동의 원동력으로 중시된 상회의 운영 문제와 함께 조직의 개편과정을 살펴보기로 하겠다.

총력운동에서는 이전의 월례회를 常會로 부르고 있었다. 常會의 개최 과정과 내용은 농진운동의 '月例會'와 정동운동의 애국일 행사를 換骨奪胎한 것이었다. 常會는 '항상 열리는 회합'으로, 회합이 생활의 중심으로 자리잡도록 한 일제의 의도를 짐작하게 한다. 총력운동에서 상회는 월례회보다 회합이 잦고, 일상생활과의 관계도 밀접하였다. 상회의 효과는 전시행정과 관련된 세부 실행사항을 부락연맹과 애국반을 통해 연맹원의 토의, 합의를 거쳐 스스로 결정, 실행하는 형식을 취하게 함으로써 조선민중의 전시협력을 이끌어 낼 수 있다는 점이다. 상회의 형식화를 방지하려고 '新體制'의 성격을 담은 常會案이 마련되었고,[26] 상회의 강화책으로 1941년 4월부터는 라디오를 이용하여 라디오의 口令에 따라 전국적으로 상회를 통제하기도 했다.[27]

상회의 형식화도 문제인데다가 조선민중의 이에 대한 반응이 식

---

26) 『매일신보』 1940년 12월 25일자 「애국일도 生業報國, 常會의 신체제운동」.
27) 『매일신보』 1941년 3월 31일자 「翼贊에 전파도 一役」.

민지권력과 상반되게 표출되는 것도 문제였다. 常會가 '총력운동의 실천장'으로 기능할 것을 기대했던 일제의 의도와 달리, 조선민중은 초기 상회를 일상생활의 문제를 공동으로 해결하는 장으로, 민족의식이 반영된 어떤 정치적 요구의 장으로 활용하고 있었다. 함경남도연맹은 "상회는 총력운동의 하부기관으로 上意下達을 실행하며, 또 下意 즉 연맹원들의 의견을 연맹기구를 통해 상부에 전하는 것으로 결코 상회 자체가 한 단체가 되어 陳情運動을 한다든지 기타 행정상의 정치운동을 하는 것이 아니라"고 경고했다. 常會의 下情上通의 기능이 '정치적인 것'이 되지 않도록 각 하부연맹에 하달했던 것이다.28) 일제는 조선민중이 일제가 선전한 그대로 '하정상통'의 기능을 활용하여 정치적 요구를 주장하려고 하자, 이렇게 '하정상통'의 기능을 적극적으로 활용하려는 움직임은 총력운동의 통제력을 약화시킬 수 있기 때문에 제동을 걸었던 것이다.

이렇게 일제가 '下情上通'의 기능을 제한하는 조치를 취했지만 이를 식민지행정의 동의 기제로 활용한다는 방침에는 변함이 없었다. 1942년 2월 17일 지도위원회에서는 총력운동의 강화책으로 이를 재검토하였다. 일제가 의도한 상회의 운영이란 애국반장회의·애국반상회에서 반원들이 제출한 의견 중에서 町聯盟과 부락연맹의 이사장이 선택한 것을 읍면연맹을 통해 도연맹에 제출하고 이는 다시 조선연맹에게 전달한다는 것이다. 이렇게 애국반의 반원로부터 받은 제한된 의견은 단계별 연맹조직을 거쳐 조선연맹에 접수되고, 총독부 각 기관 등에서 처리된 결과는 班常會 혹은 신문에 게재 발표하거나,29) 애국반원에게 전달한다는 것이다. 일부 적

---

28) 『매일신보』 1941년 4월 5일자 「常會의 '越權'防止에, 함남도연맹, 하부 연맹에 엄중경고」 ; 1942년 3월 29일자 「下情上達의 新標本」.
29) 『매일신보』 1942년 2월 18일자 「下情上通의 徹底化」.

극적인 정책 협력자가 제출한 의견이 일단 '건의' 형식을 거쳐 '시정 조치'된 만큼, '下情上通'은 다른 많은 애국반원 즉 조선민중의 실천을 강제할 수 있는 장치로 작용할 수 있었다. 또한 연맹원들의 '불만'도 일정하게 해소할 수 있는 수단이 되어, 조선민중의 체제이탈행동을 미연에 방지하는 효과도 거둘 수 있었을 것이다. 常會의 강화는[30] 관 주도성의 보완, 조선민중의 불만 약화 차원에서 매우 중요했다.

한편 태평양전쟁 초기의 승리를 지속시키기 위해 후방의 전시체제가 한층 중시되는 1942년 6월, 小磯國昭가 조선총독으로 부임하였다. 小磯 총독이 파악한 조선사회의 정황은 '不逞赤化思想'이 "半島에 잠입할 우려"가 있으며, 공출에 따른 "증산의 열의가 부족한 풍조" 등 전시체제를 약화시킬 현상들이 심각하게 표출되고 있었다. 그리고 국가지상주의로 무장한 총력운동을 "급속히 일반에게 침투시키기 위해", "그 기구와 진용을 완전히 행정기구와 표리일체로 결합"시킨 결과, 총력운동은 "행정과 중복·농후한 관청색채·능동 潑剌性의 결여" 현상을 초래했다.[31] 이렇듯 기존의 총독정치에다가 총력운동이 중복된 현상을 두고 田中 정무총감은

---

30) 1941년 8월부터 중앙에서 지정하여 전국에서 일률적으로 실시되던 상회의 '實踐徹底事項'을 폐지하고, 1944년 1월 8일 '大召奉戴日'을 기해 각 道의 사정을 반영한 실천사항을 정하도록 하였다. 4월에는 종래 8일 '大召奉戴日' 다음 10일에 실시하던 반상회를 매달 1일에 실시하도록 했다(『매일신보』 1944년 1월 8일자 「完勝3년 새 決意로 맞는, 첫번의 大召奉戴日」; 森田芳夫 편저, 『朝鮮に於ける國民總力運動史』, 59쪽; 大藏省 管理局, 『日本人の海外活動に關する歷史的調査』, 제4장, 122쪽). 이는 반상회를 통해 그 달 실행사항을 협의 실행하면서 8일 천황이 태평양전쟁 詔書를 내린 大召奉戴日에 다시 확인 강화하려는 것이다.
31) 小磯國昭, 1942.12, 「朝鮮聯盟의 改組을 斷行し明朗潑剌たる新發足を期す」『國民總力』 4-12, 42쪽.

"집 위에 집을 쌓은 느낌"이라 하여 총력운동의 관제성이 갖는 문제점을 지적하였다.32) 이는 당시 조선연맹의 총재와 부총재를 총독과 정무총감이 겸임할 뿐 아니라 사무국 산하 각 부의 부장도 거의 대부분 총독부 각 국장이 맡고 있어, 총력운동이 총독부 핵심부의 지휘와 통제를 받고 있는 폐단을 지적한 것이다. 식민지지배체제에 기초하여 위로부터 구축된 방대한 조직의 운영은 그만큼 어려움이 있었다.

小磯 총독은 육군차관·관동군참모장 겸 특무부장·조선군사령관·척무대신을 역임한 군인이자 정치인이면서 '精神家로서도 일본의 권위자'였다. 그는 南 총독의 황민화정책이 조선민중 사이에 형식화되었음을 지적하고 이전보다 강한 '鍊成'을 채택했다. 小磯 총독은 政敎一致에 입각하여 '道義朝鮮의 확립'·'半島의 일본적 완성'을 목표로 총력운동을 강화해 갔다.33)

이러한 정치적 배경에서 1942년 11월 4일 조선연맹의 기구개편이 대대적으로 단행되었다. 우선 총독부 산하 지도기구인 국민총력지도위원회를 국민총력연락위원회로 개편하여, 총력운동과 총독부 사이를 '지도'가 아니라 '연락'관계로 설정하여, 외견상 관주도 색채를 줄이려고 했다. 그러나 연락위원회는 이전보다 활동을 강화하여 매월 1회 정례 위원회를 개최하여 기본 방책과 중요 사항을 심의 책정하여, 총독부 정책이 총력운동을 매개로 원활하게 이행될 수 있도록 하였다. '國民總力運動强化方'을 보면, 총독부 정책 중 총력운동으로 추진할 것을 심의 결정하는 연락체계가 총무국을 고리로 각 국과 연락위원회 사이에 한층 분명하고 긴밀해졌다.34)

---

32) 森田芳夫 편저,『朝鮮に於ける國民總力運動史』, 65쪽.
33) 小野俊夫, 1942.7,「小磯總督」『朝鮮行政』 21-7, 35~37쪽.

즉 총독부 각 국의 정책 중에서 총력운동을 통해 추진할 필요가 있는 것은 國民總力課(1943년 12월 이후 地方課)를 통해, 조선연맹 간부·국장·군 관계자가 참석하는 국민총력운동연락위원회의 심의 결정을 거친다. 다음 위원회에서 결정된 사항은 조선연맹의 사무국을 통해 각 지방연맹에 전달되었다. 즉 총독부 각 국(장)→총무국 국민총력과(지방과)35)→국민총력연락위원회→조선연맹의 사무국→각 도연맹→부군도연맹→읍면연맹→정동리부락연맹→애국반으로 전달되었다. 총무국은 총독부 각 국과 조선연맹 사무국을 연락하며, 총독부 각 국 관계자와 연맹의 간부들로 구성되는 연맹연락위원회를 준비하고, 위원회에서는 총력운동으로 전개할 내용을 심의 결정하였던 것이다. 이로써 이전의 지도위원회보다 연락위원회와 조선연맹, 총독부와 조선연맹의 연락체계는 한층 분명해지고 강화되었다.

그리고 사무국은 간소하면서도 강력한 기구를 지향하여, 11부를 5부로 개편하고, 5部의 部長을 민간인으로 교체하였다. 5개 부장직을 모두 민간인에게 맡겨서, "진실로 민중의 心琴을 울려, 왕성하

---

34) 朝鮮總督府, 1943, 『朝鮮ノ國民總力運動』, 83·117~118쪽 ; 朝鮮總督府, 1944, 『朝鮮の國民總力運動－附大日本婦人會朝鮮本部槪況』, 22~23쪽.

35) 총력운동의 사무는 1940년 10월 총독부 總督官房에 설치된 國民總力課에서 관장해 왔다. 1942년 11월 총독부 기구개편에 따라 총무국이 신설되자, 국민총력과는 총무국으로 이전되었다. 1943년 12월 행정기구의 간소화와 운영의 강화를 표방하면서 총독부의 행정기구가 크게 개편되었다. 이와 동시에 지방행정과 총력운동의 연계성을 더욱 긴밀히 함과 동시에 총력운동을 강화하기 위해, 司政局의 地方課가 총독관방으로 이전되자, 국민총력과를 해소하고 총력운동의 사무를 地方課에 포함시켰다(조선총독부, 『朝鮮の國民總力運動－附大日本婦人會朝鮮本部槪況』, 22쪽). 따라서 총력운동의 사무는 총독관방 내 국민총력과→총무국 내 국민총력과→국민총력과 해소→총독관방 내 지방과(1943년 12월 현재)에서 관장하게 되었다.

게 솟아오르는 순수 민간의 애국운동"으로 전개되기를 기대했다.[36] 특히 조선민중을 강도 높게 황국신민으로 鍊成하고자 5부에 鍊成部와 그 아래 國民信仰課와 鍊成課를 설치하였다. '鍊成'이란 개인주의적인 생각을 버리고 '오로지 국가목적'에 협력하도록 '殉國決死'의 정신을 주입시키는 것이었다.[37] 1943년부터 조선민중은 南 총독의 황민화정책보다 훨씬 강도높은 '황국신민의 연성'을 위한 전방위 공세에 노출되었다.[38]

총력운동의 목표도 "국방국가체제의 완성, 동아신질서의 건설에 매진"에서 "總力을 결집하여 皇運에 扶翼"으로 개정되었다. 이전보다 목표를 포괄적으로 규정하여 해석에 따라 조선민중의 부담은 한층 가중될 소지가 많았다. 가입 자격도 종래 '전단체·개인'에서 "전국민과 참가단체"로 하여,[39] 조선민중은 '개인' 개념이 배제된 '전체'의 일원으로 '皇國民'된 자격에서 총력운동의 참여를 종용받고 있었다.[40] 이로써 개인의 권리는 전체주의 아래 철저히 압살되

---

36) 『매일신보』 1942년 10월 31일자 「총력연맹기구도 개조, 내달 4일 전모 발표」.
37) 『매일신보』 1942년 11월 5일자 「첫재로 精神鍊成」.
38) 1943년도 총력운동의 강령은 "道義朝鮮의 확립·皇民의 鍊成·결전생활의 확립·필승생산력의 확충·징병제도실시의 준비"였다. 실천사항은 皇道文化의 앙양·국어보급 및 상용의 장려·內地式 作法 및 생활양식의 보급·敬神崇祖·報恩感謝 생활운동·준법운동·규율철저운동·早起運動·國防競技 등의 장려·皇國農道精神의 함양·증산공출지도를 위한 집회 및 선전 등이었다(森田芳夫 편저, 『朝鮮に於ける國民總力運動史』, 69~72쪽). 총력운동은 이러한 사항을 생활 속에서 구현하도록 '국민총훈련'을 시켰기 때문에, 조선민중은 이전보다 소위 황민화정책에 한층 시달렸다.
39) 森田芳夫 편저, 『朝鮮に於ける國民總力運動史』, 86쪽.
40) 이와 함께 종래 각각 별도의 조직을 가지고 활동해 오던 臨戰報國團과 軍事普及協會 등 협력단체가 통합되고, 회사 공장 등 사업장별로 설치된 각종연맹이 해당 지방연맹에 예속되는 점을 명시하는 등 총력운동

고, 오로지 의무=동원협력만이 강제되었다.

　태평양전쟁 발발 후 반년 동안 일본의 군사적 우세를 보이던 戰局도 1942년 8월 7일 미국 해병대의 솔로몬 군도의 과달카날섬 상륙을 시작으로 역전되었다. 1943년 2월 과달카날섬 철수, 전력의 피해 급증, 국외 물자수송의 곤란 등으로 1943년에 총독부는 '결전체제' 아래 '生産戰力의 決勝的 增强' 방침을 채택하였다. 일제는 이제까지 줄곧 주입해온 개인주의적 생산 관념의 배제와 공익우선의 관념은 이미 "微溫的인 思考方式"에 불과하다고 하면서, 조선민중에게 "皇道에 기초한 滅死奉公의 마음가짐"을 가지고 생산력 확충에 임할 것을 명령했다.41) 결전생활의 확립이라는 미명 아래 조선민중의 생활 전부는 전력생산의 수단으로 더욱 내몰렸다. 1943년 이후 식량에 대한 전면적인 국가관리와 '자가소비량을 제외한 과잉미 전량'을 공출하는 정책을 실시했다.42)

　총독부의 결전적 전력증강 정책을 효율적으로 뒷받침하기 위해 총력운동도 통합 제한되었다. 1943년 1월 12일 連絡委員會는 총력운동의 행사를 통제한다는 방침을 결정하였다. 종래 총독부와 각 道 혹은 道聯盟이 주최하는 주요 행사들이 제각기 실시되어 폐단이 있었다고 지적하고, 앞으로 총력운동의 주요 행사는 개최 전에 그 개요를 조선연맹에 통보하여 전국적인 행사와 연락통제하여 실시하도록 했다.43) 그리고 총력운동이 실적과 이론위주, 형식화된 점을 보완하여,44) 각 部에 위원회와 소위원회를 설치하고 총력운

의 기반은 더욱 확장되었다.
41) 朝鮮總督府, 1943, 『朝鮮統理と皇民化の進展』, 4쪽.
42) 이송순, 1995, 「일제말(1937-1945) 조선의 농촌경제 변화─미곡공출을 중심으로」, 『史叢』 44, 191쪽.
43) 『每日新報』 1943년 1월 13일자 「總力運動行事統制」.
44) 『매일신보』 1943년 1월 24일자 「總力聯盟活動推進體로, 5개 委員會를 설치」.

동을 '실정에 입각한 운동'으로 전개시키려고 했다.45)

11월 4일 사무국의 기구도 일부 개편되었다. 사무국은 5부에서 후생부과 경제부를 폐지한 대신 실천부를 두고, 선전부를 홍보부로 고쳐, 총무·연성·실천·홍보의 4부로 개편하였고, 外課에 징병후원사업부를 설치하였다. '후생'의 개념은 사라지고 '실천'만 요구되고, 이를 위해 각종 매체를 동원하여 '홍보' 전략을 채택하였다. 사무총장 한상용의 등장은 조선민중에게 총력운동의 실천을 한층 강압하는 계기가 되었다.46) 또한 같은 해 12월 1일 총독부 기구개혁으로 지방행정을 담당했던 지방과가 내무국에 이어 사정국의 폐지로 총독관방으로 편입되었다. 또 총독부에서 총력운동의 업무를 총괄하던 국민총력과도 총무국과 함께 폐지되고 그 업무는 총독관방 地方課로 통합되었다.47) 이로써 지방행정과 총력운동은 총독관방 地方課의 일원적인 통제를 받으면서 지방행정과 총력운동의 일체성은 한층 농후해졌고, 부락연맹이 지방행정의 하부조직으로 확실히 위치하게 되었다. 이 과정에서 총력운동의 기반은 그만큼 확대되었다.

조선연맹은 1944년 5월 30일 이전에 1명이던 道聯盟의 副會長을 2명으로 정하고, 1명은 민간인으로 임명하도록 하였으며, 事務局 각 5부에 次長制를 도입하였다.48) 민간인 도연맹 부회장의 등

---

45) 『매일신보』 1943년 1월 24일자 「聯盟各部의 委員會」.
46) 『매일신보』는 1943년 11월 17일자 사설에서 "조선인 사무총장으로, 반도 민중은 책임배가를 느껴야 한다"고 했고, 한상룡은 1944년 7월 20일자 『매일신보』를 통해 "敵前에 총력의 돌진"을 주장하였다.
47) 申相俊, 1974, 「일제 조선총독부 시대의 행정조직에 관한 연구」『논문집』 3, 청주여자사범대학, 45쪽 ; 朝鮮總督府, 『朝鮮の國民總力運動』, 22쪽.
48) 『매일신보』 1944년 5월 31일자 「副會長 1명은 民間人, 5部, 次長制를 채택」.

용은 사무국 각 부장·사무총장에 민간인 등용과 함께, 조선민중에 대한 전시부담가중 즉 총력운동을 심화하려는 조치였다. 이 직후 黃海道에서는 공출책임량을 완수하기 위한 일환으로 도연맹의 민간인 임원들을 각 郡 혹은 호별방문에 동원하였다.[49] 이렇듯 민간인 등용책은 총력운동의 관제성을 보완하면서 통제력을 확대하기 위한 방책 중의 하나였다. 이와 함께 면장과 구장도 종래 행동력을 중심으로 임명하던 것을 '巨物人士'들을 배치하는 쪽으로 바뀌었다. 민간인의 등용과 거물인사의 제일선 배치 등은 모두 총력운동의 강화책이었다.

1944년 2월 마샬군도, 7월 사이판이 함락 등이 이어지면서 '國土戰場化 각오', '敵前에 總力의 突進'이라 하여,[50] 결전비상조치에 대응하여 조선연맹의 기구도 또 다시 개편되었다. 12월 1일 사무국 5부는 총무·선전·근로·병사후원부의 4부로 되었다. 개편 내용은 '宣傳'으로 戰意의 고취, '勤勞와 兵士'의 戰力증강으로 압축되어, 총력운동의 범위를 대폭 줄여 모든 역량을 전력의 확보에 기울이려는 강한 의지가 반영되었다.[51]

1945년 4월 1일 미군의 오키나와 상륙에 이어 4월 5일 小磯內閣

---

49) 『매일신보』 1944년 11월 14일자 「供出督勵로 道聯盟에서, 民間役員들을 각 郡에 파견」.
50) 『매일신보』 1944년 7월 20일자 「國土戰場化를 각오 ; 1944년 7월 20일자 「敵前에 總力의 突進」.
51) 이 무렵 충청남도의 도연맹도 총무·홍보·증산·전시생활·징병후원사업부 5부를 총무부·실천부·근로부·병사후원부 4부로 통폐합했다. 부장은 모두 민간인이며, 아래 2명의 차장을 두고 도청 과장과 민간인 중에서 선임하도록 했다. 또 종래 50여명이던 연맹 이사를 13명으로 제한하되 매주 1회 이사회를 개최하고 매월 1회 각 부장과 연맹 각 부장 사이에 연락협의회를 개최하는 등 임원회를 활성화하여, 도행정을 뒷받침하고자 했다(秋山雪太, 1945.3, 「國民總力忠淸南道聯盟の改組に就て」 『朝鮮行政』 24-3, 8~9쪽).

의 총사퇴, 6월 8일 '本土決戰方針'의 채택, 6월 13일 國民義勇隊 결성 발표 등으로 일본 정국이 악화되는 가운데, 조선총독부도 6월 15일 國民義勇隊要綱을 발표하였다. 국민의용대는 징병제를 확대하여 모든 조선인에게 국민개병제를 적용한 것이다. 조선민중은 이전보다 강도 높게 전력증강에 내몰려 "特攻精神을 살려 농업증산, 군수생산"에 종사하면서 "비상시 전투대로 국민총무장하여 一死國體유지에 매진"할 것을[52] 극단적으로 강요당했다. 7월 7일 國民義勇隊가 출범하자, 7월 10일 國民總力聯盟은 해소되었다. 각 촌락에 小隊, 애국반에 分隊를 중심으로 총독부 總司令部→道司令部→郡聯合隊→大隊→中隊→小隊→分隊의 체제 아래 각 지방행정의 長이 각각 義勇隊長이 되어, 증산과 방위 중심으로 戰力을 집결하였다.[53]

이상과 같이 조선연맹의 조직 개편 과정에 나타난 관 주도성 완화, 민간인 임원 배치, 상회의 기능 활성화 및 강화 등은 총력운동의 추진력을 확대하기 위한 정책이었다. 총력운동의 강화는 곧 조선민중의 부담 증대로 이어졌다. 조선민중의 불만을 무마할 수 있도록 사회적 분위기를 조장하기 위해, 총력운동은 國民皆唱運動으로 '米英擊滅戰意'를 확산시키는 한편, 早起運動·淸掃運動·親切運動 등으로 조선민중의 생활을 더욱 규제하면서 날로 피폐되는 농촌사회의 환경을 '明朗化'하여 침체되는 의욕과 능률을 높이려고 했다. 또 각종 문화 선전매체를 총동원하여 조선인의 정보망을 통제, 독점하기도 했고, 소위 농촌오락 속에 시국과 관련된 내용을 간접적인 표현방법을 구사하여 끼워넣고 있었다.[54]

---

52) 『매일신보』 1945년 6월 26일자 「의용대의 당면목적은 증산, 특공정신으로 負荷사명 다하자」.
53) 『매일신보』 1945년 7월 2일자 「實情과 民意를 尊重」 ; 7월 11일자 「總力聯盟과 發展的解散」.

제2절 국민총력운동 아래 자연촌락의 위치

1. 일제의 촌락에 대한 인식 심화

일제는 농촌사회를 지배하기 위해 구래의 촌락질서를 파괴 해체하는 한편, 이를 다시 식민지질서로 재편하기 위해 촌락의 사회적 통합성을 적극 활용하였다. 일제는 농촌사회에 전쟁수행 부담을 가중시킬수록, 촌락의 자치성과 결속력을 이용하고자 했다.55) 일제 말기 노무동원과 전시농정의 파탄에 따른 이농 촉진 등으로 촌락의 사회적 통합력은 약화되었으나, 해방 후 1960년대 농촌 근대화가 급속히 진행될 때까지 촌락의 전통적 연대성은 여전히 남아 있었다.56) 따라서 일제말기까지 전시행정에 구래의 촌락질서가 동원

---

54) 이와 관련된 『매일신보』의 내용의 몇 가지를 보면 다음과 같다. "제일 손쉬운 것으로 종이광대 紙芝居는 현재 전국적으로 7~800대인데 이를 2,000대로 늘려 각 부락으로 순회시키고, 또 映畵班을 순회시키고 電氣가 없는 곳에서도 총력운동에 싫증이 나지 않도록 연맹 선전부와 문화부가 구체적인 방침을 강구"(1941년 4월 6일자「映畵와 幻燈部隊, 農村愛國班으로 巡廻」); "朝鮮軍 輔導部와 연맹의 후원 아래 징병제에 대한 인식을 철저히 하고자 … 10월 20일부터 의정부·연천·철원 등을 시작으로"(1942년 10월 21일자「野談·漫畵巡廻部隊」) 등.
55) 이 시기 일본에서도 '町村活動의 보조기관'으로 "(부락)를 活用함과 동시에 부락고유의 활동을 건전하게 발달"시키고, "부락을 기초로 區를 설치하여 농촌자치를 추진"하고자 모색했다(韓熙錫, 1940.7,「最近에 於 ける 地方自治の 動向」『朝鮮行政』, 8쪽).
56) 자연촌락은 일제시대 "위로 행정구역 편성에 대하여 그 기초성을 굳게 유지"하고 있었고, "한국농촌의 부락 즉 舊洞里가 부단히 증대하여 가는 부락내의 사회적 분화를 내포하면서도 아직도 하나의 전체로서 連

될 수 있었다.

大熊良一은 朝鮮金融組合聯合會 調査課長로서, 1940년대 촌락의 조직은 농업생산자의 협동기구로서 총독부를 대신하여 식민지 농업정책을 대행할 수 있는 계통적인 농업조직으로 기능해야 한다고 했다. 그는 1940년 12월 部落生產擴充計劃이 촌락 단위로 결정된 것은 식민지권력이 1940년대 정책을 촌락 단위로 실행하려는 의도를 분명히 했다고 보았고, 다른 전시농정도 촌락 단위로 이루어져야 한다고 주장했다. 그리고 촌락의 공동경제화를 기초로 농촌사회를 이룩하고, 그것이 전체주의 관념 아래 戰時農村의 구축으로 발전해야 한다고 보았다.[57]

朝鮮金融組合聯合會 教育部長으로 금융조합의 정책 입안에 중요한 역할을 했던 山根讜도, 촌락 단위의 조직화의 중요성을 말하고 있다.[58]

> 종래 조선에는 부락적 상호부조의 미풍이 순치되어 있다. … 조선에서 모든 시책은 부락을 중심으로 행해져야 하고, 거기에는 예상외의 성적을 얻을 수 있다. 필자는 일찌기 이 점에 착안하여 관계 조직을 통해 실행해 온 바이다. 金融組合의 금일의 성공적인 기초의 확립은 일찍부터 이 방침을 채택하였던 것이 한 가지 큰 원인이라고 생각한다. 지금 國策으로 부락 중심의 지도방침이 채택되려는 것을 생각할 때, 매우 만족스럽다. … 조선에서 부락적 상호부조의 미풍을 政治運行에 활용하려는 당국의 착안에 경의를 표한다.

綿하게 現今까지 농업생산면에 있어 공동체적 성격을 버리지 못하고 있(다)"고 하였다(梁會水, 1967, 『한국농촌의 촌락구조』, 아세아문제연구소, 327·390쪽 ; 崔在錫, 1988, 『한국농촌사회변동연구』, 일지사, 1장 참조.
57) 大熊良一, 1942.11, 「朝鮮農村再編成の諸問題」『朝鮮』, 51쪽.
58) 山根讜, 1941.5, 「部落的生產擴充」『金融組合』152, 9쪽.

山根讜는 촌락민이 아침 저녁 서로 보는 것은 신뢰와 상호부조의 원천이며, 상호감시의 역할도 하여 구성원은 마음대로 행동하지 않는다고 보았다. 촌락에 대한 전시동원 부담은 촌락민의 상호신뢰와 감시 속에서 달성될 수 있다고 하였다. 촌락적 생산지도는 개인의 이익, 요구에 따른 생산을 국가적 필요생산물로 전환시키는 데 적절하다고 하였다.

촌락에 대한 인식이 심화되는 가운데 일제가 촌락조직화를 법적 제도적으로 확인한 것은 1935년 법인격을 가진 殖産契의 설치였다. 이어 총력운동 단계에서 촌락은 지방행정단위로 공인되었고 동시에 부락생산확충계획과 농촌재편성과 관련된 농경지의 배분·소작조건의 개선·촌락협동시설의 확충·집하배급문제 등도 촌락 단위로 실시되었다.59)

일제는 촌락을 지방행정의 보조적 하부조직으로 공인하여 정책의 실행 단위로 활용하면서, 궁극적으로 천황 중심의 소위 '擬似共同體'를 조선농촌에 본격적으로 부식하려고 했다. '皇道'에 입각하여 재편된 촌락(촌락공동체)을 기저로 농촌공동체제를 확립하고, 농촌공동체제 위에 天皇 중심의 '擬似共同體' 즉 공고한 식민지체제의 구축이60) 촌락통제의 지향점이었다.

---

59) 大熊良一, 1941.1, 「農業增產計劃と部落組織の問題」『朝鮮』, 14~15쪽.
60) '촌락공동체' 혹은 '촌락협동체'를 농촌에 부식할 것을 주장하는 글은 다음과 같다. 中谷忠治, 1942.10, 「朝鮮農村再編成の基盤をなすもの」『朝鮮農會報』, 10쪽 ; 八尋生男, 1942.5, 「時局下農村指導當面の問題」『朝鮮農會報』, 16쪽 이외 다수 글이 있다.

2. 농업증산정책과 촌락

　중일전쟁으로 전시체제에 돌입하면서 식량증산에 대한 수요가 증대되자 1934년에 중단했던 미곡증산정책이 다시 전면에 부각되었다. 이에 총독부는 미곡증산계획을 재검토하여 1940년을 기해 新朝鮮增米計劃을 실시하였다. 계획의 실행 주체로서 농촌진흥회와 이후 부락연맹 및 그에 준하는 단체가 동원되었다.[61] 일제 말기 식량수급정책은 열악한 생산조건 아래 강도 높게 노동력을 투하하는 농산물 증산책과 출하배급통제·소비규제로 공출량을 확보하는 방향으로 진행되었다.

　다음에서는 총력운동의 등장 이후 농업증산정책을 강행하기 위해 전개했던 부락생산확충계획과 농업증산정책 그리고 이와 관련하여 농업노동력의 동원과 공출 문제를 검토하고자 한다.

1) 부락생산확충계획의 실시와 성격

　전쟁 수행을 위한 계획적인 증산과 다량의 공출을 원활히 하기 위해서는 그 정책의 당위성을 확보하고 농가 개개에 대한 조직적인 통제가 뒷받침이 되어야 했다. 당시 일제의 대외침략전쟁은 태평양전쟁으로 확대되는 과정에 있었기 때문에, "국가목적 수행이라는 지상명령을 위해서는, (기존) 개인주의적 자유주의적인 경제 기구에 근본적인 변혁을 가해, 전체주의적인 통제경제의 태세를 채택하는 것이 요청"되었다.[62] 따라서 '신체제'를 확립하기 위해

---

61) 全國經濟調查機關聯合會朝鮮支部 편, 『朝鮮經濟年報』(1941·42년도판), 91쪽.
62) 久間健一, 1943, 『朝鮮農政の課題』, 동경, 379쪽.

등장한 총력운동 아래 농업을 위시한 경제기구는 전반적으로 자유주의적 개인주의적 성격을 완전히 청산하고 전체주의적 국가주의적 경제기구로 재편되어 갔다. 이에 총력운동의 등장과 함께 농진운동도 '農山漁村報國運動'으로 전환되었다. 농산어촌보국운동은 1940년 12월 5일 農山村生產報國指導方針(이하 지도방침으로 줄임)에 따라 部落生產擴充計劃(이하 部落計劃)을 통해 전개되었다. '지도방침'과 관련하여 부락생산계획의 성격을 살펴보면 다음과 같다.63)

첫째, 部落計劃의 지도목표는 公益優先·職役奉公의 정신에 따라 "國防國家體制를 완성하기 위해 生產力擴充을 도모"하는 것이었다. 이에 따라 종래 농진운동이 중일전쟁 이후에도 비록 명목상이나마 유지해 왔던 '개개 농가의 갱생'·'농촌진흥'이란 주장은 '공익우선'·'직역봉공'의 생산력 확충으로 대체되었다. 농민의 생활안정과 향상은 모두 고도국방국가체제의 완성을 위해 유보되어야 했다. 이렇듯 "國防國家建設을 위해 완전히 자신을 들어 生業報國을 具現徹底"함이 강조되는 가운데, 농민의 노동력 혹사와 생산물 공출이 강행되었다. 이를 기피할 경우에는 '非國民的'이란 낙인과 관에 의해 재편된 공동체적 규제 등으로 일제는 농민들의 전시정책에 대한 협력을 압박하였다.

둘째, 농림생산물의 계획적인 증산을 담보하기 위해서 종래의 갱생계획서와 部落是를 폐지하고, 전적으로 '국가목적 수행'을 위해 촌락 단위로 생산확충계획을 일제히 수립시켰다. 즉 이제 농민들에게 개별적인 영농이란 있을 수 없고 위로부터의 일방적인 생산통제를 따라야 했다. 따라서 해당 촌락이 적절한 생산지가 아닐

---

63) 朝鮮總督府 農林局 農政課, 1942, 『朝鮮に於ける部落生產擴充計劃實施概要』, 4~8쪽.

지라도 어떠한 농산물이 전쟁수행상 증산할 필요가 있으면, 일제는 이를 할당하여 생산을 강제했다. 이러한 성격의 부락계획은 '일종의 計劃生産'이며 '일종의 耕作强制'이었다.64)

셋째, 부락계획의 실시 구역은 부락연맹의 구역과 일치하도록 했고, 그 실행기관은 부락연맹이었다. 증산계획은 총독부→도→부군도→읍면→촌락(부락연맹)→개개 농가로 할당되는데, 농민들은 부락연맹을 통해 생산을 할당받고, 常會를 통해 조장된 '합의'와 '공려'에 따라 생산활동을 전개하지 않을 수 없었다. 식민지권력은 위로부터의 일방적인 경작강제를 관철시키기 위해 常會를 매개로 농민들 자체의 '협의' '합의'를 유도하여, 공동작업으로 열악한 생산조건을 감수하면서 이탈자 없이 농가의 경제와 괴리된 생산활동을 압박하였다. 또 당시 73,507개 농촌 촌락 중에서 부락계획이 수립된 곳은 1942년 1월 현재 70,611개로 전체의 96%이고, 부락계획이 수립된 농가는 2,822,824호로,65) 당시 농가 호수 3,053,400호의66) 92.4%에 이르고 있었다. 요컨대 대부분의 농촌과 농민이 부락계획에 포섭되었던 것이다. 부락연맹은 뒤에서 보듯이 구동리와 자연부락을 기초로 거의 전체 촌락에 설치되었다. 그리고 부락계획의 구역이 기본적으로 부락연맹의 구역과 일치하였다. 이러한 정책 방향 속에서 경기도를 보면 총독부가 파악한 '자연부락' 7,800개, 구동리 5,135개, 부락연맹 5,672개에 대해 부락계획이 수립된 곳은 5,530개였다. 구동리·부락연맹·부락계획 수가 거의 일치하고 있음을 볼 때, 경기도는 部落計劃이 거의 모든 촌락에 설치되었음을 알 수 있다. 그리고 다른 지역에서도 이와 비슷하게 정책이 진행되

---

64) 久間健一, 『朝鮮農政の課題』, 380~381쪽.
65) 朝鮮總督府 農林局 農政課, 『朝鮮に於ける部落生産擴充計劃實施槪要』, 1~2쪽.
66) 『朝鮮經濟統計要覽』, 1949, 17쪽.

었다.

 넷째, 당시 추진하고 있던 조선증미계획을 비롯한 농산물증산계획은 부락계획이 실시되자 이에 통합해 추진했는데,67) 이런 증산계획은 모두 위로부터 생산통제를 받는 계획생산이었다. 따라서 1940년을 전후한 농산물의 증산계획은 촌락 단위로 조직을 통해 집단적으로 강행되었다. 이에 편입된 농민은 "國家가 잇음으로써 農村이요 農村이 잇음으로써 農民이다"68)라는 전체주의 관념에 따라 생활할 것을 강요받았다.

 일제는 부락계획을 강행하기 위해서 당시 농기구와 비료 등 열악한 생산조건을 공동경작지・공동농기구・공동작업 등의 촌락공동시설로 보완한다는 방침을 세웠다. 이런 공동시설은 이미 농진운동 단계에서 조성되고 있었고, 이때 이를 주요 농업정책의 하나로 확대 실시하였다. 황해도의 경우, 1941년 3월 현재 집회소 600개・비황저축창고 715개・공동작업소 겸 생업보국전답 1,116개소를 설치했으며, 이러한 공동조직을 기초로 촌락공동체를 구축하여 농민들을 '협력일치 국책'에 편입시키려고 했다. 그리고 이러한 공동시설을 확대하기 위해 부분적으로 관의 보조금이 지급되고 있었으나,69) 농진운동에서도 보았듯이 이러한 시설 비용의 상당 부분은 농민들의 부담이었다. 창녕군 부곡면 비공리 부락연맹이사장과 애국반장은 휼병위문금와 위생비의 염출 등 각종 비용 마련에 고심하다가 공동구입하는 소금 비료의 대금을 초과 수령하거나 가마니 공출대금을 공출자와 의론하지 않고 공동창고건설비로 충당하

---

67) 久間健一, 『朝鮮農政の課題』, 381쪽.
68) 『매일신보』 1943년 1월 19일자 「우리道의 生產擴充－農村振興運動에서 生產報國運動에 轉換」.
69) 1941년 66개 부락에 2만4백원의 보조금을 지급할 예정이었다(『매일신보』 1941년 3월 13일자 「공동시설에 주력」).

기도 했던 것이다.70)

당시 미곡 등 농산물의 공출이 증대하면서 가마니의 수요가 확대되었다. 그리고 이러한 가마니짜기는 농가 부업 수입의 상당부분을 차지하고 있었음을 농진운동에서도 이미 지적한 바 있다. 그런데 증대하는 수요를 무리하게 확보하기 위해 가마니짜기가 불가능한 데도 강제로 공출량을 할당하였고,71) 혹은 가마니의 원료인 짚을 입수할 수 없는 농가·상인·관공리 등에게도 가마니 공출을 할당하는 사례도 발생했다. 즉 부여군 홍산면 북촌리 애국반장 宋모는 자기 班에 할당된 가마니량을 채우기 위해 상인 등에도 이를 배당하고, 현물은 공판장 입구에서 신원 불명한 자로부터 구입하여 할당량을 채웠다.72) 이렇게 원료와 기구가 없어서 생산이 불가능하여 공출하지 못하는 자도 있었지만, 가마니짜기 할당을 거부하는 원인 중에는 ① 가마니 가격이 저렴하기 때문에 일일노동을 하고 대신 가마니를 구입해서 공출하는 것이 낫다는 것이다. ② 가마니짜기 경험이 없는 데다가 능률이 오르지 않고, 또한 채산이 맞지 않기 때문이라는 것이다. 이로써 해당 농산물의 생산이 적절한 지 여부도 가리지 않고 일률적으로 지시되는 생산 명령과 그 실태의 일단을 알 수 있다. 또 경제구조를 국가주의적 계획경제로 재편하려는 총독부의 정책과 달리 민중들은 자유주의적 경제활동을 유지하고 있었다. 시장경제와 계획경제가 충돌하고 있었음을 알 수 있다.

이같이 전시동원과 관련된 계획생산이 원활하지 않자, 일제는

---

70) 法務局 刑事課, 1942.5.30,「部落聯盟理事長等公 超過受領」『經濟治安日報』56(법무 No.195), 387쪽.
71) 法務局 刑事課, 1941.5.10,「業界竝一般民衆ノ聲」『情報週間展望』9(법무 No.256), 779쪽.
72)「供出叺ノ價格超過買入」『經濟治安日報』51, 1942.4.24, 316쪽.

생산할당과 통제의 구역을 부락연맹(촌락)에서 애국반으로 전환하기도 했다. 구체적으로 함남의 경우를 보자. 함남은 앞에서 보았듯이 常會의 下情上通의 기능을 정치권리를 요구하는 場으로 활용하는 등 전시체제를 역이용하거나 거부하는 반응을 보였다. 이러한 사례들이 곳곳에서 보이자, 일제는 연맹체제에 경찰력을 강화하거나 혹은 下情上通의 기능을 총력운동의 강화책으로 이용했던 점은 이미 지적했다. 이외에도 함남은 사회주의운동 등 사상운동이 다른 지역보다 격심했던 지역이었다. 총력체제에서 대개 관의 행정시설과 지도사항에 대한 책임 단위는 부락연맹으로, 부락연맹을 통해 애국반에 책임이 분담되는 것이 보통이었다. 그러나 함흥연맹에서는 이러한 부락연맹에 해당하는 町聯盟보다 애국반에게 연대책임을 부과하고 있었다.73) 이는 도시의 통제력이 농촌보다 약한 현상을 반영한 것일 수도 있지만, 다른 지역에서 잘 나타나지 않았다. 이러한 점은 2장 6절에서 언급하였던 금융조합의 함남 통제가 다른 지역보다 독특했던 사실과도 연결된다. 함남에서는 부락계획의 성과가 부진하자, 생산확충계획에 대한 책임을 촌락 단위에서 애국반으로까지 확대 적용하였다. 일제는 愛國班의 구역이 부락연맹보다 적기 때문에 비교적 강한 결속력을 확보할 수 있는 가능성에 주목하여, 애국반에 책임을 부과하여 촌락 단위의 책임량을 달성하려고 했던 것이다.74) 함남에서는 이렇게 생산책임을 애국반에 부과하기 위해, 먼저 총력운동의 기준을 애국반에 두고 '초강력적 애국반'을 만든다는 방침이었다. 즉 함남은 각종 단체를 애국반으로 통합시키고, 상회의 이행·협의사항의 이행·계획생

---

73) 『매일신보』 1941년 6월 2일자 「自制에 自治에, 세워진 愛國班指導强化策」.
74) 『每日新報』 1942년 7월 19일자 「生産擴充은 愛國班을 단위로」.

산의 완수·생필수품의 배급 성적 등을 종합하여 애국반을 한층 강화함으로써, 부락계획을 포함한 행정력을 더욱 활발하게 말단에까지 침투시키려고 했다. 일제는 이렇게 부락단위의 부락생산계획이 불철저하자, 그 실행책임의 범위를 애국반으로까지 좁혀 생산통제를 강화하고자 했고, 이런 기반 위에서 생산책임제로 발전해 갔던 것이다.

2) 농촌노동력 동원과 촌락

중일전쟁 이후 식민지 공업화의 진전으로 노동자의 성장이 두드러졌고,[75] 1940년대 공업생산액은 농업생산액과 같은 규모로 확대되었다. 공업화에 필요한 노동력은 "광범한 농촌사회를 貯水池"로 하여 조달되어, 농촌은 "공업을 위한 勞動力 供給의 地盤"이었다.[76] 농업인구가 1930년과 1940년 사이에 1,585만 3천 명→1672만 4천 명으로 약 5.5% 증가한데 비해, 농업노동력은 766만 5천 명→668만 5천 명으로 약 12.9%가 감소하여 농업노동력이 크게 유출되는 가운데,[77] 노동력은 질적으로 저하되었다. 1944년 초 남부지방 촌락조사에 따르면 남성 생산연령층(16~45세)은 전체 남성 인구의 31.4%, 여성 생산연령층은 35.7%를 보여, 농촌사회에 남성노동력이 크게 감소하고 있었다.[78] 이 시기 농촌의 남성노동력의 질적 양적 감소는 노동력구조를 크게 변화시켰다. 각종 자재의 부족 등

---

75) 1936년 현재 노동자수 188,250명이던 것이 1940년에는 294,971명으로 약 56%가 증가했고, 1943년에는 362,953명으로 약 92%의 증가율을 보이고 있었다(『朝鮮經濟統計要覽』, 70쪽).
76) 印貞植, 1943, 『朝鮮農村再編成の硏究』, 人文社, 158쪽.
77) 小林英夫, 1975, 『大東亞共榮圈の形成と崩壞』, 御茶の水書房, 490쪽.
78) 康成銀, 1979, 「戰時下日本帝國主義の朝鮮農村勞動力收奪政策」『歷史評論』 355, 37~44쪽.

으로 기계화·개량농구의 보급도 기대하기 어려운 상황에서, 농산물 증산은 농촌에 남아 있는 남성의 부담 강화·연소자와 여성의 노동 참여 및 강화로 이어졌다.[79]

1941년부터 전국 촌락에서 일제히 실시된 부락생산확충계획과 때를 같이 하여 농촌노동력의 조직화와 관련하여, 같은 해 4월 2일 총독부는 '農村勞動力 調整要綱'을 발표하였다. 이 요강에 기초하여 일제는 농촌노동력의 저하에 대처하기 위해 여성·학생·아동 등 모든 노동가능자를 동원하여, 공동작업반을 전국적으로 편성하려고 했다.

공동노동은 조선시대 이래 농촌노동력을 활용하는 방법이었고, 낮은 생산조건의 보완수단으로 과잉인구에 기초하면서 촌락민 사이의 공동규제 아래 공동정신과 단결의식을 끌어내면서 일정한 성과를 거두었다고 한다. 전시체제의 공동작업반은 이러한 구래의 두레와 품앗이를 관에서 재편한 것이다. 공동작업은 1반에 10~15명 정도로 편성되어 능률 증진·단체훈련·규율있는 동작·협동단결의 정신을 습득시킬 수 있는 기제였다. 공동작업반은 "공동 협조의 정신하에 통제잇고 규율잇는 행동을 第一注意"로 하여, 반복된 작업으로 규율을 체화시키고, '근대적 협동정신'과 '道義心'[80] 즉 '皇國農民道'를 습득시키려는 의도가 있었다.

공동작업반에서 촌락 내 유력자는 "간혹 이 바쁨을 핑계"로, 혹은 "자기의 移秧은 완료되엇스므로 이제는 작업반에 빠져도 별손이 업겠다"고 빠져나가, 전체적으로 "통제잇고 규율잇는 행동"을 거둘 수 없었다고 하였다. 또 "공동으로 일을 하고 私를 滅하고 公

---

79) 여성노동력의 동원에 대해서는 이만열·김영희, 2000, 「1930·40년대 조선여성의 존재양태」, 『국사관논총』 89, 국사편찬위원회, 313~315쪽.
80) 朴勝極, 1942.8, 「마음속에 苗를 심어」, 『半島の光』 57, 32쪽.

을 위하는 도의관념을 가지고 그 일을 대하야 할 터인데 그러치 못하고 여럿이 모이게 되면 大衆心理의 조치못한 한 표현이지만 책임감이 희박해지는 모양"이었다.81) 따라서 "官에서는 우리들의 농업작업을 공동으로 하라고 귀에 익히도록 부르짖고"있으나, 실제 "官에서 지도하는 共同作業의 精神이 발휘되지 못하(고)" 있다는 지적이 끊이지 않았다. "공동작업이 되면, 자기의 노력을 최저한도로 절감하는 자가 배출"되어, "자기주의·자유사상은 어느 때, 청산될까"라고 하듯이 공동작업반 편성에 상당한 어려움이 있었음을 알 수 있다.82)

이러한 현상은 공동작업반의 성립 조건이 이전과 다르기 때문에 나타난 결과였다. 종래 두레는 풍부한 노동력을 배경으로 장시간 노동력을 투입할 필요가 없이 비교적 느긋하게 전개되었고, 그 과정에서 노동을 유희화하면서 노동능률을 높이고 있었다.83) 반면 공동작업반은 부족한 노동력을 배경으로 적은 노동력으로 최고의 능률을 발휘하도록, 관에서 전체 작업 과정을 간섭하여 편성한 것이다.84) 종래 서두르지 않고 여유를 가지며 작업해 오던 농민들이 공동작업반의 규율적인 작업환경에 적응하기 어려웠을 것으로 보인다.

그리고 이미 임노동이 촌락에도 깊이 침투하여, 종래 1두락 반 혹은 2두락까지 모를 심을 수 있는 노동력도 공동작업반에 참가하면 1두락 심기도 어려워, 공동작업반의 능률이 더욱 낮게 나타나고 있었다.85) 또한 노동력의 절감, 경비절약 등을 이유로 도시락을 지

---

81) 吳仁榮, 1944.1,「田園隨想」『半島の光』72, 31쪽.
82) 完崔元林, 1944.11,「斷片」『朝鮮行政』23-11, 49쪽.
83) 印貞植, 1943,『朝鮮農村雜記』, 東都書籍, 12~15쪽.
84) 印貞植,『朝鮮農村再編成の研究』, 168쪽.
85) 朴勝極,「마음속에 苗를 심어」, 33쪽.

참하게 함으로써 공동취사, 공동식사를 통해 형성된 共同體的 連帶感이 크게 상실되었다. 게다가 農樂의 樂器들이 공출되어 노동의욕을 증진시킬 만한 농촌오락이 크게 줄었고,86) 그런 빈틈을 타고 관제 농촌오락이 촌락에 들어오고 있었다. 이렇듯 공동작업반은 많은 문제점을 갖고 있으나, 전시체제 아래 상당히 광범하게 조직되어 있었다.87)

한편 농업 이외 조선과 일본 등지의 군수부문 노동력의 수요를 충당하기 위해 1939년부터 조선인노무자동원계획이 시작되었다. 1939년의 소위 모집형식에서 1942년 관알선 형식으로 발전되는 가운데, 조선 내외에서 요구되는 조선인 노무자를 확보하려고 일제는 총력운동의 일환으로 國民皆勞運動을 전개하였다. 1941년 9월부터 國民皆勞運動이 전개되면서 전국적으로 勤勞報國隊가 조직되었다. 1938년 이후 정동운동 아래 결성된 근로보국대가 근로를 통한 정신통제와 훈련의 차원이라면, 이 시기 근로보국대는 노무수급 차원의 성격이 강하여, 생산노동력으로 본격적이고 대규모적으로 조직되었다.

이에 따라 조선연맹에서는 '2400만의 애국반원 전원' 즉 전체 조선민중을 "국가총동원상 필요한 업무에 협력"시킬 것을 목표로 활동하였다. 그 실천 사항 중에는 어떠한 직업과 계급의 사람이라도 "유사시에는 非常勤務動員에 응할 각오를 견지할 것", "不勞·有閑·無爲徒食者는 이를 절대 배격할 것", "중요 산업종사자는 절대로 일신상의 타산적 견지에서 직장을 변경 혹은 퇴직하지 않을 것" 등이 있었다.88) 어떤 사람도 동원 기간 중에는 근로작업을 하

---

86) 印貞植, 『朝鮮農村雜記』, 11·13쪽.
87) 1942년 봄에는 전국적으로 40,155반, 가을에는 19,427반이 결성되고, 1943년에는 10만여 반이 계획되었다(康成銀, 「戰時下日本帝國主義の朝鮮農村勞動力收奪政策」, 29쪽)고 한다.

도록 하여 이탈자 없는 통제력을 확보하고, 정신적 신체적 훈련으로 체제순응의 자세를 체화시키려고 했다. 총력운동의 규제력, 부락연맹과 애국반의 집단적인 압박감,[88] 경우에 따라서는 "경찰의 손을 빌려 강제노동을 시키려는"[90] 강제력이 복합되어 국민개로운동은 다분히 강제성을 띠고 있었다. 1941년 11월 21일 국가총동원법 제 5조의 규정에 따라 '國民勤勞報國協力令'이 공포됨으로써 근로보국대의 조직과 노동동원은 법적 제도적 근거를 확보하였다.[91] 이후 근로보국대의 동원은 법적 근거를 갖고 한층 강제성을 띠었다.

勤勞報國隊의 대원의 편입 동기에는 강제성 이외에도 조선민중의 곤궁한 생계 보충이란 내적 요구도 작용했다. 관에서 알선하는 노무자 공출에 소작인들의 신청이 할당수의 3~4배에 이르는 상황도[92] 이를 뒷받침한다. 이에 근로보국대는 실제로 '극빈자만 출동'하였고, 임금이 매우 저렴하여 보국대는 "저렴한 임금으로 노동력을 제공하는 기관"이란 부정적 인식이 퍼졌다.[93]

근로보국대의 저임금은 참여의욕을 상실시켰으나, 전체주의로

---

88) 『大野綠一郞 關係文書』, No. 1226, 「第77回 帝國議會說明資料」(1941.11, 臨時議會).
89) 『每日新報』 1943년 5월 4일자 「勤勞도 銃後에 奉公」. 농번기의 철저한 농촌노무동원계획 속에, "아무 것 하는 것 없이 놀고 먹는 사람은 각 부락, 동리마다 애국반상회 기타 기회마다 철저히 반성을 촉구시(키고)" 있었다.
90) 『每日新報』 1941년 8월 5일자 「무위도식은 비국민」.
91) 허수열, 1985, 「조선인 노동력의 강제동원의 실태」, 차기벽 엮음, 『일제의 한국 식민통치』, 정음사, 336~338쪽).
92) 法務局 刑事課, 1942, 『現下食糧事情ヲ繞ル治安對策』(법무 No.194), 231쪽.
93) 「勤勞報國團ノ處遇ニ對スル非難」 『情報週間展望』 16, 1941.6.28, 195쪽.

정신을 통제하는 사회적 분위기와 규제력 등이 작용하면서 근로보국대는 전시노동력 수탈을 위한 핵심적인 동원체제였다.[94] 이러한 근로보국대가 부락연맹과 애국반을 토대로 조직된 사실에서 보듯이, 당시 일제의 농촌통제정책 즉 부락연맹과 애국반의 구축은 조선민중의 노동력을 철저히 수탈할 수 있는 노동력의 조직화, 통제화로 귀결되고 있었다.

근로보국대를 통한 노동력 동원체제가 전국적으로 확대되는 가운데, 情報課에서 1945년 6월 20일 '徵用忌避放遏取締要綱'을 발표하였다. 이에 각 부락연맹에 勤勞動員會가 설치되어 부락연맹이사장과 애국반장이 해당 구역내 郡面의 징용사무를 지원하는 방침이 채택되었다. 町部落聯盟에 설치된 勤勞委員會는 町部落聯盟理事長이 회장을 맡고, 애국반장이 추천한 사람 중에서 6명 이내로 위원을 구성하였다. 근로사상보급과 근로동원에 대해 부윤과 읍면장에 협력하는 기구였다. 위원들은 부읍면에서 전달된 징용기피자와 이탈자의 명단에 따라 이들은 색출하거나, 기피자가 소속된 애국반과 부락연맹의 연대책임으로 다른 대체 인력을 징용하는 역할을 맡고 있었다. 이러한 가혹한 연대책임으로 기피자의 '자수'를 끌어냈다.[95]

---

94) 근로보국대의 동원 규모는 1944년 道內의 노동력 동원 245만명 중 근로보국대가 1,925,272명을 동원시켜 전체의 약 79%를 차지하였다(朴慶植, 1986, 『日本帝國主義의 朝鮮支配』, 청아출판사, 360~361쪽).
95) 관련 기사를 보면, 『매일신보』1945년 6월 22일자 「징용의 기피를 防遏, 인식하라 국민의무」; 1945년 7월 15일자 「기피자자수속출」 "府內 마포경찰서, 町總代 … 에 기피자의 애국반 공동책임과 근로원호의 철저를 설명, 이를 각 애국반에게 전달하자, 자수자 속출"; 7월 15일자 「징용기피자자수를 촉진」, "기피자가 있으면 전 가족은 물론 부락연맹 공동책임을 지게 됨으로, 기피자 자수하면 처벌하지 않겠다"고 언명 ; 7월 29일자 「溫情으로 죄를 容恕한다」 "포천경찰서, 군면과 연락, 주재소 혹은 부락단위로 근로동원좌담회를 개최" 등이 있다.

이같은 노무동원정책에 대한 조선민중의 대응은 다음과 같다. 농민들은 근로보국대 가입의 강제와 증산정책의 상호모순성을 들어 시정을 촉구하는 건의서를 총독 앞으로 보내는 적극적인 행동을 보여주기도 했다.96) 그러나 법과 제도적으로 압박해 오는 부담이 장기화되는 가운데, 불만과 불평은 있으나 겉으로 드러내지 못한 채 적응해 가는 모습도 보였다. 앞에서 보았듯이 공동작업에는 문제점도 있으나 때로는 '20명 내외'로 편성하는 공동작업의 능률성에, 합리성과 효율성을 앞세운 정책에 조선민중은 그 "과학적 착취에 혀를 내두르고", "경제적인데 안할 이유가 없지 않은가"라는 반응을 보이면서 식민지체제에 편입되는 양상도 보이고 있었다. 또 여성노동력의 강화로 때로는 1달 반 걸리던 작업이 20일만에 끝낼 수 있어, "부인노동력이 나와서 농촌수확량이 불어났다"고 평가할 정도였다.97)

3) 미곡 공출과 촌락

전시체제 아래 식량수요가 증대하는 가운데 1939년 대한발은 미곡사정을 극도로 악화시켰다. 1939년 미곡생산량은 1,435만 석으로 전년도에 비해 1,000만 석 정도가 줄었다. 미곡공출은 1939년 생산분 즉 1940미곡년도 (1939.11~1940.10)부터 부분적으로 시작되었다. 공출량 확보는 생산출하 및 배급의 통제, 소비규정이라는 미곡통제과정을 거쳐 진행되었다. 일제는 종전의 자유거래의 방법으로는 도저히 급증하는 식량수요를 충족할 수 없었기 때문에, 저렴한 공정가격을 기준으로 한 강압적인 매수에 착수한 것이다. 총력운

---

96) 農林局長附屬室, 1941, 『雜書類綴』(林政 No. 117-1) 132~139쪽.
97) 김영희, 2000, 「일제말기 향촌 儒生의 '日記'에 반영된 현실인식과 사회상」, 『한국근현대사연구』 14, 한국근현대사학회, 115쪽.

동은 '공익우선', '奉仕的 實踐'의 구호 아래 말단조직인 부락연맹과 애국반을 총동원하여 공출량 확보에 앞장섰다. 미곡통제기구는 조선미곡시장주식회사→조선미곡주식회사→조선식량영단의 관리체제를 거치면서, 1943년 이후 주요 식량 전반에 걸쳐 총독부의 일원적인 통제체제를 확립했다.98)

1940년 미곡생산량은 1939년보다 약 700만 석이 증수되었으나 같은 해 일본이 흉작이었기 때문에, 1940년 10월 총독부는 1941미곡년도 식량대책을 발표하여, 더욱 강력하게 미곡에 대한 소비규정과 배급통제를 가해 '조선식량정책이 고도통제화'99)되었다. 총독부는 節米方策을 강구하여 조선민중의 미곡소비를 극도로 억제하고, 부족한 식량은 만주에서 雜穀, 外米 등을 수입하여 보충하겠다고 했다. 그러나 만주의 잡곡이 반드시 계획대로 수입된 것은 아니었다. 만주의 雜穀은 950(1931)→1,000(1938)→680(1939)→420(1940)→320만 석(1941)으로100) 계속 줄고 있었다. 만주 잡곡의 저조한 수입량은 조선미의 일본 이출에 영향을 미칠 수 있었지만, 일제는 "대략 계획대로 米를 공출했다"고 하였다. 1940년 2,157여만 석이 생산되고, 거의 예정 수량의 100%에 해당하는 423만 2천 석이 일본으로 이출되었다.101)

---

98) 미곡통제의 관계 법령과 통제기구의 정비과정은 전강수, 1993, 『식민지 조선의 미곡통제에 관한 연구-1930~45년을 중심으로』, 서울대 경제학과 박사학위논문, 3장 ; 미곡공출 정책을 통해 식민지 농업정책과 농업구조의 변화를 살핀 연구로는, 이송순, 「일제말(1937-1945) 조선의 농촌경제 변화-미곡공출을 중심으로」 참조.
99) 全國經濟調查機關聯合會朝鮮支部 편, 『朝鮮經濟年報』(1941·42년도판), 91~96쪽.
100) 『大野綠一郎關係文書』, No.1348. 5止.
101) "원래 계획했던 수량 437만 3천석에 대해 427만 5천석이 이출되어 약 98%의 공출 성적을 올렸다"고 한다(『大野綠一郎關係文書』, No.1348, 5止).

1941미곡년도의 대일 이출량이 계획대로 거의 100% 달성될 수 있었던 배경에는 총력운동의 역할도 컸다. 공출이 강화되는 1940년은 총력운동이 전개되던 해였다. 朝鮮聯盟은 첫 사업으로 확대되고 있던 공출과 節米를 위해, 같은 해 12월 1일 班常會에 匙米履行・한 달 3번 대용식・搗精低下・一坪野菜・節米實行 등을 지시했다. 또 부락연맹에서는 미곡공출을 협의하고, 供出誓約書・供出必行會를 통해 개별 농가에게 할당 수량을 공출하도록 종용했다.102)

부락연맹과 애국반은 관에서 할당한 공출량을 확보하는 중심기구로 기능했다. 황해도의 '식량사정에 대한 민심지도방책'에 따르면, 일제는 농민들에게 기본적으로 악조건에도 증산해야 하는 이유를 農業報國精神・報德精神・農業戰場의 의식을 조장하여 설득하고, 공출은 '숭고한 국가봉사적 사명'으로 '은닉, 내놓기 싫어함' 등 같은 비국민적 악행'은 '反道義的 所爲'인 점을 강조했다. 愛國班常會의 합의로 증산과 공출, 절약 등을 이행시키고, 위반자에게는 생활필수품의 배급 1회 정지로 위협하고, 읍면직원・주재소 직원・방공지도원・추진대・학교・금융조합 직원 등이 1개월에 적어도 1회 애국반을 순회하여, 합의 실행사항을 시찰하고 철저한 실행을 촉구하였다.103)

全南 長興郡 蓉山面 鶴池里의 사례를 보면, 관에서는 처음부터 공출을 독촉하러 나오기도 했지만, 대체로 정세가 악화되고 할당량도 채워지지 않을 경우에 나왔다. 관에서 직접 공출하러 나올 때에는 면서기와 주재소 순사 정도가 아니라 면장과 장흥경찰서 주

---

102)『每日新報』1940년 11월 13일자「節米와 쌀供出促進」;「食糧對策に關する總監談」,『朝鮮』, 1940.11, 59~60쪽.
103)『매일신보』1943년 1월 14일자「식량사정에 관한 민심지도책결정」.

임까지 나오기도 했는데, 이때는 고압적인 자세와 협박 및 난폭한 행동이 뒤따랐다. 또 이른바 공출독려반이 촌락에 나올 때에는 접대비용의 부담은 물론 "잠시도 쉴사이 없이" 시달렸다. 이런 공출독려반은 군면의 서기와 순사, 경방단원으로 구성되었는데, 그들의 심한 행동으로 인해 공출독려원은 "지방민들과 안면이 없는 사람"으로 지역간 '교차 지원'을 나왔다.104) 또 수량에 미달한 호수는 모두 범법자로 호출되어, 농민들은 재차 뒤따르는 수색·폭력행사·벌금과 징역에 대한 두려움을 굶어죽는 근심보다 더 크게 느끼면서 공출을 하고 있었다.105)

일제는 폭력과 처벌과 같은 강제 기제를 구사하면서도 때로는 각종 유인을 통해 공출량을 확보했다. 앞의 황해도 '방책'처럼 공출을 합리화하여 적극적인 참여를 유도하거나 공출성적이 좋은 촌락에게 필수품의 특별배급이란 유인책을 썼다.106) 또 애국반의 연대책임으로 쌀의 부정유통을 방지시키고, 위반하면 애국반 전체의 책임을 물어 일용품의 배급을 중지시켜,107) 농민들은 이웃끼리 서로를 감시 규제해야 하는 처지에 놓이게 되었다.

1942년 11월 이후 즉 1943미곡년도부터 공출 방법으로 촌락연대책임제가 실시되어, 종래의 개개 농가별 공출에서 촌락 단위의 공출로 확대 강화되었다. 촌락 단위 공출은 '자가소비량을 제외한 과잉미 전량' 공출을 강행하는 데 유효한 방법이었다. 공출 강행은 실제 '자가소비량 이외 전량공출' 정도가 아니라 단지 '며칠 분의

---

104) 鶴池里 김동홍(1929년생)의 증언.
105) 김영희, 「일제말기 향촌 儒生의 '日記'에 반영된 현실인식과 사회상」, 111~112쪽.
106) 『每日新報』 1942년 12월 18일자 「명랑하고도 활발하게, 全鮮미곡공출진척」.
107) 『매일신보』 1943년 10월 5일자 「물자배급중지한다」; 1943년 1월 16일자 「공출독려에 매진, 안성군경이 협력, 범칙자를 경계」.

소비량 이외 전량'으로 발전하였다. 조선농민은 "자기에게 필요한 것을 남기고 나머지를 공출하려고 생각해서는 않되요. 먼저 국가에서 필요한 것을 최대한도로 공출하고, 나머지를 자신이 쓰도록 각오합시다"라는 교육을 받으면서[108] 자가소비량도 확보하지 못하고 공출해야 했다. 때로는 공출 후 '즉시배급과 균일배급'의 선전에 따라 전량 공출을 강요받고 있었다.[109] 이러한 과정에서 총생산량 중 공출량의 비율은 1942미곡년도에는 45.2%, 43년도 55.7%, 44년 63.8%로 증가하였다.[110]

그리고 촌락공출제는 다음과 같은 현상을 나타냈다.

① 공출수량의 할당은 종래 생산자의 作付別로 面에서 각 생산자에게 직접 할당하였으나, 금년은 부락마다 생산자 동지의 협의에 따라 할당하는 취지인데, 이 방법이 도리어 실질에 입각한 것 같다. 금년의 공출할당에 대해서는 예년과 같은 불평의 소리가 없는 것 같다.[111]

② 순창군의 이번 맥의 공출은 각 부락연맹이사장에게 할당시켰으나 구장 내지 이사장은 거의 부락 중이하의 인물이기 때문에, 유력자에 대해서는 ○○○(해독 안됨: 필자주)가 되고 자연히 중이하의 농가에게 무리가 생기는 결과를 낳음. 즉 1정보경작자로서 반수 5단보, 2단보 경작자에 반수 1반보 수확량을 공출량으로 하여 … 획일적 할당을 … 반면 지도계급인 면서기·구장·유력자 등에서는 자기할당의 공출을 인정하지 않고…공출기피가 나오고 이로 인해 점차 反官的 분위기가 …[112]

①에서 촌락연대책임제는 호별 할당보다 공출 불만이 사회문제

---

108) 黃海道, 1943, 『戰時農民讀本』, 68쪽.
109) 김영희, 「일제말기 향촌 儒生의 '日記'에 반영된 현실인식과 사회상」, 112쪽.
110) 『조선경제통계요람』, 36쪽.
111) 法務局刑事課, 『現下食糧事情ヲ繞ル治安對策』, 701쪽.
112) 法務局刑事課, 『現下食糧事情ヲ繞ル治安對策』, 523쪽.

로 발전할 가능성을 차단할 수 있다고 보는 반면, ②에서는 촌락연대책임제로 유력자들은 공출을 회피하고 중류 이하의 농민들에게 부담이 전가되어, 反官的 분위기를 악화시켜 民과 植民地權力과의 갈등을 심화시킬 가능성도 있었다. 이런 상반된 양상이 동일한 순창군에서 표출되어 촌락연대책임제의 실상을 볼 수 있어 흥미롭다. 양측면이 표출되는 가운데 촌락연대책임제는 농가별 할당보다 농민들과 식민지권력과의 대립구도를 촌락 내부의 문제로 전환시켜, 전시체제 유지라는 효과도 어느 정도 거둘 수 있었을 것으로 보인다.

다음에서는 공출 강행의 문제점과 그에 대한 농민들의 대응 양상을 살펴보고자 한다.

우선 供出 과정의 문제점으로 지적되었던 사례의 유형은 다음과 같다.

1. 優良者 追加配給을 위해 다른 일반인의 수량을 공제함[113]
堆肥增産奬勵를 위해 면포 200反 중에서 일반인의 배급량을 공제하여 優良者에게 주고, 가마니 생산을 독려할 때에도 물자의 배급을 정지하거나 戶籍 및 여러 증명서 교부에 응하지 않고, 또 비료의 배급에서는 가마니 공출우량자를 표창하기 위해 일반인의 수요량을 처음부터 공제하고 있었다.

2. 過剩 짚 공출로 飼料가 부족하여 소를 放賣함[114]
과도한 짚의 공출은 소의 사료 부족에 따른 소 방매만이 아니라 비료 부족을 야기하여 영농에 큰 차질을 빚고 있었다.

3. 超過 供出[115]
관에서는 일반 농민들의 生活 動向을 보기 위해 國民學校長과 연

---

113) 「第一線行政部門ノ行過キ」 『經濟治安日報』 53, 1942.5.9, 349쪽.
114) 「軍用藁ノ供出ニ對スル特異動向」 『情報週間展望』 42, 1942.2.21, 489쪽.
115) 「童心ヨリ見タル村ノ噂」 『經濟治安日報』 1, 1941.12.19, 21쪽.

락하여 6년생 60명에 대해 '村落의 이야기'라는 제목으로 작문 숙제를 냈는데, 농민들의 일상 문제로 자주 거론되는 것 중에 "벼의 생산량보다 保管命令의 수량이 많다"는 대답도 4명이나 있어, 무모한 공출 실태의 일단을 엿볼 수 있다.

이와 같은 무리한 공출에 대한 농민들의 반응은 다음과 같이 나타났다.

1. 供出 忌避[116]
충남 보령군은 1942년도 벼공판 할당량이 15만석인데, 실제 공출량은 1942년 3월까지 7만석에 불과하였다. 그 원인은 산중 야적, 마을 밖 땅 속 은닉 등의 供出 忌避에 기인하였고, 이러한 공출기피는 1940년 이래 각지에서 빈발하여 끊이지 않고 갈수록 현저하다고 하였다.

2. 怠業[117]
평북은 관내 전반에 걸쳐 실시한 조사에서 厭農, 怠業이 인정되는 자가 33명이었는데, 이들은 경지를 황폐시키거나 2~4할 정도의 수확량을 감소시켰다.

3. 離農[118]
당시 농촌 청년들은 경제통제를 피해 도시로 나가는 경향이 많은데, 그 離農 원인은 다음과 같다.
① 농작물은 자기 마음대로 경작할 수도 없다. 모두 官의 作付규정을 받는다.
② 糧穀配給所를 설치한 결과, 일단 糧穀組合에 팔고 다시 사서 먹는 상태다.
③ 어떠한 物品도 共同販賣를 하고, 配給品 이외는 구입하지 못한다.
④ 平野는 양귀비, 대마, 면화의 세상으로 변하고, 다른 農作物은 허락되지 않고 겨우 火田이 있을 뿐이라는 것이다.

---

116)「共販籾ノ隱匿手段」『經濟治安日報』 26, 1942.3.20, 256~257쪽.
117)「農民ノ怠業狀況」『經濟治安日報』 81, 1942.11.21, 718쪽.
118)「農村靑年ノ離農傾向」『情報週間展望』 9, 1941.5.10, 770쪽.

4. 供出에 대한 정면 저항
① 경남 사천군 정동면 감곡리에서 한 주민은 벼공출을 하지 않으면 配給을 고려한다는 구장의 발언에 대해, 자신의 집은 가족이 많고 현재 가옥을 신축하고 있어 벼의 공출은 불가능하다고 '反時局的 言動'을 하고, 구장의 집무 책상을 전복하고 서류를 파손하여 業務執行妨害 事件으로 조사를 받고 있었다.[119]
② 경남 울산군에서는 생산자, 소비자를 가릴 것 없이 소지한 양식까지 우선 공출시킨다는 방침 아래 買入을 강행하자, 주민 300명(남자 100, 여자 200)은 면사무소에 가서 양식의 배급을 교섭했고, 면장과 경찰관은 "새로운 事案의 발생이 예상"되자 서둘러 배급을 알선하여 해산시켰다.[120]

청년들이 이농하는 원인은 소위 部落生産擴充計劃으로 전개된 전체주의적 계획생산에 대한 강한 거부감에 기인하고 있었다. 청년들은 일제의 '공익우선', '職役奉公'의 精神統制工作에도 불구하고 戰時農政에 대해 離農으로 반발하고 있었다.

공출의 강행에 대해 농민들이 공출 기피·怠業·離農·정면 저항 등으로 대응하자, 일제는 처벌로 體刑까지 동원했다. 전남 순창군 한 農會 技手는 벼, 면화에 대한 供出을 강제하면서 "國家의 命令에 따르지 않는 자는 國民이 아니다", "棉花供出督勵를 위해 이번 道에서 소의 陰莖 12개가 郡에 도착했음으로 곧 각 面에 1개씩 교부하여, 棉花를 공출하지 않은 자는 이 채찍으로 구타하여 매우 엄중히 한다"고 발언하여, 朝鮮臨時保安令 위반으로 기소되었다가 起訴猶豫處分을 받았다.[121] 起訴猶豫處分을 받았다는 사실은 體刑이 전혀 근거없는 허위 사실이 아님을 증명하는 것이다. 앞에

---

119) 「緊急食糧對策關係」『經濟治安日報』 53, 1942.5.9, 347쪽.
120) 「緊急食糧對策實施ノ反響」『經濟治安日報』 50, 1942.4.18, 301쪽.
121) 「籾·棉花供出ニ對スル郡面職員行過キ及不正配給」『經濟治安日報』 56, 1942.5.30, 387쪽.

서 살펴본 장흥군 용산면 관지리의 사례와 함께 이렇게 물리적 강제가 행사되는 현상에서 심각한 수급사정의 악화 또는 관의 통제력 약화 등을 생각할 수 있다.

공출에 대한 농민들의 대응 양상을 정리하면, 供出 과정의 문제점으로 공출 우량자에 대한 추가배급을 위해 다른 일반인의 수량공제, 超過 供出, 과도한 '짚' 공출로 인한 소사육 악화 등이 나타났다. 농민들은 '공출 기피'라는 소극적 대응만이 아니라 집단시위를 벌이는 등 정면으로 행정에 반발하기도 했다. 또 일제는 저항을 막기 위해 신체적 가혹 행위까지 행사하였다.

노동력 동원과 공출강행 등에서 야기된 전시농정의 파탄은, 영농으로 단순재생산조차 보장받기 어려운 농민으로 하여금 농촌을 떠나 도시 혹은 일본의 노동자로 전출하게 했다.[122] 일제는 이렇게 생존유지 차원에서 이농할 수밖에 없는 농민과 농촌노동력을 배경으로 1939년부터 본격적인 노무동원정책을 수립하고 徵用制를 강행했다.

---

122) 경남 함양군에서는 일본 福岡縣 八○○所에서 130명의 이주노동자모집이 있을 때 180명이 응모하였는데, 이들의 應募動機는 다음과 같다(『經濟治安週報』57, 1942.6.8,「緊急食糧對策關係」, 407쪽). ① 농산물을 전부 공출하고 배가 고파서 일이 되지 않는다. 內地의 炭鑛 등도 配給量이 적은 것은 알고 있으나, 걱정 없이 확실하게 배급받기 때문에 應募하였다는 자(23명). ② 현재의 상황으로 보아 농민만큼 바보는 없다고 생각함. 전혀 收支가 없는데 관청은 농민만을 착취한다고 함(13명). ③ 농촌에서 일해도 가계는 유지할 수 없다. 어떤 곳에서 일해도 똑같기 때문에 나가 본다는 자(31명). ④ 여러 물가가 등귀하여 영농비는 비쌀 뿐 농산물은 싸다. 따라서 肥料資金 등으로 빚을 지고, 이를 갚기 위해 일본에서 일할 생각이라고 하는 자(13명).

제3절 부락연맹의 실태와 區長의 역할

1. 부락연맹의 기능

　부락연맹의 설치 목적은 촌락 단위별로 농민의 물적 정신적 생활을 통제하고, 통제된 생활을 전시동원체제에 협력시키기 위한 것이다. 즉 조선농촌을 '皇國에 대한 奉仕'체제로 재편하기 위해서였다. 그러나 이것은 용이하게 부식할 수 없었다. 때로는 신앙심을 고취시켜 감성적인 집단의식으로 '天皇歸一', '國家仕奉'의 관념을 주입하려고 했다. 가정의 大麻封齋 또는 촌락 단위 神社를 설치하고, 이 神社를 구심점으로 촌락민의 일상생활과 정신세계의 통일을 달성하려고 했다. 이같은 시설도 수반하면서 부락연맹은 촌락 질서와 사적 영역까지 재편하는 역할을 담당했다. 즉 부락연맹을 통해 생활 전체가 '국가'로 연결되도록 했다.[123] 촌락과 부락연맹 중심의 생활과 규제력은 주체적인 자아를 억압하고 집단주의에 기초한 전시체제의 유지에 매우 유용했다.[124]

　또 부락연맹을 중심으로 농민통제를 달성하기 위해, 부락연맹의 역할과 기능이 강화되었다. 부락연맹은 이전의 농촌진흥회의 기능을 수용하는 한편 통제경제에서 배급행정의 말단에 위치하였다.

---

123) 「日本の村精神と朝鮮の部落―鈴木榮太郎助教授に訊く」『國民總力』, 1944.1.15, 22~23쪽.
124) "부락의식·부락에 대한 귀속감은 自我의 확립을 전제로 하는 것이 아니라, 自我가 埋沒된 혹은 억압당한 상태의 의식이며 귀속감이었다"고 한다(福武直, 1959, 『日本村落의 社會構造』, 동경대학출판회, 42~43쪽).

따라서 부락연맹은 이제 배급배제라는 생활권 박탈을 위협하면서 농민들의 생활을 통제할 수 있었다. 특히 이 점은 표면적으로 전시체제에 농민들이 편입되는 모습을 띠게 했다.

한편 총력운동의 참가 범위는 '全個人' '全國民'이라 하여 모든 사람이지만, 통제와 동원을 위한 조직화는 戶別로 이루어졌다. 부락연맹은 촌락의 모든 사람을 대상으로 하지만 통제와 실천을 담보하기 위해 戶단위로 구성되었다(<그림 4-1> 참조). 戶의 代表인 家長(世帶主)은 가족원에게 상당한 영향력을 행사할 수 있는 위치에 있었다. 식민지 권력의 家長 포섭은 家長權의 강화와 創氏제도 실시에 따른 日本式 家制度의 부식으로 나타났다.125) 1939년 민사령 개정, 1940년 創氏제도는 일본식 家 단위로 식민지 조선을 지배하려는 정책의 산물이었다. 전체주의와 국가지상주의를 기치로 전개하는 총력운동에서 전체주의의 실천의 최소 단위는 가정이었다. 종래 자유주의와 개인주의가 허용될 때는 모든 개인은 독립된 한 단위로 직접 국가와 연결될 수 있었으나, 전체주의 사회에서는 "國家는 家를 구성단위로 個人은 家를 통해 國家에 盡力"하는 관계로 대체되었다.126)

일제는 부락연맹과 애국반의 구성원으로 기본적으로 戶를 설정

---

125) 戶主制 아래 家長權 강화의 의미, 家長 또는 戶主를 중심으로 家庭이 '戰時家庭體制'로 정비되는 과정은 이만열·김영희, 「1930·40년대 조선여성의 존재양태」, 291~294, 309~312쪽. 일본식 家制度는 현실적인 공동생활과 거리가 먼 관념적인 개념이다. 家는 호주권이 행사되는 범위로, 실제 分家해 있는 자녀도 일본식 家制度에서는 家의 구성원이다. 부락연맹과 애국반의 구성단위인 戶(世代)는 현실적인 생활기반에 기초한 개념으로 家와 다르다. 그러나 家의 戶主權, 家長權이 가족원에 행사되는 강한 권리가 戶 단위 가정의 家長權에도 그대로 관철된다고 보고, 이 글에서는 家와 戶를 엄밀하게 구분하지 않고 사용하고 있음을 밝혀둔다.

126) 座談會, 1942.6,「日本の家を語る」『綠旗』, 136쪽.

하고 戶대표(=家長)를 매개로 개개인에 대한 통제력을 관철하려고 했다. 부락연맹과 애국반의 구성 단위인 호(=가정)은, "家長을 愛國班員으로 처와 가족은 그 分身"의 관계였다.127) 이렇게 家長의 통제는 가족원, 즉 모든 사람에 대한 통제로 이어지는 점은 정동운동과 마찬가지였다. 그러나 총력운동 단계에서 戶(家)는 총력운동과 '국가'의 '하부기관'과 같이128) 그 위상이 강화되었다. 호(家)는 戶대표를 중심으로 하나의 조직처럼 정책의 실행단위로 나가고 있었다. 또 정동운동은 '호'(호대표)를 '애국반원'이라고 하여 여기까지만 규정했으나, 총력운동에서는 '호'(호대표)를 '대표애국반원'이라고 하고, 가족원을 '애국반원'으로 함께 규정하였다. 이는 총력운동의 조직도에서 확인할 수 있다. 이제 개개인은 정동운동에서처럼 戶를 매개로 한 간접적인 통제의 대상일 뿐 아니라, 관의 직접 파악·동원의 대상이 되었다. 식민지 권력은 개개인에 대한 지배력을 직접 행사할 수 있게 되었다. 한 예로 忠南 燕岐郡 西面 鳳岩里에는 1941년 현재 총 호수 201호, 인구 1206명을 대상으로 東部·西部·南部·北部의 4개 부락연맹과 부락연맹마다 각각 5개의 애국반을 편성하였다. 그리고 애국반별로 '戶代表 班員數'와 함께 '人員'이라 하여 전체 세대의 가족원(즉 봉암리의 전체 인구)을 파악하였다.129) 이렇게 봉암리 총 호수와 인구가 부락연맹과 애국반별로 편성되었는데, 이것은 봉암리 전시동원의 기초자료였다. 따라서 일제의 조선 농촌사회와 농민지배의 핵심 골간은 촌락통제였고, 촌락을 매개로 戶, 戶를 매개로 개개인에 대한 통제로 나갔다.

일제의 농촌통제의 기본 방침을 황해도연맹의 '指導要項'을 통

---

127) 野崎眞三, 1940.12,「街の愛國班」『國民總力』 2-12, 60쪽.
128) 鈴木武雄, 1942.5,「國民貯蓄と女性」『綠旗』, 117쪽.
129) 제2부 2장 참조.

해 살펴보자.130)

〈표 4-1〉 개인・단체(부락연맹)의 필행사항과 실천요목

필행사항		개 인	단체(부락연맹)
肇國精神의 앙양	宮城遙拜	라디오를 備置한 家庭은, 그 지시에 따라 가족 전부를 모음	遙拜는, 常會・團體行事 擧行 처음에 할 것/ 애국반원의 合同遙拜는 愛國日을 제외하고 매월 2회.
	神社參拜	매월1일・祭典・記念日・필요시	왼쪽과 같음
	皇軍默禱	매일 正午, 소재지에서	왼쪽과 같음
	국기게양 등	國旗揭揚과 皇國臣民誓詞齊誦	왼쪽과 같음
	시국인식	전쟁의 趣旨會得/『愛國班』・『國民總力』의 熟讀	常會・좌담회 이용
生産增加의 努力	각종 생산품의 개량증식	부락생산확충계획의 수행	부락생산확충계획의 수행을 共勵함
		空閑地利用, 수목・菜蔬・시국자원작물의 재배	
			부락공동작업반의 활동/ 품평회
		생산기술 鍊鍊 : 강습회 등	생산기술 연성: 繩叺 제조경기회
	군수자재의 공출	군수자재의 공출	애국반・연맹의 供出共勵
	근로애호	定時 勵行	定時勵行/勤勞奉仕作業:社境內 作業・부락청소・도로공사・토목수리공사・식림・군인유가족가업 원조
		早起標準時間/매일 부근 도로청소	
		근로표준시간/전체 가족 근로	
경제통제의 순응	買溜・買惜・闇去來의 배격/공정가격 준수	연맹기구의 이용: 소요수량 신청	연맹기구의 배급 : 가정소비 정확한 조사・공평분배
			生産委員의 활동: 수품의 소지정도 조사・買占賣惜 등 방지
			流言 단속
			경제통제의 강습회・좌담회 개최
		통제법령의 준수	공정가격 주지・통제법령 준수

---

130) 國民總力黃海道聯盟, 1941,『國民總力運動指導要項』, 20~27쪽.

제4장 국민총력운동과 농촌통제정책(1940.10~1945.8)　311

	사치품 폐지	사치품 장신구의 배격	사치품 장신구 사용배격을 합의
생활쇄신의 철저	婚葬禮의 간이	조선연맹이 제정한 改善婚禮基準에 의함(조선·일본인 儀式別)	
	생활비 절약	생활비 절약:생활비의 源泉共濟	
		금전지출 억제/자급자족 생활강화	
		물자 애호활용:폐품회수·대용품 등	물자의 愛好活用 : 廢品回收·代用品 등
	과학적 국민생활	복장개선:色衣着用·국민복 보급	복장개선: 색의착용·국민복 보급
		영양본위조리·완전히 씹어먹기	

자료: 國民總力黃海道聯盟,『國民總力運動指導要項』, 6~19쪽을 참고 작성.

〈표 4-2〉 부락연맹의 조직과 활동영역

이사장(구장 혹은 촌락의 중심인물)			
총무위원	훈련위원	방위위원	생산위원
궁성요배/神社神祠參拜/정오묵도/ 국기게양/ 황국신민의 서사제송/납세독려/상회 기타 회합/ 帳簿 기재/저축할당 필행/공판원천저금의 여행/사치품 폐지/혼장제의 간이/ 생활비 인하/ 총후원호의 강화(국방헌금·헌품으로 군인에 대한 경의표시)/ 기타 사항	국민체위의 향상/단체훈련의 철저	防共·防諜·防空·防火·防犯 기타 재해 방지의 철저/위생사상의 보급/ 買占賣惜 闇去來의 배격/공정가격의 준수	근로애호/잉여 노동력의 활용/각종 생산품의 개량증식/ 물자 배급에 대한 협력/출하(공출)·절미·혼식에 대한 여행/ 勞資協助.

자료: 國民總力黃海道聯盟,『國民總力運動指導要項』, 33쪽.

황해도는 조선연맹의 '實踐要綱'에 입각하여, 연맹원의 '실천사항'을 '기초사항'과 '필행사항'으로 나누고, 道의 사정에 따라 '기초사항'을 선정하였다. <표 4-1>의 '필행사항'은 기초사항 중에서 가장 긴급한 사항을 뽑아 개인과 단체별로 정리·제시한 것이다. 필행사항을 일상생활에서 반복 실천해서 습관화될 정도가 되면, 다시 기초사항 중에서 필행사항을 추가하는 방식으로 모든 '실천사항'을 반복 훈련하도록 했다. 황해도연맹이 정한 연맹원 '필행사항'의 '실천요목'으로 개인과 단체(부락연맹)에 해당하는 사항은 다음과 같다.

<표 4-1>에는 8개 부문의 필행사항(조국정신의 앙양·생산증가의 노력·경제통제의 순응·생활쇄신의 철저·저축목표의 달성·식량대책의 협력·체위향상·방위철저)과 필행사항마다 실천요목이 자세하게 제시되었다. 필행사항과 실천요목에 따라 개인과 단체의 활동 전반은 전시체제로 재편되었다.

황해도는 부락연맹을 매개로 <표 4-1>의 사항들을 일상에 부식하려고 했다. 황해도는 1935년 무렵부터 부문위원제를 실시하여 委員長을 중심으로 部門委員 20명을 선정하였다. 이는 소질 내지 특기에 따라 거의 모든 촌락의 사람에게 위원이란 역할을 부여하여, 농촌진흥운동의 지도부락 혹은 촌락 사업을 지속적으로 전개시키기 위한 제도였다. 부문위원제는 농진운동이 촌락민의 공려단계로 전환될 때, 다른 도에서도 채택하였다. 部門委員制가 총력운동에서는 부락연맹이사장 아래 總務·訓練·防衛·生産의 4개 部門委員으로 대체되었다(<표 4-2>). 4개 부문은 事務局의 10부와 도연맹 이하 지방연맹의 조직에 준하여 역할을 분담한 것이다. 부문위원들은 이사장의 지휘 아래 각자 분담한 업무를 연맹원·농민들을 대상으로 실행하여, 부락연맹 전체가 실천사항을 이행할 수 있도록 일익을 담당하였다. 總務委員은 정신과 신체 전반에 걸친 통제와 규율에 초점을 맞추어 포괄적인 지도를 맡았고, 訓練委員은 신체단련과 집단훈련으로 '황국민'이란 새로운 정체성을 지닌 인간

을 만드는 데 일조했다. 防衛委員은 방공, 방첩 및 공출에 따른 암거래 근절과 같은 체제 위협적인 요소를 방지하는 임무를 맡았다. 그리고 生産委員은 증산과 공출로 압축되는 전시농정의 원활한 정착을 담당했다.

한편 각급 연맹에서 실시하고 있는 常會는 '총력운동의 기초·국가의 힘'131) '臣道實踐·職役奉公을 위한 훈련소'132) '실천운동의 원동력'133) '실행기관'134) 등으로 의미가 부여되듯이, 총력운동의 성패를 좌우하는 핵심사항이었다. <표 4-1>과 같은 개인 혹은 부락연맹별 '실천사항'의 이행을 위해서는 상회의 운영이 관건이었다. 상회의 목적은 "일본 국민이 한 사람도 빠지지 않고 국체의 근본 정신을 돈독히 이해하고, 이를 일상의 업무 실생활에서 모두 구현할 수 있도록, 조를 짜고 집합하여 상호 단련해 가는 것"이었다.135) 전시동원정책과 관련된 '실천사항'은 부락연맹상회 혹은 애국반상회를 통해 연맹원의 토의 합의를 거쳐, 연맹원 자신들이 결정하는 형식을 취했다. 일제는 이렇게 일단 농민 스스로 결정하게 하여 정책 이행에 협조적인 자세를 유도하려고 했다. 즉 상회에서 협의하는 것은 "農村사람들이 어쩌케 하면 大東亞戰爭의 銃後를 잘 직히고 天皇陛下께 忠義를 다할 수 잇나하는 것"이고, 구체적으로 농산물 증산을 협의한다는 것이다.136)

상회는 도 이하 각 연맹마다 개최되어, 읍면연맹상회에 참여한 부락연맹이사장은 마을에 와서, 부락연맹상회를 열어 애국반장 혹

---

131) 『每日新報』 1942년 10월 31일자 「班常會는 총력운동의 기초, 국가의 힘」.
132) 『每日新報』 1942년 2월 8일자 「精神的 團結을 强化」.
133) 『每日新報』 1942년 4월 10일자 「總力發揮時灘克服」.
134) 『每日新報』 1941년 9월 9일자 「常會는 實行機關」.
135) 國民總力京城聯盟, 1940.11, 「常會の開き方」 『國民總力』 2-11, 69쪽.
136) 八尋生男, 1942.8, 「部落常會의 폐지」 『半島の光』 57, 30쪽.

은 부락연맹 내 전체 호대표를 소집한 가운데 읍면연맹에서 결정한 사항을 전달하고 그 실천을 지휘하였다(<표 4-3> 참조).[137]

〈표 4-3〉 부락연맹·애국반 상회의 개최 상황

	부락연맹의 상회	애국반의 상회
소집과 개최일	이사장이 소집, 全戶 집합	반장이 소집, 호주 중심으로 가급적 다수 집합
	정기 집회는 매월 1일/ 임시 집회	정기 집회는 7~15일 사이에 개최 /임시 집회
		가능한 한 각 戶를 돌면서 집회
타합과 간담 사항	결정사항의 실천에 대한 협의	상급연맹의 상회결정사항·하달사항의 실천합의
	官·上級聯盟으로부터 하달사항의 철저	
	연맹의 융화·진전을 상담	상호부조를 간담
	총력운동의 단체적 훈련	공려로 단체적 실천사항을 합의
상회개최의 순서	개회 인사→국기게양→국가 봉창→궁성요배→묵도→황국신민의 서사 제송→통달·합의→폐회 인사	
상회의결과 처리	개최 때마다 상황 기록	
	실천사항은 바로 공려로 실천에 옮김	
	위의 관련사항은 가능한 한 서류로 소속 연맹에 보고	
실 천	상호 주의와 반성으로 운동을 진전시킴	

자료 : 國民總力黃海道聯盟, 『國民總力運動指導要項』, 41~42쪽.

상회는 정기와 임시 집회가 있으며, 상회는 神柵, 일본국기가 비치된 집회장에서 진행되었고, 조선민중은 궁성요배 등 일련의 '황국신민으로서의 의례'를 거치면서 충실한 복종자로서의 신분을 확인한 뒤, 상급연맹에서 하달된 사항을 합의하여 실천사항을 결정하는 과정을 밟았다. 임원들은 연맹원의 실천 정도를 파악하여 상급연맹에 보고하고, 연맹원들은 상호 注意와 反省의 장치로 인해 자신을 통제하고 규율 안에서 적응하도록 요구받고 있었다. 이렇게

---

[137] 國民總力平安南道聯盟, 1941.4, 「우리 道聯盟의 實踐組織」 『朝光』, 353~354쪽.

제4장 국민총력운동과 농촌통제정책(1940.10~1945.8)   315

 반복되는 상회는 조선민중으로 하여금 상호감시 기제·합의·집단의 힘으로 스스로를 통제하며 전시생활에 적응하도록 이끌었다.
 총력운동의 말단실천책임자인 부락연맹이사장·부문위원·애국반장의 역할이 중요했기 때문에, 이들은 도·부군별로 개최하는 강습회에서 훈련을 받고 있었다. 강습의 내용은 총력운동의 취지 및 실천·연맹원의 필행사항·행동적 훈련 등이었다.138) 일반 연맹원들은 이들 임원들로부터 講話會·좌담회, 신문기사·팜프렛·포스타 등의 간행물, 활동사진의 순회 상영, 전람회 등을 통해 전시체제를 떠받드는 정보와 협력 사항을 끊임없이 주입받았다. 그리고 애국반원·애국반·부락연맹에서는 여러 종류의 장부와 서류·警鐘·공동작업장 등과 같은 시설을 갖추고139) 각종 동원에 대비해야 했다.
 그리고 도연맹은 부락연맹과 애국반을 직접 파악하고 있었다.140) 첫째, 도연맹 추진대원을 파견하여 지도하였다. 추진대원은 부군읍면연맹·부락연맹·애국반과 연락하면서 연맹활동의 선구적인 역할을 하고 있었다. 이들은 애국반·부락연맹을 단위로 활동하며, 연맹원들의 상회나 근로작업의 기회를 이용하여 지도하고 있었다141). 둘째, 부군연맹과 도연맹의 순회시찰·사열이 있었다.

---

138) 부락연맹이사장과 애국반장의 강습 훈련과 그 내용은 국민총력황해도연맹, 『國民總力運動指導要項』, 28~29쪽.
139) 애국반원 : 神柵·국기(보관함)· 반장 및 연맹 위원의 표찰.
   애국반 : 애국반기·장부(班대장·출석부·상회기록·작업일지·회람판·서류철)·경종 혹은 공동작업용구·가정방공방호방재기구.
   부락연맹 : 神柵·국기(보관함·국기게양대)·연맹기·경종 혹은 공동작업장·공동작업기구·공동경지·장부(연맹대장·상회기록·출석부·작업일지)·서류철·간이문고(잡지 국민총력·신문 기타).
140) 國民總力黃海道聯盟, 『國民總力運動指導要項』, 33~34쪽.
141) 추진대원에 대해서는 3장 4절 참조.

부락연맹과 애국반은 이러한 상급연맹으로부터 총력운동의 취지의 이해・상회활동의 상황・연맹원 필행사항의 실천 상황・상의하달 및 하정상통의 상황 등에 대해 시찰을 받았다. 모든 부락연맹과 애국반이 이러한 시찰과 사열은 받았던 것은 아니고, 몇 군데를 거점으로 시범적인 사열을 단행하여 다른 부락연맹과 애국반으로 하여금 이에 준하여 정비시키려는 것이었다.

이상과 같이 황해도연맹은 일상생활 전반에 걸쳐 세세한 '실천요목'에 따라 조선민중을 규율하고 동원하려고 했다. 이같이 부락연맹은 연맹원=농민을 대상으로 한 소위 국민총훈련의 場으로, 관의 억압과 폭력적 기제를 보완하면서 체제편입을 유인하는 동원조직이었다.

그러나 계획대로 통제망이 순조롭게 구축되지 못했는지, 도연맹은 "최근 총력운동 활동이 다소 둔화되어 있음으로" 추진대원들을 동원하여 각종 통제이탈자를 방지하는142) 등 연맹의 활동을 강화하기 위해 각 郡에게 推進隊員의 증원을 지시하였다.143) 도내 상회의 실천이 "일반 府官廳 소재지를 중심으로 하여 외딴 시골에 이르기까지 실천은 저조한 경향이 있으며, 또 심한 데는 상회의 개최를 태만히 하는 데가 있(었다)"고 한다. 이에 따라 황해도 연맹은 1943년 1월 도내 애국반과 부락연맹을 일제히 시찰하여 각종 사항을 지도감독하고 常會 실시를 독려하고 있었다.144) 1945년 7월 전 국민을 군대식으로 재편한 國民義勇隊가 등장하기 전인 1944년 1월, 황해도는 17~30세 연령의 청장년을 대상으로 道에서 말단 촌

---

142) 『매일신보』 1942년 12월 24일자 「不正經濟行爲防止에, 推進隊員을 動員」.
143) 『매일신보』 1942년 6월 5일자 「推進隊活動促進」.
144) 『每日新報』 1943년 1월 29일자 「愛國班常會를 중심으로, 總力運動一齊視察」.

락에까지 군대식 農業推進隊를 결성한 바 있었다.[145]

2. 부락연맹의 구역

 총력운동 단계에서 부락연맹의 기능은 농진운동과 정동운동의 그것보다 강화되었다. 농산물 증산과 노무동원으로 대표되는 전시 동원정책은 행정계통과 총력연맹을 통해 하달되는데, 면행정까지 내려온 정책은 기본적으로 부락연맹에 할당되었다. 부락연맹은 할당된 정책 실행과 통제의 기본 단위였다. 부락연맹 아래 애국반은 총력운동의 최하부 기저조직으로, 10호 규모의 기동성을 발휘하여 정책 실행을 담보하는 매체였다.
 1940년대 부락연맹과 1930년대 농촌진흥회는 모두 촌락을 단위로 조직되었다. 정동운동 때의 부락연맹은 농촌진흥회의 조직을 바탕으로 설치되었고, 총력운동 때의 그것은 정동운동을 통해 형성된 부락연맹과 농촌진흥회의 조직과 활동을 통합한 형태였다. 그러나 부락연맹과 농촌진흥회는 조직상에 차이점이 있었다. 농촌진흥회는 단지 면행정의 보조조직의 역할을 하였던 데 반해, 부락연맹은 사실상 최말단 지방행정단위로 기능하였다.
 다음에서는 부락연맹의 구역과 '신동리'·'자연부락'·'구동리'의 관계를 검토하여 일제의 촌락통제정책의 귀결점을 살펴보자.
 1930년대 일제는 '자연부락'의 개념으로 74,864개 촌락을 파악하고 있었다. 일제 초기 1910년 10월 현재 구동리는 63,845개이고, 동리통폐합으로 생긴 (신)동리는 1929년말 현재 28,283개였다. 1개 신

---

145) 西山芳一(황해도지방과장), 1944.11, 「本道の農業推進隊に就て」『朝鮮行政』23-11.

동리는 약 2.3개 구동리로 이루어졌으나(<표 2-5>), 1개의 신동리는 1개의 구동리·몇 개의 구동리 혹은 구동리 아래 하위 촌락을 분할해서 구성되는 등 여러 유형이 있었다. 일제가 파악한 74,864개 '자연부락'은 63,845개의 구동리를 바탕으로 구동리 아래 하위 촌락의 일부가 파악된 것임을 이미 제1장에서 밝혔다.

1930년대 일제는 농촌진흥회와 식산계를 조직하는 과정에서 74,000여개의 '자연부락'에 근거하여 구역을 설정했다. 1940년대 부락연맹의 활동이 강화되면서, 일제는 1930년대보다 '자연부락'과 '구동리'라는 용어를 함께 사용하고 있었다. 부락연맹을 중심으로 1940년대 농촌의 사회구조에 대해 많은 실증적인 연구를 했던 鈴木榮太郞은 그의 연구에서 거의 전적이라고 할 수 있을 정도로 구동리 개념을 적용하고 있었다. 그리고 그는 부락연맹의 단위가 구동리라고 하였다.

정동리부락연맹의 숫자는 1940년 66,828→1942년 65,080→1944년 63,025개였다(<표 4-4>). 1절에서 보았듯이 동리연맹은 1명의 구장의 관할 구역에 부락연맹이 1개 이상 설치될 경우, 구장이 배치되지 않은 부락연맹까지 구장의 통제권에 두기 위해 잠정적으로 설치되었기 때문에, 그 설치가 제한되었다. 또 부락연맹은 동리를 分區하여 區[146]마다 혹은 구동리를[147] 단위로 설치되었다. 이러한 부락연맹(區)마다 구장이 배치되면서 동리연맹은 점차 해소되었다. 1940년 이후 정동리부락연맹이 66,828→65,080→63,025개로 줄어드는 것은 이러한 동리연맹의 해소, 부락연맹의 정비 과정의 결과이다.

---

146) '區'는 1장에서 언급한 것과 마찬가지로 '행정적 부락'이라고 하듯이, 1개 동리를 촌락(구동리) 단위로 分區한 것이다.
147) '자연부락'이라고 할 때, 구동리 아래 하부 취락까지 하나의 단위로 파악했다면, 구동리는 이런 취락을 하나의 구역 안에 포용한 상태이다.

제4장 국민총력운동과 농촌통제정책(1940.10～1945.8)

〈표 4-4〉 국민총력운동 조직결성 상황(1940～1944)

구분	道聯盟 수			府郡島聯盟 수			邑面聯盟 수			町洞里部落聯盟 수(a)		
	1940	1942	1944	1940	1942	1944	1940	1942	1944	1940	1942	1944
경기	1	1	1	23	23	23	232	232	231	6,212	5,991	6,187
충북	1	1	1	10	10	10	106	106	106	3,336	2,852	2,836
충남	1	1	1	15	15	15	172	172	172	5,955	5,089	4,682
전북	1	1	1	16	16	16	175	175	175	6,023	4,912	4,694
전남	1	1	1	24	24	24	252	252	252	7,771	9,003	8,147
경북	1	1	1	24	24	24	251	251	251	5,151	6,158	6,025
경남	1	1	1	22	22	22	242	242	239	6,576	5,513	5,382
황해	1	1	1	18	18	18	212	210	210	7,361	4,870	4,690
평남	1	1	1	16	16	16	140	139	139	6,772	7,192	7,368
평북	1	1	1	20	20	20	173	171	170	2,800	3,027	2,768
강원	1	1	1	21	21	21	175	174	174	4,112	5,019	5,210
함남	1	1	1	18	18	18	130	130	130	3,677	3,651	3,280
함북	1	1	1	13	14	14	76	75	75	1,082	1,803	1,756
합계	1	1	1	240	241	241	2,336	2,329	2,324	66,828	65,080	63,025

구분	(a) 의 愛國班					
	班 수			戶代表 班員 수		
	1940	1942	1944	1940	1942	1944
경기	35,065	39,346	43,182	467,893	586,435	495,331
충북	13,991	15,058	15,398	156,158	164,915	171,991
충남	24,083	24,534	23,109	271,484	279,975	268,668
전북	26,519	27,153	27,531	286,852	298,977	312,201
전남	34,621	39,497	40,081	534,704	492,092	512,322
경북	35,069	37,551	41,009	448,954	461,337	472,823
경남	40,998	39,509	40,375	393,888	440,922	447,197
황해	20,045	26,448	26,448	321,469	362,390	362,390
평남	22,967	24,019	24,635	283,341	274,766	326,108
평북	18,491	20,849	22,856	278,774	293,774	327,694
강원	23,673	23,646	24,481	287,250	295,135	349,272
함남	20,675	25,387	26,797	244,216	330,794	341,503
함북	13,429	17,485	17,848	166,516	197,437	209,663
합계	329,426	360,482	373,750	4,141,499	4,478,949	4,597,162

자료: 1940년은 朝鮮總督府, 『半島ノ國民總力運動』, 88쪽.
　　　1942년은 朝鮮總督府, 『朝鮮ノ國民總力運動』, 116～117쪽.
　　　1944년은 朝鮮總督府, 『朝鮮の國民總力運動』, 116쪽.
비고: 1940년은 1940년 12월말 현재, 1942년은 1942년 4월 1일 현재, 1944년은 1944년 2월 현재까지임.

따라서 1944년 2월 현재 정동리부락연맹 63,025개에 동리연맹은 별로 없다고 생각한다. 그러면 63,025개에서 町聯盟을 뺀 나머지가 부락연맹인데, 현재로서는 당시 몇 개의 町이 존재했는지 정확히 알 수 없다. 단지 1918년 동리 27,595개, 1929년 정동리 28,438개라는 통계에 따라 잠정적으로 町의 수치를 842개로 본다면, 이들 町에 정연맹이[148] 842개 설치되었다고 가정하고, 63,025개에서 빼면 62,183개의 부락연맹이 나온다. 즉 町聯盟을 842개를 1,000여 개로 보면, 부락연맹은 62,000여개가 된다. 여기까지 살펴본 결과, (신)동리 28,283개, 구동리 63,845개, 정동리부락연맹 63,025개, 부락연맹 62,000여개의 수치를 확인할 수 있었다.

다음으로 동리에는 구장이 있어 말단 행정기관인 면행정을 보조하고 있었는데, 특별한 사정이 있을 때는 1명 이상의 구장을 둘 수 있었다.[149] 1940년 12월 21일 '통첩' 이후 구장은 부락연맹마다 배치되었고, 구장은 부락연맹이사장을 겸하였다. 일제는 1941년 이후 31,00명의 구장을[150] 확충하여 63,000명까지 늘릴 계획을 세웠다.[151] 여기서 구동리 63,845개, 부락연맹 62,000개, 정동리부락연맹 63,025개, 구장 63,000여명의 수치가 확인된다. 부락연맹이사장을 겸임한 구장은 1943년 현재 51,618명이었다.[152] 일제가 부락연

---

148) 町聯盟은 町會의 구역에 설치되는데, 町會의 구역은 町을 단위로 경우에 따라 1개 町에 1개 이상 혹은 2개 町에 1개 町會를 설치하기도 했다.
149) 邑面制實行規則(1930년 12월, 總令 제105호) 제 46조 "정동리에 구장을 둠. 특별한 사정이 있을 때는, 2개 이상의 정동리에 구장 1명을 혹은 1개 정동리에 2명 이상의 구장을 둘 수 있다(朝鮮總督府內務局, 1941, 『朝鮮地方制度輯攬』, 108쪽).
150) 『每日新報』1940년 12월 8일자 「區長을 6萬에 倍加, 部落民指導를 强化」.
151) 『每日新報』1942년 1월 10일자 「總力戰의 中堅部隊인 區長들 優待를 決定」.

제4장 국민총력운동과 농촌통제정책(1940.10~1945.8)   321

맹과 함께 구장의 역할을 매우 중시했기 때문에, 이후 구장은 계속 충원되어 1944~1945년 무렵에는 63,000명에 가까운 구장이 배치되었을 것으로 생각한다.

한편 부락연맹 62,000개는 63,000개의 구동리의 수치와 거의 일치한다. 부락연맹과 구동리의 관계를 살펴보자. 우선 일제는 촌락을 조직하면서 그 공동체적 기능을 중시했다는 점을 이미 여러 번 지적했다. 촌락 중에는 '7호'[153] 규모의 매우 적은 것도 있고 이런 경우는 구동리 아래 하위 촌락일 경우가 많았다. 따라서 부락연맹은 이런 하위 촌락을 단위로 설치되기도 했지만, 대개 이렇게 작은 촌락을 이웃한 촌락과 통합하여 즉 구동리 단위의 '지역적 공동체'로 등장하였다고 생각된다.[154]

1944년 2월말 현재 정동리부락연맹 63,025개는 구동리 63,845개

---

152) 南朝鮮過渡政府, 1948, 『朝鮮統計年鑑(1943)』, 380쪽.
153) 大久保淸和, 「府邑面の新體制-地方行政下部組織の整備に就て」, 15쪽.
154) 당시 농촌에서 관제조직을 설치할 때, 실무자들은 '部落' 단위의 조직에 대해 상당히 고심했던 것으로 보인다. 그 일단을 보면, "종래 조직에서 보면, 큰 것은 700호, 작은 것은 겨우 7호인 것이 있다. 이것은 먼저 部落이라는 것을 자연적인 취락에 지나치게 구애받은 결과이다. 그렇다고 어떠한 部落聯盟도 40호 등은 상당히 부자연스럽다. 이같은 조직은 모두 소위 지역적 공동체로서 지역적 협동생활을 하는데 적당한 구역이라고 보지 않는다. 부락연맹의 구역을 정하는 방법에서도 물론 자연취락을 중심으로 고려하고 부락의 연혁·지리적 상황·구역내의 호수 등도 고려하지 않을 수 없다. 그러나 중요한 것은 지역적 협동활동을 하는 데 편리한 구역을 정하지 않으면 안된다. 이 부락연맹의 구역은 농촌진흥운동에 이어 연맹운동의 일익으로 수립될 부락생산확충계획이 목표로 하는 구역과 일치해야 할 것이다. 역시 그 구역도 지도에 편리한 지역적 협동활동을 하는 데 적당한 연맹의 구역에 의지해야 할 것이다"(大久保淸和, 「府邑面の新體制-地方行政下部組織の整備に就て」, 15쪽)라고 한 데서, 부락연맹은 구동리 단위로 설치되었음을 알 수 있다.

와 거의 일치한다. 이는 전국의 구동리가 정동리부락연맹에 포섭되었음을 의미한다. 또 구동리 구역 중에서 시가지로 발전하여 정동리로 등장하는 경우를 고려하면, 부락연맹 62,000여 개는 구동리 63,000여 개에서 시가지로 전환된 일부 지역(즉 町聯盟=1,000여개로 간주)을 뺀 나머지가 된다. 따라서 부락연맹 62,000여개는 구동리에 설치된 것으로 볼 수 있다. 여기서 일제가 설치한 관제촌락조직의 단위는 구동리로 귀결되고 있었음을 알 수 있다. 그러나 그 조직이 예전의 구동리 그대로가 아니라 일제가 1930년대 파악한 74,000여 개 '자연부락'을 염두에 두면서,[155] 7호 규모와 같은 적은 촌락을 조정하여 구동리 단위로 설치된 것이다. 그러므로 농촌사회는 구역의 조정을 거친 구동리를 단위로 설치된 부락연맹을 통해 전시체제에 편입되었던 것이다.

3. 부락연맹의 실태

다음에서는 농촌통제의 골간인 부락연맹을 4가지 유형으로 나누어 그 실태를 검토하여 촌락의 사회상과 민의 반응을 살펴보고자 한다.

① 大山里의 사례

대산리의 부락연맹은 대체로 일반적인 유형이다.[156] 전라남도

---

155) 1930년대 초 '자연부락' 74,864개 속에는 농촌과 어촌의 촌락이 포함되었고, 1939년 현재 농촌의 자연촌락은 73,507개라고 이미 지적했다. 74,864개와 73,507개 사이에는 다소 차이가 있으나, 논지에 크게 영향을 주지 않기 때문에 74,000여 개라고 했다.
156) 鈴木榮太郎, 1944.10,「湖南農村調査野帳拔書」『朝鮮』, 20~34쪽.

보성군 웅치면에는 6개 리가 있고, 그 중 1개 동리인 대산리에는 墻內·海龍·卜興·薪田·臨水 5개 구동리가 있다(<표 4-5>). 5개의 구동리는 각각 독립된 취락을 이루며 1910년 이전에는 중류 정도의 知事任(구장에 해당)이 1명씩 있어, 금전출납과 문서전달 등을 맡아 보고 있었다. 薪田을 제외하고 모두 洞園이 있어 일이 있을 때마다 洞會를 열고 있었다.

葬禮 등의 扶助에는 무조건 전체 호수가 참여하였고, 조선시대 이래 두레는 촌락의 모든 농민이 참여하여 모내기와 같은 작업을 할 때, 전체 경지를 함께 공동 경작했다. 촌락의 사회의식은 구성원들에게 두레 참여를 당연히 받아들이게 했다. 촌락의 전체 경지는 두레의 共同作業地였기에 1개의 經營地로 간주되어, 두레는 촌락공동체와 같은 성격을 지녔다고 한다.157)

<표 4-5> 대산리의 구동리와 부락연맹

치면의 동리와 구동리		대산리의 구동리와 부락연맹	
동 리	구동리	구동리(호수)	부락연맹
대산리	5개	墻內(18)	1구
강산리	6	海龍(33)	
용반리	5	卜興(13)	
중산리	2	薪田(19)	2구
봉산리	3	臨水(23)	
유산리	6	구동리 5 개, 부락연맹 2 개	

그러나 일제시대 촌락질서는 크게 변하였다. 일제는 1930년대 여러 契를 정리하여 농촌진흥회를 설치했고, 그 아래 5人組를 두었다. 농촌진흥회 주관으로 건립된 회관에서 洞會가 개최되었다. 1926년경에 대산리는 2개의 區로 나뉘어졌고, 농촌진흥회 등 각종

---

157) 鈴木榮太郎, 1973, 『朝鮮農村社會の研究』, 未來社, 64쪽.

시설이 대개 區를 단위로 설치되어, 대산리에는 2개의 농촌진흥회가 성립된 것으로 보인다. 부락연맹 역시 區를 단위로 조직되었다. 墻內(18호)·海龍(33)·卜興(13)이 제1구, 薪田(19)·臨水(23)가 제2구로 편성되어 대산리는 2개 區, 2개 부락연맹이 있었다. 薪田 19호는 제2구 부락연맹 아래 1개 애국반을 구성하고 있었다. 애국반은 대개 10호 정도로 짜여지는데, 薪田과 같이 적은 규모의 촌락은 그 자체가 하나의 애국반으로 편성되기도 했다. 두레는 1942년까지 있다가, 1943년부터는 애국반 단위의 공동작업반으로 대체되었다. 공동작업반은 구장과 애국반장이 구역내 노동력을 조정 편성하여 모내기, 벼베기 등에 동원하고 있었다.[158]

대산리 토지의 80%는 일본인 소유로, 1구 90%, 2구 70% 정도가 일본인 농장 金谷株式會社와 東洋拓植會社의 토지였다. 전체 약 100여 호에서, 7~8호 정도만이 자기 땅을 부치고 있었으며(자작농, 자작지주 포함), 나머지는 일본인 경지의 소작인으로 생활하고 있었다. 1, 2구 모두 "공출은 엄격히 진행"되었다고 한다.[159] 이곳에는 青年鍊成所의 훈련을 거쳐 軍屬이 된 2명,[160] "1941~1943년 현역병으로 입대"한 1명,[161] 징병 1명이 확인되었다.[162] 각종 '보

---

158) 鈴木榮太郎,「湖南農村調査野帳拔書」, 24~25쪽.
159) 鄭燦晳(1936년생) 증언.
160) C(1924년생)는 1944년 웅치면의 청년연성소에서 훈련을 받고, 서울 용산을 거쳐 일본으로 갔는데, 그곳에서 노무자가 되었다고 한다. J(1924년생) 역시 연성소에서 훈련을 받고, 광주 비행장으로 노무동원된 후 서울 용산을 거쳐 일본으로 갔다. 일본에서 부대에 배속되어 총을 들고 싸운 것은 아니고, 미군의 폭격을 대비하여 군함을 풀잎으로 위장하는 등 노무에 종사했다. 두 사람 모두 징병을 갔다왔다고 하는데, 軍屬으로 보인다.
161) 웅치면에서는 이렇게 입대한 사람이 대산리의 1명을 포함하여 3명이 있었다고 하는데, 이들은 지원병으로 보인다. 그 중 1명은 돌아와서 경성에서 '순사'가 되었다고 한다(정찬석 증언).

험'이 들어와 구장, 반장 등 다소 여유가 있는 사람들이 가입했다.163) 이 곳은 이미 契를 정리하여 농촌진흥회가 설치되었다. 이렇게 촌락질서가 재편된 뒤에 간이생명보험이 침투하여 자생적인 契의 기능을 더욱 약화시켰다. 면의 지시에 따라 각 가정에 神棚이 있었고, 갖다만 놓고 설치하지 않은 집도 있었으나 보통학교 학생을 둔 집안은 반드시 설치했다고 한다. 부락연맹과 애국반을 통해 정오의 묵도, 방공호 파기 등도 실시되었다.164) 일제는 정월 초하루, 음력설 폐지를 위해 부락연맹이사장을 통해 사람을 동원하여 저수지 공사를 시켰다.165) 읍소재지 국민학교에 활동사진이 들어왔는데, 그 내용은 전쟁과 관련된 것이었다. 사람들은 구경가려고 애썼고, 이를 통해 사람들은 사상고취, 정신적 영향을 받았다고 한다.166) 관에서는 강연회에 사람을 채우기 위해, 촌락 단위로 청중을 할당하는 '講演賦役'에 고심하였는데, 함경도 어느 지방은 새로운 오락도구인 紙芝居(종이극)를 활용하여 해결하였다고 한다. 권력측의 '설교'는 지지거 속에 포함시키면 "효과가 대개 크다"고 하듯이,167) 피폐한 대산리에도 일제의 의도를 감춘 오락물이 휘집고 들어오고 있었다.

區長은 연간 수당으로 각 戶에서 갹출한 벼・보리 現物을 받고 촌락의 小使役 정도였다. 이후 구장은 部落聯盟理事長을 겸임하고 1942년 수당제도가 개편되어 特別戶稅制度에 따라 읍면에서

---

162) 任鍾太(1924년생)는 1944년에 출발하여 서울 23부대에 배속된 뒤 관동군으로 만주를 거쳐, 中支・월남과 태국까지 갔다 왔다고 한다.
163) 白貴善(1932년생) 증언.
164) 정찬석 증언.
165) 白亨斌(1923년생) 증언.
166) 백형무・백귀선 등 증언.
167) 河口政之助, 1945.3,「邑面は鬪つて居る」『朝鮮行政』24-3, 朝鮮總督府官房情報課, 27쪽.

수당을 지급받았다. 또 구장이 전시통제경제 아래 배급사무 등을 맡고 있어, 촌락에서 상당한 영향력을 행사하게 되었다고 한다.[168]

이 무렵 1구의 이사장은 백형묵으로 중류 규모 재산을 보유했고, 2구 이사장 주순문은 재산은 하류 정도의 소작인으로 초등학교 이상 정도의 지식을 지녔지만 일본어는 몰랐다고 한다.[169] 대산리 사람들이 인식하고 있던 구장의 역할과 권한은 다음과 같다. ① 구장은 말단이지만 행정체계에 따라 움직이기 때문에 구장들의 말을 신용하지 않으면 타격을 받는다. ② 촌락에서 구장이 될 만한 사람을 동의하고 추천했기 때문에 절대 복종했다. 당시의 구장의 권한은 상당히 셌다. ③ 징용은 구장이 개인적으로 빼낼 수 있었다. 예컨대 노무자의 경우, 면에서 선정이 잘못되면 즉 그가 독자이거나, 그가 떠나면 가족 생계에 위협을 받는 경우에는 면에 가서 이야기하여 빼낼 수 있었고 다른 사람으로 대체시키기도 했다. 할당량은 촌락에서 채울 수도 있고 또는 다른 촌락에서 채울 수도 있었다. 촌락에서 대체되어 지명된 사람은 불만을 드러내지 않고 나갔다. 만약 그렇지 않으면 주재소에 불려갔고, 당시 주재소에서 오라고 한 마디만 해도 "산천이 벌벌 떨었다"고 할 정도였기 때문에 나가지 않을 수 없었다. ④ 식민지로 일제가 독점하고 있어서 농촌에서 반발하거나 반발할 만한 사람이 없었다. ⑤ 배급 권한도 구장이 갖고 있었고, 반장은 심부름을 했다. ⑥ 구장의 급여는 租一斗牟一斗로 약간 지급되었다.[170]

촌락민의 추천 형식을 거친 구장은 부락연맹이 조직되고, 理事長을 맡으면서 권한이 강해졌다. 대산리는 비교적 전시행정이 관

---

168) 鈴木榮太郎, 「湖南農村調査野帳拔書」, 23쪽.
169) 白亨斌의 증언.
170) 정찬석의 증언(2000년 2월 25일, 대산리 마을회관에서 한 자리에 모인 마을 사람들과 인터뷰를 했다).

철되었다고 본다. 전시동원체제가 대산리에 관철되는 데에는, 촌락 내부의 규제력과[171] 구장들의 역할과 권한이 강했던 점, 이 지역 토지의 대부분이 일본인 농장의 소유인 사실과 貧村으로 권력 앞에 '약했던' 현실도 일정하게 작용했을 것이다.

② 漁隱里 屯山의 사례

屯山은 1920년대 개척된 취락(新基村)도 포용하여 그 자체가 상당히 개방적이었기 때문에 屯山의 사회질서의 변화를 일반화하는 데는 문제가 있다. 그러나 식민지 질서로 재편된 촌락의 일면을 살피는데 유용한 유형이다.

〈표 4-6〉 漁隱里의 구동리와 부락연맹

구동리	부락연맹(호수)
馬 山	1구(53)
屯 山	2구(89)
魚隱洞	3구(47)
下野山	4구(91)
間野山	
上野山	5구(91)
1개 동리(365호), 6개 구동리, 5개 부락연맹	

전라북도 옥구군 옥구면의 어은리에는 둔산을 포함하여 6개의 구동리가 포용되어 있었다(〈표 4-6〉).[172] 둔산을 비롯한 4개의 구동리는 그 자체가 각각 1개의 區로 편성되어 4개의 부락연맹이 조직되었고, 나머지 2개의 구동리는 1개 區로 통합되어 부락연맹 1개

---

171) 덕석몰이(멍석몰이)와 같이 촌락에서 이탈된 행동을 하는 자에게 위압감을 주는 제재 수단도 있었는데, 이는 대산리의 사회적 통합성을 뒷받침하는 한 요소였다.
172) 京城帝大南鮮農村調査隊社會調査班, 1943.7,「屯山部落社會學的研究1」『朝鮮』, 35~46쪽.

가 설치되었다.

둔산부락연맹은 89호로 구성되어 그 아래 9개의 애국반을 갖고 있으며, 토지개량 이후 조성된 新基村과 이전에 형성된 舊屯山으로 크게 구분된다. 부락연맹이사장 겸 구장은 외지에서 新基村에 온지 8년밖에 되지 않은 金某氏가 맡을 정도로, 둔산은 사회적 결집력이 이완된 촌락이었다. 부락연맹은 촌락의 사회적 통합력을 흡수하여 이용하는 전시동원의 실천기관으로 설치된 것이다. 그런데 둔산의 사례는 부락연맹 자체가 관제조직으로 이미 한계성이 있는 데다가(이 점은 다른 부락연맹에도 마찬가지 조건), 逆利用하려던 지역적 응집력도 이미 약화된 상태에서 부락연맹이 등장한 경우이다. 둔산부락연맹의 성립 조건은 둔산을 그대로 구역으로 설치된 것 이외에 별다른 것은 없었던 셈이다.

둔산에는 일종의 葬契인 爲親契와 같은 종류의 契가 1943년 현재 10개가 있을 뿐, 다른 종류의 契가 거의 자취를 감추었다. 그 원인으로 촌락민의 이동성이[173] 계의 물적 기반을 약화시킨 점도 지적할 수 있지만, 그보다 官製施設이 침투하여 契의 기능을 흡수해 갔다는 사실이다. 屯山에서는 "殖産契가 구래의 계보다도 일반 부락민에게 대중적"이었고, "簡易生命에 가입해 있기 때문에 계에 가입하지 않는다"[174]고 한다. 즉 기존 계의 기능이 殖産契와 簡易生命保險으로 대체되었기 때문에, 별도의 계를 이용할 필요가 없었던 것이다. 둔산에는 1941년 4월 식산계가 결성되었다. 공동구판, 이용사업 등 식산계 본래의 활동과 별도로 이곳에서는 식산계의 契長인 主事가 두레 소멸 이후 촌락의 공동작업을 주관하며 각 호

---

173) 20년간 74세대 중 25세대가 교체됨.
174) 京城帝國大學聯盟法律學班, 1944,「南鮮一農村の實態調査報告2」『朝鮮總督府調査月報』 15-8, 21쪽.

의 노동력 과부족을 통제하고 있었다. 주사의 명령은 절대적이었고, 주사는 촌락에서 유력한 권력자였다.175) 屯山 식산계 主事의 영향력은 屯山部落聯盟의 이사장 겸 구장이 동리 사정으로176) 외지인으로서 통솔력이 약한 점 그리고 9명의 애국반장 중 일본어를 이해하지 못한 자가 4명이나 되는 점177) 등을 보완하면서 촌락전체를 통제하고 있었다. 일제는 1940년대 2대 촌락조직인 部落聯盟과 殖産契의 '表裏一體' 관계를 유지하려고 구역과 책임자를 동일하게 조정하는 작업을 계속해왔다. 둔산부락의 경우 일제의 의도가 어느 정도 반영된 경우라고 할 수 있다. 1943~1944년 1년 사이에 촌락에서 5명의 장년 남자가 北海島(2명)·京城(2명)·羅津(1명)으로 '勞務者'로 나갔다.178)

  89호 중 7호만 토지를 소유하고(논밭 합쳐 1정보, 5단보 정도), 82호는 무산소작인이였으며,179) 이 곳의 토지는 일본인 鎭田농장과 八木농장이 약 80%, 나머지가 외지에 있는 지주의 소유였다.180) 앞에서 본 대산리와 같이 일본인 농장 소유지가 압도적이다. 둔산의 주민 중 92%가 소작인으로 전체 경지의 92%를 소작하는 빈한한 촌락이었다.181) 경제적 이유로 청장년의 노동력이 다른 곳으로 나

---

175) 鈴木榮太郎, 『朝鮮農村社會の研究』, 120쪽.
176) 舊屯山 내 上社里와 下社里 간의 불화로 理事長 겸 區長은 舊屯山의 인물이 아니라 新基村으로 이주해 온 김모씨가 맡았고, 구장의 주민에 대한 영향력은 크지 않았다(「屯山部落社會學的研究 1」, 45쪽).
177) 京城帝大南鮮農村調査隊社會調査班, 1943.10,「屯山部落社會學的研究4」『朝鮮』, 74쪽.
178) 京城帝國大學聯盟法律學班, 1944.4,「南鮮一農村の實態調査報告1」『朝鮮總督府調査月報』 15-4, 37쪽. 빈번하게 촌락을 떠나는 사람을 '移動', '轉出'로 표현한 것과 달리 '勞務者'로 쓴 것으로 보아, 이 경우는 노무동원에 따른 근로보국대 혹은 징용으로 볼 수 있다.
179)「屯山部落社會學的研究 4」, 73쪽.
180) 文奎鳳(1921년생) 증언.

가는데, 다른 촌락과 달리 이곳은 장남과 차남이 촌락을 떠나고 3남과 4남 등 막내아들이 부모를 도와 농업을 경영하고 있었다. 결과적으로 이곳은 외적인 힘에 대항할 만한 응집력이 없었고, 주민들의 토지에 대한 집착이 낮은 것으로 평가되었다.[182] 둔산은 빈약한 소작농 촌락으로 내부의 결속력도 약한 반면, 비교적 관의 지배력이 관철된 지역이다. 부락연맹을 대신하여 殖産契의 영향력이 강했다. 따라서 지주와 소작농으로 양극화된 촌락일수록 내부의 결속력이 약하고, 외부에 대한 예속성이 강하며, 중농층이 두터운 촌락이 집합적 행동을 가능케 해준다는 지적을[183] 屯山과 大山里에 적용시킬 수 있겠다. 즉 "가진 것이 없으니까 반항력이 없다. 지도자가 없는 民은 官治가 강하다"는 논리가 가능하다고 본다.[184] 둔산에는 夜學이 있었고 야학교사는 上坪 박씨였는데, "민족의식 고취 그런 것은 없었고", '內鮮一體' 구호를 써붙이고 수업했다고 한다.[185] 공출은 면서기가 각 호를 돌면서 할당량을 요구했고, 구장은 "뒤에서 마지못해 쫓아 오고" 순사가 함께 나와 할당량을 내지 않는다고 폭행까지 했다고 한다.[186]

③ 直洞里의 사례

直洞里는 同姓村落의 질서에 바탕을 둔 부락연맹이다. 당시 조선농촌에는 74,000여 개 촌락 중에서 同姓村落이 약 15,000여 개가

---

181) 「南鮮一農村の實態調査報告 1」, 24~25쪽.
182) 京城帝大南鮮農村調査隊社會調査班, 「屯山部落社會學的研究1」, 25, 32~35쪽.
183) 박명규, 1997, 「일제하 사회운동과 중농층」 『한국 근대국가 형성과 농민』, 문학과 지성사, 423·426쪽.
184) 全南 求禮郡 土旨面 五美里의 柳孟孝(1924년생)의 증언.
185) 文吉洙(1931년생) 증언.
186) 문규봉 증언.

제4장 국민총력운동과 농촌통제정책(1940.10~1945.8) 331

존재했다. 일제가 파악한 동성촌락의 특징은 지역 공동사업에 대한 성적의 우수성・일치단결・조상숭배・촌락통제의 보전 등이었다. 일제는 동성촌락의 閉鎖性과 같은 부정적인 면도 인식하면서 위의 특징을 관제조직을 부식하는 데 적극 활용하려고 했다.[187]
경기도 포천군 소흘면의 直洞里는[188] 1910년 이전에 성립된 內村・外村・梨木洞 3개 촌락과 이후에 개척된 新村과 鳩峴, 1940년대 초 外村에서 분할되어 성립된 喜德村으로 구성되었다. 직동리는 2개의 區에 2개의 部落聯盟이 결성되었다. 1구는 內村(30)・新村(16)・外村(47)로, 2구는 喜德村(10호) 梨木洞(19)・鳩峴(13)로 구성되었다. 동리 전체 135호 중 밀양 박씨가 63호, 전주 이씨 13호, 기타 여러 성씨집단이 있었다. 직동은 밀양 박씨 중심의 동성촌락이었다.
內村의 神木과 洞祭는 직동리 전체를 하나의 社會統一體로 결합시키는 데 중요한 요소였다. 里中契와 扶助契를 이용하여 상호부조의 관행은 상당히 유지되었으며, 성씨를 초월하여 '우리들은 하나'라는 공동체적 정신이 형성되어 있었다. 직동 호구의 50%를 차지하는 박씨는 최대의 동성집단이었다. 박씨 일가의 가옥을 증축하는 날, 面주도의 저수지공사에 靑年隊가 동원되기로 예정되었다. 그러나 관의 노동력 동원에는 참여하지 않더라도, 가옥 증축에는 박씨만이 아니라 他姓도 참여할 정도로 직동리는 강한 결속력을 보여주었다.
1구는 직동의 경제 중심지 外村이 있으며, 구장 李載玉은 전주 이씨 왕족의 후손이라는 높은 家格으로 촌민의 신망을 받고 '直洞

---

187) 善生永助, 「朝鮮村落に於ける 一致團結－部落の存在並其進步發達に對する'契'の偉大なる效果」, 82~87쪽.
188) 秋葉隆, 1944.6, 「同族部落とは何か－京畿道抱川郡蘇山乞面直洞里踏査報告(上)」 『朝鮮』.

의 父'라고 불릴 정도의 지도력을 발휘하였다. 2구는 한학의 풍을 견지하는 청주 한씨의 梨木洞과 가장 貧村인 鳩峴이 있어 1구보다 빈곤한 사람이 많았지만, 사회변화에 민감하고 1장의 공문서, 1전의 수입도 꼼꼼히 처리하는 朴喜德이 구장이었다.189) 2구는 殖産契와 婦人會도 활발했고, 공동작업의 수입 등을 부락연맹의 수입으로 저축하여 區 자체로는 1구보다 여유가 있을 정도라고 한다. 1구의 이재옥이 중심이 되고 2구의 박희덕이 협력하는 형태로, 직동리는 재래의 마을 전체의 통일성을 발휘하여, 米穀의 供出 등에도 양호한 성적을 올리고 있었다고 한다.190)

이런 배경에는 直洞의 성장이 있었다. 직동이 1910년대 70호에서 135호로 급격히 호수가 증가하고 촌락의 규모가 커진 데에는 경지의 증대와 조선총독부 임업시험장 광릉출장소의 소재지인 점이 작용했다. 왕실토지가 국유지로 흡수되었다가 불하되어 新村으로 발전했고, 광릉 삼림의 일부로 설치된 林業試驗場에서, 育林 노동과 땔나무 채취가 가능했던 점이 직동의 인구 증가와 富의 성장을 촉진시켰다. 직동은 소흘면에서 제일 부유했고, 극빈자가 거의 없다고 한다. 그리고 최대의 동족집단인 박씨가 양반풍을 벗고 순 농민의 생활태도 즉 사회변화에 빠른 대응을 보인 점도 큰 역할을 했다.191) 시험림 주변 16개 촌락은 삼림보호 이용과 관련하여 삼림

---

189) 구장 朴喜德의 이름을 따서 외촌에서 분리된 촌을 喜德村이라고 불렀다. 박희덕은 京城 道政宮 직원으로 왕실 능과 제사를 관리하다가 직동에 와서 2구의 구장을 맡았다(이호용・김덕규 증언). 그의 장남은 직동 유일의 전문학교 졸업자로 조선신궁의 神職을 맡고 있었다(秋葉隆, 「同族部落とは何か-京畿道抱川郡蘇山乞面直洞里踏査報告(上)」, 29쪽)고 한다.

190) 秋葉隆, 1944.8, 「同族部落とは何か-京畿道抱川郡蘇山乞面直洞里踏査報告(下)」 『朝鮮』, 44~45쪽.

191) 秋葉隆, 「同族部落とは何か-京畿道抱川郡蘇山乞面直洞里踏査報

조합을 결성했고, 조합장들이 모여 광릉시험림보호조합연합회를 조직했다. 연합회는 직원이 적은 임업시험장 광릉출장소를 지원하여 森林監守를 두고 시험림의 보호, 육림을 지도 감독했고, 지역 주민들은 그 곳에서 땔나무와 노임을 얻고 있었다.192)

1구의 李載玉 구장은 20여 년간 직동리 전체를 맡아 보다가, 일제말기 2개 구로 나뉘어 박희덕과 직동리의 일을 보고 있었다. 직동은 체육대회와 피뽑기 대회, 직동애국부인회 퇴비증산대회 등에서 우승했고, 몸빼를 입고 소방훈련도 했으며, 방공호 파기와 경습경보 훈련도 했다. 당시 직동은 '모범부락'이었고, 구장 이재옥의 집에는 '表彰'물이 많았다고 한다.193) 이재옥은 촌락 사람들을 총동원하여 직동의 공동사업으로 直洞簡易學校를 세웠고, 간이학교가 통학상 인접 梨谷里로 이전할 때 촌락 청년들의 저항을 설득시키는 지도력도 발휘하였다.194) 또 이재옥은 官에서 인정하는 구장으로 순사부장들과도 잘 어울렸고, 순사가 촌에 오면 접대하면서 교섭하여 촌락과 관 사이에 무리가 없도록 하면서 공출도 적절히 했다고 한다.195)

직동은 국유지 불하와 임업시험장 이용과 같은 '이권'을, 관을 상대로 얻어 생활에 다소 보탬이 되었기 때문에, 관과 일정한 협력

告(下)」, 46~48쪽.
192) 金德圭(1923년생)의 증언. 김덕규는 임업시험장 광릉출장소에 일제시대 8년, 해방후 40여 년을 근무했음.
193) 李載玉의 아들 李昊鎔(1933년생)의 증언. 李昊鎔은 포천군지편집위원·소흘읍농협장·군행정위원·이장 등을 역임하였다.
194) 秋葉隆, 「同族部落とは何か-京畿道抱川郡蘇山乞面直洞里踏査報告(下)」, 44쪽. 공회당의 좌중은 이재옥의 한마디에 "호령을 받은 兵士와 같이, 매우 기민하고 질서정연하게 長幼의 順序를 정해 자리를 정리하는" 모습을 연출했다(같은 글, 48~49쪽).
195) 이호용의 증언.

관계를 유지하고 있었다. 여기에는 이재옥을 중심으로 한 동성촌락의 결속력이 일정하게 작용하고 있었다.

이상의 3가지 사례는 부락연맹을 중심으로 전시행정이 비교적 촌락에 관철되고 있음을 보여주고 있다. 大山里와 屯山은 일본인 경지가 80%를 차지하고, 대체로 90%의 농민이 일본인 경지의 소작인이었고, 양자 모두 빈촌에 해당된다. 대산리의 경우는 일본인 경지에서 생활하는 농가가 대다수인 점과 내부적으로 사회적 결집력이 유지된 점, 권한이 강한 구장의 지도력 등을 관의 통제력이 관철될 수 있었던 요인으로 들 수 있다. 반면에 둔산은 사회적 결집력이 약한 곳으로, 인접 지역으로 出稼하는 자를 포함하여 이동성이 많고, 富가 촌외로 유출되고 있었다. 둔산의 경우는 빈촌에 뚜렷한 내부의 결속력이 없었던 점이 官治가 관철될 수 있었던 요인으로 생각된다. 반면 직동리는 내부의 높은 결속력과 그 결속력을 이용하여 사회변화에 발빠르게 대응하는 유력자의 존재와 그에 호응하는 동성집단이 존재했던 점, 그리고 직동의 성장을 추동했던 입지 조건 등이 복합적으로 작용하여 권력의 침투를 용이하게 했다고 본다. 이 세 가지 실태를 보면, 일제는 촌락의 통합력을 역이용하여 식민지 질서로 재편하려고 했고, 실제 촌락의 통합력의 이용성과 함께 촌락의 입지 조건, 유력자의 존재도 매우 중요했음을 알 수 있었다.

④ 五美洞의 사례

전남 구례군 토지면 五美里 五美洞의 경우는 식민지권력이 제한적으로 행사되었던 곳이다.196) 五美里에는 五美洞(環洞은 오미

---

196) 구한말 일제시기까지 五美洞에서 살고 있던 柳爾冑의 후손 柳濟陽의 '是言'과 그의 손자 柳瑩業의 '紀言'이, 『求禮 柳氏家의 생활일기』(상,

동에 포함됨)·內竹里·下竹里의 3개 촌락이 있으며, 3개의 구로 편성되었고 각 區마다 3개의 班이 있었다. 오미동은 1776년 이주해 온 柳爾胄의 후손이 70~80%를 차지하는 동성촌락이며 班村으로, 내죽과 하죽과는 그다지 교류가 없었다. 그러나 오미동의 洞山을 함께 이용하고, 유씨 집안을 위한 亭子건설 계획을 내죽과 하죽을 포함한 오미리 전체의 정자로 만드는197) 등 3개 촌락의 관계는 "겉으로 무난했다"고 한다. 오미동은 柳氏 동성촌락이며 류씨 집안의 소작인이 많아 "웃어른이 뚜렷이 있어 한번 명령하면 되는" 순종적이고 결속력이 강한 촌락이었다. 그리고 이곳은 1776년 이후 100년 동안 5대에 걸쳐 문과 급제자가 나오는 등 유교사상이 농후하고 동성촌락인 관계로, "봉건적 사상이지만(舊學) 지식층이 많아 아는 것이 많아서, 면직원이 함부로 하지 못했다"고 한다. 오미동은 "조상숭배·가족주의, 국가보다 가족주의"가 강한 곳으로, '조선왕조의 연속'이라고 평가할 정도였다. 그리고 이곳은 "친일, 배일도 없어" 관에서 볼 때 그다지 위험한 곳이 아니었다. 따라서 관에서도 '점잖게 대우'했다. 면서기들이 촌락에 출장을 나오면, 구장 등이 나서서 대접을 잘 했으며, 이들도 오미동에 무리한 착취와 강제력을 행사하지 않았다고 한다. 오미리 전체에 정책이 부과되면 오미동은 적게, 다른 곳 즉 내죽과 하죽으로 많이 할당되기도 했다고 한다. 또한 이곳은 각 가정에 神棚도 없었고, 신사참배는 관공리·유지·학생·구장 정도만 하고 주민까지 하지 않았다고 한다.

하)로 번역, 간행된 바 있다(한국농촌경제연구소, 1991). 이 일기에 대해서는 이해준, 1996, 「한말 일제시기 '생활일기'를 통해 본 촌락사회상 - 求禮 柳氏家의 '是言'과 '紀言'를 중심으로」『정신문화연구』 19-4 참조.

197) 『求禮 柳氏家의 생활일기』(하), 1935년 7월 14일자 ; 7월 16일자 ; 7월 17일자 ; 7월 20일자 ; 8월 6일자 ; 1936년 2월 3일자.

창씨개명도 하지 않고, 상투와 흰옷도 유지할 수 있었다고 한다. 오미동은 "조선왕조의 연장, 조선왕조와 똑같은 생활습관을 유지"한 곳이었다.

반면 내죽과 하죽은 무산대중이 많고, 뚜렷한 지도자가 없거나 통솔력이 약해, 관의 명령에 복종심이 강했다고 한다. 창씨개명도 거의 대부분 했다고 한다. 일제시대에는 내면에 잠재되어 있던 저항의식이 해방 후 폭발하여, 이 지역에서 해방 후 좌익운동이 준동했다고 한다.[198]

따라서 오미동은 양반풍의 유씨 가문의 인사들이 촌락에서 일정하게 영향력을 발휘했고, 유교적 폐쇄주의가 강하여 민족운동이나 친일적 행태와는 거리가 먼 생활을 하고 있었다. 일제가 볼 때, 적극적인 체제편입 양상은 보이지 않았지만 그렇다고 해서 민족운동과 같은 체제저항적 움직임도 그다지 보이지 않았던 곳이었다. 오미동 촌락의 특수성과 별다른 저항 움직임이 없는 점 등으로 보아, 관에서는 행정력을 강하게 행사하지 않았다고 볼 수 있다. 그리고 오미리의 경우 관의 부담을 촌락연대책임제로 실시할 때, 오미동에서 하죽과 내죽으로 전가되는 양상도 보였다. 여기서 촌락연대책임제가 정책에 대한 불만을 촌락 내부 혹은 지역의 갈등으로 대체시키는 기제로 기능했음을 확인할 수 있었다.

부락연맹은 일제의 농촌통제정책에 따라 부단히 형태를 정비해 온 관제촌락조직의 歸結點이었다. 부락연맹은 관의 억압과 폭력 기제를 보완하면서 조선민중의 체제 편입을 유도하는 동원조직이었다.

---

198) 이상은 柳孟孝 증언. 류맹효의 祖父까지는 1776년 오미동에 이주해온 柳爾冑의 직계손이었고, 父代부터 분가했다. 류맹효는 1938~1944년까지 일본 유학을 했고, 해방 직전 오미동에 대한 관의 간섭이 적은 것을 이용하여 야학을 운영했고, 해방 후 교장으로 정년을 했다.

4. 區長의 지위와 역할

부락연맹이 농촌통제의 말단 조직으로 기능하기 위해서는, 부락연맹의 설치와 함께 구장의 확대 배치 및 처우개선이 뒤따라야 했다. 區長은 산업장려·납세독려·민풍개선 등과 같은 面의 행정 보조적 역할을 맡고 있어, 면행정의 성적 여부는 구장의 활동에 달려 있다고 해도 지나치지 않을 정도였다.[199] 구장은 호적 작성 등과 같이, 民을 대신하여 면사무소에 출입하여, 面과 民의 중간자 역할을 하였다. 1930년대 面 이하 지방사회에 대한 官의 支配力이 강화되면서, 면사무의 보조 직책인 구장의 역할은 확대되었다. 구장은 1930년대 농촌진흥회의 회장을 맡거나 농촌진흥회 활동을 측면에서 통제하는 위치에 있었다.

식민지 권력이 농촌진흥회를 면행정 보조기관으로 활용하려는 정치적 의도와 달리, 경기도에서는 농촌진흥회장과 간사들이 농촌진흥회가 관치보조기구로 전락되는 데 불만을 품고 직책을 사임하는 사례가 있었다.[200] 이 사실은 두 가지로 해석할 수 있다. 우선 촌락조직이 관제조직으로 전환되는 것에 대한 반발로 볼 수 있고, 또 촌락의 사회적 통솔자·지도자라고 하는 사람을 농촌진흥회장에 앉혀놓고 면의 행정보조업무에 종사하게 한 것에 대한 거부감일 수도 있다. 그러나 이 경우는 후자에 해당하는 것으로 보인다. 농촌진흥회장의 사퇴를 수습하기 위해 경기도는 '업무의 번잡함'을 피하도록 하고, 농촌진흥회장에 대한 優待方法을 강구하기도

---

199) 一駐在查公, 1933.11,「農村振興と區長優遇論」『朝鮮地方行政』 12-11, 46쪽.
200) 京畿道, 1936,『農山漁村振興事務指針』, 149·152쪽.

했다.201)

2장 2절에서 보았듯이 당시 농촌진흥회장은 지주를 비롯한 지방 유력자들도 맡았으며 구장이 겸하는 경우도 많았다. 지역에 따라 다소 다르겠지만 구장은 연간 수당으로 호별 현물을 받으며 면의 행정보조의 역할을 하고 있어 그 사회적 지위는 대체로 낮은 편이었다.202) 농촌진흥회장이 촌락의 지도자로 '명망' 있는 지위를 차지하는 곳에서는, 구장은 이런 위치의 농촌진흥회장을 맡음으로써 처우개선의 효과를 올릴 수 있었다. 그러나 농촌진흥회장의 입장에서는 小使 역할 정도의 구장의 일을 맡거나 구장을 겸한다는 것은 그만큼 사회적 권위를 손상하는 일이 될 수도 있었다. 경기도 농촌진흥회장의 사직 사태는 이런 현실에서 발생한 것이었다. 경기도는 농촌진흥회장의 권위를 높이는 조치로, "농촌진흥회장에 대한 부락민의 감사의 마음을 환기하기 위해, 이앙・수확작업을 원조"하도록 한203) 사실은 이를 뒷받침하는 것이다. 이러한 과정을 거쳐 구장은 농촌진흥회장을 맡기도 하면서 농촌진흥회를 통해 면의 행정사무를 말단 개별 농가에까지 전달하는 역할을 수행하고 있었다.

1940년대 구장의 역할은 '總力戰의 挺身部隊'로서 총력운동을 전개하는 데 더욱 중요해졌다. 통제경제의 확대 등 전시체제 아래 면사무가 급격히 팽창하면서, 구장은 "行政의 起點이며 終結하는 곳"204)이라고 할 정도로 그의 활동 여부가 면행정, 전시행정을 좌우할 정도였다. 총력운동을 전후하여 부락연맹이사장을 겸한 구장의 역할이 한층 중요해지자, 구장의 충원과 함께 처우개선문제가

---

201) 京畿道, 『農山漁村振興事務指針』, 152쪽.
202) 京畿道內務部社會課, 1924, 『京畿道農村社會事情』, 48~49쪽.
203) 京畿道, 『農山漁村振興事務指針』, 152쪽.
204) 金村淸正, 1941.3, 「區長の所遇に就いて」『朝鮮行政』, 82쪽.

크게 대두하였다. 총력운동이 전개되기 이전 촌락의 단체(장)는 대체로 농촌진흥회(장)과 부락연맹(이사장)으로 통합되었고, 점차 부락연맹(이사장)으로 일원화되는 추세였다.205) 이에 따라 부락연맹 이사장을 겸한 구장이 관장할 업무가 증대되자 처우문제를 재검토하지 않을 수 없게 되었다.206)

구장의 처우문제는 1920년대 초부터 제기되고 있었다.207) 구장은 면행정의 사무를 보조하면서도 관에서 지급되는 봉급과 수당이 없었기 때문에, 식민지 권력으로서는 무보수로 행정업무를 맡기고 있는 셈이었다. 그런데 구장은 촌락에서 추천한 사람이며, 관행상 촌락에서 1호당 벼, 보리의 현물로 약 50~60원에서 70~80원 상당의 수당을 받고 있었다. 여기서 구장은 관의 협력자이기보다 농민들의 '唯一 外交機關'이라는 입장에 놓여 있었다. 면직원 등이 촌락에 가면, 구장들은 만사를 제치고 酒食으로 대접하면서, "관공리의 농락에 힘쓴다"는 것이다.

구장은 면에서 시행하려는 시설과 장려사항이 농민들의 부담과 번거로움을 유발하기 때문에, 얼마라도 촌락에서 실행하지 않아도 되게끔 활동하였다. 그런 역할을 하는 구장은 '敏腕家 區長'이라 하여 농민들은 칭찬하였으며, 그렇지 못한 구장에 대해서는 區長排斥運動을 전개하기도 했다. 따라서 官의 입장에서는 구장을 촌락민 추천 형식을 거쳐 임명하는 방식도 검토의 대상이 되었겠지만, 무엇보다 구장의 수당을 촌락에서 주지 않고, 官에서 지급하여 말단행정을 강화할 것을 촉구하는 제안도 있었다.208) 그러나 가장 큰 문제는 재정문제였다.

---

205) 106쪽, 주 101) 참조.
206) 『每日新報』 1940년 10월 20일자 「區長事務激增」.
207) 조선총독부, 1921, 『第1回地方改良講習會講演集』, 133·135~136쪽.
208) 一駐在査公, 「農村振興と區長優遇論」, 46~49쪽.

구장 문제는 구장의 충원을 먼저 추진하면서 처우개선을 하는 방향으로 전개되었다. 일제는 부락연맹이사장을 구장에게 겸임시킨다는 방침에 따라 1940년 12월 현재 31,000명인 구장을 이후 60,000명까지 충원한다는 계획을 발표했다. 그리고 1941년 3월 조선연맹은 하부조직이 완료되었을 것으로 판단하고, 같은 달 5~6일부터 21일까지 13개 도에 사무국의 각 부장을 파견하여 시찰하도록 했다. 4월 1일 총독부에서 총력운동에 대한 시찰보고회가 열렸는데, 여기서 구장과 부락연맹이사장의 처우문제가 본격적으로 거론되었다. 그 내용을 보면,209) 명예직인 부락연맹이사장의 활동을 독려하기 위해 그들에게 구장이라는 말단 행정직책을 제공하고 공직자와 같은 대우를 하고 보수를 지급한다는 것이다. 그리고 구장에게는 물적 정신적 처우를 개선해 줌과 동시에 부락연맹이사장이 갖고 있는 '민중지도자'210)의 역할을 부여하면, 구장의 직책을 낮게 평가할 가능성을 없앨 수 있을 것으로 기대했다. 따라서 일제는 말단조직의 역할이 중요해지는 가운데, 구장과 이사장을 동일인으로 하면서 양측이 직책을 수용할 수 있는 메리트를 제공하였던 것이다. 이와 같이 구장의 처우개선문제가 크게 제기되기 이전부터 혹은 총독부의 일괄적인 방침이 정해지기 전에 각 지방기관에서 사정에 따라 일정한 수당이 지급되기도 했다.

같은 해 12월 3일 地方課長과 國民總力課長의 事務打合會에서 구장의 처우개선을 협의하여,211) 1942년 1월 통첩 '읍면구장의 처

---

209) 『每日新報』1941년 4월 6일자 「活氣띠울 部落聯盟, 理事長優遇를 決定」.
210) 『매일신보』1941년 11월 28일자 「총력운동중점은 농촌에, 부락연맹을 살리라」.
211) 地方課, 1941, 『道行政綴』 4(지방행정 No.1208), 306~307쪽.
  1. 물질적 처우의 개선
   ① 邑面費에서 구장 직무 상여로 담당 호수 60호를 표준으로, 평균 1

우개선에 관한 건'을 도지사 앞으로 보냈다.212) 이에 따르면 물질적 처우 개선방안으로 종래 촌락의 현물 관습을 폐지하고, 읍면에서 수당을 지급하기로 하고, 特別戶稅를 신설하여 1호당 평균 2원 이내를 부담하도록 하였다. 1942년 1월 현재 380만 여 호를 대상으로 구장의 담당 호수 기준을 60호로 하여, 구장 1인당 100원씩 전체 63,000여명에게 1년간 630만원을 지급하기로 했다. 구장의 수당이 촌락에서 직접 지급되지 않고, 面費에서 지급되는 것은 구장에 대한 면의 지배력을 강화하려는 의도였다.

즉 "面이 계획하고 원하는 대로 구장이 담당할 호수를 정하고 혹은 능력을 참작하여 적재적소에 배치하는 등 면사무의 운영상 효과를 거둘 수 있다"213)고 했다. 또한 정신적 처우 개선안으로 구장에게 지방 공직을 부여하고, 지방의 공식 행사에 구장을 초대하여 참석시키고, 관에서 촌락에 출장갈 때 구장의 입장을 존중할 것 등을 채택했다. 이같은 구장의 처우개선은 구장의 통솔력과 권한 강화와 연동된 것이다. 이렇게 구장의 처우가 개선되면서 같은 해

    인에 대해 연 100원을 6월・12월의 2기에 지급할 것. 담당 호수의 다과에 따라서 상여금을 변경해도 무방함.
  ② 구장처우개선비에 충당하기 위해 道費에서도 가급적 보조금 교부를 고려할 것.
  2. 정신적 처우의 개선
  ① 구장에게 부락연맹이사장을 맡도록 하고, 지방의 공직을 부여하는 데 힘쓸 것.
  ② 지방 식전・여러 개최 등에 반드시 구장을 초대・참석시킬 것.
  ③ 관공리・단체 직원 등이 부락에 출장갈 때는, 극히 구장 및 연맹이사장의 입장을 존중하여 상당한 경의를 표하고, 그를 혹사시키지 않도록 유념할 것.
  ④ 우량구장의 選獎 방도를 후하게 할 것.
212)「例規解說」『朝鮮行政』 21-3, 1942.3, 91～93쪽.
213) 金村淸正,「區長の所遇に就いて」, 82쪽.

11월부터 시작되는 1943미곡년도 미곡공출은 촌락연대책임으로 강행되었고, 곳에 따라서는 공출할당량이 생산량을 초과할 정도로 확대되었다.

구장의 처우문제는 태평양전쟁이 악화될수록 말단행정의 강화책으로 계속 제기되었다. 경기도에서는 1944년 5월, 구장의 연간 수당 100원에서 총독부의 공식적인 인상액 240원이 나오기 전에 이미 240원으로 인상했고, 다시 400원 지급을 계획하고 있었다.214)

총독부는 1944년부터 지방단체 직원·읍면장·구장 등의 대우를 여러 면으로 검토하면서, 1944년 5월 읍면장과215) 구장에게도 "巨物을 배치하기"로 방침을 결정하였다. 그 내용을 보면, 첫째, 1943년부터 시작한 군수·면장의 거물배치는 행정수행에 큰 효과를 거두었다고 판단하고, 구장에도 거물을 배치하여 종래 '읍면장의 심바람군'으로 인식되는 폐단을 제거하고 '완전한 부락의 지도자'로서 전시행정을 수행할 수 있도록 했다. 둘째, 구장대우는 1944년부터는 종래 1호당 평균 호세 2원을 4원으로 2배 인상하여 종전의 100원에서 최소한도 240원의 상여금을 지급하도록 하였다. 구장의 雜費支出額에 대한 辨償도 일일이 지불하도록 하였고, 정신적 대우조치로 지방단체 직원에 대한 自治功勞表彰과 군수 및 도지사의 개별적 표창도 구장에게 할 수 있도록 했다. 셋째, 거물구장 밑에는 副區長과 書記 등의 補助役을 두는 방안도 제시되었다.216)

---

214) 『每日新報』 1944년 5월 4일자 「區長慰勞金增額」.
215) 加俸제도의 실시와 함께 奏任待遇가 제시되었다.
216) 『每日新報』 1944년 5월 24일자 「部落의 指導者로, 區長에 巨物을 배치」. 농업 등 주업에 종사하면서 구장의 역할을 충실히 하기 어렵다는 판단에서 '專任' 구장제가 제안되기도 했다. 충북에서는 區長의 업무가 증가하자 事務補助者를 두어 구장의 사무를 줄이면서 區長이 邑面과 聯盟事務를 지체없이 처리할 수 있도록 했다. 面은 區長의 신청

제4장 국민총력운동과 농촌통제정책(1940.10~1945.8)

일제는 전쟁말기로 갈수록 일선 행정강화 방침으로 지방유력자를 구장과 면장에 임명했다. 이후 안성읍에서는 중추원참의·도회의원·학교장·회사 전무 및 지배인 등을 물색하여, 1944년 5월 28일부터 거물구장을 임명하였다.[217] 그리고 총력운동이 해산되기 직전인 1945년 3월 特別戶稅制度를 개정하는 등 구장의 처우개선안이 계속 검토되고 있었다.[218]

이렇게 처우문제가 진전을 보이는 가운데 구장의 수도 증가하였다. 1940년 12월 현재 31,000명이던 구장은 1943년 51,618명으로 증가했다. 2년 동안 20,000명, 약 67% 증가율을 보였는데, 이후 이런 증가율로 1944~1945년에는 정동리부락연맹 63,080개에 63,000여 명의 구장이 배치되었을 것으로 생각한다. 이와 같이 농촌사회는 부락연맹과 구장을 연결고리로 관의 통제권에 포섭되어 갔다.

구장 겸 부락연맹이사장이 말단 행정책임자라면, 그 아래에 있는 애국반은 말단행정기구의 세포조직, 연맹의 최하위 기저의 실행체였다. 즉 양자는 "농촌말단까지 상의하달을 위한 조직체"였다. 애국반은 총력운동과 지방행정의 첨병으로 부락연맹과 함께 중요했는데, 실제 정책의 실행단계에서는 기동성에서 부락연맹보다 앞섰다. 그러나 구장과 함께 애국반장은 "말초배급기구를 한 손에 쥐고 있는 관계"[219]로 배급을 둘러싼 부정이 많이 발생하고 있었

에 따라 事務補助者를 無給으로 촉탁하고, 그의 상여금은 區長의 것을 나누어 줄 수 있도록 했다(『매일신보』1942년 2월 1일자 「區長對偶를 改善, 忠北서 4월부터 실시」). 또 區長 겸 理事長이 日語를 구사하지 못하는 연장자일 경우에는 부락연맹의 사무를 사실상 사무보조원이 처리하기도 했다(鈴木榮太郞, 『朝鮮農村社會の研究』, 16쪽).

217) 『每日新報』1944년 6월 1일자 「巨物區長에 先鋒, 全鮮에 率先, 安城邑에서 發令」.
218) 『每日新報』1945년 3월 9일자 「區長의 待遇向上, 新年度부터 실시키로」.

다.220) 이들 말단행정책임자들의 이탈 양상은 전시행정을 위협하였다. 따라서 일제는 애국반원들은 반원들대로 상호 감시와 규제로 행동을 통제시키고, 반장들도 반원들의 감시와 고발을 받도록 조치를 취했다. 또 애국반 역할의 중요성에서 애국반장 역시 '중핵적인 유력자 혹은 관공리' 중에서 임명하기도 했다.221) 일제는 말단행정의 침투 강화를 위해 이와 같이 구장·애국반장의 지위와 역할을 강화해갔다.

한편 1942년 1월 공식화된 구장처우방침이 각지에서 그대로 실행되지 않았으며,222) 행정력을 약화시킬 수 있는 촌락의 '유일 외교기관'으로서 구장의 역할도 일제말기까지 어느 정도 남아 있었던 것 같다. 구장의 통솔력과 권한은 앞에서 본 부락연맹의 이사장

---

219) 『經濟治安日報』 78, 1942.10.31, 683쪽.
220) 구장과 애국반장에 대한 관의 통제력이 강화되고 있었음에도 불구하고, 생활의 곤란에 따른 부정은 계속 발생하였다. 1942년 8월 10일～31일 동안 평안남도에서 발생한 경제통제법령위반으로 검거된 사람들의 직업을 보면, 일반관리(16건), 統制團體役員(10), 町洞里 總代·區長·愛國班長(109), 판매업자(179) 중에서 총대 구장과 애국반장의 위반 건수가 실제 물품을 취급하는 판매업자 다음으로 높았다[法務局 刑事課, 1942, 『定期經濟情報報告書』(법무 No. 193), 231～232쪽]. 구장과 애국반장이 주도하여 부락 호수의 50%가량이 공동으로 미곡공판을 기피한 사건이 발생하기도 했다(『經濟治安日報』 54, 1942.5.16, 363쪽).
221) 『매일신보』 1943년 4월 29일자 「애국반장에 實力者登用」; 1944년 1월 21일자 「郡守, 署長들에게 애국반장을 위촉」.
222) 區長에 대한 수당이 지급되면서 지역에 따라서는 연간 100원의 수당이 종래 현물로 지급할 때보다 적어서 문제가 되었다. 충남 대덕·서천·서산·보령 등에서는 조선연맹에서 일괄적으로 정한 1호당 2원 이상으로 호세를 증액할 수 있도록 道에 의견을 제출하고 있었다. 그러나 道에서는 계속되는 區長 증원과 전시 아래 공직자의 '滅私奉公의 要請' 등에 따라 당분간 기존 방식대로 지급하도록 하였다(『府尹郡守會議(충북·함북·충남)』(지방행정 No.1267), 1942, 584～585쪽].

직책 및 처우개선과 연동되었다. 구장에 대한 관의 지배력이 강화되어 적극적인 협력자가 나왔을 수도 있으나, 노골적인 협력자·친일행위자는 촌에서 남아 있을 수 없었다고 한다. 일선행정 강화 방침에 따라 관에서 거물구장을 임명할 때는 官治가 노골화되고 행정력도 확대될 가능성도 있었다.

  그러나 거물구장은 거물면장이 배치된 곳을 중심으로 임명되어 촌락마다 있었던 것은 아니었다.223) 따라서 대체로 구장을 통해 행정력이 비교적 잘 관철되었다면 그것은 구장과 촌락민이 합의할 수 있는 어느 선에서(때로는 굶주림보다 두려운 공포심일지라도) 가능했다고 보는 것이 타당할 것이다. 기본적으로 "구장, 반장은 백성의 편에서 방어를 했다. 관의 편에서 활동하지 않았다"224)고 하는 인식은 현장 조사에서 공통적으로 나타났다. 할당된 공출량이 생산량을 초과하거나 단지 며칠 분의 식량을 제외한 전량 공출이 강행될 정도가 되면, 구장은 더 이상 나설 수 없었고, 이때는 군면의 직원·경찰·경방단 등 관에서 전면에 나서서 협박과 폭력을 행사하였다.

---

223) 충남향토사연구연합회 회장 金英漢(1920년생)의 증언.
224) 관지리 김동홍의 증언.

제4절 국민총력운동의 한계와 조선민중의 반응

1. 농촌통제정책으로서 국민총력운동의 한계

　국민총력운동이 가입 대상을 '모든 개인'이라고 한 것은, 조선민중 전체가 통제의 대상이라는 것이며 실제 2,500만명을 모두 가입시킨다는 것은 아니었다. 가입대상은 기본적으로 호대표이며, 戶의 戶대표를 매개로 가족원 전부 즉 전체 인구를 통제한다는 것이다. 이전의 정동운동도 '호'(=호대표)를 매개로 일반 가족원을 통제하였으나, '호'에 대한 규정만 있을 뿐이고 '애국반원'은 '호'(=호대표)였다. 그러나 총력운동에서는 '호'의 대표인 '대표애국반원'과 구분하여, 일반 가족원도 '애국반원'이라고 하였다. 이로써 일반 가족원도 통제의 대상임을 분명히 했다는 점에서 이전과 차별성이 있다. 따라서 총력운동은 정동운동의 조직을 개편하여, "애국반→戶"이던 최하부조직을 "애국반→대표애국반원(戶대표)→애국반원(개인·가족원)"으로 수정하였다. 이제 개개인은 국민정신총동원운동에서처럼 戶를 매개로 한 간접적인 통제의 대상일 뿐 아니라, 관의 직접 파악 동원의 대상이 되었다. 식민지권력은 개개인에 대한 장악력을 직접 행사할 수 있게 되었다.

　총력운동은 앞의 <표 4-4>과 같이 1944년 2월 현재 도연맹 13개, 부군도연맹 241개, 읍면연맹 2,324개, 정동리부락연맹 63,025개, 애국반 373,750개 그리고 애국반에 편입된 호대표반원수 4,579,162

제4장 국민총력운동과 농촌통제정책(1940.10~1945.8) 347

명을 포섭하고 있었다. 또 1943년 현재 일본인과 외국인까지 포함하여 전국 호수는 4,878,901호였다.225) 戶의 대표(=戶代表班員) 4,579,162명은 전국 호수 4,878,901호의 약 94%에 해당한다. 1939년 12월 현재 정동운동의 포섭율 94%와 총력운동의 94%는 표면적으로 동일하지만, 총력운동에서는 개개인에게 직접 통제력을 행사할 수 있는 구조적 기반이 확립되었기 때문에, 질적으로 뚜렷한 차이가 있었다. 또 1944년을 거쳐 1945년도에 이르면 거의 대부분이 관의 통제권에 놓여 있었을 것으로 생각된다.

<표 4-4>을 보면 정동리부락연맹이 1940년 66,828개에서 1942년 65,080개→1944년 63,025개로 줄고 있음을 알 수 있다. 이는 이미 지적했듯이 하부연맹이 정비되어 가는 과정에서 특히 區長의 증가에 비례하여 동리연맹이 해소되고 부분적으로 부락연맹이 신설되었기 때문이다. 이러한 정동리부락연맹의 정비 강화과정은 애국반 수와 호대표 반원 수의 증가에서 확인할 수 있다. 애국반은 같은 기간에 329,426개→360,482개→373,750개로 증가하고, 호대표 반원 수는 4,141,499명→4,478,949명→4,597,162명으로 증가하고 있었다.

그러나 외형상 강고하게 보이는 통제망도 실제로는 많은 문제점을 안고 있었다. 일제 말기 총력운동의 지방사회에 대한 통제력이 약화되는 상황을 조선연맹의 세입·세출 예산을 검토하여 살펴보고자 한다.

<표 4-7>를 보면, 국민총력조선연맹의 세입 예산액은 1940년 10월 국민총력운동이 등장하고 첫 번째 사업 연도인 1941년도에는 1940년도를 기준으로 36%가 증가하였다. 이어 1941년 12월 태평양전쟁이 발발하고 조선 전체가 결전태세로 들어가는 1942년의 82%

---

225) 南朝鮮過渡政府, 『朝鮮統計年鑑(1943)』, 15쪽.

를 고비로 대폭 증액되었다. 1943년도와 1944년도에는 각각 175%, 221%로 증액되어, 연맹조직망이 조선사회에 대한 통제를 강화해 가고 있었음을 알 수 있다. 그리고 세입 예산액 중 국고보조금이 1941~1943년 사이에 평균 약 71% 정도에서 1944년도에는 약 91% 까지 증가하였다. 이렇게 연맹의 사업비가 거의 전적으로 총독부의 보조금에 의존한다는 사실은 총력운동의 관제성을 그대로 드러낸 것이다. 즉 총력운동은 총독부로부터 각종 사업 자금을 지원받으면서 식민지정책이 지방사회 전체에 관철될 수 있도록 지원하는 외곽단체였던 것이다.

〈표 4-7〉 국민총력조선연맹의 세입 예산 (단위: 원)

구 분	1938	1939	1940	1941	1942	1943	1944
재산수입	-	3,924	6,652	12,152	11,901	11,901	11,901
국고보조금	-	246,000 (73.5%)	156,110 (27.5)	505,640 (65.4)	726,218 (70.1)	1,094,600 (76.7)	1,662,815 (91.1)
機關誌수입	-	-	13,980	23,000	18,000	61,200	57,600
기부금	100,000	59,600	64,188	73,399	76,615	150,000	20,001
繰越金	-	20,000	215,000	138,580	183,000	135,000	70,000
세입합계	101,300	334,616 (58.9)	568,123 (100)	773,339 (136)	1,036,415 (182)	1,564,348 (275)	1,823,964 (321)
징병후원사업부						563,260 (100)	772,251 (137)

자료: 森田芳夫, 『朝鮮に於ける國民總力運動史』, 150쪽을 인용하여 재작성함. 세입예산 항목은 일부만 제시하여 작성한 것임.
비고: 1943년도 세입합계는 『日本人の海外活動に關する歷史的調査』, 120~121쪽에 의하면 145만원임.

<표 4-8>의 세출 예산 액 중, '보조비'는 각 지방연맹에 대한 보조금이다. 1939년도는 정동운동이 같은 해 4월에 조직 정비를 마치고 본격적으로 전개되던 해로, 지방연맹 즉 지방사회로 정동운동을 확산시키려는 것과 관련하여 약 27%의 예산액이 할당되었다.

〈표 4-8〉 국민총력조선연맹의 세출 예산

구 분	1938	1939	1940	1941	1942	1943	1944
諸 給						510,176	563,503
급 료	18,300	52,460	24,720	39,792	40,236		
雜 給	8,660	21,807	27,815	35,129	38,614		
기획조사비		3,000		4,750	5,400	22,400	18,193
行事諸費		6,000	4,000	1,880	1,250	3,250	2,000
국민신앙운동비						25,645	146,070
황도문화진흥비						7,625	6,730
일어보급비					26,000	13,950	13,540
仕奉運動指導費						96,950	136,377
生活諸運動費						62,420	37,120
선전제비	35,000	-	20,500	24,243	23,679	77,629	68,220
보조비	13,500 (13.3%)	89,890 (26.9)	13,300 (2.3)	157,150 (20.3)	305,728 (29.5)	288,850 (19.7)	387,005 (21.2)
수련소시설	-	54,600	200,000	112,590	65,000	20,000	5,000
세출 합계	101,300	334,616	568,123	773,339	1,036,415	1,465,348	1,823,964
징병후원사업부						563,260	772,251

자료: 森田芳夫, 『朝鮮に於ける國民總力運動史』, 151~153쪽의 세출예산을 인용하여 재작성함.

1940년도는 조선사회에 대한 전면적인 동원체제 확립을 앞두고 정동운동의 개조 혹은 새로운 기구의 출범이 논의되고 있던 시기로, 지방연맹에 대한 사업이 부진하여 전체의 2.3%에 불과하였다. 그러나 1941년도에는 보조비가 전체 세출 예산의 20.3%로 전년에 비해 일약 10배 이상 대폭적으로 증액되는데, 이는 전시동원체제를 전면적으로 확대 강화하기 위해 등장하였던 총력연맹의 지방통제력의 강화를 뒷받침하는 것이다. 또 1942년도에는 태평양전쟁과 관련하여 연맹의 역할이 강화되면서 약 30%의 예산액이 지방연맹의 사업비로 투입되었다. 그러나 1943년에는 이러한 지방연맹에 대한 할당액이 19.7%로 전년도보다 약 10%나 줄고 1944년도에는 21.2%로 약간 증가하지만 역시 1942년도보다 약 8%나 줄었다. 이를 보면 총력운동에서 지방연맹에 대한 강화방침이 다소 약화된

듯이 보인다.

그러나 이는 1943년도 이후 징병제실시에 대비한 각종 사업비용과 역시 징병제와 관련하여 조선사회 전체에 대한 강도 높은 '황민연성'사업 비용과 같은 새로운 사업비가 추가된 것과 관련된다. 1943년도는 小磯 총독이 1942년 6월 취임 이후 그의 통치방침의 하나로 1944년 징병제실시를 대비하여 조선인에 대한 '황민연성'을 전면적으로 대대적으로 실시한 해였고, 조선연맹은 '황민화'의 포석으로 일본어의 全解·상용운동을 전개했고, 일본생활양식 및 일본문화로 조선의 사회 문화를 개조하려고 획책하고 있었다. 이러한 사업은 물론 말단 지방연맹 즉 부락연맹·애국반을 동원하여 이루어지고 있었다. 그러므로 1943년 이후 표면상 조선연맹의 지방연맹에 대한 '보조금'의 감소가 바로 지방연맹의 약화를 의미하는 것은 아니었다.

그러나 1944년을 고비로 약간의 변화가 있었다. 일제는 1943년 3월 전시체제 말기 군수물자의 생산력확충을 위해 광산·공장·회사 등의 직역연맹에 대한 통제력을 강화하기 위해, 이들 직역연맹의 최기저 실행조직인 애국반을 仕奉隊로 바뀌었다. 이러한 명칭의 변경은 이들 분야의 생산과정과 실적에 대한 강한 지배력을 행사하려는 일제의 책략을 드러낸 것이다. <표 4-9>를 보면 조선연맹의 '중요항목'의 예산액이 1945년도에는 1944년도보다 약 2.3배가 증가하였다('비고' 참조). 1945년도 조선연맹의 전체 예산액은 확인할 수 없으나 '중요항목'의 증가비율로 전체 예산액의 증가 정도를 가늠할 수 있을 것으로 생각된다. 즉 1945년도 예산액은 1944년도 예산액 1,823,964원의 약 2.3배인 3,647,928원 정도로 추산되는데, 이는 1940년도 이래 예산의 증가율에서 보면 1944년도의 221%에 이어 370%에 해당된다. 이를 보면 조선연맹은 1945년도 예산

제4장 국민총력운동과 농촌통제정책(1940.10~1945.8) 351

편성 당시(1944년 11월말)까지는 여전히 총력운동을 확대하고 있었음을 알 수 있다. 연맹의 '중요항목'에 대한 예산액 중에서 사봉대의 예산액이 1944년도 21.5%에 이어 1945년도에도 약 23%를 유지하고, 이들 사봉대의 생산활동의 원천인 근로동원을 강화하기 위한 비용('근로원호')이 1945년도 전체 액의 7%로 추가되고 있었다.

〈표 4-9〉 국민총력연맹 예산 중 중요항목 查定 정황(1944.11.29)

	1944년도 보조	1945년도 主務局 요구	1945년도 査定 액수	비 고
지방연맹의 강화	387,005圓 (61.7%)	2,313,736	387,005 (27.0%)	6.6배 증액요구. 동일액으로 사정되고 비중은 감소.
仕奉隊運動의 강화	136,377 (21.5)	367,167	335,547 (23.4)	광산·공장 등 직역연맹강화
일본어보급	13,540 (2.1)	321,602	304,942 (21.2)	징병제 실시 이후 크게 강화.
조선사정소개와 동경사무소설치	-	199,955	100,000	전시동원과 관련, 조선의 비중 강화.
근로원호	-	153,400	100,000 (7.0)	근로동원강화와 함께 새로 책정.
健民運動	27,050	289,650	58,050	노동강화책 일환.
健全娛樂指導	1,500	122,950	81,500	
선전강화	68,220	407,463	68,220	
合計	633,692 (100)	4,175,923	1,435,264 (100)	2.3배 증가.

자료:『昭和20年度豫算說明雜資料』.

한편 '지방연맹의 강화'를 위한 예산액이 1945년도에는 1944년도에 비해 약 6.6배 늘려 청구되었음을 알 수 있다(<표 4-9>). 이는 총력운동이 지방연맹 특히 하부연맹에 대한 지배력을 유지 내지 강화하려고 했음을 보여주며, 또 조선 지방사회가 기존의 조직망과 사업만으로는 이미 통제할 수 없어 더욱 강도 높은 사업을 추진해야만 하는 사정이 있었음을 짐작하게 하는 대목이다. 그러나 1945년도 사정된 예산액 중 '지방연맹의 강화'를 위한 예산액은 1944년도 사업비와 동일한 387,000원으로 결정되었다. 이렇게 예산액은 같게 책정되었지만 전체 연맹의 예산액이 약 2배 가량 대폭 증가하는 가운데, 지방연맹의 예산은 1944년도 61%에서 1945년도 약 27%로 현저하게 감소하였다. <표 4-9>에 담긴 통계 수치가 전체 조선연맹의 예산을 제시한 것이 아니라 일부라고 하지만, 그것이 연맹의 '중요항목'인 점에서 볼 때, 이렇게 '중요항목'에서 지방연맹에 대한 예산이 현저하게 감소하였음을 분명히 확인할 수 있었다. 지방연맹의 예산 감소는 전시체제 말기 생산력확충을 위해 광산·공장·회사 등의 仕奉隊를 강화하고, 생산력확충의 전제조건인 근로동원을 위한 새로운 비용의 추가 등에 기인한 것이었다.

따라서 1944~1945년 사이에 조선연맹은 각 도 아래 '지방연맹' 즉 지역연맹에 대한 예산을 같게 책정했으나 전체 비중에서 볼 때 61.1%에서 27%로 현저히 감소했다. 대신 仕奉隊와 근로동원 그리고 일반 예산과 별도로 편성된 징병관련 예산을 확대하고 있었다. 이로써 조선연맹의 사업의 중심이 이동하고 있었음을 알 수 있다. 조선민중의 전시체제에 대한 불만과 저항이 증대하고 있었으나, 조선연맹은 새로 추가되는 사업 영역의 확대로 조선민중에 대한 보편적인 통제력을 강화하는 데 핵심이 되는 지방연맹에 대한 사업을 충분히 지속시킬 수 없었다. 이러한 지방연맹의 약세는 지방사회에 대한 조선연맹의 장악력 감소를 의미하는 한편 총력운동의 자기 한계를 드러낸 것이다. 즉 1944년 현재 세입 예산의 91%를 국고보조금에 의존하는 조선연맹으로서는 총독부의 예산 배정에 따라 사업에 영향을 받지 않을 수 없었다. 여기서 1945년 7월 조선연맹이 해산되는 것과 관련하여 1945년도 예산편성에서 이제까지 사업의 중심이었던 지방연맹에 대한 예산 감소가 나타났던 것이다. 지방연맹에 대한 예산감소는 바로 총력운동의 약화를 의미하는 것이었다.

조선연맹의 지방사회에 대한 사업 약세 즉 지방통제력의 약화 속에서, 총독 통치는 읍면장 등의 대우개선 등을 표방하면서 소위 협력정치로 전환하였고, 전시체제를 지탱할 새로운 조선사회 통제망으로 국민의용대가 등장하면서 연맹은 이에 흡수되었다. 그러나 이렇게 수치상으로 1945년을 전후하여 지방연맹의 약세를 지적한다고 해서, 이제까지 구축해온 지배체제가 조선사회에 끼친 영향을 과소평가할 수는 없다. 조선민중은 체제 저항과 협력(적응) 사이에서 여러 형태로 대응하고 있었다.

2. 국민총력운동의 농촌통제에 대한 조선민중의 반응

조선연맹은 총독부의 외곽단체로서 일원적이고 엄밀한 조직망을 구축하고, 활동 영역을 전시동원정책의 모든 부문으로 확대하면서 공권력이 말단 개개인에게 집행될 수 있도록 활약하고 있었다. 1940년대 초 조선연맹은 산하 지방연맹의 통제망을 가동하여 1944년 2월 현재 조선 전체 인구의 약 94%를 포섭하였다. 완벽에 가까운 조직망을 기반으로 총독부에 대해 '추종적'인[226] 총력운동은 "銃後體制로서 劃一整齊로는 성공"하였으나 "상층 지식인 계급의 총독정치에 대한 협력체계적인 기구가 된 경향이 강하고"

---

226)『매일신보』1945년 7월 11일자「總力聯盟과 發展的 解散」.

"조선인 민중 각 개인의 영혼 밑에서 용솟음치는 자발적인 진작운동"이 되지 않았다고 한다.227) 총력운동은 총독정치의 외곽조직이라는 한계를 보완하기 위해, 중앙과 지방의 기구에 민간인의 참여를 확대하기도 했다. 그러나 제도와 조직의 확충 자체가 조선민중에 대한 규제력의 확대 과정이었기 때문에, 기본적으로 전시동원에 대한 불만과 저항은 민심의 저류를 관통하고 있었다.

전국적인 통제망 속에도 조선민중의 불만은 流言 혹은 이탈 행동으로 나타났다. 많은 집회와 常會에 동원되었지만, "엇더한 지도를 하든 저 머리에 쑥드러가질 못하닛가 무슨 강연을 듯든지 강습을 밧든지 출석하라닛가 출석하여 그냥 듯고 있다가 나종에 무얼 드럿느냐고 하면 출석만 했다 뿐이지 무에무엔지 모르는 사람도 만흔 형편"이었다고 한다.228) 집회와 모임의 형식화로 전시체제의 전제조건이며 필수불가결한 요소인 '시국인식'조차도 선전한 만큼 내면화되지 않았다. '경제사범' 15명을 대상으로 조사한 바에 의하면 '戰時' '비상시'라고 들었지만, 11명은 무엇 때문에 비상시인지 알지 못했고, 13명은 '황국신민'이 어떤 것인지 모르고 있었다. 그리고 1명만 '각종 강연회'에 출석했을 뿐이었다.229) 소위 '황민화운동'은 "민간의 것이 아니라 관의 것이었다. … 정책으로서 국가명령이었다"는 것이다. 조선연맹이 '일본정신의 앙양'을 위한 실천사항으로 제시했던, 아침의 궁성요배·신사참배·정오의 묵도·국기게양·황국신민의 서사낭독의 5가지는 완전히 형식적이었다고

---

227) 大藏省 管理局, 『日本人の海外活動に關する歷史的調査』 4장, 122~123쪽.
228) 「國民總力朝鮮聯盟 文化部長 矢鍋永三郎氏는 이러케 말한다」 『半島の光』, 1941.5, 10쪽.
229) 1941년말 宣川경찰서에 검거된 經濟事犯 15명에 대해 시국인식정도를 알기 위해 간단히 질문한 결과(『經濟治安日報』, 1942.3.28, 271~272쪽).

한다.230) 지방연맹의 이사들은 겉으로는 '앙양되는 敬神熱'을 보이지만 "참배하면서도 무엇 때문에 하는지 모르고 황국신민서사를 부르면서도 그것이 무슨 의미인지도 모른다"고 지방실정을 토로하기도 했다.231) 식민지 권력측에서 볼 때, 조선민중의 '황민화'에 진전이 있다고 해도 다급한 정세에 비하면 여전히 만족할 수 없고 의구심이 들 수 있었다. 그러나 이런 우려는 그 동안 몇 % 등등으로 선전되었던 '황민화'의 성과가 다소 과장되었음을 인정하는 것으로 볼 수 있다.

한편 강도 높은 전시동원으로 이미 생활할 기력조차 상실한 사람들은 "하늘을 쳐다보고는 언제 망할 것인가"라고 반응을 보이고 있어, 민심이탈이 확대되고 있었다. 또는 '茂朱山中'으로 현실을 도피하려는 움직임도 나타났다.232) 『鄭鑑錄』의 異本에 해당하는 『草窓錄』의 "七月七夕을 전후해서 일본이 망하고 조선은 독립한다"라는 해방을 암시하는 내용을 두고, 사람들은 서로 모이면 "일본이 언제 망하느냐 정감록이 맞느냐 안맞느냐"하면서, 현실의 질곡을 헤쳐 나가려고 했다고 한다.233) 1945년 5월 현재 장흥군 용산면 관지리를 중심으로 구전되고 있던 '入國詩'에는234) 조선의 독립과 일제의 패망에 대한 희망·기원이 담겨 있었다. 조선은 "아침비 자욱 내려 초목은 봄"(朝雨濛濛萬樹春)이라 하여, 단비를 듬뿍

---

230) 大藏省 管理局, 『日本人の海外活動に關する歷史的調査』 7장, 32~33쪽.
231) 『每日新報』 1942년 7월 1일자 「진지한 意見을 토로」.
232) 김영희, 「일제말기 향촌 儒生의 '日記'에 반영된 현실인식과 사회상」, 101, 123~127쪽.
233) 三均學會 회장 趙萬濟(1924년생) 증언. 조만제선생은 1945년 초 징병소집을 앞두고 징병 자체에 대한 懷疑와 『草窓錄』의 내용에도 영향을 받아 산속으로 피신했다가 해방을 맞았다.
234) 『定岡日記』 1945년 5월 26일자.

머금은 초목을 비롯하여 만물이 생동하는 봄으로 표현되어, 희망과 기대를 갖고 독립을 염원하던 민심의 일단이 반영되어 있었다. 또 일본을 "서산에 해 넘어가 나그네 길 바빠"(日色將沈客意新)라고 표현하여, 민은 일본의 패망을 예상하고 갈구하고 있었다. 이러한 체제불만은 노동력동원과 미곡공출로 압축되는 전시농정에 대해 총독 앞으로 건의문을 발송하여 개선해 줄 것을 호소하는 행동, 피지배민으로서 복종심을 유도했던 가부장적 천황제 이데올로기의 허구성에 대한 비판235) 등으로 발전하기도 했다. 일제는 황민화정책의 일환으로 신사참배·창씨제도 등을 강제하며, 모든 사람이 천황 중심으로 '귀일'하는 체제내화를 '도의조선의 건설'로 선전하였다. 그러나 이런 천황중심주의는 "모든 의무를 인민에게 질머지우고 모든 권리는 소수의 특권적 지배자의 손아귀에 독점"하면서, 조선민중을 통제하던 억압기제였다.236) 천황중심주의의 억압성과 폭력성에 대한 저항은 일제의 '特攻精神'의 강조에도 불구하고, 전쟁터의 군인에서도,237) 조선민중의 삶에서도 표출되고 있었다.

전시체제에 대한 반발은 계층별로는 농민뿐만 아니라 군면의 지방행정담당자와 미곡정책대행업자, 앞에서 살펴본 구장 및 애국반장 등을 비롯하여 다양한 계층에서 나타났다. "방공연습 동안 어느 중등교원은 집에 있거나 구경을 가는 예"가 있는가 하면, 이런 경우 애국반장도 단지 방관할 뿐 달리 방법이 없다고 한다. 여기서 생활필수품의 배급권을 행사하면서 조선민중을 통제하도록 되어

---

235) "國과 民은 親子의 관계다. 지금까지는 子는 親에 대해 孝行(공출저축 등)을 하였음으로, 天災의 위협을 맞은 子에 대해 우유를 주어야 한다. 이는 子로서 당연한 욕구다. 그러나 一億의 子에게 나눌 우유의 量이 있는지 없는지 매우 의문이다"(法務局 刑事課, 『現下食糧事情ヲ繞ル治安對策』, 455쪽).
236) 羽仁五郎, 1949.2, 「日本의 반성」『新天地』, 71쪽.
237) 「歸還學兵의 眞相報告」『新天地』 창간호, 1946.1, 85쪽.

있던 애국반도 곳곳에서 관의 의도대로 기능하지 못했음을 알 수 있다. 그리고 "班에서 班長으로 가장 적합하다고 생각되는 인물은 어떻게든 반장 취임을 싫어하는 경향"이 있고, 이런 현상은 구장과 町評議員에서도 나타나고 있었다고 한다.238)

그러나 더욱 총력운동이 확대·강화되자 전시체제에 포섭되어 가는 양상도 보였다. 식민지통치가 장기화하는 가운데, 개개인의 일상 전반을 세세하게 구분하여 규제하는 실천사항을(<표 4-1> 참조) 반복하고, 심지어 '생활예정표'에 따라 하루의 日課와 걸레 사용법까지 '국책'에 따르도록 통제해 올 때, 의식적 무의식적으로 체제에 편입되어 가는 양상도 띠었다. 관변측이 볼 때, "농민들은 大戰前보다 더 부지런해젓다"고 하였다.239) 이는 종래 노동의 유희화 속에 느긋하고 여유있게 영위할 수 있었던 일상이 크게 변하여, 전시동원의 부담을 떠안고 생활에 쫓기고 있던 농민들의 고단한 삶을 반영한 것이다. 그만큼 일상이 권력의 의도대로 통제되어 가고 있음을 보여 주고 있다.

정책 중에서, "생활의 방편으로 합리성이 이루어질 때, 경제적인데 안할 이유가 없지 않은가. 농사의 기법에서 합리화·효율성을 예컨대 正條植은 양쪽으로 줄을 댕기는 사람이 있고, 나락을 골고루 심는다. 합리적이다"고 하면서, 따라하고, "무색옷·단발령은 동시에 이루어졌고 옷 한벌에 물총을 쏘면, 반발심이 컸다"고 한다.240) 당시 조선민중은 대체로 피부로 느낄 수 있는 생활의 효율성, 합리성을 추구할 수 있는 정책에는 어느 정도 반응을 보였다. 그러나 명백하게 민족성을 자극하거나 폭력적인 억압정책에 대해

---

238) 渡邊勝美, 1942.8,「愛國班長を裁く」『國民總力』 4-8, 30쪽.
239) 朴勝極, 1942.12,「기러기 나러오고」『半島の光』 61, 30쪽.
240) 조만제의 증언.

서는 적지 않이 저항하기도 했다. 무색옷의 경제성, 합리성을 들어 白衣 폐지를 강행할 때, 조선민중은 백의에 담긴 역사적 전통성과 자기정체성을 고수하여 크게 반발했다. 또 전통적인 유생들은 상투를 배일의 상징으로 고수했다. 이처럼 조선민중은 식민지 정책 중에서 자신의 삶에 필요한 부분을 선택하고 있었다.

식민지권력은 부락연맹과 구장을 매개로 상호감시와 활동의 기민성을 담보하는 애국반을 가동하여 농촌사회에 깊이 침투하고 있었다. 1944~1945년경 조선사회는 전시체제로부터 이탈과 편입이라는 양면성이 비교적 선명하게 나타나기 시작했다. 그러나 체제이탈 현상이 적극적인 체제저항으로 발전하기에는 주객관적인 조건이 뒷받침되지 않았다. 전시동원으로 생존조차 위협받는 피폐한 생활과 관의 통제력이 그물망처럼 확대된 상황이었기 때문이었다. 그 사이에 조선민중은 일상 전반에 걸친 규율과 통제에 '저항과 적응'의 양면성을 보이면서, 정신적 혼돈과 함께 사회성도 일정하게 경험하게 되었다. 조선민중은 이같이 일상에서 식민지체제에 알게 모르게 적응해 가면서도, "일제는 망해야 한다"는 체제부정 내지 저항성을 견지하고 있었다.241)

본래 조선사회는 여러 종교가 공존하고 사람들은 여러 종교로부터 자신들에게 유리한 요소만을 끌어왔다.242) 어느 특정 종교인이 민간신앙의 요소도 생활에 수용하듯이 비교적 이성적인 종교생활을 해왔다. 그러나 일제는 늘상 조선민중이 신앙심이 적다고 지적하고 신앙심을 고양시키는 데 몰두했다. 일상에서 반복적으로 강요당했던 비이성적인 천황숭배의식은243) 해방 후 독재권력을 향한

---

241) 전 장흥문화원장 姜守義(1917년생) 증언.
242) 파냐 이사악꼬브나 샤브쉬나 지음·김명호 옮김, 1996, 『식민지 조선에서』, 한울, 133쪽.
243) "신사참배의 신들린 의식 속에서는 형언키 어려운 숙연한 감정에 사

맹목적인 충성심을 조성하는 데 모방되었다. 또한 정세를 객관적으로 판단할 수 없는 통제된 사회에서 1942년 2월 싱가포르가 함락되었다고 초등학교 어린이들에게 고무지우개, 우등생에게는 운동화가 배급될 때, 일제의 힘에 압도당하는 체험도 했다.244) 어린 아이들이 소나무 뿌리캐기의 중노동에 "행여 불만을 터뜨릴세라 우리들의 주변에는 기특한 표어가 우리들의 마음을 달래고 있었다. '아무것도 부러워하지 않을래요. 이길 때까지는' 라는 표어. 우리들은 배고프고 고달플 때엔 그 표어를 최면제처럼 반추했다"245) 고 하듯이, 식민지 규율은 아직 자기의식이 성숙되지 않은 어린이 일수록 내면화되었다. 이런 현상은 상당수 조선민중에게도 정신적 혼돈을 야기시키고 있었을 것으로 생각된다.

일제말기 농촌통제정책의 근간은 자연촌락을 단위로 한 부락연맹의 구축이었고, 조선민중은 부락연맹과 그 실행체인 애국반에 편입되었다. 정신과 일상을 고도로 조작하는 기제 장치가 작동하는 시기에, 조선민중의 상당수가 일제에 대한 '저항과 적응'이란 "이중생활을 특별히 불편하게 느끼지 않고 치를 수 있었(다)"고246) 할 수 있다. 이러한 생활 경험을 야기시켰던 전시동원체제는 해방 후 國民班·國民坊·再建班·班常會와 같은247) 독재정권의 민중

로잡히곤 하였다"(최정호, 1999,『우리가 살아온 20세기』1, 미래, 162쪽).
244) 慶北 盈德郡 丑山面 陶谷里의 朴東洙(1935년생) 증언.
245) 최정호,『우리가 살아온 20세기』1, 156쪽.
246) 최정호,『우리가 살아온 20세기』1, 162쪽. 해방 당시 12살이던 시인 고은 선생도 독립운동에 대한 이야기 등은 "기이할 뿐 무턱대고 일본이 제일 좋았고 일본사람을 부러워하고 나 자신 일본 아이인양 꿈꾸었던 것" 사실은(권태억, 2000,「近代化·同化·植民地遺産」『한국사연구』108, 132쪽에서 재인용) 이를 뒷받침한다.
247) 內務部, 1977,『班常會運營白書』, 6쪽.

동원의 조직과 일상을 규제하는 전체주의적 메카니즘의 기초조건이 되었다.

그리고 통제망이 물샐틈없이 깔려 있고 조선민중의 삶의 조건이 이렇게 변화되어가자, 자연히 민족운동의 기반은 한층 약화될 수밖에 없었다. 1941년 4월 조선연맹이사회에서 함경북도를 대표한 이사는 "우리 함경북도는 사상적으로 험한 지역이나 애국반을 통하여 정신 정화되고 있다. 그만큼 지역적으로 애국반지도에 철저한 지도를 하고자 존경 인물로 지도자를 선택하여 애국반원들과 거처를 같이 하도록 하고 있다"고 하였다.[248] 또한 명천군은 "근년까지 사상이 매우 험악한 자를 숨기고, 그 뿌리깊게 당국을 애먹인 곳, 소문난 곳이다. 농촌은 오락도 위안도(없이) 단지 진흙투성이가 되어, 생산하여 송두리채 공출하고 있다"고[249] 할 만큼 명천군의 저항적 사상성도 이 무렵에는 많이 약화된 듯하다. 전시체제 아래 일상이 통제 규제되는 현실은 1940년대 전반기 국내 민족운동의 객관적 조건을 규정하여, 이 시기 민족운동은 1930년대보다 발생 건수와 건수당 인원이 감소하고, 산발적이고 비조직적인 지하투쟁으로 전개될 수밖에 없었다.

---

248) 『매일신보』 1941년 4월 10일자 「獻身活動이 잇을 뿐」.
249) 渡邊克己, 1944.3.15, 「雪中に燃ゆる總蹶起の巨火」 『國民總力』, 32~33쪽.

제2부

충청남도의 농촌통제정책의 양상과 지역유지의 활동

제1장 충청남도의 촌락통제조직 진흥회의 설치와 성격
제2장 충청남도 진흥회의 사례
제3장 충청남도 연기군 서면 봉암리 有志 尹鳳均의 사회활동

제1장

충청남도의 농촌통제조직 진흥회의 설치와 성격

　일제는 농촌사회의 조선민중을 지배하기 위해 말단 촌락 혹은 동리를 조직화하여 통제정책을 전개했다. 동리 단위의 관제조직사업으로 대표적인 것이 충남의 진흥회이다. 동리 단위의 진흥회 설치는 1920년대까지 일제의 농촌사회에 대한 지배력이 대체로 동리(혹은 부분적으로 구동리=자연부락) 단계에 있었음을 뒷받침한다. 1930년대 촌락에 대한 관의 지배력이 강화되면서, 충남에서는 동리 단위 진흥회를 기본 골격으로 하되 촌락 단위의 사업을 추가·보완해 간다. 따라서 충남의 농촌통제정책 즉 진흥회의 전개 과정을 검토하면, 동리 단위의 통제력을 구축하면서 촌락까지 통제력을 침투하는 농촌통제의 심화 과정을 볼 수 있다.

　이러한 문제의식 아래 충남의 관제촌락조직 진흥회를 중심으로 통제정책의 전개와 그 특징을 살펴보려고 한다. 이에 따라 충남 진흥회의 성립과 활동 그리고 농촌진흥운동의 말단 실행체인 공려조합과 기존 진흥회와의 관계, 양자를 통한 면행정의 침투 문제를 검토의 대상으로 한다.

제1절 1910·1920년대 진흥회의 설치와 전개(1916.9～1932.10)

1. 진흥회의 설치 배경

일제는 3·1운동을 무력으로 진압한 뒤 조선사회를 식민지질서로 재편하는 작업에 본격적으로 착수했다. 일제는 무단적·강압적 지배의 한계를 경험했기 때문에, 식민지 행정을 지방사회에 침투시키기 위해 지방제도를 정비 강화하는 한편 면 아래 동리 혹은 촌락을 단위로 소위 지방개량사업을 전개했다. 1920년대 농촌사회를 재편하는 정책을 구사할 때, 일제는 '지방개량' '민풍개선'을 내걸었다. 이는 1909년 이래 일본사회에서 전개되었던 '지방개량운동'의 영향 때문이었다. 일본정부는 러일전쟁 이후 새로운 단계의 일본제국의 기반을 확립하려고 하면서, 町村의 행정기능을 강화하려고 했고, 또 이런 목표를 국민의 적극적이고 자발적인 참여를 통해 달성하기 위해 지방개량운동을 전개했다. 지방개량운동은 관료적 행정지배의 강화와 국민의 자발적 협력이라는 서로 대립되는 두 방향의 정책을 통합하여, 町村을 '국가를 위한 공동체'로 전환하기 위한 것이었다. 즉 지역사회를 국가주의에 입각하여 재편하려는 것이었다.¹⁾ 따라서 1920년대 조선사회에 크게 유행했던 '지방개량'은 농촌사회를 식민지체제로 재편하려는 정책의 슬로건이었다.

　1910년대 면동리에 대한 일련의 조치로 일제는 일단 촌락공동체적 관계를 파괴하였다. 그리고 식민지 지방지배체제를 구축하기 위해, 또 조선민중의 반일감정을 의식하여, 조선 고유의 풍습을 존중한다는 구실 아래²⁾ 재래의 관습과 질서를 활용하였다. 그 가운데 통치에 걸림돌이 되는 것은 '弊風'이라고 하여 말살하고, 이용할 수 있는 것은 '美風'이라 하여 재편 활용해 갔다. 이러한 이중적인 정책을 구사하면서 일제는 일본자본주의와 식민지통치에 적합한 형태로 조선사회를 재편하려고 했다. 이에 일제는 '지방개량' 혹은 '건전한 사회 기풍'을 내걸고 개인과 사회의 관계, 개인의 사회적 일원으로서의 책임을 강조했다. 즉 공공성과 사회봉사 관념의 함양, 자치성 등으로 민중을 통합하는 것이 문명국가의 조건이고 세계의 대세라는 점, 나아가 자신의 이익과 자유가 다소 제약받아 불편해도 전체를 위해 필요하다는 점 등을 이해시키려고 했다.³⁾ 이러한 관념이 수용되면 소작쟁의와 같은 계급적 대립, 민족적 대립 등도 자연히 해결되면서 식민지체제를 안정적으로 유지할 수 있다고 보았다. 따라서 일제는 사회경제적 계급적 분화가 진전되고 조선인측의 부문별 사회운동이 전개되면 될수록, 때로는 이런 분위기에 편승하면서 '건전한 사회분위기'를 조선민중 사이에 보급하려고 고심했다.

---

1) 宮地正人, 1973, 『日露戰後政治史の硏究－帝國主義形成期の都市と農村－』, 동경대학출판회, 1장 참조.
2) 齋藤 총독은 1919년 9월 3일 취임 '諭告'에서 "조선의 문화 및 舊慣으로 진실로 채택할만 한 것이 있으면, 이를 채택하여 통치에 이용"하겠다고 하였다(田保橋潔, 1944, 『朝鮮統治史論稿』, 朝鮮史編修會, 207～208쪽).
3) 조선총독부, 1921, 『第1回地方改良講習會講演集』, 127·130쪽.

일제는 지배체제의 확립에 필요불가결한 공공성·공동성을 포함하여 통치 방침을 보급하기 위해, 조선민중을 물리적으로 제압하기보다 정신세계를 개조하고 삶의 방식을 전환하는 방식을 고려했다. 이를 위해 관제단체에 참여하는 민간측 협력자를 상대로 지방개량강습과 시찰 등을 실시하여 재교육을 하기도 했다. 일반 민중을 상대로 통치 방침을 선전할 때 주된 수단은 관보와 신문 잡지 등을 활용하거나 말단조직으로 동리와 촌락을 재편하는 것이었다. 양자를 비교할 때 좀더 효과적인 것은 실행조직이었는데, 관제조직의 활동성을 높이기 위해 신문 잡지류를 적절히 이용하였다.

우선 다수를 상대로 어떤 일을 전개할 때는 분위기를 선동해 주는 것이 필요하다고 보았다. 신문·잡지·게시판·강연회·활동사진 등은 촌락 밖에서 정책 내용을 홍보하거나 체제내화에 필수요소인 공공성 혹은 단체주의 등을 조장하는 수단이었다. 그러나 이런 매체들은 정책의 선전과 침투에는 유용하지만 "마치 큰 바람이 부는 것과 같다"고 하였다.4) 민의 시선을 일시에 집중시킬 수는 있으나, 상대가 이에 어떤 반응을 할 지 확인하기 어렵다는 것이다. 말단 실행조직은 이런 한계를 보완하면서 촌락질서를 재편할 수 있는 대안이었다. 신문 등의 매체가 외부에서 크게 분위기를 조성하고, 안에서 조직을 매개로 면행정과 농민을 결합하여 해당 정책이 자신의 이익과 부합한다는 사실을 인식시킨다는 것이다.5) 일제는 이런 논리로 관제조직은 결성하고, 조직을 매개로 한 동리·촌락의 재편을 지방행정기관의 정비·강화와 함께 진행했다.

다음에서는 충청남도의 지방개량조직으로 1910년대부터 등장하여 농촌과 농민에 대한 통제기제로 기능하는 진흥회의 조직과 성

---

4) 조선총독부, 『第1回地方改良講習會講演集』, 515쪽.
5) 조선총독부, 『第1回地方改良講習會講演集』, 515~516쪽.

격을 살펴보고자 한다. 충남의 농촌통제정책은 동리 단위로 시작하였으나, 전체적인 농촌정책의 방향이 촌락(구동리) 중심으로 전개되면서 기존의 동리 조직을 보완하는 차원에서 촌락의 조직화를 추진했다. 따라서 충남의 관제조직에 대한 검토는 농촌정책의 전개 양상을 시기별로 검토하는 데에도 유용하다.

2. 일제의 향약에 대한 활용

일제가 유교의 정신을 담은 향약을 지방지배의 수단으로 적극적으로 활용하려는 정책을 구체화한 것은 1930년대 초였다. 총독부 학무국장은 1932년 4월 6일 각 도지사 앞 통첩 '향약에 관한 조사의 건'에서, 각 지방에서 실시하고 있는 향약을 조사하여 4월말까지 보고할 것을 지시했다. 일제는 향약이 조선시대 때 '敎民'에 큰 효과를 발휘했고, 이후 사회변화로 다소 쇠퇴했지만 "오랫동안 閭巷 사이에서 지방민심을 수렴"하고 있다고 보았다. 향약을 부흥하여 널리 보급하면, 일제가 추구하는 사회교화·지방개량 즉 조선민중의 체제내화에 효과를 거둘 수 있다고 보았다. 이에 학무국은 향약 관련 사항을 다음 세 가지로 나누어 조사하도록 지시했다. 첫째, 구래의 향약을 그대로 실현하고 있거나 명칭에 상관없이 향약정신에 입각한 시설(갑), 둘째, 향약을 개선하거나 향약의 정신을 가미한 시설(을), 셋째, 구래의 향약이 최근까지 행해지다가 없어진 경우(병)를 조사 보고하도록 했다.[6]

---

6) 학무국 사회교육과, 1933, 『향약사업보고서류』(사회교육 No.71), 825~829쪽.

〈표 1-1〉 향약 조사(1932년 4월 조사)[7]

향약 도별	갑	을	병	계
경기도	4	162	2	168
충청북도	10	-	5	15
충청남도	2,137	-	-	2,137
전라북도	1	-	1	2
전라남도	8	-	-	8
경상북도	3	-	1	4
경상남도	2	-	5	7
황해도	8	151	2	161
평안남도	-	1	-	1
평안북도	16	-	1	17
강원도	23	-	1	24
함경남도	4	1	8	13
함경북도	13	-	-	13
계	2,229	315	26	2,570

이에 따라 각 도에서는 <표 1-1>과 같이 보고를 해왔다. 현재 사라지고 없는 향약 단체(병) 26개를 제외하고, 현재 존재하는 향약과 관련된 단체는 모두 2,544개였다. 이 중에서 구래의 향약에 거의 가까운 것(갑)은 2,229개였고(약 88%), 향약의 정신을 가미한 것(을)은 315개였다(약 12%). 갑 중에서 약 96%를 차지하는 것은 충남이었고, 그것은 행정동리(=신동리) 단위로 설치된 振興會였다. 진흥회이라는 명칭은 향약과 관련이 없지만, 다음에서 살펴보겠지만 향약정신에 입각하여 조직을 운영하고 있었다. 1932년 4월 현재 충남의 2,137개의 진흥회는 현존하는 향약 단체(갑)에서 96%를, 또 전국적으로 현존하는 향약 관련 단체 2,544개(갑+을)에서 84%를 차지하였다. 1932년 4월 현재 충남의 동리 2,256개에 2,137개의 진

---

[7] 학무국 사회교육과, 『향약사업보고서류』, 814쪽.

제1장 충청남도의 농촌통제조직 진홍회의 설치와 성격

홍회가 설치되었으니(95%), 거의 도내 전체에 진홍회가 구축된 셈이다. 전국적으로 충남은 관제조직이 매우 빨리 설치되었고, 그것도 향약의 정신에 입각하여 이루어져서 뒤에 전국적인 지방정책을 결정하는데 영향을 미쳤다.

학무국은 1933년 1월 18일자 각 도지사앞 통첩 '향약사업장려보조에 관한 건'에서, 사회교화시설의 하나로서 "향약을 부흥 분기함이 비교적 실현 용이하고, 효과가 상당히 클 것"으로 판단하고, 국고보조금을 지급하여 이를 보급시키려고 하니 보조금을 받을 만한 단체를 조사하여 보고하라고 지시했다. 국고를 지급하면서 향약 단체를 집중 육성하려는 정책은 앞에서 언급했던 충남 진홍회의 독특한 발전이 영향을 주었을 것으로 생각된다. 그리고 학무국은 각 도별 인구 수에 따라 향약 단체를 배분하고, 다시 정책적 판단으로 조정하여 전국에 걸쳐 130개를 선정하여 1개 당 130원씩 보조금을 지급할 계획을 정한 뒤, 이 계획을 각 도에 통보하여 참고하여 조사 보고하도록 했다.

이에 따라 경기도와 경상북도에서는 향약의 명칭은 사용하지 않지만, 향약정신을 부분적으로 가미한 농촌진홍조합·농촌진홍회와 같은 관제조직도 향약과 같은 목적을 수행하고 있기 때문에, 보조금 지급 대상이 될 수 있지 않을까 하여 문의하였다. 이에 학무국은 보조금을 지급하는 것은 향약의 정신과 조직을 크게 확대하기 위한 것이기 때문에, 농촌진홍회와 같은 시설에 보조하는 것과 성격이 다르다고 답변했다.

각 도는 학무국에서 할당받은 숫자(a)에 따라(<표 1-2>), 향약 단체를 조사하여 신청했다. 할당 수 130개에 비해 신청한 수는 57개에 불과했다. 학무국은 다시 신청 내역을 검토하여 44개로 결정하였다. 국고보조금을 받게 된 44개는 순수한 향약 단체이거나 향약정신에 입각한 '갑'에 해당하는 단체였다. 이때 충청남도에서는 9개 진흥회를 신청하였다. 그런데 2개 이외 나머지는 우량단체로 이미 조성이 끝났으므로 제외되어 2개만 보조금 지급 대상이 되었다. 1개 단체당 150원 정도가 지급되었다. 황해도는 향약을 연구 조성하는 재단법인 紹賢會을 지원하는 것을 포함하여 3개 단체의 조성비 명목으로 2,900원을 지급받았다. 또 함경북도는 만주사변 후 국경지대의 중요성이 커지는 가운데, 총독부 내무국 지방과장으로서 향약을 연구한 바 있던 富永文一이 도지사로 와서 1932년 6월 '關北鄕約'을 공포하였다. 함북은 이때 새로 향약을 조성하고 있었기 때문에, 특정 단체를 지정하지 않고 향약 사업에 쓸 것을 전제로 1,000원을 배정받았다.

〈표 1-2〉 할당 수·신청 수·査定 수 및 보조금

	할당 수(a)	신청 수	사정 수	보조금
경 기 도	12	-	-	-
충청북도	7	5	5	750
충청남도	9	9	2	300
전라북도	9	5	5	750
전라남도	12	3	3	450
경상북도	12	-	-	-
경상남도	12	2	2	300
황 해 도	13	3	3	2900
평안남도	9	2	2	950
평안북도	10	10	10	1500
강 원 도	9	9	3	800
함경남도	9	9	9	1400
함경북도	7	-	-	1000
합 계	130	57	44	11,100

1933년 이후 향약 단체를 조성하기 위한 보조금 지급은 해마다 있었고, 1937년에는 이 사업이 대폭 확장되었다. 학무국장은 1937년 6월 25일 각 도지사 앞 통첩 '향약정신보급상황조사에 관한 건'에서, 순수한 향약으로 설립된 단체는 물론, 명칭 여하를 불문하고 규약에 향약정신이 가미된 단체는 빠짐없이 조사하도록 지시했다.[8] 즉 이제까지는 1932년 조사에 기초하여 '향약정신에 입각한 시설'(갑)에만 보조금을 주었다면, 1937년부터는 '향약을 개선하거나 향약의 정신을 가미한 시설'(을)까지도 포함시켰던 것이다.

이런 조사 방침에 따라 전라남도에서도 순수한 향약 단체 8개와 향약정신을 가미한 농촌진흥실행조합 등과 같은 촌락단체 9,104개를 보고하였다.[9] 이렇게 하여 1937년 5월말 현재 전국적인 '향약정신보급상황'에 나타난 해당 단체 수는, 경기도 7,271개・충북 1,281・충남 2,863・전북 2,420・전남 9,104・경북 254・경남 883・황해 4,607・평남 1,926・평북 1,933・강원 321・함북 762개로 함남을 제외하고 단체 33,625개, 인원 1,523,786명이 보고되었다.[10] 이 숫자는 1937년 5월 현재 농촌진흥운동의 말단 실행단체의 규모로 보아도 무방하다. 향약사업이 1932년 4월 2,544개보다 5년 동안 13배 이상 늘어났다. 이 기간에 농촌진흥운동이 전국적으로 전개되어, 향약정신을 가미한 농촌진흥회와 같은 단체들이 적극적으로 설립되어 이같은 성과를 거둔 것이다. 1933년의 보조금 지급은 순수한 향약 단체를 중심으로 이루어졌지만, 1937년부터는 향약 단체의 범주를 확장하여 농촌진흥회와 같은 촌락조직도 포함시켰던 것이다. 이는 일제가 농촌과 농민을 통제하는 사상적 기반으로 유

---

8) 『지방개량조성보조관계』(사회교육 No.88-113), 1938, 566~569쪽.
9) 『지방개량조성보조관계』, 609~616쪽.
10) 『지방개량조성보조관계』, 702~703쪽.

교적 정신을 중시했음을 보여주는 것이다.
 충남의 진흥회는 1932년 4월 경 전국적으로 별다른 촌락조직이 발달하지 않은 때에도, 전국적으로 84%를 차지하였다. 이 진흥회는 거의 순수한 향약정신에 입각한 단체로 간주되었고, 1933년 이후 향약정신을 보급하기 위해 국고보조금을 지급하는 정책을 단행하는 데 한 근거를 제공했다. 나아가 1930년대 농촌진흥운동의 실행단체로서 '농촌진흥회'라는 명칭이 보편적·통일적으로 통용되는 데 모체가 되었다. 이하에서는 이러한 충남의 진흥회에 대해 살펴보고자 한다.

3. 진흥회의 설치와 성격

1) 진흥회의 설치와 조직

 1910년 5월 현재 양반 계층에 대한 지역별 분포 상황 조사에 따르면, 충청남도는 전국에서 1위를 차지했다. 충남은 목천군 2,388명을 위시하여 연기군 1,418명 등 10개 군에 각각 양반이 1,000~2,000명 거주하고 있었다.[11] 따라서 충남에서는 양반 유생을 포용하는 문제도 다른 정책 못지 않게 중요했다. 1920년대 초 일제가 볼 때, 양반 유생은 '시정상 방해'가 되는 경우가 많았으나, 사회경제적으로 "결코 소홀히 할 수 없는" 존재였다. 이들은 조선왕조

---

11) 鄭德基, 1975, 「일제시대 호구변천의 사회경제사적 연구」 『인문과학논문집』 2-5 충남대 인문과학연구소, 1232쪽. 2위 충북은 1,300~1,800명 정도의 2개 군이 있었고, 3위 함남·4위 경기·5위 경북 등 다른 도에는 600~100명 정도가 분포되어 있었다. 총독부 조사에 따르면 1928년 9월 현재 전국적으로 유생은 22만 7596명이 있었다(조선총독부, 1933, 『朝鮮總攬』, 683~684쪽).

를 멸망시킨 일제에 대한 적개심에서 단식으로 죽음을 각오하거나 민족운동세력과 연결되기도 했다. 일제는 이들의 움직임이 우려할 만한 사태로 발전하는 것을 방지하기 위해, 이들에게 접근하여 '新政의 취지'를 설명하면서 체제 안으로 끌어들이려고 노력했다.12)

1915년 3월 충남 도지사로 부임한 小原新三은 일찍이 총독부 설치와 동시에 지방국장을 맡아, 郡面의 통폐합 등 지방행정을 재편하는 데 주도적인 역할을 한 바 있었다. 小原은 양반 유생을 '제일 우려되는' 계층으로 보고, 주요 인물을 호별 방문하여 설득하고 때로는 '權度'를 한다면서 道의 정책 방침을 祭文에 철해 孔子廟에 고하는 등 이들을 설득하여 "그 심리상태가 완화되도록 … 적지않이 고심했다"고 한다.13) 즉 '權度' 조선을 강점한 것이 正道라고 할 수 없지만, 자신들의 통치는 조선을 위하고 동양의 평화를 위한 것이라는 주장을 납득시키려고 했다.

한편 小原은 1916년 8월 10일 道訓令으로 '舊制 舊慣' 즉 향약에 입각하여 지방개량기관으로 진흥회를 설치하라고 군수 면장에게 지시했다. 小原은 "옛 名君의 정치 혹은 二宮尊德 옹의 主義(報德精神: 필자주)"로 진흥회를 만들었다고 하였다. 보덕정신은 勤勞·分度·推讓 등을 핵심 내용으로 한다. 보덕정신은 이런 윤리를 실천하여 공공심과 공덕심을 배양함으로써, 계급적 대립 등 식민지 통치의 모순을 은폐하고 농촌사회를 식민지 질서로 재편하기 위한 이데올로기였다. 일제는 진흥회를 매개로 하여 이러한 체제논리를 촌락의 공동체적 규범의 일부로서 개개인에게 전파하려고 했다. 보덕정신과 향약은 모두 체제안정화에 기여할 수 있는 논리를 내

---

12) 朝鮮總督府, 1920, 『道知事會議速記錄』, 68~69쪽.
13) 小原新三, 1936, 「地方振興會の創設」, 朝野諸名士執筆, 『朝鮮統治の回顧と批判』, 조선신문사, 56쪽.

장하고 있었기 때문에, 진흥회만이 아니라 일제의 농촌지배정책의 주된 사상적 근간이 되었다.

　이때 발표된 규약준칙에 따르면, 진흥회는 풍속개량・근검저축・산업・토목・위생・교육・납세 등과 같은 지방행정의 일부를 진흥회의 사업으로 수렴하여 동리 주민의 공동 노력으로 관의 지도 감독 아래 실행하는 것을 목적으로 하였다. 그리고 진흥회의 구역은 1군 혹은 1면을 구역으로 할 경우, 일치결합의 힘이 약하여 유명무실해질 수 있다고 보고, '사회결합의 단위'인 동리로 하기로 하였다. 또 이미 면 단위로 조직되어 성과가 있을 경우는 이를 인정하기로 했다.14) 1917년 3월말 현황(진흥회 761개, 회원 64,082명)을 보면,15) 진흥회는 그다지 발전하지 못하였다. 여러 원인이 있겠지만, 전체 23개조에 이르는 장황한 규약준칙도 실천을 담보하는데 걸림돌이 되었다.

　3·1운동 직후 1920년경 일제는 지방지배와 관련하여 "思想의 傾向은 우려할 만한 經路"에 들어가기 쉽고, "思想의 善導는 지방개량사업 중 가장 어려운 것"으로, 외형적으로 성과를 거두는 듯 해도 실제로는 방심할 수 없는 상황이라고 인식하고 있었다.16) 이같이 식민지체제가 위협받는 상황에서 1919년 9월 충남 도지사로 온 時實秋穗는 그 동안 유명무실했던 진흥회를 부활시켰다. 時實은 1920년 11월 郡守會議에서 진흥회의 설치 배경과 목적을 한층 분명히 밝혔다. "소위 지방개량의 시설 방법이 많이 있을 수 있으나 가장 첩경은 그 지방에서 종래 실시해 오던 良習美俗을 이용 선도"하는 것이라고 했다. 그리고 충남에서는 1916년부터 향약과 舊

---

14) 『조선총독부관보』 제1211호, 1915년 8월 15일 ; 학무국 사회교육과, 『향약사업보고서류』, 967쪽.
15) 望洋生, 1921.6, 「忠淸南道に於ける振興會槪況」 『朝鮮』, 271쪽.
16) 望洋生, 「忠淸南道に於ける振興會槪況」, 273쪽.

貫을 참작하여 진흥회를 실시해 왔고, 진흥회가 특히 향약에 기초하였음을 지적하였다. 그는 "현대 사상계의 실정은 지금 다시 말할 필요도 없고, 식자가 가장 경계심을 필요로 하는 것이 있어 혹은 산업의 개발 혹은 계급간의 협조라고 하여 진면목으로 연구하여 시설해야 할 사항이 실로 다종다양"하여, "진흥회와 같은 단체의 활동을 필요로 하는 것이 지금보다도 시급한 적이 없다"고 하였다. 그러므로 진흥회의 목적은 '도덕심의 함양에서 산업의 진작'에 이르기까지 당시 "지방개량상 일반에게 필요하다고 인정되는 거의 모든 조항을 포함"하여, 지방을 개발하는 것이라고 했다. 또 진흥회와 같은 "연혁과 목적을 가진 단체에 대한 견실한 지도가 한층 실제적으로 유효"[17]하다면서, 금융조합과 國有地小作人組合 등도 '지방개량 혹은 민풍작흥'을 위해 기능할 수 있다고 보았다.[18] 이와 같이 지방지배의 수단으로 진흥회를 중시하던 時實은 도지사회의에서도 '新政의 취지'를 확산시키는 데 진흥회의 활용이 적지 않다고 보고하였다.[19] 충남의 地方課는 진흥회를 사상통제를 비롯한 체제안정화와 함께 식민지농정을 촌락에까지 전달하기 위한 말단 통로로 설치하였다.

일제는 1921년 1월 10일 규약준칙을 개정하여 진흥회의 기능 강화를 뒷받침했다.[20] 규약 조문을 이전의 23개에서 10개로 대폭 줄였고, 이전에는 회/회원의 실행사항이 23개 조문에 함께 포함되었으나, 이번에는 10개 조문 뒤로 돌려져서 실천해야 할 사항을 좀더 명확하게 이해할 수 있게 했다. 진흥회의 목적과 관련하여, 1916년 규약준칙 제1조에서는 "… 何里에서 민풍의 개선·지덕의 증진·

---

17) 時實秋穗, 1921, 『忠南にて』, 188~189쪽.
18) 時實秋穗, 『忠南にて』, 137~138쪽.
19) 朝鮮總督府, 『道知事會議速記錄』, 37쪽.
20) 『조선총독부관보』 제2528호, 1921년 1월 18일.

식산흥업의 장려 기타 일반 지방 개량의 실적을 거두는 것"이라고 했으나, 이때는 "時勢의 進運에 순응하고 相互諧和를 취지"로 한다고 하였다. 진흥회의 역할이 조선민중에게 '시세의 진운' 즉 식민지 현실을 자각시켜 체제내적인 자세를 이끌어내려는 것임을 알 수 있다.

진흥회의 임원은 이전의 회장·부회장·이사·고문에서 이사가 부장으로 바뀌었을 뿐이다. 진흥회의 기능이 면행정을 보조하는 것이기 때문에 임원들은 공공관념과 두터운 신망으로 농민들을 지도할 만한 인물이어야 했다. 그러나 일제는 이런 인물들이 동리마다 충분하지 않다고 보고, 고문제도를 두어 군면·경찰·학교의 직원을 고문으로 했다. 이전에는 회의와 관련하여 '역원회'만 규정했는데, 이때는 연간 4회의 총회를 규정하면서 월례회는 명시하지 않았다. 총회가 자주 있는 만큼 월례회의 개념은 뚜렷하지 않았던 것 같다. 또 진흥회의 운영 비용과 관련하여 이전에는 기부금으로 충당하고 회비는 가능한 한 징수하지 않는다고 했으나, 이때는 부족할 경우는 회원에게 회비를 징수한다고 했다. 그러나 실제로는 회비를 징수하지 않으려고 했다.[21] 이는 당시 조선민중은 "금전을 내는 것을 매우 고통스럽게 여겨, 하루 노동하는 것보다 10전을 내는 것을 싫어하는" 성향을 간파하고,[22] 마찰 없이 소기의 목적을 관철하려는 정치적 판단으로 볼 수도 있다. 또 일제가 초기 진흥회를 상의하달식으로 정책을 선전하고 관철시키려는 데 주안을 두고 보급시켰기 때문에 회비의 징수가 적극적이지 않았다고 생각한다.

다음에서는 진흥회의 시설을 살펴보기로 하겠다. 충청남도는 진흥회의 성과를 높이려고 1921년부터 지방개량에 관해 조예가 깊은

---

21) 望洋生, 「忠淸南道に於ける振興會槪況」, 272쪽.
22) 今村革丙, 1914, 『朝鮮風俗集』, 斯道館, 182~183쪽.

조선인·일본인 촉탁을 1명씩 배치하여 진흥회를 순회 지도하게 하였다. 또한 분발을 자극하기 위해 표창규정을 마련했다. 군수는 진흥회/회원에 대해 매년 11월말 현재, 성적을 조사하여 동년 12월 말까지 도지사에게 보고해야 했다.[23] 이 보고를 토대로 표창할 만한 회/회원을 선정하여 그 내용을 道報에 게재하여 사회적 명예심을 심어 주고, 이를 앞세워 다른 회/회원들의 분발을 촉구하였다. 이렇게 하여 진흥회는 모범·지정·보통진흥회 3가지 종류가 있었다.[24]

진흥회의 현황은 1921년 3월말 진흥회 1,093개 회원 74,295명에서,[25] 1928년 12월말 진흥회 1,711개, 회원 수 137,032명으로 증가했다. 燕岐郡은 진흥회 99개, 회원 9,137명이었다.[26] 이때 충남의 동리는 2,256개로 진흥회의 설치율이 약 76%(1,711/2,256)인데 반해, 연기군은 106%(동리 93개/진흥회 99개)였다. 106%의 성적은 동리의 크기에 따라 1개 동리에 1개 이상 진흥회가 설치될 수 있었기 때문이다. 연기군은 도내 14개 군 중에서 홍성군(204%), 예산군(108%) 다음으로 가장 많이 진흥회를 설치하였다.

일제는 1919년 이후 진흥회를 지방개량단체로 본격적으로 성장

---

[23] 학무국 사회교육과, 『향약사업보고서류』, 970쪽.
[24] 첫째는 모범진흥회로 권업시설·부업장려·납세완납·민풍개선 등에서 볼만한 성적을 거둔 것이고, 둘째, 지정진흥회는 아직 모범진흥회에는 이르지 않았지만 장래 가장 유망한 것을 1군 3개소 혹은 1면 1개소의 비율로 지정하여 군의 특수한 지도를 받도록 했다. 셋째, 보통진흥회는 모범·지정진흥회를 모방하여 경쟁심을 유발하여 개선해 나가는 것이다.
[25] 望洋生, 「忠淸南道に於ける振興會槪況」, 272쪽.
[26] 충청남도, 1929, 『麗わしき農村』, 114~115쪽. 도내 진흥회 1,711개 중에는 모범진흥회 17·지정진흥회 224개·보통진흥회 1,470개이고, 연기군은 전체 99개 중에서 모범진흥회 2·지정진흥회7개·보통진흥회 90개였다.

시키기 위해, 진흥회장 등에게 '내지 시찰'의 기회를 제공했는데 이 점은 특히 주목해야 한다. 1920년대 일본 농촌을 모방하여 소위 우량부락·모범부락 정책이 실시되는 시기에 동리의 유력자 내지 중심인물들의 일본 시찰이 진행되었다. 일본 시찰은 총독부 관리 등과 같은 고위 인사만이 아니라 이때는 군면의 직원은 물론이고 통치의 위협적인 존재가 될 수 있는 유생을 위시하여, 말단의 진흥회장과 진흥회원들도 포함되었다. 여비는 관에서 보조하였다. 충청남도에서는 1925년 4월 22~5월 4일 일정으로 우량면장·면서기 및 진흥회장 등 12명의 일본시찰단을 구성하여 大阪記念博覽會와 熊本市事業記念共進會을 관람하고 각지를 시찰하기로 했다.27) 이런 시찰단의 파견은 "그 視한 바에 感하야 歸한 뒤에 그대로 시행치는 못할지라도 다소간의 감각이라도 起하야 幾分의 효과"를 얻기 위한 것인 만큼, 시찰단원은 되도록 전국적으로 할당 선정한다는 입장이었다. 이들은 우선 산업 도시와 그 시설물을 보고 '문명 진화의 현상' '문명적 진상'을 '목격'하고 일본 궁성과 신궁에서 '崇敬之念'이 '자생'함을 느끼는 등 마치 '別乾坤'을 통과한 듯 했다는 감상을 남기기도 했다.28) 그리고 시찰단원들은 일본과 대조하여 조선의 '愚劣文野'가 눈에 뚜렷이 들어와 좌절감을 느끼기도 했으나, 조선이 일본을 모방하여 발전할 수 있다고 믿고 강연으로 지방개량의 필요성을 선전하거나 실제 계획을 세워 실천을 기도하기도 했다.29) 일제는 군면 단위 혹은 촌락 단위 유력자 내지 중심

---

27) 『동아일보』 1925년 4월 20일자 「일본시찰단출발」.
28) 『매일신보』 1911년 9월 3일자 「사설동척시찰단」 ; 1922년 6월 26일자 「내지시찰연수회석상에서元지도자 담」 ; 1923년 6월 5일자 「내지시찰감상」 ; 1921년 6월 8일자 「內地視察記(二)」 ; 1923년 9월 5일자 「내지시찰소감」 ; 1923년 11월 17일자 「儒林내지시찰과 인선문제」.
29) 『매일신보』 1914년 6월 21일자 「內地視察效果(一)」 ; 1921년 6월 8일자 「內地視察記(二)」.

인물의 체제내화의 중요한 정책의 하나로 일본 시찰을 전개했다.

2) 군면진흥회연합회와 그 성격

진흥회 제도의 특징 중의 하나가 진흥회를 군면별로 아우르는 연합회의 존재이다. 충남의 진흥회제도에는 각지의 진흥회 활동에 통일성을 부여하고 감독하기 위해 1922년부터 각 군에 진흥회연합회를 설치했고, 군에 따라서는 面에도 연합회를 두기도 했다. 군연합회는 1년에 1~2회 총회를 열어, 도지사(도지사 대리)·군수(군수 대리)와 면장·진흥회장·기타 지방 유지들이 참석하여 기존 성적과 실황 등을 보고하고, 앞으로 실행해야 할 사업을 협의하였다.30) 도→군(군진흥회연합회)→면(면진흥회연합회)→진흥회로 이어지는 계통적인 진흥회 체제가 성립되어 진흥회는 명실상부하게 관치보조기구가 되었다. 군수·면장 등은 연합회에서 진흥회의 사명과 역할을 훈시하고, 필요한 부문에 대해서는 별도의 연사를 초청하여 강연하기도 하였다. 또 연합회에서는 생활품·저금통장·사업성적부의 진열회를 개최하여 진흥회 사이의 성과를 비교 연구하는 기회를 제공하여 진흥회의 활동을 지원하기도 했다. 군연합회의 경비는 도지방비에서 교부되는 보조금이었다.31) 또 진흥회의 사업을 선전하기 위해 축음기·활동사진과 같은 근대적 문물을 활용하여 이목을 집중시키기도 했다.32)

군연합회의 회장은 군수가 되기도 했지만, 회원 즉 단위 진흥회

---

30) 『매일신보』 1930년 5월 4일자 「충남진흥회의 활약 聯合總會를 개최」; 1931년 5월 16일자 「燕岐振興會 연합총회개최」; 1930년 4월 25일자 「충남진흥회 순회강연개시」.
31) 학무국 사회교육과, 『향약사업보고서류』, 976쪽.
32) 望洋生, 「忠淸南道に於ける振興會槪況」, 274쪽; 「忠淸南道に於ける振興會」 『조선』, 1923.9, 118쪽.

장 중에서 대표자가 나오기도 했다. 1928년 12월말 현재 14개 군에서 연합회의 회장이 군수인 경우는 연기·논산·서천 3개 군이었다. 그리고 진흥회의 지도를 전담하는 진흥회 주사가 있는 군은 7개였는데, 군수가 회장이 아닌 곳을 중심으로 배치했다.[33] 도청에서는 1929년 2월 7개 군의 진흥회 주사 사무타합회를 개최하여 진흥회의 성적 문제, 진흥회와 산업·교화단체와의 연락, 언문강습회의 보급 상황 등에 대해 자문하고 협의하여,[34] 말단 진흥회의 지도에 대비하게 하였다.

군연합회의 개최 상황과 그 기능을 몇 가지 사례를 통해 살펴보자.

1922년 10월 조치원면진흥회연합회에서 실행 사항의 하나로 "종래 노동야학을 인수 경영"하기로 결정했다.[35] 이 회의에 군수·면장·경찰서장이 참석한 점을 고려할 때, 이 경우는 상급기관에서 폐쇄하기로 결정된 야학을 흡수한 경우로 보인다. 이렇게 연합회는 관에서 결정한 정책을 형식적인 토의를 거쳐 말단 진흥회에게 실행하도록 하는 중간역할을 하였다. 이에 대해 연기군연합회에서 조치원의 孟義燮은 "결의사항을 열거 인쇄하야 회원에게 배부하고 후에 의견을 발표하라면 모순이 안일가. 회의 정신을 失치 말기를 바란다"라고[36] 형식적인 활동을 비판하기도 했다.

이렇듯 토의와 결정 과정이 형식적일지라도 그 중에는 일반의

---

33) 충청남도, 『麗わしき農村』, 115~116쪽.
34) 『매일신보』1929년 2월 18일자 「振興會 事務打合會」.
35) 『동아일보』1922년 10월 24일자 「鳥致院面振興會」.
36) 『매일신보』1931년 5월 16일자 「燕岐振興會 聯合總會開催」. 맹의섭은 연기청년회·3·1운동·호서기자동맹·신문지국 경영 등과 같은 정치사회적 활동을 했고, 배구수 정리와 같은 지역 현안 문제를 직접 관을 상대로 관철시키기도 했다(맹의섭 자신이 집필한 회고록, 1962, 『鄒雲實記』).

관심을 끌기에 충분한 현안도 있었다. 홍성군 진흥회연합총회가 회원 200명과 내빈이 참석한 가운데 열려, 특히 군수의 '有産계급의 타파'와 민풍개량에 대한 '誠意잇는 훈화'가 많은 청중을 감화시켰다고 한다.37) 당시 농민층분해가 빠른 속도로 전개되면서 자작농이 감소하고 소작농이 증가하는 상황에서 '유산계급의 타파'를 내걸었다는 것은 이런 사회경제적 현상에 대한 어떤 조치를 암시하는 것처럼 보였다. 靑陽郡 大峙面 九峙里 진흥회는 면내 다른 동리(진흥회)와 함께 면내 소학교를 설립하기 위해, 일제히 금주금연을 전개하고 누룩과 담배(대)를 수거하여 회장 집에 보관하여 기본재산을 마련하기도 했다.38) 이 구치리 진흥회의 소학교 설립 열망은 군면연합회를 통한 지역 운동으로 발전할 가능성이 있었다.

군면진흥회연합회는 1932년 이후 농촌진흥운동의 지도기관으로 농촌진흥연구회(1935년 7월 16일 이후 농촌진흥위원회로 바뀜)가 등장하기까지, 군면의 자문기구인 면협의회와 함께 면·동리의 유력자들의 정치적 욕구를 어느 정도 해소할 수 있는 출구이기도 했다. 동리 단위 진흥회의 회장들이 군(면)연합회의 회원으로 연합회에 참석하여, 관을 지원하는 발언과 그 실천을 결의하기도 했지만, 자기 동리를 포함하여 지역 사회의 현안도 대변하면서 일정하게 정치 사회적 지위와 권위를 확보하고 있었다. 따라서 진흥회연합회의 총회는 면협의회의 아류와 같은 모습을 보이고 있었다.

연기군연합회는 1931년 5월 조치원 공회당에서 道참여관·道사회서기·군수·읍장·진흥회장·지역 유지 등 78명이 출석한 가운데 열렸다.39) 회원 즉 진흥회장들의 의견 중에는 '사상 선도가

---

37) 『동아일보』 1925년 12월 3일자 「洪城聯合振興總會」.
38) 『동아일보』 1921년 9월 7일자 「學校 설립을 위하야 술과 담배를 끈허」.
39) 『매일신보』 1931년 5월 16일자 「燕岐振興會 연합총회개최」.

급무'라고 하거나 "내선인 융화를 위한 내선인 공히 진흥회원이 되기를 희망"한다고 하여, 체제 옹호적 발언이 있었다. 또 진흥회의 성패를 좌우할 정도로 중요한 단위 진흥회의 월례회에 군면 당국자가 참석하여 지도해 주기를 요청하는 의견도 있었다. 그리고 '농촌생활자의 구제'의 중요성, 叺織에 대한 당국의 보조 등을 요구하면서 농민들의 이해를 수렴하여 관을 상대로 관철시키려는 모습도 보였다. 진흥회장들은 동리 단위의 역할만이 아니라 이와 같이 군면 단위로 자신의 정치 사회적 권위를 넓힐 수 있었기 때문에, 지역 사회에서 진흥회의 위상은 상당히 컸다고 볼 수 있다. 그만큼 진흥회장이 되는 것도 사회적 진출의 발판이 되었다. 따라서 충청남도는 '가위 진흥 정치라 云할' 정도로 전국적으로 매우 독특한 제도로 성장하고 있었다.[40]

제2절 1930년대 진흥회와 공려조합 (1932.10~1940.10)

1. 농촌진흥운동 아래 진흥회의 개편과 기능 강화

일제는 1932년 11월 농촌진흥운동(이하 농진운동)을 일으켜 농촌재편을 본격적으로 추진했다. 이에 충청남도는 1932년 10월 1일

---

40) 『매일신보』 1933년 10월 21일자 「振興會는 林立햇스나 指導工作不充分」 ; 1931년 7월 14일자 「진흥회 지도는 실제를 존중하라」.

도훈령으로 기존 진흥회의 활동이 정신적 방면에 치중했다고 보고, 물심 양면의 갱생을 목적으로 진흥회 규약 준칙을 다시 고치고, 새로 '진흥회 지도요항'을 발표했다.

1921년 개정된 규약에서는 "時勢의 進運에 순응하고 相互諧和를 취지"로 삼아, 민풍개선・지덕수양・산업장려 등으로 지방개량의 실적을 올린다고 하여, 3·1운동 직후의 사회 분위기를 반영했으나 다소 추상적인 점이 있었다. 그러나 1932년 개정에서는 '향약의 정신'에 입각하여, 흥업치산의 방도를 강구하여 생활의 향상 안정을 도모한다고 수정했다. 여기서 진흥회는 '향약의 정신'을 사상적 기조로 한다는 점을 강조하고 있는데, 이는 총독부에서 1932년 향약 단체를 조사하고, 1933년부터 보조금을 지급하여 향약단체를 육성하는 정책의 실시와 관련된다.

또 이전의 '산업장려'라는 표현 대신에 '흥업치산의 방도'를 강구한다고 하여, 제3자적 입장에서 감독 지도하는 태도가 아니라 좀더 적극적으로 회/회원과 함께 대책을 마련한다는 의지를 담고 있었으며, 물질적 갱생의 중요성을 강조하였다. 또 '공민적 지덕 啓培' 및 '사회생활의 理法 체득'이라고 하여, 회원인 농민들에게 공공성・공동성 등을 더욱 주입하려고 했다. 화폐경제가 확대되는 상황에서 일반 농민의 생산활동도 도시와 시장의 영향을 직접 받기도 하고 상호 관계가 밀접해지자, 농민도 시세를 이해할 필요가 있었다. 일제는 이런 환경을 이용하여 개인과 사회관계 등을 포함한 공공성이 하나의 생활규범이 되도록 획책했다. 공공성을 선전 주입하는 수단으로 진흥회와 같은 단체와 월례회의 실시를 중시했다.

회의 목적과 회원의 역할이 구체화되고 확대된 만큼, 회원의 자격도 이전의 '본 里 안의 주민'이 아니라 "동리에 거주하는 호주 혹은 세대의 중견자"라고 하여, 가족원을 통솔하는 가장에 준하는 자로 규정했다. 이는 가장권의 강화 정책과 연동하여 가장 혹은 호주 중심으로 진흥회의 실천 사항을 가족원 전체에게 이행시키기 위한 조치였다.

회의 임원은 이전과 마찬가지로 회장·부회장·고문·부장이 있었다. 진흥회장의 선출은 회원들의 추천을 거쳐 군수가 임명하는 절차를 취했다.[41] 또 군·경찰·학교의 직원으로 된 '고문'은 계속 존재하면서, 郡·郡산업단체직원·郡교화주사·면장이 '진흥회의 지도자'로서 진흥회를 직접 지도하고, 경찰과 학교직원 및 금융조합이사 등이 간접적으로 지도하게 되었다.[42] 1930년대가 되면 이같이 진흥회에 대한 관의 지배가 확대되고 있었는데, 이는 행정보조기구로서 진흥회의 사회적 비중이 커지고 있었음을 보여준다.

한편 일제는 중심인물의 역할이 매우 중요하다는 인식 아래, 우량한 진흥회는 기존 임원 체제를 유지하되, 성적이 좋지 못한 진흥회에는 회장과 부회장의 지도력을 지원하는 차원에서 촌락마다 1~2명의 指導役을 배치하도록 했다.[43] 이는 농진운동의 말단 실행 단위가 촌락이고, 촌락을 대상으로 관제조직이 설치되고 있는 시점에서, 동리 단위의 진흥회의 통제망을 보완하는 조치였다. 그리고 일부 노장층과 소장층 사이의 세대 갈등을 원만히 흡수할 수

---

41) 총독부가 1932년 4월 향약조사에 기초하여 1933년 1월 향약정신에 입각한 단체를 선정하여 보조금을 지급할 때, 향약 단체의 임원은(約長)은 '약원' 중에서 선출하여, 府尹 郡守 島司의 인가를 거쳐 취임하도록 규정하고 있었다. 당시 조사에서 충남의 진흥회가 대표적인 향약 단체로 조사된 사실에서 볼 때(학무국 사회교육과, 『향약사업보고서류』, 810쪽), 진흥회장의 최종 확정은 관의 권한이었음을 알 수 있다.
42) 학무국 사회교육과, 『향약사업보고서류』, 981~982쪽.
43) 충청남도, 1935, 『振興の忠南』, 9쪽.

제1장 충청남도의 농촌통제조직 진흥회의 설치와 성격 385

있는 인물을 진흥회에 배치하려고 했다.44) 당시 5~60년대 노년층은 구한국에 대한 추모의 정으로 일제 주도의 사회변화에 대해서 보수적인 입장을 보였고, 소장층은 일제에 대한 민족적 거부감은 있었지만 새로운 문물과 변화에 대한 갈망도 강하여, 동리마다 양자 사이에 대립과 갈등의 소지가 있었다. 이에 따라서 충남은 진흥회의 간부를 선정하는 데 양자를 아우를 수 있는 사람을 선정하려고 노력했다. 그리고 다음과 같이45) 회장은 노인층과 장년층을, 부회장은 소장층을 이끌만한 사람으로 선임하고, 노장층을 대표하는 회장이 부회장·부장 또한 지도역의 지원을 받으면서 진흥회를 통솔하도록 했다.

회장	부회장
덕망과 견식을 갖추고 실행력 있는 노장년 중 일류 인물	회장을 보좌할 수 있는 견식과 활동력 있는 장년
촌락 (지도역·회원)	촌락 (지도역·회원)
	촌락 (지도역·회원)

진흥회의 회의는 '역원회'·총회·월례회가 있었다. 총회는 실행사항 선정·예산결산 승인·규약변경·회비결정·회원제명 등 회의 운영과 관련된 기본적인 사항을 협의 결정하고 있었다. 1921년 당시 1년 4회였던 총회가 1회로 줄면서 월례회가 정례화되었다. 진흥회가 회원 자신들에 의해 자치적으로 운영되는 데는, 월례회가 중요했기 때문에 총회의 횟수를 줄이면서 월례회를 활성화한 것이었다. 개최 방법도 정리되었다. 군읍면직원은 동리와 촌락별로

---

44) 학무국 사회교육과, 『향약사업보고서류』, 1000~1001쪽.
45) 학무국 사회교육과, 『향약사업보고서류』, 1001쪽.

일정을 정해 참석하여, 공통적인 일반 사항을 훈시하거나 강연·잔소리 등으로 농민들이 권태와 짜증이 나지 않도록 하며, 모임을 회고와 반성·독려의 장이 되도록 했다.46) 정해진 집회 시간에 집합하여 진행하는 월례회는 농민들에게 적당한 긴장감과 능률과 합리성, 공공의식을 배양하는 장소였다.

총회와 월례회를 이용하여 통치의 방침과 정책을 효과적으로 선전하기 위해서는 공회당(집회소)이 필요했다. 지도원이 농촌에 가서 영농을 지도하려고 해도 모임 장소가 없으면, 다수의 농민들을 접촉하기도 어렵고, 기후의 영향도 받아 지도가 쉽지 않았다. 자연히 면직원 혹은 구장을 통해 간접적으로 농민을 지도하는 데 만족해야 했다.47) 따라서 공회당은 관·농민의 접촉을 용이하게 하고 정책을 전달하는 데 중요한 시설이었다.

공회당의 건설은 진흥회의 설치와 함께 진행되었다. 조선시대 이래 洞契와 같은 모임의 장소였던 기존 洞舍가 사용되기도 했다. 건축 비용은 기부금과 동리민의 노동력, 목재 지원으로 이루어졌는데, 무엇보다 그 위치가 중요했다. 공회당은 가능한 한 동리(촌락)의 중앙에 위치하도록 했는데, 이는 모임의 편리만이 아니라 농민의 생활과 동리의 사업의 중심이 공회당 즉 진흥회임을 상징하기 위해서였다. 농진운동 단계에서는 공회당의 설치가 크게 요청되어, 충남에서는 1936년도 道費로 1개면 2개소에 건축비의 일부을 보조하기도 했다.48) 국민정신총동원운동이 실시되면서 동리(촌락) 단위의 실행 사항이 많아지자, 총독부는 '지방공려사업조성시설'이라 하여 공회당 등(국기게양대·경종·라디오·의례용구)의

---

46) 충청남도, 1939, 『농촌진흥지도자필휴』, 129·135·156~157쪽.
47) 『東亞法政新聞』1929년 8월 8일자 「當面せる地方改良事業と郡面職員の頭腦改善問題」.
48) 충청남도, 『농촌진흥지도자필휴』, 132쪽.

설치를 지원하기 위해, 1938년부터 전국적으로 100개 촌락을 대상으로 보조금을 지급하였다.49) 각 도는 우량 촌락을 선발하여 보조금을 지급하거나 표창하면서 이런 시설을 확충하고 있었다.50)

회/회원의 실행사항의 선정은 규약 준칙을51) 바탕으로 기존 실적과 촌락 및 회원의 실행력을 고려하여 이루어졌다. 농진운동 이후 실행사항은 다음과 같은 방법을 통해 결정되었다. 첫째, 회원들이 자체적으로 필요한 사항을 제출하여 서로 토론하여 결정하였다. 둘째, 도·군·읍면의 농촌진흥연구회에서 연구 결정한 사항을 읍면장을 통해 전달받아 진흥회에서 결정하기도 했다. 여기서 군면농촌진흥연구회와 군면진흥회연합회의 관계를 정리할 필요가 있다. 농진운동을 지휘하는 총독부 농촌진흥위원회 산하 도군면 단위로 농촌진흥위원회가 설치되었는데, 농촌진흥연구회는 충남의 독자적인 명칭이었다. 군면농촌진흥연구회는 도의 방침에 따라 농진운동에 관한 시설과 계획을 연구·결정하고, 관계 기관을 연락·조정하며 운동의 실시를 감독하는 역할을 맡고 있었다. 이에 반해 군면진흥회연합회는 농진운동에서 진흥회가 참여할 수 있는 부분과 그 방법 등을 검토하여 산하 진흥회에게 실시를 종용하고 있었다. 따라서 진흥회연합회는 농촌진흥연구회를 지원하면서 정책의 실행을 담보하는 기관으로 위치지울 수 있고, 1940년까지 농촌진흥위원회와 함께 충남의 농진운동을 이끌고 있었다.52) 셋째,

---

49) 조선총독부, 1940, 『施政三十年史』, 815쪽.
50) 『동아일보』 1939년 11월 22일자 「7개 優良村落表彰, 18일 忠南道發表」.
51) '진흥회의 실행사항': 법령의 전달 철저/학령아동의 취학 권유/국어(일본어), 언문(조선어)의 보급/관공서, 학교와 연락을 긴밀히 할 것/강연회, 연구회의 개설/강연회, 품평회 등에 임원의 출석/신간 서적, 신문, 잡지 등의 구입/근검저축의 장려/납세준비금 적립여행/도로제방 등의 공동개수 등. '회원의 실행사항' : 덕업상권/과실상규/예속상교/환난상휼/산업개량/위생(각 강목별 세부 사항은 제2부 2장 참조).

道郡面의 일반적인 지시 사항을 회의 형식을 거쳐 정하는 것이다.53) 첫 번째와 세 번째는 종래부터 해오던 선정 방식이었다.

이상을 보면, 진흥회원들은 각자의 요구 혹은 촌락의 공동 사항을 진흥회에 제출하여 협의 결정하기도 했으나, 둘째・셋째와 같이 군읍면(농촌진흥위원회)을 통해 식민지 농촌・농업의 정책을 부분적으로 받아 협의 형식을 거쳐 실행하고 있었다. 이로써 진흥회는 관의 정책을 말단에까지 전달・확산시키는 매체로 기능하고 있었음을 알 수 있다. 1920년대부터 군면에서 진흥회를 통일적으로 지도하기 위해, 진흥회연합회를 설치하고 군수와 면장이 회장이 되기도 했는데, 이것 역시 진흥회가 행정보조기구이기 때문에 취해진 조치였다.

진흥회와 회원의 실행사항은 모두 일상을 유지하는 데 필요한 사항이었다. 일제는 기존 촌락의 질서와 기능을 진흥회로 전환하여, 진흥회를 중심으로 생활이 가능하도록 유도하고 있었다. 이를 위해 동리의 중앙에 진흥회의 집회소를 마련하였던 것이다. 진흥회가 농민들의 생활에서 큰 비중을 차지한다면, 회원에 대한 제명 조치는 실행사항을 실천하도록 압박하기에 충분했다. 이전에는 경고성 훈계를 하고 위약금을 징수하는 정도로 규정했지만, 1932년 이후에는 제명 조치를 포함시켰다. 동리의 사람들이 대부분 진흥회에 가입된 상황에서, 제명을 당한다는 사실은 사회적 고립을 의미하는 것이다. 이는 진흥회가 농민들의 생활과 불가분한 관계로 발전하고 있었음을 보여준다.

한편 농진운동이 정신적 지도를 바탕으로 농가의 경제적 갱생을 표방하고, 식량충실・수지개선・부채정리를 중심으로 가시적 성

---

52) 『동아일보』 1940년 6월 9일자 「論山郡振興會聯合會」.
53) 충청남도, 『振興の忠南』, 9~10쪽.

과를 거두려고 한 만큼, 진흥회의 지도 방침도 영향을 받지 않을 수 없었다. '진흥회 지도요항'의 '지도사항'을 보면, 농사개량·생산증가·영농의 합리화·자급자족 방도 강구·소비절약·근검저축 등을 강조하여 경제적 갱생에 중심을 두는 양상을 띠었다. '지도의 실제'에서도 수입증가·출비절약·부채정리 및 저축이행 등을 크게 다루고 있었고, 향약정신에 입각한 국민적 정신과 공민적 훈련을 강조하고 있었다.

농진운동 아래 충남은 기존 진흥회를 개편하고 기능을 강화하는 한편 농진운동의 내용을 기존 사업에 추가해 넣었고, 진흥회가 아직 설치되지 않은 지역에는 진흥회를 지속적으로 설치해 갔다. 1934년 3월말 현재 충남의 진흥회 현황을 보면, 진흥회 2,334개, 회원 수 179,996명, 기본재산 181,213원, 공유재산 68,572원, 저축 98,192원이었다.[54] 2,256개 동리에 진흥회가 2,334개가 설치되어 설치율 103%를 기록하여, 1928년말 76%에 비해 큰 진전이 있었다. 동리가 큰 곳은 1개 동리에 2개의 진흥회를 설치할 수 있었지만, 대체로 동리마다 진흥회가 설치된 것으로 보아도 무방하다. 이러한 외형적 성장과 함께 진흥회는 행정보조기구로서 농민들의 삶을 통제하는 수단으로 자리잡고 있었다.

2. 공려조합의 설치와 기능

1) 공려조합의 설치와 전개

일제는 농진운동을 전개하여 1920년대까지 도별로 동리 혹은 촌

---

[54] 충청남도, 『振興の忠南』, 8쪽. 진흥회 2,334개 중에는 모범진흥회 25개, 지정진흥회 41개였다.

락 단위로 설치하던 관제조직을 농진운동의 실행조직인 농촌진흥회(도별로 명칭의 차이가 있음)로 통합하고 이를 전국적으로 설치해 갔다. 충청남도는 농진운동이 시작되자 총독부의 방침에 따라 기존 진흥회를 유지하고 강화하는 한편, 그 아래 촌락을 단위로 공려조합(충남의 농촌진흥회의 명칭)을 보급해 갔다.

농진운동 아래 진흥회와 공려조합의 관계를 살펴보자. 농진운동에 대응하여 새로 제시된 '진흥회의 지도자'에 대한 규정을 보면, 진흥회의 고문인 군면직원, 경찰, 학교 직원은 이전과 달리 직접적인 지도자와 간접적인 지도자로 구분되었다. 전자에는 郡·郡산업단체직원·郡교화주사·면장, 후자에는 경찰·교원·금융조합이사가 배치되었다.55) 이와 같이 군면 중심과 학교 경찰 중심으로 일선기관을 구분하여 역할을 조정한 것은 농진운동의 공려조합에서 그렇게 했기 때문이었다. 일제는 진흥회를 지도하는 기관 계통을 공려조합의 그것과 일치시켜, 진흥회가 농진운동의 기초적 정지 작업을 확실히 할 수 있도록 조치를 취했던 것이다. 그리고 앞에서 언급했듯이 농진운동에서 추구하고 있던 사항을 진흥회에서 수용하여 실행하도록 했다.

농가갱생5개년계획을 실시하는 지도부락이 모범진흥회 혹은 지정진흥회의 구역에 들어올 경우는 진흥회의 부속기구로 農事部를 두어 지도부락을 관장하고, 그렇지 않을 경우(보통진흥회의 구역이나 진흥회 미설치 동리)에는 공려조합을 설치하도록 했다. 충남은 이미 1910년대부터 동리 단위 진흥회가 설치되어 독특하게 발전하고 있었기 때문에, 진흥회 조직을 바탕으로 다른 도와 다른 형태의 농진운동의 실행조직을 두었던 것이다. 농사부와 공려조합은 모두 지도부락 내에 있는 농가의 경제갱생을 도모하기 위해 설치

---

55) 학무국 사회교육과, 『향약사업보고서류』, 981~982쪽.

되었다는 점에서 같다. 그러나 충남은 두 종류의 명칭 사용이 지도와 사무 처리에 지장을 준다고 보고, 1933년 12월 20일 농사부 명칭을 폐지하고 공려조합으로 통일했다. 진흥회의 구역에 설치된 공려조합은 '○진흥회 ○부락공려조합', 그렇지 않은 공려조합은 '○부락공려조합'이라고 구분하였다.56)

충남은 공려조합을 설치하면서, 농진운동을 보편적으로 확충하는 데 기초공작을 하는 수단으로 진흥회를 활용했다. 진흥회는 지역 사회에서 여전히 소홀히 할 수 없는 유생 집단인 유림, 문묘 혹은 읍면과 같은 외부와의 관계를 넓히면서 농진운동의 목적을 달성하기 위한 기반을 조성하고 있었다. 공려조합이 물심양면의 '갱생'을 목적으로 하면서도 물적 갱생에 중점을 두었다면, 진흥회는 지도부락 즉 공려조합이 설치될 예정 촌락의 농민들에게 좀더 포괄적인 사항을 장려하면서 농진운동의 분위기를 조성하는 역할을 수행하고 있었다.57) 이른바 예비훈련이라 하여 준비공작을 수행하고 있었던 것이다.58) 그러나 진흥회 구역에 공려조합 즉 지도부락이 설치되지 않은 경우에는, 진흥회가 기존 활동을 바탕으로 물적 갱생을 주도하였다.59)

'공려조합규약준칙(1932년 9월 30일)'에 따르면, 조합장과 부조합장은 1명, 고문·위원·조장(반장)은 각각 약간명으로 임원이 구성되었다. 조합장은 조합을 대표하여 조합 사무를 총괄 지휘하고, 위원은 조합의 실행 사항을 분담하여 지도하고, 조장은 자기의 구역(조합 구역을 몇 개의 조로 나눔)의 농가를 중재하였다. 그런데 중요한 것은 조합장과 부조합장은 군수가, 위원과 조장은 읍면장

---

56) 충청남도, 『농촌진흥지도자필휴』, 198쪽.
57) 충청남도, 『振興の忠南』, 146쪽.
58) 충청남도, 『농촌진흥지도자필휴』, 305쪽.
59) 이는 제2부 2장의 봉암리 진흥회를 참고할 것.

이 임명한다는 점이다. 그리고 공려조합의 통제 아래에 있는 지도부락은 5개년 계획을 마친 뒤에 갱생공려부락으로 전환하고, 공려조합의 임원도 위원장 아래 부문별 위원으로 개편되었다. 이때의 위원장과 위원도 읍면장이 임명하였다.60) 진흥회장은 비록 형식적일지라도 회원들이 뽑고 이를 군수 등이 임명하는 절차를 취했는데,61) 공려조합(갱생공려부락)의 조합장(위원장) 등 임원에 대한 임명은 군수와 읍면장 혹은 읍면장이 하였던 것이다. 이로써 공려조합장과 그 임원들은 군면으로 대표되는 식민지권력으로부터 직접 임명되어, 일제의 외곽단체로 기능하고 있었음을 알 수 있다.62) 충남의 공려조합을 통해, 농진운동의 말단조직인 농촌진흥회(공려조합을 포함한 일반적인 명칭) 임원에 대한 관의 통제가 임명 방식으로 직접 행사되고 있었음을 충남에서 볼 수 있다.

1935년 4월 현재 농가 215,000호, 촌락 6,122개를 대상으로, 1935년 이후 10년간 실시될 공려조합확충계획(조합수/조합원수)에 따르면, 6,530개 촌락에 209,973호를 포섭할 예정이었다. 농가 호수 1,118호가 공려조합에서 제외되었다.63) 2부 2장에서 살펴볼 연기군 서면 봉암리 진흥회처럼 소위 모범진흥회에 공려조합이 설치되지 않을 때는 이런 제외 호수가 나오게 된다. 그리고 촌락 6,122개와 공려조합 6,530개 사이에 차이가 있는 것은 농가갱생계획을 실시

---

60) 충청남도, 『농촌진흥지도자필휴』, 142·240·293~294·316쪽.
61) 주41) 참조.
62) 이 점은 경북에서는 도비와 면경비에 농촌진흥조성비를 책정하여 농촌진흥회에게 보조금을 지급하고 있었던 사실(1부 2장)과 함께 농촌진흥회의 성격이 관치보조조직임을 명백히 증명한다.
63) 1933년 99/3,646→1934년 209/5,731→1935년 375/9,284→1936년 386/9,981→1937년 468/14,676→1938년 565/18,929→1939 620/21,093→1940 794/22,608→1941 728/24,074→1942 758/25,555→1943 795/26,418→1944 833개/27,978명(충청남도, 『농촌진흥지도자필휴』, 292·303쪽).

해야 하는 농가는 전혀 누락하지 않도록 한다는 방침에서 나온 결과이다. 즉 위의 수치에 따르면(215,000/6,122), 1개 조합당 평균 35호 정도를 조합원으로 포섭하게 된다. 이 중 갱생지도가 필요하다고 인정되는 경우는 대개 30호였다. 그런데 1936년 초 과거 3년간 갱생계획수립의 실적을 보면, 1조합 평균 22호 정도로 계획을 수립해야 할 농가(빈농)의 상당수가 제외되어 있었다. 이에 1936년 1월 15일자 내무부장 통첩에서는 공려조합의 구역을 확정할 때, 취락에서 멀리 떨어져 있는 농가의 소속을 분명히 하도록 지시했다. 이에 따라 규모가 적은 촌락은 주변에 흩어져 있는 농가를 포함하여 1개 조합을 만들게 했고 중도에 전입된 농가도 공려조합에 소속시켜, 대상 농가로서 누락되는 일이 없도록 했다.[64] 따라서 조합 수가 증가한 것은 이같이 흩어져 있는 농가들을 포용하여 새로 조합을 결성하면서 야기된 결과이다. 충남에서는 농진운동이 확충단계에 들어간 1936년 중간 점검을 통해, 지도가 용이하지 않아 누락되는 경우가 많은 농가에 대해서도 철저하게 파악하여 통제권 아래에 두려고 했다.

　공려조합을 중심으로 관할 지도부락의 농가들이 갱생5개년계획을 완료하면, 일제는 그 촌락을 갱생공려부락으로 전환하고 농민들이 이전보다 자치적으로 갱생운동을 전개하도록 했다. 그리고 이때 1935년 황해도에서 시작되었던 부문위원제로 조합 간부를 구성했다.[65] 위원장과 위원은 읍면장으로부터 사령장과 門札을 받고 활동하였다. 門札은 가옥의 정면에서 가장 보기 쉬운 곳에 내걸어, 위원(장)이 직책에 대해 일종의 자부심을 갖도록 했다. 그리고 위원장은 대체로 진흥회장이 맡도록 했다. 면의 지시 사항은 구장이 받

---

64) 충청남도, 『농촌진흥지도자필휴』, 303~304쪽.
65) 황해도, 1937.9, 『농산어촌진흥자료』.

아 조합장(위원장)에게 전달하는 것이 관례이지만, 구장과 조합장을 동일인으로 하면, 그만큼 전달의 정확성과 신속성이 담보되기 때문에, 양자를 동일인으로 하는 경우가 늘어갔다.66) 그리고 군면에서는 위원장과 위원에 대한 정신적 우대와 약간의 물적 사례로써 그들의 사회적 권위와 지위를 보호하려는 조치도 강구했다. 갱생공려부락으로 이행할 경우, 첫 번째 총회에 읍면장이 참석하여 농민들에게 자주와 공려로 관의 시책에 따를 것을 강조하고 있었다.67)

이와 같이 충남의 공려조합을 통해 농진운동의 말단 실행조직이 명실공히 관치보조기구였음을 확인할 수 있다. 또 공려조합장과 구장을 동일인으로 조정하면서 이를 매개로 관의 촌락과 농가에 대한 통제력은 한층 확대되어 갔다. 이런 상황에서 진흥회는 공려조합의 활동 여건을 조성하거나 직접 독자적으로 농진운동에 참여하고 있었다.

2) 공려조합의 기능

농진운동은 농촌을 대상으로 농업정책을 위시하여 지방행정의 전반을 종합한 관제사업이었고, 말단조직 공려조합(=농촌진흥회)은 생활의 터전인 촌락의 공동체적 기능을 흡수 대체해 가고 있었다. 이하에는 여러 기능 중 당시 농민들의 최대 관심사인 소작관계와 수리시설의 문제에 공려조합이 어떤 역할을 했는지 알아보고자 한다.

충남에서는 농진운동의 성과를 거두기 위한 '기초 공작'으로 '소작권 안정' 문제를 꼽았다. 이에 논밭을 합쳐 경지 면적 5단보 이하

---

66) 八尋生男, 1940.10,「農村振興會長の敎養促進」『자력갱생휘보』85, 5쪽.
67) 충청남도,『농촌진흥지도자필휴』, 239~243쪽.

인 농가를 '과소농'이라 하여, 이들이 5단보 이상에 도달할 수 있도록 경지를 알선하는 것을 농진운동의 중요 사업의 하나로 삼았다.[68] 앞에서 언급했듯이 공려조합은 갱생지도 대상 농가를 빠짐없이 파악할 수 있도록 했는데, 바로 과소농을 두고 한 지적이었다. 1939년 2월 1일 도에서 부윤군수·경찰서장 앞으로 보낸 통첩 '공려조합원의 경지알선 등에 관한 건'을 보면, 이 계층은 지도에 많은 노력이 필요한 데 반해 실적을 올리기 어렵다고 전제한 뒤, 경지를 조정·알선하는 방법을 다음과 같이 제시하였다. 읍면은 해당 공려조합의 과소농에게 같은 조합원의 경작지 혹은 가까운 거리에 있는 사람의 경작지로서 규모가 클 경우, 그 일부를 알선하여 분양한다는 것이다. 이 알선 조정은 읍면장이 중심이 되어 주재소 수석과 읍면 유력자가 협력하여 하되, 어려울 경우는 군과 경찰서에서 담당한다는 것이다. 그리고 경지 조정만이 아니라, 과도한 소작료에 대한 조정도 함께 진행하려고 했다.[69]

충청남도는 경작지 편중현상을 해소하기 위해 소작지의 분양 문제를 이같이 통첩을 통해 구체적으로 지시하여 해결하려는 자세를 보이고 있었다. 각 군에서는 이에 호응하여 일정한 조치를 취했는데, 군별 공려조합의 지도 사항 중에서 대전군과 연기군에서는 과소농에게 기존 경지를 알선하거나 새로 개간한 경지를 우선 제공하는 것도 포함하고 있었다.[70] 이에 따라 공려조합이 농민들의 生死權에 해당하는 소작지의 문제를 해결하고, 공려조합장을 진흥회장이 겸하는 경우도 있어, 이럴 경우 공려조합을 포함하여 진흥회의 사회적 위상도 한층 강화될 가능성이 있었다.

---

68) 충청남도, 『농촌진흥지도자필휴』, 125·337쪽.
69) 충청남도, 『농촌진흥지도자필휴』, 256~257쪽.
70) 『忠南振興月報』, 1934.9.10.「共勵組合一齊督勵の槪評」.

다음과 같은 사례에서 지주소작관계와는 별개로 소작지분배와 마름의 역할 대행 등 농민들의 생활과 직결된 문제를 조합장이 처리하고 있었음을 확인할 수 있다.

> 대전군 유성면 上垈里共勵組合는 호수 32호 중 28명으로 조직되었고, 조합원은 지주 1명・자작 1명・자소작 7명・소작 19명으로 구성되었다. 조합의 사업으로 토지를 알선하여 소작권을 확립시키고, 조합장은 자신의 자작 전답을 경지가 적은 빈농 6호에게 4단보씩 소작지로 분배해 주고 있었다. 조합장은 소작인 신분의 조합원 전부에게 지주와 증서계약을 체결시키고 있었다.[71]

> 연기군 전의면 고등리 三岐共勵組合長은 구장・진흥회장・공려조합장・면협의회원・사방조림지보호조합장・공립보통학교학무위원 등을 맡고, 300석 이상 소작료 수익이 있는 자산가(자작 논 1단보・밭 2단보, 소작 논 1.9정보・밭 5단보 등)였다. 그는 촌락민 중에서 경지가 전혀 없는 자 혹은 과소한 자에게 자기가 관리하고 있는 토지를 분배하고 있었다.[72]

한편 일제는 소작관계에 적극 개입하여 위해, 종래 관행이던 구두계약을 증서계약으로 전환하도록 하였다. 1930년대 초 전국적으로 구두계약 73%, 증서계약 27%를 나타내고 있었다. 충남은 증서계약이 34%를 차지하여, 전국 평균보다 다소 높았다.[73] 연기군 서면의 '共勵組合一齊指導督勵事項' 중에 '경지 협소한 농가에 대한 소작지 알선'과 함께 '書面소작계약의 체결 철저'가 포함되어 있었

---

71) 大田郡廳, 1934.12, 「上垈里共勵組合の更生」 『朝鮮農會報』, 89~90・94~95쪽.
72) 朝鮮總督府, 1937, 『農山漁村振興功績者名鑑』, 102쪽. 공려조합장은 마름의 위치에 있거나 그런 권한을 지닌 것으로 보이는데, 당시 지주도 마름의 역할을 맡기도 했다. 마름의 신분과 직업은 지주・자작농・자소작농・소작농・관리사업 기타로 되어 있다(조선총독부 농림국, 1934, 『朝鮮ニ於ケル小作ニ關スル參考事項摘要』, 119~120쪽).
73) 조선총독부, 1932, 『朝鮮ノ小作慣行(상권)』, 15쪽.

다.74) 부여군의 공려조합에 대한 지도 사항에서도 증서계약을 강조하고 있었다.75) 1934년 7월 10일 현재 예산군 내 공려조합 23개 중에서 군면이 지도하는 공려조합에서는 증서계약이 94%를 차지하였다. 이에 반해 학교와 금융조합이 지도하는 조합의 증서계약율은 저조했다.76) 공려조합에 대한 초기 지도 계통은 군면과 학교 등으로 구분되어 있었는데, 양자의 지도 결과가 이렇게 나타나자 충남은 1935년 7월 13일자로 공려조합의 지도를 군면으로 통일하였다.77) 이렇게 도 차원의 증서계약 확대 정책은 군면을 거쳐 공려조합을 매개로 관철되고 있었다. 증서계약은 관이 소작관계에 직접 개입하기 위한 기본적인 조건이었다. 따라서 공려조합은 관의 지도를 받아 농촌·농업정책을 말단사회와 개개 농가에게 침투시키는 첨병과 같은 존재였다.

수리시설은 논농사의 안정에 핵심적인 기반이었다. 일제하 대규모 수리조합과 병행하여 洑 형태의 작은 규모의 수리시설은 전통적으로 농민들의 자체적인 노동으로 축조되었으며, 관개설비 중에서 중심적인 비중을 차지하고 있었다. 1941년 제언·洑·양수기·기타로 나누어진 관개설비 중에서 洑는 전체의 45.4%를 차지했는데, 이 중 수리조합 안에 위치한 洑는 전체 洑 시설 중에 겨우 8%를 차지하였다. 나머지 92%가 수리조합 이외의 洑였다.78) 이러한 洑의 상당수가 농민들의 힘에 의한 시설인데, 일제는 이런 洑에 대한 보수 관리를 지도해 왔고 부분적으로는 道보조금을 지급하여

---

74) 尹鳳均,『農村指導書綴』.
75)『忠南振興月報』, 1934.9.10.「共勵組合一齊督勵の概評」.
76)『忠南振興月報』, 1934.9.10.
77) 충청남도,『농촌진흥지도자필휴』, 205쪽.
78) 장시원, 1994,「산미증식계획과 농업구조의 변화」『한국사』13, 한길사, 253~254쪽.

관리와 신설을 조장하기도 했다. 농진운동에서는 이것이 농촌진흥회(공려조합·진흥회)를 중심으로 이루어지기도 하여, 이런 조직 아래 '제언계'를 조직하여 관리를 전담시키기도 했다.[79] 충남에서도 1934년도부터 洑를 몽리 구역 내 농민의 자력으로 개수하도록 행정력을 집중한다는 방침이었다.[80] 따라서 앞의 1941년 시점에서 수리조합 구역 밖의 洑 92% 중에는 공려조합 등과 같은 관제조직을 동원하여 수축 신설한 것이 상당수가 있었다고 보아야 할 것이다. 이렇게 되면 공려조합 혹은 진흥회의 농민과 촌락에서 차지하는 위상은 더욱 강화될 수밖에 없었다.

이와 같이 제반 행정과 정책이 농진운동으로 수렴되고 공려조합이 말단 실행체로 활약하면서, 진흥회의 위상이 다소 약화되는 현상도 나타났다. 모범진흥회는 이전의 성과를 바탕으로 그런대로 기능을 발휘하고 있었고 관에서도 이런 곳에 대한 지도를 계속하고 있었다. 따라서 농사부가 설치된 진흥회는 성적이 볼만하지만 그렇지 못한 일반 진흥회는 '휴면 상태'에 있는 경우도 있었다고 한다.[81] 즉 농사부는 관의 지원이 뒤따르는 모범·지정진흥회에만 설치되었기 때문에, 이런 현상은 농진운동의 성과를 내는 데 급급한 나머지 군면에서 지도하기 좋은 여건의 진흥회만 찾아가는 경향에서 나온 결과이다. 이렇게 '농사부' 중심의 지원 조처는 같은 활동을 하면서도 달리 명명된 '공려조합'과 차별성을 야기하여 정책상 난맥을 자초할 수도 있었다. 또 1933년 12월 20일 '농사부' 명칭을 폐지하고 공려조합으로 통일한 이유도 여기에 있었다. 또 진흥회를 강화하기 위해 지역별 실정에 따른 지도 방법이 필요하다

---

79) 八尋生男, 1939.8,「旱魃に 直面して」『自力更生彙報』71, 8~11쪽.
80) 충청남도,『振興の忠南』, 176쪽.
81)『매일신보』1933년 10월 21일자「振興會는 林立햇스나 指導工作不充分」.

는 의견도 나오기도 했다. 그러나 이같은 위축 현상이 진흥회 일반의 모습이라고 할 수는 없다. 뒤에서 살펴볼 봉암리 진흥회에는 공려조합이 설치되지 않았으며, 진흥회 중심으로 촌락 사업이 꾸준히 전개되고 있었다.

3. 面과 공려조합의 관계

충청남도는 농진운동의 성과 여부는 공려조합(진흥회)의 활동 여하에 달려 있고, 농민들은 조합장을 중심으로 통합되어야 한다고 인식했다. 이에 군면에서는 조합을 분담 지도할 직원을 배치하고, 군면 직원들은 자체적으로 지도와 관련된 연구회를 개최하기도 했다.

연기군 서면의 공려조합에 대한 행정 지도를 살펴보자.[82] 1936년 6월 현재 서면의 공려조합은 12개였다. 西面은 직접 혹은 書面 형식의 면직원회의를 열어 직원들에게 공려조합지도에 대한 지침을 하달하고 있었다. 예컨대 '월례회의 참석과 지도'에 대한 사항을 보면, 면서기들은 자신이 맡은 조합의 월례회에 반드시 참석한다는 원칙 아래, 당일 주야간에 걸쳐 촌락에 가서 조사와 지도를 하도록 되었다. 주간에는 농민의 생활환경부터 가계부의 기입 지도와 검열, 야간 회의의 기초 자료를 확인하고, 야간에는 가계부와 1년 계획서 그리고 연중행사표에 따라 그 달의 행사 내용을 설명 지도하는 것 등이 포함되어 있었다. 이런 내용의 지도 지침이 면장을 통해 면서기들에게 하달되고 있었다.

---

[82] 이하는 2부 2장에서 살펴볼 서면 봉암리 출신 유력자 尹鳳均이 정리 편철한 『農村指導書綴』에 의거함.

1936년 8월 1일 서면장은 농촌진흥위원과 공려조합장에게 공려조합의 지도반이 편성되었음을 통보하였다. '共勵組合面指導班'(이하 지도반)을 보면, 관내 12개 공려조합을 3개 반으로 나누고 9명의 면서기를 안배했다. 즉 3개 반의 반장으로 3명의 면서기가 배치되고 나머지 면서기 6명은 반장인 면서기와 함께 지도한다는 것이다. 면직원은 이에 대비하여 매월 첫째 토요일에 조합 지도에 대한 회의를 가졌다. 서면은 '지도반'과 별도로 3개의 '共勵組合常時指導班'(이하 상시지도반)을 조직했는데, 각 반원은 농촌진흥위원과 면서기 그리고 공려조합장(혹은 부조합장)으로 구성되었고, 반장은 필요할 때 면장이 지명하도록 했다. '상시지도반'은 '지도반'과 달리 면서기 이외 농촌진흥위원과 공려조합장(부조합장)을 포함하여, '지도반'보다 지휘 체계가 계통적이고 감독의 정도가 강했다. '상시지도반'은 '지도반'의 성과를 바탕으로 8월 17~18일, 11월 28~29일로 예정된 군의 '일제 지도독려일'과 같은 상급기관의 시찰에 대비하여 예비 지도와 감독을 하는 것이었다. 그리고 몇 차례 연기된 뒤 11월 4~5일로 예정된 군의 시찰단은 군직원 7명·군농촌진흥위원 7명·東面 직원으로 구성되어 있었다. 군직원과 군농촌진흥위원 이외 서로 다른 面이 상호 교차하여 시찰에 참여하고 있었다. 또 12개 공려조합 중 시찰 대상 조합은 9개 조합(磻岩·獨洞·典洞·龍岩·坪村·高山·元新垈·槐洞·元東里)인데,[83] 이 조합들은 자체적으로 퇴비·공터이용·공동작포 운영 등 종목별 '경진회'도 이미 개최한, 좀더 성적이 좋은 곳이었다.

이상과 같이 西面은 공려조합을 철저히 지도하기 위해 해당 지도사항을 담은 지침을 사전에 면서기에게 주지시켜 준비시키고 이

---

83) 『共勵組合之部落案內』이란 팜플렛은 9개 조합에 대한 간략한 성과와 안내를 담고 있다.

제1장 충청남도의 농촌통제조직 진흥회의 설치와 성격

를 확인하는 과정을 가졌고, 연기군은 이를 지시하고 그 경과를 감독 지휘하고 있었음을 알 수 있다. 또한 '민심작흥주간' 행사를 대비하여 면직원을 대상으로 정해진 지침도, 면직원들은 이를 확인한 뒤 구장과 진흥회장·공려조합장에게 지시하고 있었다. 면서기들은 군을 포함한 상급기관에서 하달된 사항에 기초하여 공려조합을 통제할 뿐 아니라, 개별적으로 지시된 실천 사항도 자기 한 사람의 실천에 그치지 않고, 산하 구장과 촌락조직을 매개로 이행시키고 있었다. 1930년대 면행정력의 강화는 이러한 촌락조직에 대한 지배력 확대를 통해 뒷받침되고 있었다. 이는 연기군 서면만에 해당하는 것은 아니고 충청남도의 군→면→공려조합의 지배체제의 일반적 형태로 보아도 무방하다고 생각한다. 1937년 4월말 현재 서면의 '공려조합지도분담표'를 보면, 면서기뿐만 아니라 군직원도 포함되어 있었다. 공려조합에 대한 군면의 직접 지배력이 강화되고 있음을 알 수 있다.

　1937년 5월 현재 연기군에 설치된 공려조합은 76개이고, 조합원은 2,363명이었다. 이 중 西面은 1936년과 같이 12개 동리에 12개 조합이었다. 그러나 1년 사이에 자작농창정사업의 혜택을 받은 호수가 16호이고, 1936년과 1937년의 통계가 있는 9개 조합 중 6개 조합에서 12호가 줄었다.[84] 자작농으로 설정된 농가가 있었던 이 면에는 이와 같이 촌락을 떠나는 농가도 존재하여, 한 쪽의 희생을 담보하여 다른 한쪽에게 다소 '갱생'의 가능성이 있었던 것이다.[85] 연기군의 공려조합확충계획에 따르면 1944년까지 226개를 설치할 예정이었다.[86] 군내 338개 촌락 중에서 이미 조합이 설치된 76개

---

84) 郡內 사정 제1호『燕岐郡の共勵組合』;『農村指導書綴』에 수록됨.
85) 西面,『部落案內』;『農村指導書綴』에 수록됨.
86) 1938년 29개→1939년 27개→1940년 34개→1941년 33개→1942년 35개
　　→1943년 35개→1944년 33개.

촌락과 이후 226개 촌락에 들어오는 조합을 포함하면 302개 촌락만 공려조합의 통제망에 놓이게 되고, 나머지 36개 촌락은 외형상 통제권에서 벗어난 것처럼 보인다. 그러나 뒤에 언급할 서면의 봉암리와 같이, 공려조합 없이 진흥회 중심으로 면행정을 충실하게 이행하던 곳도 있었다.

한편 중일전쟁의 발발로 정세가 악화되면서, 면의 '공려조합에 대한 지도 사항'도 시국 색채를 띠기 시작했다. 1938년 3월 '농촌진흥사무의 행사'와 관련한 면의 지침에서, 면서기는 공려조합의 월례회에 반드시 참석하여, 월례회 당일을 애국일로 정하여 회의 시작 전에 애국일 행사(皇居遙拜→국가제창→講話→황국신민의 서사 제송→천황폐하만세삼창)를 거행하도록 했다. 그리고 같은 해 4월 26일~5월 2일로 예정된 '국민정신총동원총후보국강조주간' 실시와 관련된 지침에는 '근로일'에 실시해야 할 행사 내용과 "시국은 무엇 때문에 오래 걸리냐"에 대한 훈화 등을 담고 있었다. 그리고 이 주간 행사를 대비하여 진흥회장과 공려조합의 간부들을 대상으로 사전교육 성격의 좌담회가 열리기도 했다. 그리고 서면장은 1938년 7월 4일자 통첩 '지나사변 발발 1주년 기념 실시 요항에 관한 건'을 구장들에게 발송하여, 7월 7일 당일 마을의 집회장 혹은 적당한 장소에 사람들을 전부 집합시켜 기념식을 거행할 것과, 훈화의 내용(장기전에 대비한 견인지구의 마음가짐, 군국의 은혜에 대한 보답, 농민의 생업보국의 길 등)과 생업보국 작업 등을 자세히 지시하고 있었다.

이상과 같이 面과 진흥회·공려조합의 지시 명령 계통을 살펴보았다. 진흥회와 공려조합 역시 면의 통제 아래 농민들의 생활에 매우 중요한 기능을 수렴하며 점차 발전하고 있었다. 충청남도는 군면 아래 진흥회와 공려조합과 같은 말단조직을 앞세워 농촌사회를 식민지질서로 재편하고 있었다. 1930년대 면행정력의 강화는[87] 이러한 촌락에 대한 지배력 확대를 통해 뒷받침되고 있었다. 충남의 농촌통제정책은 농진운동을 계기로 전국을 대상으로 농촌통제정책을 확대 실시하게 되는 데 선도적인 역할을 하였다고 평가할 수 있다.

전북 금산군에서 연기군 전동면으로 전근하여 온 한 면서기는 "금산에서도 면은 실로 바빴다고 생각했는데, 충남에 와 보니 바쁘다고 할 정도를 넘어 문자 그대로 불면불휴의 형태이다. 面의 사무가 어떠하든 면에 있는 우리들은 매월 반드시 20일 이상 갱생지도부락에 나가지 않으면 안된다"고 근무의 일단을 소개했다. 그렇게 바쁜데 면사무는 언제 보느냐는 질문에 그는 옆에 끼고 있던 보자기를 보이면서 처리해야 할 서류는 출장지에 가지고 가서 짬을 내어 처리한다고 하였다.[88] 이런 사실도 충남의 지방지배정책이 상대적으로 농밀하게 전개되고 있었음을 반증한다고 할 수 있다.

충남의 진흥회는 1920~1930년대 전국에서 독특한 관제촌락조직으로 발전하였다. 진흥회는 1932년 4월 경 전국적으로 관제촌락조직의 84%를 차지할 정도로 농촌사회를 식민지질서로 재편하는 데 앞장서고 있었다. 특히 총독부가 1930년대 농진운동의 정신적 기반으로 향약정신을 채택하여 관제조직에 향약정신을 수용하도록 했던 것도 진흥회를 주된 지표로 삼았기 때문이었다.

충남은 3·1운동을 전후하여 사상통제를 비롯한 체제안정화와

---

87) 1930~1940년대 면행정에 대한 연구는 김익한, 1997, 「1930년대 일제의 지방지배와 면 행정」『한국사론』37 ; 한긍희, 2000, 「일제하 전시체제기 지방행정 강화 정책」『국사관논총』88 참조.

88) 李台珪(전라북도 금산군청), 1937.12, 「忠南優良農村視察所感(一)」『조선지방행정』, 114쪽.

식민지농정을 촌락에까지 전달하기 위한 말단 통로로 진흥회를 설치하였다. 진흥회는 행정동리 단위로 설치되어 촌락 단위의 조직보다 통합력이 약할 여지가 있었다. 그러나 일제는 농민들의 생활에 필요한 제반 사항과 기존 촌락의 질서를 진흥회로 전환시켜, 농민들이 진흥회를 중심으로 생활할 수 있도록 유도하고 있었다.

또 진흥회 제도의 특징 중의 하나가 진흥회를 군면 단위로 아우르는 연합회의 존재였다. 군면연합회는 면·동리의 유력자들의 정치적 욕구를 어느 정도 해소할 수 있는 출구이기도 했다. 진흥회장들은 군(면)연합회에 참석하여, 자기 동리를 포함하여 지역사회의 현안도 대변하면서 일정하게 정치 사회적 지위와 권위를 확보하고 있었다. 따라서 지역사회에서 진흥회의 위상이 꽤 컸음을 짐작할 수 있다. 이러한 군면연합회의 존재가 촌락보다 결속력이 약한 동리를 단위로 결성된 진흥회의 '약점'을 보완하는 성격이 있지 않았나 생각된다.

충청남도의 농촌통제정책은 농진운동을 계기로 기존 진흥회의 활동과 함께 동리 아래 촌락의 조직화를 통해 확대 심화되었다. 촌락 단위 공려조합은 농진운동의 실행조직이면서, 구역이 넓은 동리 단위 진흥회의 통제망을 보완하는 성격도 띠었다. 또한 진흥회는 농진운동 아래 공려조합의 기반을 조성하는 역할을 하면서, 양자는 면행정의 토대를 넓히는 데 주된 행정보조기구로 기능하였다.

충청남도는 경작지 편중현상을 해소하는 문제를 농진운동의 중요한 사업의 하나로 인식하고, 과소농을 대상으로 한 소작지의 알선 분양을 적극 검토하였고, 일부 군에서는 이에 호응하여 일정한 성과를 거두고 있었다. 공려조합 혹은 진흥회는 농민들의 生死權에 해당하는 소작지 문제와 안정된 영농에 필수적인 洑와 같은 수리시설의 신설과 개수를 담당하고 있었기 때문에, 그 사회적 위상과 농민들에게 대한 통제력이 클 가능성이 있었다. 그러나 충청남도 차원에서 또 진흥회가 특히 소작지 문제를 실제 얼마나 해결하고 있었을까 하면, 가시적이고 뚜렷한 진전을 이룰 정도는 아니었다고 생각한다.

충남에서는 군수가 공려조합장과 부조합장, 면장이 기타 간부의 임명권을 행사하고 있어, 공려조합은 관의 직접 통제 아래 있었다. 공려조합이 면 아래 촌락에 조직되었기 때문에 실질적인 지도는 면에서 담당하고 있었다. 면에서는 공려조합을 정책에 따라 이용하기 위해, 면서기들에게 담당할 공려조합을 배정하여 지도의 책임을 맡겼고 사전에 지도지침을 하달하여 대비시키고 있었다. 면서기들은 군을 포함한 상급기관에서 하달된 사항에 기초하여 면행정을 공려조합에 전달하고 지도 감독하였다. 또 면서기의 공려조합과 촌락에 대한 지도 정도를 확인하는 '지도반'이 군면 차원에서 구성되어 작동하고 있었다.

그리고 공려조합은 면의 직접 지배 아래 지시를 받아 이를 해당 조합원과 농민들에게 전달하고 실행시키고 있었다. 1930년대 면행정력의 강화는 연기군 서면에서 확인한 이러한 공려조합(=농촌진흥회)의 촌락에 대한 지배력 확대를 통해 뒷받침되고 있었던 것이다. 이로써 농진운동의 말단조직이 관치보조기구임을 확실히 증명할 수 있게 되었다. 이때 진흥회는 공려조합의 기반을 조성하는 역할을 하고 있었으며, 공려조합이 설치되지 못한 곳 – 이미 면행정을 충실히 따르는 '모범적' 진흥회는 제외하고 – 에서는 관의 행정력을 보완하면서 농진운동을 포함하여 정책의 말단 침투를 지원하는 위치에 있었다. 진흥회와 공려조합은 면의 직접 지배 아래 농촌·농업정책을 말단사회와 개개 농가에게 관철시키는 첨병과 같은 존재로 기능하고 있었다.

이렇게 해서 1930년대 충남의 농촌통제체제는 도→군→면→진흥회·공려조합으로 구축되었다. 실제로 진흥회나 공려조합이 어느 정도 면의 별동대와 같이 활약했는지는 구체적인 사례를 통해 검토해야 하는데, 진흥회의 사례는 2장에서 봉암리를 통해 살펴보려고 한다.

제2장

충청남도 진흥회의 사례
― 연기군 서면 봉암리 진흥회 ―

충청남도가 농촌사회를 재배하기 위해 설치한 振興會는 1920~30년대 전국에서 독특한 관제조직으로 발전하였다. 진흥회는 동리(新洞里)에 설치되어 자연촌락(舊洞里)에 근거한 조직보다 통합력이 약할 여지가 있었다. 그러나 진흥회는 농민들의 생활에 필요한 제반 사항을 흡수하였고, 郡面振興會聯合會는 구역 내 진흥회를 연락·통제하면서 면행정의 침투를 지원하고 있었다. 이에 진흥회장은 동리 단위의 역할만이 아니라 군면 단위로 자신의 사회적 권위를 넓힐 수 있었다. 이러한 성격의 진흥회는 식민지권력의 농촌과 농민에 대한 지배력을 확장시키는 데, 선도적 역할을 하였다. 1930년대 충남은 진흥회의 조직과 활동을 유지하면서, 농촌진흥운동에 대응하여 동리 아래 자연촌락까지 관제조직으로 지배하기 시작하였다.

연기군 서면 봉암리 진흥회는 충청남도가 진흥회 제도를 통해 달성하려고 했던 정책적 의도 즉 촌락질서의 재편과 면행정의 침투가 상당히 진전된 곳이다. 봉암리 진흥회를 하나의 사례로 검토하는 작업은 진흥회의 사회적 기능과 위상, 진흥회를 둘러싼 농민(촌락)과 식민지권력의 관계, 농민과 관을 중개하는 중심인물의 역할 등을 해명하는 데 매우 유용하다. 즉 봉암리 진흥회를 통해 일제의 농촌통제정책의 구체적인 내용과 성격의 일단을 확인할 수 있다.

따라서 이 장에서는 먼저 봉암리의 사회경제적 배경을 정리하여 이 곳에서 진흥회가 이례적으로 발전할 수 있었던 조건을 이해하고자 한다. 둘째, 진흥회의 사업 내용을 시기별로 검토하여 진흥회가 어떻게 농민들의 생활의 중심으로 발전할 수 있었는지를 밝히고자 한다. 이 문제는 진흥회의 사회적 기능과 농민들의 대응과 연결되는 부분이다. 셋째, 이같은 진흥회의 활동은 봉암리의 사회질서에 어떠한 영향을 주었는가를 살펴보려고 한다.

제1절 연기군 서면 봉암리의 사회경제적 배경

1. 연기군의 사회경제적 성격

1911년 연기군은 군청을 南面 연기리에서 鳥致院里로 이전했으며, 1914년에 全義郡 일부·천안군 일부·청주군 일부·공주군 일부·대전군 일부를 편입하고, 南面의 일부를 공주로 이속시킨 뒤, 행정구역을 동・서・남・북・錦南・全義・全東의 7개 면으로 정했다. 西面은 北二面 일부를 중심으로 北一面・郡內面의 일부를 편입하여 36개 동리(舊洞里)로 성립했다가, 다시 동리 구역을 정리하여 36개 동리를 9개 동리(신동리)로 개편하였다. 이때 봉암리에 면사무소가 들어왔다. 1917년 面制 실시 때 北面을 둘로 나누어, 鳥致院・竹內 2개 동리를 鳥致院面으로 정하고, 나머지 9개 동리를 서면에 편입시켰다. 이로서 서면은 18개 동리를 관할하게 되었으며, 봉암리에 있던 면사무소는 이 무렵 조치원면 조치원리로 이전되었다.[1] 조치원면은 1931년 읍면제 실시에 따라 鳥致院邑으로 승격하여, 이로써 연기군은 1개 읍 6개 면으로 구성됐다.

연기군의 군청소재지가 남면에서 조치원으로 이전하여 행정의 중심지가 조치원으로 성장한 것은 일본인의 진출과 관련이 깊다. 조치원은 본래 1901년 9월초 일본인으로 구성된 경부철도 측량대가 들어와 철도공사를 시작하기 전에는 넓은 벌판에 농가가 산재한 작은 僻村에 불과했다고 한다. 1908년 4월 조치원역이 개통하여 이주자가 증가하면서 조치원은 교통의 중심지로 성장하였다.[2] 경부선은 지형상 남북으로 길게 늘어진 연기군을 남북으로 관통하였다. 1등도로는 전의・전동・조치원・서면・남면・금남면을 거쳐 대전에 이르고, 조치원에서 도청소재지 공주 방면으로 연장되었다. 이렇게 철도와 도로망의 구축으로 조치원은 사통팔달의 교통 중심

---

1) 서면의 면사무소는 1917년 조치원리에 있다가 1921년 서면 磻岩里로 이전했다. 그러나 1940년 11월 번암리 등 4개 동리가 조치원읍에 편입되면서 다시 면사무소가 조치원읍으로 옮겨졌다가, 1942년 서면 性齊里로 이전해 왔다[1933, 『燕岐誌』(燕岐郡, 1991, 『燕岐・全城誌』에 수록됨), 161, 176쪽 ; 孟義燮, 1972, 『鄒雲實記』, 287~288쪽 ; 조치원 문화원, 1993, 『향토사료』 7, 10쪽].
2) 酒井俊三郎, 1915, 『鳥致院發展誌』, 朝鮮新聞忠淸總支社, 1~2쪽.

지이며 물산의 집산지이자 상업의 요충지로 발전하였다.

　조치원이 경부선 개통을 계기로 "공주의 세력권을 잠식하여 독립된 경제적 중심을 형성"하여[3] 舊邑 남면을 제치고 군의 중심지로 성장하자, 일본 각지(1道 3府 36縣)에서 다양한 계층의 일본인들이 몰려왔다. 1914～1915년경 전체 710호 중 조선인 420호(59.2%), 일본인 276호(38.9%)이며, 전체 인구 3,166명 중 조선인 2,092명(66%), 일본인 1,025명(32.4%)으로 일본인이 1/3 이상을 차지하고 있었다. 일본인의 직업은 관리(35명)·곡물상(22)·일용품잡화상(13)·인력거 마차업(10)·농업(28)·대금업(6) 등 다양한 업종에 걸쳐 있었다.[4] 1927년경에는 조치원 전체 호수 중 일본인 호수는 35%였지만, 경지 소유면적과 토지가격이 전체 중에서 각각 115%, 217%를 차지하여,[5] 일본인들이 양질의 토지를 중심으로 집중적으로 매입하고 있었음을 알 수 있다.

　일본인들은 농장경영과 대금업을 겸하면서 토지를 겸병하는 경우가 종종 있었다. 동척은 각 면에 걸쳐 토지를 소유하고 있었고, 금남면 대평리의 千年農場은 13만원의 자본금으로, 조치원의 朝永土地株式會社는 30만원의 자본금으로 각각 농장과 대금업을 경영하면서 조선인 토지를 매입하고 있었다.[6] 그리고 조치원이 물산 집산지였기 때문에 미곡 검사와 도정업 중심의 상공업이 발달했다. 그러나 이런 경제활동에서 조선인은 "타인 심부름꾼에 불과"한 실정이었으며, 소자본의 공업까지도 전부 일본인이 경영하고 있었다고 한다.[7]

---

　3) 酒井俊三郎, 『鳥致院發展誌』, 100쪽.
　4) 酒井俊三郎, 『鳥致院發展誌』, 7～9쪽.
　5) 『동아일보』 1927년 7월 13일자 「進步는 速度이나 그 實 日人村(1)」.
　6) 조영회사는 1930년 204,000원을 대부하여 순이익 19,000원을 벌어들이고 있었다(『동아일보』 1931년 5월 19일자 「燕岐俯瞰」).

이런 상업적 기반도 주변 도시의 행정력과 산업시설의 발달에 따라 약화되기 시작했다. 1932년 10월 도청 소재지가 공주에서 대전으로 이전하고, 1921년 충북선이 개통되어 조치원을 거치지 않고 대전과 청주로 물산과 사람들이 이동하였기 때문이다. 종래 공주는 도청 소재지이면서도 경부선 철도가 지나지 않아, 조치원역에 하역된 물산이 2등도로를 이용하여 공주로 수송되고 있었다. 그런데 도청 이전으로 조치원은 상업과 교통업의 수입이 줄었고, 이는 연기군 전체 경제에 영향을 미쳤다.[8]

1932년말 현재 조선인과 일본인 사이의 토지 소유 면적과 지가를 분석해 보니, 전체 호수의 3.4%에 불과한 일본인은 연기군 토지의 6.3%(1,498.57/23,692.57), 지가로는 12.6%(375,218/2,987,251)를 차지하여, 양질의 땅을 중심으로 토지를 넓히고 있었다. 특히 조치원에서는 거의 일본인이 압도적이고(면적 50.8%, 지가 78.4%), 그 다음이 서면이었다(19.8%, 30.7%).[9]

이상에서 보듯이 연기군은 신흥 상업도시이며, 토지 소유만 보더라도 일본인이 경제를 주도하고 있었음을 알 수 있다. 서면은 조치원 다음으로 일본인의 영향권 아래 놓여 있었다. 그리고 연기군의 행정·교통과 상업의 중심지인 조치원에 서면의 사무소가 1917~1921년과 1940~1942년 사이에 있었다는 점은 서면의 개화 속도에 큰 영향을 주었다.

---

7) 『동아일보』 1927년 7월 16일자 「進步는 速度이나 그 實 日人村(4)」; 1931년 5월 19일자 「燕岐俯瞰」.
8) 『매일신보』 1933년 12월 16일자 「농촌편중은 아니나 조치원은 去益疲弊」.
9) 『燕岐誌』, 183~186쪽.

2. 봉암리의 사회경제적 배경

경부선 조치원역에서 공주를 향하여 약 4km쯤 가다가 왼쪽으로 꺾어지면, 연기군에서 보기 드문 200호 가량의 동성촌락이 있는데, 이것이 바로 봉암리이다. 금강의 상류인 미호천을 따라, 동쪽에 낮은 구릉의 鳳凰山을 두고 남쪽으로 수십 정보의 경지를 끼고 있어 背山臨水의 입지 조건을 갖추었다. 일제 초기 봉암리도 당시 관변 문헌에 거의 획일적으로 묘사되던 '도박과 주색'으로 '피폐'된 마을의 이미지를 띠었으나, 몇 가지 이 마을의 독특한 점을 식민지 권력기관이 주목하기 시작했다.

봉암리는 1914년 동리통폐합 때 영향을 받지 않았다. 봉암리는 '원래의 봉암리 전부'로 즉 1개의 구동리가 1개 신동리로 된 경우였다.10) 조선 중기 경기도 驪州에 살던 坡平 윤씨 尹顯行과 尹勘이 명당을 찾아 이 곳에 오면서, 봉암리에 윤씨가 세거하게 되었다.11)

---

10) 『燕岐誌』, 177쪽. 『新舊對照朝鮮全道府郡面里洞名稱一覽』(1917), 205쪽에 따르면, 봉암리는 북이면·군내면의 봉암리 일부를 합쳐 성립한 것으로 표기되어 있다. 북이면과 군내면에 각각 봉암리가 있었고 그 일부가 통합되어 성립되었다는 것이다. 그리고 군내면의 봉암리 일부는 남면의 洑通里에 편입한 것으로 되어 있다. 그러나 『舊韓國地方行政區域名稱一覽』(1912), 176~178쪽을 보면, 연기군의 7개면 147개 동리 중에서 봉암리는 북이면 봉암리밖에 없었다. 그리고 봉암리의 일부가 洑通里에 편입되었다는 기록을 검토하기 위해, 『燕岐誌』 173쪽과 『燕岐郡誌』(1976), 595쪽을 보았으나, 보통리에 편입된 구동리는 보통리·月里(월곡)·栢峙뿐으로 봉암리는 없었다. 그리고 『燕岐誌』에는 '원래의 봉암리 전부'가 현재의 봉암리라고 하였다. 따라서 봉암리는 구동리가 그대로 신동리가 된 것으로 판단된다.
11) 연기군지편찬위원회, 1976, 『연지군지』, 572쪽 ; 조치원 문화원, 1993,

조선 효종 2년(1651)에 서면 번암리에 창건되어 1655년 연기현에서는 유일하게 사액받은 書院이 석담을 거쳐 봉황산 아래로 옮겨져 鳳巖書院이라고 명명되었다. 이 서원은 청주 한씨와 연기의 사족, 송시열 계열의 노론계의 협력으로 발전하여, 한충·김장생·송준길·송시열을 배양했고 송시열은 이 서원의 원장을 역임하면서 봉암리만이 아니라 연기현에 상당한 영향력을 미쳤다고 한다.12) 이로써 연기군에서 봉암리의 문화적 위상을 짐작할 수 있다. 이 곳에는 "燕岐는 鳳巖으로" 끌어간다는 전설이 조선 중기 이후 구전하고 있다고 한다. 봉암은 미호천 등이 마을 외곽을 끼고 흘러 수리가 편리하여 동리 주민의 생활이 '부유'한 편이어서, 납세와 인물 배출에서 연기군에서 앞섰다고 한다.13) 이런 전통이 있어서인지 일제하 봉암에서는 사회시설 등이 다른 마을보다 앞선 면이 있었다.

다음에서는 일제하 봉암리가 모범부락·모범진흥회로 발전하는 과정에서 식민지 권력과 어떤 관계를 유지하고 있었는지 살펴보자.

봉암리는 1930년 현재 윤씨 99호(612명), 타성 106호(439명)로 205호(1,051명)에14) 이르는 거대한 동리였다. 봉암리는 행정동리이면서 윤씨를 중심으로 한 동성촌락이었다. 1930년 조사에 따르면 전국적으로 동성촌락은 15,000여 개로 전체 촌락 74,000여 개 중에서 20% 정도를 차지하고 있었고, 이 중 저명한 동성촌락은 1,685개였다. 동성촌락의 특징은 동족 이외 호수까지 포함하여 다른 촌락에 비해 상호부조와 공동성, 단결력이 견고하고, 이를 바탕으로 자

─────────
『향토사료』 7, 21쪽.
12) 이 서원은 1864년 훼철된 뒤 재건되지 못한 채, 지금 터만 남아 있다 (충청남도, 1999, 『충남의 書院·祠宇』, 475~478쪽).
13) 연기군지편찬위원회, 『연지군지』, 273쪽.
14) 조선총독부, 1933, 『朝鮮の聚落(중편)』, 466쪽.

치적인 공동활동과 시설도 상대적으로 잘 갖추고 있었다. 또 중심 사상인 유교를 바탕으로 倫常과 道義를 숭상하여 風敎가 유지되며, 조상의 업적과 가문의 계승 발전은 자제에게 달렸다고 하여 자제의 교육을 중시하였다. 일제는 이런 동성촌락의 특징에 주목하여, 사회적 단결력과 결합을 촌락 밖으로 확장시켜 명령복종・법률준수・의무이행 등의 소위 지방개량을 달성하려고 하였다. 즉 일제는 동성촌락은 동족간의 통제가 잘 되어 유순한 행동과 사고방식을 지녔고, 宗家 혹은 이를 대신할 만한 중심인물의 지도력으로 '모범부락'을 만들 수 있는 소지가 있다고 판단했다.15) 봉암에는 尹浚植・尹炳一・尹炳周・韓日東・全海關 등과 같은 몇몇 유력자들이 뚜렷한 활동을 하고 있었다.16)

봉암에는 동리에서 확보한 권위와 세력을 바탕으로 군면 나아가 도 단위로 활약하는 인물을 포함하여 식민지 관리로 근무하는 자가 5명 정도 있었다. 봉암리는 1914년부터 1917년 사이에 면소재였고, 조치원과는 4km 거리에 있으며 '郡의 中部'에 위치했다. 이런 지리적 조건도 이 곳의 개화 내지 식민지권력과의 관계 형성에 영향을 주었다.

한편 감리교회가 최초로 연기군에 들어온 것은 조치원 土谷에서 윤태만・윤철균 등이 예배를 본 데서 시작했다. 윤준식이 교회당을 신축할 부지를 기증하면서 1905년 8월 봉암에 교회가 들어오게 되었다.17) 봉암교회는 공주・천안・홍성 등지에서 활약하던 미감리교 윌리암(Williams, Frank Earl Cranston) 목사의 선교 권역의 일부였다. 윌리암 목사는 공주의 永明學校의 설립자 겸 교장이기도 했

---

15) 조선총독부, 1933, 『朝鮮の聚落(후편)』, 448・992쪽 ; 善生永助, 1943, 『朝鮮の姓氏と同族部落』, 乃江書院, 339~357쪽.
16) 이 부문은 2부 3장을 참조할 것.
17) 연기군지편찬위원회, 『연지군지』, 250~251쪽.

으며,18) 봉암에서도 尹鳳均・尹鎭英・尹鎭雄 등 몇 사람이 영명에서 수학했다. 교회는 선교 활동뿐 아니라 신학문과 신간서적을 보급하고 금주 금연과 같은 생활개선을 계몽했으며, 선교사들은 자전거와 같은 근대 문물의 체현자이기도 했다. 초창기 선교사가 자전거를 타고 다니는 모습을 두고 "논두렁에 거미가 다니는 것" 같이 신기해 했다고 한다. 교회는 적당한 인물을 평양의 성경고등학교 내지 영명학교와 같은 국내 교육기관 나아가 일본 유학까지 추천하기도 했다. 교회도 봉암리 주민의 사회변화에 대한 적응력을 높이는 데 일조했다.

한편 봉암은 조치원과 가까웠기 때문에 사회경제적으로 조치원과 밀접하였다. 1940년 이후에 작성된 『鳳嚴里 土地臺帳 謄本』을19) 보면, 일본인을 비롯한 외부에서 봉암리 소재 논밭을 상당 부분 소유하고 있었음을 알 수 있다. 일본인은 논 235,760평(78.6정보) 중에서 47,303평, 밭 138,253평(46.08정보) 중에서 24,741평을 차지하고 있었다. 논 20%, 밭 17.9%가 일본인 소유였다. 일본인 소유의 논은 앞에서 언급했던 조치원 소재 토지회사인 조영회사(35%), 일본인 首藤定(26.5%)에게 집중되었다.

일본인 이외 조선인 외지인을 포함하면 논 80,377평 즉 34%가 부재지주의 소유였다. 또 논과 밭을 합친 124.68정보(374,013평) 중

---

18) 기독교백과사전편찬위원회 편, 1984, 『기독교대백과사전』 12, 기독교문사, 460쪽. 윌리암 목사는 1940년 강제 귀국당하였다가 해방 후 미군정청 하지 중장의 농업정책 고문으로 내한하여 활약했고, 공주에서 태어난 그의 아들도 해군 장교로 와서 하지의 한국어 통역관으로 정치자문까지 하면서 해방 정국에서 좌익세력의 활동에 제동을 걸었다고 한다.
19) 23번지 논은 마을의 尹澤均이 1940년 4월에 소유권을 이전받았는데(연기군 소장 『폐쇄토지대장』에서 확인), 이 토지대장 등본에 윤택균이 23번지의 소유자로 등재되어 있기 때문에, 이 자료의 작성 시점을 1940년 4월 이후로 보는 것이다.

에서 72.87정보(218,630평) 즉 약 58.5%에서 생산되는 수익이 외부로 유출되고 있는 셈이었다. 봉암리 주민 중에 일부가 인근 월하리 등지의 토지를 소유하고 있기도 했지만, 일반적으로 농민의 농업기반은 열악했다고 할 수 있다.

이상과 같이 봉암은 동성촌락으로서 유력자를 중심으로 유교적 전통과 근대적 기반(식민지 관리·학교·교회)이 결합되어 있었다. 또 봉암은 일본인을 비롯한 외지 사람들이 경제적 기반을 크게 잠식하고 있었으나, 조치원 인접 지역이란 점을 활용하여 경제적 여건을 타개할 수 있는 조건도 형성되어 있었다. 이러한 사회경제적 조건들이 결합되어 봉암리를 '모범부락'으로 추동하고 있었다.

제2절 1919~1930년대 초 진흥회의 설치와 전개 과정

1. 진흥회의 설치와 조직

1913년경 봉암리는 여느 마을과 마찬가지로 '衰墮'하는 양상을 띠었다. 특히 조치원역과 가까워 철도 보급과 도시화의 긍정적인 영향만이 아니라 부정적인 영향을 한층 더 받을 가능성이 있었다. 조치원역에 하역되는 화물은 이제까지 알지 못하던 물적 욕구를 자극하기에 충분했다. 이런 환경은 경제적 자급성을 파괴하면서 상품화폐 경제를 빠르게 보급시킬 뿐아니라 기존 경제기반을 약화

제2장 충청남도 진흥회의 사례 417

시켰다. 봉암 역시 다른 마을과 같이 초기 상품화폐경제의 침투에 적응하지 못하여 '피폐'한 모습을 드러내고 있었다. 또 마을의 동북쪽을 흐르는 월하천과 금강의 지류인 미호천이 범람할 때는 크게 타격을 받았다. 자연히 곤궁하고 불안정한 생활과 영농이 이어지고 있었다. 1920년을 전후하여 200호 가량의 호수 중에서 부동산을 소유하는 경우는 63호에 불과하였다.[20]

이러한 동리를 일으킬 목적으로 몇몇 뜻 있는 사람들이 중심이 되어 改良契를 설치하여 얼마간 성과를 거두는 듯 했으나, 계의 내부에 분란이 생겨 중지되었다. 1916년 道의 정책으로 진흥회 설립이 장려될 때도, 봉암은 改良契의 후유증으로 진흥회는 있었으나 형식적이었다. 초기 진흥회의 유명무실화는 봉암만이 아니라 일반적인 현상이었다. 1919년 9월 도에서 진흥회를 다시 일으킬 때, 유지 윤준식·윤병주가 중심이 되어 같은 해 10월 11일(음 9월 18일) 道참여관 鄭蘭敎가 참석한 가운데 발회식을 거행했다.[21] 한 동리의 진흥회 출범에 도참여관이 임석하였다는 사실은 도 차원에서 진흥회 사업이 매우 중요한 정책이었음을 보여줌과 동시에 봉암리 진흥회의 발전 가능성에 대한 기대감의 표시로 볼 수 있다.

<표 2-2>을 보면(438쪽), 1920년대 말 진흥회의 회원은 200호 중에서 189명이었다. 호별 대표(호주, 세대주)가 회원이 되고 있어, 94.5%의 가입율로 상당한 통합력을 보였는데, 이후 100%(204/204)를 기록하였다. 모든 마을 사람들이 진흥회의 통제권에 포섭되어 갔다. 봉암리는 1920~1930년대 초까지 4대 향약 강목을 핵심으로

---

20) 충청남도, 1933, 『伸び行く農村』, 142쪽.
21) 조선총독부 학무국 사회과, 『農村は輝く』, 117쪽 ; 「燕岐郡西面鳳岩里振興會ノ事績」. 봉암리 유지 윤봉균이 작성하여 편철한 『里勢書類綴』에는 「燕岐郡西面鳳岩里振興會ノ事績」, 「庚辰年 鳳岩里現況」, 「現況表」(1941) 3종류의 봉암리 관계 자료가 수록되어 있다.

한 진흥회 규약준칙을 그대로 수용하고 있었다. 그러나 논산군 광석면 갈산리는 이와 달랐다. 갈산리는 1920~1930년대 신문과 잡지 등을 통해 전국적으로 모범부락·모범진흥회로 명성을 떨친 곳이다. 갈산리 전체 토지는 동척과 國武喜次郞이 경영하는 농장이 나누어 소유하고 있었고, 진흥회 부회장과 재무이사를 겸하는 일본인 靑木喜八과 그의 부친이 갈산리를 일본식 촌락으로 개조하고 있었다.22) 갈산리 진흥회의 규약에서 향약의 정신은 '충효 중시' '長上 공경' 정도를 규정하는 정도였다. 이에 반해 봉암리는 도에서 제시한 준칙에 따라 향약 강목을 회원의 실행사항으로 명시하고 있었다. 봉암리에는 일본인 소유의 토지가 많았으나 일본인은 전혀 거주하지 않았고, 오랜 전통의 동성촌락으로서 유력한 인물을 중심으로 대체로 통합되었기 때문에, 향약 강목이 진흥회의 기본 골격을 이루고 있었다고 생각된다.

봉암리 진흥회는 동리 전체를 구역으로 성립했기 때문에, <표 2-1>(436~437쪽)의 회/회원별 실행사항을 보급시키기 위해 구역을 나누어 통제력을 확대할 필요가 있었다. <표 2-2>를 보면, 동리를 7개 區로 나누고 區에는 組長 및 평의원을 두어 전달과 실행 독려의 보조기구로 삼고 있었다. 또 권업·토목·교풍·납세·위생 등의 부문별로 부장을 두었으며, 그 아래 간사 약간 명을 배치하였다. 농촌진흥운동(이하 농진운동)에 대응하여 진흥회의 사업이 민풍개선 중심의 정신방면에서 물적 갱생으로 중심을 옮기자, 동리의 구역도 7개 구에서 10개 구로 조정되었다. 임원들은 회장의 지휘 아래 총회와 조장회·임원회에 참여하고, 동리를 순회하며 동리 전체가 협의하여 결정한 사업을 실행하도록 지도하고 있었다.

---

22) 이하나, 1994, 「1910-32년 일제의 조선농촌재편과 '모범부락'」, 연세대학교 석사학위논문, 73~76쪽.

회원의 모임으로 총회는 1921년 규약준칙에 따라 연간 4회(1·4·7·10월) 개최되었다가 1929~1930년경부터는 2회(8·12월), 다시 1932년 이후에는 1회로 수정되었다. 또 매월 15일마다 열리는 월례회는 총회의 결의사항에 대한 월별 실행사항을 토의 결정하기 위한 모임이었다.[23] 그리고 청년단과 부인부와 같이 성별 연령별 부속기구도 두었다. 이로써 진흥회는 호별 호주를 중심으로 운영되면서 청년과 부인이 간접적으로 그 통제 아래 놓여 있던 단계에서, 활동성이 있는 동리의 구성원은 모두 역할을 부여받고 진흥회에 참여하게 되어, 관제조직으로서 진흥회의 역할과 기능이 더욱 확대되었다.

2. 진흥회의 전개 과정

1) 사회 방면

다음에서는 진흥회의 전개 과정을 <표 2-1>에 제시된 진흥회의 실행사항과 실제 전개된 내용을 중심으로 정리해 보고자 한다. '법령의 전달 철저', '관공서·학교와 연락을 긴밀히 할 것', '근검저축의 장려', '납세준비금 적립여행' 사항만 보더라도 진흥회의 사업이 "郡의 사업이며, 면의 사업이고, 산업단체의 사업"임을 알 수 있다. 봉암에는 관공서에 근무하는 사람이 5명 정도나 있었고, 유지의 활동과 동성촌락의 성격 등이 결합되어, 진흥회가 행정보조기구로 발전하고 있었다.

---

23) 충청남도, 1929, 『麗わしき農村』, 116쪽 ; 조선총독부 내무국 사회과, 1930, 『優良部落事績』, 82쪽.

우선 실행사항을 원활히 협의 결정하고 지도하기 위해 공회당과 기본재산이 필요했다. 1920년 회원 유지의 기부금을 기초로 기본재산을 마련하자, 회원의 노동력으로 건평 18평 규모의 초가 1개동을 건립하였다. 공회당은 이후 함석지붕 1개동(24평)으로 교체되었고, 藁茸 1개동(4.5평, 2.5평)과 같은 부대 시설을 갖추었다. 봉암은 이외에도 밭과 임야, 현금 형태의 기본재산을 조성했다. 20여 평 규모의 회관에 200명 가량의 회원이 한꺼번에 모이는 것은 불가능하다. "회동에 결석 지각 등은 거의 없다"는[24] 사실을 주목하면, 야외 모임이 가능한 계절에는 회관 앞 공터 등에서도 모일 수 있었고, 또 조장회와 임원회를 활용하여 7~10개의 구를 단위로 모임을 가졌을 것이다. 일제 말기가 되면, 모든 호대표의 참석을 종용했지만, 초기에는 집집마다 참석한 것은 아니라고 한다.[25] 그리고 기본재산은 진흥회의 사업에 자금이 필요할 때마다 회원들로부터 추렴하지 않고 일을 진행시킬 수 있는 경제적 기반이기 때문에, 동리와 관 모두 기본재산의 조성을 중시하였다.

'학령아동의 취학 권유'와 관련해서는, 진흥회 산하에 英才敎育契와 청년교육계가 있어, 자녀교육비를 미리 적립했다가 보통학교 등 상급학교의 학비를 지원하고 있었다. 영재교육계는 1920년 3월부터 회원 중 21명이 출자금 2원, 봄 가을로 보리와 쌀을 각각 1두씩 적립하였다. 청년교육계는 1919년 12월부터 회원 중 청년 40명이 매월 10전씩 저축하여 재원을 마련하고 있었다. 후자는 전자와 달리 회원을 50명으로 제한하고 출자금 납부 기한을 엄격하게 적용하는 등 전자보다 관리가 철저했다. 전자는 계원의 자녀가 아니라도 계원의 결의로 어려운 자의 학비를 보조할 수 있어, 후자보다

---

24) 「燕岐郡西面鳳岩里振興會ノ事績」, 『里勢書類綴』.
25) 박흠열(1924년생)의 증언.

느슨한 형태의 학자금 저축계라고 할 수 있다.26) 여하튼 양자는 학비 지원을 통해 적어도 청소년의 생활 방식을 일정하게 규제할 수 있었다고 본다. 1904년 윤준식 등이 봉암에 설립했던 사립 岐陽學校가 뒤에 연기보통학교로 흡수되었는데, 이런 교육운동의 연장에서 두 개의 교육계가 조성된 것 같다. 남면 연기리에 있는 연기보통학교는 산 하나를 두고 1km 거리에 있어, 봉암의 자녀들은 통학하기에도 여건이 좋은 편이었다. 따라서 이런 교육적 환경 속에서 1932년경 봉암리의 취학율은 40%를 기록하고 있었다.27) 취학율 40%는 전국 평균 17.8%보다 두 배 이상 높은 수치였다.28)

 '국어(일본어), 언문(조선어)의 보급'을 위해, 봉암에서는 학령 초과 혹은 가난하여 학교를 다니기 어려운 자를 대상으로, 1920년부터 鳳鳴義塾을 개설하였다. 尹聖俊·鄭仁海·尹炳周·韓日東·尹炳一 등이 발기인이 되어 처음에는 회관을 이용하여 개최했고 경비는 호별로 배당했다. 봉명의숙은 뒤에 2천여 원을 들여 校舍까지 별도로 마련하려고 계획할 정도로 발전하였다. 간단하고 쉬운 보통 교육을 시행하여, 해마다 30명 내외의 수료자를 내고 있었다.29) 이들 수료자는 보통학교 편입시험에 응시하여 2년으로 진학할 수 있어,30) 봉명의숙은 일제가 학력을 인정할 정도로 제도권에 편입된 교육기관이었다. 교사들은 윤병화·정인석·윤용균·윤봉균·윤진웅 등 뒤에 관리 혹은 중심인물로 성장하는 사람들이었다. 그러나 운영 경비를 조달하기 어렵게 되자, 1923년부터 사설학

---

26) 충청남도, 『伸び行く農村』, 170~177쪽.
27) 조선총독부 학무국 사회과, 『農村は輝く』, 104쪽.
28) 오성철, 2000, 『식민지 초등 교육의 형성』, 교육과학사, 133쪽.
29) 『동아일보』 1923년 11월 20일자 「鳳岩講習所消息」; 조선총독부 내무국 사회과, 『優良部落事績』, 88쪽 ; 「燕岐郡西面鳳岩里振興會ノ事績」 『里勢書類綴』.
30) 尹鎭雄(1915년생)의 증언.

술강습회로 변경하여 道지방비에서 보조를 받아 계속하고 있었다.31) 봉명의숙 단계에서는 다소 자율적인 교육도 가능했을 것으로 보이지만, 학술강습회로 전환되어 보조금을 받게 되면서 교육 내용에 규제를 받게 된다. 1928년 12월 현재 학술강습회가 운영되고 있고 정규학교를 다니는 학생이 많은 가운데, 봉암에서는 '언문 未解者'가 없다고 할 정도가 되었다.32) 또한 1930년대 초에는 청년단의 임원들이 강사로서 활동하는 언문강습회가 운영되었다.33) 봉명의숙·학술강습회·언문강습회는 진흥회의 실행 사항 중의 하나인 '강연회·연구회의 개설'을 실천한 것으로 해석할 수 있다. 학교와 강습회에 나가기에 아직 어린 아동을 대상으로 童話會(兒童會)가 있어, 알기 쉽고 이해하기 쉬운 동화로 아동들의 두뇌를 자극하면서34) 사회적응에 필요한 지식과 행동방식을 선도하고 있었다.

 '신간 서적·신문·잡지 등의 구입' 및 윤독은, 당시 농촌진흥운동 실행조직인 공려조합을 중심으로 운영하던 순회문고와 성격이 같은 것이었다. 회관에는 『매일신보』를 비롯하여 『충남진흥월보』·『자력갱생휘보』와 같은 잡지류를 비치하는 것이 일반적이었다. 이런 매체들은 관의 입장에서는 정책을 선전하는 수단이고, 민간측에서 볼 때 시세의 형편과 변화를 이해하는 데 유용했기 때문에 일제는 이런 매체의 보급을 확대하려고 했다. 앞에서 언급했던 강습회의 강사들을 비롯하여 사회적 진출을 모색하

---

31) 조선총독부 내무국 사회과, 『優良部落事績』, 88쪽 ;「燕岐郡西面鳳岩里振興會ノ事績」『里勢書類綴』.
32) 충청남도, 『麗わしき農村』, 116쪽.
33) 조선총독부 학무국 사회과, 『農村は輝く』, 120쪽.
34) 「燕岐郡西面鳳岩里振興會ノ事績」『里勢書類綴』; 조선총독부 내무국 사회과, 『優良部落事績』, 83쪽.

거나 활발히 하고 있던 청년들은 이런 잡지류를 많이 이용하고 있었다. 당시 봉암의 대표적인 유지로 면서기 및 면장까지 역임한 윤봉균은 이런 잡지와 신문 등을 상당히 수집 보관하고 있었다.

'근검저축의 장려'는 일제하 소위 '농촌개선의 要諦'로[35] 농민의 생활과 활동 전반을 통제하기 위한 핵심 사항의 하나였다. '근검'과 '저축'은 농사개량·부업장려에 수반되는 노동력 강화 및 납세 재원 확보에 빼놓을 수 없는 덕목이었다. 일제는 "농사는 개량 진보하지만, 농촌은 더욱 피폐한다"라는 비난의 소지를 없애기 위해서도 이런 구호를 선전할 수밖에 없었다. 이런 구호의 선전은 종래와 같이 기술적 지도와 세금징수 등을 일방적으로 명령하고 강행하는 방식을 줄이고, 이해와 설득 방식을 가미하여 행정의 효율성을 높이기 위한 조치였다. 즉 '근검'과 '저축'의 중요성을 논리적으로 설명하고, 생산과 소비를 종합적으로 이해시키면서 농가 경영의 불안정을 최소화하고 행정을 용이하게 관철시키려는 것이었다.

'근검'과 '저축'의 강조는 더 나아가 생활개선이라 하여 기존 생활방식을 식민지질서에 맞게 개조하려는 정책과 맞닿아 있었다. 즉 근검의 강조는 회원의 실행사항인 과실상규·예속상교 속에 포함된 관혼상제의 검소로 이어졌다. 관혼상제 때의 식사제공은 이제까지 영세농에게는 다소 소득재분배의 효과를 제공하고, 사회적 교제와 예절의 한 수단이기도 했다. 이런 사회적 의미를 지닌 관혼상제를 규제하려는 것은 이제까지 교제와 소득재분배의 기능을 했던 촌락의 질서와 생활양식을 진흥회로 흡수 전환하려는 의도가 있었다. 일제는 진흥회 중심으로 생활을 통제하려고 했기 때문에, 진흥회를 '대동단결적 총친화'에 기초한 '선량한 교제'의 수단으로 위치시키려고 했다.[36] 또한 이렇게 '근검'에 의거하여 절약된 비용

---

35) 1931.12, 「農村改善に關する我が道の施設」『조선』, 26쪽.

은 세금 납부와 같은 "공익상에 사용하도록" 되었다.[37] 일제는 이렇게 진흥회를 통해 공공성 즉 체제내화를 확대하고 있었다.

2) 경제 방면

진흥회가 농가의 소득 향상을 위해 '근검'의 기치 아래 추진한 경제적 방면의 사업을 특징적인 叺·산미개량·잠업을 중심으로 살펴보자.

앞에서 지적했듯이 봉암리는 진흥회 초기 200호 중에서 65호만 '부동산'을 소유하고 있을 정도로 농가 경영이 열악했다. 이에 1913년부터 부업으로 가마니와 새끼를 제조하기 시작했다. 1920~1921년 봉암은 200여 대의 제조기를 갖추고 연간 가마니 16만 매를 생산하여(환산가격으로 4만원), 연기군 繩叺의 '本場'으로 명성을 떨쳤다고 한다. 성인 남녀가 모두 가마니짜기에 종사하여 1일 1000매 이상을 생산하여, "주민들의 생활이 점차 안정되어 예전의 소작농 부락은 자작농 부락으로 되(었다)"고 한다.[38] 가마니 수입 4만원은 <표 2-3>에서 보듯이(439~440쪽) 1932년경 봉암 전체의 가계 수입 41,079원에 육박하는 금액이었다.[39] 이에 따르면 1호당 현금 수입 200원 정도를 가마니 생산에서 얻고 있는 셈이다. 이것

---

36) 『매일신보』 1933년 1월 7일자 「농촌진흥의 道(三)」.
37) 「忠淸南道振興會日常の心得(二)」 『조선』, 1922.1, 26쪽.
38) 「燕岐郡西面鳳岩里振興會ノ事績」 『里勢書類綴』; 조선총독부 내무국 사회과, 『優良部落事績』, 87쪽. 1930년대 중반 조선에서 만주로 수출하는 豊年叺 200만 매 중에서 100만 매를 충남이 인수하고 있을 정도로(李台珪, 1938.1, 「忠南優良農村視察所感(二)」 『조선지방행정』) 충남의 가마니 생산은 특색이 있었고, 연기군에서 생산되는 가마니(叺) 역시 玄米와 함께 '전 조선적으로 유명'했다고 한다(『동아일보』 1931년 6월 16일자 「경제숫자로 본 燕岐의 작금」).
39) 조선총독부 학무국 사회과, 『農村は輝く』, 105쪽.

은 1932년 1호당 현금 수입 208.52원에 가까운 큰 돈이었다. 이러한 성과는 계속 이어져 1923년 조선 최초의 조선부업품공진회에서 봉암리는 가마니를 출품하여 우등상을 받게 되었다.40) 이 부업품공진회는 조선의 부업 제품을 내외에 알리고 '참고관'에 있는 일본 출품 등과 비교하여 새로운 대책을 세우게 하는 등 농민들의 부업 진흥을 촉진하기 위한 것이었다.41)

이 입상을 계기로 봉암리의 지역사회에서 차지하는 위상은 더욱 확대되었다. 봉암은 1921년 "성적 매우 우량, 타의 모범"이 되는 모범진흥회가 되어 도지사 표창을 받은 바 있었다.42) 면장을 겸한 회장 윤준식을 중심으로 봉암리 진흥회가 1920년을 전후하여 특히 가마니 생산을 비롯하여 봉명의숙의 운영, 회관 마련 등으로 기반을 조성하면서 일정한 성과를 거두자, 일제는 봉암리의 가능성을 주목하여 모범진흥회로 선정한 것이다. 가마니생산 판매액의 급증에 이어 부업품공진회의 수상은 어느 정도 '소작농 부락'을 '자작농 부락'으로 탈바꿈하는 데 전기가 되었던 것으로 보인다. 이로써 봉암은 '명실공히' '모범부락'으로 명성을 얻게 되었다.43)

당시 동아일보에서는 "民氣의 消沈과 생활난의 압박은 세인의 상상 이상"이고 "壯丁 농민의 해외 移居와 중소자작농의 逐日 감퇴" 등을 보이고 있는데, 농촌진흥책으로 부업을 장려하는 것은 '短見 淺識'이라고 비판하였다.44) 부업장려의 필요성은 인정하지만, 본업인 농업의 보조에 불과한 부업장려를 농촌진흥책으로 삼는 것은 잘못이라는 것이다. 이러한 비판은 농가 일반에게 적용할

---

40) 조선총독부 내무국 사회과, 『優良部落事績』, 87쪽.
41) 「朝鮮副業品共進會槪況」『조선』, 1923.11, 153~154쪽.
42) 충청남도, 『伸び行く 農村』, 142쪽.
43) 충청남도, 1931.3, 「忠淸南道の誇り(二)」『조선지방행정』, 103쪽.
44) 『동아일보』 1923년 6월 22일자 「사설 副業共進會의 계획」.

수 있었으나, 봉암리의 叺 생산에는 해당되지 않았다. 계속해서 이 사설은 공진회로 부업진흥의 분위기를 조성하려고 하지만 공진회 참관자가 소위 '有志 紳士와 面役所의 吏員'뿐이고, 설령 이들이 "他日 지방 향촌의 중심이 되야 제반 방면에 誘導 扶腋의 實이 不尠"하다고 하더라도, 이런 '雜役'을 짧은 시간 견학하여 성과를 거두기 어렵다고 지적했다. 그러나 봉암은 부업으로 수상을 했을 뿐 아니라, 뒤에 진흥회 부회장·면서기·면장으로 지역의 유지로 성장하는 윤봉균 등이 공진회에 참가했고, 윤봉균은 공직에 있으면서 계속 농촌 '진흥'과 진흥회에 관여하고 있었기 때문에, 이런 지적을 봉암에게 적용하기 어렵다. 또 진흥회의 사업의 하나인 '강연회·품평회 등에 임원의 출석'은 이렇게 실천되고 있었다.

그러나 경제공황의 영향이 집중된 1931년 연기군의 가마니 판매량을 보면, 1930년 5월말에 비해 군외 판매량이 28,000매 감소하여 20만 1천매 정도였다. 가마니 판매량의 감소는 미곡의 가격 폭락과 함께 농가 경영의 악화를 확대시킨 한 요인이 되었다.[45] 이런 경제계의 동향은 봉암의 가마니 생산에도 영향을 미쳤다. 治水工事에 출역하여 임금을 얻는 것이 더 유리하자, 가마니 생산은 격감했다. 따라서 1932년경 제조기는 200여 대에서 52대로 줄었고, 연간 생산량은 2만 매, 1호당 평균 400매로 대폭 줄었다.[46] 봉암리에는 가마니 생산으로 큰 수입을 얻을 때, 산업개량 등과 결합되어 토지를 다소 구입하여 소작에서 자작으로 성장하는 농가가 있었다. 그러나 가마니 생산이 타격을 입자, 봉암리는 미호천 개수공사 등의 노임수입에 크게 의존하는 한편 기본적인 영농과 함께 다른 부업으

---

45) 『동아일보』 1931년 6월 16일자 「경제숫자로 본 燕岐의 작금」. 『燕岐誌』, 1933, 189쪽에 따르면, 1932년 가마니 생산량은 1926년에 비하여 26만 장이 감소하여 62만 장이었다고 한다.
46) 조선총독부 학무국 사회과, 『農村は輝く』, 108쪽.

로 수입 증대를 모색하였다.

한편 일제는 1920년부터 산미증식계획을 세워 토지개량사업과 농사개량사업을 추진했다. 일제는 농사개량사업과 관련하여 종자개량·모판 개량 등으로 생산력을 증대시키고, 생산된 벼를 현미로 조제하여 판매하도록 했다. 현미의 상품성을 높이기 위해 조제와 포장에 대한 규정도 마련했다. 이에 충청남도는 1923년부터 현미제조 사업을 동리 단위로 추진할 주체로 산미개량조합의 설립을 장려했다. 1934년 현재 충남에는 70개의 조합이 설치되어,[47] 도내 2,263개 동리 중에서 70개 동리에 3%의 설치율을 보이고 있었다. 이 무렵 도내 진흥회 2,334개 중 모범·지정진흥회는 모두 66개(각각 25개, 41개)였다.[48] 도내 70개 산미개량조합은 66개 모범·지정진흥회를 중심으로 조직되었다고 할 수 있다. 모범진흥회 봉암에서는 "郡面 당국의 지도에 순응"하여 종자와 못자리를 개량하고, 정조식 이앙법을 전면적으로 실시하는 한편 1927년 가을부터 회원 유지들이 의논하여 산미개량조합을 조직하고 약 1,300원을 들여 석유발동기를 구입하여 동리에서 산출된 벼는 전부 현미 혹은 정백미로 제조하고 있었다.[49]

양잠 역시 유리한 부업의 하나로 장려되어 가옥 주위에도 뽕나무를 심어, 뽕나무 생산 규모가 점차 증가하여 1920년대 중반에는 2.86정보에 이르렀다. 1932년경 양잠호수 59호에, 桑田 규모는 4.5정보로 증가했고, 매년 양잠도 80매 정도 생산했다. 조치원읍에는 1922년 9월 일본인 白井素介가 자본금 20만원으로 160여 명의 직공을 고용하여 제사를 생산하고 있어,[50] 봉암의 양잠은 시장성이

---

47) 「農村改善に關する我が道の施設」, 26～28쪽 ; 충청남도, 『振興の忠南』, 166～168쪽.
48) 충청남도, 『振興の忠南』, 8쪽.
49) 충청남도, 「忠淸南道の誇り(二)」, 102～103쪽.

있었다. 또 봉암은 郡의 알선으로 1932년 4월부터 20년 계약으로 동리 가까이 있는 東面 文舟里 郡是製糸株式會社 공장과 양잠소작을 체결하였다. 郡是會社가 빌린 경지 25,619평(약 8.5정보)에서 생산된 뽕나무 잎으로, 진흥회에서 양잠을 한다는 것이다. 생산된 누에고치는 郡是회사에 제공하고, 郡농회가 알선 공동판매한 대금을 상호 절반씩 나눈다는 것이다. 이로써 1932년 봄 뽕나무 45,000그루가 재배되어, 봉암은 1934년부터 보기 드문 양잠 동리가 될 것으로 기대되었다. 또한 진흥회는 공동의 힘으로 조직적으로 양잠을 경영하고자 1928년 양잠조합을 설치하였다.[51] 충남에서는 농가들이 桑田의 확보와 蠶種 구입 등에 적지 않은 현금이 지출되는 것을 꺼려 양잠을 주저하는 경향이 있자, 봉암과 비슷한 양잠소작 계약을 확대하였다.[52] 이렇게 보면, 봉암은 일종의 농업정책의 시범 대상지와 같은 역할을 하고 있었다고 할 수 있다.

이상에서 몇 가지 경제적 활동이 진흥회를 중심으로 전개되어 수입이 다소 늘고 이를 바탕으로 봉암리가 모범진흥회로 성장하는 과정을 살펴보았다. 수입은 영농과 생활의 자금으로 쓰일 뿐 아니라, '납세 준비금 적립 勵行'을 위해 저축되었다. 1920년을 전후하여 총독부의 지방지배 기구의 확립과 산업정책의 개시가 적극적으로 추진되면서 재정도 팽창했다.[53] 이에 조선민중의 조세부담은 심화될 수밖에 없었고, 조세체납도 급증했다.[54] 일제는 체납자에

---

50) 연기지재편찬위원회, 1967, 『燕岐誌』, 65쪽.
51) 조선총독부 학무국 사회과, 『農村は輝く』, 106~108·120쪽.
52) 충청남도, 『振興の忠南』, 186~188쪽.
53) 국가와 지방단체를 합친 조세 공과 부담은 1910년대 초 2,000만원 전후에서 1926년에는 1억원을 넘었고, 지방세는 1910년대 400~500만원에서 1926년에는 약 3,600만원으로 7~8배 이상으로 늘어났다(堀和生, 1983, 「조선에서의 식민지재정의 전개」 『식민지 시대 한국의 사회와 저항』, 백산, 181·198·203쪽).

대해 재산처분을 강행하기도 했지만, 이런 강압적인 조치로는 장기적이고 안정적인 재정확보를 달성하기 어렵다고 보고, 진흥회 산하의 납세조합 같은 보조기구를 설치하도록 했다. 당시 농민들은 이미 결정된 예산에 따라 산출되는 호별세의 과다함에 저항하여 과세가 적은 곳을 찾아 각지를 전전하기도 하여,55) 공공성과 법률 준수 등을 이해시킬 필요성이 있었다. 따라서 일제는 납세조합을 통해 세금의 용도와 납부의 중요성 등 납세에 관한 의무를 주입했고, 지역 유지들은 자기 동리의 세금을 대납하면서까지 체납자가 나오지 않도록 납세운동을 전개하기도 했다.56) 봉암리보다 신문 잡지에 더 많이 선전되던 논산군 갈산리 역시 1930년 6월 납세조합을 조직하였으나, 봉암리에는 납세조합이 없었다. 봉암은 납세조합이 없이도 "각종 세금은 반드시 납기를 넘기지는 않는다"는 납세관념이 자리잡고 있었다.57)

일제는 소위 지방개량의 한 방편으로 합리성과 효율을 구실로 '생활개선'을 선전해 왔다. '생활개선'이란 '무용의 煩弊'을 버리고 '유용한 방면'을 개척하여 '소비를 일층 有意義'하게 한다는 것으로 설명할 수 있다.58) 즉 일제측에서 볼 때, 생활양식 중에서 불필요한 부분을 정리하게 한 뒤, 이를 '유용'한 데 쓰게 하려는 것이다. 이른바 생활개선은 세금을 기간에 납부한다거나 관의 지시 사항을 실행하는 데 필요한 자금을 확보하기 위한 전제 사항이기도 했다. 봉암리의 납세 이행은 납세조합이 없이 진흥회 주도로 수입

---

54) 堀和生, 「조선에서의 식민지재정의 전개」, 189·191쪽.
55) 任洪淳, 1925.2, 「面民不平の第一聲は?」 『조선지방행정』, 28쪽.
56) 조선총독부 내무국 사회과, 『優良部落事績』, 6·12~13쪽. 이런 내용을 담은 자료는 매우 많다.
57) 조선총독부 내무국, 1924, 「지방개량참고자료」 『第3回地方改良講習會講演集』, 18쪽.
58) 李覺鍾, 1929.6, 「生活改善論」 『新民』, 3~4쪽.

증대, 저축 이행, 생활개선59) 등에 근거하여 이루어지고 있었다. <표 2-3>을 보면, 1932년경 197호 중에 저축하고 있는 호수가 136호로 69%에 불과했다. 이는 경제공황의 영향인 듯하다. 1호당 평균 저축 13.12원은 납세 11.55원을 약간 상회하였다. 이 저축에는 동리의 몇몇 여유가 있는 사람들을 중심으로 다소 많은 저축을 하는 경우도 포함되어 있다고 본다. 저축이 없거나 적은 경우는 이들 유력자를 중심으로 융통하여 납기에 완료하고 있었다고 생각한다. 봉암에는 갱생지도부락과 공려조합은 없었고, 1929년 근농공제조합이 33명으로 진흥회 산하에 설치되었다. 이는 금융조합원이 될 수 없는 낮은 계층을 대상으로 면에서 생업자금을 융통해 주는 제도인데, 이를 통해 어느 정도 공려조합의 기능을 흡수하고 있었다고 본다. 권농공제조합은 1940년 현재(조합원 35명)까지 운영되고 있었다.60)

봉암과 조치원 사이의 경제적 결합을 담보하는 도로는 '경제생활의 根基'였다. 일제는 불완전한 도로는 물자의 반출 등에 불필요한 비용과 노력을 소모시킨다고 하면서, 도로의 수선을 주민의 복리 증진과 연계하여 도로 정비에 노동력을 동원하고 있었다.61) 봉암리 진흥회는 우마차 통행에 지장이 없을 정도로 구내 도로를 관리해 오고 있었다. 1931년에는 동리 주민(진흥회원)이 일제히 '의무적 出動 봉사'에 나서서, 조치원역에서 면소재지 번암리→월하리→봉암리에 이르는 1등도로에서 동리의 중앙으로 연결되는 등외

---

59) 봉암에서는 1924년 4월 총회의 결의로 農酒를 완전히 폐지하고 간식은 1회로 줄이고, 위반자에게 위약금을 징수하면서 農費절약을 실행할 뿐 아니라, 더욱 노동력 강화를 위해 추석과 설날을 중심으로 휴일까지 규제하고 있었다(『優良部落事績』, 83~84쪽).
60) 「庚辰年 鳳岩里現況」『里勢書類綴』.
61) 而立居士述, 1930.1.8,「부락지도원리 面政讀本 面職員의 心得ふべき十箇條」『東亞法政新聞』.

도로를 완성하였다. 연장 500m 폭 4m로 도로를 닦아 자동차의 마을 진입이 용이했다. 봉암의 도로수선은 1931년 道路審査會에서 西面이 입상하는 데 일조했다고 하는데,62) 봉암은 이와 같이 면행정을 선도하는 역할을 하고 있었다.

한편 마을 남쪽의 미호천 제방 개수공사는 봉암리의 경제적 기반 확보 차원에서 중요했다. 미호천은 충북 진천군에서 발원하여 청주→조치원→봉암리 남쪽 외곽을 흐르고 있었는데, 부근 일대 산야에서 토사가 하천으로 유입되어 미호천을 범람시키기 때문에, 1920~1930년대 미호천 개수공사는 연기와 청주 지방의 대표적인 숙원 사업이었다.63) 연기군 서면쪽 공사와 관련하여 서면의 유지 등이 경성까지 올라가 진정을 하기도 했고,64) 봉암에서는 尹俊植 등이 서면장을 만나 주민의 의사를 전달하기도 했다.65) 봉암리는 "지주가 다년간 염원해 진정을 거듭해 온" 미호천 개수공사가 예정대로 시행되어,66) 수해로부터 어느 정도 안정된 경제활동을 할 수 있게 되었다. 또 제방을 쌓은 뒤에 생긴 밭에 채소를 심을 수 있어 소득 증대의 효과도 있었다고 한다.67) 미호천 개수공사 뒤에도 진흥회가 중심이 되어 저수지를 완성하여 논농사의 조건을 한층 안정시켰다. 진흥회가 설립될 무렵 토지 소유 호수가 63호이던 것이(63/200호=32%) 1932년경에는 95호로(95/197호=48%) 증가하였

---

62) 조선총독부 학무국 사회과,『農村は輝く』, 112쪽.
63) 『동아일보』 1931년 8월 18일자 「美湖川제방공사 속히 단행하라」; 1936년 7월 15일자 「빈민구제의 美湖川工事」; 安齊霞堂 편, 1932,『忠淸南道發展史』, 호남일보사, 383쪽.
64) 연기지재편찬위원회,『燕岐誌』, 76쪽 ;『매일신보』 1930년 8월 8일자 「美湖川改修 陳情員上城」.
65) 『동아일보』 1931년 5월 19일자 「60만원으로 美湖川개수」.
66) 조선총독부 학무국 사회과,『農村は輝く』, 112쪽.
67) 박흠열·윤종구(1935년생)의 증언.

다고 한다.[68]

봉암리는 미호천 개수공사와 연계해서 사방공사 및 조림사업에도 힘써, 산림 보호를 명분으로 전개된 '섶울타리' 제거 및 토담 쌓기에도 앞장서고 있었다. 이렇게 하여 봉암리 진흥회는 '도로제방 등의 공동개수'와 '도로 가로수 심기 및 보호' 사업에서도 관의 정책에 따라 실행사항을 상당히 준수하고 있었음을 알 수 있다.

3. 진흥회 활동의 진전

진흥회는 이상과 같이 동리 내 사회경제적 사업을 주도하면서, 회원들이 실행해야 할 '사항'을 '독려'하는 것도 빼놓지 않았다. 이제까지 살펴본 회의 실행사항은 회 자체의 사업이며, 회원들의 참여가 없으면 안되기 때문에, 그것도 회원 쪽에서 보면 실행사항이었다. 그러나 충남의 진흥회는 대체로 1930년대까지 회/회원을 구분하여 실행사항을 제시하고 있었다. 진흥회 규약준칙은 다른 인쇄물과 같이 대체로 회관의 게시판에 게시하거나 혹은 회의 임원들이 갖고 지도하는 것인데, 이렇게 회/회원을 구분하면 해야 할 사항이 명료하다는 장점이 있다. 봉암리는 준칙을 그대로 수용하여 10개조로 간략한 데 반해, 갈산리는 이를 구분하지 않고 27개조에 담고 있어 다소 복잡한 느낌이 들었다.

충남의 진흥회 규약은 '진흥회'라는 명칭만 보면, 향약과 그다지 관련이 없어 보인다. 그러나 1918년 평안북도 훈령으로 실시된 洞約보다도[69] 진흥회 쪽이 더 향약정신에 충실했다. 1910년 5월 현재

---

68) 조선총독부 학무국 사회과, 『農村は輝く』, 104쪽.
69) 「農村振興の道は近きに在る平安北道龜城郡の洞約獎勵」『조선지방행

양반 계층에 대한 지역별 분포 상황 조사에 따르면, 충청남도는 전국에서 1위를 차지했고, 목천군 2,388명을 위시하여 연기군 1,418명 등 10개 군에 각각 1,000~2,000명이 거주하고 있었다.70) 이처럼 충남이 유교의 중심지였던 만큼 향약정신을 농민통제의 원리로 이용하는 효과적이었던 것 같다.

1921년 1월부터 1932년 10월까지 '회원의 실행사항'은 크게 6개 부문으로 나누어져 있다(<표 2-1>). 향약 강목(德業相勸・過失相規・禮俗相交・患難相恤)에다가 새로 '산업개량'과 '위생'을 추가했다. 4대 강목의 세부사항은 식민지질서 확립에 필요한 사항들로 채워져 있다. 일제는 여전히 농민의 삶 속에 내재되어 의식적 무의식적으로 영향을 미치고 있던 유교적 규범력을 활용하여 체제에 순종적인 생활인을 양성하려고 했다. 1932년 10월 이후 규약의 변화는 종래 6개 부문이던 것을 3개 부문(민풍작흥・농사개량・위생)으로 줄이고, 4개 향약 강목을 '民風作興' 아래에 둔 점이다. 그 이전에는 향약의 4대 강목이 추가된 2개 항목과 함께 나열되었으므로, 항목 하나 하나의 비중이 대등하게 비추어졌으나, 이런 항목을 실행하여 무엇을 달성하려고 했는지는 모호했다.

그런데 이 향약의 4대 강목을 '민풍작흥'으로 묶어 지향하고자 하는 바를 확실히 했다. 또 농진운동의 영향을 받아 색복착용에 의한 비용 절약, 의뢰심 타파와 자주 자활을 추가했다. 세부사항 중 '내선융화・화충협동의 미풍 진흥'만이 덕업상권에서 예속상교의 실천사항으로 바뀌었다. 이는 조일간의 민족적 사회문화적 대립을

정』, 1931.2. 동약과 '동약원의 실행 요목'이 구분되어 있으나 동약 조목이 25개나 되고, 회장과 회원을 동약장과 동약원이라고 하지만 조목 내용에 향약 강목이 포함되지도 않았다.
70) 鄭德基, 1975, 「일제시대 호구변천의 사회경제사적 연구」『인문과학논문집』2-5, 충남대 인문과학연구소, 1232쪽.

해소하고, 일본과 조선 사이의 실질적인 상하 관계를 공고히 하려는 의도에서 나온 것으로 보인다.

충효와 선행의 중시·연장자 존경·도박과 잡기 금지·미신 淫事의 타파·소년자 금주 금연 등 '풍기 개선'은 특히 동리 안에서 권위와 신망이 있는 사람의 지도력이 요구되었기 때문에, 회장들이 부장·조장과 함께 매일 밤 순회하여 단속하였다. 이에 응하지 않은 자는 위약금을 징수하고, 도박 같은 것은 회장과 임원의 연서로 관할 경찰에 고발하여 근절시켰다고 한다.[71] 이렇게 통제하여 사회적 분위기가 많이 변화되었다고 한다. 이와 함께 1925년에 등장한 보안조합은 화재 도난의 예방을 목적으로 조합원 몇 명씩이 윤번으로 야간에 동리를 순회하며 경계하고 있었다.[72] 보안조합원과 임원의 교대 순회는 표방한 목적만이 아니라 동리에 다른 출입자를 감시하면서 자치적으로 치안 문제를 해결하려는 의도가 있었다고 본다.

봉암리 진흥회의 '선행자 표창'의 대상에는 '효자 열녀'도 포함되어 있었다.[73] 이런 내용은 당시 다른 곳에서도 보이지만, 일본식으로 동리를 개편하고 있던 갈산리 진흥회에는 없었다. 봉암과 같은 유교적 동성촌락의 특징의 하나로 볼 수 있다. 갈산리와 봉암리를 동시에 시찰한 전북 보성군 직원 張基瓘은 갈산리보다는 봉암리를 높이 평가했다. 즉 봉암리는 진흥회 설치 이전부터 '개량 데이' 즉 '改良契'를 실시하고, "다소 민심이 순응하는 점이 우수하여" '비교적 진보'적이었다고 진단했다.[74] 이런 지적도 동성촌락으

---

71) 「燕岐郡西面鳳岩里振興會ノ事績」『里勢書類綴』.
72) 조선총독부 학무국 사회과, 『農村は輝く』, 120쪽.
73) 조선총독부 내무국 사회과, 『優良部落事績』, 83쪽.
74) 張基瓘(전라남도 보성군청), 1931.9, 「鮮內優良部落視察記(一)」『조선지방행정』, 78쪽.

로서 봉암의 특성과 관련된다. 비록 개량계가 별다른 성과 없이 그쳤다고 해도, 관에서 나서기 전에 자체적으로 단체를 만들어 동리를 규제할 수 있는 소지가 있었던 점, '민심'이 '우수'하고 '순응'적인 면도 有志 중심의 통제와 단결이 비교적 잘 되고 있던 동성촌락의 특징이었다. 張基瓘이 여러 지역의 '우량부락'을 시찰하고 '진흥회'와 같은 조직의 필요성을 재인식하는 과정에서[75] 봉암에 대한 소감이 좀 달랐다는 점은, 진흥회 중심의 통제력이 공고했고 이후에도 그것이 지속될 가능성이 있음을 확신했기 때문이 아닌가 한다.

일제는 동성촌락의 특성을 잘 활용하면 농촌통제의 성과를 높이는 데 긴요하다고 판단했는데,[76] 봉암을 통해 어느 정도 그 결과를 확인한 셈이다. 실제로 당시 봉암리와 관의 관계는 "잘 나갔다. 반발하는 것 없었어요. 절대 강제가 아니고 미리 따라서 하였고", "단합이 잘 되고 관의 지원을 받으며 번성할 가능성이 있었다"고 한다.[77] 따라서 충청남도는 진흥회를 '道의 자랑'으로 꼽았고,[78] "가위 진흥 정치라 云할만한"[79] 충청남도 진흥회의 대표적인 사례는 봉암리 진흥회라고 할 수 있다.

---

[75] 張基瓘, 1931.10, 「鮮內優良部落視察記(二)」『조선지방행정』, 114쪽.
[76] 李覺鍾, 1931, 「부락의 사회적 연구」『新民』64(신년호), 85쪽 ; 善生永助, 『朝鮮の姓氏と同族部落』, 357쪽.
[77] 윤진웅·尹鎭英(1915년생)·윤종구의 증언.
[78] 충청남도, 1931.2, 「忠淸南道の誇り(一)」『조선지방행정』, 92쪽.
[79] 『매일신보』1933년 10월 21일자 「진흥회는 林立햇스나 지도공작불충분」.

〈표 2-1〉 봉암리 진흥회와 회원의 실행사항(사업)의 변화

①1920년대 말~1932년경 봉암리진흥회의 실행사항	봉암리진흥회 회원의 실행사항	②1932년 10월 道 결정, 진흥회의 지도사항	③1939년 봉암리부락진흥회의 사업
			1.궁성요배
			2.방공방공의독려
			3.국방인식의 철저
1.법령의 전달 철저			4.법령의 전달 철저
2.학령아동의 취학권유			5.학령아동의 취학권유
3.일어·조선어의 보급			6.일어·조선어의 보급
4.관공서·학교와의 연락을 긴밀히 할 것			7.관공서·학교와의 연락을 긴밀히 할 것
5.강연회·연구회의 개설			8.강연회·연구회의 개설
6.강연회·품평회에 임원의 출석			9강연회·품평회에 임원의 출석
7.신간 서적·신문·잡지의 구입			10.신간 서적·신문·잡지 구입
8.근검저축의 장려			11.근검저축의 장려
9.납세준비금 적립 勵行			12.납세준비금 적립 勵行
10.도로제방 등의 공동개수			13.도로제방 등의 공동개수
11.도로가로수 심기·보호			14.공동목장·공동계사장
			15.축우 生飼 독려
		1.민풍작흥	
	1.德業相勸	1)덕업상권	
	충효를 중시, 선행을 숭상	충효를 중시, 선행을 숭상	
	윗사람을 존경, 어린이를 애무	윗사람을 존경, 어린이를 애무	16.덕업상권의 권장
	내선융화·화충협동의 미풍진흥		
	근검·생업 정려, 遊惰사치 경계	근검·생업정려, 유타사치 경계	
		색복 착용하여 출비 절약 도모	

	2.過失相規 도박・잡기금지, 오락의 개선 관혼상제를 검소하게, 비용절약 문묘존중, 미신음사의 누습타파 조혼교정, 소년자끽연・음주 금지	2)과실상규 도박・잡기금지, 오락의 개선 관혼상제를 검소하게, 비용절약 조혼교정, 소년자끽연・음주금지	17.과실 징계의 장려
	3.禮俗相交 관혼상제에 경조의 예를 닦음 축제일에는 국기게양 총회에는 반드시 출석	3)예속상교 관혼상제에 경조의 예를 닦음 축제일에는 국기게양 내선융화・화충협동의 미풍 진흥	18.예속상교 장려
	4.患難相恤 재난구제, 빈궁규휼, 인보상조	4)환난상휼 재난구제, 빈궁규휼, 인보상조 의뢰심타파.자주자활을 도모	19.환난구제
	5.산업개량 부업장려・저축/소작인 애호/농작물 개량종 재배/개량농구 사용/퇴비제조법 개량/秋耕/조림/축산개량	2.농사개량 産米 개량증식/전작 개량증식/비료 증식/농구 개량보급/축산 장려/양잠 장려/임업 장려/부업 장려	20.산업증산의 개량
	6.위생	3.위생	21.위생관념의 여행
12.기타 회원의 실행사항 독려			22.기타 회원의 실행사항 독려

자료: ① 조선총독부 학무국 사회과,『農村は輝く』, 113~116쪽 ; 燕岐郡, 『模範部落 蘆長里及鳳岩里の事情』, 연대 미상, 12~15쪽.
② 충청남도,『伸び行く農村』, 234~240쪽.
③「庚辰年 鳳岩里現況」『里勢書類綴』.
비고: 1939년은「庚辰年 鳳岩里現況」에 의거하는데, 이 자료에 담긴 사항의 연도가 1939~1940년 초였다. 명백하게 1940년 초로 되어 있는 내용을 제외하고 이 자료에 근거하여 말할 때는 1939년경으로 통일하겠다.

〈표 2-2〉 봉암리 진흥회의 조직과 하부기구

	①1920년대말	②1932년 10월 이후	③1939년	④1941년
조직	동리를 7개 區로 나누고, 조장·평의원 둠	동리를 10개 구로 나누고, 조장·평의원 둠	동리를 4구로, 4개의 부락연맹 설치(新垈·書院·中央·西部)/봉암리부락진흥회	동부·서부·남부·북부의 4개 부락연맹
	권업·토목·교풍·납세·위생 등 부문별 부장을 둠/각 간사 배치	권업·토목·교풍·납세·위생등 부문별 부장을 둠/각 간사 배치		부락연맹은 각각 5개의 애국반 둠
	회원 : 189명(200호)	회원 : 부인부 50명	회원 : 남자반 204명(204호) 여자반 194명	
임원	회장·부회장·고문·부장	회장·부회장·고문·부장	진흥회장·부락연맹이사장	부락연맹이사장·애국반장
총회	년간 1·4·7·10월 15일 4회 개최→1929년 현재 2회(7·11월)	1년에 1회		
월례회	매월 15일	매월 3일	월례회	부락연맹상회는 동서남북 4개 연맹이 1~4일 순차로 개최
				애국반 상회는 10일, 20일 월 2회
부설기구	영재교육계·청년교육계·봉명의숙 설치·呎저축계.童話會·산미개량조합·잠업조합·근농공제조합·보안조합 등	영재교육계·청년교육계·언문강습회·산미개량조합·잠업조합·근농공제조합(33)·보안조합 청년단: 1931년 가을, 단원 28명 부인부: 1932년 봄, 부원 50명	청년교육계·양잠조합(65)·근농공제조합(35)·부인반·언문강습회	

| 기본 재산 | 회관: 葺 1동 (건평 18평) 현금: 150원 →함석지붕 1동 (건평 20평) | 회관 현금: 60원 산림: 1.59정보 | 회관: 함석지붕 1동 (24평) 藁葺 1동(4.5평) 藁葺 2동(2.5평) 밭 4800평 桑田 13800평 현금 250원 | |

자료: ① 「燕岐郡西面鳳岩里振興會ノ事績」『里勢書類綴』; 조선총독부 내무국 사회과, 『優良部落事績』, 82쪽.
② 조선총독부 학무국 사회과, 『農村は輝く』, 118~121쪽 ; 燕岐郡, 『模範部落 蘆長里及鳳岩里の事情』, 17~20쪽 ; 충청남도, 『伸び行く農村』, 151~152쪽.
③ 「庚辰年 鳳岩里現況」『里勢書類綴』.
④ 「現況表」『里勢書類綴』.
자료: 빈칸은 확인이 안된 경우.

〈표 2-3〉 봉암리의 영농 규모와 생활 상태

	1932	1934	1939	1941
호수 · 인구	197호 1,057명 (남546·여511)	193호 1,051명(남528·여 523)	204호 1,236명(남621·여615)	201호 1,206명(남546·여610) *남자 596명으로 수정
직업	농업(176호)·임노동(15)·기타 제조업·면서기(6)	농업(188)·상업(5)	농업(182)·임노동(10)·상업(5)·관공리(4)·기타(2)	농업(189)·비농업(12)
부동산소유호수	191호, 토지소유만 95호. 가옥만 96 부동산가격 85,068원 1호당 부동산가격 445.38원	부동산 소유 188호	190호, 토지소유만 138. 가옥만 52 부동산가격 126,308.64원 1호당 부동산가격 915.28원 10,000원 이상 4호 500원 이하 96호	138호
경지면적 (논·밭)	논:107.6정보 밭: 49.35 합계 156.95	논 : 6 2 . 3 밭:51.3 합계:113.6	논: 88.4 밭:79.35 합계 167.75	논:107.6 밭: 49.3 합계 156.9

1호당 경영규모	0.85(논 0.58, 밭 0.27)		0.92(논 0.48, 밭0.43)	0.8(논 0.57, 밭0.26)
1호당 가계수입	총가계수입 41,079원 1호당 208.52원 500원 이상 13호 300원 이하 65호		총 가계수입 78,360.40원 1호당 385.60원 1000원 이상 8호 500원 이하 125호	
부채	87호(총호수의 46%) 1호당 80원		132호(64.7%), 18,696원 1호당 123원	91호(45.2%), 15,000원 ?
저축	136호 총액 1,785원 1호당 13·12원		진흥회규약저금, 매월 1호당 30전씩 저축 총액 3,784.20원 1호당 18.55원	195호 총액 5,780원 1호당 29.6원
			간이생명보험 1,300원	간이생명보험 2,350원
			저축합계 5,084.2원 1호당 24.9원	저축합계 8,130원 1호당 40.4원
납세	납세액 1894.91원 1호당 11.55원 3원 이하납세자 119호		1호당 13.60원 3원 이하납세자 98호	
근대 문물 정도	시계 소유자 17명 자전거 소유자 14 우마차 소유자 20		시계 소유자 82명 자전거 소유자 62 우마차 소유자 11	

자료: 1932년은 조선총독부 학무국 사회과,『農村は輝く』, 燕岐郡,『模範部落 蘆長里及鳳岩里の事情』; 1934년은『振興の忠南』, 41쪽 ; 1939은「庚辰年 鳳岩里現況」, 1941년은「現況表」.

비고: 1. 1932년의 1호당 부채액은 특별히 액수가 큰 경우는 제외한 것임. 1939년에서도 자창농 창정자 19호의 대부금 26,000원을 뺀 것임.
2. 1941년도 남자 인구의 숫자가 오기된 듯. 적어도 596명이어야 전체 인구 1206명이 된다.
3. 1941년 부채 호수는 91호임. 자작농 창정자 19호만 제시되었고 91호에 19호가 포함되었는지 알 수 없음.

제3절 1930년대 후반 1940년대 초
진흥회의 개편

  농진운동이 일어날 때 봉암리에서는 농진운동의 내용을 진흥회의 사업 속에 반영하고 있었으나, 지도부락을 설정하거나 공려조합을 두는 일은 없었다. 앞에서 살펴 본 바와 같이 근농공제조합과 自力更生稧가80) 운영되어, 영세한 농가를 어느 정도 흡수하고 있었던 것으로 보인다. 그러나 1932년 이후 1937년까지 봉암리 진흥회는 별다른 '양호한 실적'이 없었던 모양이었다. 이에 동리의 '생활 곤란한 窮民'의 '갱생' 문제를 두고, 당시 구장 윤병화를 비롯하여 몇몇 유지들이 의론을 하였다. 그리고 다소 약화된 진흥회의 사업의 돌파구를 찾으려는 봉암리의 요구와 '당국의 지도감독'이 결합되어 1938년 9월 2일 국민정신총동원부락연맹을 결성하였다.
  당시 부락연맹은 대체로 자연촌락(구동리) 1~2개를 묶어 설치되었다. 봉암리는 본래 큰 집단촌으로 성장해왔고, 진흥회도 봉암리 전체를 구역으로 조직되었음은 앞에서 설명했다. 그런데 부락연맹이 봉암에 등장하면서 동리는 4개의 구역으로 나뉘고 區마다 부락연맹을 설치하였다. 즉 204호가 新垈部落聯盟(연맹원 50호)· 書院部落聯盟(51호)· 中央部落聯盟(51호)· 西部部落聯盟(52호) 4개 연맹으로 편성되었다. 204호가 전부 진흥회원이며 연맹원이었다. 이로써 봉암리는 동리 아래 촌락과 개개인에까지 관의 통제력

---

80) 1933년 2월 등장하여 경작지가 적은 농민들이 가입하여 상호연대보증 형식으로 금융조합의 자금을 융통받아 자작지를 마련할 수 있도록 활동하였다고 한다(윤진웅의 증언).

이 미칠 수 있는 구조를 확립했다. 봉암리가 이렇게 4개의 부락연맹으로 분립되었으나, 원래 동리 전체를 구역으로 한 진흥회의 기반이 강했던 만큼, 양자는 '밀접 불가분'의 관계에서 진흥회를 주체로 하여 사업을 통일적으로 전개하고 있었다. 1939년 9월 진흥회를 중심으로 부락연맹 4개가 합쳐져 봉암리 '부락진흥회'를 성립시켰다.81) 두 개의 조직 사이에 혼선을 막기 위한 것이다. 이런 조직의 개편은 관의 정책 전환에 대응하여 이루어졌기 때문에, 봉암리의 성장에 한 계기로 작용하였다. 즉 이 과정에서 "하나의 괄목할 만한 성적을 얻게 되었(다)"고 하면서, 어려운 처지에서 살 길이 생겼다는 '絶處逢生'이라는 표현을 쓰고 있다.82)

총독부는 1932년 4월 전국적인 향약단체를 조사하고 1933년부터 '향약사업장려보조'를 실시하였다. 각 단체는 보조금을 받기 위해 현황과 사업계획을 작성하여 신청서를 제출하였다. 봉암리는 1933년에 신청했지만 진흥회가 이미 충분히 발전하여 '모범진흥회'가 되었기 때문에, 이때 보조 대상에서 제외되었다. 그리고 1939년 9월 동리의 조직을 개편한 뒤, '1940년도 지방개량보조신청조서'를 작성하였다. 여기에는 조직의 개편 내용과 함께 현황과 사업 계획 등이 기록되어 있다.83)

이 '신청조서'에 기초하여 작성된 <표 2-1>의 1939년경 '부락진흥회'의 사업 내용을 보면, 이전과 달리 전시체제에 따라 동리를 재편하고 있었음을 알 수 있다. 종래 진흥회가 회원을 상대로 '군면의 지도감독'에 따라 '법령 준수' 등을 독려하고 일상을 통제하는 정도였다면, 이때는 종래 조성된 통제기반 위에 전시동원에 대

---

81) 「庚辰年 鳳岩里現況」, 『里勢書類綴』. 이 자료에 근거한 내용은 일일이 주를 다는 것을 생략한다.
82) 「庚辰年 鳳岩里現況」.
83) 「庚辰年 鳳岩里現況」.

응하는 기초적인 실천 사항('궁성요배'·'防空防共의 독려'·'국방인식의 철저' 등)이 추가되었다. 또 이전에는 회/회원의 실행사항이 나누어 있었으나, 이때는 하나로 통합되었다. 회/회원을 구분할 겨를이 없이 동리와 동리민들이 해야 할 일들이 많아졌고, 그것도 양자 사이에 긴밀히 협력하여 실행해야 했기 때문이라고 생각한다. '부락진흥회'는 실제로 이전부터 실시해온 실천사항 이외에, 조선연맹이 제시한 '9개 강령·21개 실천요목'을 위시하여 신사참배·'聖戰의 진의' 이해·황국신민서사의 제창·공공물의 존중·시간 존중 등을 지도하는 데 '특히 주의 노력'하고 있었다.

전시동원정책에 적극적으로 대응하려는 봉암리 자체의 움직임과 함께, 주민의 생활도 변화하고 있었다. 봉암은 항상 회의가 있을 때에는 남녀를 불문하고 시간을 엄수하여 필요한 사항을 검토하고 계획을 수립해 왔고, "敬上愛下의 本에 따라 神社參拜·先祖奉祀·子女指導·敬老愛幼·哀慶相問·隣保相助·公德尊重의 실적"이 있었으며, "一視同仁 아래 황국신민된 행복을 깨달아" 시국을 철저히 인식하여 생업보국에 매진하고 있다는 경과 보고가 있었다.

1940년 10월부터 국민정신총동원운동과 농촌진흥운동을 통합하여 국민총력운동이 전개되자, 같은 해 11월부터 부락진흥회는 부락연맹으로 개조되었다. 1941년 현재 총호수 201호, 인구 1,206명을 대상으로 동리를 이전과 마찬가지로 4개 구역으로 하여 동서남북 4개의 부락연맹을 설치하였다(<표 2-4>).

연맹의 명칭은 방위 개념으로 변경되었고, 연맹별로 5개 애국반을 두고, 반별로 10명 내외의 호대표가 '반원'으로, 호대표 아래 가족원이 애국반의 '인원'으로 편성되었다. 이 '인원'의 전체가 동리의 총 인구에 해당된다. 이로써 봉암의 전체 인구는 부락연맹을 매개로 '인원'으로 파악되어 관의 통제 대상이 되었음을 알 수 있다. 그리고 4개의 부락연맹은 모두 동일보조를 취하며 상호 긴밀하게 연락하며 활동하고 있었으며, 부락연맹의 상황 보고는 서부연맹이사장이 맡아서 하고 있었다. 이때 서부연맹이사장은 서면의 '면서기' 윤봉균이었다.[84]

부락연맹이사장이 면직원이라는 사실은 부락연맹이 그만큼 관의 직속으로 전시동원정책을 실행하고 있었음을 알 수 있게 한다. 부락연맹의 상회는 동서남북 연맹이 순차로 1일에서 4일까지 열고, 애국반 상회는 10일과 20일 두 번에 나누어 개최했다. 201호가 전부 일시에 모이는 것이 아니라 나누어 모임을 갖고 있었다. 이렇게 나누어 모임을 갖으면서 각각 '반의 특색'을 보이려고 노력하고 있다고 하는데,[85] 연맹별 반별의 모임이 '결속'과 '경쟁'을 끌어내는 효과도 있었던 모양이다.

이 시기 '부락연맹원의 실천요강'은 "① 아침에 궁성요배, 정오의 묵도 ② 게양하라 일장기, 우러러 감사 ③ 모두 일제히 상회 ④ 증식하라 생산, 노동하라 2배"로 통합되어 있었다. 이는 이전의 '부락진흥회'의 실행사항을 그대로 준수하면서, 황국신민화와 근로강화를 당면 최대의 과제로 압축하여 강조하고 있었음을 보여준다. 소위 일본정신으로 조선민중의 황국신민화가 진행되면 자연히 근로 강화 즉 생산력확충이 가능하여, 전시하 농촌과 농민의 책무를 완수하게 된다는 것이다.

---

84) 西面 鳳岩里, 1941,「現況表」. 이 자료의 작성 시점이 몇 월인지 불분명하다. 이를 작성한 윤봉균은 1941년 3월 31일자로 면서기를 그만두고, 서면장으로 임명되었기 때문에, 이렇게 표현했다.
85)「현황표」를 작성하기 위해 메모한 글.

〈표 2-4〉 봉암리 부락연맹의 편성

부락 명칭	부락연맹 명칭	애국반수	애국반별(호대표)반원수·원원	
			호대표 반원수	인원
동부	동부부락연맹	5	1반　9	49
			2반　9	56
			3반　8	51
			4반　9	48
			5반　12	70
			소계 47명	소계 274명
서부	서부부락연맹	5	1반　10	62
			2반　10	65
			3반　10	67
			4반　11	66
			5반　11	74
			소계 52명	소계 334명
남부	남부부락연맹	5	1반　11	64
			2반　10	61
			3반　11	54
			4반　9	51
			5반　9	54
			소계 50명	소계 284명
북부	북부부락연맹	5	1반　10	53
			2반　10	61
			3반　10	67
			4반　8	55
			5반　14	78
			계 52명	소계 314명
합계(애국반수·반원)		20	전체 201명	전체 1,206명

자료: 西面 鳳岩里, 1941, 「現況表」.

제4절 1940년을 전후한 봉암리의 사회경제적 변화

1. 봉암리의 경제적 기반의 변화

1940년경 봉암리 소재 논과 밭을 합친 124.68정보 중에서 72.87 정보(약 58.5%)가 외지인의 소유였기 때문에, 봉암리 농가 1호당 경지규모가 0.85~0.92정보에 불과했으며 농민들의 농업의 기반은 열악했다고 할 수 있다.

다음에서는 농업 기반이 약한 봉암의 농민들이 어떻게 생업 기반을 조성하고 있었는지를 살펴보고자 한다.

<표 2-5>를 보면, 전체 경지 규모가 1932~1934년 사이에 157.13정보에서 113.8정보로 43정보(약 27.6%)가 줄고, 1호당 규모도 0.85정보에서 0.6정보로 줄었다. 이 기간에 봉암리의 농가 경영은 크게 악화되는 양상을 보인다. 자작농은 31호에서 29호로 감소하고 논밭 합하여 1호당 경지규모가 0.85정보에서 0.45정보로 감소하였다. 또 자소작은 66호에서 49호로 줄었으나, 1호당 경지규모는 1.34정보에서 1.69정보로 0.35정보가 증가하였다. 또한 소작농은 87호에서 110호 크게 증가했다. 자작농(2호)과 자소작농(17호)에서 19호가 감소하는 현상과 맞물려 소작농이 23호로 늘었고, 소작농의 경지규모는 0.49정보에서 0.16정보로 대폭 줄었다. 1933~1934년경 봉암리의 농가는 한층 불안정한 상태에 있었다. 경제공황기의 일반적인 영향 때문으로 보인다.

〈표 2-5〉 농가계층별 변동과 경지규모

구 분		1932	1934	1939
자작농	호수	31	29	53
	논	18.29	9.50	23.85
	밭	8.2	3.50	23.85
	소계	26.49	13.0	47.7
	1호당	0.85	0.45	0.9
자소작농	호수	66	49	85
	논	59.01	43·10	53.45
	밭	29.13	39.8	35.7
	소계	88.14	82.9	89.25
	1호당	1.34	1.69	1.05
자작농	호수	87	110	44
	논	30.3	9.7	11.0
	밭	12.2	8.0	19.8
	소계	42.5	17.7	30.8
	1호당	0.49	0.16	0.7
합계	호수	184	188	182
	경지	157.13	113.8	167.75
	1호당	0.85	0.60	0.92

자료: <표 2-3>의 자료와 같음.
비고: 1932년 농가 호수는 184호인데, <표 2-3>의 자료에 따르면 농업호수는 176호이다. 양자의 차이는 다음과 같다. 1932년 호주의 직업 조사로는 농가가 176호이지만, 비농가이면서 농업을 소규모로 하는 경우를 계산하면 184호이다. 봉암에는 관공리가 5명 정도 있었고, 이들의 가족이 농사를 경영하는 경우도 있었다.

    1934년 당시 봉암의 농가 188호 중 0.5정보 이하 과소농가는 50호로 전체 농가의 26.6%에 해당한다.[86] 1930년대 전국적인 농민층 분해 양상은 완만한 편이었고,[87] 1937년 현재 전체 농가 중 0.5정

---

86) 충청남도, 『振興の忠南』, 41쪽.
87) 1934~1937년 사이 소작지와 소작농의 비율은 57.4%, 51.9%→57.7%, 51.7%였다(小早川九郎 편저, 1960, 『조선농업발달달사(자료편)』, 友邦

보를 소유한 농가는 38%였다.[88] 따라서 봉암의 농민층분해 정도가 전국적인 추세와 비슷하다고 할 때, 1934년 0.5정보 과소농가 비율 26.6%는 전국적인 38%에 비해 적은 편이었다. 따라서 1934년 봉암리 농가의 불안정성은 상대적으로 나은 편이라고 할 수 있다. 즉 경작지 규모의 격차가 그다지 심하지 않았다.

농가 경영의 악화는 진흥회의 침체로 이어졌다. 앞에서 진흥회가 "1937년까지 … 양호한 실적이 없(어)", 1938년 구장과 동리 유지들이 '窮民'을 갱생시킬 방도를 강구하려고 고심했다고 한 사실과 연결된다. 그리고 국민정신총동원운동에 참여하면서 '괄목할 만한 성적'을 보게 되었다고 하는데, 1934년과 1939년 사이 경영 변화의 배경을 살펴보자.

먼저 미호천 개수공사는 道지방비로 1931년 8월 경부터 3개년 사업으로 진행되었으나, 부속 공사가 많았고 경비도 추가되면서 공사 기일도 6개월 가량 연장되었다고 한다.[89] 따라서 이 공사는 1935년 초에 완성된 것으로 보인다. 공사가 진행 중일 때 봉암리는 "장래 미호천·월하천의 개수공사가 끝나고 게다가 봉암천(미호천의 지류)의 제방도 완성되면, 황폐한 동리의 경지도 옥토가 되어 안정하고, 동리의 동쪽 방대한 하천부지는 경지로서 용이하게 이용되어 산업 진흥하고, 생산의 증가 현저하게 더욱 더 유복한 부락이 될 것"라는 전망이 있었다.[90] 이같은 예측은 어느 정도 맞았다. 공사의 완성으로 우선 하천 범람의 위험에서 어느 정도 벗어날 수 있어, 다소 안정된 영농 조건의 하나를 확보할 수 있게 되었다. 또 종래 강물이 마을 앞까지 흘러 들어왔던 것과 달리 제방을 마을에

協會, 93쪽 ; 조선은행조사부, 1948,『조선경제연보』, Ⅲ-25).
88) 小早川九郎 편저,『조선농업발달사(발달편)』, 73쪽.
89) 연기지재편찬위원회,『燕岐誌』, 76쪽.
90) 충청남도,『伸び行く農村』, 153쪽.

서 좀 떨어지게 밖으로 쌓음으로써 제방과 마을 사이에 새로운 밭을 얻을 있었고, 이 곳에서 채소를 생산하거나 소를 먹일 풀을 확보할 수 있었다고 한다.91) 1932년 소 사육의 호수는 59호, 사육 소는 60마리였다. 사육 호수의 32%(사육 두수 32.6%)는 당시에도 "郡 장려 방침의 목표 달성"에 가까웠다고 한다.92) 그리고 1940년경 182호 중 75호(41.2%)가 78마리(42.9%)를 사육하고 있었는데,93) 이러한 변화의 배경에는 제방을 이용하는 등의 사육 조건이 좋아진 것도 한 몫을 하였다고 본다.

또 봉암리는 1940년 초 마을 뒤쪽 월하리와 경계선상에 위치한 月岩橋 남쪽에 100여 평 규모의 蒲江(저수지) 5개를 완성했다. 월암교를 건너면 월하리의 월하뜰이 있는데, 월하리를 위시하여 상전리, 부동리 등 인근 지역까지 봉암의 사람들이 나가 농사를 짓고 있었다고 한다. 종래 이 곳은 장마와 한발의 피해가 커서 경지 가격이 쌌기 때문에 봉암에서 많이 농사를 지었다고 한다.94) 또 봉암리와 월하리 부근에 있는 약 50여 정보의 농사가 불안정했는데, 5개의 포강이 완성되면서 물 걱정이 없어지게 되었다고 한다.95) 제일 윗쪽의 蒲江은 진흥회 전체가 공동작업을 하였고, 그 다음부터는 서부·중앙·新垈·書院의 4개 부락연맹이 1개소씩 맡아 공동작업으로 완성하였다.

1932~1939년 동안 영농의 변화를 보면, 양잠 호수가 59호에서 89호, 桑園이 4.5정보에서 11.5정보, 누에고치가 춘추 80매에서 211매로 증가했고, 축산에서도 소 이외 돼지 사육이 38호에서 98호, 40

---

91) 윤진웅·윤종구의 증언.
92) 조선총독부 학무국 사회과, 『農村は輝く』, 108쪽.
93) 「庚辰年 鳳岩里現況」.
94) 윤종구의 증언.
95) 「庚辰年 鳳岩里現況」.

두에서 116두로 큰 폭으로 늘었다. 새로 토끼도 사육하여 養兎組合까지 조직하고, 82호가 145마리를 사육하고 있었다. 또한 14.5정보의 면화 재배도 이때 등장하였다. 반면에 퇴비 생산은 줄었다. 1932년경 동리 전체 퇴비제조 27만 6360관, 농가 1호당 1,502관에서 1939년경 퇴비제조 25만 3232관, 1호 평균 1,371관으로 약 9% 감소했다.96) 이는 1939년 대한발로 짚이 부족했던 것도 원인이겠지만, 1932년과 1939년 사이에 밭의 증가, 논의 감소와도 관련된 듯하다. 전체 논 면적은 1932년 107.6정보에서 1939년 88.3정보로 18% 감소하고, 밭은 같은 기간에 49.53정보에서 79.35정보로 60% 증가하였다. 봉암리 농민들은 1932년에는 논 107.6정보, 밭 49.53정보를 경작하여 대체로 2:1 비율로 논 중심으로 농사를 지었다. 그러다가 1939년 무렵 논 88.3정보, 밭 79.35정보로 약 1.1:1의 비율로 밭이 크게 늘었다. 특히 소작농의 경우는 논이 약 1/3로 줄고 밭이 3/5 이상 늘면서, 밭농사를 중심으로 경영규모를 늘이고 있었다. 이는 미호천 개수공사 이후 밭의 증가 현상과 연결된다.

이렇게 보면 봉암리는 1930년대 중반 이후 미곡 생산보다 양잠, 면화, 채소와 같은 소상품적 밭작물에 주력했고, 소와 돼지 등 축산업을 확대하면서 경제활동을 전개하고 있었음을 알 수 있다. 이런 기반 위에 1940년부터 3개년 사업으로 마을의 잡목을 벌목한 뒤, 호도나무·대추나무·감나무 등 과수나무로 전환하는 계획을 세우고 부분적으로 실천하고 있었다. 동리의 경제기반의 58.5%가 외지인 손에 놓인 상태에서 봉암의 농민들은 여러 형태의 수입 증대책을 강구하면서 생존의 기반을 확보하려고 노력하고 있었다.

한편 도로망의 확충도 이와 같은 소상품생산의 발전에서 빼놓을 수 없는 조건이었다. 1932년경에 이미 동리의 중앙까지 자동차가

---

96) 1932년은 『農村は輝く』, 1939년은 「庚辰年 鳳岩里現況」 참조.

들어올 정도로 도로가 정비되었다. 그리고 1940년경에도 도로확장이 계속되었다. 동리의 중앙으로 통하는 중앙선과 서남단을 끼고 있는 新垈線의 2개 도로를 개수하여, 길이는 이전 500m에서 1100m로 확장되었다. 기타 마을 작은 도로 역시 우마차가 통과하는 데 지장이 없을 정도였는데,97) 봉암은 이후에도 5개년간 도로 개수 계획을 세우고 있었다. 도로망의 확충은 생산물의 반출 등 봉암의 소상품적 생산의 중요한 조건이었고, 제반 행정의 집행을 손쉽게 하였다.

이러한 경제적 사회적 조건 아래 1939년경 자작·자소작·소작농 모두 경영이 호조되었다. 1932년과 1939년을 비교하여 경영 변화를 확인해보자. 이 두 해를 비교하는 것은 같은 해 농가경제상태를 짐작하게 하는 가계수입, 저축과 부채 그리고 근대문물의 수용정도를 보여주는 자료를 활용할 수 있기 때문이다. 자작농은 31호에서 53명으로 약 71% 증가하였고 경지규모는 약 6%의 성장했다. 자소작농은 66호에서 85호로 약 29% 증가했으나 규모는 22% 감소했다. 소작농은 87호에서 44호로 약 49%가 감소하고 경지규모는 약 43%(0.49→0.7정보) 증가했다. 자작농과 자소작농은 모두 호수는 증가하였지만, 규모는 각각 약간 성장과 큰 폭의 감소를 보이면서 평균 0.9·1.05정보로 비슷해졌다. 이에 반해 소작농은 호수가 49% 줄고, 규모가 43% 증가하면서 1호당 규모도 0.7정보로 크게 약진하였다. 이 과정에서 경지소유자는 1932년 95호에서 1939년 138호로 45% 이상 증가하였다(<표 2-3>참조). 한 마을에서 비록 영세한 규모라고 할지라도 경지소유자가 54%(95/농가 전체 176)에서 76%(138/농가 전체 182)로 증가하였다는 사실 즉 농가의 76%가 자기 경작지를 소유하였다고 하는 것은, 농민과 마을의 경제적 기

---

97) 「庚辰年 鳳岩里現況」.

반만이 아니라 정치 사회적인 안정화에 크게 기여하는 조건이었다. 또 경영형태별 규모도 0.9·1.05·0.7정보로 상당히 격차가 좁혀졌고, 전체 1호당 규모가 0.85에서 0.92정보로 증가하였기 때문에, 봉암리는 1939년경 농가 경영이 약간 호조되고 빈부의 격차도 완화되는 양상을 띠었다. 1932년 봉암리 농가의 평균 경지 규모 0.85는 당시 전국 평균 1.52정보와[98] 큰 차이를 보인다(약간 증가한 1939년의 0.92정보 역시 마찬가지다). 그러나 이것은 봉암리에 소재한 경지를 대상으로 검토한 것이고, 월하리·부동리 등과 같이 지가가 낮은 지역의 토지를 이쪽에서 소유 경작하고 있었던 사실을 감안하면 격차가 다소 좁혀질 수 있다.

이렇게 봉암리는 자소작농을 중심으로 경작지가 조정되고, 영세한 규모일지언정 경지를 골고루 소유할 수 있어 내부적으로 계층별 차이가 완화되는 양상을 나타내고 있었다. 이런 계층별 격차의 완화는 동리 단위의 통합력과 결속력을 유지하거나 강화하는 데 적극적인 요소였다.

다음에서는 경지규모의 이동과 확장, 농작물의 다각적 경영과 축산업의 확대 등에서 보인 경제 활동의 변화가 1932년과 1939년 사이 재산과 가계수입에 미친 영향을 살펴보자. 1호당 경영 규모는 0.85(논0.58, 밭0.27)에서 0.92(논0.48, 밭0.43)로 비록 밭 중심이라고 할지라도 0.07정보 늘었다. 이 사이 1호당 부동산 가격은 445.38원에서 915.28원으로 106%, 1호당 평균 가계수입(현금)도 208.52원에서 385.60원으로 85% 증가했다. 경성의 도매물가지수는 1932년 144.39, 1939년 274.14로 약 90%로 상승했다.[99] 그러나 경성의 물가

---

98) 조선총독부 농림국, 1934, 『朝鮮ニ於ケル小作ニ關スル參考事項摘要』, 42쪽.
99) 조선은행조사부, 『조선경제연보』, Ⅲ-145.

지수는 농촌의 그것과 다소 차이가 있어, 이를 봉암에 그대로 적용하는 것은 무리가 있다. 봉암리의 농민들은 영세한 토지를 경작하는 만큼 미곡과 보리 등의 경종수입 이외 양잠·면화·축산·가마니짜기 등 다른 영농 수입의 증대를 강구하고 있었다.100)

이같은 영농의 변화는 자기 자금만으로 가능하지 않기 때문에 여기서 나타나는 숫치를 바로 수입증가로 연계시킬 수는 없다. 그러나 수입이 증가할 여지는 부분적으로 있었다. 저축은 1932년 1호당 13.12원에서 1939년 18.55원으로, 납세액도 같은 기간에 1호당 11.55원에서 13.60원으로 큰 변동은 없었다고 할 수 있다. 이에 반해 간이생명보험이 등장하여 동리 전체 보험금은 1939년 1,300원에서 1940년 2,350원으로 1년 동안 80% 가량 비약적으로 상승하고 있었다. 다소 증가한 수입은 이렇게 생명보험금으로 흡수되고 있었다. 일제는 간이생명보험사업을 정책적으로 확대했고 흡수된 보험금은 정책자금으로 전환되고 있었기 때문에, 전시체제가 확대되는 가운데 봉암에서 부담하는 전쟁비용은 비록 간접적이라고 하지만 그만큼 증가하고 있는 셈이다.

이러한 영농의 변화에는 봉암과 면행정과의 긴밀한 관계도 한 요인으로 작용했다. 앞에서 살펴본 대로 봉암은 관의 정책에 비교적 협조적이었고, 이때는 소위 정동운동의 실천 사항의 이행 등으로 전시체제에 협력하고 있었다. 봉암의 중심인물들은 전쟁 수행에 불가결한 생산 증대정책에 대응하여 여러 가지 방안을 마련하

---

100) 1939, 1941년 사이의 변화를 보면, 1939년 89호가 桑園 11.5정보를 기반으로 양잠에 종사하여, 생산된 繭의 환산 대금이 4,240원이었다. 1호당 47.6원으로 적지 않은 수입이었다. 또 면화의 생산규모는 1939년 14.5정보에서 1941년 28.5정보로 증가하였고, 돼지 사육 두수는 116마리에서 151마리, 토끼는 145마리에서 350마리로 크게 증가했다(「庚辰年 鳳岩里現況」;「現況表」).

고 있었다. 각 연맹별로 미곡증산을 위한 공동작업과 한해 대비책을 강구하고, 양식 감소에 대비하기 위해 수확된 보리의 호별 저축을 독려하고, 양곡과 기타 생산물을 관리할 창고도 추가로 건축할 계획을 세우고 있었다. 그리고 1941년 4월부터 전국적으로 실시되는 '부락생산확충계획'에 따라 대책을 마련하고 있었다. 이렇게 봉암이 전시체제에 협력하자 관의 지원도 적극적이었다. 이 무렵 두드러진 것이 19호의 자작농창정이었다.[101] 나아가 봉암리는 1940년도 '지방개량보조신청조서'에서 5년 계획으로 동리 앞 30여 정보의 충청남도 소유 경지를 매수 개량하여 1년에 소작농 8명씩 자작농으로 전환시킬 계획을 세우고 있었다.[102] 1939년 현재 소작농은 44호(<표 2-5>)인데, 도청 소유의 경지를 불하받아 이들 모두에게 자작지를 갖게 한다는 것이다. 동리의 유력자들이 부락연맹을 바탕으로 농민들의 생존권과 직결된 토지소유 문제를 해결하기 위해, 관을 상대로 적극적으로 이권 확보운동을 하려는 것이다. 이들은 그동안 주민 공동의 이해를 대변하는 활동을 부분적으로 전개하면서 동리 안에서 권위와 기반을 확대하고 있었다. 또한 진흥회와 부락연맹과 같은 관제조직은 농민들의 생활과 밀접한 문제를 수렴하고 해결하면서 통제력을 확대하였다. 이런 맥락에서 볼 때, 봉암의 농민들이 마을의 중심인물과 조직에서 추진하는 사업과 활동에 편입할 수 있는 조건이 형성되고 있었던 것이다. 1942년 3월 16일 학무국장이 군수 등을 대동하고 봉암리를 시찰하러 오는 것으로 보아,[103] 1940년도 '지방개량보조신청조서'가 채택되었을 가능성이 높다.

---

101)「庚辰年 鳳岩里現況」.
102)「庚辰年 鳳岩里現況」.
103)『大略日誌』, 1942년 3월 16일자.

봉암의 경제적 환경은 1939년과 1941년 사이에 다시 변화를 보였다.[104] 1939년 논 83.4정보에서 생산된 미곡은 2,310석으로(1단보당 2.77석), 환산대금이 46,200원이었다. 1941미곡년도(1941년 2월 현재) 미곡생산은 1,390석으로, 전년도에 비해 920석이 감소했다. 작부 면적이 줄었는지는 알 수 없으나, 작황이 극히 저조했던 것이 감소의 원인인 듯하다.[105] 여하튼 벼농사의 감소는 가마니 생산에도 영향을 주었다. 1932년 현재 2만 매를 1호당 400매씩 생산한다고 하여[106] 50호가 참여하고 있었는데, 1941년 관에서 113호에 할당한 생산량은 10,150매였다. 생산 호수는 2.3배가 늘었는데, 할당된 생산 수량은 예전의 2만 매보다 49%나 줄었다. 또 실제 생산량은 5,500매로 농한기가 거의 끝나는 시점인 3월 15일까지 할당된 수량의 55%에 불과했다.[107]

농작물의 감소 현상은 미곡만이 아니라, 면화와 뽕나무 재배에서도 나타났다. 면화는 1939년 14.5정보에서 17,600근→1941년 28.5정보에서 19,950근으로, 재배면적은 거의 두 배 확장했으나 생산량은 약 13%정도 밖에 늘지 않았다. 같은 기간 뽕나무는 면적은 11.5정보로 같으나 生繭 수량은 1,165관(8,134원)에서 1,060관(4,240원)으로 9% 감소하고, 그 대금도 약 48%로 줄어, 가격이 폭락했음을

---

104) 1941년의 내용은 西面 鳳岩里, 『현황표』에 의거함.
105) 1941년 4월 현재 연기군 각 면마다 가마니 생산 부진에 대한 원인과 대책을 분석할 때, 東面에서는 "작년 稻作 작황이 평년에 비해 극히 불량"한 점을 지적하고 있었다[燕岐郡, 1941, 『增米委員會提案事項』(尹鳳均, 『米穀生產高要綱』에 수록됨)].
106) 조선총독부 학무국 사회과, 『農村は輝く』, 108쪽.
107) 가마니 생산의 부진은 연기군 각 읍면 공통적인 현상이었다. 읍면들은 부락연맹을 '추진력'으로 원료 짚의 매수와 반출 통제·제조기 보급·통제물품의 배급 우선권 지급 등으로 생산량을 확보하려고 했다(燕岐郡, 『增米委員會提案事項』).

알 수 있다. 반면에 大麥의 생산량은 450석(6,750원)에서 1,094석으로 2.4배 증가했다. 1941년에 생산된 대맥 중 941석(86%)을 식량으로 충당하고 나머지를 공출하고 있어, 미곡 공출의 확대에 따른 보충 식량으로 대맥의 재배 면적이 늘었을 가능성이 있다.

대맥을 제외하고 농작물의 생산이 전반적으로 감소하는 추세 속에서 축산 방면은 크게 신장하고 있었다. 소는 이 기간에 78두로 수량에 변화가 없고, 돼지는 116두에서 151두, 토끼는 145두에서 350두로 각각 30%, 140% 증가했다. 봉암리는 1941년 4월부터 시작되는 부락생산확충계획에 따라 그 계획을 수립하고 있었는데, 축산물 증가는 이런 정책과 관련되는 듯하고 이후 더욱 계획경제로 편입될 전망이었다.

1940년에 생산한 미곡에 대한 전국적인 공출율은 42.8%이고, 봉암리는 1941년 2월 현재 생산량의 32%에 불과했다. 공출은 대체적으로 생산 직후 11월에서 다음해 5~6월까지 강행되고 있어, 봉암의 공출도 좀더 진행되었을 것으로 생각된다. 벼와 대두의 공출이 진행되는 가운데, 면화의 공판율이 96.7%(공판 수량 19,300근/생산 수량 19,950근)에 이르고 있었다. 이는 자동차가 두 개 도로를 이용하여 마을 중앙까지 출입하여 봉암리를 상품화폐경제로 편입시키고 있었음을 단적으로 보여주고 있다.

봉암리는 1919년 진흥회가 결성된 이후 1920년대 다소 경제적 성장의 기회를 얻었고, 1930년대 말 농진운동 후반에 다시 한번 경제적 갱생의 기회를 맞았으나, 1940~1941년경 후퇴의 조짐을 보이고 있었다. 전시통제경제가 확대될수록 생산 자체도 정체 내지 감소 경향을 보이는 것이 당시 일반적인 추세였다. 현재로서는 1942년 이후 봉암리 자료를 확인할 수 없어 단언할 수는 없으나, 봉암리도 예외는 아니었을 것이다.[108]

2. 근대문물의 수용과 사회변화

봉암리는 조선 중기 이래 동성촌락으로 성장하여, 동성촌락의 일반적인 특징 중의 하나인 동족 자제들의 교육에 뚜렷한 성과를 거두고 있었다. <표 2-6>를 보면 1932년경 재학 중인 아동은 36명으로 취학 연령자의 40%(=취학율)를 기록하여,[109] 전국 평균 17.8%보다 두 배 이상 높았다.[110] 이러한 교육의 보급은 봉암리의 개방성과 근대지향성을 보여준다. '재학중'인 학생들은 졸업 후 공주의 영명학교를 비롯하여 중등학교에 진학하는 경우가 많았다. 1939년에는 중등학교 재학중이거나 그 이상 대학에 진학한 사람이 8명이나 되었다. 일제하 한 마을에서 8명이 중등교육 이상을 받고 있었다는 사실은 이례적이다. 이러한 근대적 교육의 확대와 사회 진출의 욕구가 결합되어 봉암에서 식민지 관리들이 많이 나오게 되었다.

〈표 2-6〉 교육의 보급 정도

	학교 졸업	중등교육 이상 혹은 재학중	소학교 졸업	재학중	조선어 이해	일어 이해
1932	62명 (5.9%)			36	347 (32.8%)	107(10.1%)
1939		8	147(남112, 여35)	100(남58, 여42)	348(28.2)	225(18.2)
1941			142	85	350(29.0)	230(19.1)

비고: ( )는 전체 인구 중에서 차지하는 비율

---

[108] 윤진웅은 "봉암리가 농업 생산 활동에 변화를 보이고 있었다고 하나 군면 직원을 비롯하여 몇몇 집을 제외하고는 어려운 농가가 더 많았다"고 회고하고 있다.
[109] 조선총독부 학무국 사회과, 『農村は輝く』, 104쪽.
[110] 오성칠, 『식민지 초등 교육의 형성』, 133쪽.

<표 2-6>에 따르면, 1939년경 중등교육 이상자 8명이 1941년 조사에는 누락되었고, 또 소학교 졸업자도 147명에서 142명으로 5명이 줄어, 양자를 합친 13명이 동리에서 파악되지 않는다. 이들이 모두 동리를 떠났다고 보기 어렵고, 동리를 떠나 외지로 나간 경우도 있겠지만 일부는 동리에 거주하면서 취직이 되어 통계에서 제외된 것이 아닐까 생각된다.

또 '재학중'인 아동도 1939년 100명에서 1941년 85명으로 15명이 감소하였다. 15명이 소학교를 졸업했다고 한다면, 1941년 소학교 졸업자는 147명보다 10여 명은 더 많아야 하는데, 실제 소학교 졸업자는 142명이었다. 당시 봉암리에는 14세 이상 남녀를 대상으로 매년 11월에서 다음해 4월까지 2년 수료기간의 언문강습회를 개최하고 있었다.[111] 조선어와 일어 등을 언문강습회에서 강습하고 있어, 위의 '언문 내지 일어이해자'의 수치에는 소학교 재학자 중에서 감소한 15명을 포함시키지 않아도 될 것 같다. 그러나 15명 중 7명 정도가 '일어이해자'의 5명 증가, 언문이해자의 2명 증가에 각각 영향을 미쳤다고 가정해 볼 수도 있다.

이상을 종합하면, '중등교육 졸업자 혹은 재학중인 자' 8명, 소학교 졸업자 5명, 여기다가 '(소학교)재학중'인 자 중에서 적어도 8명을 합친 21명이, 1939년과 1941년의 통계에 잡히지 않고 있다. 이들 중 일부는 이 기간에 동리를 떠난 3호·30명에 포함되었거나 혹은 단신으로 취업을 목적으로 외지에 나간 것으로 보인다. 특히 '중등교육 졸업자 혹은 재학중인 자' 8명 중 일부는 이런 이유에서 통계에서 빠졌을 것으로 보인다. 그러나 중등학교를 졸업하고 동리에 거주하면서 군청과 면사무소에 근무하는 자들도 실제 몇 명이 있었다. 이들과 소학교 졸업자의 상당수가 동리에서 소위 중심인물

---

111) 충청남도, 『伸び行く農村』, 152쪽.

로 활약하고 있었던 것으로 파악된다.112)

봉암리의 교육 보급과 관련하여 하나 더 지적할 것은 언문이해자가 32.8→28.2→29%로 다소 정체되는 양상을 띤 반해, 일어이해자는 10.1→18.2→19.1%로 꾸준히 증가하고 있다. 1930년 전국적인 문맹자 77.7% 즉 언문이해자 22.3%에 비해,113) 1932년경 봉암의 언문이해자는 32.8%로 상대적으로 문맹율이 낮았다. 봉암리는 오래 전부터 영재교육계·청년교육계·봉명의숙·언문강습회 등을 통해 교육적 기반을 확충해 왔고, 이를 바탕으로 학교교육이 두드러졌으며 문자 이해자도 전국 평균 이상을 기록하고 있었다.

또한 봉암에서 두드러진 것은 근대문물의 수용이었다. 1932년과 1939년 사이에 시계 소유자는 17명→ 82명, 자전거 소유자 14명→ 62명으로 증가하고, 우마차 소유 20명→11명으로 줄었다. 시계와 자전거의 소유가 많은 것은 관공서 근무자와 학생 등의 존재로 부분적으로 설명할 수 있었다. 그러나 시계 65개, 자전거 48대가 급증한다는 사실은 통계에 약간의 착오가 있지 않을까 생각된다. 이 시계의 수치에 따라 전체 가구의 40%(시계 소유자 82/전체 204호)가 시계를 소유하고 있지 않았다고 해도, 비교적 값싼 탁상시계114) 등을 비롯하여 시계가 많이 보급되어 있었다. 시계는 시간 엄수와 관련하여 보급이 확대되고 있었다. 당시 시계상들은 시계의 수선을 할인하거나 염가로 판매하기도 했다.115) 또 전체 호수의 30% 가량이 자전거를 소유한다는 부분에도 의문이 제기되는데, 관공리

---

112) 이 부문은 3장에서 봉암리 출신 군면 근무자와 청년단원 등에 대한 설명을 참조할 것.
113) 노영택, 1994, 「일제시기의 문맹률 추이」, 『국사관논총』 51, 131쪽.
114) 시계라고 해서 손목 시계가 아니라 값싼 탁상시계가 많았다고 한다 (윤진영의 증언).
115) 충청남도, 『振興の忠南』, 251쪽.

와 중심인물 이외 일반 가정에서도 약간은 보유한 것으로 생각된다. 또한 소의 사육이 1932년 관에서 지시한 수준에 근접할 정도였던 것과 연결되어 우마차 소유자가 20명 정도였던 것 같다. 그러나 이 소유자가 11명으로 줄어든 것은, 봉암의 생산활동의 저하 때문이라기보다는 자동차가 직접 마을의 중앙으로 들어와서 생산물을 운반했기 때문에 자연히 감소된 것으로 볼 수 있다.

여하튼 1930년대 후반 봉암리의 주민들이 얼마간 수입이 증가했다고 해도, 이에 비해 근대문물의 수용의 정도가 과도한 것 같다. 이는 부채의 증가와 관련시켜 볼 수도 있다. 이때 부채 호수가 87호(총 호수의 46%), 1호당 80원에서 132호(64.7%), 1호당 123원으로 증가하고 있었다.116) 이렇게 부채 호수와 금액이 증가한 원인으로 토끼사육·군수용 대마의 시험적 경작 등 농업정책을 수용하면서 추가되는 비용의 증가로 볼 수 있으나, 특히 시계의 보급 등 근대문물의 수용도 부채 증가의 한 요인이 아닌가 생각한다.

한편 소위 생활개선도 더욱 진전되었다. 우마차와 자동차는 마을 안까지 들어와 물자를 나르고, 자전거도 운반 겸 교통 수단으로 많이 이용되고 있었다. 시계의 보급 정도를 보면, 생산 작업량의 증가와 생활개선 등을 목적으로 시간이 얼마나 체계적으로 관리되고 있었는지를 알 수 있다. 여기다가 1940년에는 동리의 중앙에 警鐘이 설치될 예정이어서, 시간 준수는 주민들의 생활 자체가 되어가고 있었다.

또한 이렇게 근대 문명을 실감할 수 있는 근대적 제품의 보급 양상을 통해 봉암의 근대화의 속도를 짐작할 수 있고, 이런 근대적인 현상의 진전은 관의 지배력의 토대를 넓혀주고 있었다. 色衣着用

---

116) 전자에서는 '특별히 다액'인 경우, 후자에서는 19명의 자작농창정 금액 26,000원을 제외시킨 금액이다.

은 단순한 생활의 합리화만이 아니라 내면세계를 개조하려는 목적 아래 실시되었는데, 1939년에는 204호 모두 실행하고 있었다. 일본 국기도 모든 가구에서 준비하고 있었다. 작업복의 개선을 위한 재봉강습회, 주로 구황작물 등을 활용하는 방법을 제시하는 요리제조법 강습회 등도 등장했다. 매달 애국일과 15일을 청결일로 정하여 가옥 안팎과 도로를 청소하는 등 주변 환경이 정리되어 작업과 활동의 효율성을 높이는 데 기능하고 있었다. 특히 '청결일'에는 집안 구석구석 '청결' 상태를 관에서 나와 점검하기 때문에, 이런 행사는 호별 또는 동리 주변에 대한 일종의 감시 기능도 하고 있었다.

봉암리 주민들은 집 안팎에 이런 근대적인 시설을 수용하여 생활의 편리를 부분적으로 제공받을 뿐아니라, 소위 황국신민으로 처신하도록 조장되는 분위기 속에 노출되었다. 당시 정동운동이 중심이 되어 실시하던 '황국신민화'의 이행 사항들이(강령과 실천 요목) 부락연맹을 통해 전달되고 있었다. 집회 때마다 정동운동의 실천을 위한 논의가 추가되었고, 황국신민의 서사 외우기는 이제 모임의 한 의식이 되었다. 공회당의 집회에서 나누던 이야기 주제 속에 '聖戰의 진의'를 이해하는 것도 추가되었다. 마을 뒷산과 인근에는 防空連絡所가 설치되었다. 종래 화재 예방과 진화를 위해 설치된 보안조합이 이 무렵에도 기능하고 있었는지는 알 수 없으나, 이때는 화재만이 아니라 방공훈련 차원에서 "각 호에 가족 1명씩을 남기고 전부 출동"하는 집단훈련도 강화되고 있었다. 주민들은 면 단위로 설치된 신사를 참배하는 것도 가끔씩 이행해야 했고, 봉암에서는 이런 '불편'을 줄이기 위해서인지, 1940년에 동리에 소위 '部落神社'를 세울 계획을 수립하기도 했다.[117] 마을에 있던 봉암교회가 일제말기에 일본교회로 개편되어 '부락신사'의 역할을

---

117)「庚辰年 鳳岩里現況」.

대신했는지 '부락신사'는 들어오지는 않았다고 한다.[118]

이상의 논의를 정리해 보면, 연기군 서면 봉암리는 일제하 저명한 동성촌락 1,685개 중의 하나였다. 봉암리는 파평 윤씨의 동족적 결속과 단결력에 기초하여 타성을 통합하고, 동리에서 확보한 권위와 세력을 바탕으로 향촌 유지로 활약하는 인물들이 있었다.

조치원에 거주하는 일본인을 비롯한 외지인들이 봉암리의 논밭 58.5%를 차지하여, 일반 농민들의 경제 기반은 열악했다. 그러나 봉암리는 조치원의 경제권과 가까운 지리적 이점, 유지와 관의 협력관계에 기초하여 진흥회를 중심으로 사회경제적 변화와 안정을 꾸준히 추구했다. 1920년대 초에는 농사 이외 대규모 가마니 생산으로 어느 정도 '소작농 부락'을 '자작농 부락'으로 탈바꿈할 수 있는 전기를 마련하고, '모범부락'으로 성장하였다. 이어 양잠과 축산, 면화 등의 다양한 생산 활동을 전개하면서 수입 증대를 모색하였다.

진흥회의 사업이란 생산활동을 위시하여 교육적 환경의 조성 등 전반에 걸쳐 농민들의 생활과 연결되어 있어, 농민과 촌락의 중심으로 자리잡아 가고 있었다. 가장 두드러진 사업이 진흥회와 부락연맹이 농민들의 공동작업을 주도하여 저수지 5개를 완성시킨 것이다. 진흥회는 농민들의 생활과 밀접한 문제를 수렴하고 해결하면서 통제력을 확대하고 있었다. 진흥회가 행정보조적 기능을 했기 때문에 봉암에서 진흥회의 위상 강화는 식민지 행정의 기반 확대로 이어졌다. 진흥회는 주민과 관을 연결시키는 통로로 기존 사회질서를 식민지적으로 재편하는 데 중요한 기능을 발휘하고 있었다.

동리의 유지들은 진흥회와 부락연맹을 바탕으로 농민들의 생존

---

118) 윤진웅의 증언.

권과 직결된 문제를 해결하기 위해, 때로는 관을 상대로 적극적으로 활동하기도 했다. 대표적인 것이 마을 앞까지 들어오는 미호천 개수공사의 실시였다. 유지들이 나서서 공사가 완료되자, 농민들은 하천 범람의 위험에서 어느 정도 벗어나 다소 안정된 영농 조건을 확보할 수 있었고, 제방과 마을 사이에 새로운 밭을 얻을 수 있었다. 이외에도 동리 유지들은 충남 도청 소유 경지를 불하받아 동리 소작농을 자작농으로 전환시킬 계획까지 세우고 있었다. 따라서 유지들은 이렇게 주민들의 공동의 이해를 대변하는 활동을 부분적으로 전개하면서 사회적 권위를 확대하고 있었다. 이런 기반 위에 활동 범위를 군면에까지 넓히고 있었다.

봉암리 사례를 통해 진흥회가 농민들에게 필요한 시설과 기능을 흡수하여, 생활의 중심으로 성장하고 또 관을 상대로 공동의 이해를 부분적으로 대변하고 있었으며, 여기에 유지들의 역할도 적극적이었음을 확인한 것이 큰 수확이었다.

농민들이 진흥회를 매개로 경제적 기반을 확보하기 위해 노력한 결과, 1932~1939년 사이에 영농상에 다소 진전이 있었다. 자소작농을 중심으로 경작지가 조정되면서 농가 사이에 경지규모의 격차도 상당히 좁혀졌고, 비록 영세한 규모라고 할지라도 농가의 76%가 자기 경작지를 소유하게 되었다는 사실은 농민과 마을의 경제적 기반 확충만이 아니라 정치 사회적인 안정화에 크게 기여하는 조건이었다. 봉암리는 이렇게 1930년대 말 경제적 갱생의 기회를 맞았으나, 1940~1941년경 후퇴의 조짐을 나타내고 있었다. 통제경제가 확대될수록 생산 자체도 정체 내지 감소 경향을 보이는 것이 당시 일반적인 경향이듯, 봉암 역시 다소 확보된 경제적 기반을 다시 상실했을 것으로 짐작된다.

교육과 근대적 시설의 확대, 다음 장에서 살펴볼 동리 유지의 역할 등 제반조건은 봉암리의 개방성을 촉진하였고, 주민의 근대지향성 나아가 체제협력의 가능성을 배태하였다. 즉 관의 행정적 토대를 넓혀주었다. 또 반대로 관의 지도와 지원을 배경으로 봉암의 경제적 성장과 개방성이 촉진되기도 했다. 봉암리의 사회경제적 변화 속에서 주민들의 주위는 식민지체제에 대한 '협력'을 의식적·무의식적으로 내면화시키는 상징물로 채워지고 있었다.

제3장

충청남도 연기군 서면 봉암리
有志 尹鳳均의 사회활동

— 체제저항에서 식민지 관리로의 전환 —

    이 글에서는 충남 연기군 서면 봉암리가 진흥회를 매개로 하여 식민지질서로 재편되는 과정에서 지역유지의 역할을, 平岩 윤봉균을[1] 중심으로 검토하려고 한다.

---

1) 이하 윤봉균의 행적은 자신이 작성한 『大略日誌』(1899년 6월 25일자~1959년 5월 15일자)에 근거하며, 꼭 필요한 것 이외는 주를 생략한다. 『大略日誌』는 모조지 113장(30.8㎝×23.4㎝)의 양면을 이용하여 펜으로 줄과 칸으로 면을 분할한 뒤, 세로쓰기로 작성되었다. 군청색의 하드카바에 철근을 사용하여 113장을 하나로 철했다. 약간 빛바랜 겉표지에는 '自光武三年六月二十五日 大略日誌 尹鳳均'이라고 쓰여있다. 첫 장에는 1951~1954년까지 경력을 간단히 정리하다가 만 흔적이 있고, 이어 '학력' '수상' '사찰'이라고 하여 항목별로 내용을 해방 후까지 기록하였다. 이어 '각 장관 급 각 처장'에서는 대한민국의 초대 국무총리 등 장관들의 명단이 있었다. 그리고 단기·서기·간지별로 날짜를 표기하였다. '단기' 오른쪽에 조선왕조의 '朝鮮曆'을 병기하기도 하였

윤봉균은 3·1운동에 참여하여 민족운동가로서 면모를 보이다가 일본 유학을 거쳐 면서기·면장·만주개척단 간부로 활약한 인물이다. 그의 행적을 검토하여 한 인물이 체제저항에서 협력 내지 친일로 전환하는 요인은 무엇인가, 또 지방의 식민지 관리들이 농촌 재편과정에서 진흥회와 같은 촌락조직에서 어떤 역할을 했는지, 종래 일제하 지식인 혹은 민중의 삶을 반일과 친일의 이분법적으로 평가하는 경향이 강했는데, 윤봉균의 사례를 통해 어떤 평가를 낼 수 있는지 구명하려고 한다.

종래 식민지 관리들에 대한 연구가 거의 없는 연구 현실에서, 비록 지방의 관리를 대상으로 했지만 구체적인 행적을 분석하여 그 실상의 일단을 소개하는 것도 의의가 있다고 생각한다.

이런 문제의식 아래 다음과 같이 논의를 전개하려고 한다. 우선 봉암리에는 정책 실행의 주된 조건의 하나인 세대간 결합 조건이 크게 확보되어 있었고, 진흥회가 관치보조적 수단이면서 일종의

다. 또 '가족생년월일표'와 '己亥생년표'(자신의 이력을 당시의 주요 연표와 함께 간략히 정리한 것)에서는 '日本曆'을 병기하고 있었다. 이런 사항을 종합하고 일지의 내용을 보면, 일지는 그때 그때 기록한 것이 아니라 뒤에 정리한 것으로 보인다. "조치원 공립고등여학교 창립식에 참석 – 前 여자 實課여학교"라고 한 것처럼 기록된 내용과 뒤에 바뀐 사실을 함께 써넣었다는 것은 그 기록 자체가 뒤에 정리되었다는 것을 보여준다. 또 "이범익 지사 때, 西面建物調査員 被命"에서 보듯이 누구누구가 기관장일 때를 적기하는 데, 이런 것도 그 당시의 기록으로 보기 어려운 부분이다. 따라서『大略日誌』는 이전에 메모해 놓은 것 혹은 졸업장·사령장과 같은 자료에 근거하여 정리한 자료로 판단된다. 정리한 시점은 해방 후로 짐작된다.

『里勢書類綴』이라는 문서철에 수록된「燕岐郡西面鳳岩里振興會ノ事績」「庚辰年 鳳岩里現況」「現況表」(1941), 그리고『鳳巖里 土地臺帳謄本』도 그가 작성한 것이며,『農村指導書綴』『米穀生產高要綱』는 면서기로 수집한 문건을 묶은 것이다. 전자는 봉암리의 진흥회를 이해하는 데, 후자는 연기군 면행정을 구명하는 데 중요한 자료이다.

동리 공동의 이해를 대변하는 창구 역할을 했듯이, 진흥회장 역시 식민지 행정의 적극적인 협력자이면서도 주민의 공동 요구를 수렴하여 관을 상대로 관철시키기도 했는데, 이런 점을 부분적으로 살펴보려고 한다. 다음으로 대표적인 봉암리 유지 윤봉균의 성향과 활동을 검토하여 끊임없이 자기변화를 거쳐 체제저항에서 식민지 관리로 전환하는 인물에 대한 평가를 문제 제기 차원에서 시도해 보려고 한다. 이를 위해 그의 3·1운동 참여, 이후 일본유학을 전후한 사상적 전환, 사회적 진출의 모색 그리고 그 연장선상에서 면장과 만주개척단장으로의 성장을 살펴보고, 이런 전환 과정에서 자신과 식민지권력과의 관계를 어떻게 확립해 가는지, 그의 내면세계의 추이는 어땠으며, 민족의식은 어떻게 소진되는지를 살펴보고자 한다.

제1절 봉암리의 有志와 세대간 융합

1. 진흥회장 등 동리 유지와 식민지권력

봉암리에는 마을의 유력자이며 '선구적인' 인물 몇 명이 뚜렷한 활동을 하고 있었다. 2장에서 살펴본 대로 일제하 봉암의 사회경제적 변화 과정에는 유력자 내지 중심인물의 역할이 있었다.

尹浚植(1854~1939)은 파평 윤씨 太尉公派 32세손이다. 그는 윤씨 문중에서 가장 서열이 높은 위치에서 문중과 마을을 이끌고 있었다. 그는 1904년 韓日東과 함께 자신의 사랑채 二樂堂에 岐陽學校라는 '사립학교'를 세우고 초대 교장을 맡았다. 기양학교는 1908년 남면 연기리 연기향교에서 창설된 배달학교로 흡수되었고, 배달학교는 1912년 5월 연기공립보통학교로 승격되어 연기군 정규보통학교의 효시가 되었다.2) 또 윤준식은 1905년 교회 부지를 제공하여 조치원 신안동 토골에서 전도 활동을 하던 윤태만·윤철균 등이 봉암에 감리교회를 세울 수 있도록 지원하기도 했다.3) 윤준식은 1919년 6월부터 西面長이 되었고, 같은 해 10월 면장으로서 구장이던 尹炳周(1872~1951)4) 등과 함께 '지방개량'의 수단인 진흥회를 설치하고 초대 진흥회장이 되었다. 진흥회장은 초대 회장 윤준식 이후 尹炳華·尹炳一을 거쳐 1930년대 초 윤준식이 재임했고 뒤에는 鄭仁海가 맡았다. 윤준식은 1923년 8월까지 4년 동안 西面長에 있었고, 면협의회장·서면농촌진흥위원 등 봉암을 기반으로 면내 유력자로서 활동하였다.5) 그는 2장에서 살펴본 바와 같이 주민들의 숙원 사업인 미호천 개수공사가 1931년부터 실시되도록 활약한 바 있었다. 그리고 그의 밑에서 젊은 사람들이 많이 성장했다고 한다.6)

윤준식은 체구도 당당하여 다른 사람을 압도하는 기개가 있었으며, 토지조사사업 때는 토지측량을 반대하여 측량하러 온 사람들을 내쫓기도 했다고 한다. 뒤에 이들이 반발하여 지세 기준인 공시

---

2) 조치원 문화원, 1993, 『향토사료』 7, 22쪽.
3) 燕岐誌再編纂委員會, 1967, 『燕岐誌』, 113쪽.
4) 그의 세 아들 중 첫째 昌均은 구장, 둘째 晶均은 연기군청 직원, 넷째 瑢均은 경성제대를 나와 총독부 서기로 근무하였다.
5) 燕岐郡, 『模範部落 蘆長里及鳳岩里の事情』, 20쪽.
6) 尹鎭雄(1915년생)의 증언에 따르면, 尹世均(1919~)은 공주고보·일본 早稻田대학을 졸업하고, 윤준식의 소개로 청주 금융조합에 근무했다고 한다.

지가를 높게 확정하여 봉암리의 땅값이 인근 지역에 비해 지금까지 높다고 한다.7) 윤준식은 이렇듯 다소 과격한 성품을 보였는데, 일제는 그를 두고 "단지 애석하게도 금융이 충족하지 않아, 資財가 있으나 대개 운용이 자유롭지 못한 상태에 있다. 이를 안타깝게 생각한다"고 하였다.8) 이는 그가 금전 거래를 매끄럽게 처리하지 않은 점이 있었던 것을 두고 평가한 것 같다. 당시 일본인이 그에게서 돈을 받지 못한 경우도 있었다고 한다.9)

尹炳華(1899~1974)는 윤준식에 이어 진흥회장이 되었고,10) 1930년대 초 면협의회원으로 활동했다. 산업개량조합장·農會技手 곡물검사원 등의 경력도 가지고 있었다. '동리 웅변가'로 꼽혔으며,11) 1937년 무렵 동리의 침체를 해결하기 위해 동리의 유지들과 방도를 모색할 때, 구장이었다.12) 일제 말기에는 구장으로서 '보국단'을 보내는 등 '권리'를 행사하여 인심을 잃은 면도 있었다고 한다. 그러나 해방 후 자유당에 입당하여 서면장이 되었다고 한다.13)

尹炳一(1893~1963)은 봉암에 거주하는 윤씨의 종손이었으나, 일찍이 가정이 빈곤하여 조치원에 거주하는 일본인 淺川弘人에게 고용되기도 했고, '신탁회사의 사원' 즉 朝永회사의 토지관리인=마름을 맡았다. 이런 과정을 거쳐 '상당한 자산가'로 성장하였다.14)

---

7) 윤종구(1935년생)의 증언.
8) 燕岐郡, 『模範部落 蘆長里及鳳岩里の事情』, 20쪽
9) 윤종구의 증언.
10) 충청남도, 1929, 『麗わしき農村』, 116쪽.
11) 燕岐郡, 『模範部落 蘆長里及鳳岩里の事情』, 21쪽.
12) 「庚辰年 鳳岩里現況」 『里勢書類綴』.
13) 박흠열(1924년생)·윤종구의 증언.
14) 燕岐郡, 『模範部落 蘆長里及鳳岩里の事情』, 21쪽 ; 조선총독부 학무국 사회과, 『農村は輝く』, 122쪽.

윤병일은 조영회사가 소유하는 봉암의 토지만이 아니라 월하리 등 인근 토지도 봉암리 사람들이 소작할 수 있도록 했고, 소작료도 그다지 고율로 부과하지 않는 등 주민들에게 혜택을 주기도 했다고 한다. 그는 1931년 5월 현재 봉암리 진흥회장으로 연기군진흥회연합총회에 참석하여, "월례회는 필히 군면 당국자가 참석하야 지도함이 良策"이라는 의견을 제출하기도 했다.15) 그는 면협의회원·학무위원·금융조합평의원 등의 공직도 맡았다. 이같은 공직과 종손으로서의 지위, 농민들의 소작권을 좌지우지하는 '경제적 힘'16)으로 그는 마을에서 상당한 영향력을 발휘했다. 따라서 그가 "동리민에게 두텁게 신용을 받고" "진흥회장으로서 수완을 발휘한 적도 있다"고17) 한 지적은 이런 사실을 두고 한 것이다. 윤병일은 1938년 9월 동리에 설치된 4개 부락연맹 중에 중앙부락연맹 이사장이었고, 1939년 대한발로 짚이 부족하여 가마니를 짜기 어려울 때, 갖고 있던 짚 2천 속을 가마니를 짜는 집안에게 시가보다 싸게 판매하여 도움을 주기도 했다.18) 그가 조영회사의 소작료를 자기의 집에서 거두어 납부하면서 중간에 소작료를 더 받아 착복하기도 했다고 하지만,19) 그에게서 소작권을 얻어 농사짓던 농민들이 해방 후 그 토지를 불하받아 혜택을 보기도 했다고 한다.20) 윤병일과 윤병화는 1940년대 초 구장=부락연맹이사장으로 활동하기도 했다.21)

---

15) 『매일신보』 1931년 5월 16일자 「燕岐振興會 聯合總會開催」.
16) 윤진웅·박흠열·윤종구의 증언.
17) 燕岐郡, 『模範部落 蘆長里及鳳岩里の事情』, 21쪽 ; 조선총독부 학무국 사회과, 『農村は輝く』, 122쪽.
18) 「庚辰年 鳳岩里現況」, 『里勢書類綴』.
19) 박흠열·윤종구의 증언.
20) 윤진웅의 증언.
21) 『大略日誌』 1942년 1월 25일자.

鄭仁海는 '部落改良稧' 즉 진흥회 이전 1913년에 설립된 개량계의 組長이었고, 연기금융조합의 組長・總代 그리고 1930년대 말부터 1940년대 진흥회장을 맡았다.22) 첫째 아들 東俊은 연기금융조합의 서기로 있어, 自力更生稧가 발전하는 데 어느 정도 영향력을 발휘했다.23) 둘째 아들 동섭은 구장=부락연맹이사장이었다. 윤봉균은 정인해의 회갑연 축사에서, 정인해가 "부락민 지도와 국력생산확충에 전력"하고 있으며, 차남 역시 구장으로 "국가에서 요구하난 식량충실대책에 노력"하고 있다고 칭송하였다. 정인해는 "인품이 훌륭했고 동네의 유지가 될만한" 인물이었다는 증언이 있어,24) 그의 마을 내 통솔력을 짐작하게 한다. 또 그의 두 아들이 구장과 금융조합 서기인 점도 그의 마을내 영향력을 뒷받침했다고 생각한다.

동리의 유력자로 韓日東을 들 수 있다. 그는 대한제국 郡參事를 역임했고, 윤준식과 함께 기양학교의 설립과 교육에 참여하였다. 또 그는 봉암에서 처음으로 신문을 보아,25) 일찍이 세상의 변화에 대한 정보를 얻고 있었다. 그리고 일제하 도평의회원・서면협의회원으로 활동했으며, 마을내 유력자 중의 한 명이었으나, "무슨 이유인지 부락민이 그의 말을 마음쓰지 않는 분위기가 있다"26)고 평가되었다. 그는 동리 주민과 직접 부딪치지 않고, 예술가적 소질이 있어 옥피리를 부는 등 홀로 지내는 모습을 보였다고 한다.27)

---

22) 『大略日誌』 1939년 3월 21일자 ; 1943년 2월 21일자.
23) "장남이 小中學을 졸업하고 … 원동력되난 금융계에 다대한 공적을 표현중"(『大略日誌』 1943년 2월 21일자) ; 윤진웅의 증언.
24) 박흠열・윤진웅의 증언.
25) 윤진웅의 증언.
26) 藤村德一 편, 1927,『朝鮮公職者名鑑』, 조선도서간행회, 128쪽 ; 燕岐郡,『模範部落 蘆長里及鳳岩里の事情』, 21쪽.
27) 윤진웅・박흠열・윤종구의 증언.

尹昌均은 앞에서 살펴본 윤병주의 첫째 아들로서, 1930년대 초 구장과 권농공제조합보도위원을 맡으면서 '독농가' '동리내 일류의 자산가'로 평판을 받고 있었다.28) 윤창균의 동생 晶均은 연기군청, 瑢均은 총독부 서기로 근무했고, 그의 아들 鎭龍도 연기군청에 다녔다고 한다. 鎭龍은 尹仁均(1903~1948)이 군청에 있으면서 데려갔으며, 仁均의 동생 晢均과 信均도 각각 군청과 조영회사에 다녔다고 한다.29)

봉암에는 윤씨로 연기군 내 관청에 근무하는 사람은 윤준식을 위시하여 晶均·仁均·晢均·鎭龍 그리고 뒤에 살펴볼 윤봉균이 있었고, 世均과 瑢均은 청주와 경성에서 근무하고 있었다. 또 타성으로는 금융조합의 정동준, 서면장으로 全海關(1939~1941)이30) 있었다. 이들이 모두 한 시점에 관리가 된 것은 아니었지만, 1930년대 초 봉암에서 관공서에 근무하는 자는 5명 정도였다.31) 봉암에는 일제시대 3명의 면장(윤준식·전해관·윤봉균)을 내고 있었다.

일제의 한국 강점 이전 봉암리의 인물 중에서 사회진출 상황을 살펴보면, 봉암리에 거주하는 韓日東이 대한제국기 郡參事를 지냈을 뿐, 윤씨는 이렇다할 만한 관직에 나가 있는 사람이 없었다. 봉암을 이끌고 있던 연장자 윤준식 역시 별다른 출세의 길이 없다가 사립학교인 기양학교를 개설하면서 사회변화에 대응하기 시작했던 인물이었다. 윤준식은 봉암에서 일제하 성장한 대표적인 인물로서 앞에서 살펴본 대로 그의 봉암에서 차지하는 위치와 영향력에서 볼 때, 다른 윤씨의 사회진출도 여기서 크게 벗어나지 않았다.

일제의 식민통치는 의도적으로 전통적 지식인층(양반 유생)을

---

28) 燕岐郡, 『模範部落 蘆長里及鳳岩里の事情』, 21쪽.
29) 윤진웅의 증언.
30) 연기군지편찬위원회, 1976, 『연기군지』, 579쪽.
31) 조선총독부 학무국 사회과, 『農村は輝く』, 103쪽.

소외시키면서 새로운 지식인(근대적 지식인) 형성을 촉진하였다. 관제개혁은 당시 한학에 편중되었던 조선인의 지식을 서구의 근대 지식으로 바꾸는데 크게 작용했다. 한학의 비중이 크게 줄고 근대적 행정과 법률적 지식이 필요해지자, 조선인들도 이런 사회의 구조적 변화에 대응하지 않을 수 없었다. 이렇게 종래와 달리 출세와 직업활동이 개방되자, 근대적 교육을 매개로 현실에 적응할 뿐 아니라 식민지 통치체제에 참여하는 세력이 등장하였다.32)

종래 뚜렷하게 관직이나 사회적 진출이 약했던 봉암의 윤씨들도 이런 시세변화에 민감하게 대응하여 근대적 교육을 받고 자신의 지위를 높이기 위해 적극적으로 활동하였다. 일제 역시 동성촌락으로서 통합력이 있는 오랜 전통의 봉암리를 주목하였다. 일제는 식민지 행정과 사회질서의 재편에 협력할 수 있는 중간관리자가 필요했고, 봉암에는 이러한 일제의 욕구를 충족시킬만한 근대교육을 받고 사회진출의 의욕이 강한 사람들이 있었다. 이렇게 해서 관공서와 회사 등에 취업한 사람들이 증가하면서 봉암리와 관의 관계는 큰 마찰 없이 지원·협력 체제를 형성해 갔다. 앞에서 살펴본 봉암 출신의 관리와 유지들은 이런 배경에서 배출된 것이다.

봉암을 일러 '어둑한 봉암'이라는 말이 있다. "누구든지 동리에 들어와서 배척 안 받고 안 주고 잘 산다"고 하여 봉암의 사람들이 포용력이 있고, 잘 사는 몇몇 사람의 덕을 보기도 하여 '인심이 좋은 지방'이라고 한다.33) 이는 동성촌락의 특징의 하나인 동족구제·상호부조로 종가나 유력자가 극빈한 구성원의 생활 안정을 지원하고 있다는 것이다. 이같은 同族 救濟의 전통은 때로는 동족 극

---

32) 金漢超, 1985, 「일제하 한국 지식인의 문화수용과 그 인식」 『한국의 사회와 문화』 5, 한국정신문화연구원, 45~50쪽.
33) 윤진웅·윤종구·홍종방(1919년생)의 증언.

빈자의 과도한 의탁을 야기시켜 유력자가 다른 곳으로 이주하게 하는 요인이 되기도 했다.34) 그러나 이는 일정하게 경제적 부의 재분배 기능도 하면서 촌락 내 계층격차를 완화시키면서 통합력을 담보하기도 했다. 봉암에는 이런 전통이 오래 되었고, 당시에도 기능하고 있음을 알 수 있다.

이에 따라 봉암리는 200호 내외가 한 곳에 집단해 있어, "무슨 일을 해도 부락민이 공동으로 하는 이상 극히 편리하고 형편도 좋다"고 하였다. 그리고 50% 이상이35) 윤씨 동족이기 때문에, 타성들이 다소 불만이 있어도 큰 영향을 받지 않았다고 한다. 그러나 때로는 동리의 결속이 방해받기도 했지만 동리의 여론을 어지럽게 할 가능성은 없었다고 한다. 이를 두고 일제는 "郡面의 방침을 이해하는 인물의 통제"가 있기 때문이라고 했다.36) 봉암리 출신 관리와 진흥회장 등이 관과의 협력 관계를 형성하고 있었음을 두고 한 지적이다. 봉암은 이렇게 군면과 관계를 잘 유지하면서 마을에서 통솔력을 갖는 중심인물에 의해 통제되고 있었다. 윤씨도 내부적으로는 다소 갈등의 소지가 있지만, 비교적 잘 관리되는 모범부락·모범진흥회의 하나로 꼽혀, 1930년대 초반까지 관변 서적과 잡지 등에 소개되고 있었다. "모범부락이라고 하여, 다른 부락에 모범을 보여주어야 하니까", 일제는 봉암리에 농업 등 생업에 대해 행정적 지도와 지원을 계속했고, 이를 통해 주민들도 경제적 편의와 이득을 얻으면서 체제에 편입되는 모습을 보였다. 즉 주민들은 "정치에 관심이 없었고, 관과 마찰을 하지 않고" 생활 유지에만 전념하는 양상을 드러내고 있었다.37)

---

34) 金斗憲, 1934.11, 「朝鮮の同族部落に就いて」『靑丘學叢』 18, 79~80쪽.
35) 윤진웅에 따르면 2/3 정도에 이르렀다고 한다.
36) 燕岐郡, 『模範部落 蘆長里及鳳岩里の事情』, 22쪽.
37) 윤진웅·윤종구의 증언. 이 점은 제2부 2장 참조.

2. 세대간 융합의 여건

 3·1운동 직후 도지사회의에서 충남 도지사는 "가장 불온 사상에 감염되는 바가 심한" 계층으로 청년 학생을 꼽았다.38) 이들은 조직적인 지휘 계통이 없는데도 3·1운동이 전국적으로 확산되는 데 결정적인 역할을 했고, 이런 3·1운동으로 식민지체제의 근간이 위협받았기 때문이었다. 일제는 1920년을 전후하여 청년 학생들이 주체적으로 결성하던 청년회를 단속하고 감독하는 한편 이들을 친일적인 인물로 양성하려고 했다. 齋藤 총독은 "민간 유지에게 웬만한 편의와 원조를 주어, 수재교육이라는 이름 아래 이들을 양성시키는 것이 필요하다"고 하였듯이, 지방 유력자들을 통해 지역사회 청년 학생의 사상과 활동을 통제하는 한편, 재일유학생 대책도 정비했다. 총독부는 재일유학생의 감독 사무를 東洋協會에게 위탁했다.39) 동양협회는 식민단체로 식민지 행정기구의 중하급 관리를 육성하는 것을 목적으로 활동하고 있었다.40) 총독부가 이런 동양협회에게 재일 조선인 유학생을 감독시킨 의도를 짐작할 수 있다.
 식민지 학교교육의 목표가 조선인을 '충량한 신민'으로 만드는 것이기 때문에, 일제는 학교를 통해 어느 정도 학생들의 사상과 활동을 통제할 수 있다고 보았다. 그러나 학교를 다니지 못한 다수의 청년, 그리고 보통학교를 졸업한 청년을 어떻게 지속적으로 단속할지 고민했다. 지방유력자를 앞세워 청년을 규제하는 방법으로 관 주도의 강습회나 청년회 등이 활용되기도 했다. 그러나 관의 지

---

38) 朝鮮總督府, 1920, 『道知事會議速記錄』, 34쪽.
39) 강동진, 1980, 『일제의 한국침략정책사』, 한길사, 198쪽.
40) 波形昭一, 1985, 『日本植民地金融政策史の硏究』, 早稻田大學出版部, 214쪽.

도를 받아 설립된 청년회일지라도 독립된 청년회를 결성하는 등 청년들은 "관헌으로부터 가능한 한 떨어지려고 하는 경향"이 있었다. 이에 일제는 "관헌에게 접근하여 지도를 받는 것이 우리 청년의 이익이라는 사고를 갖도록" 하기 위해, 관제 청년회를 일종의 사업적 단체로 육성하려고 했다.[41]

1920년대 초 각 도마다 청년 문제가 시급한 현안이 되고 있을 때, 충남에서는 일시적인 '제압'·'억제' 정책과 함께 지속적이고 내부적인 방법으로 학교 교육 이외의 다각적인 교육 방식을 모색했다.[42] 여기서 진흥회가 하나의 수단이 되었다. 진흥회에는 대체로 호별 대표 즉 호주(세대주·가장)가 가입하였다. 결혼한 자식이 부모와 함께 살 때, 아주 연로하기 전까지는 부친이 호대표로 대내외적으로 역할을 하였다. 노장층인 아버지는 호대표로 월례회 등의 모임에 참석하고, 여기에 결혼한 아들이 '청년'으로 때로는 대리 참석을 하기도 했다. 이런 청년들은 미혼인 '청년'들과 함께 별도의 모임 예컨대 청년회(단)를 조직하기도 하면서, 진흥회의 방향에 맞추어 활동하였다. 부모가 연로하면 '청년'이 진흥회의 호대표로 나와 세대교체가 되고, 부모는 뒤로 물러나 집안팎의 일을 살피는 것이 대체적인 모습이었다.

진흥회와 청년회가 병립하는 것, 진흥회를 매개로 한 기존 노장층과 '청년'의 융합은 세대간의 협력 관계를 이끌 수 있는 장치였다. '청년'이 부친의 대리로 혹은 가장으로 진흥회에 참여하면서, 자연히 마을의 대소사를 둘러싸고 청장년과 노년층의 의견이 충돌하기도 했다. 이럴 때 일제는 진흥회를 통해 청장년의 의견을 노년층이 검토하여 실행할 것은 그대로 하되, 그렇지 못할 경우는 그

---

41) 조선총독부, 『道知事會議速記錄』, 58~59쪽.
42) 조선총독부, 『道知事會議速記錄』, 35쪽.

이유를 설명하고, 청년은 노년층의 경험을 존중하면서 양자의 장점을 이용하면서 세대간의 갈등을 줄여가기를 기대했다.[43] 충남의 진흥회 뿐 아니라 다른 지역의 농촌 말단조직을 보면 '경로회'·'경로절'을 하나의 행사로 개최하고 있었다. 이는 노년층의 반발을 완화하기 위한 정책의 하나였다.

그러나 이런 방법도 잘 진전되지 않은 듯하다. '구태'에 빠진 노장층과 '新奇'를 쫓는 소장층의 대립으로 일치협력이 잘 안되어 '진흥회의 홍폐'에 영향을 미치고 있다는 것이다. 진흥회의 틀에서 활동하는 청년들이 대체로 관의 지시와 정책을 수용한다면, 좀더 기존의 사고방식과 관습에 익숙한 노년층은 이를 부정하거나 비협조적일 수 있었다. 이에 충남에서는 1932년 진흥회를 농촌진흥운동(이하 농진운동)에 대비하여 재정비하는 가운데 진흥회 간부 조직을 재조정하였다. 진흥회의 회장과 부회장을 세대간에 안배하는 것이었다. 회장은 "덕망과 견식을 갖추고 실행력 있는 노장년 중 일류 인물"로, 부회장은 "회장을 보좌할 수 있는 견식과 활동력이 있는 장년"이 맡도록 하였다.[44]

봉암은 노장과 청년 사이의 세대간 갈등의 여지가 적은 편이었다. 대표적인 마을 조직인 진흥회의 운영과 동성촌락의 조건도 그 배경이었다. 또 봉암리에는 세대간의 협력을 담보할 수 있는 다른 조직과 인물도 있었다. 우선 조직을 보면, 1919년 10월 진흥회가 결성된 뒤 그해 12월 동리의 청년 40명으로 청년교육계(회)가 조직되었다. 여기서 '청년'은 부모와 함께 사는 결혼한 자식에 해당하며, 이들이 자신의 자녀 학자금을 준비하기 위해 모임을 결성한 것이다. 청년교육계는 봉암리에서 진흥회와 함께 청장년과 노년층의

---

43)「忠淸南道に於ける振興會」『조선』, 1923.9, 123쪽.
44) 학무국 사회교육과, 1933,『향약사업보고서류』(사회교육 No.71), 1001쪽.

대립을 완화시킬 수 있는 하부기구가 될 수 있었다. 또 이것이 외형상 진흥회의 산하 기구이기 때문에, 도당국의 지방통제의 말단조직으로서 기능할 가능성도 있었다.

봉암리 진흥회에서는 매년 12월 30일을 敬老節이라 하여, 60세 이상자에게 쇠고기 1근을 증여하면서 노인들을 대접하였다. 이 곳 진흥회의 규약은 도에서 제시한 준칙을 충실히 따라, 향약의 4대 강목을 회원의 실행사항으로 규정하고 있었다. 또 '선행자 표창'의 대상에는 '효자 열녀'도 포함되어 있었다.45) 당시 봉암리보다 충남의 대표적인 모범진흥회로 명성을 떨치고 있던 논산군 광적면 갈산리 진흥회에는 '효자 열녀'의 표창이 없었다. 갈산리는 일본인이 부회장과 재무이사를 맡고 일본식으로 촌락을 재편하고 있어, 유교적 동성촌락인 봉암과 달랐다. 봉암은 마을의 노장과 청년들이 일가였기 때문에, 다른 마을보다 세대별 융합의 가능성이 컸다.

봉암에서는 청년교육회 이외에도 1931년 진흥회의 부속기구로서 28명의 청년들이 청년단을 조직하였다. 청년단은 1932년부터 논 2단보를 공동 경작하였다. 공동경작은 종자의 개량이나 농법의 보급 등을 마을 전체에서 시행하기 이전에 시범을 보이고, 청년들의 단결과 공공심을 기르는 데 유용한 수단이었다. 청년단은 진흥회의 사업 범위 안에서 독자적으로 일정한 역할과 활동을 하였는데, 앞에서 언급했던 "관헌에게 접근하여 지도를 받는 것이 우리 청년의 이익이라는 사고를 갖도록" 하는 데 유용한 도구가 될 수 있었다.

봉암의 대표적인 유지 윤준식과 무려 40세 이상 차이가 나는 윤봉균은 뚜렷한 세대의 차이를 보였지만, 양자는 세대간의 협력 관계를 보여주는 대표적인 사례였다. 윤준식의 알선으로 尹世均이

---

45) 조선총독부 내무국 사회과, 1930, 『優良部落事績』, 83쪽.

청주의 금융조합에 취직하는 등 윤준식 밑에서 젊은이들이 사회적으로 성장하고 있었다. 또 윤준식과 진흥회를 조직했던 尹炳周의 집안만 보아도 세대간의 협력 관계는 공고했다. 윤병주의 아들들은 구장인 昌均, 연기 군청 직원인 晶均, 총독부 서기가 되었지만 요절한 瑢均이 있었고, 손자 鎭龍 역시 연기 군청에 다녔다. 또 鄭仁海는 두 아들이 금융조합 서기와 구장이었다. 윤병주와 정인해의 집안처럼 관을 중심축으로 세대간의 협력 관계가 형성되었던 것도, 마을의 진흥회 사업 나아가 지방행정과의 상호유기적인 관계망을 구축하는 데 중요한 배경이었다.

마을의 이런 분위기는 일반 청소년들에게도 영향을 주었다. 尹鎭雄은 연기보통학교와 공주 영명학교를 졸업한 뒤 1940년 취직하러 평양으로 떠나기 전에 봉암리 양잠지도원으로 활동했다. 또 尹鎭英(1915~2002) 역시 연기보통학교와 영명학교를 졸업한 뒤 총독부가 주관하는 '중견청년수련소'의 훈련을 수료하였다.46) 중견청년수련소를 거친 청년들은 추진대라고 하여 소위 황국신민화 정책의 별동대와 같이 활동하고 있었다. 윤진영은 추진대와 경방단원 그리고 청년대 간부로 활약했다. 그리고 1942년 4월 서면장 윤봉균으로부터 자력갱생계의 사무를 넘겨 받아 운영하였다.47) 尹鍾奭(1918~1945)과 尹炳初(1921년생)은 지원병에 나가기도 했다. 전자는 전쟁에 나가 사망했고, 후자는 경찰서 소사를 하다가 지원병에 나갔다.48) 일반 청년들도 사회 진출의 한 돌파구로 권력지향적인 행태를 보여주었다.

---

46) 「조선총독부중견청년수련소 제3기 수료생 명부」『總動員』 2-5, 1940.5, 95쪽.
47) 『大略日誌』 1942년 4월 25일자.
48) 윤진웅의 증언. 윤종관과 임모씨는 입영했다(『大略日誌』, 1944년 1월 13일자 ; 1월 17일자).

제2절 윤봉균의 3·1운동 참여와 사회적 진출의 과정

1. 성장과 학창 시절 (1899.6~1921.8)

平岩 尹鳳均(1899년 6월 25일~1983년 3월 1일)은 1899년 6월 25일 봉암리에서 부친 尹炳光과 모친 朴春娘 사이에서 5남 1녀 중 4남으로 태어났다. 윤봉균은 나이 11세가 되던 해 1909년 1월부터 항렬이 2개 위인 尹泰應이 개설한 한문서당에 다니기 시작했다. 그의 부친은 가산이 없어 평암의 교육을 미루다가 좀 늦은 나이에 서당교육을 시켰다. 그는 1911년 11월까지 3년간 마을의 한문서당 두 곳에서 수학한 뒤 1912년 1월 연기향교에서 창립된 연기배달학교에 윤병화 등과 함께 입학하였다. 배달학교가 1912년 5월 연기공립보통학교로 흡수되자, 윤봉균은 다시 입학하는 절차를 밟아 수학한 뒤 1916년 3월 졸업하였다.

그는 1913년 4월 마을 내 감리교회에 入教하였고, 같은 해 6월 공주읍 감리교회 미국인 선교사 윌리암(Williams, Frank Earl Cranton, 禹利岩) 목사로부터 세례를 받았다. 평암은 1916년 3월 보통학교를 졸업한 직후 4월 1일 결혼하고, 이어 4월 5일 봉암교회를 통해 영명학교와 연결되어 있던 같은 마을 오익표의 주선으로 공주 사립 영명고등학교(禹利岩 교장)에 입학했다.

윤봉균의 어린 시절은 일제의 소위 통감부 통치 아래 주권의 침탈이 본격화되고, 이에 대응하여 국권수호를 위한 의병항쟁과 계몽운동이 전개되던 시기였다. 이런 정치 사회적 환경 속에서 평암은 전통적인 한문서당을 다녔고, 이를 마친 뒤에는 계몽운동의 일환으로 사립학교가 각지에서 설립될 때 봉암에 세워진 기양학교를 계승한 배달학교에서 교육을 받았다. 그리고 그의 나이 12세 되던 해 1910년 '한일합방'이 있었다. 조선 왕조의 멸망과 식민지 사회의 형성 과정을 직접 체험하였으며, 이를 전후하여 3년간 전통적인 한문서당에서 수학한 경험은 그의 내면적 세계에 영향을 미쳐 반일의식이 형성되고 있었다.

한편 그는 연기보통학교 4학년 때인 1915년 9월부터 10월 사이에 경성에서 열리고 있던 조선물산공진회를 견학하였다. 일제는 경복궁의 전각들을 헐어내고 그 자리에 물산공진회를 열어, 조선 산업의 진보 발달을 선전하면서 식민지 통치의 정당성을 홍보하였다. 또한 일제는 조선 물산의 발전을 가늠할 수 있는 비교 대상 물품으로 일본 제품 등을 전시해 보여줌으로써 근대문물로 식민지 조선민중을 압도하여 동화를 촉진하려고 했다. 이렇듯 일제가 물산공진회를 식민지통치의 선전장으로 기획하여 개최한 만큼 관람자를 유치하기 위해 각 군별로 단체 관람이 조직적으로 이루어졌다.[49] 당시 충청남도는 1개 군 1,500명 규모의 '관광단'을 조직하기로 하고, 홍성군수의 경우는 이 인원을 확보하기 위해 개별 편지를 보내거나 면장을 소환하여 압박하는 등 '혈안'이 되었다. 1진 250명이 '충남홍성군관광단'이란 깃발을 치켜 들고, '출정 군인'의 환송식과 같은 대대적인 전송을 받으면서 경성으로 출발하였다.[50]

윤봉균은 연기보통학교의 '학교단체'로 경성에 가서 공진회를 견학했다. 그는 9월 5～6일(음력 같음) 이틀 동안 남대문역→남대

---

49) 김태웅, 2002, 「1915년 경성부 물산공진회와 일제의 정치선전」, 『서울학연구』 18.
50) 豊田鐵騎, 1929.10, 「十五年前の共進會」, 『조선지방행정』, 93～94쪽.

문역 상품진열관→창경원→동물원→식물원→박물관→남산공원→탑골공원→공진회장 등 경성 시내를 둘러본 뒤 공진회장을 견학하고 인천을 거쳐 돌아왔다. 그 중 경복궁의 전각을 헐어내고 열린 공진회를 견학하는 가운데, 17세 윤봉균은 옛 국가의 터전을 보면서 멸망한 국가의 백성으로서 감회를 느끼는 한편, 전시된 근대 물품과 시내를 둘러보면서 식민지 지배의 현실이라는 상호 대비되는 사실을 동시에 접할 수 있었다. 이 시점에서 그는 일제에 대한 저항의식과 함께 근대화에 대한 동경, 식민지 체제내화 사이에서 다소 혼동을 겪기 시작했을 것이다. 그러나 1919년 3·1운동에 참여하는 1919~1920년경까지는 반일의식이 내면세계를 압도하였다고 본다. 그는 이후 각지를 '시찰'하거나 국내외에서 개최되는 공진회와 같은 박람회를 자주 관람하였다. 이런 경험은 그의 사회적 안목과 진로에 큰 영향을 미쳤는데, 1915년 경성 방문과 공진회 참관은 이런 점에서 볼 때 중요한 계기가 되었다.

1918년 11월 종교계 인사들이 독립운동을 준비할 무렵, 坪岩은 12월 2일 영명학교로 찾은 『基督申報』의 주필 김필수를 만나 모종의 협의를 했다.[51] 이렇게 독립운동을 준비하는 한편 1919년 1월 마을 주민을 설득하여 25명으로 봉암리 청년교육회를 창설하고, 회장과 會計部長이 되었다. 이 청년교육회는 같은 해 4월 평암이 3·1운동으로 검거된 뒤 12월 진흥회 산하 청년교육계로 흡수 통합되었다.[52] 당시 독립운동을 도모하던 그였기 때문에, 청년교육회는

---

51) 연기군지편찬위원회 1988, 『燕岐郡誌』, 996쪽 ; 『大略日誌』.
52) 1919년 12월에 설립된 청년교육계가 청년교육회로도 불려지고 있음은 청년교육계의 전신이 청년교육회였기 때문이다. 청년교육계의 규약이 '청년교육회규약'으로 된 것도 이런 이유인 듯하다(『燕岐郡西面鳳岩里振興會ノ事績』『里勢書類綴』; 조선총독부 학무국 사회과, 『農村は輝く』, 120쪽 ; 충청남도, 1933, 『伸び行く農村』, 172쪽).

봉암리 중심의 어떤 시도를 염두에 두고 세력을 규합하고자 결성한 것이 아닐까 생각된다. 평암은 같은 학교 姜沈·梁載淳과 상경하여 3월 1일 탑골공원의 독립선언식에 참가한 뒤 선언문을 얻어 귀향했다. 3월 15일부터 가져온 독립선언서를 姜沈 등과 함께 영명학교에서 등사하고, 4월 5일 영명학교의 교사 金寬會의 집에서 독립 시위운동 비밀회를 조직한 후 4월 6일 공주의 장날을 이용하여 독립만세를 불렀다. 4월 7일 검거되어 공주경찰서를 거쳐 4월 28일 공주형무소에 수감된 뒤 줄곧 "병으로 인하여 死線 경과"하였다. 이때 공주경찰서에 근무하던 같은 마을에 사는 尹炳珠는 "집안의 재목이 될만한 데"라고 하면서 윤봉균이 구속 중에 도움을 주었다고 한다.53) 옥중에서 고생을 하다가 2개월 뒤 7월 5일 金寬會·玄錫七·梁載淳 등과 함께 예심 중 보석으로 가출옥했다. 평암은 8월 28일 공주지방법원에서 열린 제3차 판결에서 '출판법 및 정치범처벌령위반죄'로 징역 3개월, 2년 집행유예를 받았다.

학교로 돌아온 윤봉균은 1920년 1월 영명학교 靑年會長으로 당선되어, 3월 졸업할 때까지 활동했다. 봉암의 청년교육회 결성, 3·1운동 참여, 영명학교 청년회장의 당선 등에서 볼 때, 평암은 적극적인 성격과 어느 정도 지도력과 추진력을 갖춘 청년이었다. 영명학교는 4월 6일 공주 장터의 만세운동의 준비 장소로 이용되고 교사와 학생들이 많이 참여하여 일제로부터 곤혹을 치렀기 때문인지, 이후 학생들의 견학 장소로 조선 내 일본의 활동이 두드러진 곳을 포함시켰다.54) 학교에 복학한 윤봉균은 1920년 3월 15일 청일전쟁

---

53) 윤종구의 증언.
54) 영명학교는 일제의 압력으로 1928년부터 실업교육을 실시하고, 1932년부터 실수학교로 개편되었다. 인문교육을 줄여 정치의식과 비판의식을 약화시키기 위한 조치였다(영명중고등학교, 1997, 『영명90년사』, 174쪽).

에서 청일 양국이 결전한 成歡 부근과 직산 금광을 견학하였다.

평암은 1920년 3월 20일 학교를 졸업하고 같은 해 4월 5일 봉암리 農事稧를 창설하여 서기와 회계사무를 맡았으며(~1929.3.15), 4월 10일 봉암리 청년회를 조직했다. 그가 3·1운동으로 3개월 징역형의 집행이 유예된 인물이기 때문인지 "경찰 당국의 명령"으로 청년회는 곧바로 해산되었다.55) 이후 그는 윤병화와 함께 아동 105명을 교회에 모아 놓고 일어·조선어·산술을 가르쳤고, 감리교 천안 지방회에 鄭仁海와 동행 참석하였다.56) 이렇듯 그는 3·1운동 이후 1920~1921년 여름까지 22~23세의 젊은 청년으로 마을과 교회를 중심으로 활동했다. 그동안 1919년 11월 첫째 아들이 출생하고, 1921년 7월 부친이 사망하였다. 23세의 평암은 당시 빈약한 가계를 맡아야 하는 처지에 놓였다. 1940년 무렵 平岩이 봉암리에서 소유한 논은 7,342평(2.5정보)인데, 이 중 82.6%(6,064평, 약 2정보)가 1924년 12월 이후 1939년 10월 사이에 그 자신이 구입한 것이다.57)

집행유예 2년 기간이 1921년 8월로 끝난 직후 9월 15일 평암은 일본으로 유학을 떠났다.58) 그의 유학은 영명학교의 교장 윌리암 선교사의 주선으로 이루어졌다고 한다.59) 이는 선교사가 윤봉균의 자질을 인정하고 이를 계발시킬 기회를 제공했다고 할 수 있다. 1916년 영명학교 입학생은 평암을 포함하여 7명이었고, 1920년 졸업생은 평암이 3·1운동으로 한 해 뒤쳐졌기 때문에 11명이었다.60)

---

55) 『大略日誌』 1920년 5월 1일자.
56) 『大略日誌』 1920년 5월 5일자 ; 7월 5일자.
57) 『大略日誌』·『鳳巖里 土地臺帳 謄本』·『폐쇄토지대장』 참조.
58) 『大略日誌』 1921년 9월 15일자.
59) 윤진웅의 증언.
60) 영명중고등학교, 『영명90년사』, 129쪽.

제3장 충청남도 연기군 서면 봉암리 有志 尹鳳均의 사회활동 485

앞에서 언급했던 평암의 자질과 적은 학생 수에서 볼 때, 윌리암이 그를 주목할 여지가 있었다. 그러나 윌리암 선교사는 해방 후 미군정 농업정책 고문으로, 그의 아들 하워드(Williams, Williams Haward) 역시 해군 장교 겸 미군정 장관 하지의 한국어 통역관으로 있으면서 보수적인 대한정책을 취하였다.61) 따라서 윌리암이 평암의 일본 유학을 알선한 것은 그의 사상적 전환을 염두에 둔 것일 수도 있었다.

2. 일본 유학과 사상적 전환 (1921.9～1923.9)

1) 일본 유학의 배경과 수학

평암은 3개월 형집행 유예 2년 동안 마을과 교회를 중심으로 일상적인 생활을 하면서 유예기간이 끝나기를 기다리는 한편, 한 집안의 가장으로서 책임감이 더해지는 상황에서 자신의 진로에 대해 고민했다. 한 집안의 가장이 되었으나 소규모의 경작지를 농사짓는 일 이외 다른 방도가 없는 상황에서, 평암은 새로운 길을 모색하였다.

그는 1915년 조선물산공진회를 견학하러 경성에 와서 세상 변화를 체험했고, 일본으로 떠나기 전까지 앞에서 언급했던 성환과 직산 지방을 시찰하는 것을 제외하고 9차례 충남의 지방 곳곳을 돌아보았다.62) 평암은 이렇듯 유람을 겸하여 지방을 순회하면서 사

---

61) 기독교대백과사전편찬위원회 편, 1984, 『기독교대백과사전』 12, 기독교문사, 460쪽.
62) 「尹鳳均視察」 『大略日誌』.

회의 동향을 접하고, 3·1운동 이후 2년 동안 진로를 탐색하던 중 정치 사회적 안목을 넓히고 자기 성장의 기회로 여겨 일본 유학을 수용하였던 것 같다.

平岩은 1921년 9월 15일 조치원역을 출발하여 부산을 거쳐 9월 17일 일본 下關에 도착한 뒤 19일 동경으로 가서 10월 2일부터 1개월간 동경을 중심으로 시내외를 돌아보았다. 1922년 1월 동경 사립 日進英語學校 夜學部 초등과에 입학했다.63) 당시 일본 유학생은 3·1운동으로 주춤하다가 이후 폭발적인 향학열을 반영하여 급증했다. 1919년 644명에서 1922년 3,222명으로 5배 증가했다. 일본 유학생의 학교별 재학생의 45.3%가 '기타' 즉 日進英語學校과 같은 예비학교에 다니는 학생이었다. 당시 조선과 일본의 학제 사이에 차이가 있어, 고등보통학교를 나온 자도 대학 혹은 전문학교를 가기 위해서는 학력을 보충하기 위해 예비학교를 다녀야 했다.64) 平岩 역시 학력을 보충하기 위해 예비학교 日進英語學校에 들어갔다. 같은 해 4월 3개월만에 영어학교를 수료했다. 그 뒤 1923년 1월 早稻田實業學校 夜學部에 입학하고 한 달만에 이 夜學部 初等課을 수료하였다. 이렇게 영어학교와 실업학교를 예비학교로 마친 평암은 1923년 4월 일본대학 修身經濟科 夜學部에 입학하였다.65) 그의 수학 과정은 일본 유학생의 일반적인 경향을 반영하고 있었다. 당시 전문학교 이상 재학생들의 전공 분야가 법정·경제·사회과에 집중되어 있었고, 전공 분야의 法經 제일주의는 그들의 관료지향적

---

63) 『大略日誌』 1922년 1월 10일자.
64) 박찬승, 2000, 「식민지 시기 도일유학과 유학생의 민족운동」, 『아시아의 근대화와 대학의 역할』, 한림대 아시아문화연구소, 166~167·174쪽.
65) 『大略日誌』 1923년 1월 20일 ; 2월 20일 ; 4월 5일자. 평암은 날짜별 일지에서는 일본대학 '修身經濟科 夜學部'로 적고, '학력'란에 일괄적으로 학력을 기재하면서는 '政經科'라고 했다. 이는 '修身經濟科'가 이후 '政經科'로 개편되어 달리 기록된 것으로 보인다.

인 성격을 지녔음을 보여준다.66) 그가 예비학교인 실업학교를 마치고 대학의 경제과를 선택하면서, 그의 유학의 목적과 수학 후 취업의 방향을 짐작하게 한다. 그는 식민지 관리의 길을 인생의 목표로 정했던 것이다. 그러나 그는 2개월만에 일본대학을 '퇴교'하는데, 아마도 학비 조달의 어려움 때문이었을 것이다.

2) 일본 '시찰'과 사상적 전환

평암은 일본에서 정치와 사회경제의 중심지와 그 시설물을 시찰하였으며, 거물급 정치인과 관련된 행사에도 참석했다. 우선 동경 도착 직후 명치천황과 소헌황태후를 봉안한 明治神宮을, 영어학교를 다니면서 靖國神社를 시찰하고, 1922년 1~2월에 연이어 사망한 大隈重臣과 山縣有朋의 장례식에 참가하기도 했다. 이러한 시찰에서 그의 사상적 변화의 가능성을 짐작할 수 있다. 그는 靖國神社를 "국가사변에 신명을 棄하고 충절을 盡한 人을 제사하난" 곳이라고 하여, 조선을 포함한 대외침략자들도 여기에 포함된 사실을 간과한 채 '충절'을 추모하고 일본을 '국가'로 인정하는 모습을 보였다. 山縣有朋는 伊藤博文과 쌍벽을 이루면서 근대 일본이 강대한 군국주의 국가로 출현하는 데 결정적인 영향력을 행사했던 인물이었다. 山縣有朋은 조선을 "일본의 심장을 노리는 단도"로 표현하고 일본의 '이익선'으로 일본의 세력권 아래 두어야 한다고 주장하면서, 즉시병합론을 주도하였다. 따라서 山縣은 조선 강점의 핵심적인 인물 중의 한 사람이었다.67) 大隈重臣은 명치유신 직후 외교와 재정 개혁에서 수완을 발휘하였고 특히 大隈財政이라고

---

66) 박찬승, 「식민지 시기 도일유학과 유학생의 민족운동」, 168쪽.
67) 강창일, 2002, 『근대일본의 조선침략과 대아시아주의』, 역사비평사, 117·261쪽.

하여 근대적인 재정의 기초를 확립한 인물이었다. 또 일본 최초의 정당 내각을 조직하고, 1차 대전에 참전하여 중국에게 21개조를 요구하는 등 일본을 군국주의와 중국 침략으로 이끄는 데 능력을 발휘하였다.68) 그런데 平菴은 山縣을 두고 청일전쟁 때 '청국에 선전포고'하고 '제1 사령관'이 된 인물로, 大隈는 "일본 대정치가로서 평화사상의 실현에 열심히 한" 인물로 평가하였다. 이는 平菴이 3·1운동에 참여하던 때에 가질 법한 일제에 대한 인식과는 크게 괴리되는 모습이다. 平菴이 일본에서 山縣와 大隈의 사망을 접한 만큼 아직 이들에 대한 역사적 평가가 정리되지 않은 시점이라는 점을 감안해도, 이들을 추모하는 감상을 나타낸 점은 당시 그의 현실 인식을 짐작하게 하는 한 단서가 된다. 즉 평암이 유학 전 사상적 갈등을 겪고 그 변화의 가능성을 모색하던 중 단행된 유학을 계기로, 내적 갈등의 폭을 줄이고 있거나 혹은 한쪽으로 정리되고 있었음을 짐작할 수 있다. 평암이 다니고 있던 日進英語學校를 마치고 이후 진학하는 早稻田實業學校에 대한 기대감에서인지 大隈를 早稻田大學의 창립자로 소개하고 있었다.

그는 영어학교를 다니면서 집에서 온 동생 芳均과 함께 일본 埼玉縣 荒川→大宮→川越→동경 시외 問島·飛島山 등을 구경했다. 또 영어학교를 수료한 직후 그는 같은 해 3월 10일부터 7월 31일까지 동경에서 열린 '평화기념동경박람회'를 4월 10일부터 6일간이나 '견학'했다. 한 총독부 사무관은 이 박람회가 진열품의 종류가 많고 범위도 넓어, 전문가라면 별문제이지만 일반인이 이해하기에는 어려웠다고 했다. 따라서 일반인은 적어도 관람에 2일간을 필요로 하며, 이런 시찰에 익숙하지 않은 조선인은 자못 곤란했을 것이라고 평가했다.69) 이런 소감을 뒷받침이라고 하듯이 평암은 6

---

68) 『日本史大事典』 1, 평범사, 1992, 1033~1034쪽.

제3장 충청남도 연기군 서면 봉암리 有志 尹鳳均의 사회활동   489

일 동안 이곳을 찾았다. 그는 '시찰'과 '견학'을 구분하여 쓰려고 했는데,[70] 출품된 제품과 시설 등을 단지 호기심과 관심 차원에서가 아니라 6일간 박람회장을 찾을 정도로 적극적으로 이해하려고 했음을 알 수 있다. 이어 神戶와 함께 일본의 2대 무역항인 橫濱을 시찰하였다. 그는 틈이 나는 대로 일본의 근대 산업시설을 시찰하면서 일제와 자신의 관계를 어떻게 설정해야 할지를 탐색했다.

이 박람회에 현직 서면장이면서 봉암리 진흥회장인 尹浚植과 마을의 유지이면서 이후 서면장이 되는 全海關 등이 '박람회시찰단'으로 와서 만났다.[71] 총독부는 1915년 조선물산공진회에서도 그랬던 것과 마찬가지로 이때도 단체별 개인별 시찰자를 내기 위해 노력했고, '朝鮮協贊會'라는 반관반민의 단체가 조직되어 조선인 시찰단의 모집과 시찰단의 일본 체류 일정과 생활 등을 관리하였다. 각 도별·군별로 보조금이 지급되면서 시찰단이 모집되었고, 모집 대상은 군면직원과 진흥회 등과 같은 지방행정 관리와 그 보조기구의 임원들이었다.[72] 이렇게 박람회에 참석한 사람들은 박람회장만이 아니라 주요 시설물을 관광했다. 가장 많은 관광 코스는 "왕세자 李垠 殿下邸→貴衆兩院→帝國大學→明治神宮→靖國神社→박람회→日比谷공원→淺野공원→三越吳服店→砲兵工廠"이었다. 박람회 관람 이전 일본의 정치적 위상을 확인하도록 일정이 짜여 있어 흥미롭다. 코스에 '砲兵工廠'을 넣은 것을 두고, 일부 시찰자는 "대규모로 무기를 제조하는 것을 시찰시켜" 조선인을 '위협'하려는 것이라고 하여, 일제의 의도를 간파하기도 했다.[73]

---

69) 鵜澤憲, 1922.8, 「平博觀覽の朝鮮團體案內に關して」『조선』, 131쪽.
70) 『大略日誌』 1922년 4월 20일자에서 '견학'을 지우고 '시찰'로 수정함.
71) 『大略日誌』 1922년 4월 22일자.
72) 『매일신보』 1922년 2월 19일자 「江原內地視察計劃」.
73) 鵜澤憲, 「平博觀覽の朝鮮團體案內に關して」, 131쪽.

이렇게 당시 박람회는 그 자체 행사만이 아니라 일정 속에 근대적 공장과 시설 등에 대한 시찰을 끼워 넣은 점이 특징이었다. 일제는 조선인들에게 일본의 근대적 문명을 접하게 하여 충격을 받고 조선으로 돌아가 행동을 변화하도록 유도하였다. 예컨대 '명치신궁'의 참관에서는 "규모 확대하고 殿宇 굉장한대"라든가 "明治大帝의 聖德弘大하심을 崇敬欽仰"하는 마음이 들게 했다.[74] 특히 일본의 공장과 산업시설에서는 근대 일본과 식민지 조선 사이의 '愚劣文野'로 대비되는[75] 뚜렷한 발전의 격차를 느끼게 하고, 일본을 모방하여 조선의 사회 경제적 변화를 촉진하도록 충동하려는 것이,[76] 총독부 이하 각 도별·공공기관 주체로 실시된 '일본 시찰'의 목적이었다. 앞에서 언급한 砲兵工廠의 시찰에서 이것을 보여주려는 일제의 의도가 간파되기도 했지만, 이런 비판은 일부분이었다. 많은 조선인은 "문명 진화의 현상을 목격"하고 "別乾坤을 통과"한 느낌을[77] 받았다고 할 정도로, 이런 시찰을 하면서 일본을 경이와 동경의 대상으로 느끼고 일본의 힘에 압도되는 충격을 받았다.[78] 일제는 조선인의 의식과 행동의 변화를 촉진할 수 있는 일본 시찰을 1910년대 이래 정책적으로 장려했다. 박람회와 같은 행사는 일본의 발전상을 한 곳에서 전시하여 보여줌으로써 그 효과를 높일 수 있는 기회였다. 윤준식과 전해관과 같이 조선에서 한 지역의 유지로 행세하던 사람들은 단체별로 일본으로 와서 이와 같은 체험을 하였다. 이들과 같은 연장자들이 현장을 방문하고 시

---

74) 『매일신보』 1923년 9월 5일자 「내지시찰소감」.
75) 『매일신보』 1922년 6월 25일자 「내지시찰감상」.
76) 『매일신보』 1913년 1월 22일 「내지시찰의 好果」.
77) 『매일신보』 1923년 9월 5일자 「내지시찰소감」 ; 1921년 6월 8일 「內地視察記(二)」.
78) 이런 종류의 시찰 감상은 많다. 趙義聞(中樞院贊議), 1921, 1~2, 「內地視察と其の感想(一)(二)」 『조선』 등.

세의 흐름을 파악하고 정보를 얻는 행동과 자세는, 자신이 속한 지역사회에서 젊은이들과의 세대 격차에서 나오는 갈등의 소지를 줄이는 데 일정하게 유효했다.

平岩은 일본대학을 입학한 지 2개월이 조금 지난 1923년 6월 '퇴교'한 뒤에도 일본에 계속 머물러 있었다. 같은 해 9월 1일 발생한 관동대진재를 동생 芳均·尹鶴均·林營鎬·朴商圭와 함께 '九死一生'으로 모면한 뒤, 關東戒嚴令 본부의 출장소 近衛騎兵聯隊에 피신해 있다가 해군성 군함으로 3,000여 명의 난민과 함께 橫濱으로 이동하였다. 그는 9월 20일 橫濱의 피해상황을 살펴본 뒤, 10일간 일본 각지를 돌았다. 龍岡→名古屋→京都를 시찰했고, 京都 시외 桃山에 있는 명치천황의 능을 돌아보았다. 그리고 "동양에서 공장지대로 유명한 大阪"을 비롯하여 神戶→姬路→長樂寺→岡山→福山→廣島을 시찰하고, 1923년 9월 29일 마지막으로 下關 시내를 둘러본 뒤 關釜聯絡船을 타고 부산을 거쳐 30일 집에 돌아왔다.

平岩은 2년간의 유학 중에 "행상, 공장생활, 잡지 수금 기타 飛職으로 무수한 계책으로 苦學"했다고 일본 생활을 회고하였다.79) 그러나 그는 일본에서 苦學하는 형편이었다고 짐작할 수 없을 정도로 많은 곳을 여행했다. 이런 시찰도 그가 유학한 목적의 일부였고, 그 자체가 苦學의 한 부분이었으며, 재교육의 학습장이었다고 생각된다. 그는 일본에 도착하자마자 명치신궁 참배에 이어 山縣과 大隈와 같은 거물급 정치인의 장례식 참석, 명치천황의 능을 찾았고, 龍岡·名古屋·大阪·神戶 등 산업 지대를 방문하여 일본의 근대적인 발전의 모습을 생생하게 보았다. 또한 그는 관동지진으로 일본인 사이에서 조선인에 대한 악소문이 난무하고 신변이 위협받을 수 있는 상황인데도 불구하고, '시찰'을 멈추지 않았다.

---

79)『大略日誌』1923년 9월 30일자.

여기서 그의 끊임없는 지적 욕구와 강한 집념을 엿볼 수 있다. 이런 시찰 과정에서 그 역시 1910~1920년대 일본시찰자들과 비슷하게 식민지 조선의 불우한 처지를 더욱 절감하고 일본의 변화에 압도당하는 체험을 했을 것이다.

3. 진흥회 활동과 사회적 진출의 모색 (1923.10~1927.1)

쭈岩은 귀국한 다음날 10월 1일 마을 주민들의 환영회에 참석하여 관동대진재의 상황을 설명했다. 당시 일본에서 유학했다는 사실만으로도 이목을 집중하기에 충분했던 만큼, 그가 둘러본 일본의 사회 경제적 현상도 아울러 이야기했을 것이다. 이후 그는 적극적으로 사회활동을 시작했다. 유학 가기 전에 관여하던 봉암리 農事稧의 서기와 회계를 다시 맡았고, 마치 농촌의 산업 개선에 선구자적으로 동참하려는 듯이 10월 10일 경성에서 열리고 있던 조선부업품공진회를 尹瑢均과 시찰하였다. 윤용균은 당시 경성에서 경성제대를 다니고 있었다. 공진회와 같은 행사에서는 자기가 관심을 갖고 있는 제품의 발전 정도를 확인하고 정보를 얻을 수 있기 때문에, 평암은 이에 적극적이었다. 이 공진회는 10월 5일부터 24일까지 경성의 경복궁 후원에서 개최되어 관동대지진의 영향에도 불구하고 51만 4천 407명, 하루 평균 23,380여 명이 참관하여 '성황'을 이루었다고 한다.

충남은 공진회에 참여하여 비교적 좋은 성적을 얻었다. 여기서 봉암리가 가마니(叺)을 출품하여 우등상을 받았는데,[80] 이때 쭈岩의 감회는 남달랐을 것이다. 그는 경성에 올라온 김에 12일부터 1주간 경성 시내외(남대문상품진열관→남산공원→과학관→대한문→덕수궁→보신각→탑골공원→학교→관공서→각 회사·각 상점→한강철교→용산→경성운동장→경성신사→창덕궁→왕십리→마포→청량리→동대문→서대문→독립문→교회 등)을 시찰했다. 1915년에 둘러보았던 곳(남대문역→남대문역 상품진열관→창경원→동물원→식물원→박물관→남산공원→탑골공원→공진회장)과 차이를 보이고 있었다. 이번에는 스스로 찾아간 곳인 만큼 그의 관심이 어디에 있는지를 명확히 알 수 있다. 1915년에는 남대문·남산공원·창경원의 일대와 탑골공원이었다. 이번에는 여기에다가 과학관·각 회사·각 상점·한강철교와 같은 근대적 시설물, 관공서·경성신사 등의 통치기관과 유관 기관(용산에서는 적어도 일본군 지휘부를 보았을 것), 또 대한문·덕수궁·창덕궁·보신각·탑골공원·독립문 등의 옛 왕조의 터전과 국권회복을 위해 군중이 모였던 장소, 그리고 경성운동장·왕십리·마포·청량리·동대문·서대문·학교·교회 등 일반 민중의 생활을 느낄 수 있는 곳을 찾았다. 여기서 尹岩은 경성으로 대표되는 식민지 사회가 객관적으로 분명히 '개선' '발전'되고 있음을 확인했을 것이다. 특히 3·1독립선언서가 낭독되고 만세시위가 벌어졌던 보신각·탑골공원과 관공서·경성신사 등의 통치기관이 대비되어, 식민지 통치자의 존재와 피지배 민족의 현실을 더욱 절감했을 것이다. 그리고 근대적인 시설과 민중의 생활 기반이 교차하는 가운데, 그는 일제가 주도하는 근대화에 동참하는 것이 현실적인 대안이라고 인식했을 것이다.

한편 그는 봉암에서 진흥회 산하 일종의 사립학교인 鳳鳴義塾

---

80) 「朝鮮副業品共進會槪況」『조선』, 1923.11, 153~154쪽 ; 조선총독부 내무국 사회과, 『優良部落事績』, 87쪽.

의 교사(1923.12.5～1925.1.5)가 되었고, 조치원 상업학교 기성회 고문(1924.2.19～1925.6.5)으로 위촉되었으며 교회의 권사로 활동하였다.[81] 1924년 11월에는 연기·공주·대전·천안 4개 군연합물산품평회에 직접 출품하여 繭 부문에서 3등에 입상했다.[82] 그는 1915년 물산공진회·1922년 동경의 평화박람회·1923년 부업품공진회를 관람하면서, 물산의 상호 비교와 개량의 방도를 적극적으로 모색하는 학습의 장으로 이용했고, 이를 구체적으로 실천하여 일정한 성과를 거둔 것이다. 그의 수상은 그가 '산업 개량'과 같은 농업정책에 적극적으로 참여하고 있음을 증명한 것이다.

당시 일제는 민간측에서 정책을 뒷받침할 인물을 육성하고자 소위 중견인물을 양성하고 있었는데, 평암은 자기 스스로 '중견인물'로 변신하고 있었던 것이다. 이렇게 그는 식민지 권력으로부터 '신임'을 얻어냈고, 자연히 식민지 권력과도 협력적인 입장을 취해갔다. 이런 성과는 사회적 지위 상승에 대한 그의 욕구를 한층 자극했다.

일본에서 돌아온 지 3년째 되는 1926년, 나이 28세에 그는 충청남도로부터 연기공립보통학교의 學務委員(1926.3.9～1928.3.9)으로 위촉되었다.[83] 조치원읍에서 상업학교 기성회 고문, 충청남도에서 보통학교 학무위원으로 임명되었다는 사실은, 이미 평암이 그 자신을 따라 다니던 '형집행유예범죄인'의 신분과는 전혀 다르게 변했음을 반증한다. 계속해서 그는 3월 봉암리 진흥회 부회장으로 당선되었다.[84] 이로써 봉암리 진흥회는 노장층을 대표하는 윤준식을 회장으로 청장년을 대표하여 평암을 부회장으로 병립시켜 노장과

---

81) 『大略日誌』 1923년 12월 5일자 ; 1924년 2월 19일자 ; 1925년 6월 4일자.
82) 『大略日誌』 1924년 11월 9일자.
83) 『大略日誌』 1926년 3월 9일자.
84) 『大略日誌』 1926년 3월 15일자.

청년 사이의 세대간 갈등을 흡수할 수 있는 체제를 갖추었다. 또 세대간 대립은 주로 사상과 의식의 격차에서 오는 정세관의 충돌에서 기인하는데, 윤준식과 평암은 이런 면에서 대체적으로 인식을 같이 할 수 있는 조건을 일정 부분 공유하고 있었다. 윤준식은 면장으로, 평암은 도에서 임명한 학무위원인 점에서 식민지 권력과 관계를 맺고 있었고, 모두 국내외 시찰을 통해 사회 변화와 그 방향에 대해 일정하게 공감하고 있는 상태였기 때문이다. 충청남도에서는 농진운동을 기해 기존 진흥회를 재검토하고, 세대간의 갈등이 진흥회의 '성패'를 좌우한다고 하여, 그 대책을 마련했음은 앞에서 지적했다. 그러나 봉암리 진흥회는 이런 우려를 불식시키고 있었다.

 평암은 1927년 1월 봉암리 구장으로 '被命'되었다. 그는 자신을 구장으로 임명한 곳이 '연기군'이라고 하고, '피명'이라고 하여 구장이 관리에 준하여 임명된 것으로 받아들이고 있었다. 그리고 2월 7일 공주지방법원 검사국으로부터 '赦免通知'를 받고, 자신의 前科 기록이 '삭제'되었다는 것을 알게 되었다.[85] 평암은 3·1운동에 참가하여 받은 3개월 형집행유예 조치로 요시찰인물과 같은 감시의 대상이었다. 그리고 1921년 8월로 2년간의 형집행유예 기간이 끝났지만, 여전히 '형집행유예범죄인명부'에 '전과' 사실이 남아 있었던 것이다. '전과' 기록은 그의 사회적 진출에 걸림돌이었고, 이런 문제를 포함하여 평암은 자신의 진로에 대해 고민하였을 것이다.

 유학은 자아실현의 행로를 좀더 넓은 시각에서 숙고하여 선택할 수 있는 기회였다. 유학 기간 중에 그는 민족운동에 대한 미련과 일제와의 타협을 두고 생각했을 것이다. 그가 일본 체류 2년 동안

---

85) 『大略日誌』 1927년 2월 7일자.

학교 진학과 수업에 할애한 시간은 5개월 반에 불과했고, 나머지 시간에는 주요 지방과 문물을 살피러 다녔다. 그가 온갖 잡일을 하면서까지 번 돈으로 시찰을 계속했던 것은 나름대로 어떤 강박에 가까운 절박함이 있었음을 짐작하게 한다. 귀국 후 그의 체제협력적 활동은 일본 下關을 떠날 때 일정하게 결론을 내었기 때문에 가능한 것이다. 그가 '사면'되어 '범죄인명부'에서 빠졌다는 사실은, 일본유학을 전후로 어떤 형태로든지 공식적으로 사상 전향을 하였음을 뒷받침한다.

제3절 윤봉균의 식민지 관리로의 성장과 지역유지 활동

1. 서면의 서기와 면장 그리고 지역유지 활동(1927.2~1943.2)

1) 식민지 관리로의 진출과 '시찰'의 성격

평암은 1927년 5월 24일 西面의 서기로 임명되었다. 이에 앞서 3월부터 진흥회 부회장·봉암리 구장·봉암리 교회 권사직을 그만두었다. 대신 西面 綿作立毛品評會의 부회장에 이어 면서기로 발령을 받았다. 1928년부터 西面 會計員과 연기군 삼림조합 西面 支部 囑託 書記에 이어 연기군 축산동업조합 사무 촉탁을 맡았으며, 10월에는 南鮮 6개도 연합 축산공진회에 시찰을 다녀오기도 하였다. 그는 면서기로 들어간지 얼마 안되어, 회계원과 같은 주요 업무에 종사하였다. 그는 1929년 10월 영변·맹산을 비롯하여 '평양 8景'을 유람한 뒤, 평양 시내 학교와 관청·회사·공장·탄광을 시찰하였다.[86] 그에게 '시찰'은 이미 오래 전부터 삶의 일부가 되었고, 사회적 삶의 방향과 가치관을 형성 발전시키는 데 매우 큰 비중을 차지하고 있었다. 아마도 학창 시절 조선물산공진회의 견학 경험이 그의 세계관, 정치 사회의식에 지속적으로 영향을 미치고 있었다고 생각한다. 물산공진회는 식민지지배에 대한 긍정을 유도하기 위해 기획된 것으로, 근대적 시설물과 일본에서 건너온 물품들은 조선민중에게 조선 이외 다른 세계가 존재한다는 점을 자각시켜 주었다. 이러한 근대의 충격은 감수성이 풍부한 17세 청년의 의식세계에 크게 각인되어 그의 삶에서 끊임없이 이어지는 '시찰'은 이때의 충격을 재확인하고, 자신과 식민지 권력과의 관계를 설정하는 데 '척도'와 같은 구실을 하였던 것 같다.

조선박람회가 1929년 9월 12일부터 10월 31일까지 경복궁 후원에서 열렸는데, 平岩은 鄭仁海와 함께 평양을 거처 경성에 들어와 관람했다.[87] 齋藤 총독은 "疆內 施政 각반의 상태를 한 장소에 전시하여, 本府 경영의 20년간의 실적을 밝히고 … 이 기회에 疆外 많은 인사에게 조선의 實視를 구하고, 조선에 대한 올바른 이해를 얻어 조선의 개발에 기여하고자" 박람회를 열었다고 하였다.[88] 이 박람회는 일제가 통치 20년의 성과를 대내외에 선전하고 나아가 통치체제의 한 전환점을 모색하려는 의도 아래 개최되었다. 또 이번에는 1915년 물산공진회와 달리 내지관·만몽관·대만관 등의

---

86) 『大略日誌』 1929년 10월 8일자.
87) 『大略日誌』 1929년 10월 10일자.
88) 齋藤實, 1929.10, 「朝鮮博覽會に際して」 『조선』, 2쪽.

공간을 별도로 마련하여 식민지제국의 판도를 한 눈에 볼 수 있도록 의도되어,[89] 식민지 통치에 대한 비판적 태도를 더욱 약화시키는 효과를 발휘하고 있었다. 조선박람회협찬회가 각지에서 조직되어 박람회의 홍보와 관람자 유치를 위해 활동하면서, 농촌에서도 "조선박람회라는 것은 무슨 큰 수가 나는 것가티 선전을 하야 박람회를 보지 못하면 아조 사람갑에도 못가는 것가튼 생각을 일반이 갓게 맨들어 노핫다"고 한다. 박람회 개최 자체가 하나의 정치선전의 장이었다. 관람한 사람 중에는 한 자리에 전시된 물품을 서로 비교하면서 생산에 대한 충동과 자극을 받기도 하고, 또 돌아가서는 "박람회를 보앗다는 한 이약이와 자랑거리"를 쏟아냄으로써[90] 박람회 관람 자체를 하나의 사회적 권위 강화의 수단으로 이용하기도 했다. 자연히 박람회는 조선민중의 체제내화를 촉진하는데 일조하고 있었다.

그는 박람회에 참석하기 전에 "일본 天照大神 明治天皇을 奉한" 남산의 朝鮮神宮을 참배하였다. 조선신궁 참배를 통해 천황숭배와 체제에 대한 충성심을 '다짐'한 뒤, 박람회장으로 갔을 것으로 생각된다. 평암 자신도 박람회 개최에 내장된 일제의 정치적 의도 즉 통치의 정당성 확보, 조선민중의 식민지 현실에 대한 묵인이라는 논리를 재확인하였을 것으로 보인다.

평암은 1930년 7월 4일부터 7월 23일까지 충청남도에서 개최하는 지방행정강습을 수료하고, 강습생과 함께 전북 옥구의 '부락개량조합'을 위시하여, 이리·군산을 거쳐 충남 강경·논산으로 이어지는 시찰을 계속했다.[91] 논산에서는 당시 봉암리보다 더 많이

---

89) 최석영, 1999,「조선박람회와 일제의 문화적 지배」『역사와 역사교육』 3·4, 579쪽.
90)「朝鮮인으로서 본 朝鮮博覽會」『新民』, 1929.11, 38~40쪽.
91)『大略日誌』 1930년 7월 4일자 ; 7월 25일~27일자.

신문과 잡지에 오르내리던 갈산리 진흥회를 방문했을 것으로 짐작된다. 그의 시찰은 계속되었다. 단순 관광으로 보이는 것을 제외해도 內外 商品比較展覽會(1931.6.20), 大田郡是製絲工場・대전형무소(1935.8.30), 산업물산전람회(1937.11.2), 충청북도 鎭川邑(1939.5.14), 전라남도 광주군 송정리・광주부(1940.2.14), 경성의 興亞展望博覽會(1940.4.16), 대전의 種苗場・여자훈련소・남자훈련소・유성온천・비행장 시찰(1940.6.10), 朝鮮大博覽會(1940.9.30) 등이 1940년까지 그의 시찰 상황이다. 이런 시찰은 상급기관에서 재교육 차원에서 보내거나 면서기로서 직무상 수반된 것일 수도 있었다. 그러나 평암에게 시찰은 이미 오래 전부터 자기 스스로 개척하여 축적한 지식 기반과도 같은 것이었다. 따라서 상급기관의 하달에 따른 시찰도 있겠지만, 기회만 주어지면 출발하는 시찰이 많았을 것으로 생각된다.

평암은 1940년 4월 16일 경성 장충단공원에서 열리는 興亞展望博覽會(=興亞日本展望會)에 처와 아들 鍾求를 동행하여 관람했다. 1938년 7월 7일부터 등장한 국민정신총동원운동은 전쟁동원체제를 구축하기 위한 관제운동이었다. 일제는 중앙에 조선연맹, 도 이하 면에 이르는 지방행정에 지방연맹, 면연맹에는 부락연맹과 애국반을 두고 소위 황국신민화를 명분으로 조선민중의 물적 정신적 생활 전반을 일본화하고자 했다. 이 운동을 확산시키기 위해 여러 기획 행사가 있었는데, 그 중 하나가 興亞日本展望會였다. 조선연맹의 이사장은 각 도연맹이사장에게 시국인식과 국방사상의 보급 조장 그리고 국민정신총동원운동에 의의가 큰 이번 전람회에 하급연맹과 애국반에서 많이 관람하도록 조치하라고 하달했다.[92] 평암은 이런 지시를 서면연맹으로부터 받았을 것으로 짐작되지만,

---

92) 「聯盟彙報」, 『總動員』 2-6, 1940.6, 103쪽.

직책상 참석한 것이라기보다는 좀더 적극적인 의미로 상경하여 관람했다고 생각한다. 그는 평소에도 가족을 동반하여 경성과 인천을 방문하거나, 주변 사람들과 여행을 겸하여 시찰을 다녀오기도 했기 때문이다.[93]

1940년 9월 1일부터 10월 23일까지 경성 왕십리에서 조선대박람회(이하 朝博)가 개최되었다. 총독부 내에는 문서과장 상공과장을 간사로 한 朝博委員會, 경성일보 내에서는 朝博 사무국이 각각 설치되어, 朝博은 1939년 9월부터 총독부의 보조금을 받아 준비되었다. 일제는 1940년을 맞아 두 가지 기념 행사를 통해 체제기반을 확대하려고 했다. 하나는 일본 건국 2600년 행사를 계기로 천황숭배주의를 확대하고, 또 하나는 식민지통치 30주년을 맞아 그 성과를 바탕으로 소위 동아신질서의 건설을 내걸고 강행하던 전쟁체제를 강화하려고 했다. 朝博은 이런 분위기를 조장하기 위한 포석이었다. 건평 8,500평, 100여 동에 이르는 건물에는 조선내외 생산품 75,000점이 출품되었다. 이를 위해 총독부는 일본을 위시하여 대만·樺太·남양·만주국·화북과 蒙彊 등 일본 세력권 아래에 있는 지역을 종용하여 출품시켰다. '약진조선관'은 병참기지로서 재편된 조선의 현황을, '황국역사관'은 천황숭배와 내선일체의 관념을 선전하고 있었다. '輝く日本館'은 '대동아공영권의 맹주'로서 일본의 문화와 산업의 전모를, '東京館'은 이렇게 '약진'하는 일본의 수도 동경의 위상을 보여주고 있었다. 또 聖戰館·무훈관·병기진열관 등에서는 '무적 일본의 위풍'을 과시하면서 戰意를 고취시키고 있었다.

박람회에는 133만 4천여 명이 관람하여 1929년의 144만 4천여

---

93) 『大略日誌』 1934년 10월 16~17일자 ; 1939년 6월 3일~10일자 ; 10월 15일자.

명에 육박하여 일제는 '공전의 성과'를 거두었다고 평가했다.94) 이번 박람회는 1929년 때와 달리 중국 대륙을 향한 일본 패권이 확장되는 양상과 전쟁분위기를 고양시키는 데 중점을 두었다. 평암은 9월 30일 가족을 동반하고 관람하였고, 그 날의 일지에 위에서 언급한 전시관을 포함하여 대표적인 전시동의 명칭을 낱낱이 기록하였다. 이런 모습은 아마도 전시관 하나 하나가 그에게 큰 의미를 부여했기 때문으로 생각된다.

2) 봉암리의 질서 재편에 대한 역할

平岩이 면서기로서 관리 생활을 할 때, 봉암리에서 그의 역할을 살펴보자. 그는 자신이 1919년 1월에 주도했으나 뒤에 진흥회 산하 기구로 재편된 청년교육회, 1920년 4월에 조직한 봉암리 農事稧를 3·1운동 참여와 일본 유학 등을 이유로 잠시 손을 떼었다가, 유학에서 돌아와서 다시 관여했다. 1927년 2월 면서기가 된 뒤에도 계속 운영에 참여했다가 1929년 3월과 1930년 11월에 農事稧와 청년교육회의 사무를 다른 사람에게 인계하였다. 청년교육회에 대한 그의 남다른 관심 때문인지 그는 논 2두락 447평을 청년교육회에 매도하기도 했다.95) 이 청년교육회는 일제말까지 존속했다.96) 전국적으로 농진운동이 전개되는 가운데 봉암리에는 공려조합과 같은 농진운동의 말단조직을 별도로 설치하지 않았다. 기존 진흥회의 기능에 농진운동의 내용이 추가된 정도였다.

한편 평암은 1933년 2월 봉암리 自力更生稧를 만들고 회계를 맡

---

94) 京城日報社, 1940, 『朝鮮大博覽會の槪觀』.
95) 『大略日誌』 1929년 3월 15일자 ; 1930년 11월 15일자 ; 1933년 4월 10일자.
96) 『大略日誌』 1945년 1월 13일자. 평암은 청년교육회에서 3녀의 학비보조금 30원을 받았다.

았다. 자력갱생계는 농민 중에서 경작지가 매우 적은 소작농을 대상으로 자작지를 마련할 수 있는 기회를 제공하였다.97) 평암은 1942년 4월까지 이 계의 운영에 관여하고 있었다. 이렇듯 평암은 면사무에 종사하면서도 마을의 개량화에 깊이 관계하고 있었다. 農事稧와 같은 자생적인 조직, 재편된 청년교육회, 자력갱생계와 같은 관제조직의 '회계'를 맡아 회장과 계장 다음으로 혹은 그에 못지않은 영향력을 행사하고 있었다.

그는 1934년 이후 면서기이면서 서면공립보통학교 기성회의 찬조원·西面建物調查員·西面미곡생산고 조사원·西面농촌진흥위원·국민정신총동원 西面聯盟理事 등을 겸직하였다. 그는 이같이 봉암을 넘어서 향촌사회의 유지로서 지위를 공고히 하는 한편, 1936년 3월 봉암리 진흥회의 회계를 맡아 1939년 3월까지 진흥회의 사업에 관여했다. 그리고 평암이 찬조원으로 있는 보통학교 기성회의 회장과, 회계를 맡은 봉암리 진흥회의 회장을 모두 윤준식이 맡고 있었다. 평암은 1920년대 중반과 이때에도 윤준식과 나란히 짝을 이루어 마을의 개량화와 지역유지로서 활약하고 있었다. 윤준식과 평암의 경력과 사회적 지위 내지 학력 등에서 볼 때, 둘다 마을에서 강력한 영향력을 행사하고 있었음을 알 수 있다.

평암은 1936년 9월 서면의 구장과 공려조합장·반장을 모아 놓고, '식량충실'과 관련하여 농사개량·농구와 토지의 개량·부업장려 등에 대해 강연을 했고, 1937년 4월 아마도 자신이 지도하는 국촌리 獨洞 공려조합으로 보이는 총회 석상에서 '근면'을 주제로 강연했다.98) 후자에서는 '농촌의 풍교'라는 내용을 설명하면서, 진취 기풍·정력주의·향상주의·자조·검약 등에 이어 '공덕'이라

---

97) 『大略日誌』 1933년 2월 5일자 ; 윤진웅의 증언.
98) 『大略日誌』 1936년 9월 26일자 ; 1937년 4월 7일자.

고 하여 "공익우선 先公後私 멸사봉공정신 통일, 國民訓練"을 말하고 있었다. 조선민중에게 생업을 통해 공익우선과 멸사봉공의 정신을 배양하여 체제내화를 촉구하고 있었던 것이다. 또 그 강의 내용들은 어쩌면 평암 자신의 소신이었을 것이다. 그는 면서기로 근무하면서 거름 지게를 둘러메고 논밭에 나가 농사일을 했다고 한다.99) 따라서 자기 스스로도 실천하는 사항을 강의 형식을 빌어 봉암리 주민들에게 강조했던 것으로 생각된다.

평암은 1939년 5월 26일 이제까지 맡았던 면의 會計 업무를 그만두고, 토목·시국·상공·지방개량·병사·종교·祀寺·적십자·애국부인 부인회사무·노무관계를 맡아, 이전보다 지방개량 업무에 집중하는 위치에 있게 되었다. 이 무렵 진흥회의 회계를 그만 두었으나(1939년 3월) 여전히 마을에 대한 통제력을 행사하고 있었다. 1939년 10월 대한발로 전국적으로 어려움을 겪고 있을 때, 그는 봉암리 출신으로 만주에 나가 있는 尹모로부터 자신의 가족을 걱정하는 편지를 받고 보낸 답장에서 "봉암리난 면내에서도 우수한 성적"으로 한해구제 활동을 하고 있으니 안심하라고 했다.100) 봉암이 西面에서 '우수한 성적'을 내고 있다는 내용으로 볼 때, 그가 농촌사회를 전시체제로 개편하는 데 책임이 있는 한 관리로서, 또 자기의 마을이 '우수한' 동리가 될 수 있도록 하기 위해 직간접적으로 노력하고 있었음을 짐작할 수 있다. 이 점은 다음과 같이 1941년 3월 학무국장이 봉암을 방문하는 사실을 보아도 알 수 있다.

그는 1939년 8월 物資國勢調査員에 이어, 1940년 11월 國民總力 西面聯盟理事를 맡았다. 1941년 2월 총독부로부터 '소화15년도 국세조사 감사장'을 받았으며,101) 이어 3월 16일 학무국장이 봉암리

---

99) 윤진웅·박흠열의 증언.
100) 『大略日誌』 1939년 10월 16일자.

를 시찰하러 올 때, 郡守 등과 함께 안내하고 '부락상황'을 보고하는 위치에 있었다. 따라서 봉암리의 「現況表」(1941)라는 자료는 이때 보고용으로 작성한 것 같다. 학무국장이 다녀간 직후 3월 31일 평암은 면서기를 그만두고, 연기군 서면장으로 임명되었다.[102]

이로써 봉암리는 동리에 있는 몇 명의 유력자와 관리의 통제 아래 식민지 질서로 상당히 순조롭게 개편되어 가고 있었음을 알 수 있다. 평암 역시 식민지 면행정에 충실했고, 그런 직책과 마을 조직의 주도자로서 봉암리의 개량화에 지속적으로 영향력을 행사하고 있었음을 알 수 있다.

3) 식민지 관리로서의 입지 확대와 내면세계의 추이

평암은 1941년 3월 서면장이 됨과 동시에 夫餘神宮 忠淸南道 奉贊會 燕岐郡 支部 委員長・미곡통제조합 西面分區長・西面警防團 後援會長의 직책을 겸임하였다. 이어 연기금융조합 감사・燕西公立國民學校 후원회 고문・일본해군협회 통상회원・西面靑年隊 고문직을 맡았다. 그리고 평암은 서면장이 된 직후 발송한 인사장에서 "중대한 시국에 즈음하여 전심 面治에 精勵할 각오"라고 소감을 밝혔다.[103] 또 4월 21일 면내 구장과 부락연맹이사장을 소집하고 면장으로서 최초의 강연을 하였다. 이는 같은 달 1일부터 전국 농촌에서 실시하는 부락생산확충계획을 위한 회합이었다. 여기서 평암은 '신체제'의 등장 배경을 설명한 뒤, 1941년은 전년도 '大政翼贊運動'(조선의 국민총력운동에 해당)의 기초 위에 "세계적 동아적 혹은 국내적 제 운동의 活澤한 전개 또는 완성을 위하야 분

---

101) 그는 1932년 10월 1일에도 '소화5년도 국세조사 기념장'을 받았다.
102) 『大略日誌』 1941년 2월 11일자 ; 3월 16일지 ; 3월 31일자.
103) 『大略日誌』 1941년 4월 5일자.

투 매진할 1년"이라고 규정하였다. 그리고 '全조선 애국반원 각자의 국민적 운동'인 국민총력운동에 따라 멸사봉공과 공익우선의 정신으로 생업보국을 향해 분투하라는 내용의 연설을 했다. 강연 말미에 "躍西面을 上司 당국에 반영토록 헌신 勞力爲計"라고 하여, 자신이 맡은 직책 수행에 대한 강한 책임감을 드러냈다.104)

그리고 같은 해 5월 '만주국 개척민 인솔 및 入植地 시찰'을 하러 충남 개척민사무 촉탁·군속·교화주사 그리고 인근 지방의 면서기 11명과 함께 만주로 떠났다. 그는 면장이 되자마자 만주에 조선인을 이주시키는 사업에 착수했다. 그는 길림성 敦化·馬號부락을 개척민 정착 예정지로 시찰하고, 장춘·신경 등 만주국을 둘러보았다. 국경을 넘어 신흥 공업도시로 성장하던 함북의 청진·나남, 함남의 함흥에서 시내·상점·관공서·학교·신사·공원·군대 등을 주요 시찰 대상지로 정하고 돌아 보았다. 이때의 만주 시찰은 뒤에 그가 만주개척단 사업에 뛰어드는 계기가 되었다.

이후 평암은 海軍協會 燕岐郡 分會 幹事·國民總力燕岐郡聯盟 評議員·恩賜財團 軍人援護會 燕岐郡 分會 評議員·朝鮮勞務協會 燕岐郡 分會 理事·西面荷牛車運送業組合 顧問·西面勤勞報國隊長·燕岐郡 肥料配給協議會員·日本赤十字 燕岐郡 西面分區長·月岩水利組合 設置 期成會 顧問 등 면장직 이외 10여 개의 직함을 갖고 연기군 서면을 전시체제로 구축하는 데 앞장서고 있었다. 그러나 그는 1942년 1월 19일 면장직을 약 10개월만에 사직했다.105) 그가 사직한 원인은 잘 알 수 없으나, 면장을 그만두고 얼마 안 있어 만주개척단 간부 시험을 거쳐 만주로 떠난 것으로 볼 때, 만주로 갈 예정이었기 때문이 아닌가 한다.

---

104) 『大略日誌』 1941년 4월 21일자.
105) 『大略日誌』 1942년 1월 19일자.

평암은 면장을 사직하면서 그 직책에 수반되었던 여러 공직도 내놓았으나, 몇몇 관변단체의 임원과 회원이 되어 계속 지역의 유력자로서 활동하였다. 평암은 연서공립국민학교에서 거행된 싱가포르 함락 축하식에 참석하고(1942.2.15), 불타버린 서면 경찰관 주재소 신축기성회 부회장으로 부지 문제를 해결하기 위해 수원과 경성에 가서 지주들을 만나 처리했다(2.21; 2.23; 4.17; 4.28). 또 西面靑年隊 後援會의 부회장으로 당선되어(7.7) 西面靑年隊 대회와 燕岐郡靑年團 대회에 참석하였다(8.29~30, 9.6). 이어 國民總力西面聯盟評議員이 되었다(12.8). 평의원은 총력운동에 대한 서면연맹 이사장의 자문에 응하고 의견을 제출하는 직책이었다. 평암은 청년대 후원회장과 서면연맹 평의원과 같은 전시체제를 지탱하는 핵심적인 관제조직에 참여하여 면단위 전쟁수행의 토대를 구축하는 데 활약하고 있었다. 또한 그는 1941년 4월 이래 연기금융조합의 감사로서 활동을 계속했고, 일본적십자사 특별사원이 되기도 했다(1943.1.25). 그리고 징병제 실시에 대한 奉告祭 및 宣誓式(1942.5.12)과 해군협회 연기군 분회 통상회원으로 총회(5.31), 충청남도 儒道聯合會 燕岐郡 支部 총회(6.10), 연기군내 公立靑年訓練所生 사열식(11.23) 등에도 참석하고 있었다.

다음에서는 평암이 자신의 공직 생활을 어떻게 생각하였고, 식민지 관리와 피지배 민족의 일원으로서의 역할 사이에서 그의 내면세계가 어떤 모습을 보였는지를 살펴보자.

평암이 1927년 2월 공주지방법원 검사국의 '赦免'조치로 '형집행유예범죄인명부'에서 제외되었던 사실은, 적어도 그가 직접 사상 전향을 선언한 것은 아니라 해도 그의 행적이 충분히 체제내화 되었음을 말해 준다. 따라서 3·1운동에서 보여준 민족의식과 저항

제3장 충청남도 연기군 서면 봉암리 有志 尹鳳均의 사회활동 507

의식은 폐기되었거나 그의 의식의 저변에 잠재될 수밖에 없었다. 그는 1939년 6월 3일～10일까지 윤병일·윤병화·전해관 등 주변 친지 20명과 금강산과 강원도를 여행하였다. 그리고 평암은 출발 당일 일지에서 "願生高麗國 一見金剛山"라고 적고 있었다.106) 그는 진성여왕이 통치하던 신라를 '고려국'으로 착각하고 있었는데, "고려국이 살기를 바란다"고 한 문장을 통해 볼 때, 그의 내면세계의 저변에는 민족의식이 미약하게나마 잠재되어 있었음을 알 수 있다.

그러나 이러한 가능성도 전체주의와 군국주의가 전국을 휩쓸 무렵이 되면 거의 찾아보기 어렵다고 볼 수 있다. 일제는 중일전쟁의 장기화 국면을 돌파하고 국내적으로 전쟁 수행에 필요한 효율적 자원 배분과 안정적 민중 동원을 위해서 새로운 체제가 필요했다. 이른바 신체제는 이미 부정되어 온 자유주의와 개인주의를 전면적으로 부인하고 전체주의를 확산시켜, 침략전쟁을 완수할 수 있도록 근본적으로 재편된 국가체제이다. 이에 총독부는 조선사회를 '신체제'로 전환시키기 전에 사회분위기를 조성하기 위해 경성일보를 앞세워 1940년 9월부터 10월까지 경성 왕십리에서 조선대박람회를 개최했던 것이다. 일제의 박람회 개최 의도와 평암의 박람회에 임하는 자세를 볼 때, 박람회를 전후하여 그의 민족의식은 거의 소진 단계에 이르렀을 것으로 짐작된다.

그는 면장을 그만 둔 직후 군내 일반 유지 107명이 모인 송별회에서 참석자들에게 "서면 위해 멸사봉공"할 것과 '국가'와 '3천만 동포'를 위해 분발할 것을 당부하였다. 그리고 편지로 보낸 인사장에서는 자신은 "서면 봉직이 16개 星霜을 경과하도록 … 금후로 난 國力生産擴充에 전력 爲計"할 것이라고 했다.107) 사직한 뒤에

---
106) 『大略日誌』 1939년 6월 3일자.

도 '국가'를 위해 노력할 것을 다짐하고 있었다. 또 1942년 5월 燕南공립국민학교 창립 30주년 기념식 축사에서도 그는 일제하 교육과 조선시대의 그것을 비교하여, 후자는 靜座的 귀족적 교육이며 전자는 '人民의 명예와 책임·권리'를 '조선 동포에게 향수'시키기 위한 교육이라고 평가했다. 그 자신이 일제하 교육을 통해 사회적인 지위와 명예, 부를 얻었던 만큼 이런 발언은 그의 확고한 소신이었을 것이다. 그리고 그는 "국가의 발전을 공헌하는 바의 충성스런 국민의 양성"을 '열망'한다고 하였다.108) 이렇게 그는 일제의 충실한 관리였고, 퇴직한 뒤에도 '충성스런 국민'은 그의 신조였다.

그러면서도 이 인사말에서는 '3천만 동포'를 언급하고, 1943년 2월 자신보다 손위이지만 동료처럼 가까이 지내던 정인해의 회갑축사에서는 '조선개국 552년 2월 21일'이라 하여 '조선개국'을 넣어 날짜를 표기한 점에서 볼 때,109) 일본민족과 구분되는 조선민족이란 정체성은 그의 의식세계에 잠재되어 있다가 간헐적으로 용출되기도 했다. 또한 그는 면장으로서 조선인 만주 이주 문제를 두고 사전 답사차 만주를 방문하여 하얼빈에 갔을 때, 이토 히로부미가 "안중근씨에게 암살당한 조난지"를 둘러봤다.110) 이를 기록하면서 그는 '暗殺'의 '暗'을 '被'로 고쳐 '암살'을 '피살'로 수정했다. '암살'이라고 하면 몰래 숨어서 죽인다는 의미로 좀 떳떳하지 못한 행위를 했다는 느낌을 줄 수 있는데, 이를 '피살'로 정정하여 안중근의 행위를 다소 적극적으로 인식한 것이 아닌가 생각된다.

---

107) 『大略日誌』 1942년 1월 31일자.
108) 『大略日誌』 1942년 5월 10일자.
109) 『大略日誌』 1943년 2월 21일자.
110) 『大略日誌』 1941년 5월 23일자.

2. 만주개척단장으로서의 활약
(1943.3~1945.8)

 평암은 1943년 3월 서면청년대 후원회 부회장과 연기금융조합 감사 등 기존에 맡았던 관변단체의 직책을 그만두고, 충청남도에서 실시하는 만주국 개척민 간부·단장 후보 전형시험에 응시하여 합격하였다. 3월 24일 강원도 洗浦에 있는 조선총독부 만주국 개척 지원자 훈련소(훈련소장 新貝肇)에 제1부생으로 입소하였다. 훈련 중 그는 단원들과 淮陽郡에 있는 李王職 蘭谷목장과 東拓 機械農場을 시찰했고, 4월 7일 훈련소 제1부의 과정을 수료했다. 평암은 수료식에서 훈련생 總代로 答辭를 할 정도로 훈련에 적극적으로 임했던 것 같다. 그리고 다음날 조선총독부에서 거행된 壯行式 즉 환송 행사에 참가한 뒤, 만주로 떠났다. 4월 10일 평암의 일행 19명은 滿洲國 吉林省 永吉縣 江密峰 開拓訓練所에 도착하여, 바로 훈련생의 교육에 종사했다. 그는 훈련소에 소속된 교관과 지도원으로 개척민 훈련생을 교육했다.
 같은 해 8월 평암은 충청남도 농정과장 이석구에게 보내는 편지에서, 충남에서 만주로 보내는 개척단 모집과 관련하여 몇 가지 조건을 밝혔다. 첫째, 미곡증산은 국가의 원동력이며, 水稻作에 우수한 조선 농민의 기술을 활용하기 위해, 벼농사가 가능한 길림성·봉천성·간도성을 파견 장소로 하여 개척민을 선정할 것, 둘째, 개척단과 이를 인솔하는 자는 단일 도민으로 조직할 것, 셋째, 중류 이상 계급의 우량개척민을 송출할 것 등을 제시했다.[111] 이는 자신

---
111)『大略日誌』1943년 8월 19일자.

이 몸담고 있는 길림성을 포함하여 논농사 지대에 우수한 충청남도 농민들을 유치하기 위한 것이었다.

 그는 같은 해 연말 2개월 반 정도의 장기 휴가를 얻어 봉암에 돌아왔다. 학도병 입영 壯行會와 西面靑年隊 시무식 등에 참가한 뒤, 1944년 1월 28일 조선총독부 제2회의실에서 개최된 제4회 '조선인 개척단장 회의'에 참석하였다. 이 회의는 개척단의 운영지도에 관해 조선과 만주국이 공동으로 주최한 것이다. 평암은 이 회의에 이어 열린 농상국장 塩田正洪과 만주개척총국장 五十子卷三이 공동으로 마련한 반도호텔 만찬회, 滿洲開拓公社 총재 二宮治重이 주선한 조선호텔 만찬회에도 참석했다.112) 평암이 이와 같이 총독부와 만주국 사이의 개척단 운영에 관한 최고위급 회의에 참석한 사실에서, 그가 만주의 개척단 사업에서 두드러지게 활약하고 있었음을 짐작하는 것은 어렵지 않다.

 일제는 1937년부터 대규모 조선인 집단이주 계획을 수립하였다. 이는 만주의 조선농민과 항일부대의 연계를 끊어 항일세력의 물적 기반을 제거하여 조선의 민족운동에 타격을 가하는 한편, 지배를 공고히 하여 대륙침략의 교두보를 구축하기 위한 것이었다.113) 그러나 평암은 이러한 일제의 침략성을 간과하였고, 또 만주로 이민할 수밖에 없는 농민들의 삶이 일제의 지배정책의 결과라는 사실을 도외시한 채, 일제의 '충복'으로 활동하고 있었다.

 다시 만주로 돌아온 뒤 그는 강밀봉 개척훈련소에서 재교육을 받고,114) 間島省 安圖縣으로 근무처를 옮겼다. 여기에서는 교관으

---

112) 『大略日誌』 1944년 1월 28일자~29일자.
113) 만주 이민정책에 관한 연구로는 유원숙, 1995, 「1930년대 일제의 조선인 만주 이민정책 연구」 『부산사학』 19 ; 依田憙家, 1976, 「滿洲における朝鮮人移民」 『日本帝國主義下의 滿洲移民』, 龍溪書舍 참조.
114) 『大略日誌』 1944년 3월 13일자.

제3장 충청남도 연기군 서면 봉암리 有志 尹鳳均의 사회활동

로서보다 개척단 사업에 직접 참여하였다. 같은 해 3월 圖們驛에서 충청남도 부여군 충북면 50호, 공주군 계룡면 50호, 합계 100호 497명의 개척민 그리고 이들을 인솔해 온 공주군 권업과장·郡屬·계용면장·충북면장을 맞이하였다. 이들 100호는 安圖縣 兩江村 兩江口 江南屯 江南開拓團에 편입되었다.[115]

　이들을 수용한 직후 평암은 시 한 수를 지었다.[116] 자신은 강원도 훈련소에서 훈련식을 마치고 만주를 '제2고향'으로 여겨 왔으며, 日滿國旗를 앞세우고 전투모자에 脚絆을 찬 생활을 하고 있다고 적고 있다. 그리고 圖們에서 "늙은이와 절문이 새겨 안저 하난 소래 강남개척단이 어듸매요"라고 질문하는 많은 '조선동포'들을 인솔하여 '오색기 나팔나팔 개척민 환영'하는 정착지까지 와서, 이들을 이전에 온 사람들과 합류시켰다("百萬勇士들이 八方에서 모여 잇서 구룸가치 둘너싸고 옹위하야 주노나")고 하였다. 그리고 이들에게 만주 생활에 잘 적응할 것을 당부하였다("광활지대 언덕 우에 힘찬 괭이 메고 하로밧비 하로밧비 오곡맥과 심어서 … 널분 땅에 잘 살으리 우렁찬 큰 소래로 만주 강산 진동케"). 여기서 평암은 기대와 근심에 찬 충남에서 온 개척민들을 보고 "즐겁도다 슬푸도다"라고 연민의 정을 표시하며, 그들이 느낄 고향 생각에 공감하면서도("자나 깨나 고국 산천 잠시라도 이즐가"), 이들에게 '환상'에 가까운 만주 생활을 선전하면서 적응을 독려하고 있었다. 평암은 이와 비슷한 시를 6월 3일에도 지었다. 이같은 독려는 그 자신이 개척단 사업에 일종의 사명감을 갖고 임하고 있었음을 보여주고 있는 것이다. 또 자신을 향한 자기 암시일 수도 있었다. 그는 1945년 3월 24일자 시에서 "왓도다 왓도다 去年 금일 살고 생각하

---

115) 『大略日誌』 1944년 3월 18일자 ; 3월 20일자 ; 3월 26일자.
116) 『大略日誌』 1944년 3월 27일자.

니 1년이라/살고 살엇네 살아지이다. 千萬年이나 살아지이다"라고 하여, 吉林省 永吉縣 江密峰 개척훈련소에서 간도성 안도현의 강남개척단으로 옮겨 활동한 지 1년이 되었고, 그 동안 자신도 이 곳의 생활에 잘 적응할지 내심 걱정을 하였음을 보여준다. 그런데 자신을 비롯한 개척민들이 그런 대로 잘 정착하여 일단 안심한다는 것이다. 그리고 "띄여라 잘 살고 펴지도록 자나 깨나 힘을 다하라/일하라 주신 손톱 발톱 항시 쓰라주신 괭이/개척사업 맞흔 손과 발 일각이라도 속속히 …"라고 하여, 분발을 촉구하였다. 이같은 열의와 책임감으로 직무에 충실한 결과 평암은 1944년 4월 間京省 安圖縣 江南開拓團長, 6월 安圖縣整備委員會 일반위원이 되었고, 자기가 맡은 강남개척단에 自衛團과 婦人團을 조직하였다.

1944년 12월 평암은 長春에서 개최된 조선인 개척단장 회의에 참석한 뒤 출장 겸 휴가로 봉암으로 돌아왔다. 1945년 1월 평암은 충청남도 農政課 주최로 연기군 錦南面에서 열린 만주개척민에 대한 좌담회에 참석하여 "만주개척상황을 선전"하였다.[117] 그리고 공주 은용면에 있는 강남개척단원의 본가를 방문하고, 충북 괴산군에서 개척민 모집 활동을 하였다.[118]

평암은 충청남도 도청에서 만주개척단 사업에 대한 경과 보고에 이어 개척민 모집 활동을 마친 뒤, 4월에 圖們驛에서 충남 연기군에서 만주로 이주해 오는 군민들을 맞이하였다. 그는 충청남도 技手·郡屬·東面 副面長·錦南面 書記 등이 인솔해 온 연기군 개척민(錦南面 30호, 東面 10호 합 40호, 172명)을 맞아 江南團에 정착시켰다.[119] 그리고 이들을 두고 시를 지었다. 여기서 평암은 이

---

117) 『大略日誌』 1945년 1월 8일자.
118) 『大略日誌』 1945년 1월 13일자 ; 1월 27일자.
119) 『大略日誌』 1945년 4월 8일~9일자.

들에게 이곳이 '別有天地 피란곳'이라고 하고, "百子千孫을 여기 저기 퍼지게 살고 살도록" "1초 1각이라도 핑계치말고 태양처럼 뜨겁게 번개불처럼 번적 번적" 생활하면서, "불원장내 해방성이 진동"할 수 있도록 하자고 했다. 즉 그는 이주해 온 사람들('燕岐 제비')에게 이렇게 분발할 것을 촉구하고 독려하면서 이들의 정착에 힘쓰는 한편 이들에 대한 안타까운 마음의 일단을 드러내기도 했다.120) 그러나 집에 보낸 편지에서121) 일본의 전쟁은 "백척불굴의 학고한 승리의 大心이 각자 남녀 업시 잇서야 불의한 악마을 물이치게" 된다고 하기도 하여, 전쟁의 정당성과 일제의 침략전쟁의 정당성과 그에 대한 '충성'을 재다짐해 보이기도 했다. 그리고 그는 해방을 맞이하자 8월 18일 강남개척단 단원 전부를 모아놓고 비공식적으로 해단식을 거행하여 단을 해산하였다.122)

　그는 8월 20일 만주를 출발하여 함경도를 거쳐 귀국하는 도중 함경남도의 혜산, 만주 장백현을 거쳐 삼수・갑산・북청 등지를 '시찰'하였다. 일제시대 체제변혁적 좌익 활동이 강렬했던 곳을 둘러보았다. 이어 강원도 철원과 경기도 연천을 통과하면서 '露軍兵'을 피하여 양주・동두천・경성을 거쳐 9월 11일 봉암리에 도착하였다.

　해방 직후 연기군에는 8월 23일 연기군 건국준비위원회(회장 孟義燮)와 뒤이어 인민위원회(위원장 孟義燮)가 결성되었는데, 평암은 西面 대표로 여기에 참여하였다. 또 11월 20일 서울에서 열린 전국인민대표자대회에 연기군 대표로 맹의섭・김정헌과 함께 참석했으나 "악질적인 소련 숭배자인 朴憲永과 李康國輩들의 난무

---

120) 『大略日誌』 1945년 4월 27일자. "밤오래도록 江南團 차저온 燕岐 제비들은 달빗 걸고 장단 맛처 코고난 소래 深山 궁곡의 물소리 응하노나".
121) 『大略日誌』 1945년 5월 25일자.
122) 『大略日誌』 1945년 8월 18일자.

에 놀라" 중도에 퇴장하여 귀향하였다.123) 이후 연기군 인민위원회
는 우익이 주도권을 잡았다. 이 과정에서 평암은 미군정의 외교·
농업 부문의 고문으로 와서 좌익 세력의 활동에 제동을 걸었던 옛
영명학교 교장 윌리암을 방문하기도 했다.124) 平岩은 3.1운동에 참
여한 뒤 조치원을 중심으로 청년회와 신문지국을 매개로 대표적인
유지로 성장한 맹의섭과 함께 해방 정국에서 좌우익이 대립할 때,
우익 쪽에 서서 활동했다. 신탁통치반대 서면국민총동원위원회 위
원과 충청남도 지사 고문을 맡았고 대한독립촉성국민회 연기군 지
부 등에도 관여하였다.125) 이후 정부 수립 후 2-3대 面議員 議長을
역임하는 등 연기군 유지로 활동하다가 1983년 85세로 사망하였다.

다음에서는 이상의 논의를 요약하고 식민지 관리로서 平岩 尹
鳳均에 대한 평가를 시도해 보고자 한다.
연기군 서면 봉암리는 조선 중기 이래 동성촌락으로 성장하였으
나, 조선왕조 말기~일제 강점 이전 봉암의 윤씨들은 이렇다 할만
한 관직이나 사회적 진출을 한 사람이 거의 없었다. 봉암의 윤씨들
은 일제하 시세변화에 민감하게 대응하여 자신들의 사회적 지위를
높이기 위해, 적극적으로 권력지향적 성격을 보였다. 봉암의 청장
년 중에서 관공서 혹은 관제조직 등에 종사하는 사람들이 증가하
면서, 봉암리와 관의 관계는 큰 마찰 없이 지원-협력체제를 형성
해 갔다. 이러한 정치 사회적 조건 아래 있던 봉암의 대표적인 인
물 중의 하나가 平岩 尹鳳均이었다.
平岩은 한문서당을 거쳐 연기공립보통학교를 마치고, 공주 영명

---

123) 맹의섭, 1972, 『鄒雲實記』, 새한출판사, 145쪽 ; 『大略日誌』 1945년 11
월 20일~21일자.
124) 『大略日誌』 1945년 11월 8일자.
125) 『大略日誌』 1946년 1월 7일; 3월 12일; 5월 19일; 8월 29일자.

학교 4학년(21세) 때 3·1운동에 참여하였다. 평암은 독립만세운동으로 징역 3개월, 2년간 집행유예를 받았다. 그는 2년 동안 형집행 유예기간이 끝내기를 기다리면서 자신의 진로에 대해 고민했고, 자아실현의 행로를 좀더 넓은 시각에서 숙고하여 선택하기 위해 일본 유학을 떠났다. 3.1운동에 참여했던 그가 유학을 전후하여 식민지 지식인으로서 어떤 책임감과 현실 사이에서 갈등을 겪었을 것은 족히 짐작되나, 그러한 내적 혼돈은 일본 체류 기간 동안 한편으로 정리되었다. 그는 수학 기간 내내 일본에서 苦學하는 형편이라고 짐작할 수 없을 정도로 많은 곳을 '시찰'했다. 그는 일본의 근대화 과정을 목격하면서 식민지 조선의 현실을 더욱 절감했을 것이다. 그리고 일제의 지배정책을 인정하고 그 지배 아래 사회적 출세의 가능성을 '시찰'을 통해 가늠했다고 본다. 이런 맥락에서 예비학교를 거쳐 대학의 전공을 經濟科로 선택했던 것 같다.

 그는 귀국하여 일본 시찰의 체험을 바탕으로 일본을 모방하여 자신과 동리를 변화시키고자 여러 형태의 사회 활동을 전개했다. 그 과정에서 스스로 민간측에서 일제의 정책을 뒷받침하는 '중견인물'로 변신했다. 봉암은 1927년 '범죄인명부'에서 기록이 삭제되어 사면된 뒤, 면서기로 진출하였다. 그는 이후에도 계속 '시찰'을 했다. 그에게 시찰은 이미 오래 전부터 삶의 일부가 되었고, 공직에 있으면서도 자신의 존재와 식민지 권력과의 관계를 설정 혹은 재확인하는 데 '척도'와 같은 구실을 하였다.

 평암은 면서기로 재직하면서 봉암을 넘어서 향촌사회의 유지로서 지위를 공고히 하는 한편, 봉암의 촌락조직과 사업에도 적극 관계하였다. 1920년대 중반과 1930년대 후반에 윤준식이 회장으로 있는 진흥회의 부회장 혹은 회계를 맡아 나란히 짝을 이루어 마을의 개량화와 지역유지로서 활약하였다. 그는 농촌사회를 전시체제로 개편하는 데 책임이 있는 관리로서 근무하면서 자신의 마을이 '우수한' 동리가 될 수 있도록 직간접적으로 노력하였고, 이런 공적이 인정되어 면장으로 나아갈 수 있었다. 평암은 1943년 4월 만주개척단 교관으로 만주에 가서 개척단장으로 승진하였다. 그는 만주와 조선을 오고가면서 충청도를 중심으로 조선인 이주자를 모집하고 만주에 정착시키는 등 개척단 사업에서도 두드러지게 활약하였다.

평암은 면서기에 이어 식민지 관리로 출세하기 전에는 가산이 거의 없는 평범한 소농이었으나, 학력과 추진력 그리고 출세에 대한 강한 의지를 바탕으로 사회적 활동을 전개하여, 西面 나아가 燕岐郡의 유지로 성장한 인물이었다.

평암은 일본 유학 이후, 사상적 전환을 증거할만한 사회적 활동을 했다. 일제의 농업정책에도 적극적으로 대응하여 스스로 식민지농정의 체현자와 같은 모습을 보였고, 봉암리의 진흥회에 관계하여 촌락질서를 재편하는 데 일조했다. 또 면서기와 면장 나아가 만주개척단장으로 출세하여, 식민지 관리로서 '신념'을 갖고 충실히 역할을 수행하였다.

이와같이 그는 자신의 출세를 위해 일제의 침략성을 눈감아 버리는 권력지향적인 삶을 선택했다. 이것은 분명히 그의 한계였다. 그의 일련의 행적을 보면, "식민지배와 침략전쟁에 의식적으로 협력"하여 "민족 성원에게 신체적・물질적・정신적으로 직간접적으로 상당한 피해를 끼친 행위자"라고 정의하는 '친일파'[126)]의 모습을 상당 부분 지니고 있다.

그러나 이런 정의를 푸岩에게 적용하여 그의 모든 행위를 친일

---

126) 이만열, 2001,「친일파의 개념과 범주」,『친일인명사전편찬위원회 제1차 국민공청회 자료집』, 4쪽.

제3장 충청남도 연기군 서면 봉암리 有志 尹鳳均의 사회활동　517

로만 규정한다면 다소 평면적인 평가 밖에 도출해 낼 수 없다고 생각한다. 비록 그가 일제의 '충실한 하수인'과 같은 활동을 했을지라도, 자기의 영달을 위해 조선민중을 착취하는 모습이 전부는 아니었다. 그가 봉암과 西面이 식민지 질서로 재편되는 것과 주민들의 체제순응적인 생활방식을 유도하는 데 일익을 담당한 것은 인정되나, 그의 활동에는 부분적으로 지역 주민들의 생활 안정과 이익을 대변하는 측면도 있었다. 이런 그의 활동에 대해 봉암의 주민들도 적극적으로 대응, 나아가 호응하기도 했다.

　또한 표면의 결과와 활동만이 아니라 내면의 미세한 부분까지 살펴보면, 더욱 저항과 친일의 이분법으로만 그를 평가하기 어려운 중간지대가 존재하고 있었다. 그의 내면세계의 저변에는 민족의식이 미약하나마 잠재했다가 간헐적으로 용출되기도 했고, 생활고에 쫓겨 만주로 온 동포에 대해 연민의 정을 표시하면서 정착을 지원하기도 했다.

결 론

　이상을 통해 일제의 농촌조직화 과정과 지배정책으로 농촌사회의 질서가 재편되어 가는 양상, 그리고 식민지행정의 보조기구인 관제촌락조직의 기능, 이에 대한 조선농민의 반응 등을 살펴보았다. 일제는 조선민중 개개인을 식민지체제로 통합하기 위해, 지방행정기구를 정비·강화하는 한편 행정력의 침투를 측면에서 지원할 중간 매체로 촌락 혹은 동리 단위로 관제조직을 농촌사회에 구축하였다. 일제는 관제조직을 매개로 戶를 파악·통제하고 다시 戶를 고리로 개개인을 간접적으로 통제하다가 국민총력운동에 이르면 직접 파악할 수 있는 단계로까지 발전하였다.

　일제는 조선 강점 이래 식민지체제를 확립하는 수단의 하나로 촌락에 관제조직을 부식해왔다. 1940년대 초 일제 스스로 조선에는 "官設的인 집단이 不完全 無力(하다)"고[127] 고백했듯이, 농촌사회에 관제조직이 들어가 지배력을 행사하는 데에는 한계가 있었다. 즉 조선시대 이래 농민들은 촌락의 자치적 결집력을 담보로 국가의 억압과 지배계급의 수탈을 감내하면서 삶을 유지해 왔다. 또

---

127) 京城帝大南鮮農村調査隊社會調査班, 1943.8, 「屯山部落社會學的研究 2」『朝鮮』, 66쪽.

이러한 촌락질서는 일제의 지배 아래에서도 크게 변하지 않았다. 따라서 본 연구에서는 일제는 어떻게 관제조직을 말단에 구축할 수 있었으며, 이것이 어떻게 촌락과 농민의 중심 기구로 자리잡게 되었는지를 해명하려고 했다.

일제가 촌락조직을 매개로 戶와 개개인을 지배체제에 포섭하고 동원할 수 있었던 내적 배경을 살펴보면 다음과 같았다. 첫째, 통제의 단위가 촌락이었다는 점을 들 수 있다. 촌락은 조선시대 이래 농민 생활의 거의 전부가 이루어졌던 곳으로, 독자적 생활규범을 갖고 농민의 사고와 행동을 상호 규제하면서 자치적으로 공동의 문제를 해결하는 삶의 터전이었다. 일제가 생활의 場을 관제조직의 단위로 장악한 점은 관제조직이 크게 진전될 수 있었던 조건 중의 하나였다. 둘째, 이러한 생산과 생활의 공간인 촌락질서의 변화를 들 수 있다. 소농의 입장에서 볼 때 농업의 속성뿐만이 아니라 화폐경제의 확대에 대응하여 단순재생산을 유지하기 위해서도 共濟 기능을 발휘하는 공동체적 관계가 더욱 절실했다. 또 농민들은 일제가 식민지질서를 확립하면서 전가하는 여러 부담과 억압을 감내해야 하는 처지에 있었다. 이러한 상황에서 일제하 촌락의 공동체적 질서는 약화 혹은 변질되었다고는 하나 많은 부분이 남아 있었으며, 촌락은 농민들이 달라진 객관적 조건에 대응하는 데, 불가결한 재생산의 기반이었다. 이에 일제는 촌락의 기능 대부분을 관제조직으로 흡수하여 재편해 갔다. 농민들은 생존 차원에서도 이런 조직에 편입하지 않을 수 없는 면이 있었다. 셋째, 이렇게 구축된 관제조직은 종래의 공동체적 관계(共濟 기능・촌락의 대소사를 공동으로 처리 등) 이외 부분적으로 소작권과 소작료 문제를 비롯하여 지역 주민의 공동이해를 대변하는 하나의 창구로서 기능하기도 하면서, 농민의 편입 동기를 좀더 자극할 여지가 있었다.

따라서 일제의 농촌통제정책에 대해 농민들은 여러 형태로 반발하기도 하면서도, 다른 한편으로는 체제에 편입하려는 내적 계기가 '비자발적' 소극적 형태로 존재했고 때로는 적극적으로 대응하는 양상도 띠었다. 이러한 일제의 농촌통제정책은 시기별로 점차 고도화되어 개개인의 삶 속에 깊이 침투하는 데까지 발전하였다. 이에 대해 농민들은 여러 형태로 대응하였다.

이제까지 논의되어 온 내용을 정리하면 다음과 같다.

제1부 제1장 일제는 1917년 면제를 공포하여 한말부터 추진해 온 지방행정의 개편작업을 일단락지었다. 면·동리제의 확립은 기왕의 구동리에 큰 타격을 가했다. 그러나 일제는 농민들의 생활과 유리되어 통합성이 약한 면 중심의 농촌지배체제의 한계를 보완하기 위해, 면 아래 촌락을 이용하고자 했다. 정치 사회적 변화 속에서도 촌락(舊洞里)는 하나의 생활의 장으로 기능하고 있었다. 일제는 농촌통제정책을 확대하면 할수록 구동리 중심의 사회적 결합관계를 재인식하고 적극적으로 활용하였다.

일제가 농촌사회를 식민지적으로 개편해 가는 과정은, 대체로 1920년대까지 행정동리 혹은 촌락 단위의 조직화를 통해 진행되었다면, 1930년대 이후는 생활의 터전으로 자기완결적인 기능이 남아 있던 촌락의 중요성에 주목하여 이를 보편적으로 조직화하면서 전개되었다.

일제의 시기별 농촌통제정책에서 1920년대는 정책의 기본 구조와 방향을 확립했다는 점에서 중요하다. 면행정의 정비·강화와 함께 진행된 소위 지방개량사업은 농촌을 식민지적 질서로 재편하려는 정책의 다른 표현이었다. 1910년대 일련의 조치에서 촌락과 그 조직의 재산이 면으로 강제 편입되는 데에서 보듯이, 일제는 일단 촌락공동체적 관계를 파괴하였다. 그러나 다시 공동체적 관계를 강화하는 정책을 취했다. 즉 일제는 촌락 내부의 공동일치를 이용하여 면행정을 강화하고, 면행정의 강화를 통해 식민지체제를 확립하려고 했다. 촌락 내부의 협력적 통합성은 농사개량·생산력 증대와 같은 농업정책에 도움이 될 뿐만 아니라, 지주소작관계와 같은 계급 갈등을 약화 내지 제거하여 체제를 안정시키는 데 유용하다는 것이다. 이런 정치적 논리와 의도 아래 1920년대 농촌통제정책이 시작되었다.

충청남도의 대표적인 관제조직인 진흥회는 행정동리 단위로 조직되어, 일제의 농촌통제정책의 초기 양상을 보여 주는 한편 비교적 성공적인 사업으로 꼽혀 1930년대 전국적인 농촌정책을 입안 결정하는 데 적지 않은 영향을 주었다. 또한 경기도의 楸洞農事改良實行組合은 1920년대 촌락 단위의 조직화의 유형으로 제시되었다. 이 실행조합에서는 중심인물의 역할과 경제단체로서 농사개량 이외에 정신방면의 통제도 사업의 일환이었음을 밝히고자 했다. 즉 당시 농민들은 산미증식계획을 비롯한 식민지개발정책과 이에 따른 급속한 화폐경제체제에 대응하고, 또 일제가 식민지질서를 확립하면서 전가하는 여러 부담을 감당하기 위해 농사개량실행조합에 부분적으로 편입하고 있었다. 그러나 농사개량조합의 사업은 '생산개량' 이외 '정신개선'과 '양풍미속 조장' 등도 포함하고 있었다. 조합원들은 부채를 안고 외형적으로 다소 경영이 안정되었다고 할지라도, 이를 유지하는 데 필요한 공동사업과 공동자금을 감당해야 했다. 공동자금의 일부는 공동작업장의 건립에 쓰였고, 官은 '사회교화비' 명목으로 보조금을 지급하면서 여기에 개입하였다. 보조금 정책은 관에서 비용의 일부를 지급하고 이에 근거하여 행정적 지시와 감독을 행사하기 위해 실시한 것이었다. 공동작업장은 작업의 능률 향상 이외에, 규율적 훈련과 사회교화 즉 정신통제의 수단으로 마련되었다. 추동농사개량실행조합은 일제하 관제 촌락조직의 기본적인 성격을 드러내고 있었다.

　금융조합은 경제단체로서 자금의 운용으로 경제적·금융적 지배를 하는 한편 '도덕과 경제의 조화'를 강조하면서 정신통제를 겸하고 있었다. 금융조합의 활동에는 二宮尊德의 報德精神이 기본적으로 관통하고 있었다. 보덕정신은 金組의 이론적 바탕일 뿐 아니라, 官 주도의 농촌지배정책의 지도이념이기도 했다. 勤勞·分度·推讓 등과 같은 윤리를 담고 있는 보덕정신의 강조는 공공성·공동성의 양성과 내면화를 유도하여 식민지 모순에 대한 저항의식을 제거하는 등 체제내화의 한 수단이었다. 자주·공동·협동의 금융조합의 정신도 보덕정신의 또다른 표현이었다. 금융조합은 조합정신에 따라 조합원의 공공성과 공동성을 배양하고 이를 바탕으로 식민지통치에 대한 공공심을 이끌어 내고자 하였다. 따라서 금조는 농민들에 대한 금융적 지배와 함께 정신통제를 병행하였다. 금융조합은 식민지정책에 따라 조합원의 확충과 사업망을 확대하면서 조선민중에 대한 사상통제망을 구축하였다. 따라서 금융조합의 금융활동의 확대는 곧 '내선일체의 정신'을 확산시키고 지방지배체제를 확립하는 과정이었다.

　따라서 농사개량을 중심으로 한 농사개량실행조합과 자금운용을 중심으로 한 금융조합 모두 경제단체로 출발했지만, 실제 활동은 물질방면 이외에 정신방면도 병행하고 있었다. 이런 성격은 다른 경제단체들도 비슷했다. 따라서 일제시대 경제단체의 양적인 성장과 수치상의 '성과' 이면에는 이와 같이 일제의 의도 즉 조선민중에게 식민지 지배논리를 주입하고 체제내화의 기반 확대라는 정치적 의도가 일관되게 관통하고 있었음을 주목해야겠다.

제2장 1930년대 농촌진흥운동 아래 농촌진흥회로 대표되는 관제 촌락단체의 보편적인 설치는 1920년대의 모범부락과 같은 촌락사업을 전국을 대상으로 확대 실시했다는 점에서는 연속성을 지니지만, 개개 농가에 대한 파악과 촌락조직의 권한의 강화, 촌락과 농민의 자치의 강조 등에서는 엄밀하게 구별된다.

일제는 1933년부터 농촌진흥운동을 본격화하면서, 1개 面마다 30~40호를 기준으로 1개 지도부락을 선정하여 농가별 현황조사를 하고 계획서를 작성·실시하는 과정에서 개개 농가를 장악하려고 했다. 이 방침은 1935년을 기점으로 전체 촌락과 농가를 대상으로 확대 실시되었다. 일선 행정실무자들은 현황조사자와 계획수립자의 분리, 실적조사를 기입할 때 가공적 숫자의 나열, 그리고 이에 대한 농민들의 기피 내지 비협조 등을 문제점으로 지적하였다. 그러나 현황조사와 계획수립이라는 일련의 과정은 종전의 면접적 정책 시행의 한계를 넘어 행정력을 일상생활의 구석구석까지 세밀하게 보급할 수 있는 기초적 사항이었기 때문에, 일제는 이를 계속 강행했다. 이때 파악된 농가의 실태를 비롯한 제반 사항에 대한 자료와 확대·심화된 촌락에 대한 통제력은 전시동원의 주된 기반이 되었다. 농가별 현황조사 때 포착된 잉여노동력의 일부는 관의 통제를 받고 당시 북부지방 개발사업과 만주개척지 등으로 이주되었다.

일제는 가부장적 권한을 강화하는 한편 농진운동을 통해 戶대표(세대주·호주)를 매개로 개개인에 대한 지배와 규제를 확대하려고 했다. 일제가 기본적으로 가부장적 家(戶)를 단위로 개인을 통제하려고 했던 것은, 개별 戶(家)의 大宗家로서 천황·1國 1家의 관념에서 천황제 국가체제 즉 식민지 통치의 공고화를 목표로 했기 때문이었다. 이러한 일제의 통치방침을 개개 농가와 농민에까지 침투시키기 위해서는 조직이 필요했다. 이에 따라 일제는 농진운동의 최고 지도기관으로 조선총독부 농촌진흥위원회를 위시하여, 도 이하 지방행정기관에 농촌진흥위원회를 설치하였다. 지방행정 말단인 面은 촌락 단위의 농촌진흥회를 조직하여 촌락과 농가에까지 지배력을 확장하였다.

 농진운동이 面 아래 촌락을 조직화하면서 진행된 것은 일제가 농민들의 삶이 촌락과 밀접하다는 점에 착안하여, 촌락을 고리로 정책을 실시하면 면행정을 보완할 수 있다고 보았기 때문이었다. 일제가 촌락을 기반으로 관제조직을 설치한 논리는 다음과 같다. 종래 촌락사회의 자치력을 촌락 밖으로 확대하여 관의 행정력을 보완하기 위해, 관제조직인 농촌진흥회를 통해 농민의 생활 기반을 흡수하여 재편하려고 했다. 여기에는 촌락 안의 공동체적 규제로서 확보되는 '자발성'을 활용하여, 말단에까지 정책을 관철시키려는 정책적 판단이 있었다. 따라서 일제는 농촌진흥운동을 통해 촌락의 자율적이고 자발적인 공동체적인 관계를 활용하여, 개개 농민들의 '자발적'인 정책 참여를 유도하고자 했다. 이렇게 되면 일제는 종래 폭력과 처벌 등의 강압적 기제를 구사하던 식민지 행정의 한계를 보완하면서 통치기반을 넓힐 수 있을 것으로 전망했던 것이다.

 따라서 농촌진흥회는 위로부터 일방적으로 조직된 것이 아니라, 농민들의 내적 참여를 유도하면서 구축되어 갔다. 즉 농촌진흥회는 종래 촌락의 사회적 기능을 흡수했으며, 특히 소작지 분배와 마름의 권한도 일정하게 대행하기도 했다. 여기서 농민들이 이러한 관제조직에 적극적 혹은 소극적 '비자발적인' 형태로 편입하는 내적 동기가 있었다. 농민들은 농촌진흥회에 들어가 여러 억압과 부담을 회원들 사이에 분산시키면서 취약한 생활 기반을 유지할 수 있었고, 또 일부 농민은 농촌진흥회를 자신들의 이해를 관철시킬 수 있는 통로로 적극적으로 인식하기도 했다. 즉 부분적으로 농촌진흥회가 면협의회와 연계되어 불공평한 세금문제의 시정과 보통학교 유치운동을 전개하면서, 지역주민 이해의 관철 또는 전달 수단으로 기능할 때에는 농민들의 농촌진흥회에 대한 참여가 좀더 적극적이었을 가능성도 있었다. 관제촌락조직이 지역주민의 이해를 대변하는 양상은 충남의 진흥회와 군면진흥회연합회의 활동을 보면 좀더 분명하다. 이로써 농촌진흥회는 경기도에서처럼 農村振興會約束이란 규약으로 농민들의 일상과 활동을 통제하고 그 위반에 대해서는 黜洞에 해당하는 제재까지 가하기도 했던 것이다. 따라서 농촌진흥회는 개개 농가의 식민지체제 편입을 유도하고, 자주와 공려를 내걸고 농민들 스스로 식민지질서를 재생산하도록 공작한 말단 실행체였다.

농촌진흥회의 행정보조기구로서의 성격은 농촌진흥회장 중에 구장을 겸한 자가 많았고, 경북처럼 道와 面으로부터 보조금을 받고 있었던 데서도 알 수 있다. 또 충남의 공려조합의 경우, 조합장 등 간부를 郡面에서 임명하고 있었던 사실에서도 뒷받침된다.

농진운동이 농가의 생활 전면을 통제하여 체제내화를 달성하려고 했던 만큼, 어느 정도 가시적인 성과를 거두어야 했다. 일제는 농민들이 가장 적극적인 반응을 보일 수 있는 경제방면에서 갱생의 가능성을 제시해 주려고 했다. 가마니짜기와 같은 농가의 부업은 1930년대 급속히 전개되는 상품화폐화의 주된 원인의 하나면서, 상품경제에 대한 농민들의 대응을 용이하게 했던 상품의 하나였다. 이 부업은 영세한 소작농일수록 거의 결정적인 수입원이 되기도 했다. 또 이런 부업이 농촌진흥회의 주된 사업의 하나였으므로, 농민들은 경제적 이유로 관 주도의 농진운동에 부분적으로 편입하는 내적 동기를 어느 정도 가졌다고 볼 수 있다.

중일전쟁이 발발하자 일제는 조선의 인적 물적 자원을 전쟁 수행에 동원하기 위해, 도시를 포함하여 조선민중의 조직화와 통제를 한층 확대하려고 했다. 이에 등장한 국민정신총동원운동은 '일본정신'을 전면에 내걸고 조선민중의 사고방식을 전체주의로 대체시켜 전시체제의 확립을 추동했다. 일제는 농진운동을 통해 파악한 농가의 현황과 실태 자료를 활용하여, 시국관련 증산활동을 농민들에게 할당하면서 인적·물적 자원동원의 기반을 확립해 갔다.

농민들은 항상 경제적 갱생에 관심을 갖고 있었으나, 일제가 제시한 진흥책은 전체적으로 볼 때 생활개선과 노동력 혹사에 집중되었다. 따라서 농진운동은 농민들이 지속적인 참여를 유인하는데 한계를 드러냈다. 그러나 농진운동 아래 농촌사회는 농촌진흥회를 통해 적어도 82%가 통제를 받는 가운데, 약 56%의 촌락이 지도부락으로 설정되어 식민지권력의 직접 통제망에 놓여 있었다. 이러한 관의 통제망 구축은 적색농조운동 등 민족운동의 약화 내지 지하화의 객관적 조건이 되었다. 또 이 과정에서 농민들의 일상과 활동도 이전보다 관의 간섭과 시간적 제약을 받으면서 규율적으로 변화하고 있었다.

제3장 일제는 중일전쟁의 발발을 직접 계기로 전쟁수행을 위해 2,200~2,300만 전체 인구를 조직화해야 한다고 판단했다. 일제는 학교를 통해 장악된 150만명, 농진운동 등 기타 관제조직으로 동원할 수 있는 인구를 합쳐 약 600만 정도는 통제할 수 있다고 보았다. 그리고 국민정신총동원운동으로 전혀 통제권 밖에 있거나 거의 무통제에 가까운 1,700만명을 아우를 수 있는 전국적인 조직을 구축하려고 했다. 이런 일제의 시각에서 통제의 대상이 개개인으로 확대되고 있었음을 알 수 있다.

일제가 농촌진흥운동의 최하부 실행체인 농촌진흥회를 통해 파악하고 통제하려는 대상은 주로 호대표였다. 일제는 농촌진흥회를 매개로 호대표를 통해 개개인을 통제한다는 입장이었다. 이에 반해 국민정신총동원운동의 최하부 실행체는 농촌진흥운동보다 규모가 축소되어, 부락연맹(농촌진흥회와 위상이 같음) 아래 10호의 애국반이었다. 정동운동 단계에서 통제의 대상은 부락연맹에 가입한 戶를 매개로 한 개개인으로 확대되고 있었다.

정동운동의 말단 組織圖는 이전의 '농촌진흥회→농가(=호대표)'에서 '부락연맹→애국반→호(=호대표)'로 전환되어, 촌락과 戶 사이에 애국반을 삽입하여 호별 장악력을 높였다. 또 개개인은 호대표를 통해 간접적으로 통제되어 농촌진흥운동과 외형상 비슷했으나, 개개인의 상위 조직인 戶에 대한 관의 장악력이 직접적이고 엄밀해졌다는 점에서, 간접적인 통제라고 해도 이전보다 그 강도가 심화되었다. 정동운동 단계에서 총독부의 지시 명령이 戶 단위까지 하달될 수 있는 조직체계가 확립되어, 전시동원정책의 토대가 구축되었다.

1939년 12월 현재 애국반원은 약 405만명으로 총 호수 429만명의 94%에 해당한다. 외견상 전 인구의 94%까지 포섭한 것으로 되어 있는 정동운동이 지방사회에 대한 통제력을 어느 정도 확보하고 있는지 조선연맹의 세입출 예산을 통해 살펴보았다. 1939년부터 지급되었던 국고보조금이 중앙부 조선연맹 중심으로 책정되었고, 전체 예산의 약 63%가 사용되지 않고 1940년도로 이월되었다. 이러한 사실은 지방연맹의 사업이 원활하지 못했음을 반증한다고 할 수 있다. 1940년도에도 이와 비슷한 양상이 나타났다. 이는 정동운동이 '대동아공영권'의 표방 등 급박한 대외 정세에 대응하여 전면적으로 개편될 상황에 직면해 있었던 것과 관련되었다.

정동운동의 목표는 조선민중 전체의 정신을 하나로 통제하여,

언제든지 전시동원에 협력할 수 있도록 훈련하는 것 즉 황민화였다. 이에 정동운동은 '국민총훈련'의 형태로 전개되었다. 국민총훈련이란 소위 일본정신이라 하여 천황과 국가 중심의 전체주의적 사고에 입각하여 의무와 복종심을 내면화하고 이를 생활화하여, 어떤 상황에서도 체제순응적인 자세를 견지할 수 있는 단계를 목표로 했다. 국민총훈련은 애국반과 부락연맹의 집회와 작업에서 시작하여 스스로 자신의 생활을 규제할 수 있도록 유도해 갔다. 이를 위해 일제는 황국신민의 서사 제창과 궁성요배 등과 같은 황민화의 기제를 모든 사적 공적 생활 속에 삽입하여 생활의 한 부분으로 자리잡도록 했다. 근로보국운동 역시 근로를 매개로 조선민중에게 집단정신과 공공성을 주입하여 일제가 원하는 사고체계(순종과 복종심)와 행동방식(생업보국)을 이끌어내려고 했다는 점에서 국민총훈련의 일환이었다. 이때 실시된 국민총훈련은 국민총력운동에 이르면 조선연맹의 3대 '실천요강'의 하나로 발전하였다. 총력운동에서는 자유주의를 완전히 제거하고 君國至上主義·국가지상주의에 입각하여 '국민총훈련'이 강행되었다.

지원병제도는 기본적으로 내선일체·황국신민화라는 최고의 통치목표를 실현할 수 있는 하나의 정책으로 실시되었고, 황민화된 조선청년을 병력 자원으로 동원하려는 것이었다. 이런 방침에 따라 지원병제도는 정동운동과 상호 유기적인 관계에서 청년을 파악하고 일정하게 훈련시켜, 황국신민으로 개조하려고 했다. 지원병제도는 해마다 지원자 수가 증가하여, 1938년 약 3천명에서 1943년에는 30만 명을 넘었다. 대규모 지원 사태는 행정기관을 비롯한 정동운동의 조직망을 앞세운 할당식 강제 모집과 선전 공세 그리고 하나의 출구로 인식했던 조선청년들의 대응 등이 복합적으로 작용했기 때문에 야기된 것이다. 특히 청년들의 대응 이면에는 소외·억압・빈곤으로부터 좀처럼 벗어날 기회가 없었던 암울한 식민지 현실이 있었다. 지원병 출신자들은 조선연맹의 추진대제도에 편입되어 정동운동의 정신과 각종 시설이 말단에까지 관철되도록 제일선에서 활약했다. 지원병제도는 정동운동의 측면 지원을 받아 크게 발전했고, 이 과정에서 양자는 상호 보완적 관계에서 상승적 효과를 거두어 그 기반을 확대하고 있었다.

일제는 정동운동을 통해 외형적으로 전체 인구의 약 94%를 조직으로 포섭하고 여러 형태의 '황민화' 정책을 전개하면서 성과를 거두고 있는 듯했지만, 실제로는 '前途 遙遠'하다는 평가를 받고 있었다. 즉 사람들이 일제의 의도와 달리 정동운동을 자신의 문제이며 국가 발전을 위해 불가피한 문제로 인식하지 않는다는 것이다. 이런 지적은 정동운동을 통한 황민화 정책, 조선민중의 정신과 사상에 대한 통제, 즉 일본정신과 일본적 정서로 전환시키려는 공작이 쉽지 않았음을 보여주는 것이다.

그러나 조선연맹은 '강령'・'실천요목'・'비상시국민생활개선기준' 등으로 구체적인 실천사항을 제시하고, 이런 사항들을 개개인에게까지 침투시킬 수 있는 조직망과 체제를 구축하고 있었는데, 이 점은 주목할 만하다. 왜냐하면 농진운동에서는 체계적인 組織圖가 없었는데, 정동운동 단계에서 최상부에서 최하부까지 지휘계통이 명시된 조직도가 등장했던 것이다. 전국적인 정동운동의 조직망을 바탕으로 식민지 권력이 사적 영역에까지 개입・침투하여 통제할 여지가 확대되어, 조선민중의 기존 생활방식과 의식구조가 개조될 수 있는 조건이 이전보다 심화되었다. 『定岡日記』에 나타난 용산면 관지리를 중심으로 한 정동운동의 침투 양상과 그에 대한 농민들의 반응, 또 나주군 나산면 농민들이 근로동원에서 보인 통제와 훈련된 모습은 정동운동이 부분적일지라도 일상에 침투되어, 삶에 영향을 미치고 있었음을 보여주고 있다.

제4장 일제는 조선민중을 상대로 대규모 인적 물적 동원계획을 도출해내고 관철하기 위해, 이전과 다른 새로운 이념과 논리 아래 정치・경제・산업・문화 등 모든 부문을 통제해야 했다. 이에 따라 1940년 10월 기존 국민정신총동원운동과 농촌진흥운동을 통합・개편하여 국민총력운동이 발족하였다. 총력운동을 통한 농촌통제정책의 성격과 특징을 정리하면 다음과 같다.

첫째, 총력운동은 총독부의 통치력을 말단사회와 개개인에까지 관철시키기 위한 관제운동이었다. 총력운동은 기본적으로 조선민중의 정치적 요구 즉 개인적 집단적 권리주장이나 체제저항의 가능성을 압살하여, 조선민중을 철저히 '내선일체'・'황민화'하고, 이러한 '황민화'를 바탕으로 전시동원을 완성하려는 통제정책이었다. 그러나 일제는 이러한 방대하고 시급한 현안을 행정력과 강압적인 힘으로만 관철하기 어렵다고 판단하여, 조선민중의 지원 아래 전개되는 전시동원정책임을 과시하기 위해 '국민운동'의 형식을 취했다. '국민'이란 '일본국민'이며 봉건적 상하차별 관계에 있는 '臣民'이었다. 따라서 총력운동은 조선민중에게 일체의 권리와 요구를 억압한 채 의무수행만을 주입하고 이행시키는 관제운동이었다.

둘째, 이러한 총력운동의 사상적 근거는 전체주의와 국가지상주의에 기초한 극단적인 천황중심주의였다. 정동운동이 개인주의와 자유주의를 배제 약화시키면서 전체주의를 확산시켜 갔다면, 총력운동은 전면적으로 전체주의를 표방하였다. 모든 사람들의 정신과 의식세계를 극단적 전체주의와 천황중심주의로 개조하려고 했던 점에서, 총력운동 자체가 거대한 訓練道場이었다. 조선민중은 사방에서 선전되는 국가지상주의에 노출된 채, 沒我的 희생정신과 멸사봉공의 관념을 생활과 생업 속에 실천하도록 압박을 받고 있었다.

셋째, 총력운동의 조직은 이전보다 한층 더 지방행정조직과 일체화되었다. 총력운동은 개인과 사회의 모든 능력을 총동원하여 전쟁수행력을 강화하는 데 주도적 역할을 맡았기 때문에, 이를 총지휘하는 조선연맹은 총독부로 대표되는 행정기구와 유기적으로 결합되어 이를 바탕으로 일원적인 지휘체계로 강한 통제력을 발휘할 수 있었다. 지방행정과 총력운동의 조직적 일체성은 전시체제의 기동성을 한층 높일 수 있는 기반이었으나, 조선민중에 대한 관의 지배력을 중첩시키는 결과를 초래했다. 일제는 총력운동을 민간인의 자발적인 민간운동으로 전개시키려고 했으나, 실제로는 관제성에 따른 강제성과 경직성을 초래했기 때문에, 민간인 출신 조선인 유력자들을 조선연맹에 배치하여 관제성을 보완하려고 했다.

넷째, 총력운동은 정동운동의 조직을 바탕으로 한층 치밀한 조직망을 구축하였다. 총력운동이 가입 대상을 '모든 개인'이라고 한 것은, 조선민중 전체가 통제의 대상이라는 것이며 실제 2,500만명을 모두 가입시킨다는 것은 아니었다. 가입 대상은 기본적으로 호대표이며, 戶대표를 매개로 가족원 전부 즉 전체 인구를 통제한다는 것이다. 총력운동의 戶(家)는 총력운동과 '국가'의 '하부기관'과 같이 위상이 강화되었다. 또한 '호'의 대표인 '대표애국반원'과 구분하여, 일반 가족원도 '애국반원'으로 규정하여, 일반 가족원도 직접 통제의 대상임을 분명히 했다는 점에서 정동운동과 차별성이 있었다. 이제 개개인은 정동운동처럼 戶를 매개로 한 간접적인 통제의 대상일 뿐 아니라, 관의 직접 파악 동원의 대상이 되었다.

총력운동은 1944년 2월 현재 戶의 대표 4,579,162명을 포섭하였다. 戶의 대표 4,579,162명은 전국 호수 4,878,901호의 약 94%에 해당한다. 적어도 1944년 2월 현재 전체 인구의 94%가 외형상 총력운동에 포섭되었다고 간주할 수 있다. 1944년을 거쳐 1945년도에 이르면 거의 대부분이 관의 통제권 아래 놓여 있었을 것으로 생각된다.

다섯째, 일제가 농촌통제정책을 통해 부단히 형태를 정비해 온 말단조직의 귀결점은 촌락=구동리, 부락연맹이었다. 자연촌락을 중심으로 전개된 조직화와 통제는 전시체제에서는 이전과 비교할 수 없을 정도로 필수불가결한 요소였다. 부락연맹의 단위인 촌락(=구동리)은 법적 근거를 확보하여 행정 단위로 편입된 것은 아니었지만, 지방행정의 최말단 기구로 공인되었기 때문에 부락연맹 역시 사실상 최말단 행정단위였다.

일제가 초기 말단 행정 단위에서 배제했던 촌락이 총력운동 단계에서 다시 행정 단위로 기능하게 되었다. 또 일련의 정비과정을 거친 촌락조직의 귀결점이 부락연맹이었고, 그 단위는 일제가 파악한 촌락('자연부락')보다 '구동리'에 가까웠다. 따라서 일제 스스로 면 행정을 중심으로 지방지배체제를 구축하면서 행정 단위로서 촌락(구동리)의 지위를 박탈했던 정책이 오류였음을 인정한 셈이다.

부락연맹은 조선연맹으로부터 하달된 '실천사항'을 농민들에게 이행시키는 '국민총훈련의 場'으로, 관의 억압과 폭력적 기제를 보완하면서 조선민중의 체제 편입을 유도하는 말단실행체였다. 즉 부락연맹은 전시동원정책의 할당과 실행 및 통제의 단위였다. 이같은 부락연맹에 편입된 농민들은 공동책임으로 관의 정책을 실행하도록 구조화되었다.

부락연맹의 기능과 역할이 중요했던 만큼 부락연맹이사장을 구장에게 겸임시켰다. 농진운동 단계에서 부락연맹이사장과 비슷한 지위에 있던 농촌진흥회장을 구장이 맡은 경우도 있었지만, 구장으로 확정하지 않았다. 그러나 총력운동 단계에서는 '규약'으로 구장임을 명시했다. 총력운동 단계의 촌락과 촌락조직은 전시행정의 성패를 좌우할 정도로 중요했기 때문에 농진운동의 그것과는 질적 양적으로 차이가 있었다. 이에 따라 촌락과 부락연맹의 책임자는 관리에 준하는 구장으로 대체되었던 것이다. 또 전시동원에서 구장의 역할이 중요했던 만큼 일제는 그들의 권한과 통솔력을 확대하기 위해 처우개선을 추진하였다.

여섯째, 식민지권력과 민의 접점은 촌락과 함께 戶였다. 기본적으로 총력운동의 참가 단위는 戶였다. 일제는 민사령 개정과 창씨제도를 통해 호주(戶)와 국가를 직접 결합시키는 일본식 가족제도를 조선사회에 본격적으로 도입해 왔다. 이것의 완성은 천황제 국가체제의 조선으로의 연장을 의미한다. 일제는 이런 통치체제를 총력운동을 통해 확대·심화시켜 갔다. 이 과정에서 戶는 총력운동의 하부기관 혹은 공적인 국가기관의 하나로 자리잡았다. 일제의 조선 농촌사회와 농민지배의 핵심 골간은 촌락통제였고, 촌락을 매개로 戶, 戶를 매개로 개개인을 통제하였다.

일곱째, 농민통제의 방식이다. 일제의 농촌통제의 단위는 촌락이었고, 이는 자치적 공동체적인 질서를 활용하기 위해서였다. 농촌진흥회에 이어 부락연맹의 역할은 농민들의 주체적인 자발성을 촌락 밖으로 확대시켜 정책을 이행시키는 것이다. 또 농민들의 실천을 담보하기 위해 모임을 활용했다. 부락연맹과 애국반의 常會는 전시동원정책과 관련하여 촌락과 개인에게 부과된 사항을 농민들이 토의하고 합의하여 결정하도록 기능했다. 일제는 강제성만이 아니라 농민들의 협력으로 전시동원을 달성하기 위해 농민들이 회의를 거쳐 결정하는 형식을 유도하여, 그만큼 행정적 부담을 줄이려고 했다. 이런 대민정책은 농진운동을 전후하여 이미 실행되고 있었으나, 전시부담이 가중될수록 중요했다. 총력운동 단계에서 농촌·농민 통제정책의 본질이 확연하게 드러났다. 그러나 당시 조선민중들은 이러한 정책적 의도와 실체를 간파하기가 쉽지 않았을 것이다.

여덟째, 총력운동에 대한 조선민중 혹은 촌락의 대응이다. 부락연맹은 농촌진흥회와 같이 촌락의 사회적 기능을 상당히 흡수하였을 뿐 아니라, 생활필수품을 애국반과 함께 배급하고 있었기 때문에, 조선민중은 기본적인 생활을 유지하기 위해서도 총력운동에 편입되지 않을 수 없었다. 그럼에도 불구하고 조선민중의 체제에 대한 저항은 여러 형태로 다양한 계층 사이에서 표출되고 있었다. 1944~1945년경 조선사회는 식민지체제로부터 이탈과 편입이라는 양면성이 비교적 선명하게 나타났다. 조선민중 사이에는 일제의 패망을 확신하고 독립에 대한 강한 의지를 보이면서도, 일상 전반에 걸친 정책에 대해 '저항과 적응'의 양면성을 드러내고 있었다. 또 '저항과 적응' 사이에도 다양성이 존재했다.

일제의 전방위에 걸친 통제정책은 때로는 그 의도를 간파할 수 없을 정도로 고도화되었기 때문에, 조선민중이 대립과 저항의 표적을 놓치는 경우가 있었다. 예컨대 공출의 촌락연대책임제는 내부에서 할당량을 조정하다보니, 농민과 관 사이에 생길 수 있는 대립구도를 촌락 내부의 문제로 전환시킬 소지가 있었다. 이러한 역학관계는 촌락 내부에만 적용되는 것이 아니라 촌락간에도 나타났다. 관의 지배력이나 부담은 종종 지도력과 결속력이 상대적으로 강한 촌락보다 약한 촌락으로 전가되는 양상을 보이기도 했다. 부락연맹의 실태 중 五美里 사례에서 전시동원의 부담이 오미동에서 하죽과 내죽으로 전가되는 현상을 확인할 수 있었다. 즉 농촌통제정책 중의 하나인 촌락연대책임제가 官에 대한 불만을 촌락 내부 혹은 촌락간의 갈등으로 대체시켜, 부분적으로 농민들이 체제에 편입되는 모습을 보였던 것이다. 일제는 촌락과 민 사이의 역학관계를 적절히 조정하면서 식민지체제를 구축하고 있었음을 알 수 있다.

　제2부 제1장 충남의 진흥회는 1920~1930년대 전국에서 독특한 관제촌락조직으로 발전하였다. 진흥회는 1932년 4월 경 전국적으로 관제촌락조직의 84%를 차지할 정도로 농촌사회를 식민지질서로 재편하는 데 앞장서고 있었다. 특히 총독부가 1930년대 농진운동의 정신적 기반으로 향약정신을 채택하여 관제조직에 향약정신을 수용하도록 했던 것도 진흥회를 주된 지표로 삼았기 때문이었다.

　충남은 3·1운동을 전후하여 사상통제를 비롯한 체제안정화와 식민지농정을 촌락에까지 전달하기 위한 말단 통로로 진흥회를 설치하였다. 진흥회는 행정동리 단위로 설치되어 촌락 단위의 조직보다 통합력이 약할 여지가 있었다. 그러나 일제는 농민들의 생활에 필요한 제반 사항과 기존 촌락의 질서를 진흥회로 전환시켜, 농민들이 진흥회를 중심으로 생활하도록 유도하고 있었다.

　또 진흥회 제도의 특징 중의 하나가 진흥회를 군면 단위로 아우르는 연합회의 존재였다. 군면연합회는 면·동리의 유력자들의 정치적 욕구를 어느 정도 해소할 수 있는 출구이기도 했다. 진흥회장들은 군(면)연합회에 참석하여, 자기 동리를 포함하여 지역사회의 현안도 대변하면서 일정하게 정치 사회적 지위와 권위를 확보하고 있었다. 따라서 지역사회에서 진흥회의 위상이 꽤 컸음을 짐작할 수 있다. 이러한 군면연합회의 존재는 촌락보다 결속력이 약한 동리를 단위로 결성된 진흥회의 '약점'을 보완하는 점이 있지 않았을까 생각한다.

　진흥회 중심의 농촌재편은 농진운동을 계기로 동리 아래 촌락의 조직화를 통해 확대 심화되었다. 촌락 단위 공려조합은 농진운동의 실행조직이면서 구역이 넓은 동리 단위 진흥회의 통제망을 보완하는 성격도 띠었다. 또한 진흥회는 농진운동 아래 공려조합의 기반을 조성하는 역할을 하면서, 양자는 면행정의 토대를 넓히는 데 주된 행정보조기구로 기능하였다.

충청남도는 경작지 편중현상을 해소하는 문제를 농진운동의 중요한 사업의 하나로 인식하고, 과소농을 대상으로 소작지의 알선 분양을 적극 검토하였고, 일부 군에서는 이에 호응하여 일정한 성과를 거두고 있었다. 공려조합 혹은 진흥회가 농민들의 生死權에 해당하는 소작지 문제와 영농에 필수적인 洑와 같은 수리시설의 신설과 개수를 담당하고 있었기 때문에, 그 사회적 위상과 농민들에게 대한 통제력이 컸을 가능성이 있다. 그러나 진흥회가 또 충남이 소작지 문제를 실제 얼마나 해결하고 있었을까 생각하면, 가시적이고 뚜렷한 진전을 이룰 정도는 아니었다고 본다.

충남에서는 군수가 공려조합장과 부조합장, 면장이 기타 간부의 임명권을 행사하고 있어, 공려조합은 관의 직접 통제 아래 있었다. 공려조합이 면 아래 촌락을 조직하였기 때문에 실질적인 지도는 면에서 담당하고 있었다. 면에서는 공려조합을 정책에 따라 이용하기 위해, 면서기들에게 담당할 공려조합을 배정하여 지도의 책임을 맡겼고 사전에 지도지침을 하달하여 대비시키고 있었다. 면서기들은 군을 포함한 상급기관에서 하달된 사항에 기초하여 면행정을 공려조합에 전달하고 지도 감독하고 있었다. 또 면서기의 공려조합과 촌락에 대한 지도 정도를 확인하는 '지도반'이 군면 차원에서 구성되어 작동하고 있었다.

그리고 공려조합은 면의 직접 지배 아래 지시를 받아 이를 해당 조합원과 농민들에게 전달하고 실행시켰다. 1930년대 면행정력의 강화는 연기군 서면에서 확인한 공려조합(=농촌진흥회)과 촌락에 대한 지배력 확대를 통해 뒷받침되었던 것이다. 이로써 농진운동의 말단조직이 행정보조기구임을 확실히 증명할 수 있게 되었다. 이때 진흥회는 공려조합의 기반을 조성하는 역할을 하고 있었으며, 공려조합이 설치되지 못한 곳-이미 면행정을 충실히 따르는 '모범적' 진흥회는 제외하고-에서는 관의 행정력을 보완하면서 농진운동을 포함하여 정책의 말단 침투를 지원하는 위치에 있었다. 진흥회와 공려조합은 면의 직접 지배 아래 농촌·농업정책을 말단사회와 개개 농가에게 관철시키는 첨병과 같은 존재로 기능하고 있었다.

제2장 연기군 서면 봉암리는 외지인들이 봉암리의 논밭 58.5%를 차지하여, 일반 농민들의 경제 기반은 열악했다. 그러나 봉암리는 진흥회를 중심으로 사회경제적 변화와 안정을 꾸준히 추구했다. 1920년대 초에는 농사 이외 대규모 가마니 생산·양잠과 축산·면화 등의 다양한 생산 활동을 전개하면서 수입 증대를 모색하였다.

진흥회의 사업이 생산활동을 위시하여 교육적 환경의 조성 등 전반에 걸쳐 농민들의 생활과 연결되어 있었기 때문에, 농민과 촌락의 중심으로 자리잡아 가고 있었다. 가장 두드러진 사업이 진흥회와 부락연맹이 농민들의 공동작업을 주도하여 저수지 5개를 완성시킨 것이다. 진흥회는 농민들의 생활과 밀접한 문제를 수렴하고 해결하면서 통제력을 확대하고 있었다. 진흥회가 관치보조적 기능을 했기 때문에, 봉암에서 진흥회의 위상 강화는 식민지행정의 기반 확대로 이어졌다.

동리의 유지들은 진흥회와 부락연맹을 바탕으로 농민들의 생존권과 직결된 문제를 해결하기 위해, 관을 상대로 적극적으로 활동하기도 했다. 대표적인 것이 마을 앞까지 들어오는 미호천 개수공사의 실시였다. 유지들이 나서서 공사가 완료되자, 농민들은 하천 범람의 위험에서 어느 정도 벗어나 다소 안정된 영농 조건을 확보할 수 있었고, 제방과 마을 사이에 새로운 밭을 얻을 수 있었다. 이 외에도 동리 유지들은 충남 도청 소유 경지를 불하 받아 동리 소작농을 자작농으로 전환시킬 계획까지 세우고 있었다. 따라서 유지들은 이렇게 주민들의 공동의 이해를 대변하는 활동을 부분적으로 전개하면서 사회적 권위를 확대하고 있었다. 이런 기반 위에 활동범위를 군면에까지 확대했다. 봉암리 사례를 통해, 진흥회가 관치 보조기구이면서 농민의 공동이익을 부분적으로 대변하고 있었으며, 이에 대한 有志들의 역할도 적극적이었음을 확인할 수 있었다.

농민들이 진흥회를 매개로 경제적 기반을 확보하기 위해 노력한 결과, 1932~1939년 사이에 영농상에 다소 진전이 있었다. 자소작농을 중심으로 경작지가 조정되면서 농가 사이에 경지규모의 격차도 상당히 좁혀졌고, 비록 영세한 규모라고 할지라도 농가의 76%가 자기 경작지를 소유하게 되었다는 사실은 농민과 마을의 경제적 기반 확충만이 아니라 정치 사회적인 안정화에 크게 기여하는 조건이었다.

봉암리는 이렇게 1930년대 말 경제적 갱생의 기회를 맞았으나, 1940~1941년경 후퇴의 조짐을 나타내고 있었다. 1941년 4월부터 시작되는 부락생산확충계획에 따라 봉암리는 '부락계획'을 수립하는 등 더욱 계획경제로 편입되는 추세였다. 또 교육과 근대적 시설의 확대 등의 제반조건은 봉암리의 개방성을 촉진하였고, 또한 이것은 관의 행정적 토대를 넓혀주었다. 봉암리의 사회경제적 변화 속에서 주민들은 식민지체제에 대해 협력적 대응 양상을 띠었다.

제3장의 요약은 말미에 정리한 것으로 대신하겠다. 여기서는 평암 윤봉균의 체제저항에서 식민지 관리로 전환해 가는 그의 사회활동에 대한 평가 문제를 언급하고자 한다. 그는 3·1운동에 참여했기 때문에 한동안 체제저항과 타협 사이에서 자기의 진로를 고민

했고, 어떤 강박관념에 쫓기듯이 국내외 '시찰'에 몰두하여 사회의 추이를 확인하려고 했다. 그가 체제저항에서 식민지 관리로 전환하는 데는 권력지향적 출세의 욕구가 크게 작용했지만, 그의 선택은 오랜 '시찰'을 통해 얻은 신념의 표현이었다.

그는 식민지 관리로 면행정에 충실했고, 그런 직책과 마을 조직을 토대로 봉암리의 체제내화에 일정하게 영향력을 행사하였다. 나아가 만주개척단장으로 변신하면서 끊임없이 사회적 자기 실현을 추구했다. 그는 자신의 식민지 관리로서의 성공 이면에 놓인 빈곤한 조선민중의 존재를 놓치지 않으려고 했다. 평암은 일제가 개입하기 이전부터 자생적인 農事稧를 주도했고, 면서기가 되어서는 과소농을 대상으로 조금이나마 자작지를 소유할 수 있게 自力更生稧를 만들어서 이를 1942년까지 맡기도 했다. 나아가 평암을 비롯한 봉암의 유지들은 도청의 소유지를 불하 받아 소작농을 자작농으로 전환시키는 계획까지 수립하였다. 그리고 봉암의 주민들은 이런 사업과 계획에 반응하여 유지들이 주도하는 체제협력에 통합되고 있었다.

그러나 그가 주민들의 일상적 이익을 위해 활동했다고 해도, 봉암리 농민과 만주로 방출되는 농민들의 열악한 삶이 근본적으로 일제의 통치에 기인한다는 점을 간파하지 못했다는 것은 비판을 면할 수 없다. 어쩌면 출세를 위해 일제의 침략적 속성을 눈감아 버리고 권력지향적 삶을 선택한 것이 평암의 한계가 아니었나 생각한다.

그의 한계를 전제로 평암이 체제저항에서 협력으로 나갔다고 하여, 그를 친일이라는 하나의 잣대로만 평가하는 것은 무리라고 생각한다. 그의 표면적인 활동만이 아니라 내면의 미세한 부분까지 살펴보면, 내면세계의 저변에는 민족의식이 미약하게나마 잠재하고 있었던 점을 발견할 수 있다.
　일제시대 조선인 지식인을 포함하여 일반민중과 식민지권력과의 관계를 해명할 때, 저항 아니면 친일이라는 이분법이 아니라, 표면적 행동의 여러 측면과 함께 그 내면적 추이 등 다양한 관점에서 접근하여 저항과 친일의 중간지대를 간과해서는 안될 것이다.

　필자가 일제의 농촌통제정책에 관한 연구를 진행하면서, 특히 주목한 것은 세 가지였다. 첫째, 농민들에게 관제촌락조직에 대한 내적 편입 동기가 있었는가, 있었다면 어떤 것인가. 이 문제는 촌락과 농민들 사이에서 관제조직이 차지하는 위상과 그 기능에 연결되는 문제이다. 검토한 결과, 관제조직은 농민 생활에 불가결한 촌락의 기능과 질서를 흡수하고, 또 새롭게 등장하는 공동의 이해를 대변하는 역할도 부분적으로 수행하고 있었다. 농민들은 모내기 등의 공동작업과 저수지 수축 등 영농과 직결된 문제, 관혼상제의 상부상조적 기능, 일부일지라도 소작권 문제, 하천개수공사와 학교 건설 등과 같은 지역사회의 공동 이해, 그리고 일제말기 생필품의 배급권 등을 농촌진흥회(진흥회)와 부락연맹으로 대표되는 촌락조직을 통해 해결해야 했다. 이런 문제들은 농민들이 생존 차원에서도 관제조직에 가입할 내적 동기를 유발하기에 충분했다.
　둘째, 촌락(민)과 식민지권력과의 관계이다. 구래의 촌락질서의 자치성은 관의 지배력 확대에 대응하여 조선농민의 생활을 지탱해 주는 한 방편이었다. 이 점은 금융조합의 지도부락에 편입되는 것을 거부했던 제천군의 新里에서 확인된다. 또 일제가 초기 말단 행정단위에서 배제시켰던 촌락이 총력운동 단계에서 다시 행정 단위로 기능하는 데서 촌락의 생명력을 알 수 있었다. 한편 촌락의 자치성은 일제의 식민지통치에 유효한 기제로 이용되고 있었다. 일제는 촌락의 생명력(자치성)을 간과하면, 지방행정이 무기력할 수 밖에 없다는 점을 적어도 1930년을 전후하여 재인식했고, 총력운동 시기에 가면 촌락을 행정 단위로 삼고 관리에 준한 區長을 책임자로 배치하였다. 따라서 식민지권력과 촌락의 자율성은 대립적 혹은 협력적 형태로 접합하고 있었다. 이러한 관계는 민과 식민지권력 사이에도 적용된다.

셋째, 통제정책의 결과, 농민과 농촌사회에는 어떤 변화가 있었는가. 일제는 기존 촌락의 공동체적 관계에 근대적 공공성과 공동성(납세·법률 주지·교육·농사개량 등)을 추가하여, 농촌진흥회와 부락연맹을 중심으로 농민들에게 선전하고 실행할 것을 압박하였다. 근대적 공공성과 공동성의 수용은 官과 개개인의 접합이며 면행정의 토대 강화였으며 나아가서 식민지체제에 편입하는 것이었다.

식민지통치의 기반을 강화할 목적으로 관제조직이 촌락에 구축되는 과정에서, 조선민중의 억압과 부담은 가중되고 심화되었다. 그러나 농민들은 자신의 삶을 유지하기 위해 나름대로 기준을 정하여, 주어진 현실적 조건을 판단하고 '전략'을 세우기도 했다. 이에 따라 명백히 부당하고 수탈적인 일제의 요구에는 저항하는 한편, 정책이 유용한 것으로 판단될 때는 적극적으로 수용하는 자세를 취하기도 했다. 일제가 정책의 의도를 잘 알 수 없게 기술적으로 공세를 할 때면, 정책의 이면에 깔린 정책의 실체를 헤아릴 수 없어 의식하지 못한 채 적응과 타협적인 행동방식을 취했음을 알 수 있었다. 이 과정에서 농민들은 내적 혼돈을 경험하고, 사적 생활에까지 관의 간섭과 통제가 심화되면서 행동방식도 규율적으로 변화하고 있었다.

일제의 농촌통제정책의 본질은 개개인에 대한 지배력을 확대하기 위해 촌락을 단위로 관제조직을 결성했고, 이런 조직을 매개로 촌락의 사회적 기능과 농민의 자치성을 역이용하여 식민지질서를 구축하는 것이었다. 농촌진흥회와 부락연맹의 운영은 면행정을 농민들 스스로 토의하여 결정하는 형식을 거치고 있어, 일제는 이런 조직을 통해 농민들 스스로 식민지질서를 재생산하도록 공작하였던 것이다. 일제는 이렇게 구축된 촌락조직을 고리로 폭력과 처벌 등의 강압적 기제에 의존하던 식민지 행정의 자기 한계를 보완하면서 통치기반을 넓힐 수 있을 것으로 전망했던 것이다.

참 고 문 헌

1. 자 료

1) 문서류

(1) 일제측

內務局 地方課, 1936,『人口ノ都市集中防止關係』(지방행정 No.87-601)
地方課, 1941,『道行政綴』4(지방행정 No.1208)
地方課, 1941,『道行政綴』6(지방행정 No.1210)
地方課, 1940,『庶務ニ關スル雜書類綴』(지방행정 No.974)
『府尹郡守會議(충북・함북・충남)』(지방행정 No.1267), 1942
『地方改良助成補助關係』(사회교육 No.88-113), 1938
學務局 社會敎育科, 1933,『鄕約事業報告書類』(사회교육 No.71)
農林局長附屬室, 1940,『雜件書類綴』(林政 No.1325)
農林局長附屬室, 1941,『雜書類綴』(林政 No.117-1)
農林局長附屬室, 1941,『雜書綴』(林政 No.117-2)
法務課 民事係, 1938,『第4回各道小作官會同關係書類』(법무 No.241)
法務局 民事係, 1935,『第3回道小作官會同諮問事項答申書』(법무 No. 142)
法務局 民事係, 1937,『諸會議關係書類』(법무 No.86-247)
法務局 民事係, 1937,『諸會議關係書類』(법무 No.247)
法務局 刑事課, 1942,『定期經濟情報報告書』(법무 No.193)
法務局 刑事課, 1942,『經濟治安日報』(『經濟治安週報』)(법무 No.195)
法務局 刑事課, 1942,『現下食糧事情ヲ繞ル治安對策』(법무 No.194)
法務局 刑事課, 1941~1942,『情報週間展望』(법무 No.256)
警務局 警務課, 1942,『人事關係雜書類綴』(경무 No.146) (이상은 정부 기록보존소 문서)
『日本陸海軍省文書』No.672「昭和11年前半期朝鮮思想運動槪觀」

『日本陸海軍省文書』, No.1192,「朝鮮の狀況」
『大野綠一郞關係文書』No.1226-901,「제77회 제국의회설명자료」
『大野綠一郞關係文書』, No. 1226,「第77回 帝國議會說明資料」(1941. 11, 臨時議會).
『大野綠一郞關係文書』, No.1348, 5止 (이상은 한국기독교역사연구소 문서)
京畿道, 『新容里 楸洞農事改良實行組合, 組合進展槪況』(1929.4~1931.6)
警務局, 『本年春窮期に於ける細民生活調査の槪要』
善生永助,「朝鮮村落に於ける一致團結−部落の存在並其進步發達に 對する '契'の偉大なる效果」(출전 및 연대 미상)
『昭和20年度豫算說明雜資料』
全羅北道, 1928, 『金融組合理事打合會知事訓示·金融組合打合事項 (草案)』 (이상은 일본 友邦協會 문서)

(2) 한국측
『定岡日記』(한국정신문화연구원 문서, MF 35-006908)
한국정신문화연구원, 1994, 『致齋日記』(한국학자료총서4)
한국농촌경제연구소, 1991, 『求禮 柳氏家의 생활일기』
연기군, 『폐쇄토지대장』

- 尹鳳均 문서
『里勢書類綴』(「燕岐郡西面鳳岩里振興會ノ事績」「庚辰年 鳳岩里現況」 「現況表」(1941), 燕岐郡, 『模範部落 蘆長里及鳳岩里の事情』 이 수록됨)
『農村指導書綴』(『增米委員會提案事項』 등이 수록됨)
『米穀生産高要綱』
『鳳巖里 土地臺帳 謄本』
『大略日誌(1899년 6월 25일~1959년 5월 15일)』

2) 정기간행물과 신문

『朝鮮』『通報』『朝鮮地方行政』『朝鮮行政』『朝鮮總督府調査月報』『朝鮮總督府官報』『金融組合』『朝鮮農會報』『自力更生彙報』『半島の光』『朝鮮農會報』『府邑面雜誌』『朝鮮公論』『東洋之光』『春秋』『家庭之友』『總動員』『國民總力』『綠旗』『新時代』『現代評論』『新民』『批判』『朝光』『農民生活』『農業朝鮮』『錦南月報』『忠南振興月報』『農銀』『新天地』『東亞日報』『朝鮮日報』『中央日報』『朝鮮中央日報』『每日新報』『朝鮮警察新聞』『東亞法政新聞』

3) 일반 자료

(1) 일제측

『朝鮮總督府 帝國議會說明資料』 2・6권, 不二出版, 東京
京畿道, 1933, 『農民讀本』
京畿道, 1936, 『農山漁村振興事務指針』
京畿道內務部社會課, 1924, 『京畿道農村社會事情』
慶尙南道, 1936, 『農山漁村振興指導要綱』
京城府總務部時局總動員課, 1939, 『愛國班に就て』
京城日報社, 1940, 『朝鮮大博覽會の概觀』
京城日報社, 1941, 『朝鮮農業の道』
久間健一, 1943, 『朝鮮農政の課題』, 成美堂書店
國民精神總動員京畿道聯盟, 1939, 『國民精神總動員講演錄』
國民精神總動員全羅南道聯盟, 1940, 『國民精神總動員指導者必攜』
國民精神總動員忠淸南道聯盟, 1939, 『國民精神總動員聯盟要覽』
國民總力黃海道聯盟, 1941, 『國民總力運動指導要項』
權彝植・金鳳梧, 1936, 『明るい村』
近藤釼一 편, 1961, 『太平洋戰下の朝鮮及び臺灣』
今村鞆, 1914, 『朝鮮風俗集』, 斯道館

綠旗日本文化硏究所 편, 1939, 『朝鮮思想界槪觀』(今日の朝鮮問題講座4)
菱本長次, 1938, 『朝鮮米の硏究』, 東京
大野保, 1941, 『朝鮮農村の實態的硏究』
大藏省 管理局, 『日本人の海外活動に關する歷史的調査』 (고려서림 영인본, 1985)
藤村德一 편, 1927, 『朝鮮公職者名鑑』, 조선도서간행회
文定昌, 1941, 『朝鮮の市場』, 日本評論社
文定昌, 1942, 『朝鮮農村團體史』, 일본평론사
兵斗僑, 1941, 『朝鮮人の國民編成制度に關する意見書』
本田秀夫, 1939, 『組合旗の下で』, 조선인쇄주식회사
富永文一, 1936.5, 『京畿道, 農村振興會約束』.
富永文一, 『往時の朝鮮に自治の萌芽鄕約の一斑』
山根讓, 1933, 『金融組合の精神』, 朝鮮金融組合協會
山根讓, 1940, 『金融組合發達の特殊性と新體制』, 朝鮮金融組合聯合會
森田芳夫 편저, 1945, 『朝鮮に於ける國民總力運動史』, 국민총력조선연맹
善生永助, 1943, 『朝鮮の姓氏と同族部落』, 乃江書院
小早川九郞 편저, 1960, 『조선농업발달사(자료편)』, 友邦協會
水田直昌 감수, 1983, 『資料選集 朝鮮における農村振興運動』, 友邦協會
時實秋穗, 1921, 『忠南にて』
安齊霞堂 편, 1932, 『忠淸南道發展史』, 호남일보사
梁村奇智城, 1939, 『國民精神總動員運動と心田開發』, 조선연구사
御手洗辰雄, 1941, 『國民總力實踐要項解說』
御手洗辰雄, 1942, 『南總督の朝鮮統治』
御手洗辰雄, 1957, 『南次郞傳』, 生活の友社
延白郡, 1938, 『農村振興施設槪要』
外務省調査局, 1945.12, 『經濟的觀點より見たる我國朝鮮統治政策の性格と其問題』
越智唯七, 1917, 『新舊對照朝鮮全道府郡面里洞名稱一覽』

全國經濟調查機關聯合會朝鮮支部 編, 1939, 『朝鮮經濟年報(1939년도판)』개조사
全國經濟調査機關聯合會朝鮮支部 編, 1940, 『朝鮮經濟年報(1940년도판)』
全國經濟調査機關聯合會朝鮮支部 編, 1943, 『朝鮮經濟年報(1941・42년도판)』
全羅南道, 1943, 『昭和14年の全羅南道旱災地』, 광주부
全羅北道, 1934, 『黎明を仰ぐ全北農村』
田保橋潔, 1944, 『朝鮮統治史論稿』, 朝鮮史編修會
全北 警察部, 1932, 『細民ノ生活狀態調査』第2報
帝國地方行政學會朝鮮本部 發行, 1939, 『朝鮮農村振興關係例規』
朝鮮金融組合聯合會 調査課 編, 『金融組合年鑑(1934・1942년도판)』
朝鮮金融組合聯合會, 1936, 『金融組合婦人會の情勢』
朝鮮金融組合聯合會, 1939, 『金融組合の部落的指導施設』
朝鮮金融組合聯合會, 1940, 『表彰金融組合事蹟』
朝鮮金融組合聯合會京畿道支部, 1935, 『京畿道金融組合關係例規』
朝鮮金融組合聯合會, 1944, 『朝鮮金融組合聯合會十年史』
朝鮮農政研究會 編, 1938, 『戰時農山漁村指導要諦』
朝鮮銀行調査部, 1944, 『朝鮮農業統計圖表』
朝鮮銀行調査部, 『朝鮮經濟年報(1948년판)』
朝鮮總督府 內務局 社會課, 1930, 『優良部落事蹟』
朝鮮總督府 內務局, 1924, 『第3回地方改良講習會講演集』
朝鮮總督府 農林局 農政課, 1942, 『朝鮮に於ける部落生產擴充計劃實施概要』
朝鮮總督府 農林局 農村振興課, 1938, 『農山漁村に於ける契』
朝鮮總督府 農林局, 1934, 『朝鮮ニ於ケル小作ニ關スル參考事項摘要』
朝鮮總督府 學務局 社會課, 『農村は輝く』
朝鮮總督府, 1912, 『舊韓國地方行政區域名稱一覽』
朝鮮總督府, 1912, 『民政事績一班』

朝鮮總督府, 1920, 『道知事會議速記錄』
朝鮮總督府, 1921, 『第1回地方改良講習會講演集』
朝鮮總督府, 1929, 『朝鮮の小作慣習』
朝鮮總督府, 1932, 『朝鮮ノ小作慣行(상권)』
朝鮮總督府, 1933, 『朝鮮の聚落 (前篇・中篇)』
朝鮮總督府, 1933, 『朝鮮總攬』
朝鮮總督府, 1937, 『農山漁村振興功績者名鑑』
朝鮮總督府, 1938, 『農漁家更生計劃の實施槪要』
朝鮮總督府, 1938, 『朝鮮總督府時局對策調査會諮問答申書』
朝鮮總督府, 1938, 『朝鮮總督府時局對策調査會諮問案參考書』
朝鮮總督府, 1938, 『朝鮮總督府時局對策調査會會議錄』
朝鮮總督府, 1940, 『施政30年史』
朝鮮總督府, 1940, 『施政三十年史』
朝鮮總督府, 1940, 『朝鮮に於ける國民精神總動員』,
朝鮮總督府, 1940, 『朝鮮に於ける農村振興運動の實績』
朝鮮總督府, 1941, 『半島ノ國民總力運動』
朝鮮總督府, 1943, 『朝鮮統理と皇民化の進展』
朝鮮總督府, 1943, 『朝鮮ノ國民總力運動』,
朝鮮總督府, 1944, 『朝鮮の國民總力運動－附大日本婦人會朝鮮本部概況』
朝鮮總督府, 『農村振興運動の全貌』, 1935
朝鮮總督府, 『朝鮮年鑑(1945년도)』
朝鮮總督府, 『朝鮮總督府施政年報(1938・1940년도)』
朝鮮總督府官房文書課 편찬, 1941, 『諭告・訓示・演述總攬』
朝鮮總督府官房文書課, 1937, 『時局宣傳事務報告』
朝鮮總督府內務局, 1941, 『朝鮮地方制度輯攬』
朝鮮總督府司政局社會課, 1943, 『昭和14年旱害誌』, 경성
朝鮮總督府學務局社會課, 『自力更生を目指して』
朝鮮總督府學務局社會敎育課, 1937, 『朝鮮社會敎化要覽』
朝鮮總督府學務局社會敎育課, 1941, 『朝鮮社會敎化要覽』

朝野諸名士執筆, 1936,『朝鮮統治の回顧と批判』, 조선신문사
酒井俊三郎, 1915,『鳥致院發展誌』, 朝鮮新聞忠淸總支社
重松齲修, 1941『朝鮮農村物語』, 中央公論社
忠淸南道, 1929,『麗わしき農村』
忠淸南道, 1933,『伸び行く農村』
忠淸南道, 1935,『振興の忠南』
忠淸南道, 1939,『農村振興指導者必攜』
忠淸北道, 1934,『本道金融組合ノ槪況』,
하종근 옮김, 1995,『일제식민관료가 분석한 조선인 - 사상과 성격적 측면』, 세종출판사
咸鏡北道, 1937,『農務統計』
咸鏡北道, 1939,『農村振興關係圖解統計』
黃海道, 1937,『農山漁村振興資料』
黃海道, 1937,『部門委員必携』
黃海道, 1943,『戰時農民讀本』

(2) 한국측

『燕岐誌』, 1933(燕岐郡, 1991,『燕岐·全城誌』에 수록됨)
『朝鮮經濟統計要覽』, 1949
국사편찬위원회, 1978,『日帝侵略下韓國三十六年史』12
남조선과도정부 편, 1948,『조선통계연감(1943년)』
內務部, 1977,『班常會運營白書』
孟義燮, 1972,『鄒雲實記』
연기군지편찬위원회, 1976,『燕岐郡誌』
연기군지편찬위원회, 1988,『燕岐郡誌』
연기지재편찬위원회, 1967,『燕岐誌』
영명중고등학교, 1997,『영명90년사』
인정식, 1942,『朝鮮農村再編成の硏究』, 인문사
인정식, 1943,『朝鮮農村雜記』, 東都書籍
조치원 문화원, 1993,『향토사료』7

충청남도, 1999,『충남의 書院・祠宇』

5) 구술자료

서울 중구 을지로 삼균학회 趙滿濟(1924년생) : 1999년 9월 30일
서울 동작구 노량진동 尹鎭雄(1915) : 2003년 3월 26일
경기도 포천군 소흘면 직동 李昊鎔(1933)・金德圭(1921) : 2000년 7월 13일
충남 연기군 서면 봉암리 尹鍾求(1935)・朴欽烈(1924) : 1998년12월 16일
충남 연기군 서면 봉암리 윤종구・박흠열・尹鎭英(1915) : 2002년 11월 7일~8일
충남 연기군 서면 신대리 洪鍾邦(1919) : 2003년 2월 22일
충남 대전시 대덕구 중리동 金英漢(1920) : 2000년 8월 20일
경북 영덕군 축산면 도곡리 朴東洙(1935): 2000년 1월20일-22일
경북 영덕군 축산면 경정리 金在烈(1922) : 2001년 11월 15일
경북 영덕군 병곡면 송천동 權鍾大(1929) : 2001년 11월 19일
전남 장흥군 용산면 관지리 金東鴻(1929) : 2000년 2월 24일-25일
전남 장흥군 장흥읍 姜壽義(1917) : 2000년 7월 30일
전남 보성군 웅치면 대산리 白亨斌(1923)・鄭燦晢(1936)・田昌午(1924)・정찬욱(1925)・白貴善(1932)・任鍾太(1924) : 2000년 2월 25일
전남 구례군 토지면 오미리 柳孟孝(1924) : 2000년 2월 26일
전북 남원군 주생면 정송리 姜萬注(1930)・梁炳允(1931)・梁炳龍(1936) : 2000년 2월 26일
전북 옥구군 옥구면 어은리 둔산 文奎鳳(1921)・文吉洙(1931) : 2000년 2월 27일

2. 연구 논저

1) 단행본

(1) 한 국

강동진, 1980,『일제의 한국침략정책사』, 한길사
강창일, 2002,『근대일본의 조선침략과 대아시아주의』, 역사비평사,
고석규, 1998,『19세기 조선의 향촌사회 연구』, 서울대학교출판부
고승제, 1977,『한국촌락사회사연구』, 일지사
김운태, 1986,『일본제국주의의 한국통치』, 박영사
김정명, 1967,『朝鮮獨立運動』5, 동경
민　진, 1996,『조직관리론』, 대영문화사
박경식, 1973,『日本帝國主義の朝鮮支配』, 青木書店
朴ソプ, 1995,『1930年代朝鮮における農業と農村社會』, 미래사
박찬승, 1992,『한국근대정치사상사연구』, 역사비평사
손정목, 1992,『한국지방제도·자치사연구(상)』, 일지사
양회수, 1967,『한국농촌의 촌락구조』, 아세아문제연구소
오성철, 2000,『식민지 초등 교육의 형성』, 교육과학사
윤건차, 1997,『일본 그 국가·민족·국민』, 일월서각
이경란, 2002,『일제하 금융조합 연구』, 혜안
이우재, 1991,『한국농민운동사연구』, 한울
이준식 1993,『농촌사회변동과 농민운동 - 일제 침략기 함경남도의 경우 -』, 민영사
이해준, 1996,『조선시기 촌락사회사』, 민족문화사
정연태, 1994,『일제의 한국 농지정책(1905-1945)』, 서울대 박사학위논문
정진영, 1998,『조선시대 향촌사회사』, 한길사
지수걸, 1993,『일제하 농민조합운동연구』, 역사비평사
최유리, 1997,『일제 말기 식민지 지배정책연구』, 국학자료원
최재석, 1975,『한국농촌사회연구』, 일지사

최재석, 1988,『한국농촌사회변동연구』, 일지사
최정호, 1999,『우리가 살아온 20세기』 1, 미래
파냐 이사악꼬브나 샤브쉬나 지음·김명호 옮김, 1996,『식민지 조선
 에서』, 한울

  (2) 일 본
綱澤滿昭, 1994,『日本の農本主義』, 紀伊國屋書店
菅野正, 1978,『近代日本における農民支配の史的構造』, 御茶の水書房
宮田節子 저, 李熒娘 역, 1997,『조선민중과 '황민화' 정책』, 일조각
宮地正人, 1973,『日露戰後政治史の研究－帝國主義形成期の都市と
 農村－』, 동경대학출판회
大門正克, 1994,『近代日本と農村社會-農民世界の變容と國家』, 일본
 경제평론사
大石嘉一郎, 1990,『近代日本의 地方自治』, 동경대학출판회
福武直, 1959,『日本村落の社會構造』, 동경대학출판회
小林英夫, 1975,『大東亞共榮圈の形成と崩壞』, 御茶の水書房
松本武祝, 1998,『植民地權力と朝鮮農民』, 사회평론사
鈴木敬夫, 1989,『법을 통한 조선식민지 지배에 관한 연구』, 고대 민족
 문화연구소
鈴木榮太郞, 1973,『朝鮮農村社會の研究』, 미래사
波形昭一, 1985,『日本植民地金融政策史の研究』, 早稻田大學出版部

 2) 논 문

  (1) 한 국
강창일, 1994,「일제의 조선지배정책,『역사와 현실』 12
권태억, 2000,「근대화·동화·식민지유산」『한국사연구』 108
김경일, 1984,「조선말에서 일제하의 농촌사회의 '洞契'에 관한 연구」
 『한국학보』 35, 일지사

김영희, 1988,「1920·30년대 금융조합의 금융활동에 관한 연구」, 숙명여대 대학원 석사학위논문
김영희, 1989,「1920년대 금융조합의 금융활동」『숙대사론』, 13·14·15
김영희, 2000,「일제 말기 향촌 儒生의 '日記'에 반영된 현실인식과 사회상」『한국근현대사연구』14, 한국근현대사학회
김영희, 2000,「일제 말기 국민총력운동의 전개와 농촌통제정책」『한국독립운동사연구』14, 한국독립운동사연구소
김영희, 2001,「전시수탈정책」『한국사』50, 국사편찬위원회
김영희, 2002,「국민정신총동원운동의 실시와 조직」『한국독립운동사연구』18, 한국독립운동사연구소
김영희, 2002,「국민정신총동원운동의 전개 형태와 그 침투」『한국근현대사연구』22, 한국근현대사학회
김영희, 2002,「농촌진흥운동을 통한 일제의 농촌통제와 농민의 반응」『한국민족운동사연구』30, 한국민족운동사학회
김영희, 2002,「일제 후반기 향촌지식인의 현실인식의 변화-秋灘 朴定洛의 체제저항과 타협 사이의 '다면성' 읽기-」『한국사연구』117
김용철, 1999,「宇垣一成의 조선통치관과 '농촌진흥운동'」『전통문화연구』6, 조선대
김익한, 1996,『植民地期朝鮮における地方支配體制の構築過程と農村社會變動』, 동경대학대학원 박사학위논문
김익한, 1997,「1930년대 일제의 지방지배와 면 행정」『한국사론』37
김인걸, 1989,「조선후기 촌락조직의 변모와 1862년 농민항쟁의 조직기반」『진단학보』67
김준형, 1982,「조선후기 面里制의 성격」, 서울대 석사학위논문
김태웅, 2002,「1915년 경성부 물산공진회와 일제의 정치선전」『서울학연구』18
김한초, 1985,「일제하 한국 지식인의 문화수용과 그 인식」『한국의 사회와 문화』5, 한국정신문화연구원
노영택, 1994,「일제시기의 문맹률 추이」『국사관논총』51

문영주, 1995,「일제말 전시체제기(1937-1945) 촌락금융조합의 활동」, 고려대 석사학위논문
박명규, 1984,「日帝의 自作農創定計劃에 관한 고찰」『한국학보』 37
박명규, 1997,「일제하 사회운동과 중농층」『한국 근대국가 형성과 농민』, 문학과 지성사
박 섭, 1992,「植民地朝鮮における小作關係政策の展開-朝鮮農地令を中心として」『日本史硏究』 353
박성진, 1999,「일제말기 녹기연맹의 내선일체론」『한국근현대사연구』 10, 한국근현대사연구회.
박찬승, 2000,「식민지 시기 도일유학과 유학생의 민족운동」『아시아의 근대화와 대학의 역할』, 한림대 아시아문화연구소
박혜숙, 1984,「일제하 農村契에 대한 일연구」, 숙명여대 석사학위논문.
신상준, 1974,「일제 조선총독부 시대의 행정조직에 관한 연구」『논문집』 3, 청주여자사범대학
염인호, 1983,「일제하 지방통치에 관한 연구-'朝鮮面制'의 형성과 운영을 중심으로-」, 연세대학교 석사학위논문
유원숙, 1995,「1930년대 일제의 조선인 만주 이민정책 연구」『부산사학』 19
이만열·김영희, 2000,「1930·40년대 조선 여성의 존재 양태」『국사관논총』 89
이만열, 2001,「친일파의 개념과 범주」『친일인명사전편찬위원회 제1차 국민공청회 자료집』
이상찬, 1986,「1906-1910년의 지방행정제도변화와 지방자치논의」『한국학보』 42
이상찬, 1991,「한말지방자치실시논의와 그 성격」『역사비평』 13
이송순, 1995,「일제말(1937-1945) 조선의 농촌경제 변화-미곡공출을 중심으로」『史叢』 44
이완범, 1992,「1940년대 전반기 국내독립운동사 연구시론」, 水頓朴永錫敎授華甲紀念『한민족독립운동사논총』
이종범, 1997,「한말 일제초기 '면리자치'의 성장과 변질」『김용섭교수

정년기념한국사학논총』

이준식, 1984,「일제하 단천지방의 농민운동에 대한 연구」, 연세대 사회학과 석사논문
이준식, 1989,「1930년대 초 함경도지방의 무장투쟁」『역사비평』봄호
이하나, 1994,「1910-32년 일제의 조선농촌재편과 '모범부락'」, 연세대학교 석사학위논문.
이해준, 1991,「조선시대 향도와 촌계류 촌락조직」『역사민속학』1, 한국역사민속학회
이해준, 1996,「한말 일제시기 '생활일기'를 통해 본 촌락사회상 - 求禮 柳氏家의 '是言'과 '紀言'를 중심으로」『정신문화연구』19-4.
임경석, 1991,「국내 공산주의운동의 전개과정과 그 전술(1937-45년)」『일제하 사회주의운동사』, 한길사,
장시원, 1994,「산미증식계획과 농업구조의 변화」『한국사』13, 한길사
정덕기, 1975,「일제시대 호구변천의 사회경제사적 연구」『인문과학논문집』2-5 충남대 인문과학연구소
정문종, 1993,『1930년대 조선에서의 농업정책에 관한 연구』, 서울대 경제학과 박사학위논문
정연태, 1995,「1930년대 일제의 식민농정에 대한 재검토」『역사비평』28.
정태헌, 1991,「1930년대 식민지 농업정책의 성격 전환에 관한 연구」『일제말 조선사회와 민족해방운동』, 일송정
조동걸, 1985,「日帝 末期의 戰時收奪」『千寬宇先生 還曆紀念 韓國史學論叢』, 정음문화사
주강현, 1988,「조선 후기 변혁운동과 민중조직」『역사비평』2
지수걸, 1984,「1932-1935년간의 조선농촌진흥운동-식민지 '체제유지정책'으로서의 기능에 관하여-」『한국사연구』46
지수걸, 1991,「함북 명천지역의 적색 농민조합운동(1934-37년)」『일제하 사회주의운동사』
최석영, 1999,「조선박람회와 일제의 문화적 지배」『역사와 역사교육』3·4

한긍희, 2000,「일제하 전시체제기 지방행정 강화 정책」『국사관논총』88
한도현, 1986,「1930년대 농촌 진흥 운동의 성격」『한국 근대농촌사회와 일본제국주의』, 문학과지성사
허수열, 1985,「조선인 노동력의 강제동원의 실태」, 차기벽 엮음, 1985, 『일제의 한국 식민통치』, 정음사

(2) 일 본

康成銀, 1979,「戰時下日本帝國主義の朝鮮農村勞動力收奪政策」『歷史評論』355
高谷弘, 1990,「1930・40年代の朝鮮社會の性格をめぐって」『朝鮮史研究會論文集』27
君島和彦, 1977,「朝鮮における戰爭動員體制の展開過程」, 藤原 彰・野澤豊 編,『日本ファシズムと東アジア』, 青木書店
堀和生, 1983,「조선에서의 식민지재정의 전개」『식민지 시대 한국의 사회와 저항』, 백산
宮田節子, 「1930年代日本帝國主義下朝鮮における'農村振興運動'の展開,『歷史學研究』297 ; 1973,「朝鮮における'農村振興運動'-1930年代日本ファシズムの朝鮮における展開」『季刊現代史』2(안병직・박성수 외, 1980,『한국근대민족운동사』, 돌베개, 수록)
金斗宗, 1965,「植民地朝鮮における1920年代農村金融について-朝鮮殖産銀行・村落金融組合を中心に」『經濟學研究』5, 東京經濟大學
金森襄作, 1971,「日帝下 朝鮮金融組合과 그 農村經濟에 미친 영향,『史叢』15・16
大和和明, 1988,「植民地朝鮮地方行政に關する一試論 -面制確立過程を中心に」『歷史評論』458
木坂順一, 1981,「大政翼贊會の成立」『日本歷史』20, 岩波書店
富田晶子, 1981,「農村振興運動下の中堅人物の養成-準戰時體制を

中心にて」『朝鮮史研究論文集』8
富田晶子, 1981,「準戰時下朝鮮の農村振興運動」『歷史評論』377
松本武祝, 1991, 「植民地期朝鮮の農業政策と村落」『朝鮮史研究會論文集』29
松本武祝,「1930년대 조선의 농가경제-'농가경제개황조사'분석을 중심으로-」, 안병직 외 편, 1989, 『근대조선의 경제구조』, 비봉출판사
庵逧由香, 1995,「朝鮮における戰爭動員政策の展開-'國民運動'の組織化を中心に」『國際關係學研究』21, 津田塾大學
由井正臣, 1981,「總動員體制の確立と崩壞」『日本歷史』20, 岩波書店
依田熹家, 1976,「滿洲における朝鮮人移民」,滿洲移民史研究會 편, 『日本帝國主義下の滿洲移民』, 龍溪書舍
赤澤史朗, 1981,「敎化動員政策の展開」『日本歷史』20, 岩波書店
鄭容郁, 1987,「1907-1918년 지방금융조합활동의 전개」『한국사론』16
靑野正明, 1990,「植民地期朝鮮における農村再編成政策の位置付け-農村振興運動期を中心に」『조선학보』136.
靑野正明, 1991,「農鮮農村の'中堅人物'-京畿道驪州郡の場合」『朝鮮學報』1
秋定嘉和, 1968, 「朝鮮金融組合の機と能構造-1930년-40년대에かけて」『朝鮮史研究會論文集』5
波形昭一, 1981,「朝鮮における金融組合の展開と機能」,國際聯合大學,『人間と社會の開發』
板垣龍太, 2000,「農村振興運動における官僚制と村落-その文書主義に注目して」『朝鮮學報』175.
片桐裕子, 1987, 「朝鮮金融組合政策と朝鮮農村社會-「滿洲國」における合作社政策と比較にて」『法學研究』60-3, 慶應大

찾아보기

ㄱ

가마니　79, 290, 424, 426, 455, 470, 538
家長　42, 187, 204, 308, 309
家庭相談部　141
가족국가관념　204
가족제도　186, 187, 201
각종연맹　266
間京省 安圖縣 江南開拓團長　512
簡易生命保險　325, 328, 440, 453
懇親會　47
갈산리　418, 429, 432, 434, 478, 499
갈산리 진흥회　418, 434, 478, 499
감리교회　414
感謝報恩　41, 45, 46, 79
江南開拓團　511, 512, 513
강남개척단원　512
江東金組　54
江密峰 開拓訓練所　509, 510, 512
강습회　30, 37, 110, 237, 240, 310, 315, 459, 475
姜沈　483
강원도　28, 108, 126, 139, 180, 248, 507, 511, 513
강원도 洗浦　509
講話會　37, 315
改良契　417, 434, 435, 471
개척단장　516 ⇨만주개척단장
개척민 모집 활동　512
갱생계획　75, 78, 87, 89, 94, 102, 103, 113, 172, 393 ⇨농가갱생5개년계획
更生共勵部落　97, 103, 105, 113, 195, 214, 217, 392, 393, 394
갱생지도부락　83, 102, 103, 129,, 130, 131, 132, 135, 136, 137, 138, 217, 403, 430 ⇨지도부락
更生指導部落共勵施設改造要綱　107
갱생지도부락확충계획　87, 131
갱생회　84, 109, 110
거물구장　343, 345
거물면장　345
巨物人士　281
건의문　356
경기도　30, 51, 66, 67, 91, 92, 137, 142, 145, 146, 148, 151, 197, 220, 259, 288, 331, 337, 338, 342, 369, 371, 412, 513
京都　491

京都報德會 147
敬老節 477, 478
경로회 477
경방단 345, 346
경방단원 301, 479
경부선 409, 410, 411, 412
경부철도 측량대 409
慶山金組 54
경성신사 493
경성운동장 171, 493
경성일보 500, 507
敬神思想 158, 204
敬神崇祖 159, 160, 201
경작지 편중현상 64, 96, 118, 219, 395, 404, 537
경제단체 39, 43, 47, 57, 58, 142
경제전강조주간 209
경제주의 41, 143, 154
警鐘 214, 315, 386, 460
契 25, 27, 29, 48, 54, 84, 98, 99, 152, 153, 323, 325, 328
계몽운동 480
계획생산주의 262
高度國防國家 192, 260, 261
고려국 507
공동경작 34, 36, 52, 53, 101, 108, 112, 478
공동경작지 34, 94, 95, 97, 111, 289
공동노동 205, 293
공동자금 34, 35, 111

공동작업 94, 116, 215, 216, 217, 288, 289, 293, 294, 298, 328, 332, 449, 454, 462
공동작업반 293, 294, 295, 310, 324
공동작업장 35, 36, 315
共同作業地 323
공동재산 27, 111, 112
共勵組合 25, 89, 91, 123, 195, 363, 382, 389, 390, 395, 398, 399, 405, 430, 441
공려조합규약준칙 391
共勵組合面指導班 400
共勵組合常時指導班 400
공려조합에 대한 지도 사항 402
공려조합원의 경지알선 등에 관한 건 395
共勵組合一齊指導督勵事項 396
공려조합장 392, 399, 400, 401, 405, 502
공려조합지도분담표 401
공려조합확충계획 392, 401
共勵會 54
公立青年訓練所生 506
공산당테제 67, 68
孔子廟 373
공주지방법원 483, 506
공진회 426, 482 ⇨조선물산공진회
공출독려반 301
供出誓約書 300

供出必行會 300
공회당 112, 238, 381, 386, 420, 461 ⇨집회소
과학관 493
官房愛國班 189
관변단체 101, 104, 146, 181, 188, 243, 506, 509
關北鄕約 92, 370
관설 대금기관 140
官設的인 집단 519
官製運動 113, 181, 259, 263, 273, 499
관제조직 24, 26, 28, 29, 31, 33, 35, 84, 94, 99, 110, 126, 129, 130, 132, 153, 173, 268, 328, 331, 337, 366, 367, 369, 384, 390, 398, 407, 419, 454, 502, 506, 514
관제촌락조직 322, 336, 363, 403 ⇨관제조직
鸛池里 244, 300, 306, 355
광릉시험림보호조합연합회 333
광주군 송정리 499
광주부 499
광탄면 198
교동갱생공려부락 97
校西里 27
교풍회 29, 84
舊慣習 22
舊洞里 19, 20, 26, 29, 56, 82, 83, 91, 129, 288, 317, 318, 321, 322, 363, 409

舊部落 24, 84
구사상・구관습 개혁론 25
龜城金組 44
舊緣故 27
區長 21, 23, 24, 74, 85, 91, 101, 102, 112, 124, 125, 126, 127, 152, 195, 270, 271, 281, 307, 337, 356, 357, 358, 368, 393, 394, 396, 401, 402, 441, 448, 468, 469, 470, 471, 472, 479, 495, 496, 502, 504
區長排斥運動 339
구장처우방침 344
區制 24
舊制 舊慣 373
九峙里 진흥회 381
舊學 335
국가관념 161, 162, 207, 216, 220, 233
국가제일주의 164
국가주의 253, 261, 262, 364
國家至上主義 253, 260, 261, 271, 275, 308, 529, 531
국가총동원법 165, 169, 296
국가총력전 165, 187, 200, 205, 207
국고보조금 188, 190, 192, 348, 352, 369
國武喜次郞 418
國民皆勞運動 222, 295, 296
國民皆唱運動 282
國民勤勞報國協力令 296

國民班 359
國民坊 359
國民信仰課 278
國民義勇隊 282, 316
國民義勇隊要綱 282
국민정신작흥주간 169
국민정신총동원 '本府聯盟' 189
국민정신총동원 西面聯盟理事 502
국민정신총동원근로보국운동 실시요강 216
국민정신총동원운동 105, 155, 156, 165, 172, 206, 223, 242, 256, 257, 260, 386, 443, 448, 499, 527
국민정신총동원위원회 182, 263
국민정신총동원조선연맹 170
국민정신총동원중앙연맹 165, 175
국민정신총동원총후보국강조주간 402
국민총력경기도연맹임원총회 259
국민총력과 265, 266, 277, 280
國民總力西面聯盟理事 503
國民總力西面聯盟評議員 506
國民總力燕岐郡聯盟評議員 505
국민총력운동연락위원회 276, 277
國民總力聯盟下部組織의 整備要綱 270
국민총력운동 77, 106, 122, 187, 192, 222, 241, 255, 256, 263, 283, 346, 443, 504, 505
國民總力運動強化方 276

국민총력운동지도위원회 264, 276
國民總力朝鮮聯盟 實踐要綱 261
국민총력조선연맹 259, 264, 347
국민총훈련 155, 156, 219, 215, 222, 238, 246, 252, 253, 254, 261, 361, 529, 533
국방헌금 101, 102, 218, 245, 246, 257, 311
國有地小作人組合 375
국책담당기관 39
국체관념 158, 164, 169, 166, 202
국체명징 94, 110, 156, 160, 163, 164, 168, 201, 203, 206
國體明徵運動 157, 158, 161
菊花 95
君國至上主義 253, 260, 261, 529
군면농촌진흥연구회 387
郡面振興會聯合會(군면연합회) 379, 381, 387, 404, 407
군산 64, 498
郡是製糸株式會社 428
郡財務係主任打合會 45
권농공제조합보도위원 472
勤農共濟組合 48, 137, 430, 441
근대문물 451, 457, 481
勤勞報國團 220
勤勞報國團聯合會 220
勤勞報國團本部 220
勤勞報國隊 216, 217, 218, 219, 222, 295, 296, 297, 298
근로보국운동 205, 215, 216, 222,

253, 529
근로보국일 110
勤勞委員會 297
근로제일주의 121
近衛騎兵聯隊 491
金谷株式會社 324
금산군 403
金融單營主義 46
금융조합 38, 63, 79, 101, 130, 133, 284, 291, 300, 375, 397, 471, 472, 479
金融組合理事打合會 50
金融組合理事協議會 45
金融組合模範部落設置要領 51
金融組合模範部落設置의 件 51
금융조합운동 41, 133
금융조합평의원 470
금조 38, 149 ⇨금융조합
基督申報 482
기본재산 20, 28, 29, 108, 381, 389, 420
起訴猶豫處分 305
岐陽學校 421, 468, 471, 472, 481
金寬會 483
金大羽 174
金仁洙 240
김장생 413
金冑現 244

ㄴ

나산면 249, 250, 530
南 총독 162, 168, 171, 259, 263, 276, 278
남대문역 481, 493
남대문역 상품진열관 482, 493
남산공원 482, 493
南鮮 6개도 연합 축산공진회 496
藍田呂氏鄕約 29
납세여행 36
납세운동 429
납세조합 53, 429
내면세계 155, 161, 199, 212, 461, 467, 482, 504, 517
내선융화 158
內鮮一體 43, 155, 158, 171, 200, 201, 205, 207, 212, 234, 330
內外 商品比較展覽會 499
내죽 335
內村 331
노무동원정책 118, 298, 306
盧浩容 94
농가갱생5개년계획 73, 390, 392
農道訓練道場 221
농민층분해 128, 381, 447, 448
농민포섭운동 135
농민훈련소 144, 145
농사개량사업 427
농사개량실행조합 26, 33, 48

농사개량실행조합규약 32
農事稧 484, 492, 501
農事部 390, 398
농산어민보국일 102
農山漁村報國運動 287
農山村生產報國指導方針 287
農業推進隊 317
농진운동 158, 164, 172, 174, 176,
  193, 195, 207, 211, 251, 258, 268,
  287, 289, 317, 389, 398, 404
  ⇨농촌진흥운동
農村勞動力 調整要綱 293
농촌재편성 285
농촌진흥실행조합 108, 371
농촌진흥연구회 381, 387
농촌진흥운동 19, 24, 30, 35, 57,
  59, 60, 73, 87, 101, 114, 156,
  164, 256, 257, 382, 418, 443, 477
농촌진흥위원 399
농촌진흥위원회 73, 74, 91, 101,
  102, 104, 108, 177, 381, 387, 388
농촌진흥조합 89, 125, 369
농촌진흥회 59, 71, 73, 74, 78, 80,
  81, 82, 84, 86, 90, 93, 97, 100,
  101, 102, 104, 105, 107, 115, 116,
  117, 118, 119, 124, 126, 127, 129,
  133, 137, 142, 163, 164, 172, 177,
  194, 196, 218, 247, 307, 317, 318,
  323, 337, 369, 371, 372, 390, 392,
  394
農村振興會約束 92, 526

농촌진흥회연합회 108
농촌진흥회장 84, 85, 91, 99, 100,
  112, 127, 270, 337, 338
농촌청년도장 240
농촌통제정책 19, 25, 26, 44, 56,
  57, 59, 122, 155, 255, 256, 259,
  297, 336, 346, 359, 361, 363, 367,
  403, 404, 408
農會技手 곡물검사원 469

ㄷ

단원 심득 221
端川金組 148
대가족국가 95
大山里 322, 330, 334
大隈財政 487
大隈重臣 487, 488, 491
大熊良一 284
大田郡是製絲工場 499
대전형무소 499
大阪 491
大阪記念博覽會 378
大坪里矯風會 94
代表愛國班員 272, 346
대한독립촉성국민회 연기군 지부
  514
대한문 493
대한제국 郡參事 471
덕수궁 493

道路審査會　431
圖們驛　511, 512
도연맹추진대　189, 236
도평의회원　471
독립문　493
洞契　27, 28, 29, 386
동대문　493
동리 단위 위원회　85
洞里聯盟　271, 318, 347
동물원　482, 493
洞社　159
洞舍　386
同姓村落　330, 335, 413, 414, 416, 418, 419, 434, 435, 457, 473, 477
동아일보　425
洞約　28, 81, 432
東洋拓植會社　63, 97, 324, 410, 418
東洋協會　475
洞有財產　20
東二洞　79
洞祭　21, 23, 159, 331
東拓 機械農場　509
동화주의　58
童話會(兒童會)　422
洞會　21, 86, 323
두레　293, 294, 323, 324, 328
屯山　327

ㄹ

라디오 체조　205, 213
라디오체조의 會　213
里中契　331

ㅁ

마름　62, 63, 97, 111, 123, 124, 125, 140, 396, 469
마름좌담회　140
마포　493
滿洲開拓公社　510
만주개척단　466, 505, 512
만주개척단 교관　516
만주개척단장　467, 509, 540
만주개척지　76
만주개척총국장　510
매일신보　422
孟義燮　380, 513, 514
孟中里　79
면서기　335, 399, 426, 444, 466
面有財產　20
면장　426, 466, 481, 496
면직원회의　399
면협의회　99, 381, 526
면협의회원　99, 112, 469, 470
면협의회장　468
銘鑑　221
名古屋　491

명천군　128, 131, 149, 150, 360
明治神宮　487, 490, 491
模範洞　81
模範里　27
模範部落　31, 38, 47, 49, 51, 55,
　　56, 80, 81, 147, 333, 413, 416,
　　425, 462, 474, 524
모범부락 정책　47, 73, 81, 378
模範部落經營要綱　147
模範部落契　54
모범진흥회　398, 413, 425, 427,
　　428, 442, 474, 478
武士道　204
문맹퇴치　88, 104
물산공진회　481, 494, 497 ⇨조선물
　　산공진회
物資國勢調査員　503
미곡통제조합 西面分區長　504
미군정 장관 하지　485
미호천 개수공사　426, 431, 448,
　　450, 468, 538
민간신앙　358
민력향상　25
民心作興施設實行綱目　156
민족운동　495
민족의식　158, 163, 274, 330, 467,
　　506, 507, 517
민풍개선　25, 48, 337, 364, 383,
　　418
민풍작흥　45, 70, 375, 433
민풍진흥회　28

ㅂ

박람회　482, 489, 490, 498, 500,
　　501, 507
박물관　482, 493
朴商圭　491
朴春娘　480
朴憲永　513
朴喜德　332
班常會　274, 359
防空連絡所　461
防衛委員　311, 313
배급행정　307
배달학교　468, 480
白井素介　427
백형묵　326
번암리　430
法經 제일주의　486
별동대　406
洑　397, 398, 404, 537
보국단　469
報德　45
報德精神　39, 40, 41, 147, 300,
　　373, 523
보신각　493
보안조합　434
보은감사　156
보조금　49, 56, 57, 80, 81, 190,
　　214, 350, 370, 371, 379, 383, 387,
　　500, 522

보통학교 유치운동 526
福田 56
鳳鳴義塾 421, 422, 425, 459, 493
봉암교회 414
봉암리 309, 408, 412, 421, 426, 428, 429, 442, 446, 456, 457, 466, 467
봉암리 진흥회 418, 425, 430, 432, 434, 435, 441
봉암리 진흥회장 470, 489
봉암리 청년회 484
鳳巖里 土地臺帳 謄本 415
鳳巖書院 413
봉암천 448
府郡島 小作委員會 140
부락간담회 141
부락간친회 147
部落改良稧 471
部落改良組合 28, 29, 49, 50, 498
部落計劃 287, 289, 539 ⇨부락생산확충계획
부락관념 22, 29
部落聯盟規約準則 270
部落生產擴充計劃 284, 285, 286, 287, 293, 305, 454, 504
部落是 103, 287
部落神社 461, 462
부락연대보증조 130
부락연맹 106, 111, 142, 177, 194, 209, 218, 226, 240, 247, 250, 266, 268, 271, 288, 291, 296, 297, 300, 307, 317, 337, 343, 347, 350, 358, 359, 441, 443, 444, 461, 462, 533, 535, 538
부락연맹원의 실천요강 444
부락연맹이사장 112, 320, 340, 444, 470, 504
部落組 150
부락진흥회 442, 443
부락진흥회연맹 194
部門委員 107, 312
부문위원제 312, 393
부업품공진회 494 ⇨조선부업품공진회
夫餘神宮 忠淸南道 奉贊會 燕岐郡 支部 委員長 504
부여중견청년수련소 189, 235 ⇨ 조선총독부중견청년수련소
부역 216, 244
富永文一 92, 370
부인부 110, 419
婦人會 37, 48, 94, 142, 149, 226, 332
部制 107
扶助契 331
부채정리사업 136, 138, 139
分度 39, 40
不敬罪 251
비상시국민생활개선기준 211, 243
비상시국민생활개선위원회 211
비행장 시찰 499

ㅅ

4개 군연합물산품평회 494
赦免通知 495
事務局 185, 264, 265, 266, 277, 280, 312, 340
사방공사 432
仕奉隊 350, 352
사상 전향 496
사상범죄 132, 133, 252, 257
思想淨化工作 128, 131
사상통제 44, 166, 243, 375, 403
사설학술강습회 422
社倉契約束 92
사회교화 35, 183, 367, 369
사회교화비 35
山根譓 284, 285
産米改良組合 33, 427
산미증식계획 60, 427
산업개량조합장 469
산업물산전람회 499
山縣有朋 487, 491
三岐共勵組合長 396
3·1독립선언서 493
上垈里共勵組合 396
上意下達 274
相互連帶保證組 137, 147, 150, 152, 153
常會 262, 273, 274, 275, 288, 291, 313, 314, 316, 354, 444, 534

常會案 273
生産力擴充計劃案 258
生産委員 311, 313
生業報國 101, 102, 106, 108, 121, 122, 167, 208, 287, 402
생활개선 40, 53, 94, 101, 116, 117, 163, 211, 423, 429, 430, 460
생활개선운동 117
생활공동체 21
생활신체제 261
생활예정표 357
서대문 493
西面 綿作立毛品評會 496
西面建物調査員 502
西面警防團 後援會長 504
서면공립보통학교 기성회의 찬조원 502
西面勤勞報國隊長 505
서면농촌진흥위원 468
西面농촌진흥위원 502
西面미곡생산고 조사원 502
서면연맹 499
西面長 468, 489
西面靑年隊 고문직 504
西面靑年隊 대회 506
西面靑年隊 시무식 510
西面靑年隊 後援會 506
西面荷牛車運送業組合 顧問 505
서면협의회 471
西部部落聯盟 441
서부연맹이사장 444

찾아보기 571

書院部落聯盟 441
선행자 표창 434
聖旨洞 81
細民 62, 63, 66, 68
小磯 조선군사령관 171, 231
小磯 총독 275, 276, 350
소득재분배 423
소비조합 98
小原新三 373
小作人調整組合 139
소작지 분배 100, 395
소작지관리자대장 124
紹賢會 370
송시열 413
송준길 413
首藤定 415
수련소 191, 193, 241 ⇨조선총독부중견청년수련소
수리시설 394, 397
수리조합 398
순창군 302
순회문고 422
시계 459, 460
矢鍋永三郎 170, 171
時實秋穗 45, 374
시찰 316, 366, 482, 489, 491, 496, 497, 498, 513, 515, 539, 540
식량사정에 대한 민심지도방책 300
식물원 482, 493
식민지 관리 465, 540

殖産契 106, 142, 149, 151, 285, 318, 328, 329, 330, 332
殖産契長 137
新垈部落聯盟 441
新垈線 451
新洞里 19, 21, 26, 82, 83, 91, 317, 318, 368, 409
新里 152, 541
神社 159, 307, 461
新寺洞 109, 110
新容里 30
新朝鮮增米計劃 286
신탁통치반대 서면국민총동원위원회 위원 514
神戶 489
實踐要綱 253, 261, 311
실천요목 211, 262, 310, 443
실천요항 312
실행사항 375, 387, 388, 419, 436
心田開發運動 80, 87, 105, 156, 157, 158, 161, 206, 207
싱가포르 함락 축하식 506

ㅇ

安圖縣 510, 511
安圖縣整備委員會 일반위원 512
岸田寅市 41
안중근 508
애국반 105, 177, 185, 194, 196,

197, 199, 209, 226, 239, 240, 247, 250, 266, 291, 296, 297, 300, 315, 324, 343, 344, 346, 350, 359, 443, 535
愛國班員　176, 177, 180, 181, 185, 186, 189, 197, 199, 243, 272, 274, 275, 295, 309, 315, 344, 346, 360, 505
애국반원원 심득 및 생활기준　212
애국반원의 심득 및 생활기준　198, 199
애국반원지도의 栞　198
애국반장　197, 297, 344
애국반장반원지도의 心得　198
愛國班指導會 취지와 회칙　198
애국반활동기준　197, 212
애국일 행사　213, 245
夜學　330
야학회　48
양계부락　54
陽內南鄕約契　29
養牛殖産契　142
양잠조합　428, 438
양잠지도원　479
梁載淳　483
養冤組合　450
梁海集　110, 111, 112
御大典記念 사업　53
어둑한 봉암　473
漁隱里　327
언문강습회　380, 422, 438, 458, 459
여주군　220
燕岐 제비　513
연기공립보통학교　468, 480, 494
燕岐郡　372, 377, 401, 408, 424, 516
연기군 건국준비위원회　513
燕岐郡 肥料配給協議會員　505
연기군 삼림조합 西面支部 囑託 書記　496
연기군 서면　401, 516
연기군 서면장　504
연기군 인민위원회　514
연기군 축산동업조합 사무 촉탁　496
연기군연합회　380, 381
연기군진흥회연합총회　470
燕岐郡靑年團 대회　506
연기금융조합　506
연기금융조합 감사　504, 509
연기리　421
연기보통학교　421, 479, 481
연기향교　468
연대책임　297
連絡委員會　279 ⇨국민총력운동 연락위원회
聯盟結成奉告祭　171
연맹연락강화위원회　182
연백군　102, 108
연서공립국민학교　506
燕西公立國民學校 후원회

고문　504
鍊成課　278
鍊成部　278
年始年末贈答品全廢　243
연천　513
鹽原時三郎　171, 174, 228
塩田正洪　510
영돈지도부락　70
영동군 영동면　159
永明學校　414, 415, 457, 479, 482, 483, 484, 514
鈴木榮太郎　318
英才敎育契　420, 459
예비훈련　391
예산군　377
五美洞　334, 335, 336
五美里　334, 535
오산금조　151
五十子卷三　510
오익표　480
5人組　107, 177, 323
溫交會　53
왕십리　493, 507
외곽단체　38, 171, 188, 392
要救助者臺帳　248
要救助子名簿　248
龍岡　491
용산　493
용산국민학교　245
용산면　245
龍長里　29

용진구락부　109
우량부락　47, 48, 80, 378 ⇨모범부락
우마차　430, 459
宇垣 총독　73, 158
熊本市事業記念共進會　378
月例會　93, 94, 105, 108, 109, 126, 195, 245, 273, 376, 382, 385, 386, 399, 470
윌리암(Williams, Frank Earl Cranston; 禹利岩)　414, 480, 484, 485, 514
月岩水利組合 設置 期成會 顧問　505
월하리　430, 449
월하천　448
위생모범부락　49, 50
爲親契　328
유교적 폐쇄주의　336
兪星濬　27
柳爾冑　335
有志　467, 127, 246, 335, 379, 381, 417, 419, 420, 423, 426, 427, 429, 431, 435, 441, 448, 496
陸軍工科學校　231
육군기념일　110
육군병지원자훈련소　223
육군지원병지원자응모에 관한 건　225
육군특별지원병령　223
윤방균　491

尹炳光　480
尹炳一　414, 421, 468, 469, 470
尹炳周　414, 417, 421, 468, 479
尹炳珠　483
尹炳初　479
尹炳華　421, 441 468, 469
尹鳳均　415, 421, 423, 426, 444, 465, 466, 472, 478, 480, 496
尹聖俊　421
尹世均　478
尹瑢均　421, 492
尹仁均　472
尹鍾奭　479
尹浚植　414, 417, 421, 425, 431, 467, 468, 471, 472, 478, 489, 490, 495, 502, 515
尹鎭英　415
尹鎭雄　415, 421, 479
尹昌均　472
윤철균　414, 468
윤치호　170
윤태만　414, 468
尹泰應　480
尹鶴均　491
恩賜財團 軍人援護會 燕岐郡 分會 評議員　505
읍면구장의 처우개선에 관한 건　341
邑面事務檢閱　269
의병항쟁　480
擬似家族主義　28, 41

擬似共同體　285
의정부공립농업보습학교　31
議政府公立農蠶實修學校　30, 31
李康國　513
二宮尊德　39, 40, 373
二宮治重　510
伊藤博文　487
二樂堂　468
이리　63
梨木洞　332
이석구　509
李王職 蘭谷목장　509
李載玉　331, 333
李鐘烈　30, 32
1940년도 지방개량보조신청조서　442
1941년도 필행사항　265
1國 1家　77
일본 시찰　378
일본 유학　415, 466, 485
일본교회　461
일본대학 修身經濟科 夜學部　486
일본시찰단　378
日本式 家制度　187, 308
일본식 촌락　418
일본자본주의　25, 60, 365
日本赤十字 燕岐郡 西面分區長　505
일본정신　75, 155, 158, 160, 164, 171, 190, 201, 202, 205, 207, 208,

209, 210, 222, 234, 242, 250, 354, 527, 530
일본정신발양주간 180, 185, 189
일본해군협회 통상회원 504
1人1役主義 107
日進英語學校 488
日進英語學校 夜學部 486
一村一家 41
一村一國 39
林業試驗場 332
林營鎬 491
入國詩 355

ㅈ

自力更生稧 441, 471, 479, 501, 502
자력갱생운동 68
자력갱생휘보 101, 422
자작농창정(사업) 401, 454
자전거 415, 459
잠업조합 48
장수 65
張基瓘 434, 435
再建班 359
齋藤 총독 475, 497
재봉강습회 461
재판소와 검사국 감독관회의의 자문사항 답신서 162
재향군인회 226
저축조합 48

적색농민조합 72
적색농민조합운동 59, 67, 72, 127, 143
積善 40
전주 65
전국인민대표자대회 513
전라북도 警察部 62, 64
전북 28, 49, 51, 52, 63, 66, 70, 96, 110, 118, 128, 139, 143, 144, 145, 195, 240, 371, 403, 434, 498
戰時動員政策 255, 271, 273, 313, 353, 443, 444
前田昇 170
田中 정무총감 275
전체주의 122, 165, 179, 187, 192, 208, 257, 261, 271, 278, 289, 296, 308, 507, 527
全體主義 共同體 262, 472
全海關 414, 472, 489, 490
鄭鑑錄 355
定岡日記 245, 530
靖國神社 487
정동운동 105, 106, 122, 167, 173, 258, 261, 263, 268, 309, 317, 348 ⇨국민정신총동원운동
鄭蘭敎 417
정보위원회 167, 168, 169 ⇨조선정보위원회
町聯盟 320, 322
정인석 421
鄭仁海 421, 468, 471, 479, 484,

576 찾아보기

497
正條植 37, 357, 427
貞忠 110, 112, 113
町會 176
제10회 國民總力運動指導委員會
 協議事項의 件 265
早起運動 282
早稻田實業學校 488
早稻田實業學校 夜學部 486
조림사업 432
朝博委員會 500
조상숭배 158, 159, 160
조선개국 508
朝鮮國民組織新體制要綱 259
朝鮮金融組合聯合會 284
朝鮮勞務協會 燕岐郡 分會 理事
 505
조선농지령 123
朝鮮大博覽會 499, 500, 507
朝鮮臨時保安令 305
조선면제 20
조선물산공진회 481, 482, 485,
 489, 497
조선민사령 187
조선민족 207, 508
조선박람회 497, 498
조선박람회협찬회 498
조선부업품공진회 425, 426, 492,
 493, 494
조선시국대책조사회 169, 170, 223
조선시국대책준비위원회 169

朝鮮神宮 171, 498
朝鮮聯盟 167, 170, 171, 173, 174,
 175, 177, 179, 180, 181, 182, 183,
 185, 186, 188, 189, 190, 191, 193,
 194, 196, 197, 199, 211, 212, 215,
 216, 225, 226, 228, 235, 236, 237,
 239, 240, 241, 242, 248, 253, 277,
 300, 352, 353, 354
조선연맹규약 188
조선연맹조직대강 173, 177
조선인 개척단장 회의 510
조선중앙정보위원회 165, 166, 183
조선총독부 만주국 개척지원자 훈
 련소 509
조선총독부 임업시험장 광릉출장
 소 332
조선총독부중견청년수련소 193
朝鮮協贊會 489
조세체납 428
朝永土地株式會社(朝永會社) 410,
 415, 469
組織圖 309, 528, 530
조치원 409, 410, 411
조치원 상업학교 기성회 고문 494
조치원면진흥회연합회 380
조치원역 416, 430
組合員10則 46
組合員懇談會 149
조합원하강운동 135
種苗場 499
주순문 326

準殖産契 142, 145
중견인물 85, 494, 515
중견청년 30
중견청년수련소 241, 479 ⇨조선총독부중견청년수련소
중심인물 30, 31, 51, 54, 87, 88, 90, 103, 110, 111, 112, 145, 234, 271, 311, 378, 384, 408, 414, 421, 453, 454, 458, 460, 467, 474
中央部落聯盟 441
중앙선 451
증서계약 123, 396, 397
增田收作 55, 120
지나사변 발발 1주년 기념 실시 요항에 관한 건 402
지도부락 48, 49, 50, 75, 77, 84, 87, 89, 97, 103, 115, 120, 152, 153, 172, 390, 441, 524
指導役 384, 385
指導要項 309
지도위원회 265, 266, 269, 274, 276, 277 ⇨국민총력운동지도위원회
지방개량 25, 45, 47, 55, 364, 365, 367, 375, 378, 429
지방개량강습 366
지방개량보조신청조서 454
지방개량사업 48, 364
지방개량운동 39, 364
地方共勵事業組成施設 214
지방조합령 44

지역유지 496, 502
지역적 공동체 271, 321
지역적 협동생활 271
지원병 225, 229, 235, 479
지원병제도 204, 208, 223, 242, 530
紙芝居(종이극) 167, 215, 325
直洞簡易學校 333
直洞里 330
직동애국부인회 333
직역연맹 266, 350
鎭田농장 329
鎭川邑 499
진흥 정치 382, 435
진흥회 26, 29, 45, 57, 84, 98, 125, 126, 217, 363, 364, 366, 369, 372, 382, 390, 403, 405, 419, 441, 449, 462, 466, 489, 492, 495, 538
振興會 368
진흥회 부회장 418, 426, 494, 496
진흥회 지도요항 383, 389
진흥회의 지도자 384, 390
진흥회장 378, 379, 381, 382, 384, 392, 393, 395, 396, 401, 402, 404, 407, 438, 467, 489
집단증산주의 262
집단훈련 94
집행유예 483, 515
집회소 35, 36, 214, 219, 289, 386, 388 ⇨공회당
징병후원사업부 280

徵用忌避放遏取締要綱　297

ㅊ

참고관　425
창경원　482, 493
창덕궁　493
창씨제도　206, 212
척무성　99
千年農場　410
川島義之　181, 263
天地大神　159
天地神壇　159
淺川弘人　469
天皇機關說　157
천황숭배　79, 94, 158, 160, 261, 358
천황제 국가체제　77
천황제 이데올로기　156, 160, 200, 201, 205, 207, 356
天皇中心主義　41, 155, 160, 188, 202, 203, 207, 208, 262, 531
천황즉위기념사업　50, 54
철원　513
청결일　461
청년교육계(회)　420, 459, 477, 478, 482, 501, 502
청년단　217, 226, 240, 419, 478
青年隊　331
청년부　110

靑年鍊成所　324
청년회　48, 94, 142, 152, 475, 476
청년훈련소　240
청량리　493
靑木喜八　418
淸掃運動　282
體刑　305
草窓錄　355
촌락공동체　21, 25, 285, 289, 365
촌락공출제　302
촌락연대보증조　153
촌락연대책임제　301, 302, 303, 336
촌락협동체　88
총독정치　100
총동원　237
총동원위원회　183, 185, 186, 188, 196, 263, 264 ⇨국민정신총동원위원회
총력운동　309, 340 ⇨국민총력운동
總務委員　312
총회　32, 37, 47, 109, 112, 143, 144, 168, 171, 195, 376, 379, 381, 385, 386, 394, 418, 419, 437, 438, 502, 506
최린　170
楸洞農事改良實行組合　30, 32, 48, 57
推讓　39, 40
추진대　479

추진대연락부 189, 236
推進隊員 189, 193, 213, 234, 236, 237, 238, 241, 242, 253, 254, 315, 316
黜洞 23, 28, 93, 96, 526
출판법 및 정치범처벌령위반죄 483
黜會 93
충남 26, 28, 45, 54, 57, 91, 123, 125, 128, 143, 144, 175, 304, 363
충남진흥월보 422
충북선 411
충청남도 儒道聯合會 燕岐郡 支部 총회 506
충청남도 지사 고문 514
충북 108, 143, 144, 159, 222, 512
취학율 457
친일파 516
親切運動 282

ㅌ

탑골공원 482, 493
토골 468
토지개량사업 427
토지관리인 469 ⇨마름
토지조사사업 468
퇴비제조 78, 79
特攻精神 356
特別取締對策 71
特別戶稅制度 325, 343

ㅍ

八木농장 329
八尋生男 84
평화기념동경박람회 488, 494
蒲江(저수지) 449
砲兵工廠 489
표창규정 377
품앗이 293
풍속통제 243
필행사항 310, 311, 312, 316

ㅎ

下關 491
하워드(Williams, Williams Haward) 485
賀田直治 170
下情上通 274, 291
하죽 335
河淸金組 46
학교위원 112
학도병 입영 壯行會 510
학무국장 454
學務委員 470, 494
한강철교 493
한상용 170, 280
韓日東 414, 421, 468, 471, 472

한충 413
함남 72, 146, 291
함북 128, 146, 147, 360, 370
海軍協會 燕岐郡 分會 幹事 505
해군협회 연기군 분회 통상회원 506
행정보조기구 20, 26, 27, 74, 91, 93, 126, 269, 384, 388, 389, 404, 419
行政的 組織體 269
향약 92, 217, 367, 369, 432, 433, 478
향약 강목 417, 433
향약사업장려보조 442
향약사업장려보조에 관한 건 369
향약에 관한 조사의 건 367
玄錫七 483
현황조사 75, 76, 89, 103, 104, 115, 524
現況表 504
형집행 유예 485
형집행유예범죄인 494
형집행유예범죄인명부 495, 506
戶 76, 77, 81, 109, 155, 177, 186, 187, 209, 252, 255, 256, 272, 308, 309, 314, 325, 346, 347
호당동 85
戶代表 77, 177, 185, 186, 187, 272, 309, 314, 346, 420, 443, 476, 528
戶代表班員 347

혼상계 98
홍성군 377
花臺金組 149
花田里 91
활동사진 247, 379
皇國農民道 293
황국신민체조 205
황국신민화 15, 105, 155, 160, 166, 168, 170, 171, 188, 196, 203, 444, 461, 479, 499
皇道主義者 174, 228
黃海道 107, 146, 195, 281, 289, 300, 370
황해도연맹 309, 316
회/회원별 실행사항 418
회의일지 108
橫濱 489, 491
訓練委員 311, 312
흥아근로보국대 조선부대원 189, 235
興亞展望博覽會 499
興風會 28, 69, 102, 195
喜德村 331

김 영 희(金英喜)

숙명여자대학교 사학과 졸업
동 대학교 대학원 사학과 졸업(문학석사·문학박사)
현재 숙명여자대학교 강사

논 문
「농촌진흥운동을 통한 일제의 농촌통제와 농민의 반응」
「일제 말기 국민총력운동의 전개와 농촌통제정책」
「일제 말기 향촌 儒生의 '日記'에 반영된 현실인식과 사회상」
「일제 후반기 향촌지식인의 현실인식의 변화－秋灘 朴定洛의 체제저항과 타협 사이의 '다면성' 읽기－」
「1930·40년대 조선 여성의 존재 양태－'일본군 위안부' 정책의 배경으로－」(공저) 등

일제시대 농촌통제정책 연구   정가 : 32,000원

2003년 5월 14일   초판 인쇄
2003년 5월 24일   초판 발행

저 자 : 金 英 喜
회 장 : 韓 相 夏
발 행 인 : 韓 政 熙
발 행 처 : 景仁文化社
편 집 : 申 鶴 泰
    서울특별시 마포구 마포동 324 - 3
    전화 : 718 - 4831~2, 팩스 : 703 - 9711
    E-mail : kyunginp@chollian.net
등록번호 : 제10 - 18호(1973. 11. 8)

ⓒ 2003, Kim Young-Hee. Kyung-in Publishing Co, Printed in Korea
ISBN : 89-499-0184-6 93910
* 파본 및 훼손된 책은 교환해 드립니다.